Strafgesetzbuch

mit Erläuterungen und Beispielen

sowie den wichtigsten Nebengesetzen und einem Anhang über Jugendstrafrecht und Strafprozeßrecht

von

Dr. Walter Petters

Landgerichtsrat a. D.

(begründet von Dr. A. **Grosch**, Landgerichtspräsident a. D. †)

Für Studium, Polizei- und Gerichtspraxis

Zwanzigste, vollkommen umgearbeitete und vermehrte Auflage

1950

J. Schweitzer Verlag, Berlin und München

Satz, Druck und Bindearbeiten:
Dr. F. P. Datterer & Cie. (Inh. Sellier), Freising

Vorwort zur 20. Auflage

Anfang des Jahres 1931 habe ich nach dem Tode des Landgerichtspräsidenten Dr. Grosch auf Wunsch des Verlags die Bearbeitung der zehnten Auflage des Erläuterungsbuches zum Strafgesetzbuch übernommen. Meine Absicht war damals, den Charakter dieses Buches als eines ausschließlich für den Gebrauch der Polizeibeamten bestimmten Hilfsmittels nicht zu ändern.

Diese Absicht mußte nach der Beendigung des zweiten Weltkrieges modifiziert werden. Die damals durch die schweren Erschütterungen der rechtsstaatlichen Fundamente bedingten erhöhten Anforderungen, die bezüglich der fachlichen Ausbildung der im Polizeidienst tätigen Beamten gestellt werden mußten, machten eine vollkommene Umarbeitung des Buches vom reinen Erläuterungsbuch zum Lehrbuch notwendig. Diese Umstellung, die mit der im Januar 1947 erschienenen 17. Auflage durch Vermehrung der lehrbuchartigen Ausführungen und Einfügung zahlreicher neuer Beispiele angebahnt wurde, fand in fortschreitender Verfolgung dieses Ziels mit der Bearbeitung der vorliegenden zwanzigsten Auflage ihren Abschluß.

Diese Neuauflage enthält folgende Neuerungen und Verbesserungen: Zunächst wurden die bisher im Zusammenhang mit den Erläuterungen zu den einzelnen Gesetzesstellen über das ganze Buch verstreuten rein lehrbuchartigen Ausführungen über die Grundprobleme des Strafrechts in einem besonderen Abschnitt „Einführende Vorbemerkungen zum Strafrecht" in allgemeinverständlicher übersichtlicher Darstellung zusammengefaßt (S. 1—22). Ferner wurden die Erläuterungen zu allen für die tägliche Praxis bedeutsamen gesetzlichen Tatbeständen nicht nur in ihrer sprachlichen Fassung, sondern auch in ihrem juristischen und pädagogischen Gehalt umgearbeitet und durch zahlreiche und umfangreichere Beispiele als bisher ergänzt und erweitert. Der Stoff für die Beispiele wurde zum Teil der reichsgerichtlichen Rechtsprechung entnommen, die im übrigen auch dem Aufbau der Erläuterungen zugrunde gelegt wurde; daneben wurden aber auch Entscheidungen der Oberlandesgerichte aus der Nachkriegszeit berücksichtigt. Schließlich hat der Anhang 2 „Das Strafprozeßrecht" (S. 319—357) unter Zugrundelegung der neuesten Fassung des Gerichtsverfassungsgesetzes und der Strafprozeßordnung nach dem Gesetz zur Wiederherstellung der Rechtseinheit auf dem Gebiete der Gerichtsverfassung, der bürgerlichen Rechtspflege, des Strafverfahrens und des Kostenrechts vom 12. September 1950 eine vollkommene Umarbeitung erfahren, so daß das Buch nunmehr auch einen Gesamtüberblick über das formelle Strafrecht gewährt.

So hoffe ich, daß das Buch in seiner neuen Gestalt nicht nur, wie bisher, dem Polizeibeamten als Vorbereitungsbuch für die Prüfungen und als Nachschlagebuch beim täglichen Dienst in der Verbrechensbekämpfung wertvolle Hilfe leisten wird, sondern daß es auch der juristische Nachwuchs neben der nur auf der Universität zu erlangenden wissenschaftlichen Ausbildung gewissermaßen als Brücke von der Theorie zur Praxis benutzen kann. Darüber hinaus aber wird auch für den Strafrechtspraktiker das Buch für eine rasche Orientierung über Zweifelsfragen im täglichen Beruf verwendbar sein, besonders wenn es gilt, nach einer im Berufsleben häufig eintretenden längeren Unterbrechung in rein strafrechtlicher Tätigkeit sich mit dieser Rechtsmaterie in kurzer Zeit wieder vertraut zu machen.

Heidelberg, Oktober 1950.

Dr. Petters

Inhalt

Einführende Vorbemerkungen zum Strafrecht

Strafgesetzbuch

Erster Teil.

Von der Bestrafung der Verbrechen, Vergehen und Übertretungen im allgemeinen.

Zweiter Teil.

Von den einzelnen Verbrechen, Vergehen und Übertretungen und deren Bestrafung.

Erklärung der Abkürzungen

StGB. = Strafgesetzbuch.

StPO. = Strafprozeßordnung.

GVG. = Gerichtsverfassungsgesetz.

BGB. = Bürgerliches Gesetzbuch.

ZPO. = Zivilprozeßordnung.

KO. = Konkursordnung.

GewO. = Gewerbeordnung.

RGBl. = Reichsgesetzblatt.

Einführende Vorbemerkungen zum Strafrecht

(Eingehende Ausführungen zu den in diesen Vorbemerkungen genannten Paragraphen befinden sich in den Erläuterungen zu den betreffenden Gesetzesstellen, die, soweit sie im Strafgesetzbuch enthalten sind, in der folgenden Abhandlung nur mit der Paragraphenzahl aufgeführt werden.)

A. Allgemeine Grundsätze des Strafrechts und das Strafgesetzbuch.

I. **Das Strafrecht** (allgemeine Grundsätze).

1. Strafrecht ist der Inbegriff derjenigen staatlichen Normen, durch welche an das Verbrechen als Tatbestand die Strafe als Rechtsfolge geknüpft wird.

2. Das Strafrecht hat nur die sog. Kriminalstrafen zum Gegenstand, und zwar als Hauptstrafen: Zuchthaus, Gefängnis, Festungshaft, Haft und Geldstrafe (siehe Vorbemerkungen vor § 13). Disziplinarstrafen werden wegen pflichtwidrigen Verhaltens eines Beamten verhängt, in der Regel in einem sog. Disziplinarstrafverfahren. Ordnungsstrafen sind insbesondere im Wirtschaftsstrafrecht vorgesehen.

Als Straf- und Erziehungsmaßregeln gegen Jugendliche kommen folgende in Frage (siehe hierzu Anhang 1 A Reichsjugendgerichtsgesetz): Jugendgefängnis (3 Monate bis 10 Jahre), Zuchtmittel (Jugendarrest, Auferlegung besonderer Pflichten, Verwarnung), Erziehungsmaßregeln (Erteilung von Weisungen, Schutzaufsicht und Fürsorgeerziehung) und Unterbringung in einer Heil- und Pflegeanstalt.

3. Das Wesen der Strafe besteht in der Vergeltung, Abschreckung und Besserung. Dem letztgenannten Zwecke sowie der Sicherung der Allgemeinheit dienen die in §§ 42 a bis 42 n vorgesehenen Maßregeln (Unterbringung in einer Heil- oder Pflegeanstalt, Unterbringung in einer Trinkerheilanstalt oder einer Entziehungsanstalt, Unterbringung in einem Arbeitshaus, die Sicherungsverwahrung und die Untersagung der Berufsausübung).

4. Eine Strafe kann nur verhängt werden, wenn ein im Strafgesetzbuch (StGB.) oder einem strafrechtlichen Nebengesetz festgelegter Tatbestand verwirklicht worden ist; als Rechtserkenntnisquelle kommt also nur noch das Gesetz in Frage. Die Analogie, d. h. die Ausdehnung einer strafgesetzlichen Bestimmung auf einen Sachverhalt, auf den sie nach ihrem Gesetzeswortlaut

nicht unmittelbar angewendet werden kann, ist im Strafrecht verboten. (Der vom nationalsozialistischen Gesetzgeber eingefügte § 2, der als zweite Erkenntnisquelle das sog. gesunde Volksempfinden als Ausgangspunkt für eine Bestrafung normiert hatte, wurde durch die Besatzungsmächte wieder beseitigt.)

5. Die Strafgesetze haben keine rückwirkende Kraft (§ 2 a).

6. Der Geltungsbereich der Strafgesetze in persönlicher, sachlicher und örtlicher Beziehung ist in §§ 3 bis 5 behandelt.

II. **Das Strafgesetzbuch.**

1. Die wichtigsten strafbaren Handlungen sind im Strafgesetzbuch vom 15. Mai 1871 (StGB.) zusammengefaßt, das im Laufe der Jahrzehnte durch eine umfangreiche Novellengesetzgebung vielfach geändert und erweitert worden ist und in den Nachkriegsjahren durch strafrechtliche Bestimmungen der Militärregierungen (insbesondere die Kontrollratsgesetze Nr. 1, 11 und 55) den Erfordernissen einer demokratischen Strafrechtspflege angepaßt wurde. Hiervon abgesehen ist das bisher geltende im Strafgesetzbuch enthaltene Strafrecht in Kraft geblieben.

Neben dem StGB. besteht eine erhebliche Anzahl von strafrechtlichen Nebengesetzen, z. B. Straßenverkehrsordnung, Gesetz zur Bekämpfung der Geschlechtskrankheiten, Lebensmittelgesetz, Pressegesetz, Gaststättengesetz, Gesetz gegen den unlauteren Wettbewerb, Wirtschaftsstrafgesetz und viele andere.

2. Das Strafgesetzbuch zerfällt in zwei Hauptteile:

a) Der „Erste Teil" wird (unter Einbeziehung der einleitenden Bestimmungen in §§ 1—12) als „Allgemeiner Teil" bezeichnet. Er reicht bis § 79 und bezieht sich auf alle Straftatbestände, also nicht nur diejenigen des StGB. selbst, sondern auch die der strafrechtlichen Nebengesetze. Er befaßt sich mit den verschiedenen Arten der Strafe und ihren Folgen (§§ 13—42), ferner mit den Maßregeln der Sicherung und Besserung (§§ 42 a bis 42 n); ferner mit den besonderen Betätigungsformen, unter denen jeder einzelne Straftatbestand des StGB. und der Nebengesetze verwirklicht werden kann (Versuch §§ 43 bis 46, Teilnahme §§ 47 bis 50) und enthält schließlich die besonderen Gründe, die die Strafbarkeit beeinflussen oder sie ganz ausschließen (§§ 51 bis 72), sowie die Vorschriften, die beim Zusammentreffen mehrerer strafbarer Handlungen zu beobachten sind (§§ 73 bis 79).

b) Der „Besondere Teil" (im Gesetz mit „Zweiter Teil" bezeichnet) enthält die verschiedenen strafbaren Handlungen, deren Begehung einen Strafanspruch des Staates begründet.

B. Die strafbare Handlung.

I. **Die Dreiteilung:**

1. Das StGB. teilt die strafbaren Handlungen nach ihrer Schwere ein in Verbrechen, Vergehen und Übertretungen (siehe hierzu die Erläuterungen zu § 1).

2. Verbrechen sind die Straftaten, die in der Hauptsache mit Zuchthaus, Vergehen diejenigen, die in der Haupsache mit Gefängnis oder mit Geldstrafe von mehr als 150.— DM bedroht sind, während für die Übertretungen Strafdrohungen mit Haft oder Geldstrafe bis zu 150.— DM vorgesehen sind.

II. **Die verschiedenen Arten strafbarer Handlungen:**

1. Grundsätzlich werden strafbare Handlungen ohne Rücksicht auf den Willen des Verletzten von Amts wegen verfolgt (sog. Offizialdelikte). Nur in einer geringen Anzahl von Fällen ist die Strafverfolgung von der Stellung eines Strafantrags abhängig (sog. Antragsdelikte, siehe die Erläuterungen zu § 61). Ein Teil der Antragsdelikte kann im Privatklageweg verfolgt werden (sog. Privatklagedelikte, siehe hierzu § 374 StPO.).

2. Verletzungs- und Gefährdungsdelikte. Bei den Verletzungsdelikten wird der Tatbestand der strafbaren Handlung durch die Verletzung des Rechtsguts erfüllt (z. B. Hausfriedensbruch § 123, Beleidigung § 185, Körperverletzung § 223, Mord § 211, Totschlag § 212), während bei der Gefährdungstat schon die Herbeiführung einer Gefahr strafbar ist (z. B. Aussetzung § 221 Abs. 1, Vergiftung § 229 und ferner die besondere Gruppe der gemeingefährlichen Delikte der §§ 306ff.).

3. Sämtliche Verletzungsdelikte sind Erfolgsdelikte, d. h. es gehört zur Vollendung des Tatbestandes ein durch die Handlung herbeigeführter Erfolg, der, wie die übrigen Tatbestandsmerkmale, vom Vorsatz umfaßt sein muß. Das StGB. enthält aber auch Tatbestände, bei denen ein höherer Strafrahmen Platz greift, falls ein besonderer Erfolg eintritt, der vom Täter nicht gewollt, also vom Vorsatz nicht umfaßt war. Es sind dies die sog. durch den Erfolg qualifizierten Delikte der §§ 118, 178, 221 Abs. 3, 224, 226, 229 Abs. 2, 239 Abs. 2 u. 3, 251, 307 Ziff. 1, 314, 321 Abs. 2. (Bei diesen Delikten ist die Frage des Kausalzusammenhangs von besonderer Bedeutung, siehe unten Abschnitt V.)

4. Begehungs- und Unterlassungsdelikte.

Bei den ersteren, die bei weitem die Mehrzahl bilden, übertritt der Täter eine Verbotsnorm, während er bei den Unterlassungsdelikten etwas nicht tut, was er tun sollte; er übertritt in diesem Falle eine Gebotsnorm.

Bei den Unterlassungsdelikten unterscheidet man die echten von den unechten.

a) Bei den echten Unterlassungsdelikten ist die Unterlassung als solche unmittelbar mit Strafe bedroht. Hierunter fallen vor allem die unterlassene Anzeige (§ 139) und die unterlassene Hilfeleistung (§ 330 c); ferner §§ 116, 123, 346. Zahlreiche echte Unterlassungsdelikte befinden sich ferner unter den Übertretungen.

b) Von unechten Unterlassungsdelikten spricht man, wenn ein Straftatbestand durch eine solche Unterlassung erfüllt wurde, die zugleich die Verletzung einer bestehenden rechtlichen Verpflichtung enthielt. Wegen Unterlassung kann also nur dann Bestrafung erfolgen, wenn der Täter nicht nur imstande, sondern auch in dem besonderen Falle rechtlich verpflichtet war, den Eintritt des Erfolgs durch positives Handeln zu verhindern. So besteht z. B. eine besondere gesetzliche Pflicht zur Abwendung körperlichen Schadens für die Eltern des minderjährigen Kindes (§§ 1627, 1634 BGB.), oder eine vertragliche Pflicht zur Hilfeleistung für den Krankenwärter; schließlich gehört hierher auch die Dienstpflicht des Beamten. In allen diesen Fällen macht sich strafbar, wer vorsätzlich oder fahrlässig durch Nichthandeln einen rechtsverletzenden Erfolg (z. B. den Tod eines anderen) verursacht.

III. **Die Voraussetzungen jedes strafbaren Verhaltens:**

1. Die Handlung muß **tatbestandsmäßig,** d. h. der im Gesetz festgelegte äußere und innere Tatbestand muß erfüllt sein. (Von diesem gesetzlichen Tatbestand, den man auch abstrakten Tatbestand nennt, ist zu unterscheiden der konkrete Tatbestand, d. h. der Ablauf der Geschehnisse im einzelnen Falle, auch Sachverhalt genannt.)

a) Die meisten Straftatbestände sind in den einzelnen Gesetzesparagraphen in die Worte gekleidet: „Wer (das und das tut), wird (so und so) bestraft." Das besondere Motiv, das den Täter zu der strafbaren Handlung veranlaßt hat, bleibt im allgemeinen im Wortlaut des Tatbestandes ebenso unberücksichtigt, wie die Größe des Schadens, den der Täter verursacht hat. Diese Momente wirken sich im allgemeinen in der Strafzumessung aus.

b) Zum äußeren (objektiven) Tatbestand gehören alle Merkmale, die äußerlich erkennbar sind, z. B. das Wegnehmen einer beweglichen Sache beim Diebstahl.

c) Zum inneren (subjektiven) Tatbestand gehören alle nicht äußerlich in die Erscheinung tretenden inneren Vorgänge, nämlich die Kenntnis von den einzelnen Tatbeständen, z. B. beim Diebstahl, daß die Sache einem Dritten gehört und im Gewahrsam eines anderen steht und darüber hinaus die im Gesetz besonders vorgesehene Willensrichtung (Absicht), z. B. beim Diebstahl die Absicht rechtswidriger Zueignung. (Wegen der Schuldformen Vorsatz und Fahrlässigkeit siehe unten Abschnitt C IV.)

2. Die Handlung muß **rechtswidrig** sein. Grundsätzlich ist zwar davon auszugehen, daß derjenige, der einen im StGB. oder in einem strafrechtlichen Nebengesetz erfaßten Tatbestand verwirklicht, ohne weiteres rechtswidrig handelt. Es gibt aber auch Fälle, in denen zwar der volle Tatbestand der strafbaren Handlung erfüllt ist, trotzdem aber der den Tatbestand Verwirklichende nicht bestraft werden kann, weil ihm ein Rechtfertigungsgrund zur Seite steht.

Solche, die Rechtswidrigkeit und damit die Strafbarkeit ausschließende Rechtfertigungsgründe (auch Unrechtsausschließungsgründe genannt) liegen im einzelnen vor in folgenden Fällen:

a) wenn die Handlung durch Notwehr geboten ist (§ 53 StGB. und § 227 BGB.);

b) wenn bei der Beleidigung die Voraussetzungen des § 193 gegeben sind;

c) wenn ein sog. übergesetzlicher Notstand vorliegt (siehe Erläuterung 4 zu § 54);

d) wenn die Voraussetzungen des bürgerlich-rechtlichen Notstandes i. S. der §§ 228, 904 BGB. (siehe Erläuterung 3 zu § 54) gegeben sind;

e) wenn die Voraussetzungen der Selbsthilfe i. S. des § 229 BGB. (siehe auch §§ 561, 859 BGB.) vorliegen;

f) wenn Amtshandlungen vorliegen, z. B. Festnahme, Betreten der Wohnung gegen den Willen des Wohnungsberechtigten bei Haussuchungen (früher auch Hinrichtung). Es liegt in diesen Fällen weder Freiheitsberaubung noch Hausfriedensbruch (noch Mord) vor;

g) wenn sich die Handlungen (z. B. Körperverletzungen) aus einem Erziehungs- und Disziplinarrecht der Eltern, Lehrer, des Lehrherrn usw. ergeben;

h) wenn der Verletzte einwilligt, vorausgesetzt, daß die Einwilligung einem Willen entspringt, der vom Recht als maßgebend anerkannt ist, insbesondere, daß die Person, in deren rechtliche Interessen eingegriffen wird, die genügende geistige Reife und Urteilskraft besitzt, um sich der Bedeutung des Angriffs und der Gestattung seiner Verletzung klar zu sein.

In Frage kommen hier folgende Handlungen:

aa) Die Vermögensrechtsverletzungen: Kein Diebstahl, keine Unterschlagung oder Sachbeschädigung, wenn der Eigentümer einwilligt. (Eine Brandstiftung wird durch die Einwilligung des Eigentümers nicht rechtmäßig, da der Grund ihrer Strafbarkeit nach § 306 in der Gefährdung der Allgemeinheit liegt.)

bb) Die Handlungen gegen Leib und Leben: Die Einwilligung in die Tötung macht letztere nicht straflos (§ 216). Die Frage, wann die Einwilligung des Verletzten die Körperverletzung straflos macht, beantwortet § 226 a dahin, daß die Handlung trotz Einwilligung strafbar bleibt, wenn sie gegen die guten Sitten verstößt. Die Operation ist somit im allgemeinen nicht rechtswidrig und daher straflos. Dagegen liegt eine rechtswidrige Körperverletzung vor, wenn sich eine Lohndirne gegen Entgelt von einem Sadisten körperlich mißhandeln läßt; denn in einem solchen Falle verstößt die Einwilligung gegen die guten Sitten.

cc) Die Handlungen gegen die Ehre: Hier ist besonders jeweils zu prüfen, ob der Einwilligung nach den persönlichen Verhältnissen der einwilligenden Person rechtliche Beachtung zukommt.

3. Dritte Voraussetzung der Strafbarkeit ist, daß der Täter **schuldhaft** handelt, d. h. daß ihm kein Schuldausschließungsgrund zur Seite steht. Schuldausschließungsgründe sind:

a) Der Irrtum des § 59 (siehe die Ausführungen unten in Abschnitt D);
b) die Unzurechnungsfähigkeit nach §§ 51, 58;
c) der Nötigungsstand des § 52;
d) die Überschreitung der erlaubten Notwehr aus Bestürzung, Furcht oder Schrecken (§ 53 III);
e) der Notstand des § 54.

(Wegen der verschiedenen Schuldformen siehe die Ausführungen unten in Abschnitt C III, S. 15.)

4. Die Tatbestandsverwirklichung muß in der Person des Täters strafbar sein, d. h. es darf ihm **kein persönlicher Strafausschließungs- oder Strafaufhebungsgrund** zur Seite stehen.

a) Strafausschließungsgründe enthalten die Tatbestände der §§ 173 Abs. 4, 247 Abs. 2, 248a Abs. 3, 257 Abs. 2, 264a Abs. 4, 289 Abs. 5.

b) Strafaufhebungsgründe, d. h. solche Umstände, die erst nach Begehung der strafbaren Handlung eintreten, sind enthalten in §§ 46, 49a Abs. 4, 49b Abs. 3, 157, 158 (in diesen beiden letzteren Fällen nur fakultativ), ferner in §§ 163 Abs. 2, 199, 233 (fakultativ), 310; ferner gehören hierher Verjährung (§ 67) und Begnadigung.

Zusammenfassend ist zu Ziff. 1 bis 4 folgendes festzustellen: Fehlt es bei der Haupttat an der Voraussetzung zu 2, dann ist auch eine strafbare Teilnahmehandlung ausgeschlossen (siehe Erl. 9 zu § 53), während ein Fehlen der Voraussetzungen zu 3 und 4 für die Strafbarkeit des Teilnehmers ohne Bedeutung ist. (Siehe die Erläuterungen unten in Abschnitt IV, 3 b.)

5. Unter **Bedingung der Strafbarkeit** versteht man außerhalb des Tatbestandes liegende Umstände, von denen die Strafbarkeit der Handlung abhängt, die aber nicht vom Vorsatz umfaßt zu sein brauchen. So ist z. B. Bedingung der Strafbarkeit des Raufhandels (§ 227), daß durch ihn der Tod oder eine schwere Körperverletzung verursacht wird, oder Bedingung der Strafbarkeit des Vollrausches (§ 330a), daß eine Rauschtat begangen wird, oder Bedingung der Strafbarkeit der üblen Nachrede (§ 186), daß die behauptete Tatsache nicht erweislich wahr ist, oder Bedingung des Widerstands gegen die Staatsgewalt (§ 113), daß die Amtshandlung objektiv rechtmäßig war.

Bei den sog. erfolgsqualifizierten Delikten z. B. in den Tatbeständen der §§ 224, 226 (siehe oben Abschnitt B II 3) ist der Erfolg die Bedingung der höheren Strafbarkeit.

6. Unter **Bedingungen der Verfolgbarkeit** sind solche Umstände zu verstehen, die ebenso wie die Bedingungen der Strafbarkeit (Ziff. 5) außerhalb des Tatbestandes liegen, aber nicht die Strafbarkeit, sondern die Verfolgbarkeit bedingen. Hierher gehört vor allem der Strafantrag bei den Antragsdelikten. Ein fehlender Strafantrag schließt also, ebenso wie die Verjährung, die Verfolgbarkeit aus und muß zur Einstellung des Verfahrens führen.

IV. **Täterschaft und Teilnahme.**

1. **Täter** ist, wer die Tat ausführt, d. h. mit dem Täterwillen eine Bedingung für den Erfolg setzt, während als Teilnehmer gilt, wer den Täter zu der Tat anstiftet (§ 48) oder ihm bei der Ausführung der Tat hilft (§ 49). Mittäterschaft (§ 47), die eigentlich eine besondere Art der Täterschaft bildet, im System des Strafgesetzbuches aber ebenfalls als eine Teilnahmehandlung angesehen wird, liegt vor, wenn mehrere auf Grund eines gemeinschaftlichen Entschlusses und mit vereinten Kräften derart zusammenwirken, daß jeder mit Hilfe der mitwirkenden Kräfte des anderen die Tat als eigene verwirklichen will.

Die Strafdrohung ist in allen drei Fällen die für die Täterschaft geltende; lediglich bezüglich des Gehilfen ist eine Strafmilderung vorgesehen (§ 49 Abs. 2).

2. **Alleintäter und mittelbarer Täter.** Alleintäter ist, wer die Tat vollkommen allein begeht. Von mittelbarer Täterschaft spricht man, wenn jemand eine beabsichtigte strafbare Handlung nicht selbst zur Ausführung bringt, sondern statt seiner durch einen anderen, der aus subjektiven Gründen nicht als Täter bestraft werden kann, ausführen läßt. Die Handlungen des unmittelbaren Täters sind dann, wenn sie dem Vorsatz des mittelbaren Täters entsprechen, als Handlungen des letzteren anzusehen.

a) Für die Praxis besonders wichtige Fälle mittelbarer Täterschaft:

aa) Die unmittelbar handelnde Person ist in ihrem Willen unfrei, weil die Voraussetzungen des § 51 oder des § 52 vorliegen. Beispiele: Der A überredet den geisteskranken B, oder zwingt ihn durch vorgehaltenen Revolver, den C zu töten. A ist mittelbarer Täter, B ist willenloses Werkzeug.

bb) Die unmittelbar tätig werdende Person befindet sich in einem Irrtum i. S. des § 59. Beispiele: Die A gibt, um ihren Mann zu töten, der Köchin B Arsenik, statt Zucker. Die B verwendet gutgläubig das Gift für einen Kuchen, durch dessen Genuß der Ehemann A stirbt. Die A ist mittelbare Täterin, die B ist gutgläubiges Werkzeug.

cc) Die unmittelbar tätig werdende Person handelt zwar dolos, handelt aber nur im Dienste des mittelbaren Täters, also ohne Täterwillen (doloses Werkzeug). Beispiel: Der Gutsbesitzer A gibt seinem Verwalter B, nachdem die Zwangsverwaltung seines Gutes angeordnet war, den Auftrag, eine Dreschmaschine wegzuschaffen (Verstrickungsbruch nach § 137). A ist als mittelbarer Täter nach § 137 zu bestrafen, B wegen Beihilfe dazu.

dd) Die unmittelbar tätig werdende Person handelt zwar dolos (doloses Werkzeug), aber es fehlt ihr die besondere Tätereigenschaft, die zum gesetzlichen Tatbestand gehört, während sie beim Bestimmenden vorhanden ist. Beispiel: Ein Beamter läßt durch einen Nichtbeamten ein reines Beamtendelikt, z. B. ein Falschbeurkundung i. S. des § 348 Abs. 1 begehen. Der Beamte ist mittelbarer Täter einer Falschbeurkundung und der Nichtbeamte wegen Beihilfe hierzu strafbar.

b) Ausgeschlossen ist mittelbare Täterschaft:

aa) Bei den sog. eigenhändigen Delikten, d. h. solchen, die ihrer Natur nach nur persönlich begangen werden können, wie die Eidesdelikte und die Sittlichkeitsverbrechen. Beispiele: Der A bestimmt den B, eine unwahre Tatsache, die B aber für wahr hält, zu beschwören; er bedient sich also des B als eines gutgläubigen Werkzeugs zur Begehung eines Meineids. Mittelbare Täterschaft ist ausgeschlossen. Ersatz hierfür bietet § 160. Oder: Der A bestimmt den Geisteskranken B, die C zu vergewaltigen oder mit der C Ehebruch zu treiben. Es ist mittelbare Täterschaft ausgeschlossen; der A kann aber nach der Neufassung des § 50 Abs. 1 wegen Anstiftung bestraft werden (siehe die Ausführungen unten in Ziff. 3).

bb) Bei den Straftaten, die der mittelbare Täter nicht selbst begehen, d. h. unmittelbar ausführen könnte. Deshalb ist mittelbare Täterschaft ausgeschlossen, wenn die Begehung eines echten Beamtendelikts, d. h. eines solchen bewirkt werden soll, das nur von einem Beamten begangen werden kann. Beispiel: Ein Nichtbeamter läßt durch einen schuldlos Handelnden, z. B. gutgläubigen Beamten eine Falschbeurkundung nach § 348 Abs. 1 vornehmen. Es liegt keine mittelbare Täterschaft vor, da der mittelbare Täter als Nichtbeamter das Delikt des § 348 nicht begehen kann. Ersatz für diesen Fall bildet § 271, wo der Fall geregelt ist, daß sich der Täter eines gutgläubigen Beamten bedient, um eine Falschbeurkundung zu erreichen (siehe Erl. 1 zu § 271).

3. Die gesamte **Teilnahmelehre** wurde durch die Verordnung vom 29. Mai 1943 grundlegend geändert, und zwar in der Hauptsache durch die Neufassung des § 50 Abs. 1, wonach jeder an einer Straftat Beteiligte einzig und allein nach seiner eigenen Schuld strafbar ist, also ohne Rücksicht darauf, ob auch der andere schuldig und somit strafbar ist.

a) Das frühere Recht: Früher konnten der Anstifter und Gehilfe nur dann bestraft werden, wenn sich auch der Haupttäter selbst strafbar gemacht hatte, d. h. wenn dieser vorsätzlich eine rechtswidrige Tat begangen oder wenigstens zu begehen versucht und außerdem schuldhaft gehandelt hatte. (Grundsatz der extremen Akzessorietät der Teilnahme im Gegensatz zu der jetzt geltenden sog. limitierten Akzessorietät.) Beihilfe oder Anstiftung zur Tat eines Geisteskranken (§ 51) mußte also straflos bleiben; ebenso die Anstiftung oder Beihilfe zur Tat einer im Nötigungsstand (§ 52) oder im Notstand (§ 54) oder in einem tatsächlichen Irrtum nach § 59 befindlichen Person. In allen diesen Fällen war die Teilnahmehandlung (Anstiftung oder Beihilfe) deshalb nicht strafbar, weil der die Tat Ausführende schuldlos handelt, also sich nicht strafbar macht.

b) Nach der Neufassung des § 50, d. h. mit dessen in Abs. 1 niedergelegtem Grundsatz ist für die Strafbarkeit des Teilnehmers nicht mehr erforderlich, daß der Haupttäter schuldhaft handelt, sondern es genügt, daß der Haupttäter den äußeren Tatbestand einer strafbaren Handlung verwirklicht oder zu verwirklichen versucht hat. M. a. W.: Jede von mehreren an einer Straftat beteiligten Personen ist lediglich nach dem Maße ihrer eigenen Schuld strafbar ohne Rücksicht darauf, ob der andere Beteiligte bestraft werden kann oder nicht.

Beispiel: Der A überredet den Geisteskranken B, den C zu töten. Der A konnte nach früherem Recht nicht wegen Anstiftung bestraft werden, weil die Haupttat infolge Schuldlosigkeit des B entfiel, denn nach früherem Recht war ja Voraussetzung für die Strafbarkeit des Anstifters, daß auch der Angestiftete eine strafbare Handlung schuldhaft beging. Nach der Neufassung des § 50 durch die oben genannte Verordnung ist es nunmehr für die Strafbarkeit des A als Anstifters vollkommen gleichgültig, ob B schuldhaft gehandelt hat oder nicht (siehe auch den geänderten Wortlaut der §§ 48, 49).

c) Wegen der für Mittäterschaft, Anstiftung und Beihilfe im einzelnen geltenden Grundsätze vgl. die Erläuterungen zu §§ 47, 48, 49.

d) Während die Strafbarkeit der Anstiftung und Beihilfe immer voraussetzt, daß die Haupttat begangen, d. h. mindestens versucht worden ist, enthält § 49a eine Ausnahme von dieser Regel, indem bei Verbrechen auch die erfolglose Anstiftung und die erfolglose Beihilfe mit Strafe bedroht ist (siehe die Erl. 1 bis 3 zu § 49a).

e) Wegen Bemessung der Strafe für die Teilnehmer vgl. die Ausführungen unten in Abschnitt E IV S. 22 und die Erläuterungen 3 bis 7 zu § 50 Abs. 2.

V. **Kausalzusammenhang.**

1. Bei den Erfolgsdelikten, d. h. bei denjenigen Straftaten, bei denen zu der eigentlichen Tätigkeitshandlung noch ein außerhalb dieser Handlung liegender Erfolg hinzutreten muß, also vor allem bei den Tötungsdelikten und der Körperverletzung (in gewisser Beziehung auch beim Betrug und der Erpressung), wird eine strafbare Verantwortlichkeit nur dann begründet, wenn zwischen der Handlung des Täters und dem eingetretenen Erfolg ein ursächlicher Zusammenhang, auch Kausalzusammenhang genannt, nachgewiesen werden kann.

Von besonderer praktischer Bedeutung aber ist der Kausalzusammenhang für die Beurteilung der durch den Erfolg qualifizierten Delikte (siehe die Ausführungen oben in Abschnitt II 3).

2. Die Lehre von der Kausalität hat in der Wissenschaft und Rechtsprechung zur Aufstellung verschiedener Theorien geführt. Für das Strafrecht gilt grundsätzlich die Bedingungstheorie: Jede Handlung gilt als Ursache des Erfolgs, die nicht hinweggedacht werden kann, ohne daß der Erfolg entfiele, wobei es gleichgültig ist, ob auch noch eine andere Bedingung, mag sie auch die überwiegende, d. h. die Hauptursache gewesen sein, zur Herbeiführung des Erfolgs mitgewirkt hat.

a) Insbesondere ist der Erfolg auf die Täterhandlung als seine Ursache auch dann zurückzuführen, wenn er ohne die besonderen Umstände, unter denen die Handlung begangen wurde, nicht eingetreten wäre. Beispiel: Der durch einen Steinwurf des A verletzte B stirbt trotz der Unerheblichkeit der Verletzung, da er ein sog. „Bluter" ist. Es liegt, wenn die Handlung (Körperverletzung) vorsätzlich erfolgte, der Tatbestand des § 226 (Körperverletzung mit nachgefolgtem Tode) vor.

b) Die Annahme eines solchen ursächlichen Zusammenhangs ist ferner auch dann nicht ausgeschlossen, wenn der Erfolg ohne das gleichzeitige oder aufeinanderfolgende Zusammenwirken anderer menschlicher Handlungen, nämlich fahrlässiges Verhalten des Verletzten selbst oder eines Dritten, nicht eingetreten wäre. Beispiele: Der A hat sich gegenüber dem B einer vorsätzlichen Körperverletzung im Sinne des § 223 schuldig gemacht. B zieht sich durch eigene Unachtsamkeit eine Blutvergiftung zu, die seinen Tod herbeiführt. A ist wegen Körperverletzung mit nachgefolgtem Tode (§ 226) zu bestrafen. Oder: Eine Hausfrau läßt in einem unverschlossenen Schrank Arsen liegen. Die Köchin verwechselt dieses Gift mit dem daneben liegenden Zucker und vergiftet infolge dieses Irrtums den Hausherrn. Die von der Hausfrau für den Tod ihres Mannes fahrlässig gesetzte Ursache wird durch das fahrlässige Verhalten der Köchin nicht aufgehoben. Beide haben sich der fahrlässigen Tötung — vorausgesetzt, daß fahrlässiges Verhalten nachweisbar ist — schuldig gemacht.

c) Schließlich bewirkt auch das vorsätzliche Dazwischentreten eines Dritten nicht notwendigerweise die Aufhebung des Kausalzusammenhangs. Beispiel: Die Hausfrau bleibt in dem oben erwähnten Beispiel auch dann wegen fahrlässiger

Tötung strafbar, wenn die Köchin vorsätzlich das Gift statt des Zuckers für die Zubereitung der Speisen verwendet, um den Hausherrn zu töten, was ihr dann auch gelingt. Auch in diesem Falle kann das fahrlässige Verhalten der Hausfrau nicht hinweggedacht werden, ohne daß der Erfolg entfiele.

d) Dieser für das Strafrecht geltende Ursachenbegriff mit seinen weitgehenden Folgen wird im allgemeinen durch den inneren Tatbestand eingeengt insofern, als zu jedem Tatbestand auch ein schuldhaftes Verhalten in Form des Vorsatzes oder der Fahrlässigkeit hinzukommen muß (siehe unten Abschnitt C), um die Strafbarkeit zu begründen. Da diese Möglichkeit aber bei den durch den Erfolg qualifizierten Delikten, d. h. bei den Tatbeständen, bei denen durch eine an sich schuldhafte Handlung ein unverschuldeter schwererer Erfolg herbeigeführt wird (siehe oben die Erörterungen in Abschnitt II 3), nicht gegeben ist, ist in diesen Fällen ein Kausalzusammenhang dann zu verneinen, wenn der Erfolg einem reinen Zufall zuzuschreiben ist. Beispiele: Der A versetzt dem B einen Schlag, so daß er zu Boden fällt und unter einem Baum liegen bleibt. Bei einem später einsetzenden Gewitter wird B vom Blitz erschlagen. A kann nur wegen Körperverletzung, nicht aber wegen Verbrechens nach § 226 (Körperverletzung mit nachgefolgtem Tod) bestraft werden. Ebenso wäre zu entscheiden, wenn A dem B, der im Begriffe ist, abzureisen, verwundet, dadurch den B zum Bleiben zwingt und dieser dann von einem fallenden Dachziegel erschlagen wird. Obwohl die von A dem B zugefügte Körperverletzung zwar nicht hinweggedacht werden kann, ohne daß der Erfolg (das Erschlagenwerden durch einen Dachziegel) entfiele, ist A nicht wegen Körperverletzung mit nachgefolgtem Tod (§ 226) zu bestrafen, da der Tod in diesem Falle einem reinen Zufall zuzuschreiben ist. (Im Gegensatz zur oben erörterten Bedingungstheorie spricht man in diesen Fällen von der Theorie der sog. adäquaten Verursachung.)

e) Kausalzusammenhang zwischen einer Unterlassung und dem rechtsverletzenden Erfolg liegt vor, wenn die Unterlassung nicht hinweggedacht oder, schärfer ausgedrückt, nicht hinzugedacht werden kann, ohne daß damit der eingetretene Erfolg wegfiele.

f) Da die Frage des Kausalzusammenhangs zum objektiven, d. h. zum äußeren Tatbestand gehört, muß bei allen Erfolgsdelikten zunächst diese Frage geklärt werden, bevor die Frage des Verschuldens, die ja zum subjektiven, d. h. zum inneren Tatbestand gehört, geprüft werden kann. Ist die Frage des Kausalzusammenhangs zu verneinen, dann erübrigt sich die Prüfung der Frage des Verschuldens.

VI. **Vollendung, Versuch und Vorbereitungshandlung.**

1. Eine Straftat durchläuft zeitlich gesehen folgende vier Abschnitte: Entschlußfassung, Vorbereitungshandlung, Versuch und Vollendung. Straflos sind grundsätzlich Entschlußfassung und Vorbereitungshandlung. (Siehe aber unten Abschnitte 4 und 5.)

2. Ein Delikt ist **vollendet,** wenn der gesetzliche äußere und innere Tatbestand vollkommen verwirklicht, wenn insbesondere der zum Tatbestand gehörende Erfolg eingetreten ist. (Siehe die Ausführungen oben in Abschnitt B III 1.)

3. Ein **Versuch** liegt vor, wenn der Täter zwar den fraglichen Tatbestand verwirklichen wollte, aber an dem, was der Täter tatsächlich verwirklicht hat, etwas fehlt, was zum Tatbestand gehört.

a) Immer ist Voraussetzung eines strafbaren Versuchs, daß mit der Ausführungshandlung begonnen worden ist.

b) Der im Gesetz (§ 43) geregelte Fall des Versuchs besteht darin, daß, äußerlich erkennbar, sich nicht soviel ereignet, als der gesetzliche Tatbestand erfordert und dem Vorsatz des Täters entspricht, daß also das äußere Geschehen hinter der Vorstellung und dem Willen des Täters zurückbleibt, z. B. der Mörder schießt an seinem Opfer vorbei. (Siehe im übrigen die Erläuterungen zu § 43.)

c) Eine versuchte Straftat liegt aber nach der reichsgerichtlichen Rechtsprechung zu § 59 auch dann vor, wenn der Täter irrtümlicherweise annimmt, ein zum gesetzlichen Tatbestand gehörendes Tatbestandsmerkmal sei vorhanden, während es in Wirklichkeit nicht vorliegt, z. B. Wegnahme der eigenen Sache in der Meinung, es sei eine fremde. (Siehe unten Abschnitt D II 1 a, S. 18.)

d) Vom versuchten Delikt ist zu unterscheiden das sog. Wahnverbrechen. (Siehe hierzu unten Abschnitt D V, S. 20.)

e) Wegen Rücktritts und tätiger Reue siehe die Erläuterungen zu § 46.

4. Als **Vorbereitungshandlung** gilt jede Handlung, die noch nicht den Anfang der Ausführungshandlung enthält. (Siehe hierzu Erl. 3 zu § 43.)

5. Die Verabredung einer Straftat, sowie das Sicherbieten zu einer solchen oder die Annahme eines solchen Anerbietens ist, soweit es sich um ein Verbrechen handelt, in § 49 a Abs. 2 besonders unter Strafe gestellt. (Siehe hierzu Erl. 4 zu § 49 a.)

VII. **Zusammentreffen mehrerer strafbarer Handlungen.**

1. Bei Verletzung mehrerer Strafgesetze oder mehrmaliger Verletzung desselben Strafgesetzes durch einen Täter können vorliegen:

a) Tateinheit (§ 73),
b) Tatmehrheit (§ 74),
c) Gesetzeskonkurrenz,
d) Fortsetzungszusammenhang,
e) Kollektivverbrechen.

Im StGB. gesetzlich geregelt sind nur Tateinheit und Tatmehrheit. Die übrigen drei Begehungsformen sind Gebilde der Rechtsprechung und Wissenschaft.

2. **Tateinheit** (rechtliches Zusammentreffen), auch Idealkonkurrenz genannt, liegt vor, wenn durch eine Handlung mehrere Strafgesetze verletzt werden. (Siehe die Erläuterungen zu § 73.)

3. Von **Tatmehrheit** (sachliches Zusammentreffen) auch Realkonkurrenz genannt, spricht man, wenn der Täter durch mehrere Handlungen mehrere Strafgesetze verletzt. (Siehe die Erläuterungen zu § 74.)

4. Das Wesen der **Gesetzeskonkurrenz** besteht darin, daß eine Handlung mehrere Strafgesetze zu verletzen scheint, weil der Wortlaut dieser mehreren

Strafgesetze an sich auf diese eine Handlung zutrifft, daß aber der Gesetzgeber die Anwendung nur eines Strafgesetzes will und deshalb nur dieses eine Strafgesetz als verletzt zu gelten hat.

a) Eine solche Gesetzeskonkurrenz liegt insbesondere dann vor, wenn der Gesetzgeber aus einem bestimmten Tatbestand durch Hinzufügung weiterer Merkmale einen engeren Tatbestand heraushebt und unter selbständige Strafdrohung stellt, so daß nur dieser engere (spezielle) Tatbestand als verletzt gilt. (Fall der sog. Spezialität.)

So sind z. B. die Notentwendung des § 248 a und der Mundraub des § 370 Abs. 1 Nr. 5 gegenüber dem Diebstahl des § 242 die spezielleren Gesetze; ebenso der Raub des § 249 gegenüber dem Diebstahl, ferner die Erpressung des § 253 gegenüber der Nötigung des § 240.

b) In einigen Fällen bestimmt das Gesetz ausdrücklich, daß von mehreren in Frage kommenden Strafgesetzen das eine nur aushilfsweise für den Fall zur Anwendung gelangen soll, daß nicht bereits das andere Platz greift. Eine solche sog. Subsidiarität ist vor allem vorgesehen in §§ 145 d, 265 a.

c) Gesetzeskonkurrenz liegt ferner vor, wenn der eine Tatbestand den anderen aufzehrt (Fall der Aufzehrung, auch Konsumtion genannt). Dies ist insbesondere dann der Fall, wenn eine Gefährdungstat mit einer Verletzungstat (siehe oben Abschnitt II 2) zusammentrifft. In einem solchen Falle erfolgt nur Bestrafung wegen der Verletzungstat. So verlieren z. B. die Gefährdungsdelikte der §§ 221, 229 ihre selbständige Bedeutung gegenüber den Tötungsdelikten der §§ 211, 212. Es kann also eine Mutter, die ihr Kind in Tötungsabsicht aussetzt oder ihm in der gleichen Absicht Gift beibringt, nur wegen vollendeter bzw. versuchter Tötung gemäß §§ 211, 212 und nicht daneben wegen Aussetzung nach § 221 bzw. Vergiftung nach § 229 bestraft werden.

d) Ferner bilden eine Art Gesetzeskonkurrenz (ebenfalls in Form der Konsumtion) die Fälle der sog. straflosen Vortat und der straflosen Nachtat. (Allerdings liegen hier im Gegensatz zu den in a) und b) behandelten Fällen mehrere äußerlich getrennte Tätigkeitsakte vor.)

aa) Von einer straflosen Vortat spricht man, wenn die eine Straftat nach ihrer äußeren und inneren Gestaltung regelmäßig die notwendige Voraussetzung für die Begehung der zweiten Straftat bildet. Beispiel: Ein Einbruchsdiebstahl nach § 243 Abs. 1 Nr. 2 ist nicht denkbar, ohne daß gleichzeitig der Tatbestand des Hausfriedensbruchs i. S. des § 123 verwirklicht wird. Bestrafung kann daher nur wegen Einbruchsdiebstahls erfolgen.

bb) Eine straflose Nachtat liegt vor, wenn die zweite Tat kein neues Rechtsgut verletzt, sondern der durch die Vortat entstandene Schaden durch einen erneuten Eingriff in das gleiche Rechtsgut zum Nachteil des schon durch die erste Straftat Geschädigten lediglich vergrößert wird. So bleibt vor allem das Verwertungsdelikt gegenüber dem Aneignungsdelikt in der Regel straflos.

Beispiele: Der Dieb, der die gestohlene Sache zerstört, kann nicht außer wegen Diebstahls auch noch wegen Sachbeschädigung (§ 303) bestraft werden. Diese ist vielmehr eine straflose Nachtat gegenüber dem Diebstahl. Oder: Der

Dieb, der die gestohlene Sache weiterverkauft, begeht im Augenblick des Verkaufs an sich eine Unterschlagung. Durch diese Unterschlagung wird aber kein neues Rechtsgut einer anderen Person verletzt, sondern nur abermals das Eigentum des Bestohlenen; daher kann der Dieb nicht außer wegen Diebstahls (§ 242) auch noch wegen Unterschlagung (§ 246) bestraft werden; die Unterschlagung ist vielmehr gegenüber dem Diebstahl eine straflose Nachtat. Anders aber ist der durch den Verkauf der gestohlenen Sache gegenüber dem Dritten begangene Betrug zu bewerten. Ein Betrug gegenüber dem Käufer liegt deshalb vor, weil der Käufer gemäß § 935 BGB. an einer gestohlenen Sache kein Eigentum erwerben kann und durch die infolge der Täuschung bewirkte Zahlung des Kaufpreises einen Vermögensschaden erleidet. Dieser Betrug gegenüber dem Käufer bedeutet aber einen neuen Eingriff in ein anderes Rechtsgut, nämlich eine Verletzung des Vermögens des Käufers. Der Betrug (§ 263) bildet gegenüber dem Diebstahl (§ 242) demnach keine straflose Nachtat, sondern ist neben dem Diebstahl gemäß § 74 (Tatmehrheit) zu bestrafen.

e) Schließlich bilden noch eine Art von Gesetzeskonkurrenz in Form der Konsumtion die zeitlichen Entwicklungsstufen bei einer Zuwiderhandlung gegen dieselbe Strafnorm (Vorbereitungshandlung, Versuch, Vollendung), sowie die verschiedenen Teilnahmeformen (Beihilfe, Anstiftung und Mittäterschaft) in ihrem Verhältnis zueinander. Es konsumieren nämlich der Versuch die Vorbereitungshandlung und andererseits die vollendete Tat den Versuch. Ebenso werden die Beihilfe (als die leichtere Form der Teilnahme) durch die Anstiftung (als die schwerere Teilnahmeform) und beide Teilnahmeformen andererseits durch die Täterschaft bzw. die Mittäterschaft konsumiert.

Beispiele: A und B verabreden, den C mit einer Eisenstange zu erschlagen. Den ersten Angriff schlägt C erfolgreich ab und flieht. A und B verfolgen ihn und erreichen beim zweiten Angriff ihr Ziel. A und B können nur wegen vollendeter Tötung nach §§ 211 bzw. 212 bestraft werden und nicht außerdem noch wegen Verabredung eines Verbrechens im Sinne des § 49a Abs. 2 und ebensowenig wegen versuchter Tötung nach §§ 211 bzw. 212, 43. — Der A stiftet den B an, ihm zwecks Tötung des C eine Eisenstange zu beschaffen. Alsdann entschließt sich B, die Tat gemeinsam mit A auszuführen. Beide erschlagen zusammen den C. A und B können nur wegen gemeinschaftlich begangener Tötung (§§ 211 bzw. 212, 47) und nicht außerdem A wegen Anstiftung des B und ebensowenig B wegen Beihilfe zur Tötung (Beschaffung der Eisenstange) bestraft werden.

5. **Die fortgesetzte Tat.**

a) Einem praktischen Bedürfnis entsprechend hat die Rechtsprechung den Begriff des fortgesetzten Delikts geschaffen, um nämlich umfangreiche gleichartige Straftaten, die sich über einen längeren Zeitraum erstrecken und nur schwer in ihren Einzelheiten aufzuklären sind, zu einer einzigen Straftat zusammenfassen zu können. Die wiederholten Einzelhandlungen werden also nur mit einer Strafe belegt.

b) Der Begriff der fortgesetzten Tat erfordert einen auf stoßweise Verwirklichung eines bestimmten Gesamterfolges gerichteten Vorsatz sowie eine gleichartige Begehungsweise und die Verletzung des gleichen Rechtsgutes.

Beispiele: Der Angestellte A nimmt seinem Arbeitgeber B, dessen Schreibtisch er in Ordnung zu halten hat, täglich eine Zigarre aus der im unverschlossenen Schreibtisch stehenden Kiste. Er ist wegen eines in fortgesetzter Tat begangenen Mundraubs gemäß § 370 Abs. 1 Nr. 5 zu bestrafen, falls die Wegnahme zum alsbaldigen Verbrauch erfolgte und der gesamte Wert der entwendeten Zigarren nicht über eine „geringe Menge" oder einen „unbedeutenden Wert" hinausgehen. Andernfalls liegt fortgesetzter Diebstahl i. S. des § 242 vor. Oder: Der reisende Betrüger A begeht zahlreiche in ihrer Begehungsform gleichartige Versicherungsbetrügereien gegenüber verschiedenen Personen. Er wird nur wegen eines in fortgesetzter Tat begangenen Betrugs gemäß § 263 bestraft.

c) Ein Fortsetzungszusammenhang ist aber immer dann ausgeschlossen, wenn durch die Einzelhandlungen höchstpersönliche Rechtsgüter verschiedener Personen verletzt werden, d. h. bei Straftaten, die sich gegen Leben, Gesundheit, Ehre oder sittliche Reinheit verschiedener Personen richten. So ist eine fortgesetzte Tat nicht möglich bei der Tötung mehrerer Personen, bei Körperverletzungen gegenüber mehreren Personen, bei Abtreibungshandlungen begangen an verschiedenen Frauen, bei wiederholten Verbrechen nach § 176 Abs. 1 Ziff. 3, wenn sich die Handlungen gegen verschiedene Kinder richten, oder bei Vergehen nach § 175, wenn die Unzuchtshandlungen mit verschiedenen Männern vorgenommen werden.

6. Die sog. **Kollektivdelikte,** auch Sammelstraftaten genannt, nämlich die gewerbsmäßig, gewohnheits- oder geschäftsmäßig begangene Tat.

a) Gewerbsmäßig handelt, wer die Tat mit dem Willen begeht, sie zu wiederholen und sich aus der wiederholten Begehung eine Einnahmequelle zu verschaffen. Es reicht mithin schon eine einzelne Handlung aus, wenn sie nur von einem auf Wiederholung in dem bezeichneten Sinne gerichteten Willen getragen ist. (Bei der Fortsetzungstat sind, wie oben ausgeführt wurde, mindestens zwei gleichartige Einzelhandlungen erforderlich.)

Strafbegründend ist die Gewerbsmäßigkeit in § 175a Ziff. 4, soweit der dritte Tatbestand (Sichanbieten zur gleichgeschlechtlichen Unzucht) in Frage kommt, ferner in § 181a (Gewerbsunzucht der Frau bei Zuhälterei), § 285 (nichtöffentliches Glücksspiel), § 302e (Sachwucher), § 361 Abs. 1 Nr. 6a bis c (Gewerbsunzucht).

Strafschärfend ist die Gewerbsmäßigkeit in § 175a Ziff. 4 mit Ausnahme des „Sichanbietens", wo die Gewerbsmäßigkeit, wie erwähnt, strafbegründend ist, ferner in § 260 (Hehlerei), in §§ 292 Abs. 3, 293 Abs. 3 (Wilderei) und in § 302 d (Geldwucher). (Siehe auch die Erläuterungen 4a, 5b und 7 zu § 50 Abs. 2.)

b) Gewohnheitsmäßigkeit liegt vor, wenn der Täter aus einem durch wiederholte Begehung erworbenen Hang heraus handelt. Dieser Begriff setzt ebenso wie die fortgesetzte Tat eine Mehrheit von Einzelhandlungen voraus.

Strafbegründend ist die Gewohnheitsmäßigkeit in §§ 150 (Münzverringerung), 180 (Kuppelei), 181a (Zuhälterei), 284 Abs. 2 (Glücksspiel), 302e (Sachwucher).

Strafschärfend ist die Gewohnheitsmäßigkeit in §§ 260 (Hehlerei), 292 Abs. 3, 293 Abs. 3 (Wilderei) und 302 d (Geldwucher).

c) Geschäftsmäßigkeit liegt vor, wenn der Handelnde beabsichtigt, die fragliche Tat zu wiederholen und sie dadurch zu einem wiederkehrenden Bestandteil seiner Beschäftigung zu machen. Geschäftsmäßiges Handeln ist im StGB. nur in § 144 (Verleitung zur Auswanderung) gefordert.

C. Die Schuld.

I. Die **Schuld im strafrechtlichen Sinne** ist der Inbegriff der seelischen Beziehungen des Täters zu der ihm zur Last gelegten strafbaren Handlung.

Wie schon in Abschnitt B III 3 erörtert wurde, ist neben der Rechtswidrigkeit und der objektiven Tatbestandsmäßigkeit Voraussetzung der Strafbarkeit einer Handlung, daß der Täter schuldhaft gehandelt hat, d. h. daß kein Schuldausschließungsgrund (§§ 51, 52, 53 Abs. 3, 54, 58, 59) vorliegt.

Der für die Praxis wichtigste dieser Schuldausschließungsgründe ist die Unzurechnungsfähigkeit i. S. des § 51, d. h. schuldig ist nur derjenige, der die Fähigkeit hat, das Unerlaubte der Tat einzusehen und nach dieser Einsicht zu handeln (siehe hierzu die Erläuterungen zu § 51).

II. Für den Begriff der **Zurechnungsfähigkeit** in obigem Sinne, d. h. der strafrechtlichen Verantwortlichkeit sind drei Stadien des Lebensalters maßgebend:

1. Bis zum vollendeten 14. Lebensjahr ist der Mensch im allgemeinen strafrechtlich nicht verantwortlich. Ist der Täter z. Z. der Tat wenigstens 12 Jahre alt, so kann er unter bestimmten Voraussetzungen zur Verantwortung gezogen werden. (Siehe § 3 Abs. 2 Reichsjugendgerichtsgesetz, abgedruckt in Anhang 1, und die dortige Anmerkung.)

2. In der Zeit vom 14. bis 18. Lebensjahr ist der Mensch strafrechtlich verantwortlich, wenn er z. Z. der Tat nach seiner sittlichen und geistigen Entwicklung reif genug ist, das Unrecht der Tat einzusehen und nach dieser Einsicht zu handeln. (§ 3 Abs. 1 RJGG.)

3. Mit dem vollendeten 18. Lebensjahr ist der Mensch voll strafrechtlich verantwortlich.

III. Die **Schuldformen** sind Vorsatz und Fahrlässigkeit. In der Regel wird der Täter nur bestraft, wenn er vorsätzlich gehandelt hat. Ausnahmsweise genügt für die Strafbarkeit auch fahrlässiges Verhalten (§§ 222, 230).

Das StGB. hat keine gesetzlichen Begriffsbestimmungen für Vorsatz und Fahrlässigkeit getroffen. Lediglich in Wissenschaft und Rechtsprechung haben sich bestimmte Formulierungen herausgebildet.

1. Der **Vorsatz.**

a) Vorsätzlich handelt, wer mit Wissen und Wollen die äußeren Merkmale des Tatbestands verwirklicht, sog. dolus directus (unbedingter Vorsatz). Das Bewußtsein der Rechtswidrigkeit der fraglichen Handlungsweise bildet kein Erfordernis des Vorsatzes.

Beispiel: Der A will den B töten und gibt mit dem Bewußtsein, daß die Kugel den B tödlich treffen werde, auf diesen einen Schuß ab, der den Tod des B zur Folge hat; A ist wegen Mords bzw. wegen Totschlags zu bestrafen (§ 211 bzw. § 212).

b) Vorsatz liegt auch dann vor, wenn der Täter den Erfolg nicht unmittelbar gewollt hat, aber doch als möglich vorausgesehen und ihn als eventuellen Erfolg in seinen Willen aufgenommen hat, sog. dolus eventualis oder bedingter Vorsatz. Er ist grundsätzlich in allen Fällen ausreichend, in denen vorsätzliches Handeln verlangt wird.

Beispiele: Der Wilderer A entdeckt am Waldrand den Förster B, der ihn verfolgt. Er gibt einen tödlich wirkenden Schuß auf ihn ab. A hatte dabei zunächst nur die Absicht, den Förster kampfunfähig zu machen; er ist sich aber bewußt, daß der Schuß auch eine tödliche Wirkung haben kann und ist auch mit diesem Erfolg einverstanden, d. h. er nimmt auch diesen von ihm als möglich erkannten Erfolg in seinen Willen auf. A ist wegen eines vorsätzlichen Tötungsdeliktes (Mord bzw. Totschlag) zu bestrafen.

Oder: A nimmt mit einem Mädchen unter 14 Jahren unzüchtige Handlungen vor. Er ist dabei der Meinung, daß das Mädchen schon 14 Jahre alt sei. Er rechnet aber auch mit der Möglichkeit, daß das Mädchen das 14. Lebensjahr noch nicht erreicht hat, will die Tat aber auch für diesen Fall. A ist wegen Verbrechens nach § 176 Abs. 1 Ziff. 3 zu bestrafen. (Wegen „dolus generalis" siehe S. 20, Abs. IV.)

c) Daß es auch vorsätzliche Delikte gibt, bei denen der Vorsatz sich nicht auf den Erfolg erstreckt, der Täter aber trotzdem für den Erfolg strafrechtlich verantwortlich gemacht wird (sog. durch den Erfolg qualifizierte Delikte, z. B. § 226) wurde oben in Abschnitt B II 3 S. 3 erörtert.

d) Häufig verlangt das Gesetz zur Erfüllung des Straftatbestandes eine über den eigentlichen dolus hinausgehende Willensrichtung und kennzeichnet diese mit Absicht (z. B. §§ 242, 257, 263), Wissentlichkeit (z. B. §§ 327, 328) oder „wider besseres Wissen" (z. B. §§ 164 Abs. 1, 187, 278). Während für wissentliches Handeln schon bedingter Vorsatz (dolus eventualis) genügt, erfordern die beiden anderen Begriffe den unbedingten Vorsatz.

e) Schließlich werden Vorsatz und Absicht in einigen Gesetzesstellen durch Hinzufügung eines besonderen moralischen Qualifikationsmomentes eingeengt. So gehört z. B. zur Strafbarkeit der Eheerschleichung i. S. des § 170, daß das Verschweigen arglistig erfolgt; ebenso wird „besondere Arglist" verlangt in den §§ 263 Abs. 4 und 266 Abs. 2. In §§ 170 c und 170 d fordert das Gesetz ein gewissenloses Handeln, während Böswilligkeit zu den Tatbeständen der §§ 134, 135, 170 a, „grober Eigennutz" zum Tatbestand des § 170a und „gewinnsüchtige Absicht" zu den Tatbeständen der §§ 133 Abs. 2, 301, 302 und 169 gehört, und schließlich „niedrige Beweggründe" (§ 211) eines der Unterscheidungsmerkmale des Mords gegenüber dem Totschlag bilden.

2. Die **Fahrlässigkeit**.

a) Fahrlässig handelt, wer die Sorgfalt außer acht läßt, zu der er nach den Umständen und nach seinen persönlichen Verhältnissen verpflichtet und fähig ist und deshalb entweder nicht voraussieht, daß sich der Tatbestand der strafbaren Handlung verwirklichen kann (unbewußte Fahrlässigkeit) oder, obwohl er das für möglich hält, darauf vertraut, daß es nicht geschehen wird (bewußte Fahrlässigkeit).

b) Der Begriff der Fahrlässigkeit verlangt also, daß der Täter eine (durch Rechtssätze, z. B. Unfallverhütungsvorschriften, Straßenverkehrsordnung usw. oder die Verkehrssitte) gebotene und von ihm billigerweise zu erwartende, d. h. ihm zumutbare Sorgfalt vernachlässigt und infolgedessen einen nach den täglichen Lebenserfahrungen vorhersehbaren Erfolg nicht voraussieht, bzw. den Erfolg zwar als möglich voraussieht, aber hofft, daß er nicht eintrete.

c) Vom Vorsatz unterscheidet sich die Fahrlässigkeit dadurch, daß beim Vorsatz (auch beim eventuellen) das Verschulden in der gewollten, bei der Fahrlässigkeit dagegen in der ungewollten, aber durch pflichtwidrige Unaufmerksamkeit herbeigeführten Verletzung der Rechtsordnung besteht.

d) Beispiele: aa) Unbewußte Fahrlässigkeit: Der A will sein Jagdgewehr reinigen und tötet hierbei den in der Nähe stehenden B, an welche Möglichkeit er nicht gedacht hat; er hatte vergessen, das Gewehr vorher zu entladen. Er ist wegen fahrlässiger Tötung nach § 222 zu bestrafen.

bb) Bewußte Fahrlässigkeit: Der A gibt auf größere Entfernung auf ein am Waldrand erscheinendes Reh einen Schuß ab, obwohl er gesehen hatte, daß ganz in der Nähe des Standortes des Wildes sich ein Treiber befand. Dieser wurde tödlich getroffen. A hatte zwar mit der Möglichkeit gerechnet, daß der auf das Reh abgegebene Schuß sein Ziel verfehlen und den Treiber treffen könnte. Er hatte aber, im Hinblick auf seine bewährte Schießkunst darauf vertraut, daß ein solcher Erfolg nicht eintreten werde. Er ist nur wegen fahrlässiger Tötung nach § 222 zu bestrafen.

e) Unterschied zwischen bewußter Fahrlässigkeit und bedingtem Vorsatz: Die Vorstellung von der Möglichkeit der Tatbestandsverwirklichung ist sowohl beim bedingten Vorsatz als auch bei der bewußten Fahrlässigkeit gegeben. Bestehen Zweifel, ob die eine oder andere dieser beiden Schuldformen vorliegt, ist stets die folgende Frage zu stellen: Wie hätte der Täter gehandelt, wenn er sich den Erfolg seiner Handlung als gewiß vorgestellt hätte, bzw. wenn er eine bestimmte Kenntnis aller Tatumstände gehabt hätte? — Kommt man dabei zu der Antwort, daß er dann ebenso gehandelt hätte, dann ist der Vorsatz zu bejahen; kommt man dagegen zu dem Ergebnis, daß der Täter bei bestimmter Voraussicht des Erfolges bzw. bei bestimmter Kenntnis aller Tatumstände die Handlung unterlassen hätte, dann ist der dolus zu verneinen und es liegt nur bewußte Fahrlässigkeit vor.

D. Der Irrtum.

I. **Vorbemerkungen:**

1. In engstem Zusammenhang mit dem Schuldproblem steht die Lehre vom Irrtum. Der Irrtum ist die negative Seite des dolus insofern, als zwar das Bewußtsein der Rechtswidrigkeit, wie wir oben gesehen haben (siehe Ab-

schnitt C IV 1), kein Erfordernis des dolus bildet, dem Täter also nicht nachgewiesen zu werden braucht, andererseits aber die Strafbarkeit entfallen kann, wenn der Täter infolge eines Irrtums nicht das Bewußtsein der Rechtswidrigkeit seiner Handlungsweise gehabt hat. Das Bewußtsein der Rechtswidrigkeit hat also nur negative Bedeutung.

2. Die allgemeine Einwendung des Beschuldigten, er habe nicht gewußt, daß er Unrecht tue, begründet an sich nicht ohne weiteres die Freisprechung. Vielmehr muß jeweils die Art des Irrtums, der angeblich einer Übereinstimmung der Vorstellung des Täters mit der Wirklichkeit entgegenstand, untersucht werden.

3. Gesetzlich wird das Irrtumsproblem behandelt in § 59, der sich aber nach seinem Wortlaut lediglich mit dem sog. Tatsachenirrtum befaßt, während die Grundsätze über den Irrtum, der auf Nichtkenntnis von Rechtsverhältnissen beruht (sog. Rechtsirrtum) durch Wissenschaft und Rechtsprechung (insbesondere die nicht unbestrittene des früheren Reichsgerichts) herausgebildet worden sind.

II. In jedem Falle, in dem der Beschuldigte einen Irrtum geltend macht, muß jeweils zunächst geprüft werden, ob es sich um einen **strafrechtlich beachtlichen** oder **strafrechtlich unbeachtlichen Irrtum** handelt.

1. **Beachtlich** ist der Irrtum:

a) Über einen strafbegründenden oder straferhöhenden Tatumstand (der eigentliche, im Gesetz in § 59 Abs. 1 geregelte Fall),

b) über außerstrafrechtliche Rechtssätze (diese Art von Irrtum hat die Rechtsprechung dem Tatsachenirrtum des § 59 Abs. 1 gleichgestellt),

c) über das Vorhandensein der tatsächlichen Voraussetzungen eines Rechtsfertigungs- oder eines Schuldausschließungsgrundes.

Beispiele für beachtlichen Irrtum:

Zu Ziff. 1a (strafbegründender Tatumstand): Wegnahme einer fremden Sache ist kein Diebstahl, wenn der Wegnehmende irrtümlicherweise annimmt, die Sache gehöre ihm; denn er irrt sich über das Vorhandensein des Tatumstandes „fremde Sache", der zum Tatbestand des Diebstahls (§ 242) gehört. (Dagegen begeht nach der nicht unbestrittenen reichsgerichtlichen Rechtsprechung versuchten Diebstahl, wer seine eigene Sache wegnimmt in der Meinung, es sei eine fremde; siehe oben Abschnitt B VI 3 c.) Oder: A begeht unzüchtige Handlungen an einem Kinde unter 14 Jahren; zu seiner Entlastung führt er an, er habe geglaubt, das sehr entwickelte Kind sei schon 15 Jahre alt. Er kann, wenn man seinen Angaben Glauben schenkt, nicht wegen Verbrechens nach § 176 Abs. 1 Ziff. 3 bestraft werden, da er den gesetzlichen Tatumstand „Person unter 14 Jahren" nicht gekannt hat.

Zu Ziff. 1a (straferhöhender Tatumstand): Wer seinen Vater körperlich mißhandelt, ohne zu wissen, daß es sein Vater ist (z. B. infolge Verwechslung in der Dunkelheit) kann nicht wegen Vergehens nach § 223 Abs. 2, sondern nur wegen Vergehens nach Abs. 1 des § 223 bestraft werden.

Zu Ziff. 1b (außerstrafrechtlicher Irrtum): Wenn ein Schuldner irrtümlicherweise annimmt, durch Zahlung der Schuld werde die Pfändung ohne weiteres aufgehoben, so kann er, wenn er über die gepfändete Sache verfügt, nicht wegen Verstrickungsbruchs nach § 137 bestraft werden, da er sich in einem außerstrafrechtlichen Irrtum, nämlich in einem das Zivilrecht betreffenden befunden hat.

Zu Ziff. 1 c (Irrtum über die tatsächlichen Voraussetzungen eines Rechtfertigungsgrundes): Der Förster A begegnet im Walde dem Landwirt B, den er irrtümlicherweise für einen Wilderer hält, der ihn angreifen wolle. Er gibt auf diesen einen Schuß ab und tötet ihn. A kann nicht wegen vorsätzlicher Tötung (Totschlag) bestraft werden, da er irrtümlicherweise die tatsächlichen Voraussetzungen der Notwehr nach § 53, also einen Rechtfertigungsgrund (siehe oben Abschnitt B III 2) als vorliegend erachtet hat. (Sog. Putativnotwehr, siehe Erl. 6 zu § 53; wegen eventueller Bestrafung unter dem Gesichtspunkt der fahrlässigen Tötung siehe unten Abschnitt 3 b.)

Zu Ziff. 1 c (Irrtum über die tatsächlichen Voraussetzungen eines Schuldausschließungsgrundes): In einem Vorstadtkino ruft ein betrunkener Besucher „Feuer", worauf eine Panik im Publikum entsteht, das zum Notausgang eilt. Der Besucher A stößt dabei mit anderen Flüchtenden an dem engen Notausgang zusammen, so daß der Ausgang verstopft ist. Darauf erfaßt der A den neben ihm eingepreßten B am Halse und stößt ihn mit voller Wucht gegen den Türpfeiler, um ins Freie gelangen zu können. B wird dabei schwer verletzt. A kann nicht wegen vorsätzlicher Körperverletzung bestraft werden, da er irrtümlicherweise die tatsächlichen Voraussetzungen des Notstandes, also einen Schuldausschließungsgrund für vorliegend erachtet hat. (Sog. Putativnotstand, siehe Erl. 5 zu § 54; wegen eventueller Bestrafung unter dem Gesichtspunkt der fahrlässigen Tötung siehe unten Abschnitt 3 b.)

2. **Unbeachtlich**, d. h. für die Schuldfrage ohne Bedeutung ist der Irrtum, wenn er auf strafrechtlichem Gebiet liegt. Denn hier gilt der Grundsatz: Unkenntnis schützt vor Strafe nicht. Dieser, in konstanter reichsgerichtlicher Rechtsprechung vertretene Standpunkt (er wird vielfach bekämpft) wird damit begründet, daß das, was durch ein Strafgesetz verboten ist, in der Regel auch dem allgemeinen Sittengesetz widerspricht, so daß dem einzelnen zugemutet werden kann, sich in den Schranken der Strafgesetze auch dann zu halten, wenn ihm deren Reichweite im einzelnen nicht bekannt ist. (Eine Ausnahme von diesem Grundsatz, daß der Strafrechtsirrtum unbeachtlich sei, enthält das Steuerstrafrecht in § 395 Reichsabgabenordnung, ferner das Devisenstrafrecht in § 17 des Devisenbewirtschaftungsgesetzes vom 12. 12. 1938, sowie schließlich das Wirtschaftsstrafrecht in § 31 des Gesetzes zur Vereinfachung des Wirtschaftsstrafrechts vom 26. 7. 1949.)

Beispiel für unbeachtlichen Strafrechtsirrtum: Der Vater A macht sich der schweren Kuppelei nach § 181 Ziff. 2 schuldig, wenn er den Geschlechtsverkehr seiner Tochter mit dem Bräutigam duldet. Sein Einwand, er habe nicht gewußt, daß ein solcher Geschlechtsverkehr „Unzucht" sei, ist bedeutungslos, da er auf einer irrigen Auslegung des Strafgesetzes beruht.

3. Ist der Irrtum beachtlich (siehe oben Ziff. 1), dann sind zwei Möglichkeiten zu unterscheiden:

a) Ist der Irrtum entschuldbar, so ist der Täter vollkommen straffrei.

b) Ist der Irrtum nicht entschuldbar, also auf mangelnde Sorgfalt zurückzuführen, so erfolgt Bestrafung nach § 59 Abs. 2, falls das fragliche Delikt auch fahrlässig begangen werden kann.

Beispiel: Der Lehrer X, der infolge einer Verwechslung den Schüler A statt den Schüler B züchtigt, kann zwar nicht wegen vorsätzlicher Körperverletzung nach § 340 bestraft werden, da er irrtümlicherweise die tatsächlichen Voraussetzungen des Züchtigungsrechts der Lehrer, also einen Rechtfertigungsgrund (siehe oben Ziff. 1c) als vorliegend erachtet hat. Beruht aber der Irrtum des Lehrers auf Fahrlässigkeit, so kann er gemäß § 59 Abs. 2 wegen fahrlässiger Körperverletzung nach § 230 bestraft werden.

III. Als **besondere Einzelfälle unbeachtlichen Irrtums** sind noch zu erwähnen der Irrtum über die Person (sog. error in persona) und der Irrtum über die Sache (sog. error in objecto), wenn die getroffene Person oder Sache mit der gemeinten gleichwertig ist und im Augenblick der Tat die wahrgenommene Person oder Sache getroffen werden sollte.

Beispiele: 1. Der A will den B töten, tötet aber infolge einer Personenverwechslung den C. A ist wegen vollendeten Mords (§ 211) bzw. Totschlags (§ 212) zu bestrafen (error in persona). (Das gleiche gilt für die Körperverletzung.)

2. Der A will ein Herrenfahrrad stehlen, verwechselt aber in dem Fahrradgeschäft, in das er eingebrochen ist, das zu stehlende Herrenfahrrad mit einem Damenfahrrad. A ist wegen vollendeten Einbruchsdiebstahls zu bestrafen (error in objecto).

Hiervon ist zu unterscheiden die sog. Abirrung (aberratio ictus), d. h. der Fall, daß sich der Angriff in einer anderen Person oder Sache vollendet, als in der, gegen die er gerichtet ist. In einem solchen Falle kommen Fahrlässigkeit und Versuch in Frage. Beispiel: A schießt mit Tötungsvorsatz auf B, trifft aber den daneben stehenden C. Es liegt versuchte Tötung des B, begangen in Tateinheit mit fahrlässiger Tötung des C vor.

IV. Ein unbeachtlicher **Irrtum über den Kausalverlauf** liegt vor, wenn der Täter irrtümlich glaubt, die Tat durch seine Ausführungshandlung vollendet zu haben, während aber der Erfolg erst durch eine neu hinzutretende Ursache in einem späteren Zeitpunkt eintritt. Es liegt in diesem Falle eine vollendete Tat vor.

Beispiel: Es liegt vollendeter Mord bzw. Totschlag vor, wenn der Täter die von ihm mit Tötungsvorsatz verletzte Person, die er irrtümlich für tot hält, ins Wasser wirft und der Tod sonst nicht eingetreten wäre (sog. dolus generalis).

V. Ein sog. **Wahnverbrechen,** das straflos ist, liegt vor, wenn der Täter in Kenntnis aller Tatumstände irrtümlich annimmt, seine Handlung sei strafbar. Der Täter hält also beim Wahnverbrechen etwas für strafbar, was straflos ist, während der im Strafrechtsirrtum Befindliche (siehe oben Abschnitt II 3) etwas für straflos hält, was strafbar ist.

Beispiel: Der Onkel, der irrtümlicherweise annimmt, daß der Geschlechtsverkehr mit der Nichte Blutschande sei, kann nicht wegen Vergehens nach § 173 Abs. 2 bestraft werden.

E. Die Strafzumessung.

I. **Vorbemerkung:** Hält der Richter die dem Angeklagten zur Last gelegte Straftat in objektiver und subjektiver Beziehung für erwiesen, d. h. hat er aus dem Ergebnis der Beweisaufnahme in der Hauptverhandlung die Überzeugung gewonnen, daß der Angeklagte schuldig ist und daher eine Strafe verwirkt hat, muß er nunmehr in die Prüfung der letzten und für den schuldigen Angeklagten wichtigsten Frage eintreten, welche Strafe der Schuld des Angeklagten entspricht. (Wegen des Verlaufs des Strafverfahrens siehe Anhang 2 „Strafprozeßrecht", Abschnitt H.)

II. Regelmäßig stellt das Gesetz für jeden einzelnen Tatbestand einen **Strafrahmen** zur Verfügung, innerhalb dessen Grenzen der Richter die angemessene Strafe zu ermitteln hat. Diejenigen Strafzumessungsgründe, die den Richter veranlassen, sich bei der Straffindung dem gesetzlichen Strafrahmen nach seiner oberen Grenze zu nähern, nennt man Straferhöhungs- oder Strafmehrungsgründe, während die Umstände, die eine Annäherung an die untere Grenze des gesetzlichen Strafrahmens gestatten, als Strafminderungsgründe bezeichnet werden.

Das Strafgesetzbuch selbst enthält keine allgemeinen Bestimmungen darüber, welche äußeren und inneren Momente der Tat als straferhöhend oder strafmindernd zu berücksichtigen sind. Der der Strafe innewohnende doppelte Zweck der Vergeltung und Abschreckung verlangt in erster Linie die Feststellung, inwieweit die Tat auf einer verwerflichen Gesinnung oder Willensrichtung des Täters, und inwieweit sie auf Ursachen zurückzuführen ist, die außerhalb der Person des Täters liegen (z. B. unverschuldete wirtschaftliche Notlage). Zu berücksichtigen sind ferner die vom Täter verschuldeten Folgen der Tat sowie schließlich auch das Vorleben des Täters und sein Verhalten nach der Tat, insbesondere die Frage, ob er versucht hat, den durch die Tat angerichteten Schaden wieder auszugleichen, und nicht zuletzt sein Verhalten während des Verfahrens (hartnäckiges Leugnen trotz erwiesener Schuld wird im allgemeinen als strafmehrend anzusehen sein).

III. In zahlreichen Fällen ist im Gesetz ausdrücklich festgelegt, daß beim Vorliegen ganz bestimmter vom Gesetz genannter Straferhöhungs- oder Strafminderungsgründe der normale Strafrahmen nach oben oder nach unten verlassen werden kann oder verlassen werden muß. Man nennt diese Gründe **Strafschärfungs- und Strafmilderungsgründe**. (Siehe hierzu die Erl. 4 zu § 50.)

1. Strafschärfungsgründe sind z. B. der Rückfall beim Diebstahl (§ 244), beim Raub (§ 250 Nr. 5), bei der Hehlerei (§ 261) und beim Betrug (§ 264), ferner die Beamteneigenschaft bei den unechten Beamtendelikten, das Verwandtschaftsverhältnis in den Fällen der §§ 181 Nr. 2, 221 Abs. 2, 223 Abs. 2. Einen allgemeinen Strafschärfungsgrund bildet schließlich die Feststellung, daß der Täter ein gefährlicher Gewohnheitsverbrecher ist (siehe die Erläuterungen zu § 20 a).

2. Die im Gesetz ausdrücklich festgelegten Strafmilderungsgründe sind:

a) Bestimmt benannte: Jugendliches Alter zwischen 14 und 18 Jahren (§§ 1 Abs. 1, 4, 7 Reichsjugendgerichtsgesetz); verminderte Zurechnungsfähigkeit

(§§ 51 Abs. 2, 58 Abs. 2); Verhältnis der Mutter zum unehelichen Kind (§ 217); Eidesberichtigung (§ 157); Eidesnotstand (§ 158).

b) Unbenannte Strafmilderungsgründe werden im Gesetz als „mildernde Umstände" bezeichnet. Solche sind für zahlreiche Straftatbestände vorgesehen und haben bei ihrer Zubilligung zur Folge, daß der für diesen Fall vorgesehene mildere Strafrahmen entweder angewendet werden muß (z. B. §§ 213, 176 Abs. 2, 213, 217 Abs. 2, 249 Abs. 2) oder angewendet werden kann (z. B. §§ 246 Abs. 2, 263 Abs. 2).

IV. Der **Strafrahmen für den Teilnehmer** an einer Straftat ist, abgesehen von der Strafmilderungsmöglichkeit bei der Beihilfe (§ 49 Abs. 2), der gleiche wie für den Täter. Wegen des Einflusses „persönlicher Eigenschaften und Verhältnisse" auf die Teilnehmerstrafe siehe die Erläuterungen 3 bis 7 zu § 50 Abs. 2.

V. Wegen der Strafenbildung bei **Tateinheit** und **Tatmehrheit** siehe Erl. 2 zu § 73 und Erl. 2 und 3 zu § 74.

Strafgesetzbuch.

Einleitende Bestimmungen.

Dreiteilung der strafbaren Handlungen.

§ 1. Eine mit dem Tode, mit Zuchthaus oder mit Festungshaft von mehr als fünf Jahren bedrohte Handlung ist ein Verbrechen.

Eine mit Festungshaft bis zu fünf Jahren, mit Gefängnis oder mit Geldstrafe von mehr als einhundertfünfzig DMark oder mit Geldstrafe schlechthin bedrohte Handlung ist ein Vergehen.

Eine mit Haft oder mit Geldstrafe bis zu einhundertfünfzig DMark bedrohte Handlung ist eine Übertretung.

1. Die Dreiteilung aller strafbaren Handlungen in Verbrechen, Vergehen und Übertretungen ist wichtig:

a) zum Verständnis des StGB. selbst, das z. B. die Verjährungsfristen der Strafverfolgung bei Verbrechen, Vergehen und Übertretungen verschieden bemißt (§ 67) und den Versuch sowie die Beihilfe (§§ 43, 49) und die Begünstigung (§ 257) nur bei Verbrechen und Vergehen bestraft, vgl. auch §§ 20a, 27, 40, 241,

b) im Strafverfahren, in welchem z. B. zur Erlassung eines Haftbefehls bei Verbrechen der Fluchtverdacht keiner weiteren Begründung bedarf (§ 112 Abs. 2[1] StPO. im Anhang 1).

2. Ob eine strafbare Handlung als Verbrechen, Vergehen oder Übertretung anzusehen ist, bemißt sich nach der möglichen Höchststrafe, wie sie im Gesetz angedroht ist, also ohne Rücksicht darauf, welche Strafe im Einzelfalle bei Berücksichtigung mildernder oder erschwerender Umstände verwirkt ist. (Soweit das Gesetz für besonders schwere Fälle eine vom ordentlichen Strafrahmen abweichende Strafart vorsieht (z. B. §§ 263 Abs. 4, 266 Abs. 2) soll nach der neueren Rechtsprechung diese Strafart für die Dreiteilung dann maßgebend sein, wenn ein solcher besonders schwerer Fall tatsächlich vorliegt.)

Beispiele: §§ 223 Vergehen, 224—226 Verbrechen, 242 Vergehen, 243, 244 Verbrechen (auch bei Zubilligung mildernder Umstände), 370 Ziff. 5 Übertretung.

§ 2. Aufgehoben durch Kontrollratsgesetz Nr. 11, Art. 1 vom 30. Januar 1946.

1. § 2 enthielt die Bestimmung über die entsprechende Anwendung (Analogie). Es war nämlich unter der nationalsozialistischen Herrschaft der Grundsatz in § 2 aufgestellt worden, daß als Rechtserkenntnisquelle nicht nur das Gesetz zu gelten habe, sondern daneben das sog. gesunde Volksempfinden.

2. Das Militärregierungsgesetz Nr. 1 Art. IV Ziff. 7 lautet: „Anklagen dürfen nur erhoben, Urteile dürfen nur erlassen, und Strafen nur verhängt werden, falls ein zur Zeit der Begehung der Handlung in Kraft befindliches Gesetz diese Handlung ausdrücklich für strafbar erklärt. Bestrafung von Taten unter Anwendung von Analogie oder nach angeblichem ‚gesunden Volksempfinden' ist verboten." (Eine entsprechende Anordnung enthält die Proklamation des Kontrollrats Nr. 3 Art. II Nr. 3.)

3. Da diese Bestimmung inhaltlich der früheren Fassung des § 2 entspricht, dürften wohl keine Bedenken bestehen, die ursprüngliche Fassung des § 2 Abs. 1 wieder anzuwenden, welche lautet: „Eine Handlung kann nur dann mit einer Strafe belegt werden, wenn diese Strafe gesetzlich bestimmt war, bevor die Handlung begangen wurde." Nach dieser alten Fassung des § 2 ist die Analogie im Strafrecht ausgeschlossen. Außerdem ergibt sich aus dieser Fassung, daß die Strafgesetze keine rückwirkende Kraft haben.

4. Der Begriff „gesundes Volksempfinden" erscheint noch in folgenden, an sich nicht ausdrücklich aufgehobenen Straftatbeständen des StGB.: §§ 3 Abs. 2, 240, 253, 330c; ferner in § 13 der Reichsärzteordnung und § 19 der Krankenpflegeverordnung. (Siehe hierzu die Erläuterungen zu den jeweiligen Gesetzesstellen des StGB., sowie Erl. 9 und 10 zu § 300.)

Zeitliche Geltung der Strafgesetze.

§ 2a. Die Strafbarkeit einer Tat und die Strafe bestimmen sich nach dem Recht, das zur Zeit der Tat gilt.

Gilt zur Zeit der Entscheidung ein milderes Gesetz als zur Zeit der Tat, so kann das mildere Gesetz angewandt werden; ist die Tat zur Zeit der Entscheidung nicht mehr mit Strafe bedroht, so kann die Bestrafung unterbleiben.

Ein Gesetz, das nur für eine bestimmte Zeit erlassen ist, ist auf die während seiner Geltung begangenen Straftaten auch dann anzuwenden, wenn es außer Kraft getreten ist.

Über Maßregeln der Sicherung und Besserung ist nach dem Gesetz zu entscheiden, das zur Zeit der Entscheidung gilt.

1. Neu gefaßt durch Gesetz vom 28. Juni 1933.

2. Zu Abs. 1: Hier ist der Grundsatz aufgestellt, daß für die Frage, ob eine Tat strafbar ist und welche Strafe verhängt werden soll, nicht der Zeitpunkt der Aburteilung, sondern derjenige der Begehung der Tat maßgebend ist. Es gilt also der Grundsatz der Nichtrückwirkung der Strafgesetze.

3. Zu Abs. 2: Eine allgemeine Ausnahme von dem Grundsatz der Nichtrückwirkung der Strafgesetze besteht aber für das mildere Strafgesetz, insofern, als die Anwendung des milderen Gesetzes dem pflichtgemäßen Ermessen des Richters überlassen ist. Wenn ein z. Zt. der Tat bestehendes Gesetz z. Zt. der Aburteilung in Wegfall gekommen ist, dann kann von einer Bestrafung abgesehen werden.

4. Zu Abs. 3: Hier ist das sog. Zeitgesetz geregelt.

§ 2b. Aufgehoben durch Kontrollratsgesetz Nr. 11, Art. I.

Diese Gesetzesstelle enthielt die sog. wahlweise Feststellung, d. h. sie bot die Möglichkeit, auch dann zu einer Verurteilung zu gelangen, wenn sich nicht einwandfrei feststellen ließ, welche strafbare Handlung von dem Täter begangen worden war.

Geltungsbereich des Strafrechts (Inländer).

§ 3. Das deutsche Strafrecht gilt für die Tat eines deutschen Staatsangehörigen, einerlei, ob er sie im Inland oder im Ausland begeht.

Für eine im Ausland begangene Tat, die nach dem Recht des Tatorts nicht mit Strafe bedroht ist, gilt das deutsche Strafrecht nicht, wenn die Tat (nach dem gesunden Empfinden des deutschen Volkes) wegen der besonderen Verhältnisse am Tatort kein strafwürdiges Unrecht ist.

Eine Tat ist an jedem Ort begangen, an dem der Täter gehandelt hat oder im Falle des Unterlassens hätte handeln sollen oder an dem der Erfolg eingetreten ist oder eintreten sollte.

1. Fassung vom 6. Mai 1940.

2. Hier wird der Geltungsbereich des Strafrechts in bezug auf den Inländer behandelt.

3. Abs. 1 stellt den Grundsatz auf, daß der deutsche Staatsangehörige auch dann nach deutschem Strafrecht verfolgt werden kann, wenn er eine nach deutschem Recht strafbare Handlung im Ausland begeht.

4. Zu Abs. 2: Da nach dem Militärregierungsgesetz Nr. 1 Art. IV Ziff. 7 und der Proklamation des Kontrollrats Nr. 3 Art. II Nr. 3 verboten ist, irgendeine Handlung auf Grund des sog. gesunden Volksempfindens für strafbar zu erklären (siehe Erl. zu dem aufgehobenen § 2), muß damit gerechnet werden, daß Abs. 2 bei der endgültigen Neufassung des § 3 nicht bestehen bleibt. Wird aber Abs. 2 aufgehoben, bzw. geändert, dann wird auch Abs. 1 eine andere Fassung erhalten müssen.

5. Abs. 3 enthält die Bestimmung, daß als Tatort sowohl der Ort der körperlichen Ausführungshandlung als auch der Ort des Erfolgs in Frage kommt. Wird also z. B. ein Erpresserbrief im Inland an eine im Ausland befindliche Person geschrieben oder umgekehrt, so ist die Tat in beiden Fällen im Inland begangen.

Geltungsbereich des Strafrechts (Ausländer).

§ 4. Das deutsche Strafrecht gilt auch für Taten, die ein Ausländer im Inland begeht.

Für eine von einem Ausländer im Ausland begangene Straftat gilt das deutsche Strafrecht, wenn sie durch das Recht des Tatorts mit Strafe bedroht oder der Tatort keiner Strafgewalt unterworfen ist und wenn

1. der Täter die deutsche Staatsangehörigkeit nach der Tat erworben hat oder

2. die Straftat gegen das deutsche Volk oder gegen einen deutschen Staatsangehörigen gerichtet ist oder
3. der Täter im Inland betroffen und nicht ausgeliefert wird, obwohl die Auslieferung nach der Art der Straftat zulässig wäre.

Unabhängig von dem Recht des Tatorts gilt das deutsche Strafrecht für folgende Straftaten, die ein Ausländer im Ausland begeht:

1. Straftaten, die er als Träger eines deutschen staatlichen Amts,(als deutscher Soldat oder als Angehöriger des Reichsarbeitsdienstes) oder die er gegen den Träger eines deutschen Amts des Staates, (gegen einen deutschen Soldaten oder gegen einen Angehörigen des Reichsarbeitsdienstes) während der Ausübung ihres Dienstes oder in Beziehung auf ihren Dienst begeht;
2. gegenstandslos (betraf hoch- und landesverräterische Handlungen);
3. Sprengstoffverbrechen;
4. Kinderhandel und Frauenhandel;
5. Verrat eines Betriebs- oder Geschäftsgeheimnisses eines deutschen Betriebes;
6. Meineid in einem Verfahren, das bei einem deutschen Gericht oder einer anderen zur Abnahme von Eiden zuständigen deutschen Stelle anhängig ist;
7. Münzverbrechen und Münzvergehen;
8. unbefugter Vertrieb von Betäubungsmitteln;
9. Handel mit unzüchtigen Veröffentlichungen.

1. Fassung vom 6. Mai 1940.

2. Zu Abs. 1: Er enthält den Grundsatz, daß das deutsche Strafrecht auch für Taten gilt, die der Ausländer im Inland begeht.

3. Zu Abs. 2 und 3: Da diese Gesetzesstellen im Hinblick auf die durch die Besatzungsmächte getroffenen Anordnungen erheblich geändert und z. T. gegenstandslos geworden sind, wird von einer Erläuterung abgesehen.

§ 5. Das deutsche Strafrecht gilt, unabhängig von dem Recht des Tatorts, für Taten, die auf einem deutschen Schiff oder Luftfahrzeug begangen werden.

Diese Gesetzesstelle enthält eine Erweiterung des Begriffs des Inlandes. Das deutsche Strafrecht soll nämlich auch für Taten gelten, die auf einem deutschen Schiff oder Luftfahrzeug begangen werden, ohne Rücksicht darauf, ob das Schiff oder Luftfahrzeug sich außerhalb des deutschen Hoheitsgebietes befindet.

§ 6. Im Auslande begangene Übertretungen sind nur dann zu bestrafen, wenn dies durch besondere Gesetze oder durch Verträge angeordnet ist.

§ 7. Eine im Auslande vollzogene Strafe ist, wenn wegen derselben Handlung im Gebiete Deutschlands abermals eine Verurteilung erfolgt, auf die zu erkennende Strafe in Anrechnung zu bringen.

§ 8. Gestrichen durch VO. v. 6. Mai 1910.

§ 9. Aufgehoben durch Kontrollratsgesetz Nr. 11. (Er betraf Nichtauslieferung von Deutschen.)

§ 10. Aufgehoben durch das gleiche Gesetz. (Er betraf die Anwendbarkeit der allgemeinen Strafgesetze auf Militärpersonen.)

§ 11. Kein Mitglied eines Landtages oder einer Kammer eines (zum Reiche gehörenden) Staates darf außerhalb der Versammlung, zu welcher das Mitglied gehört, wegen seiner Abstimmung oder wegen der in Ausübung seines Berufs getanen Äußerung zur Verantwortung gezogen werden.

§ 12. Wahrheitsgetreue Berichte über Verhandlungen eines Landtags oder einer Kammer eines (zum Reiche gehörigen) Staats bleiben von jeder Verantwortlichkeit frei.

Erster Teil.

Von der Bestrafung der Verbrechen, Vergehen und Übertretungen im allgemeinen.

Erster Abschnitt: Strafen.

Vorbemerkung:

A. Das StGB. kennt folgende Strafarten:

I. Hauptstrafen (sie können für sich allein ausgesprochen werden):

1. Todesstrafe, § 13. (Abgeschafft durch Art. 102 des Staatsgrundgesetzes für die Bundesrepublik Deutschland.)
2. Zuchthausstrafe: lebenslängliche und zeitige (1—15 Jahre), §§ 14, 15, 31.
3. Gefängnisstrafe: 1 Tag bis 5 Jahre, § 16.
4. Festungshaft: lebenslängliche und zeitige (1 Tag bis 15 Jahre), § 17. Sie darf nach Ziff. 8 der „Allgemeinen Anweisung an Richter" vorläufig nicht verhängt werden. (Siehe unten Abschnitt B der Vorbemerkung.)
5. Haft: 1 Tag bis 6 Wochen, § 18.
6. Geldstrafe: Mindestbetrag bei Verbrechen und Vergehen 3 DMark und höchstens 10000 DMark, bei Übertretungen mindestens 1 DMark und höchstens 150 DMark (§ 27).

II. Nebenstrafen (sie können nur in Verbindung mit einer Hauptstrafe verhängt werden):

1. Verlust der bürgerlichen Ehrenrechte, dauernder und zeitiger, §§ 32—34.
2. Unfähigkeit zur Bekleidung öffentlicher Ämter, die gemäß § 35 Abs. 2 den dauernden Verlust der bekleideten Ämter von Rechts wegen zur Folge hat, § 35.
3. Zulässigkeit von Polizeiaufsicht, §§ 38, 181, 181a, 248, 262, 285a.
4. Einziehung einzelner Gegenstände, §§ 40, 152, 245a, 284b, 295, 296a.
5. Erklärung des Verfalls an den Staat, § 335.
6. Dauernde Unfähigkeit als Zeuge oder Sachverständiger eidlich vernommen zu werden, § 161, ist sichernde Maßnahme. Veröffentlichung des Strafurteils ist teils Strafe, teils Genugtuung (§§ 165, 200).

B. Eine für die Strafzumessung wichtige Bestimmung enthält Ziff. 8 der „Allgemeinen Anweisung an Richter" Nr. 1.

Sie lautet: „a) Es ist untersagt, grausame oder übermäßig hohe Strafen zu verhängen. Vorbehaltlich dieser Beschränkung überläßt Ihnen die Militärregierung die Verantwortung, nach Ihrem pflichtgemäßen Ermessen Strafen so zu verhängen, wie sie es für die Aufrechterhaltung von Recht und Ordnung und die Bekämpfung von Verbrechern notwendig halten.

b) Unbeschadet Ihrer allgemeinen Verantwortlichkeit gemäß Abs. a) dürfen Sie in allen Fällen, in denen auf Grund eines seit dem 30. Januar 1933 erlassenen Gesetzes die Höchststrafe für eine Straftat, die vor dem 30. Januar 1933 vorgeschrieben war, verschärft wurde, keine Strafe verhängen, die das vor dem 30. Januar 1933 zugelassene Strafmaß übersteigt. Ausnahmen sind nur insoweit zulässig, als die Verschärfung der Strafe durch die kriminelle Vergangenheit des Angeklagten oder die Häufigkeit der Straftat gerechtfertigt ist. (Diese Bestimmung wurde für die britische Zone im Oktober 1949 aufgehoben.)

c) § 42k StGB. darf nicht angewendet werden.

d) Festungshaft darf nicht verhängt werden. In Fällen, in denen das Gesetz die Festungshaft als alleinige Strafe vorschreibt, darf in Zukunft nur Zuchthaus oder Gefängnis innerhalb der durch das Gesetz vorgeschriebenen Grenzen angeordnet werden."

Erläuterungen zu b).

Es sind nach dieser Bestimmung 2 Möglichkeiten zu unterscheiden:

1. Handelt es sich um ein nach dem 30 Januar 1933 erlassenes Strafgesetz, das eine Handlung für strafbar erklärt, die vor diesem Termin nicht mit Strafe bedroht war, dann hat dieses Gesetz auch jetzt volle Geltung, es sei denn, daß es von der Besatzungsmacht ausdrücklich aufgehoben worden ist, oder ausschließlich nationalsozialistischen Charakter trägt.

Zu dieser Gruppe neuer Tatbestände, deren Fortdauer nicht in Frage gestellt ist, gehören: §§ 153, 170a—d, 175a Ziff. 4, 3. Fall („sich anbietet"), 245a, 265a, 330a, 330b.

2. Handelt es sich dagegen lediglich um eine nach dem 30. Januar 1933 erfolgte Strafschärfung für einen schon vor diesem Termin unter Strafe gestellten Tatbestand, dann ist die alte Strafdrohung maßgebend.

a) Zu dieser Gruppe gehören: §§ 132, 139, 154 (siehe § 153 alter Fassung), 174, 175a (mit Ausnahme des letzten Tatbestandes „sich anbietet", der zur Gruppe 1 gehört), 181a, 189, 218, 222, 223b (siehe § 223a Abs. 2 alter Fassung), 230, 240, 253, 263 Abs. 4, 266 Abs. 1 und 2, 267 Abs. 3, 292 Abs. 1, 292 Abs. 2 (siehe § 293 alter Fassung), 293 Abs. 1 (siehe § 370 Nr. 4 alter Fassung), 293 Abs. 2 (siehe § 296 alter Fassung), 309, 315, 316, 348 Abs. 4. In allen diesen Fällen dürfen also nur diejenigen Strafen zur Anwendung gelangen, die vor dem 30. Januar 1933 gegolten haben. (Siehe im übrigen die jeweiligen Erläuterungen zu den genannten Gesetzesstellen.)

b) Nicht betroffen von diesem Verbot der Strafschärfung werden diejenigen Tatbestände, bei denen schon vor dem 30. Januar 1933 bei Vorliegen bestimmter Erschwerungsgründe eine Strafschärfung vorgesehen war. In diesen Fällen (siehe z. B. § 218, sowie die aufgehobenen §§ 268, 339, 349) können die verschärften Strafen bis zum früheren Höchstbetrag auch jetzt zur Anwendung gelangen, wenn im Einzelfall ein solcher Erschwerungsgrund vorliegt.

c) Ist infolge einer nach dem 30. Januar 1933 erfolgten Strafschärfung ein früheres Vergehen zu einem Verbrechen und dadurch an sich der Versuch strafbar geworden, so tritt diese Folge dann nicht ein, wenn die Strafschärfung aus den oben erörterten Gründen unzulässig ist.

d) Eine nach dem 30. Januar 1933 erfolgte Strafschärfung hat aber auch heute noch Geltung, wenn „die Verschärfung der Strafe durch die kriminelle Vergangenheit des Angeklagten oder die Häufigkeit der Straftat gerechtfertigt ist".

Dabei ist zu beachten, daß unter „Häufigkeit der Straftat" nicht etwa mehrfaches Begehen einer und derselben Straftat durch einen Angeklagten zu verstehen ist, sondern eine generelle Häufigkeit des Auftretens solcher Straftaten in einer bestimmten Zeit.

Todesstrafe.

§ 13. Die Todesstrafe ist durch Enthauptung zu vollstrecken.

1. Militärregierungsgesetz Nr. 1 Art. IV Ziff. 8 lautet: „Keine grausame oder übermäßig hohe Strafe darf verhängt werden. Die Todesstrafe ist abgeschafft,

ausgenommen für Taten, die durch ein vor dem 30. Januar 1933 geltendes oder durch ein von der Militärregierung oder mit deren Ermächtigung verkündetes Gesetz mit dem Tode bedroht sind."

2. Damit war die Todesstrafe in Wegfall gekommen zunächst in den von der Militärregierung bzw. dem Kontrollrat ausdrücklich aufgehobenen Straftatbeständen des StGB. und der Nebengesetze. (Siehe Kontrollratsgesetz Nr. 11 Art. I und II.) Da zu diesen aufgehobenen Gesetzen nach Art. II Ziff. 2 a. a. O. auch § 1 des Gesetzes zur Änderung des Reichsstrafgesetzbuchs vom 4. September 1941 gehört, war auch die in diesem letztgenannten Gesetz angedrohte Todesstrafe für gefährliche Gewohnheitsverbrecher und für gefährliche Sittlichkeitsverbrecher in Wegfall gekommen.

3. Die Todesstrafe war ferner beseitigt in allen an sich in Kraft gebliebenen Tatbeständen des Strafgesetzbuches, in denen erst nach dem 30. Januar 1933 Todesstrafe angedroht worden ist. Hierher gehören: §§ 139 Abs. 2, 218 Abs. 3, 239 a, 315. (Siehe die Erl. zu den einzelnen Gesetzesstellen.)

4. Bestehen geblieben war die Todesstrafe, da schon vor 1933 angedroht, als Strafe für den Mord des § 211.

5. Mit dem Inkrafttreten des Staatsgrundgesetzes für die Bundesrepublik Deutschland ist die Todesstrafe vollkommen beseitigt. (Siehe Art. 102.)

Zuchthausstrafe.

§ 14. Die Zuchthausstrafe ist eine lebenslängliche oder eine zeitige.

Der Höchstbetrag der zeitigen Zuchthausstrafe ist fünfzehn Jahre, ihr Mindestbetrag ein Jahr.

Wo das Gesetz die Zuchthausstrafe nicht ausdrücklich als eine lebenslängliche androht, ist dieselbe eine zeitige.

Lebenslängliche Zuchthausstrafe ist angedroht in §§ 178, 211 Abs. 3, 212, 229 Abs. 2, 251, 307, 312, 315 Abs. 1, 324.

§ 15. Die zur Zuchthausstrafe Verurteilten sind in der Strafanstalt zu den eingeführten Arbeiten anzuhalten.

Sie können auch zu Arbeiten außerhalb der Anstalt, insbesondere zu öffentlichen oder von einer Staatsbehörde beaufsichtigten Arbeiten verwendet werden. Diese Art der Beschäftigung ist nur dann zulässig, wenn die Gefangenen dabei von anderen freien Arbeitern getrennt gehalten werden.

1. Die Zuchthausstrafe ist eine entehrende Strafe mit Arbeitszwang. Sie ist bei Jugendlichen unzulässig.

2. Ihre Folge ist dauernde Unfähigkeit zur Bekleidung öffentlicher Ämter. § 31.

Gefängnisstrafe.

§ 16. Der Höchstbetrag der Gefängnisstrafe ist fünf Jahre, ihr Mindestbetrag ein Tag.

Die zur Gefängnisstrafe Verurteilten können in einer Gefangenenanstalt auf eine ihren Fähigkeiten und Verhältnissen angemessene Weise beschäftigt werden; auf ihr Verlangen sind sie in dieser Weise zu beschäftigen.

Abs. 3 aufgehoben durch Kontrollratsgesetz Nr. 11.

1. Die Gefängnisstrafe ist nicht entehrend.

2. Auf Gefängnis bis zu 10 Jahren kann erkannt werden im Falle einer Gesamtstrafe (§ 74), sowie bei Jugendlichen an Stelle von Todesstrafe oder lebenslangem Zuchthaus (§ 5 RJGG.).

3. Die Jugendgefängnisstrafe wird in besonderen Jugendgefängnissen vollzogen (§ 65 RJGG.)

4. Abs. 3 des § 16, der den § 15 Abs. 2 für anwendbar erklärte, wurde durch Kontrollratsgesetz Nr. 11 aufgehoben.

Festungshaft.

§ 17. Die Festungshaft ist eine lebenslängliche oder eine zeitige.

Der Höchstbetrag der zeitigen Festungshaft ist fünfzehn Jahre, ihr Mindestbetrag ein Tag.

Wo das Gesetz die Festungshaft nicht ausdrücklich als eine lebenslängliche androht, ist dieselbe eine zeitige.

Die Strafe der Festungshaft besteht in Freiheitsentziehung mit Beaufsichtigung der Beschäftigung und Lebensweise der Gefangenen. Sie wird in Festungen vollzogen (die der Reichsregierung unterstehen).

1. Die Festungshaft ist nicht entehrend. Sie darf nach der „Allgemeinen Anweisung an Richter Nr. 1" einstweilen nicht verhängt werden.

2. Sie kommt vor allem beim Zweikampf (§§ 201 ff.) in Frage; ferner in den §§ 104—107, 130a, 345.

Haft.

§ 18. Der Höchstbetrag der Haft ist sechs Wochen, ihr Mindestbetrag ein Tag.

Die Strafe der Haft besteht in einfacher Freiheitsentziehung.

1. Die Haft ist nicht entehrend und ohne Arbeitszwang (Ausnahme in § 362).

2. Sie kommt in der Hauptsache nur bei Übertretungen in Frage. Ausnahmsweise auch bei Vergehen, z. B. im Falle der §§ 185, 186.

3. Als Gesamtstrafe kann Haft bis zu 3 Monaten verhängt werden (§ 77 Abs. 2).

Bemessung der Strafen.

§ 19. Bei Freiheitsstrafen wird der Tag zu vierundzwanzig Stunden, die Woche zu sieben Tagen, der Monat und das Jahr nach der Kalenderzeit gerechnet.

Die Dauer einer Zuchthausstrafe darf nur nach vollen Monaten, die Dauer einer anderen Freiheitsstrafe nur nach vollen Tagen bemessen werden.

Wahl zwischen Zuchthaus und Festungshaft.

§ 20. Wo das Gesetz die Wahl zwischen Zuchthaus oder Gefängnis und Festungshaft gestattet, darf auf Festungshaft nur dann erkannt werden, wenn die Tat sich nicht gegen das Wohl des Volkes gerichtet und der Täter ausschließlich aus ehrenhaften Beweggründen gehandelt hat.

Gefährlicher Gewohnheitsverbrecher.

§ 20a. Hat jemand, der schon zweimal rechtskräftig verurteilt worden ist, durch eine neue vorsätzliche Tat eine Freiheitsstrafe verwirkt und ergibt die Gesamtwürdigung der Taten, daß er ein gefährlicher Gewohnheitsverbrecher ist, so ist, soweit die neue Tat nicht mit schwererer Strafe bedroht ist, auf Zuchthaus bis zu 5 Jahren und, wenn die neue Tat auch ohne diese Strafschärfung ein Verbrechen wäre, auf Zuchthaus bis zu fünfzehn Jahren zu erkennen. Die Strafschärfung setzt voraus, daß die beiden früheren Verurteilungen wegen eines Verbrechens oder vorsätzlichen Vergehens ergangen sind und in jeder von ihnen auf Todesstrafe, Zuchthaus oder Gefängnis von mindestens sechs Monaten erkannt worden ist.

Hat jemand mindestens drei vorsätzliche Taten begangen und ergibt die Gesamtwürdigung der Taten, daß er ein gefährlicher Gewohnheitsverbrecher ist, so kann das Gericht bei jeder abzuurteilenden Einzeltat die Strafe ebenso verschärfen, auch wenn die übrigen im Abs. 1 genannten Voraussetzungen nicht erfüllt sind.

Eine frühere Verurteilung kommt nicht in Betracht, wenn zwischen dem Eintritt ihrer Rechtskraft und der folgenden Tat mehr als fünf Jahre verstrichen sind. Eine frühere Tat, die noch nicht rechtskräftig abgeurteilt ist, kommt nicht in Betracht, wenn zwischen ihr und der folgenden Tat mehr als fünf Jahre verstrichen sind. In die Frist wird die Zeit nicht eingerechnet, in der der Täter eine Freiheitsstrafe verbüßt oder auf behördliche Anordnung in einer Anstalt verwahrt wird.

Eine ausländische Verurteilung steht einer inländischen gleich, wenn die geahndete Tat auch nach deutschem Recht ein Verbrechen oder vorsätzliches Vergehen wäre.

1. Der § 20a ist durch das am 1. Jan. 1934 in Kraft getretene Gesetz gegen gefährliche Gewohnheitsverbrecher und über Maßregeln der Sicherung und Besserung vom 24. Nov. 1933 in das Strafgesetzbuch eingefügt worden. Diese Strafbestimmung gilt dem Kampf gegen das Berufsverbrechertum. Daneben ist nach § 42e Sicherungsverwahrung zulässig, wenn die öffentliche Sicherheit es erfordert, was nicht ohne weiteres bei jedem gefährlichen Gewohnheitsverbrecher der Fall zu sein braucht.

2. Ein Verbrecher gilt dann als gefährlicher Gewohnheitsverbrecher, wenn er mindestens drei Verbrechen oder vorsätzliche Vergehen begangen hat und die Gesamtwürdigung dieser Taten ergibt, daß die verbrecherische Betätigung auf einen in seiner Persönlichkeit verwurzelten Hang zurückzuführen ist, der die Wahrscheinlichkeit begründet, daß der Täter auch in Zukunft weitere nicht unerhebliche Straftaten begehen wird.

3. Ohne Bedeutung für den Begriff des gefährlichen Gewohnheitsverbrechers ist es, ob der Täter wegen der einzelnen Straftaten bereits rechtskräftig verurteilt ist, ja er braucht sogar überhaupt noch nicht bestraft zu sein. Es ist nur erforderlich, daß drei Straftaten der oben genannten Art vorliegen (siehe Abs. 2 des § 20a).

4. Von einem Hang zu verbrecherischer Betätigung kann im allgemeinen dann nicht gesprochen werden, wenn die Straftaten vorwiegend durch äußere Umstände, wie schwere wirtschaftliche Not u. a. veranlaßt worden sind, also nicht in einer durch wiederholte Begehung erworbenen Seelenverfassung ihren Ursprung haben. Als Gewohnheitsverbrecher kommen vor allem in Frage die gewerbsmäßigen Einbrecher, Taschendiebe, Warenhausdiebe, Heiratsschwindler, Hochstapler und die gewohnheitsmäßigen Sittlichkeitsverbrecher.

5. Gefährlich ist der Gewohnheitsverbrecher dann, wenn von ihm zu erwarten ist, daß er weiterhin wichtige Rechtsgüter erheblich gefährden wird.

6. Der Abs. 1 des § 20a enthält den Fall, bei dem die Strafschärfung zwingend vorgeschrieben ist. Voraussetzung hierfür ist:

a) daß der Täter schon zweimal rechtskräftig verurteilt ist (Verbüßung der Strafen ist nicht erforderlich),
b) daß in jeder der beiden früheren Verurteilungen entweder auf Todesstrafe oder auf Zuchthaus oder auf Gefängnis von mindestens 6 Monaten erkannt woren ist,
c) daß die abzuurteilende Tat ein Verbrechen oder vorsätzliches Vergehen, und daß durch sie eine Freiheitsstrafe verwirkt ist.

7. Der Abs. 2 des § 20a enthält den Fall, bei dem die Strafschärfung in das Ermessen des Gerichts gestellt ist. Hat nämlich der Täter 3 Verbrechen oder vorsätzliche Vergehen begangen, ohne daß er wegen zweier dieser Taten bereits rechtskräftig zu Todesstrafe, Zuchthaus oder Gefängnis von mindestens 6 Monaten verurteilt worden ist, so kann das Gericht die Strafschärfung bei jeder der abzuurteilenden Taten vornehmen, wenn der Täter ein gefährlicher Gewohnheitsverbrecher ist.

8. Die Strafschärfung ist folgende:

a) Ist die abzuurteilende Tat ohne die Strafschärfung ein Vergehen, so tritt Zuchthaus bis zu 5 Jahren ein,
b) ist die abzuurteilende Tat schon ohne die Strafschärfung ein Verbrechen, so wird die Strafe auf Zuchthaus bis zu 15 Jahren verschärft, sofern die Tat nicht schon mit einer schwereren Strafe bedroht sein sollte.

9. Weder für die Gesamtwürdigung, noch für die Strafschärfung kommen in Betracht Straftaten, die, wenn sie noch nicht rechtskräftig abgeurteilt sind, mehr als 5 Jahre vor der folgenden in Betracht zu ziehenden Straftat begangen sind, oder bei denen, wenn sie bereits abgeurteilt sind, der Eintritt der Rechtskraft des Urteils vor der folgenden Tat mehr als 5 Jahre zurückliegt. (§ 20a, Abs. 3).

Strafumwandlung.

§ 21. Achtmonatliche Zuchthausstrafe ist einer einjährigen Gefängnisstrafe, achtmonatliche Gefängnisstrafe einer einjährigen Festungshaft gleichzuachten.

Einzelhaft.

§ 22. Die Zuchthaus- und Gefängnisstrafe können sowohl für die ganze Dauer wie für einen Teil der erkannten Strafzeit in der Weise in Einzelhaft vollzogen werden, daß der Gefangene unausgesetzt von anderen Gefangenen gesondert gehalten wird.

Die Einzelhaft darf ohne Zustimmung des Gefangenen die Dauer von drei Jahren nicht übersteigen.

Vorläufige Entlassung.

§ 23. Die zu einer längeren Zuchthaus- oder Gefängnisstrafe Verurteilten können, wenn sie drei Vierteile, mindestens aber ein Jahr der ihnen auferlegten Strafe verbüßt, sich auch während dieser Zeit gut geführt haben, mit ihrer Zustimmung vorläufig entlassen werden.

§ 24. Die vorläufige Entlassung kann bei schlechter Führung des Entlassenen, oder wenn derselbe den ihm bei der Entlassung auferlegten Verpflichtungen zuwiderhandelt, jederzeit widerrufen werden.

Der Widerruf hat die Wirkung, daß die seit der vorläufigen Entlassung bis zur Wiedereinlieferung verflossene Zeit auf die festgesetzte Strafdauer nicht angerechnet wird.

§ 25. Der Beschluß über die vorläufige Entlassung, sowie über einen Widerruf ergeht von der obersten Justiz-Aufsichtsbehörde. Vor dem Beschluß über die Entlassung ist die Gefängnisverwaltung zu hören.

Die einstweilige Festnahme vorläufig Entlassener kann aus dringenden Gründen des öffentlichen Wohls von der Polizeibehörde des Orts, an welchem der Entlassene sich aufhält, verfügt werden. Der Beschluß über den endgültigen Widerruf ist sofort nachzusuchen.

Führt die einstweilige Festnahme zu einem Widerrufe, so gilt dieser als am Tage der Festnahme erfolgt.

§ 26. Ist die festgesetzte Strafzeit abgelaufen, ohne daß ein Widerruf der vorläufigen Entlassung erfolgt ist, so gilt die Freiheitsstrafe als verbüßt.

Geldstrafe.

§ 27. Die Geldstrafe ist in DMark festzusetzen.

Sie beträgt:

1. bei Verbrechen und Vergehen, soweit nicht höhere Beträge oder Geldstrafe in unbeschränkter Höhe angedroht sind oder werden, mindestens 3 DMark und höchstens 10000 DMark;

2. bei Übertretungen mindestens eine DMark, soweit nicht ein höherer Mindestbetrag angedroht ist oder wird, und höchstens 150 DMark.

Die Vorschriften des Abs. 2 über Höchstbeträge gelten nicht, soweit die angedrohte Strafe in dem Mehrfachen, dem Einfachen oder dem Bruchteil eines bestimmten Betrags besteht. Ist dieser nicht auf DMark gestellt, so ist er für die Festsetzung der Geldstrafe in DMark umzurechnen.

§ 27a. Bei einem Verbrechen oder Vergehen, das auf Gewinnsucht beruht, kann die Geldstrafe auf einhunderttausend DMark erhöht und auf eine solche Geldstrafe neben Freiheitsstrafe auch in denjenigen Fällen erkannt werden, in denen das Gesetz eine Geldstrafe nicht androht.

§ 27b. Ist für ein Vergehen oder eine Übertretung, für die an sich eine Geldstrafe überhaupt nicht oder nur neben Freiheitsstrafe zulässig ist, Freiheitsstrafe von weniger als drei Monaten verwirkt, so ist an Stelle der Freiheitsstrafe auf Geldstrafe (§§ 27, 27a) zu erkennen, wenn der Strafzweck durch eine Geldstrafe erreicht werden kann.

(Die Vorschriften des Militärstrafgesetzbuchs bleiben unberührt.)

Die Vorschrift ist auch anwendbar, wenn neben Freiheitsstrafe Geldstrafe nur bei mildernden Umständen zulässig ist und solche nicht angenommen werden. Die Vorschrift ist aber nicht anwendbar, wenn Geld- und Freiheitsstrafe wahlweise angedroht sind, wie z. B. im § 185.

§ 27c. Bei der Bemessung einer Geldstrafe sind die wirtschaftlichen Verhältnisse des Täters zu berücksichtigen.

Die Geldstrafe soll das Entgelt, das der Täter für die Tat empfangen, und den Gewinn, den er aus der Tat gezogen hat, übersteigen.

Reicht das gesetzliche Höchstmaß hierzu nicht aus, so darf es überschritten werden.

§ 28. Ist dem Verurteilten nach seinen wirtschaftlichen Verhältnissen nicht zuzumuten, daß er die Geldstrafe sofort bezahlt, so hat ihm das Gericht eine Frist zu bewilligen oder ihm zu gestatten, die Strafe in bestimmten Teilbeträgen zu zahlen.

Das Gericht kann diese Vergünstigung auch nach dem Urteil bewilligen. Es kann seine Entschließungen nachträglich ändern. Leistet der Verurteilte die Teilzahlungen nicht rechtzeitig, oder bessern sich seine wirtschaftlichen Verhältnisse wesentlich, so kann das Gericht die Vergünstigung widerrufen.

Auf die nach Abs. 2 zu treffenden Entscheidungen findet § 462 der Strafprozeßordnung Anwendung.

§ 28a. Soweit die Geldstrafe nicht gezahlt wird, ist sie beizutreiben.

Der Versuch, die Geldstrafe beizutreiben, kann unterbleiben, wenn mit Sicherheit vorauszusehen ist, daß sie aus dem beweglichen Vermögen des Verurteilten nicht beigetrieben werden kann.

§ 28b. Die Vollstreckungsbehörde kann dem Verurteilten gestatten, eine uneinbringliche Geldstrafe durch freie Arbeit zu tilgen.

(Das Nähere regelt die Reichsregierung. Soweit dies nicht geschieht, ist der Reichsminister der Justiz ermächtigt, das Nähere zu regeln.)

§ 29. An die Stelle einer uneinbringlichen Geldstrafe tritt bei Verbrechen und Vergehen Gefängnis oder, wenn neben der Geldstrafe auf Zuchthaus erkannt wird, Zuchthaus, bei Übertretungen Haft. Auch bei Vergehen kann die Geldstrafe in Haft umgewandelt werden, wenn Geldstrafe allein oder an erster Stelle oder wahlweise neben Haft angedroht ist.

Die Dauer der Ersatzstrafe ist mindestens ein Tag und bei Gefängnis und Zuchthaus höchstens ein Jahr, bei Haft höchstens sechs Wochen. Ist neben der Geldstrafe wahlweise Freiheitsstrafe von geringerer Höhe angedroht, so darf die Ersatzstrafe deren Höchstmaß nicht übersteigen. Die Ersatzstrafe darf nur nach vollen Tagen bemessen werden.

Im übrigen richtet sich das Maß der Ersatzstrafe nach freiem Ermessen des Gerichts.

In den Fällen des § 27b ist Ersatzstrafe die verwirkte Freiheitsstrafe.

Der Verurteilte kann die Vollstreckung der Ersatzstrafe jederzeit dadurch abwenden, daß er den noch zu zahlenden Betrag der Geldstrafe entrichtet.

Kann die Geldstrafe ohne Verschulden des Verurteilten nicht eingebracht werden, so kann das Gericht anordnen, daß die Vollstreckung der Ersatzstrafe unterbleibt. § 462 der Strafprozeßordnung findet Anwendung.

§ 30. In den Nachlaß kann eine Geldstrafe nur dann vollstreckt werden, wenn das Urteil bei Lebzeiten des Verurteilten rechtskräftig geworden war.

Folgen bei Zuchthausstrafe.

§ 31. Die Verurteilung zur Zuchthausstrafe hat die dauernde Unfähigkeit zur Bekleidung öffentlicher Ämter von Rechts wegen zur Folge.

Unter öffentlichen Ämtern im Sinne dieses Strafgesetzes sind die Anwaltschaft und das Notariat sowie der Geschworenen- und Schöffendienst mitbegriffen.

Aberkennung der bürgerlichen Ehrenrechte.

§ 32. Neben der Todesstrafe und der Zuchthausstrafe kann auf den Verlust der bürgerlichen Ehrenrechte erkannt werden, neben der Gefängnisstrafe nur, wenn die Dauer der erkannten Strafe drei Monate erreicht und entweder das Gesetz den Verlust der bürgerlichen Ehrenrechte ausdrücklich zuläßt oder die Gefängnisstrafe wegen Annahme mildernder Umstände an Stelle von Zuchthausstrafe ausgesprochen wird.

Die Dauer dieses Verlustes beträgt bei zeitiger Zuchthausstrafe mindestens zwei und höchstens zehn Jahre, bei Gefängnisstrafe mindestens ein Jahr und höchstens fünf Jahre.

Bei Meineid (§ 161), schwerer Kuppelei (§ 181) und Wucher i. S. der §§ 302d, 302e muß auf Ehrverlust erkannt werden.

§ 33. Die Aberkennung der bürgerlichen Ehrenrechte bewirkt den dauernden Verlust der aus öffentlichen Wahlen für den Verurteilten hervorgegangenen Rechte, ingleichen den dauernden Verlust der öffentlichen Ämter, Würden, Titel, Orden und Ehrenzeichen.

§ 34. Die Aberkennung der bürgerlichen Ehrenrechte bewirkt ferner die Unfähigkeit, während der im Urteile bestimmten Zeit

1. gegenstandslos;
2. gegenstandslos;
3. öffentliche Ämter, Würden, Titel, Orden und Ehrenzeichen zu erlangen;
4. in öffentlichen Angelegenheiten zu stimmen, zu wählen oder gewählt zu werden oder andere politische Rechte auszuüben;
5. Zeuge bei Aufnahmen von Urkunden zu sein;
6. Vormund, Gegenvormund, Pfleger, Beistand der Mutter, Mitglied eines Familienrats oder Kurator zu sein, es sei denn, daß es sich um Verwandte absteigender Linie handele und die obervormundschaftliche Behörde oder der Familienrat die Genehmigung erteile.

Unfähigkeit zur Bekleidung öffentlicher Ämter.

§ 35. Neben einer Gefängnisstrafe, mit welcher die Aberkennung der bürgerlichen Ehrenrechte überhaupt hätte verbunden werden können, kann auf die Unfähigkeit zur Bekleidung öffentlicher Ämter auf die Dauer von einem bis zu fünf Jahren erkannt werden.

Die Aberkennung der Fähigkeit zur Bekleidung öffentlicher Ämter hat den dauernden Verlust der bekleideten Ämter von Rechts wegen zur Folge.

§ 36. Die Aberkennung der bürgerlichen Ehrenrechte und der Fähigkeit zur Bekleidung öffentlicher Ämter wird mit der Rechtskraft des Urteils wirksam. Ihre Dauer wird von dem Tage ab berechnet, an dem die Freiheitsstrafe, neben der die Aberkennung ausgesprochen wurde, verbüßt, verjährt oder erlassen ist. Ist neben der Strafe eine mit Freiheitsentziehung verbundene Maßregel der Sicherung und Besserung angeordnet worden, so wird die Frist erst von dem Tage ab berechnet, an dem auch die Maßregel erledigt ist.

Ist nach Ablauf einer Probezeit dem Verurteilten die Strafe ganz oder teilweise erlassen worden oder eine mit Freiheitsentziehung verbundene Maßregel der Sicherung und Besserung erledigt, so wird die Probezeit auf die Frist angerechnet.

§ 37. Aufgehoben durch VO. v. 6. 5. 40; betraf Ehrverlust bei Auslandsstrafe.

Polizeiaufsicht.

§ 38. Neben einer Freiheitsstrafe kann in den durch das Gesetz vorgesehenen Fällen auf die Zulässigkeit von Polizeiaufsicht erkannt werden.

Die höhere Landespolizeibehörde erhält durch ein solches Erkenntnis die Befugnis, nach Anhörung der Gefängnisverwaltung den Verurteilten auf die Zeit von höchstens fünf Jahren unter Polizeiaufsicht zu stellen.

Diese Zeit wird von dem Tage berechnet, an welchem die Freiheitsstrafe verbüßt, verjährt oder erlassen ist.

Wirkungen der Polizeiaufsicht.

§ 39. Die Polizeiaufsicht hat folgende Wirkungen:

1. dem Verurteilten kann der Aufenthalt an einzelnen bestimmten Orten von der höheren Landespolizeibehörde untersagt werden;
2. aufgehoben; betraf Ausweisung von Ausländern;
3. Haussuchungen unterliegen keiner Beschränkung hinsichtlich der Zeit, zu welcher sie stattfinden dürfen.

Einziehung.

§ 40. Gegenstände, welche durch ein vorsätzliches Verbrechen oder Vergehen hervorgebracht, oder welche zur Begehung eines vorsätzlichen Verbrechens oder Vergehens gebraucht oder bestimmt sind, können, sofern sie dem Täter oder einem Teilnehmer gehören, eingezogen werden.

Die Einziehung ist im Urteile auszusprechen.

1. Während diese Gesetzesstelle von den Fällen handelt, in denen bei Verbrechen und Vergehen Gegenstände eingezogen werden können, gibt es auch Delikte, bei denen auf Einziehung erkannt werden muß, nämlich beim Münzverbrechen (§ 152), beim Vergehen des § 245a (Diebeswerkzeug), beim Glücksspiel (§ 284b), beim Jagdvergehen (§ 295) und beim unbefugten Fischen (§ 296a), und zwar in allen diesen Fällen ohne Rücksicht darauf, wem die Gegenstände gehören. Der Polizeibeamte hat demnach Verbrecherwerkzeuge und Gegenstände, die durch das Verbrechen hervorgebracht wurden, z. B. Falschgeld, zunächst in Verwahrung zu nehmen.

2. Auch bei einigen Übertretungen kann auf Einziehung erkannt werden, nämlich in den Fällen der §§ 360 Nr. 4, 5, 6 (siehe letzter Absatz des § 360) und in den Fällen des § 367 Nr. 8 und 9 (siehe § 367, letzter Absatz).

3. Nicht der Einziehung unterliegt das durch die strafbare Handlung Erworbene, z. B. die gestohlene Sache oder das durch Betrug Erlangte. Diese Sachen sind nach Klärung des Falles dem Eigentümer zurückzugeben.

Unbrauchbarmachung.

§ 41. Wenn der Inhalt einer Schrift, Abbildung oder Darstellung strafbar ist, so ist im Urteile auszusprechen, daß alle Exemplare, sowie die zu ihrer Herstellung bestimmten Platten und Formen unbrauchbar zu machen sind.

Diese Vorschrift bezieht sich jedoch nur auf die im Besitze des Verfassers, Druckers, Herausgebers, Verlegers oder Buchhändlers befindlichen und auf die öffentlich ausgelegten oder öffentlich angebotenen Exemplare.

Ist nur ein Teil der Schrift, Abbildung oder Darstellung strafbar, so ist, insofern eine Ausscheidung möglich ist, auszusprechen, daß nur die strafbaren Stellen und derjenige Teil der Platten und Formen, auf welchem sich diese Stellen befinden, unbrauchbar zu machen sind.

Objektives Verfahren.

§ 42. Ist in den Fällen der §§ 40 und 41 die Verfolgung oder die Verurteilung einer bestimmten Person nicht ausführbar, so können die daselbst vorgeschriebenen Maßnahmen selbständig erkannt werden.

Ein solches Verfahren heißt objektives Verfahren und ist in §§ 430—432 StPO. geregelt.

1a Abschnitt. Maßregeln der Sicherung und Besserung.

§ 42a. Maßregeln der Sicherung und Besserung sind:
1. die Unterbringung in einer Heil- oder Pflegeanstalt,
2. die Unterbringung in einer Trinkerheilanstalt oder einer Entziehungsanstalt,
3. die Unterbringung in einem Arbeitshaus (siehe Erl. 5 zu § 42 d),
4. die Sicherungsverwahrung,
5. aufgehoben (betraf Entmannung),
6. die Untersagung der Berufsausübung.

Allgemeine Grundsätze für die §§ 42a—42n:

1. Während die Strafe eine Vergeltung für das begangene Verbrechen darstellt, bezwecken die Sicherungs- und Besserungsmaßregeln, künftige Straftaten bestimmter Verbrechertypen zu verhindern. Die hierfür in Frage kommenden Mittel wollen kein Übel zufügen, sondern in anderer Weise die Begehung künftiger Verbrechen verhüten, und zwar entweder durch Besserungsmaßnahmen (Unterbringung in einer Heil- oder Pflegeanstalt, Trinkerheilanstalt, Arbeitshaus), oder durch körperliche Absonderung aus der Allgemeinheit, sei es der Person selbst (Sicherungsverwahrung), sei es ihrer Tätigkeit (Untersagung der Berufsausübung).

2. Die Sicherungsmaßregeln können regelmäßig nur neben einer Strafe verhängt werden, ausnahmsweise auch ohne Strafe, nämlich bei Begehung von Straftaten durch Unzurechnungsfähige. Zuständig für die Anordnung ist der Strafrichter, und nicht die Verwaltungsbehörde.

3. Die Anordnung muß erfolgen, wenn es sich um eine Sicherungsmaßregel handelt, die eine Freiheitsentziehung bezweckt (§ 42a Z. 1—4) und sie kann erfolgen im Falle des § 42a Ziff. 6.

Es können auch mehrere Sicherungsmaßregeln nebeneinander angeordnet werden.

4. Die vier obligatorischen Sicherungsmaßregeln (§§ 42 b bis 42 e) haben eine Freiheitsentziehung zur Folge, die das Gesetz als „Unterbringung" bezeichnet.

a) Nach § 42 f Abs. 1 dauert die Unterbringung so lange, als ihr Zweck es erfordert, also u. U. lebenslänglich, ausgenommen die Unterbringung in einer Trinkerheilanstalt oder einer Entziehungsanstalt (§ 42 f Abs. 2). Ganz allgemein hat das Gericht jeweils vor Ablauf bestimmter Fristen zu prüfen, ob der Zweck der Unterbringung erreicht ist. Bejahendenfalls ist die Entlassung des Untergebrachten anzuordnen (§ 42 f Abs. 3). Das Gericht kann schließlich stets, also schon vor Ablauf bestimmter Fristen prüfen, ob der Zweck der Unterbringung erreicht ist.

b) § 42 g enthält eine bedingte Verjährung des Vollzugs der Unterbringung.

c) Nach § 42 h gilt die Entlassung des Untergebrachten vor dem Ablauf der angeordneten Dauer nur als bedingte Aussetzung insofern, als sie jederzeit widerrufen werden kann.

d) § 42 i regelt die Beschäftigung der Untergebrachten.

e) Neben diesen Bestimmungen über Vollstreckung und Vollzug der Unterbringung gelten nach § 463 a StPO. die Bestimmungen über die Strafvollstreckung sinngemäß.

5. Mit der Verjährung der Strafverfolgung erlischt auch die Befugnis zur Anordnung der Sicherungsmaßregeln (§ 67 Abs. 5). Die Vollstreckung der Sicherungsmaßregeln verjährt in 10 bzw. 5 Jahren (§ 70 Abs. 2).

6. Ebenso wie die Strafen werden auch die Sicherungsmaßregeln in das Strafregister eingetragen.

Heil- und Pflegeanstalt.

§ 42b. Hat jemand eine mit Strafe bedrohte Handlung im Zustand der Zurechnungsunfähigkeit (§ 51 Abs. 1, § 58 Abs. 1) oder der verminderten Zurechnungsfähigkeit (§ 51 Abs. 2, § 58 Abs. 2) begangen, so ordnet das Gericht seine Unterbringung in einer Heil- oder Pflegeanstalt an, wenn die öffentliche Sicherheit es erfordert. Dies gilt nicht bei Übertretungen.

Bei vermindert Zurechnungsfähigen tritt die Unterbringung neben die Strafe.

1. Bei der Unterbringung in einer Heil- oder Pflegeanstalt sind 2 Fälle zu unterscheiden, nämlich die Unterbringung eines Unzurechnungsfähigen und die Unterbringung eines vermindert Zurechnungsfähigen.

2. Die Voraussetzungen sind folgende:

a) Es muß eine mit Strafe bedrohte Handlung vorliegen,
b) die Tat muß im Zustande der Unzurechnungsfähigkeit bzw. verminderten Zurechnungsfähigkeit begangen sein,
c) der vermindert Zurechnungsfähige muß, falls es zu einem ordentlichen Strafverfahren gekommen ist, wegen der begangenen Handlung zu Strafe verurteilt, bzw. der Zurechnungsunfähige muß wegen Unzurechnungsfähigkeit freigesprochen worden sein,
d) die öffentliche Sicherheit muß die Unterbringung erfordern, d. h. es muß die Wahrscheinlichkeit vorliegen, der Täter werde durch weitere Handlungen die öffentliche Sicherheit gefährden.

3. Da bei dem Unzurechnungsfähigen, falls dieser Zustand von vornherein feststeht, ein Strafverfahren nicht eingeleitet werden kann, da eine strafbare Handlung nicht vorliegt, ist für diesen Fall ein besonderes Sicherungsverfahren vorgesehen (StPO. § 429a), während beim vermindert Zurechnungsfähigen die Unterbringung neben die Strafe tritt.

Trinkerheilanstalt.

§ 42c. Wird jemand, der gewohnheitsmäßig im Übermaß geistige Getränke oder andere berauschende Mittel zu sich nimmt, wegen eines Verbrechens oder Vergehens, das er im Rausch begangen hat oder das mit einer solchen Gewöhnung in ursächlichem Zusammenhang steht, oder wegen Volltrunkenheit (§ 330a) zu einer Strafe verurteilt und ist seine Unterbringung in einer Trinkerheilanstalt oder einer Entziehungsanstalt erforderlich, um ihn an ein gesetzmäßiges und geordnetes Leben zu gewöhnen, so ordnet das Gericht neben der Strafe die Unterbringung an.

Die Unterbringung in einer Trinkerheilanstalt oder Entziehungsanstalt, die ebenfalls neben der Strafe zwingend vorgeschrieben ist, hat zur Voraussetzung:

1. daß der Täter gewohnheitsmäßig im Übermaß geistige Getränke oder andere berauschende Mittel zu sich nimmt,
2. daß er wegen eines Verbrechens oder Vergehens verurteilt ist, das er entweder im Rausch begangen hat, oder das mit der Gewöhnung an übermäßigen Genuß von Rauschmitteln in ursächlichem Zusammenhang steht, oder daß er wegen Volltrunkenheit nach § 330a zu Strafe verurteilt worden ist,
3. daß seine Unterbringung erforderlich ist, um ihn an gesetzmäßiges und geordnetes Leben zu gewöhnen, d. h. daß andere Mittel, wie z. B. Familienfürsorge nicht ausreichend erscheinen.

Arbeitshaus.

§ 42d. Wird jemand nach § 361 Nr. 3 bis 5, 6a bis 8 zu Haftstrafe verurteilt, so ordnet das Gericht neben der Strafe seine Unterbringung in einem Arbeitshaus an, wenn sie erforderlich ist, um ihn zur Arbeit anzuhalten und an ein gesetzmäßiges und geordnetes Leben zu gewöhnen.

Dasselbe gilt, wenn jemand, der gewohnheitsmäßig zum Erwerbe Unzucht treibt, nach § 361 Nr. 6 zu Haftstrafe verurteilt wird.

Wegen Bettelns ist die Anordnung nur zulässig, wenn der Täter aus Arbeitsscheu oder Liederlichkeit oder gewerbsmäßig gebettelt hat.

Arbeitsunfähige, deren Unterbringung in einem Arbeitshaus angeordnet ist, können in einem Asyl untergebracht werden.

1. Das frühere Strafrecht kannte die Unterbringung in einem Arbeitshause bei der Zuhälterei des § 181a, sowie bei verschiedenen Übertretungen (Landstreicherei, Bettel, Trunksucht). In allen diesen Fällen konnte aber der Richter diese Unterbringung nicht selbst anordnen, sondern konnte nur auf Überweisung an die Landespolizeibehörde erkennen, in deren Ermessen es dann gestellt war, die verurteilte Person in ein Arbeitshaus unterzubringen. Nach § 42 d kann nunmehr der Richter selbst die Anordnung treffen, während die Überweisung an die Landespolizeibehörde weggefallen ist.

2. Die Unterbringung in einem Arbeitshaus, die sich ganz allgemein gegen solche Personen richtet, die zu willensschwach sind, ihren Lebensunterhalt durch geregelte Arbeit zu verdienen, muß angeordnet werden, wenn die im Gesetz festgelegten Voraussetzungen gegeben sind.

3. Arbeitsunfähige sind statt im Arbeitshaus in einem Asyl unterzubringen.

4. Wegen der Dauer der Unterbringung vgl. § 42f Abs. 2 und wegen der Vollziehung § 42 Abs. 1.

5. Durch Gesetz Nr. 14 der Militärregierung (Amerikanisches Kontrollgebiet) vom 1. 4. 1949 wurde in den Ländern Bayern, Hessen, Württemberg-Baden und Bremen die Unterbringung in einem Arbeitshaus aufgehoben. Die §§ 42 a Nr. 3 und 42 d, sowie der Hinweis auf Unterbringung in einem Arbeitshaus oder einem Asyl in den §§ 42 f, 42 h und 42 i wurde gestrichen.

Sicherungsverwahrung.

§ 42e. Wird jemand nach § 20a als ein gefährlicher Gewohnheitsverbrecher verurteilt, so ordnet das Gericht neben der Strafe die Sicherungsverwahrung an, wenn die öffentliche Sicherheit es erfordert.

1. Die Sicherungsverwahrung, die neben der Strafe zu verhängen ist, und zwar nur bei Gewohnheitsverbrechern i. S. des § 20a, bezweckt, den Berufsverbrecher dauernd unschädlich zu machen.

2. Wegen des Begriffs „gefährlicher Gewohnheitsverbrecher" vgl. Erläuterung 2 zu § 20a.

3. Die „öffentliche Sicherheit erfordert" diese Maßnahme, wenn nach der Persönlichkeit des Täters die Wahrscheinlichkeit besteht, daß er nach der Entlassung aus der Strafanstalt seine Freiheit zu neuen Verbrechen benutzen werde.

Dauer der Unterbringung.

§ 42f. Die Unterbringung dauert so lange, als ihr Zweck es erfordert.

Die Unterbringung in einer Trinkerheilanstalt oder einer Entziehungsanstalt und die erstmalige Unterbringung in einem Arbeitshaus oder einem Asyl dürfen nicht länger als zwei Jahre dauern.

Die Dauer der Unterbringung in einer Heil- oder Pflegeanstalt, der wiederholten Unterbringung in einem Arbeitshaus oder einem Asyl und der Sicherungsverwahrung ist an keine Frist gebunden. Bei diesen Maßregeln hat das Gericht jeweils vor dem Ablauf bestimmter Fristen zu entscheiden, ob der Zweck der Unterbringung erreicht ist. Die Frist beträgt bei der Unterbringung in einer Heil- oder Pflegeanstalt und der Sicherungsverwahrung drei Jahre und bei der wiederholten Unterbringung in einem Arbeitshaus oder einem Asyl zwei Jahre. Ergibt sich bei der Prüfung, daß der Zweck der Unterbringung erreicht ist, so hat das Gericht die Entlassung des Untergebrachten anzuordnen.

Das Gericht kann auch während des Laufs der in den Abs. 2 und 3 genannten Fristen jederzeit prüfen, ob der Zweck der Unterbringung erreicht ist. Wenn das Gericht dies bejaht, so hat es die Entlassung des Untergebrachten anzuordnen.

Die Fristen laufen vom Beginn des Vollzugs an. Lehnt das Gericht die Entlassung des Untergebrachten ab, so beginnt mit dieser Entscheidung der Lauf der im Abs. 3 genannten Fristen von neuem.

Nachträgliche Unterbringung.

§ 42g. Sind seit der Rechtskraft des Urteils drei Jahre verstrichen, ohne daß mit dem Vollzug der Unterbringung begonnen worden ist, so darf sie nur noch vollzogen werden, wenn das Gericht es anordnet. Die Anordnung ist nur zulässig, wenn der Zweck der Maßregel die nachträgliche Unterbringung erfordert.

In die Frist wird die Zeit nicht eingerechnet, in der der Unterzubringende eine Freiheitsstrafe verbüßt oder auf behördliche Anordnung in einer Anstalt verwahrt wird.

Entlassung.

§ 42h. Die Entlassung des Untergebrachten gilt nur als bedingte Aussetzung der Unterbringung. Das Gericht kann dem Untergebrachten bei der Entlassung besondere Pflichten auferlegen und solche Anordnungen auch nachträglich treffen oder ändern. Zeigt der Entlassene durch sein Verhalten in der Freiheit, daß der Zweck der Maßregel seine erneute Unterbringung erfordert, und ist die Vollstreckung der Maßregel noch nicht verjährt, so widerruft das Gericht die Entlassung.

Die Dauer der Unterbringung in einer Trinkerheilanstalt oder einer Entziehungsanstalt und der erstmaligen Unterbringung in einem Arbeitshaus oder einem Asyl darf auch im Falle des Widerrufs insgesamt die gesetzliche Höchstdauer der Maßregel nicht überschreiten.

§ 42i. Die im Arbeitshaus oder in der Sicherungsverwahrung Untergebrachten sind in der Anstalt zu den eingeführten Arbeiten anzuhalten. Sie können auch zu Arbeiten außerhalb der Anstalten verwendet werden, müssen jedoch dabei von freien Arbeitern getrennt gehalten werden.

Die in einer Heil- oder Pflegeanstalt, einer Trinkerheilanstalt oder einer Entziehungsanstalt Untergebrachten können innerhalb oder außerhalb der Anstalt auf eine ihren Fähigkeiten und Verhältnissen angemessene Weise beschäftigt werden.

§ 42k. Aufgehoben durch Kontrollratsgesetz Nr. 11, Art. 1 vom 30. Januar 1946. (Betraf die Entmannung.)

Untersagung der Berufsausübung.

§ 42l. Wird jemand wegen eines Verbrechens oder Vergehens, das er unter Mißbrauch seines Berufs oder Gewerbes oder unter grober Verletzung der ihm kraft seines Berufs oder Gewerbes obliegenden Pflichten begangen hat, zu Freiheitsstrafe von mindestens drei Monaten verurteilt, so kann ihm das Gericht zugleich auf die Dauer von mindestens einem und höchstens fünf Jahren die Ausübung des Berufs, Gewerbes oder Gewerbezweiges untersagen, wenn dies erforderlich ist, um die Allgemeinheit vor weiterer Gefährdung zu schützen.

Solange die Untersagung wirksam ist, darf der Verurteilte den Beruf, das Gewerbe oder den Gewerbezweig auch nicht für einen anderen ausüben oder durch eine von seinen Weisungen abhängige Person für sich ausüben lassen.

§ 36 Abs. 1 gilt entsprechend. Wird die Vollstreckung der Freiheitsstrafe oder einer neben der Strafe erkannten, mit Freiheitsentziehung verbundenen Maßregel der Sicherung und Besserung bedingt ausgesetzt, so wird die Probezeit auf die Frist angerechnet.

Das Gericht kann die Untersagung der Berufsausübung wieder aufheben, wenn der Zweck der Maßregel ihre Fortdauer nicht mehr erforderlich erscheinen läßt. Die Aufhebung ist frühestens zulässig, nachdem die Maßregel ein Jahr gedauert hat. Sie gilt nur als bedingte Aussetzung der Untersagung und kann bis zum Ablauf der im Urteil für ihre Dauer festgesetzten Zeit widerrufen werden; die Dauer der Untersagung darf auch im Falle des Widerrufs insgesamt die im Urteil für ihre Dauer festgesetzte Zeit nicht überschreiten.

Die Untersagung der Berufsausübung.

1. Die Erfahrung lehrt, daß gewisse Berufe und Gewerbe besonders leicht Gelegenheit bieten, strafbare Handlungen zu begehen, z. B. die Betrügereien der sog. Darlehensvermittler. Nach früherem Recht war es nicht möglich, einem solchen Rechtsbrecher die Ausübung seines Gewerbes in Zukunft zu untersagen. Diese Lücke füllt § 42l aus.

2. Solange die Untersagung wirksam ist, darf der Verurteilte den Beruf usw. weder selbst, noch durch andere ausüben. Tut er es trotzdem, dann ist er nach § 145c strafbar.

§ 42m. Aufgehoben durch Gesetz vom 23. März 1934; betraf Reichsverweisung gegen Ausländer.

§ 42n. Maßregeln der Sicherung und Besserung können nebeneinander angeordnet werden.

Zweiter Abschnitt: Versuch.

Vorbemerkung:

Bei allen strafbaren Handlungen und bei Unterlassungen von Handlungen, deren Vornahme durch eine Rechtspflicht geboten ist (siehe „Einführende Vorbemerkungen zum Strafrecht“ S. 1 ff., Abschnitt B II 4, S. 3), unterscheidet man:

Vollendung: wenn der gesetzliche Tatbestand vollständig verwirklicht ist.

Versuch: wenn ein Anfang der Ausführung vorliegt, d. h. wenn mit der Verwirklichung eines Tatbestandsmerkmals begonnen worden ist (§§ 43—46). (Siehe hierzu die Ausführungen in den „Einführenden Vorbemerkungen zum Strafrecht“ S. 1 ff., Abschnitt B VI, S. 10.)

Versuch.

§ 43. Wer den Entschluß, ein Verbrechen oder Vergehen zu verüben, durch Handlungen, welche einen Anfang der Ausführung dieses Verbrechens oder Vergehens enthalten, betätigt hat, ist, wenn das beabsichtigte Verbrechen oder Vergehen nicht zur Vollendung gekommen ist, wegen Versuches zu bestrafen.

Der Versuch eines Vergehens wird jedoch nur in den Fällen bestraft, in welchen das Gesetz dies ausdrücklich bestimmt.

1. Der Versuch ist ein Zurückbleiben des Erfolgs hinter dem Willen des Täters. Der Grund für die Strafbarkeit des Versuchs liegt in dem Bestreben des Gesetzgebers, schon den verbrecherischen Willen strafrechtlich zu erfassen.

2. Ein Anfang der Ausführung i. S. des § 43 ist in allen Handlungen zu finden, die infolge ihrer notwendigen Zusammengehörigkeit mit der Tatbestandshandlung für die natürliche Auffassung als deren Bestandteile erscheinen.

Beispiele: Beim schweren Diebstahl (§ 243) gehören die Erschwerungstatsachen (Einbruch, Einsteigen, Einschleichen), die an sich nur Vorbereitungshandlungen für den beabsichtigten Diebstahl sind, zum Tatbestand. Infolgedessen liegt in der Erfüllung eines solchen Tatbestandsmerkmals schon der Anfang der Ausführung des schweren Diebstahls, z. B. Beschmieren des Fensters zum Zwecke des Eindrückens. (Siehe auch Erläuterung 8 zu § 243, und wegen Versuch des einfachen Diebstahls Erl. 8 zu § 242.) Der Versuch eines Betrugs ist schon mit dem Beginn der Täuschungshandlung gegeben. (Siehe Erl. 8 zu § 263.) Versuch der Tötung liegt schon dann vor, wenn der Täter in Tötungsabsicht die Schußwaffe, wenn auch mit ungespanntem Hahn, anlegt. Versuchte Brandstiftung liegt schon dann vor, wenn der Täter das Streichholz angezündet hat.

3. Jede Tätigkeit, die zeitlich vor dem Anfang der Ausführung liegt, ist straflose Vorbereitungshandlung, z. B. Anschaffung von Werkzeugen zu einem beabsichtigten Diebstahl, oder von Mitteln oder Instrumenten zu einer beabsichtigten Abtreibung.

Ausnahmsweise sind schon Vorbereitungshandlungen strafbar, und zwar

a) Vorbereitungshandlungen des Täters: Vergehen des § 151 (Vorbereitungshandlungen zu den Münzdelikten der §§ 146, 149), ferner das Vergehen des § 245a (Besitz von Diebeswerkzeug) und das Vergehen des § 296 (Besitz von Jagd- und Fischereigerät).

b) Vorbereitungshandlungen des Teilnehmers: Die Vergehen der §§ 49a, 49b, ferner die Vergehen der §§ 110 (Aufforderung zum Ungehorsam), 111 Abs. 2 (Aufforderung zur Begehung strafbarer Handlungen), 218 Abs. 4 (Verschaffung von Abtreibungsmitteln) und § 357. In allen diesen Fällen ist der Teilnehmer (Gehilfe oder Anstifter) auch dann strafbar, wenn der Haupttäter die Tat nicht ausführt, oder nicht einmal auszuführen beginnt.

4. Da zum subjektiven Tatbestand der „Entschluß" gehört, ist der Versuch einer fahrlässigen Straftat nicht denkbar.

5. Ein strafbarer Versuch ist auch vorhanden, wenn der Gegenstand, gegen den sich die beabsichtigte Handlung richtet, an und für sich ungeeignet zur Begehung der strafbaren Handlung ist. Es ist also Kindsmordversuch an einem totgeborenen Kind möglich, ebenso Abtreibungsversuch einer Person, die sich nur für schwanger hält, aber in Wirklichkeit gar nicht schwanger ist. (Versuch am untauglichen Objekt.)

Auch dann liegt ein strafbarer Versuch vor, wenn der Täter ein **Mittel** zur Herbeiführung des beabsichtigten Erfolges anwendet, welches unter allen Umständen uneeignet ist, wenn z. B. der „Mörder" mit blind geladenem Gewehr schießt, wenn die Schwangere ihre Leibesfrucht mit einem Fußbade, mit Trinken von Rotwein, von unschädlichem Tee abzutreiben sucht. (Versuch mit untauglichen Mitteln.) Dagegen bleibt straflos der Versuch mit sog. sympathischen Mitteln, z. B. der Versuch, einen anderen mit Totbeten zu töten.

6. Nicht zu verwechseln mit dem in Z. 5 geschilderten strafbaren Versuch mit untauglichen Mitteln am untauglichen Objekt ist das sog. straflose Wahnverbrechen. Es liegt vor, wenn der Täter in Kenntnis aller Tatumstände zu Unrecht annimmt, seine Handlung sei strafbar. (Siehe hierzu „Einführende Vorbemerkungen zum Strafrecht" S. 1ff., Abschnitt D V, S. 20.)

7. Der Versuch ist immer strafbar bei Verbrechen. Bei Vergehen dagegen nur, wenn dies im Gesetz ausdrücklich vorgesehen ist, z. B. bei Diebstahl (§ 242), Unterschlagung (§ 246), Betrug (§ 263).

Strafmaß.

§ 44. Das versuchte Verbrechen oder Vergehen kann milder bestraft werden als das vollendete.

Ist das vollendete Verbrechen mit dem Tode oder mit lebenslangem Zuchthaus bedroht, so kann auf Zuchthaus nicht unter drei Jahren erkannt werden.

In den übrigen Fällen kann die Strafe bis auf ein Viertel des Mindestbetrages der auf das vollendete Verbrechen oder Vergehen angedrohten Freiheits- und Geldstrafe ermäßigt werden. Ist hiernach Zuchthausstrafe unter einem Jahr verwirkt, so ist dieselbe nach Maßgabe des § 21 in Gefängnis zu verwandeln.

1. Die Neufassung des § 44 beruht auf der Verordnung vom 29. Mai 1943. Während nach der vor 1943 geltenden Fassung des § 44 der Richter die versuchte Tat milder bestrafen mußte, als die vollendete und somit bei Versuch niemals auf Todesstrafe erkannt werden konnte, ist eine solche Milderung nunmehr in das Ermessen des Richters gestellt: („kann milder bestraft werden").

2. Es ist damit zu rechnen, daß in einem neuen Strafgesetzbuch auf die alte Fassung des § 44 zurückgegriffen wird, d. h. daß die Strafmilderung beim Versuch wieder für obligatorisch erklärt wird. Man könnte auch sehr wohl den Standpunkt vertreten, daß die obligatorische Strafmilderung schon jetzt wieder in Kraft gesetzt ist, und zwar im Hinblick auf Ziff. 8b der „Allgemeinen Anweisung an Richter Nr. 1". (Siehe hierzu Vorbemerkung vor § 13, Abschnitt B.)

§ 45. Wenn neben der Strafe des vollendeten Verbrechens oder Vergehens die Aberkennung der bürgerlichen Ehrenrechte zulässig oder geboten ist, oder auf Zulässigkeit von Polizeiaufsicht erkannt werden kann, so gilt Gleiches bei der Versuchsstrafe.

Rücktritt und tätige Reue.

§ 46. Der Versuch als solcher bleibt straflos, wenn der Täter
1. die Ausführung der beabsichtigten Handlung aufgegeben hat,

ohne daß er an dieser Ausführung durch Umstände gehindert worden ist, welche von seinem Willen unabhängig waren, oder

2. zu einer Zeit, zu welcher die Handlung noch nicht entdeckt war, den Eintritt des zur Vollendung des Verbrechens oder Vergehens gehörigen Erfolges durch eigene Tätigkeit abgewendet hat.

1. Der sog. freiwillige Rücktritt (Z. 1) und die sog. tätige Reue (Z. 2) machen den Täter straflos, aber nur wegen der versuchten Handlung.

2. Erfüllt die Tat außer dem Versuch einer strafbaren Handlung auch noch den Tatbestand einer anderen vollendeten Straftat, so bleibt letztere trotz Straflosigkeit des Versuchs strafbar. Wurden z. B. bei einem Notzuchtsversuch unzüchtige Handlungen mit Gewalt ausgeübt (§ 176[1]), so bleiben letztere strafbar, wenn auch der Täter seine Absicht, zum Beischlaf zu kommen, freiwillig aufgibt, und deshalb nicht wegen Notzuchtversuchs bestraft werden kann. Ebenso bleibt der Einbrecher, der die Diebstahlsabsicht aufgibt, wegen Hausfriedensbruchs und evtl. auch wegen Sachbeschädigung strafbar.

3. Der Fall Ziffer 1, Rücktritt vom nichtbeendeten Versuch, liegt vor, wenn der Täter die zur Erfüllung des Tatbestandes des vollendeten Verbrechens oder Vergehens gehörige Tätigkeit noch nicht beendet hat, wenn er z.B. nach vollbrachtem Einsteigen die Hand noch nicht an den Gegenstand, den zu stehlen er vorhatte, gelegt hat. In diesem Fall also bleibt der Täter straflos, weil er das Weiterhandeln unterläßt. Der Rücktritt ist freiwillig, wenn sich der Täter sagt: „ich will nicht zum Ziele kommen, selbst wenn ich es könnte", und er ist unfreiwillig, wenn sich der Täter sagt: „ich kann nicht zum Ziele kommen, selbst wenn ich es wollte."

4. Der Fall Ziffer 2, tätige Reue gegenüber dem beendeten Versuch, ist gegeben, wenn die geplante strafbare Handlung nach der Vorstellung des Täters zwar ganz vollzogen, aber der Erfolg noch nicht eingetreten ist und der Täter nunmehr durch positives Tun den Eintritt des Erfolgs verhindert. Beispiele: Straflosigkeit tritt ein, wenn der Betrüger nach erfolgter Täuschungshandlung und Irrtumserregung den Getäuschten aufklärt, bevor eine Vermögensschädigung eingetreten ist, oder wenn die Mutter, nachdem sie in Mordabsicht dem Kind Gift eingeflößt hat, durch Gegenmaßnahmen (z. B. Bewirken von Erbrechen) den Tod verhindert. In diesem Falle würde jedoch nur der Mordversuch, nicht aber das bereits vollendete Verbrechen des § 229 (Giftbeibringung) straflos bleiben. Als eigene Tätigkeit gilt es auch, wenn der Täter eine entgegenwirkende Naturkraft (z. B. in einer Maschine, Feuerlöschapparat) in Bewegung setzt oder eine andere Person mit der abwendenden Tätigkeit beauftragt. Immer aber ist erforderlich, daß die Tat z.Zt. der tätigen Reue noch nicht entdeckt war.

5. Beim fehlgeschlagenen Versuch, wenn z. B. der Mörder vorbeigeschossen hat, gibt es keine „Reue" mehr.

6. Der Rücktritt und die tätige Reue sind persönliche Strafausschließungsgründe i.S. des § 50 Abs. 2. Sie wirken sich deshalb nur in der Person des zurücktretenden Täters aus, lassen also die Strafbarkeit etwaiger Mittäter, Anstifter oder Gehilfen unberührt. Ein an sich strafbarer Versuch ist begangen und bleibt bestehen, und damit auch die Strafbarkeit des Mittäters, Anstifters und Gehilfen, es sei denn, daß auch er zurückgetreten ist.

7. Ausnahmsweise gibt es auch eine tätige Reue beim vollendeten Delikt, und zwar in den Fällen der §§ 49a Abs. 4, 49b Abs. 3, 158, 163 Abs. 2, 310.

Dritter Abschnitt: Teilnahme.

Vorbemerkung.

1. Der Abschnitt enthält als Formen der Teilnahme:
a) die Mittäterschaft (§ 47),
b) die Anstiftung (§ 48),
c) die Beihilfe (§ 49),
d) die Aufforderung zu einem Verbrechen (§ 49a),
e) die Teilnahme an einer Verbindung (§ 49b).

2. Eingehende Ausführungen zum Problem der Teilnahme befinden sich in den „Einführenden Vorbemerkungen zum Strafrecht" S. 1ff., Abschnitt B IV 3, S. 8.

Mittäterschaft.

§ 47. Wenn mehrere eine strafbare Handlung gemeinschaftlich ausführen, so wird jeder als Täter bestraft.

1. Mittäter ist nicht nur der, welcher eine Tatbestandshandlung selbst vornimmt, also z. B. beim Diebstahl selbst Hand anlegt an die wegzunehmende Sache, sondern auch der, welcher irgendeine der Vollendung der Tat vorangehende Mitwirkung ausführt, z. B. beim Diebstahl Wache steht oder zur Ermutigung des Täters anwesend ist, sofern er nur in der Tat sein eigenes Werk sieht.

Auch eine geistige Mitwirkung genügt, wenn sie darin besteht, daß durch sie der Wille des zur unmittelbaren Ausführung Bestimmten gefestigt oder bestärkt wird, wenn nur der Wille jedes Mittäters darauf gerichtet ist, die Tat als seine eigene zu wollen und auszuführen. Bloßes Wissen genügt jedoch nicht. Vgl. aber § 139.

2. Die Mittäter müssen also die Tat in bewußtem und gewolltem Zusammenwirken, wenn auch nur auf Grund stillschweigenden Einverständnisses ausführen. Gemeinschaftlicher Entschluß und gemeinschaftliche Ausführung.

Es ist daher Mittäterschaft nur bei vorsätzlichen, nicht bei fahrlässigen strafbaren Handlungen möglich.

3. Geht einer der Mittäter weiter als der andere wußte und wollte, so ist der letztere dafür nicht verantwortlich: Verüben z. B. zwei einen Diebstahl, wobei der erste, während der zweite Wache steht, ohne des letzteren Wissen eine Tür in einem Gebäude aufbricht, so kann der zweite nur wegen Mittäterschaft zum einfachen Diebstahl bestraft werden.

4. Haben mehrere eine Tat verabredet, einer aber tritt zurück, indem er gar keine Mitwirkung ausübt, so bleibt dieser als Täter straflos. (Siehe Erl. 6 zu § 46.) War die verabredete Tat ein Verbrechen, dann kommt aber Bestrafung nach § 49a Abs. 2 in Frage.

Liegt bei dem einen Mittäter ein Schuldausschließungsgrund vor (z. B. § 51), so ist diese Tatsache für die Strafbarkeit des anderen Mittäters ohne Bedeutung. (Siehe § 50 Abs. 1 n. F. und die Ausführungen in den „Einführenden Vorbemerkungen zum Strafrecht, S. 1ff., Abschnitt B IV 3, S. 8.)

Anstiftung.

§ 48. Als Anstifter wird bestraft, wer einen anderen zu der von demselben begangenen mit Strafe bedrohten Handlung durch Geschenke oder Versprechen, durch Drohung, durch Mißbrauch des Ansehens oder der Gewalt, durch absichtliche Herbeiführung oder Beförderung eines Irrtums oder durch andere Mittel vorsätzlich bestimmt hat.

Die Strafe des Anstifters ist nach demjenigen Gesetze festzusetzen, welches auf die Handlung Anwendung findet, zu welcher er wissentlich angestiftet hat.

1. Die **Anstiftung** ist die vorsätzliche **Verursachung** einer von einem anderen begangenen mit Strafe bedrohten Handlung, gleichgültig, ob es sich um ein Verbrechen, ein Vergehen oder eine Übertretung handelt. (Im Gegensatz zur Beihilfe, die nur zu einem Verbrechen oder Vergehen geleistet werden kann.)

Die Anstiftung hat zur **Voraussetzung**:

a) daß in dem anderen der **Entschluß** zur Begehung der strafbaren Handlung **hervorgerufen** wird,

b) daß die mit Strafe bedrohte Handlung, zu der angestiftet wurde, **begangen** oder wenigstens **versucht** worden ist (nur **ausnahmsweise** tritt auch bei **erfolglos** gebliebener Anstiftung, d. h. wenn der Anzustiftende die Tat nicht einmal versucht hat, Bestrafung ein, nämlich in den Fällen der §§ 49a Abs. 1, 110, 111 Abs. 2, 159, 357),

c) daß der Anstifter die **Vollendung** der Tat **gewollt** hat (siehe Erläuterung 5); bleibt die Täterhandlung gegen den Willen des Anstifters im Stadium des Versuchs stecken, so liegt **Anstiftung zum versuchten** Delikt vor.

d) Die weitere Voraussetzung, daß der Haupttäter strafrechtlich verantwortlich ist, also bei ihm nicht § 51 oder ein anderer Schuldausschließungsgrund (§§ 52, 54, 59) vorliegt, ist durch die **Verordnung** v. 29. Mai 1943 beseitigt worden. (Siehe hierzu die Ausführungen in den „**Einführenden Vorbemerkungen zum Strafrecht**" S. 1ff., Abschnitt B IV 3, S. 8.) Für die Strafbarkeit des Anstifters ist nämlich nach dem **neuen Recht** nicht mehr erforderlich, daß der Haupttäter **schuldhaft** handelt, sondern genügt, daß der Haupttäter den **äußeren Tatbestand** einer strafbaren Handlung verwirklicht oder zu verwirklichen sucht. Deshalb mußte auch der Gesetzestext des § 48 geändert werden, indem an Stelle der Worte „strafbare Handlung" die Worte „mit Strafe bedrohte Handlung" gesetzt wurden.

2. **Mehrere Personen** können zusammenwirkend eine Anstiftung begehen. Eine selbständige Anstiftung durch mehrere Personen nacheinander ist aber nicht möglich, da ein schon zur Tat Entschlossener nicht mehr angestiftet werden kann.

3. Unter „**Drohung**" ist die Ankündigung der Zufügung irgendeines Übels zu verstehen.

Steigert sich die Drohung zu der Form des § 52, dann scheidet Anstiftung aus, und der Drohende wird zum **mittelbaren Täter**, da er sich nunmehr eines durch § 52 schuldlos handelnden Dritten als Werkzeug bedient. Das gleiche gilt für die **Gewalt**.

4. Unter den „**anderen Mitteln**" sind gemeint: Aufforderung, Aufmunterung, Überreden, Zureden, Bitten, Anleitung geben.

5. Auf den **Beweggrund**, den der Anstifter verfolgt, kommt es nicht an. Darum ist auch der „Lockspitzel" (agent provocateur) strafbar. Wenn der Lockspitzel nur zum Versuche anstiften wollte, weil er vorhatte, einzugreifen und die Vollendung zu verhindern, wird er nicht strafbar sein, da der Wille des Anstifters (ebenso wie derjenige des Gehilfen) immer auf **Vollendung** der Tat gerichtet sein muß.

6. Der **Anstifter haftet** strafrechtlich **nur soweit**, als er die Tat gewollt hat. Hat der Angestiftete mehr getan, als der Anstifter gewollt hat, z. B. einen Raub begangen, statt des vom Anstifter gewollten Diebstahls (sog. Exzeß), so ist der Anstifter nur wegen Anstiftung zum Diebstahl gemäß §§ 242, 48 zu bestrafen. (Gleiches gilt für den Gehilfen.)

7. Ein **Nichtbeamter** kann einen **Beamten** zu einem Amtsverbrechen anstiften. (Siehe hierzu Erläuterung 5 in der Vorbemerkung zu § 331.)

8. Der **Anstifter** wird nach dem gleichen Strafgesetz **bestraft** wie der Täter. Da also die für den Täter **angedrohte** und nicht die von ihm im Einzelfalle **verwirkte** Strafe für die Strafe des Anstifters maßgebend ist, kann der Richter nach den besonderen, namentlich subjektiven Momenten u. U. den Anstifter strenger und selbstverständlich auch milder bestrafen als den Täter. Liegt beim Täter ein Schuldausschließungsgrund (§§ 51, 52, 54, 59) oder ein Strafausschließungsgrund (siehe Erläuterung 4c zu § 50) vor, so berührt dieser Umstand nicht die Strafbarkeit des Anstifters. (Siehe „**Einführende Vorbemerkungen zum Strafrecht**" S. 1 ff., Abschnitt B IV 3 b, S. 8.)

Beihilfe.

§ 49. Als Gehilfe wird bestraft, wer dem Täter zur Begehung einer als Verbrechen oder Vergehen mit Strafe bedrohten Handlung durch Rat oder Tat wissentlich Hilfe geleistet hat.

Die Strafe des Gehilfen ist nach demjenigen Gesetze festzusetzen, welches auf die Handlung Anwendung findet, zu welcher er wissentlich Hilfe geleistet hat, kann jedoch nach den über die Bestrafung des Versuches aufgestellten Grundsätzen ermäßigt werden.

1. Die **Beihilfe** ist die vorsätzliche **Unterstützung** einer von einem anderen begangenen als Verbrechen oder Vergehen (also nicht Übertretung) mit Strafe bedrohten Handlung. Von der **Mittäterschaft** unterscheidet sich die Beihilfe dadurch, daß der Mittäter die Tat als **eigene** will, während der Gehilfe eine **fremde** Tat fördern will. Von der **Anstiftung** unterscheidet sich die Beihilfe in der Hauptsache dadurch, daß der **Anstifter** in dem Haupttäter den Entschluß zur Tat **hervorruft**, während der **Gehilfe** die Tat des bereits entschlossenen Haupttäters in irgendeiner Weise fördern will.

2. Die Beihilfe hat folgende **Voraussetzungen**:

a) Ebenso wie bei der Anstiftung ist auch bei der Beihilfe erforderlich, daß die mit Strafe bedrohte Handlung, zu der Hilfe geleistet worden ist, **begangen** oder wenigstens **versucht** worden ist. Nur **ausnahmsweise** tritt auch bei **erfolglos gebliebener Beihilfe** Strafe ein, nämlich im Falle des § 49a Abs. 3.

b) Ebenso wie bei der Anstiftung ist auch bei der Beihilfe erforderlich, daß der Gehilfe die **Vollendung der Tat gewollt** hat; bleibt die Täterhandlung gegen den Willen des Gehilfen im Stadium des Versuchs stecken, so liegt **Beihilfe zum versuchten Delikt** vor.

c) Die weitere Voraussetzung, daß der Haupttäter strafrechtlich verantwortlich ist, daß also bei ihm nicht § 51 oder ein anderer **Schuldausschließungsgrund** (§§ 52, 54, 59) vorliegt, ist durch die **Verordnung** v. 29. Mai 1943 ebenso wie für die Anstiftung auch für die Beihilfe beseitigt worden. (Siehe hierzu die Ausführungen in den „**Einführenden Vorbemerkungen zum Strafrecht**", S. 1 ff., Abschnitt B IV 3, S. 8.) Für die Strafbarkeit des Gehilfen ist nämlich nach dem **neuen Recht** nicht mehr erforderlich, daß der Haupttäter **schuldhaft** handelt, sondern es genügt, daß der Haupttäter den **äußeren** Tatbestand einer als Verbrechen oder Vergehen mit Strafe bedrohten Handlung verwirklicht oder zu verwirklichen versucht. Deshalb mußte auch der Gesetzestext des § 49 geändert werden, indem an die Stelle der Worte „des Verbrechens oder Vergehens" die Worte „einer als Verbrechen oder Vergehen mit Strafe bedrohten Handlung" gesetzt wurden. (Siehe auch Erl. 1d zu § 48.)

3. Die nach Vollendung des Verbrechens oder Vergehens geleistete Unterstützung ist nicht mehr Beihilfe, sondern **Begünstigung** (§§ 257, 258), z. B. die Sicherung des Gestohlenen.

4. Die **Hilfe** kann auch schon vor der Ausführung der Haupttat gewährt werden, also auch bei **bloßen Vorbereitungshandlungen**, z. B. durch Bezeichnung der Hebamme, die die Abtreibung der Leibesfrucht vornimmt oder durch Anfertigung eines Nachschlüssels für den Dieb.

5. Durch Rat kann Hilfe geleistet werden mittels Anleitung, Belehrung, Zusicherung später zu leistender Begünstigung (vgl. § 257 Abs. 3). **Beispiel:** Die Hausgehilfin gibt dem Geliebten Anweisung, wann und wie er am besten in die Villa ihrer Dienstherrschaft zum Zwecke des Diebstahls einsteigen kann.

6. Beihilfe durch die Tat kann auch (im Gegensatz zur Anstiftung) durch **Unterlassen** begangen werden, und zwar dann, wenn eine Rechtspflicht zum Handeln bestand. **Beispiel:** Der Wächter eines Fabrikgebäudes duldet die diebische Wegnahme von Gegenständen aus dem Fabrikgebäude.

7. Beihilfe zu **fahrlässigen** Handlungen ist begrifflich nicht möglich.

8. Das in Erl. 6 u. 7 zu § 48 Gesagte gilt entsprechend auch für die Beihilfe.

9. Ebenso wie der Anstifter wird auch der Gehilfe nach dem gleichen Strafgesetz **bestraft** wie der Täter, und ebenso wie der Anstifter kann auch der Gehilfe u. U. schwerer bestraft werden als der Täter. (Siehe Erl. 8 zu § 48.)

Liegt beim Täter ein Schuldausschließungsgrund (§§ 51, 52, 54, 59) oder ein Strafausschließungsgrund (siehe Erl. 4c zu § 50) vor, so berührt dieser Umstand, ebensowenig wie die Strafbarkeit des Anstifters (siehe Erl. 8 zu § 48), auch nicht die Strafbarkeit des Gehilfen. (Siehe „**Einführende Vorbemerkungen zum Strafrecht**" S. 1 ff., Abschnitt B IV 3, S. 8.)

10. Durch die Verordnung vom 29. Mai 1943 wurde die frühere Bestimmung in § 49, daß nämlich die Strafe für den Gehilfen nach den über die Bestrafung des Versuchs aufgestellten Grundsätzen ermäßigt werden mußte, in eine **Kannvorschrift** umgewandelt. Es ist fraglich, ob diese Änderung aufrecht erhalten bleibt. (Siehe die Erl. zu § 44.)

Erfolglose Teilnahme.

§ 49a. Wer einen anderen zur Begehung eines Verbrechens oder zur Teilnahme an einem Verbrechen auffordert, wird auch dann wie ein Anstifter bestraft, wenn das Verbrechen nicht oder unabhängig von der Aufforderung zur Ausführung gelangt. Die Strafe kann gemildert werden (§ 44).

Ebenso wird bestraft, wer sich einem anderen zu einem Verbrechen erbietet oder ein solches Anerbieten annimmt oder wer die Begehung eines Verbrechens verabredet oder in eine ernsthafte Verhandlung darüber eintritt.

Wer dem Täter zur Begehung eines Verbrechens Hilfe leistet, wird auch dann als Gehilfe bestraft, wenn das Verbrechen nicht oder unabhängig von seiner Hilfeleistung zur Ausführung gelangt. Der Richter kann die Strafe nach pflichtgemäßem Ermessen mildern oder von Strafe absehen.

Nach diesen Vorschriften wird nicht bestraft, wer freiwillig und endgültig davon absieht, die Straftat zu begehen und ihre Begehung oder den Erfolg verhindert. Dies gilt auch für den, der sich freiwillig und ernstlich bemüht, die Begehung oder den Erfolg zu verhindern, wenn nicht sein Bemühen, sondern ein anderer Umstand dies erreicht.

1. Die durch die Verordnung vom 29. Mai 1943 geschaffene Neufassung des § 49a bedeutet, daß nunmehr in bestimmten Fällen schon der irgendwie in die Erscheinung getretene verbrecherische Wille, ohne daß er zur Auslösung einer Straftat geführt hat, bestraft werden soll.

Ganz allgemein bedeutet § 49a, der sich aber nur auf Verbrechen bezieht, eine Ausnahme von der Regel, daß die erfolglose Anstiftung ebenso wie die erfolglose Beihilfe grundsätzlich straflos bleiben. In erheblich größerem Umfange als bisher sind nach neuem Recht die sog. Vorbereitungshandlungen sowohl des Haupttäters als auch des Teilnehmers mit Strafe bedroht.

2. Vorbereitungshandlungen des Haupttäters waren schon nach früherem Recht strafbar, bei der Münzfälschung (§ 151), Besitz von Diebeswerkzeug und Wildereigerät (§§ 245a, 296).

Vorbereitungshandlungen des Teilnehmers waren schon nach früherem Recht strafbar beim Unternehmen der Verleitung zum Meineid (§ 159), bei der Abtreibung des § 218 Abs. 4 und in den Fällen der §§ 110, 111 Abs. 2, 357 (Siehe Erläuterung 3 zu § 43.) Außerdem waren nach dem bisherigen § 49a Aufforderung und Erbieten zu einem Verbrechen strafbar, wenn sie schriftlich erfolgten, oder bei Mündlichkeit, wenn sie an die Gewährung von Vorteilen geknüpft waren. Dagegen war eine erfolglose Beihilfe im § 49a überhaupt nicht mit Strafe bedroht.

3. Nach der Neufassung des § 49a ist nunmehr ganz allgemein jede versuchte Teilnahme strafbar, soweit sie sich auf ein Verbrechen bezieht, und zwar ist die Aufforderung und Beihilfe nicht nur dann strafbar, wenn das Verbrechen überhaupt nicht zur Ausführung gelangt, sondern auch dann, wenn das Verbrechen unabhängig von der Aufforderung und Beihilfe zur Ausführung gelangt. Es ist also nunmehr sowohl die erfolglose Aufforderung als auch die erfolglose Beihilfe zu einem Verbrechen strafbar.

4. Neu ist ferner, daß wie ein Anstifter bestraft wird, wer die Begehung eines Verbrechens verabredet oder in eine ernsthafte Verhandlung darüber eintritt (§ 49a Absatz 2, zweiter Halbsatz). (Früher war nur die Verabredung zu Verbrechen wider das Leben in § 49b mit Strafe bedroht; da nunmehr in dem neuen § 49a jede Verabredung zu Verbrechen unter Strafe gestellt ist, wurden die Worte „oder Verabredung" in § 49b gestrichen.)

5. Als Strafe ist für die erfolglose Aufforderung die Strafe der Anstiftung, die nach den Grundsätzen des § 44 gemildert werden kann, vorgesehen. Ebenso wird

der erfolglose Gehilfe als Gehilfe bestraft; der Richter kann aber nach Abs. 3, S. 2 die Strafe nach pflichtgemäßem Ermessen mildern oder von Strafe absehen.

6. Entsprechend der Härte der Strafdrohung des § 49a ist in Abs. 4 der tätigen Reue in weitgehendem Umfange Rechnung getragen.

7. Wie früher hat auch der neue § 49a nur subsidiäre Bedeutung. Kommt es zur Vollendung oder zu einem strafbaren Versuch des fraglichen Verbrechens, dann ist der Auffordernde bzw. der Helfende wegen Anstiftung bzw. Beihilfe zu diesem Verbrechen zu bestrafen.

8. Beispiel für § 49a Abs. 4: A, B und C verabreden, den D zu ermorden. A bekommt Reue und teilt den Plan dem D mit, so daß dieser die Festnahme von B und C erwirken und dadurch den geplanten Mord verhindern kann. B und C sind nach § 49a Abs. 2 strafbar. A ist nach § 49a Abs. 4 straflos.

Mordkomplott.

§ 49b. Wer an einer Verbindung teilnimmt, die Verbrechen wider das Leben bezweckt oder als Mittel für andere Zwecke in Aussicht nimmt, oder wer eine solche Verbindung unterstützt, wird mit Gefängnis nicht unter 3 Monaten bestraft.

In besonders schweren Fällen ist die Strafe Zuchthaus bis zu fünf Jahren.

Nach diesen Vorschriften wird nicht bestraft, wer der Behörde oder dem Bedrohten so rechtzeitig Nachricht gibt, daß ein in Verfolgung der Bestrebungen der Verbindung beabsichtigtes Verbrechen wider das Leben verhindert werden kann.

Schuld und Einfluß persönlicher Eigenschaften.

§ 50. Sind mehrere an einer Tat beteiligt, so ist jeder ohne Rücksicht auf die Schuld des anderen nach seiner Schuld strafbar.

Bestimmt das Gesetz, daß besondere persönliche Eigenschaften oder Verhältnisse die Strafe schärfen, mildern oder ausschließen, so gilt dies nur für den Täter oder Teilnehmer, bei dem sie vorliegen.

1. Die Neufassung des § 50 beruht auf der Verordnung vom 29. Mai 1943.

2. Nach Abs. 1 soll nunmehr jeder an einer Straftat Beteiligte einzig und allein nach seiner eigenen Schuld bestraft werden, also ohne Rücksicht darauf, ob auch der andere schuldig und somit strafbar ist. (Siehe Näheres hierüber in den „Einführenden Vorbemerkungen zum Strafrecht" S. 1 ff., Abschnitt B IV 3, S. 8.)

3. Der Abs. 2 des § 50 betrifft nicht die Schuldfrage, sondern nur die Straffrage. Der Sinn dieser Gesetzesstelle ist folgender: Sind bei einer Straftat außer dem Haupttäter noch ein Mittäter, Anstifter oder Gehilfe beteiligt, so soll für diese letzteren dann eine andere gesetzliche Strafdrohung maßgebend sein als für den Haupttäter, wenn das Gesetz eine Strafdrohung aus Gründen, die nur in der Person des Haupttäters liegen, schärft, mildert oder ausschließt; liegen umgekehrt die strafändernden Umstände nur beim Teilnehmer und nicht auch beim Haupttäter vor, so wirken sie sich nur in der Person des Teilnehmers aus. M. a. W.: Die Persönlichkeit des Haupttäters soll dem Teilnehmer weder zum Nachteil noch zum Vorteil gereichen.

4. Diese **Trennung** der **Teilnahme** von der **Haupttat**, die bezüglich der Schuldfrage in Abs. 1 des § 50 vollzogen wurde (siehe oben Erl. 2), erfolgt im übrigen aber nur, soweit **strafändernde** (und zwar **strafschärfende** oder **strafmildernde**) sowie **strafausschließende Umstände** in Frage kommen, nicht aber, soweit es sich um **strafbegründende** Umstände handelt.

a) **Strafschärfende Umstände** sind:

aa) Die **Gewerbs- oder Gewohnheitsmäßigkeit** in den Fällen der §§ 260, 292 Abs. 3, 293 Abs. 3, 302d und die Gewerbsmäßigkeit im Falle des § 175 a Nr. 4 (mit Ausnahme des Sichanbietens, in welchem Falle die Gewerbsmäßigkeit strafbegründend ist, siehe unten Erl. 5 b.)

bb) Der **Rückfall** in §§ 244, 261, 264, 250 Nr. 5.

cc) Die **Beamteneigenschaft** bei den **unechten Beamtendelikten**, d. h. denjenigen Straftaten, die an sich von jedem begangen werden können, die aber schwerer bestraft werden, wenn der Täter Beamter ist. Hierher gehört vor allem die Amtsunterschlagung des § 350; ferner die Fälle der §§ 340, 341, 342, 347 und 348 Abs. 2. (Im Gegensatz hierzu die **echten** Beamtendelikte. Siehe unten Erl. 5a.)

dd) Das **Verwandtschaftsverhältnis** in den Fällen der §§ 181 Abs. 1, Nr. 2, 221 Abs. 2, 223 Abs. 2.

ee) Die **Gemeingefährlichkeit** des § 20a.

b) **Strafmildernde Umstände** sind:

aa) **Jugendliches** Alter (zwischen 14 und 18 Jahren. Siehe Reichsjugendgerichtsgesetz § 1, Abs. 1).

bb) **Verminderte Zurechnungsfähigkeit** (§§ 51 Abs. 2. 58 Abs. 2).

cc) Verhältnis der **Mutter zum unehelichen Kind** (§ 217).

dd) Die Strafmilderungsgründe des § 157 (Eidesnotstand) und des § 158 (Berichtigung). (n. b. Die „**mildernden Umstände**", die im Gesetz als solche bezeichnet sind, z. B. §§ 246 Abs. 2, 263 Abs. 2 gehören nicht hierher.)

c) **Strafausschließende Umstände** sind:

aa) **Diebstahl und Unterschlagung** gegenüber Verwandten absteigender Linie oder gegenüber dem Ehegatten (§§ 247 Abs. 2, 248a Abs. 3, 370 Z. 5, Abs. 2).

bb) **Notbetrug** gegenüber Verwandten absteigender Linie oder gegenüber dem Ehegatten (§ 264a Abs. 4).

cc) **Persönliche Begünstigung** gegenüber Angehörigen (§ 257 Abs. 2).

dd) **Pfandkehr** gegenüber Verwandten absteigender Linie und gegenüber Ehegatten (§ 289 Abs. 5).

ee) **Widerruf** beim fahrlässigen Falscheid. (§ 163 Abs. 2.)

ff) **Rücktritt** (§§ 46, 49 a Abs. 4, 49 b Abs. 3) und **tätige Reue** bei den vollendeten Delikten der §§ 163 Abs. 2 und 310.

5. Handelt es sich um **strafbegründende Umstände**, kommt § 50 Abs. 2 nicht in Frage. Solche Umstände sind:

a) Die **Beamteneigenschaft** bei den **echten** Beamtendelikten, d. h. bei denjenigen, die **nur** von einem **Beamten** begangen werden können. Hierher gehören die Tatbestände der §§ 331, 332, 334, 336, 343, 344, 345, 346, 348 Abs. 1, 352, 353, 354, 355, 356, 357.

b) Die Gewerbsmäßigkeit bei Taten, die nur gewerbsmäßig begangen werden können, nämlich in den Fällen der §§ 175a Nr. 4 letzter Fall, 285, 302e und 361 Z. 6a—c, und die Gewohnheitsmäßigkeit in den Fällen der §§ 150, 180, 181a, 284 Abs. 2, 302e.

6. Handelt es sich um eine Straftat, bei der das Gesetz bei Eintreten bestimmter Folgen eine erhöhte Strafbarkeit vorsieht (sog. objektiv qualifizierende Tatbestandsmerkmale, z. B. §§ 251, 226), kommt § 50 Abs. 2 ebenfalls nicht in Frage.

7. Beispiele:

a) Zu Z. 4a: Der A leistet dem B zu einer von diesem gewerbsmäßig begangenen Wilderei dadurch Hilfe, daß er ihm ein Gewehr zur Verfügung stellt: Der B ist wegen gewerbsmäßiger Wilderei nach § 292 Abs. 3 strafbar, während der A nur wegen Beihilfe zur einfachen Wilderei nach §§ 292 Abs. 1, 49 zu bestrafen ist, es sei denn, daß er selbst gewerbsmäßig gehandelt hat. — Der A stiftet den B zu einem Rückfalldiebstahl an: Der B ist gemäß §§ 242, 244 zu bestrafen, während A nur wegen Anstiftung zum einfachen Diebstahl nach §§ 242, 48 bestraft werden kann, es sei denn, daß bei ihm ebenfalls die Voraussetzungen des Rückfalls gegeben sind. — Der Nichtbeamte A stiftet den Beamten B zu einer Amtsunterschlagung nach § 350 an: B ist gemäß § 350 strafbar, während A nur nach §§ 246, 48 bestraft werden kann. — Der A stiftet den Sohn B an, den Vater B körperlich zu mißhandeln: Der Sohn B ist nach § 223 Abs. 2 zu bestrafen, während die Strafe des A aus §§ 223 Abs. 1, 48 zu entnehmen ist. —

b) Zu Z. 4b: Der A stiftet die uneheliche Mutter B an, ihr neugeborenes Kind zu töten: Die Mutter ist wegen Kindstötung nach § 217, während A als Mörder oder Totschläger gemäß §§ 211, 212, 48 zu bestrafen ist. Stiftet die uneheliche Mutter B den A zur Tötung ihres unehelichen Kindes an, so ist sie nur aus §§ 217, 48 zu bestrafen, während die Bestrafung des A aus §§ 211 bzw. 212 zu erfolgen hat.

c) Zu Z. 4c: Der A stiftet die Ehefrau B an, ihren Ehemann B zu bestehlen: Der A ist wegen Anstiftung zum Diebstahl gemäß §§ 242, 48 zu bestrafen, obwohl die Ehefrau B gemäß § 247 Abs. 2 nicht als Täterin bestraft werden kann. Stiftet umgekehrt die Ehefrau B den A an, ihren Ehemann B zu bestehlen, so ist die Ehefrau straflos, während A als Dieb gemäß § 242 zu bestrafen ist. Oder: Der B stiftet den A an, den Vater A zu bestehlen. Der Vater stellt keinen Strafantrag; der Sohn A kann nicht bestraft werden (§ 247 Abs. 1); dagegen ist B wegen Anstiftung zum Diebstahl strafbar. (Siehe auch Erl. 5 zu § 247.) Oder: Der A stiftet den B an, den C zu vergiften. B schüttet zu diesem Zwecke dem C Gift in den Kaffee. Bevor C erscheint, bekommt B Reue und schüttet den Kaffee weg: B bleibt wegen des Mordversuchs straflos, da er von dem beendeten Versuch gemäß § 46 Nr. 2 zurückgetreten ist, indem er zu einer Zeit, zu welcher die Handlung noch nicht entdeckt war, den Erfolg durch eigene Tätigkeit abgewendet hat. Der A bleibt aber strafbar wegen Anstiftung zum Mordversuch.

d) Zu Z. 5: Der Nichtbeamte A stiftet den Beamten B zu einer Falschbeurkundung i. S. des § 348 Abs. 1 an. Der Haupttäter B ist nach § 348 Abs. 1 zu bestrafen, und ebenso der Anstifter A nach §§ 348 Abs. 1, 48, denn die strafbegründenden Umstände erfassen auch den Teilnehmer. — Der A stiftet den B zum gewerbsmäßigen Glücksspiel an. Der B ist gemäß § 285 zu bestrafen, und ebenso der A gemäß §§ 285, 48.

e) Zu Z. 6: Der A stiftet den B zu einer Körperverletzung des C an. C stirbt infolge der Körperverletzung. A ist strafbar wegen Anstiftung zu dem Verbrechen des § 226.

Vierter Abschnitt:
Gründe, welche die Strafe ausschließen oder mildern.

Vorbemerkung.

1. Es werden behandelt
in § 51 die Unzurechnungsfähigkeit infolge Bewußtseinsstörung, Geisteskrankheit usw.,
in § 52 zwei Fälle der Nötigung zur Tat (sog. Nötigungsstand),
in § 53 die Notwehr,
in § 54 der Notstand,
in § 58 die Strafbarkeit der Taubstummen,
in § 59 die Einwirkung des Tatsachenirrtums auf die Strafbarkeit,
in § 60 die Anrechnung der Untersuchungshaft,
in den §§ 61—65 der Strafantrag,
in den §§ 66—72 die Verjährung.
An die Stelle der §§ 55—57 sind Bestimmungen des Reichsjugendgerichtsgesetzes getreten.

2. Siehe zu diesem Abschnitt des StGB. die eingehenden Erörterungen in den „Einführenden Vorbemerkungen zum Strafrecht" S. 1ff., Abschnitt C, S. 15.

Zurechnungsunfähigkeit.

§ 51. Eine strafbare Handlung ist nicht vorhanden, wenn der Täter zur Zeit der Tat wegen Bewußtseinsstörung, wegen krankhafter Störung der Geistestätigkeit oder wegen Geistesschwäche unfähig ist, das Unerlaubte der Tat einzusehen oder nach dieser Einsicht zu handeln.

War die Fähigkeit, das Unerlaubte der Tat einzusehen oder nach dieser Einsicht zu handeln, zur Zeit der Tat aus einem dieser Gründe erheblich vermindert, so kann die Strafe nach den Vorschriften über die Bestrafung des Versuchs gemildert werden.

1. Als biologische Ursachen der Zurechnungsunfähigkeit kommen nach dem Gesetz in Frage: Die Bewußtseinsstörung, die krankhafte Störung der Geistestätigkeit und die Geistesschwäche.

a) Die Bewußtseinsstörung kann krankhaft (Dämmerzustand, Epilepsie, pathologische Rauschzustände) oder nicht krankhaft sein (z. B. Schlaf, Schlaftrunkenheit, Hypnose, Ohnmacht). Bei Trunkenheit liegt eine Bewußtseinsstörung nicht erst dann vor, wenn es sich um eine sinnlose Trunkenheit handelt, sondern es genügt schon eine durch sie hervorgerufene starke Beeinflussung des Geisteslebens.

b) Unter krankhafter Störung der Geistestätigkeit fallen alle Psychosen dauernder oder vorübergehender Art. (Zu letzteren gehören Fieberdelirien, Schwangerschaftspsychosen usw.).

c) Geistesschwäche ist ein geringerer Grad krankhafter Störung der Geistestätigkeit.

2. Als psychologische Wirkung dieser Zustände verlangt das Gesetz die Unfähigkeit, das Unerlaubte der Tat einzusehen oder nach dieser Einsicht zu handeln. (Ausschluß des Unterscheidungs- oder Hemmungsvermögens.)

3. Die Folge der Unzurechnungsfähigkeit ist, daß die Schuld ausgeschlossen wird, der Täter also nicht bestraft werden kann. (Siehe aber § 42 b.) Die Strafbarkeit der Teilnehmer an der Tat eines Unzurechnungsfähigen wird dadurch nicht berührt. (Siehe § 50 Abs. 1 und die „Einführenden Vorbemerkungen zum Strafrecht" S. 1 ff., Abschnitt B IV 3 b, S. 8.)

4. In zwei Fällen kann auch ein Unzurechnungsfähiger bestraft werden:

a) wenn er sich in einen Rauschzustand versetzt in der Absicht, in diesem Zustand eine strafbare Handlung zu begehen; er wird wegen der in diesem unzurechnungsfähigen Zustand begangenen strafbaren Handlung bestraft;

b) wegen Volltrunkenheit nach § 330 a. (Siehe die dortigen Erläuterungen.)

5. Bei der verminderten Zurechnungsfähigkeit (§ 51 Abs. 2) genügt es, wenn die oben genannten biologischen Ursachen eine erhebliche Verminderung des Unterscheidungs- oder Hemmungsvermögens zur Folge haben.

6. Wegen Unterbringung in einer Heil- oder Pflegeanstalt siehe § 42 b und die dortigen Erläuterungen.

Nötigungsstand.

§ 52. Eine strafbare Handlung ist nicht vorhanden, wenn der Täter durch unwiderstehliche Gewalt oder durch eine Drohung, welche mit einer gegenwärtigen, auf andere Weise nicht abwendbaren Gefahr für Leib oder Leben seiner selbst oder eines Angehörigen verbunden war, zu der Handlung genötigt worden ist.

Als Angehörige im Sinne dieses Strafgesetzes sind anzusehen Verwandte und Verschwägerte auf- und absteigender Linie, Adoptiv- und Pflege-Eltern und -Kinder, Ehegatten, Geschwister und deren Ehegatten, und Verlobte.

1. Der hier behandelte Nötigungsstand enthält einen Schuldausschließungsgrund. Der unter einem solchen Zwang Stehende handelt zwar rechtswidrig, aber schuldlos und kann daher nicht bestraft werden, während der Nötigende als mittelbarer Täter strafbar ist. (Siehe die „Einführenden Vorbemerkungen zum Strafrecht" S. 1 ff., Abschnitt B IV 2 a, aa, S. 7.)

Der Unterschied gegenüber dem Notstand des § 54 liegt darin, daß beim Nötigungsstand des § 52 die Notlage von einem anderen geschaffen wurde, um durch den Genötigten eine strafbare Handlung begehen zu lassen, sie gewissermaßen abzunötigen. Dagegen stimmen beide Gesetzesstellen darin überein, daß die Gefahr bzw. der Notstand auf andere Weise nicht abwendbar, bzw. zu beseitigen ist.

2. Die beiden Nötigungsmittel sind unwiderstehliche Gewalt und Drohung mit einer Gefahr.

a) Als unwiderstehliche Gewalt i. S. des § 52 kommt nur eine beeinflussende Gewalt, wie Prügeln, Foltern oder Einsperren in Frage, um dadurch eine bestimmte Handlung zu erzwingen; nicht dagegen gehört hierher die unmittelbare körperliche Gewalt, denn ein durch sie abgenötigtes Verhalten ist keine „Handlung" mehr.

Beispiele: Der A führt dem B gewaltsam die Hand und zwingt ihn so, eine Urkunde mit fremdem Namen zu unterschreiben, oder A führt den Finger des B gewaltsam an den Abzug einer Pistole, mit der C erschossen wird: In beiden Fällen ist B schon deshalb straflos, weil überhaupt keine Handlung vorliegt. Dagegen ist B auf Grund von § 52 straflos, wenn er von A gemartert oder eingesperrt wird, und unter diesem Zwang ein Betriebsgeheimnis verrät.

b) Unter Drohung versteht man die Ankündigung einer Übelszufügung, und zwar muß das Übel eine gegenwärtige Leibes- oder Lebensgefahr des Täters oder eines Angehörigen enthalten.

Beispiele. Der A zwingt den B durch Drohung mit Erschießen, sich an einem Diebstahl zu beteiligen; oder der A droht dem B, er werde dessen Frau erschießen, falls er nicht den C erschieße: In beiden Fällen ist B gemäß § 52 straflos, wenn er dem Zwang erliegt und die abgenötigten Straftaten begeht.

3. Unter den Begriff der „Angehörigen" i. S. des § 52 Abs. 2 (er gilt für das ganze Strafgesetzbuch, siehe §§ 54, 247, 257, 263 Abs. 5, 292 Abs. 2) fallen:

a) Verwandte auf- und absteigender Linie: Vater, Mutter, Großeltern, Urgroßeltern, Kinder, Enkel, Urenkel ehelicher und unehelicher Geburt.

b) Verschwägerte auf- und absteigender Linie: Schwiegereltern und Schwiegerkinder, Stiefeltern und Stiefkinder.
Schwägerschaft bedeutet das Verhältnis der Verwandten eines Ehegatten zu dem anderen Ehegatten, nicht aber zu dessen Verwandten. Dabei ist es unerheblich, ob die Ehe z. Z. der Begehung der Handlung noch besteht, ebenso ob sie etwa materiell nichtig oder anfechtbar ist.

c) Adoptiveltern und Adoptivkinder. Ob ein Adoptivverhältnis vorliegt, entscheidet sich nach dem bürgerlichen Recht. Der Ehegatte des Adoptivkindes ist mit den Adoptiveltern nicht verschwägert.

d) Der Begriff der Pflegeeltern und Pflegekinder wird charakterisiert durch ein tatsächliches Verhältnis, das dem zwischen natürlichen Eltern und Kindern bestehenden sittlich gleichwertig ist.

e) Unter Ehegatten sind auch die in einer zwar sachlich ungültigen, aber formell gültigen Ehe lebenden zu verstehen.

f) Geschwister sind alle Personen, die mindestens einen Elternteil gemeinsam haben, also auch die halbbürtigen Geschwister. Das Verhältnis der Angehörigkeit umfaßt aber nicht die Nachkommen von Geschwistern; Onkel und Neffen sind also keine Angehörigen.

g) Die Ehegatten der voll- oder halbbürtigen Geschwister sind gegenseitig Angehörige: Der Bruder der Ehefrau ist ebenso Angehöriger ihres Ehemannes, wie der Bruder des Ehemannes Angehöriger seiner Ehefrau ist. Dagegen sind die Ehemänner zweier Schwestern oder die Ehefrauen zweier Brüder keine Angehörigen.

h) Verlobte sind die Personen, die beiderseits ein rechtsgültiges, ernstgemeintes unbedingtes Heiratsversprechen sich gegenseitig gegeben haben. Ein bloßes Liebesverhältnis genügt nicht.

Notwehr

§ 53. Eine strafbare Handlung ist nicht vorhanden, wenn die Handlung durch Notwehr geboten war.

Notwehr ist diejenige Verteidigung, welche erforderlich ist, um einen gegenwärtigen, rechtswidrigen Angriff von sich oder einem anderen abzuwenden.

Die Überschreitung der Notwehr ist nicht strafbar, wenn der Täter in Bestürzung, Furcht oder Schrecken über die Grenzen der Verteidigung hinausgegangen ist.

1. Wer in Notwehr handelt, ist nicht nur entschuldigt, sondern er handelt rechtmäßig, denn hier stehen sich nicht Recht und Recht (wie beim Notstand), sondern Recht und Unrecht gegenüber.

2. Als Angriffe, gegen welche Notwehr erlaubt ist, kommen solche gegen den Körper, das Leben, die Ehre oder das Vermögen in Betracht; es gibt daher auch gegen den Dieb Notwehr, denn der Besitzer darf die gestohlene Sache dem auf frischer Tat betroffenen oder verfolgten Täter mit Gewalt wieder abnehmen. § 859 Abs. 2 BGB.

3. Wer bei der Abwehr des rechtswidrigen Angriffs über das zur Verteidigung erforderliche Maß hinausgeht, d. h. wer bei objektiver Beurteilung etwas tut, was zur Verteidigung nicht notwendig war, also einen sog. Notwehrexzeß begeht, ist grundsätzlich verantwortlich für alles, was er mehr getan hat, als erforderlich war. War der Irrtum, vermöge dessen der Angegriffene das Maß der von ihm gewählten Verteidigung für erforderlich hielt, entschuldbar, dann ist der Täter straflos. Hat er die Grenzen der erlaubten Verteidigung infolge eines selbstverschuldeten tatsächlichen Irrtums überschritten, dann ist er gemäß § 59 Abs. 2 wegen Fahrlässigkeit zu bestrafen, falls das fragliche Delikt fahrlässig begangen werden kann, z. B. wegen fahrlässiger Körperverletzung.

4. Nur dann bleibt der Notwehrexzeß straflos, wenn die Voraussetzungen des Abs. 3 des § 53 gegeben sind, d. h. wenn der Täter in Bestürzung, Furcht oder Schrecken über die Grenzen der Verteidigung hinausgegangen ist.

5. Gegen die berechtigte Ausübung des Amts gibt es keine Notwehr (vgl. aber Erl. 8 zu § 113).

6. Auch wenn der Täter sich nur einbildete, es stehe ihm ein Angriff bevor, bleibt er bezüglich der zur Abwehr solcher vermeintlicher Angriffe begangenen Handlungen straflos (§ 59 Abs. 1) (sog. Putativnotwehr). Nur wenn der Irrtum über das Vorhandensein eines Angriffs selbstverschuldet war, kann eine fahrlässige Rechtsverletzung übrigbleiben (§ 59 Abs. 2), z. B. fahrlässige Körperverletzung.

7. Auch gegen Angriffe Geisteskranker kann man sich straflos verteidigen; dagegen ist bei Angriffen von Tieren nur der Notstand des § 228 BGB. gegeben.

8. Beispiele: a) Der Feldhüter A sitzt in einer Wirtschaft und bemerkt, wie der arbeitslose Taglöhner B, den er kennt, im Begriffe ist, mit seinem, des A Rad, das er vor der Wirtschaft abgestellt hatte, davonzufahren. Kurz entschlossen nimmt A seine Dienstwaffe, schießt auf den davonfahrenden B und verletzt diesen nicht unerheblich am Arm: Es liegt seitens B ein gegenwärtiger, d. h. noch nicht beendeter Angriff auf das Eigentum des A vor, und der Schuß des A bezweckte die Abwehr dieses noch andauernden Angriffs. Trotzdem ist der Fall des § 53 nicht gegeben, denn das Vorgehen des A war nicht durch Notwehr geboten. Es liegt eine Überschreitung der Notwehr, ein sog. Notwehrexzeß vor. Welches Maß der Abwehr erforderlich ist, richtet sich jeweils nach den besonderen Umständen des Einzelfalles; im allgemeinen richtet es sich nach der Art und Stärke des Angriffs. Jedenfalls lag für Abgabe eines Schusses keine Notwendigkeit vor, zumal A den B kannte und somit in der Lage war, andere Schritte zu ergreifen, um sein Eigentum wiederzuerlangen. Auch der strafbefreiende Grund des Abs. 3 (Bestürzung usw.) scheint nach Sachlage nicht gegeben zu sein. A, der offenbar keinen Tötungsvorsatz,

sondern nur den der Körperverletzung gehabt hat, ist daher wegen vorsätzlicher gefährlicher Körperverletzung zu bestrafen. A bleibt selbstverständlich auch dann nach § 223a strafbar, falls sich herausstellt, daß B das Rad gar nicht stehlen wollte, sondern es, da er angetrunken war, mit seinem eigenen Fahrrad verwechselt hatte; denn auch bei Vorliegen der sog. Putativnotwehr (siehe Erläuterung 6) ist die Überschreitung der Notwehr strafbar.

b) Der A erwacht nachts und sieht, wie ein Unbekannter im Begriffe ist, durch das Fenster in sein Zimmer einzusteigen. Er holt seinen Revolver aus der Nachttischschublade, gibt einen Schuß auf den Unbekannten ab und tötet ihn: A ist straflos, mindestens nach Abs. 3 des § 53. (Straflose Überschreitung der Notwehr.)

c) Der Spaziergänger A beobachtet, wie ein sich mit allen Kräften wehrendes und schreiendes Mädchen von einem Manne in den Wald geschleppt wird. Er kommt dem Mädchen zu Hilfe, zieht seinen Revolver und erschießt den Mann. A ist straflos, da ein Angriff auch von einem anderen abgewehrt werden kann, und nach Sachlage gegen die Benutzung der Schußwaffe keine Bedenken bestehen.

d) Ein Beispiel für Putativnotwehr befindet sich in den „Einführenden Vorbemerkungen zum Strafrecht" S. 1ff., Abschnitt D II 1 c, S. 19.

9. Da der in Notwehr Handelnde nicht rechtswidrig, sondern rechtmäßig handelt, ist auch jede Teilnahme an einer solchen Tat rechtmäßig und daher nicht strafbar.

Beispiele: Der A, der dem in Notwehr befindlichen B einen Stock zur Abwehr gibt, handelt ebenso rechtmäßig wie der Angegriffene selbst und kann daher nicht wegen Beihilfe zur Körperverletzung bestraft werden. Ebensowenig kann derjenige wegen Anstiftung bestraft werden, der einen in Notwehr Befindlichen auffordert, den Angreifer niederzuschlagen.

Notstand.

§ 54. Eine strafbare Handlung ist nicht vorhanden, wenn die Handlung außer dem Falle der Notwehr in einem unverschuldeten, auf andere Weise nicht zu beseitigenden Notstande zur Rettung aus einer gegenwärtigen Gefahr für Leib oder Leben des Täters oder eines Angehörigen begangen worden ist.

1. Der hier behandelte Notstand ist der Zustand einer in der Regel nicht durch einen Menschen, sondern durch Naturkräfte bewirkten Gefahr, der einen Widerstreit der Pflichten erzeugt, weil er nur durch Verletzung fremden Rechtsgutes abgewendet werden kann. Die im Notstand begangene Handlung, die an sich rechtswidrig ist, ist lediglich schuldlose Zuwiderhandlung gegen ein Verbot, und zwar wird die Schuld deshalb verneint, weil bei Berücksichtigung des Selbsterhaltungstriebes oder des Fürsorgestrebens für Angehörige ein gesetzmäßiges Verhalten nicht zumutbar ist. (Siehe Erl. 1 zu § 52.)

2. Besteht die berufliche Aufgabe gerade darin, eine bestimmte Tätigkeit unter Einsatz von Leib und Leben auszuführen, so kann sich der Verpflichtete dieser Aufgabe nicht mit der Begründung entziehen, es sei ihm nicht zuzumuten, sich dieser Gefahr auszusetzen. Dies gilt für Soldaten, Seeleute, Polizeibeamte, Feuerwehrmänner u. a.

3. Auch im Bürgerlichen Gesetzbuch (BGB.) gibt es Notstandshandlungen, nämlich den Verteidigungsnotstand des § 228 BGB. und den angreifenden Notstand des § 904 BGB. Diese beiden Handlungen schließen im Gegensatz

zu § 54 nicht nur die Schuld, sondern darüber hinaus auch die Rechtswidrigkeit aus.

a) § 228 BGB. (Verteidigungsnotstand) lautet: „Wer eine fremde Sache beschädigt oder zerstört, um eine durch sie drohende Gefahr von sich oder einem anderen abzuwenden, handelt nicht widerrechtlich, wenn die Beschädigung oder Zerstörung zur Abwendung der Gefahr erforderlich ist und der Schaden nicht außer Verhältnis zu der Gefahr steht. Hat der Handelnde die Gefahr verschuldet, so ist er zum Schadensersatz verpflichtet."

b) § 904 BGB. (angreifender Notstand) lautet: „Der Eigentümer einer Sache ist nicht berechtigt, die Einwirkung eines anderen auf die Sache zu verbieten, wenn die Einwirkung zur Abwendung einer gegenwärtigen Gefahr notwendig und der drohende Schaden gegenüber dem aus der Einwirkung dem Eigentümer entstehenden Schaden unverhältnismäßig groß ist. Der Eigentümer kann Ersatz des ihm entstehenden Schadens verlangen."

4. Der strafrechtliche Notstand des § 54 setzt, wie oben erwähnt, voraus, daß die Gefahr, und zwar (im Gegensatz zur Notwehr des § 53) nur eine solche für Leib oder Leben und nur eine unverschuldete, dem Täter selbst oder einem Angehörigen droht. Aber auch, wenn diese Voraussetzungen nicht gegeben sind, ist eine Notstandshandlung möglich, nämlich dann, wenn ein geringwertigeres Rechtsgut verletzt oder zerstört wird, um ein höherwertiges zu retten, bzw. wenn eine mit Strafe bedrohte Handlung das einzige Mittel ist, um ein höheres Rechtsgut zu schützen. Man spricht in diesem Falle von einem sog. übergesetzlichen Notstand, der den Täter nicht nur schuldlos macht, sondern der Handlung auch die Rechtswidrigkeit nimmt. Diese Konstruktion bietet u. a. die Möglichkeit, die Schwangerschaftsunterbrechung durch einen Arzt für straflos zu erklären: Zerstörung des minderwertigeren Rechtsgutes (Leibesfrucht) zur Rettung des höherwertigen Rechtsgutes (Leben der Mutter). (Siehe hierzu Erl. 4 zu § 218 betr. Sonderregelung für das Land Württemberg/Baden.)

5. Auch wenn der Täter sich nur einbildet, die tatsächlichen Voraussetzungen eines Notstandes seien gegeben, bleibt er bezüglich der zur Rettung aus der vermeintlichen Gefahr begangenen strafbaren Handlungen straflos. (Putativnotstand.) Nur wenn der Irrtum selbstverschuldet war, kann eine fahrlässige Rechtsverletzung in Frage kommen (§ 59 Abs. 2). (Siehe Einführende Vorbemerkungen zum Strafrecht", S. 1 ff., Abschnitt D II 1, S. 19.)

6. Beispiele:

a) Strafrechtlicher Notstand nach § 54: A versucht bei einem Kinobrand durch den einzigen offenen Ausgang auf die Straße zu gelangen und stößt dabei den B, der den gleichen Versuch macht, zur Seite, so daß dieser zu Boden stürzt und in den Flammen umkommt. Oder: Bei einem Schiffsuntergang stößt A den B, der mit ihm gleichzeitig in das schon überfüllte Rettungsboot, das nur noch einen Menschen aufnehmen kann, springen will, ins Meer, so daß B ertrinkt. (In beiden Fällen kommt der bürgerlich-rechtliche Notstand nicht in Frage, da dieser nur gegen Sachen und nicht gegen Menschen gegeben ist.)

b) Verteidigungsnotstand des § 228 BGB.: Der A erschießt den wertvollen Hund des B, der sich auf ihn stürzt. A ist nicht wegen Sachbeschädigung nach § 303 strafbar, auch nicht schadensersatzpflichtig.

c) Angreifender Notstand des § 904 BGB.: Wer eine Tür einschlägt, um aus einem brennenden Haus zu entkommen, kann nicht wegen Sachbeschädigung bestraft werden. Oder: Wer, um sich vor einem schweren Gewitter zu retten, in ein fremdes Haus gewaltsam eindringt, kann nicht wegen Hausfriedensbruch bestraft werden.

d) Übergesetzlicher Notstand: Ein auf einem einsam gelegenen Hof wohnhafter Gutsbesitzer ist lebensgefährlich verunglückt. Um den in der Stadt wohnenden Arzt herbeizuholen, benutzt ein Angestellter des Gutsherrn dessen Auto, obwohl er keinen Führerschein besitzt. Der Angestellte kann nicht wegen Fahrens ohne Führerschein bestraft werden, da diese Fahrt die einzige Möglichkeit bot, das höherwertige Rechtsgut, nämlich das Leben des Verunglückten, zu retten.

e) Ein Beispiel für Putativnotstand befindet sich in den „Einführenden Vorbemerkungen zum Strafrecht" S. 1ff., Abschnitt D II 1 c, S. 19.

§§ 55—57 aufgehoben und ersetzt durch Reichsjugendgerichtsgesetz vom 1. Januar 1944. (Siehe Anhang 1, Abschnitt A.)

Taubstummheit.

§ 58. Ein Taubstummer ist nicht strafbar, wenn er in der geistigen Entwicklung zurückgeblieben und deshalb unfähig ist, das Unerlaubte der Tat einzusehen oder nach dieser Einsicht zu handeln.

War die Fähigkeit, das Unerlaubte der Tat einzusehen oder nach dieser Einsicht zu handeln, zur Zeit der Tat aus diesem Grunde erheblich vermindert, so kann die Strafe nach den Vorschriften über die Bestrafung des Versuchs gemildert werden.

1. Neugefaßt durch Gesetz v. 24. Nov. 1933.

2. Ebenso wie in § 51 wird auch in § 58 die Unzurechnungsfähigkeit des Taubstummen begründet nicht nur durch die mangelnde Fähigkeit, das Unerlaubte der Tat einzusehen, sondern auch durch die mangelnde Fähigkeit, nach dieser Einsicht zu handeln.

3. Auch für den Taubstummen ist neben der Zurechnungsunfähigkeit die Zwischenstufe der verminderten Zurechnungsfähigkeit vorgesehen.

Schuld und Irrtum.

§ 59. Wenn jemand bei Begehung einer strafbaren Handlung das Vorhandensein von Tatumständen nicht kannte, welche zum gesetzlichen Tatbestande gehören oder die Strafbarkeit erhöhen, so sind ihm diese Umstände nicht zuzurechnen.

Bei der Bestrafung fahrlässig begangener Handlungen gilt diese Bestimmung nur insoweit, als die Unkenntnis selbst nicht durch Fahrlässigkeit verschuldet ist.

1. Der § 59 behandelt das Irrtumsproblem; er befaßt sich mit der Frage, in welchen Fällen ein Irrtum die Schuld und damit die Strafbarkeit ausschließt.

2. Das gesamte Schuld- und Irrtumsproblem ist ausführlich behandelt in den „Einführenden Vorbemerkungen zum Strafrecht" S. 1ff., Abschnitte C (S. 15ff.) und D (S. 17ff.)

Anrechnung der Untersuchungshaft.

§ 60. Eine erlittene Untersuchungshaft oder einstweilige Unterbringung kann bei Fällung des Urteils auf die erkannte Strafe ganz oder teilweise angerechnet werden.

Strafantrag.

§ 61. Eine Handlung, deren Verfolgung nur auf Antrag eintritt, ist nicht zu verfolgen, wenn der zum Antrage Berechtigte es unterläßt, den Antrag binnen drei Monaten zu stellen. Diese Frist beginnt mit dem Tage, seit welchem der zum Antrage Berechtigte von der Handlung und von der Person des Täters Kenntnis gehabt hat.

1. Grundsätzlich werden strafbare Handlungen ohne Rücksicht auf den Willen des Verletzten von Amts wegen verfolgt (sog. Offizialdelikte). (Siehe Anhang 2 „Das Strafprozeßrecht", Abschnitt E II 1 d, S. 330.) Nur in einer geringen Anzahl von Fällen ist die Strafverfolgung von der Stellung eines Strafantrags abhängig (sog. Antragsdelikte). Ein Teil der Antragsdelikte kann im Privatklageweg verfolgt werden (sog. Privatklagedelikte, siehe hierzu § 374 StPO.). Der Kreis der Antragsdelikte ist weit größer als der der Privatklagedelikte. Zu letzteren gehören vor allem die Beleidigung, die leichte gefährliche und fahrlässige Körperverletzung, der Hausfriedensbruch und die Sachbeschädigung.

2. Die Verfolgung tritt nur auf Antrag ein: bei den Verbrechen gegen §§ 179, 236, 243 und 244 in Verbindung mit 247.

bei den Vergehen gegen §§ 104, 122b, 123, 170, 172, 182, 185 bis 187, 189, 194 bis 196, 223, 232, 236, 237, 242, 246 in Verbindung mit §§ 247, 248a, 263 Abs. 5, 264a, 288, 289, 294, 299, 300, 301, 302, 303,

bei den Übertretungen gegen § 370 Ziffer 5 und 6.

3. Zum Antrag berechtigt ist der unmittelbar Verletzte; der Nichtverletzte hat ein Antragsrecht im eigenen Interesse in den Fällen der §§ 195, 196, 232, und zur Wahrnehmung fremder Interessen im Falle des § 65.

4. Der Strafantrag, der nach den §§ 247, 263 Abs. 5, 294 erforderlich ist, beruht auf bestimmten persönlichen Beziehungen zwischen Täter und Verletztem.

5. Der Strafantrag kann auch von einem Stellvertreter des Berechtigten gestellt werden.

6. Stirbt der Antragsberechtigte vor Stellung des Antrags, so erlischt das Antragsrecht.

7. Die Antragsfrist beträgt drei Monate. Sie ist nicht vom Tage der begangenen Handlung an zu berechnen (wie bei der Verjährung), sondern beginnt mit dem Tage, an dem der zum Antrag Berechtigte von der Handlung und von der Person des Täters Kenntnis erlangt hat.

8. In dem Antrag muß zum Ausdruck gebracht sein, daß der Antragsberechtigte verlangt, die näher zu bezeichnende Handlung solle strafrechtlich verfolgt werden. Der Benennung des zu Verfolgenden bedarf es nur bei den Anträgen nach §§ 247, 263 Abs. 5 und 294 (s. oben Erl. 4).

Der Antrag muß gemäß § 158 Abs. 2 StPO. regelmäßig schriftlich gestellt werden, d. h. in einer geschriebenen Erklärung bestehen, die vom Berechtigten mit seiner Unterschrift zu versehen ist. Auch mittels Telegramms kann der Antrag gestellt werden. Der Antrag kann ferner bei einem Gericht oder der Staatsanwaltschaft auch zu Protokoll gestellt werden. Ein zu Protokoll der Polizeibehörde gestellter Strafantrag gilt nur dann als schriftlich, wenn das Protokoll vom Antragsteller unterzeichnet ist. Es gibt auch einen sog. vorsorglichen Strafantrag, der für den Fall gestellt wird, daß das angezeigte Offizialdelikt vom Gericht nur als Antragsdelikt gewertet wird, z. B. ein angezeigtes Sittlichkeitsverbrechen stellt sich nachträglich nur als Beleidigung heraus.

9. Die Zurücknahme des Strafantrags ist grundsätzlich ausgeschlossen, es sei denn, daß die Zurücknahme, die im übrigen an keine Form gebunden ist, ausdrücklich im Gesetz vorgesehen ist; dann ist sie aber nur bis zur Verkündung eines auf Strafe lautenden Urteils zulässig (§ 64).

10. Der Strafantrag ist kein Tatbestandsmerkmal, sondern eine Bedingung der Strafverfolgbarkeit. Die Handlung ist somit auch ohne Antrag rechtswidrig und strafbar.

Wenn also der Sohn dem Vater ein Fahrrad stiehlt und verkauft es an A, der den Sachverhalt kennt, so ist A strafbarer Hehler, auch wenn der Vater keinen Strafantrag stellt. Wenn A den Sohn zum Diebstahl anstiftet, ist er auch dann als Anstifter zu bestrafen, wenn der Vater keinen Strafantrag gegen den Sohn stellt, und dieser daher nicht bestraft werden kann. (Siehe Erl. 4c zu § 50 und die dort in Erl. 7 c angeführten Beispiele.)

11. Von dem Strafantrag ist zu unterscheiden die Strafanzeige, die wegen jeder strafbaren Handlung bei der Staatsanwaltschaft, der Polizei oder beim Amtsgericht mündlich oder schriftlich angebracht werden kann (§ 158 Abs. 1 StPO.).

§ 62. Wenn von mehreren zum Antrage Berechtigten einer die dreimonatliche Frist versäumt, so wird hierdurch das Recht der übrigen nicht ausgeschlossen.

Mehrere zum Antrag Berechtigte kommen in Frage in §§ 65, 182, 195, 196, 232 Abs. 3, sowie dann, wenn durch die Tat mehrere verletzt sind.

§ 63 aufgehoben. (Diese Gesetzesstelle enthielt die Bestimmung, daß der Antrag nicht geteilt werden kann.)

Zurücknahme des Antrags

§ 64. Die Zurücknahme des Antrages ist nur in den gesetzlich besonders vorgesehenen Fällen und nur bis zur Verkündung eines auf Strafe lautenden Urteils zulässig.

1. Die Zurücknahme ist zulässig in den Fällen der §§ 104, 123, 194, 247, 248a, 263 Abs. 5, 264a und 370[5] und [6]; wenn das Vergehen gegen einen Angehörigen (§ 52 Abs. 2) verübt ist, auch in den Fällen der §§ 232 und 303.

2. Zur Zurücknahme genügt jede Form, aus der zu ersehen ist, daß der Antragsteller bei der Behörde, an welche der Antrag gelangt ist, denselben wieder zurücknehmen will.

3. Die Folge der Zurücknahme ist Einstellung des Verfahrens gemäß § 260, Abs. 2 StPO.

§ 65. Der Verletzte, welcher das achtzehnte Lebensjahr vollendet hat, ist selbständig zu dem Antrage auf Bestrafung berechtigt. Solange er minderjährig ist, hat unabhängig von seiner eigenen

Befugnis auch sein gesetzlicher Vertreter das Recht, den Antrag zu stellen.

Ist der Verletzte geschäftsunfähig oder hat er das achtzehnte Lebensjahr noch nicht vollendet, so ist sein gesetzlicher Vertreter der zur Stellung des Antrages Berechtigte.

1. Minderjährig ist der Verletzte bis zur Vollendung des 21. Lebensjahres.

2. Der „gesetzliche Vertreter" ist nach den Bestimmungen des BGB. der Vater als Inhaber der elterlichen Gewalt. Ist er tatsächlich verhindert, die elterliche Gewalt auszuüben oder ruht seine elterliche Gewalt (wenn er geschäftsunfähig oder auf längere Zeit verhindert ist), so tritt die Mutter an seine Stelle. Steht der Minderjährige nicht unter elterlicher Gewalt, so ist der Vormund der gesetzliche Vertreter.

Für Fälle der Verhinderung der genannten Personen hat ein von dem Vormundschaftsgericht zu bestellender Pfleger einzutreten.

3. Geschäftsunfähig ist der Verletzte, wenn er sich in einem die freie Willensbestimmung ausschließenden Zustand krankhafter Störung der Geistestätigkeit befindet, sofern nicht der Zustand seiner Natur nach ein vorübergehender ist, ferner wenn er wegen Geisteskrankheit, nicht etwa bloß wegen Geistesschwäche, entmündigt ist. (Siehe § 104 BGB.)

Verjährung.

§ 66. Durch Verjährung wird die Strafverfolgung und die Strafvollstreckung ausgeschlossen.

Der Staatsanwalt kann die Verfolgung einleiten, wenn die Verhängung der Todesstrafe oder von lebenslangem Zuchthaus zu erwarten ist.

1. Nach Ablauf einer bestimmten Zeit hat der Staat weder an der weiteren Verfolgung noch nicht ermittelter oder flüchtig gegangener Verbrecher, noch an der Vollstreckung von Strafen an solchen verurteilten Verbrechern, die nach der Verurteilung geflohen sind, ein Interesse. Denn das Sühneverlangen erlischt, und die Verfolgung lange Zeit zurückliegender Straftaten würde auf große praktische Schwierigkeiten stoßen. Deshalb hat der Gesetzgeber die Institution der Verjährung geschaffen. Sie bildet einen persönlichen Strafaufhebungsgrund. Das Urteil lautet bei Verjährung auf Einstellung.

2. Man unterscheidet zwei Arten von Verjährung:

a) Die Verfolgungsverjährung von Taten, die noch nicht rechtskräftig abgeschlossen sind (§§ 67—69). Die Fristen sind nach der Schwere der Straftat abgestuft von 20 Jahren bis zu 3 Monaten (§ 67). Die Verjährung beginnt mit dem Tage, an welchem die Handlung begangen ist (§ 67 Abs. 4).

b) Die Vollstreckungsverjährung rechtskräftig erkannter Strafen (§§ 70 bis 72). Die Fristen sind nach der Höhe der erkannten Strafe von 30 bis zu 2 Jahren abgestuft (§ 70). Die Verjährung beginnt mit dem Tage, an welchem das Urteil rechtskräftig geworden ist (§ 70 Abs. 3).

3. Nach dem durch die VO. v. 29. Mai 1943 eingefügten Abs. 2 kann der Staatsanwalt auch nach Ablauf der Verjährungsfristen eine Verfolgung unter den genannten Voraussetzungen einleiten. (Es ist fraglich, ob diese Vorschrift bestehen bleiben wird, da sie nationalsozialistisches Gedankengut enthält.)

4. Sowohl bei der Strafverfolgung, als auch bei der Strafvollstreckung gibt es sowohl eine **Unterbrechung** (§§ 68, 72), als auch ein **Ruhen** (§§ 69, 71).

5. Die **Begnadigung** ist ein staatsrechtlicher Akt, der **rechtskräftig erkannte Strafen** erläßt, ermäßigt, umwandelt oder aussetzt, oder ein **schwebendes Strafverfahren** niederschlägt (sog. Abolition). Die **Gesamtbegnadigung** (Amnestie) erfolgt ebenso wie die Generalabolition durch **Gesetz**.

6. Zu erwähnen sind in diesem Zusammenhang noch das Gesetz betr. die Entschädigung im **Wiederaufnahmeverfahren freigesprochener Personen** v. 20. Mai 1898, sowie das Gesetz betr. Entschädigung für unschuldig erlittene **Untersuchungshaft** v. 14. Juli 1904, sowie das Gesetz über beschränkte Auskunft aus dem **Strafregister** und die Tilgung von Strafvermerken v. 9. April 1920, in der Fassung des Gesetzes vom 24. November 1933 und der VO. vom 17. November 1939 und vom 20. August 1941 (vgl. auch § 70 RJGG.), und die Strafregisterverordnung vom 17. Februar 1934.

Strafverfolgungsverjährung.

§ 67. Die Strafverfolgung von Verbrechen verjährt,

wenn sie mit dem Tode oder mit lebenslänglichem Zuchthaus bedroht sind, in zwanzig Jahren;

wenn sie im Höchstbetrage mit einer Freiheitsstrafe von einer längeren als zehnjährigen Dauer bedroht sind, in fünfzehn Jahren;

wenn sie mit einer geringeren Freiheitsstrafe bedroht sind, in zehn Jahren.

Die Strafverfolgung von Vergehen, die im Höchstbetrage mit einer längeren als dreimonatlichen Gefängnisstrafe bedroht sind, verjährt in fünf Jahren, von anderen Vergehen in drei Jahren.

Die Strafverfolgung von Übertretungen verjährt in drei Monaten.

Die Verjährung beginnt mit dem Tage, an welchem die Handlung begangen ist, ohne Rücksicht auf den Zeitpunkt des eingetretenen Erfolges.

Mit der Verjährung der Strafverfolgung erlischt auch die Befugnis, auf Grund der Tat Maßregeln der Sicherung und Besserung anzuordnen.

Unterbrechung der Verjährung.

§ 68. Jede Handlung des Richters, welche wegen der begangenen Tat gegen den Täter gerichtet ist, unterbricht die Verjährung.

Die Unterbrechung findet nur rücksichtlich desjenigen statt, auf welchen die Handlung sich bezieht.

Nach der Unterbrechung beginnt eine neue Verjährung.

1. Eine solche Unterbrechung liegt z. B. in dem Einstellungsbeschluß des Gerichts wegen Abwesenheit des Angeklagten oder in dem Ersuchen des Richters

an die Polizei, Erhebungen zu machen. Nicht dagegen wird die Verjährung unterbrochen durch Handlungen des Staatsanwalts oder der Polizei.

2. Mit jedem Unterbrechungsakt beginnt eine neue Verjährung zu laufen.

Ruhen der Verjährung.

§ 69. Die Verjährung ruht während der Zeit, in welcher auf Grund gesetzlicher Vorschrift die Strafverfolgung nicht begonnen oder nicht fortgesetzt werden kann. Ist der Beginn oder die Fortsetzung eines Strafverfahrens von einer Vorfrage abhängig, deren Entscheidung in einem anderen Verfahren erfolgen muß, so ruht die Verjährung bis zu dessen Beendigung.

Ist zur Strafverfolgung ein Antrag oder eine Ermächtigung nach dem Strafgesetz erforderlich, so wird der Lauf der Verjährung durch den Mangel des Antrags oder der Ermächtigung nicht gehindert.

1. Siehe hierzu §§ 164 Abs. 5, 172, 191, 238.

2. Die Wirkung des Ruhens: Die Zeit seiner Dauer wird in die Verjährungsfrist nicht eingerechnet; der etwa bereits abgelaufene Verjährungszeitraum wird also (im Gegensatz zu § 68) nicht beseitigt.

Strafvollstreckungsverjährung.

§ 70. Die Vollstreckung rechtskräftig erkannter Strafen verjährt, wenn

1. auf Tod oder lebenslängliches Zuchthaus oder auf lebenslängliche Festungshaft erkannt ist, in dreißig Jahren;
2. auf Zuchthaus oder Festungshaft von mehr als zehn Jahren erkannt ist, in zwanzig Jahren;
3. auf Zuchthaus bis zu zehn Jahren oder auf Festungshaft von fünf bis zu zehn Jahren oder Gefängnis von mehr als fünf Jahren erkannt ist, in fünfzehn Jahren;
4. auf Festungshaft oder Gefängnis von zwei bis zu fünf Jahren erkannt ist, in zehn Jahren;
5. auf Festungshaft oder Gefängnis bis zu zwei Jahren oder auf Geldstrafe von mehr als 150 DM. erkannt ist, in fünf Jahren;
6. auf Haft oder auf Geldstrafe bis zu 150 DM. erkannt ist, in zwei Jahren.

Die Vollstreckung einer rechtskräftig angeordneten Maßregel der Sicherung und Besserung verjährt in zehn Jahren. Ist die Unterbringung in einer Trinkerheilanstalt oder einer Entziehungsanstalt oder erstmalig die Unterbringung in einem Arbeitshaus angeordnet, so beträgt die Frist fünf Jahre.

Die Verjährung beginnt mit dem Tage, an welchem das Urteil rechtskräftig geworden ist.

Ruhen der Vollstreckungsverjährung.

§ 71. Ist auf Freiheitsstrafe und Geldstrafe zugleich oder neben einer Strafe auf eine mit Freiheitsentziehung verbundene Maßregel der Sicherung und Besserung erkannt, so verjährt die Vollstreckung der einen Strafe oder Maßregel nicht früher als die der anderen.

Unterbrechung der Vollstreckungsverjährung.

§ 72. Jede auf Vollstreckung der Strafe oder Maßregel gerichtete Handlung derjenigen Behörde, welcher die Vollstreckung obliegt, sowie die zum Zwecke der Vollstreckung erfolgende Festnahme des Verurteilten unterbricht die Verjährung.

Nach der Unterbrechung der Vollstreckung der Strafe oder Maßregel beginnt eine neue Verjährung.

1. Die Vorschrift entspricht dem § 68 bei der Strafverfolgungsverjährung.
2. Eine solche Unterbrechung liegt z. B. in dem Erlaß eines Steckbriefs oder in der Ladung zum Strafantritt.

Fünfter Abschnitt:
Zusammentreffen mehrerer strafbarer Handlungen.

Der Abschnitt enthält besondere Vorschriften über die Verhängung und Bemessung der Strafen beim Zusammentreffen mehrerer von derselben Person begangener Delikte. Siehe hierzu „Einführende Vorbemerkungen zum Strafrecht", S. 1 ff. Abschnitt B VII, S. 11.

Idealkonkurrenz (Tateinheit).

§ 73. Wenn eine und dieselbe Handlung mehrere Strafgesetze verletzt, so kommt nur dasjenige Gesetz, welches die schwerste Strafe, und bei ungleichen Strafarten dasjenige Gesetz, welches die schwerste Strafart androht, zur Anwendung.

1. Das Wesen der hier behandelten Tateinheit (Idealkonkurrenz) besteht darin, daß durch eine Handlung mehrere Gesetze verletzt werden, während bei der Tatmehrheit des § 74 mehrere Handlungen mehrere Gesetze verletzen. Durch gewaltsamen Beischlaf mit der Stieftochter wird sowohl der Tatbestand der Notzucht nach § 177, als auch derjenige der Blutschande nach § 173 Abs. 2 und schließlich noch derjenige des Ehebruchs nach § 172 erfüllt. Mit dem Tatbestand des Meineids wird häufig derjenige des Betrugs (Prozeßbetrugs) tateinheitlich zusammentreffen, nämlich dann, wenn der Richter infolge einer falschen Aussage der Partei oder eines Zeugen zu einem falschen Urteilsspruch veranlaßt wird. (Siehe Erläuterung 10h zu § 263.) Schließlich treffen in der Praxis häufig Amtsunterschlagung und Untreue tateinheitlich zusammen. (Siehe Erläuterung 4 zu § 350.)
2. Liegen die Voraussetzungen des § 73 vor, so müssen im Urteilsspruch alle verletzten Strafgesetze aufgeführt werden, während die Strafe nur aus dem Strafgesetz gebildet werden darf, welches die schwerste Strafe androht (sog. Auf-

saugungs- oder Absorptionsprinzip, im Gegensatz zum Verschärfungs- oder Asperationsprinzip des § 74). Als „schwerstes" Gesetz i. S. des § 73 galt nach früherer Rechtsprechung dasjenige, das ganz allgemein, also ohne Rücksicht auf die besondere Gestaltung des einzelnen Falles, die Verhängung der in der Art und dem Maße nach schwersten Strafe gestattet. Nach der neuesten Rechtsprechung dagegen soll entscheidend sein, welches Gesetz nach den Umständen des einzelnen Falles die schwerste Bestrafung ermöglicht. Droht also z. B. ein Gesetz für besonders schwere Fälle eine höhere Strafe an, so ist dies bei der Strafenbildung nach § 73 nur dann zu berücksichtigen, wenn im Einzelfall ein besonders schwerer Fall tatsächlich vorliegt. (Siehe auch Erl. 2 zu § 1.)

Realkonkurrenz (Tatmehrheit).

§ 74. Gegen denjenigen, welcher durch mehrere selbständige Handlungen mehrere Verbrechen oder Vergehen, oder dasselbe Verbrechen oder Vergehen mehrmals begangen und dadurch mehrere zeitige Freiheitsstrafen verwirkt hat, ist auf eine Gesamtstrafe zu erkennen, welche in einer Erhöhung der verwirkten schwersten Strafe besteht.

Bei dem Zusammentreffen ungleichartiger Freiheitsstrafen tritt diese Erhöhung bei der ihrer Art nach schwersten Strafe ein.

Das Maß der Gesamtstrafe darf den Betrag der verwirkten Einzelstrafen nicht erreichen und fünfzehnjähriges Zuchthaus, zehnjähriges Gefängnis oder fünfzehnjährige Festungshaft nicht übersteigen.

1. Das Wesen der hier behandelten Tatmehrheit (Realkonkurrenz) besteht darin, daß der Täter durch mehrere Handlungen mehrere Strafgesetze verletzt.

2. Bei der Strafenbildung kommt das reine Kumulationsprinzip zur Anwendung, d. h. die verwirkten Einzelstrafen werden einfach zusammengerechnet, wenn es sich um mehrere Übertretungen handelt, sowie bei der Todesstrafe, lebenslänglichen Freiheitsstrafe und den Geldstrafen.

In allen übrigen Fällen, d. h. wenn mehrere zeitige Freiheitsstrafen für Verbrechen oder Vergehen verhängt sind, herrscht das sog. Asperationsprinzip: Für jede Straftat wird eine gesonderte Strafe ermittelt, alsdann diese Strafen aber nicht einfach zusammengerechnet, sondern es wird lediglich die verwirkte schwerste Einzelstrafe erhöht, wobei die in Abs. 3 festgesetzte Höchstgrenze beachtet werden muß.

3. Beispiel: A hat am 1. Aug. einen Betrug, am 20. Aug. einen Diebstahl und am 22. Aug. abermals einen Betrug begangen. Das Amtsgericht, das am 20. Okt. gegen A verhandelt, erkennt wegen des ersten Betrugs auf 6 Monate, wegen des Diebstahls auf 4 Monate und wegen des zweiten Betrugs auf 1 Woche Gefängnis. Die Gesamtstrafe muß mindestens 6 Monate und 1 Tag und darf höchstens 10 Monate und 6 Tage Gefängnis betragen.

§ 75. Trifft Festungshaft nur mit Gefängnis zusammen, so ist auf jede dieser Strafarten gesondert zu erkennen.

Ist Festungshaft oder Gefängnis mehrfach verwirkt, so ist hinsichtlich der mehreren Strafen gleicher Art so zu verfahren, als wenn dieselben allein verwirkt wären.

Die Gesamtdauer der Strafen darf in diesen Fällen fünfzehn Jahre nicht übersteigen.

§ 76. Neben der Gesamtstrafe müssen oder können Nebenstrafen und Nebenfolgen verhängt und Maßregeln der Sicherung und Besserung angeordnet werden, wenn das auch nur wegen einer der Gesetzesverletzungen vorgeschrieben oder zugelassen ist.

§ 77. Trifft Haft mit einer anderen Freiheitsstrafe zusammen, so ist auf die erstere gesondert zu erkennen.

Auf eine mehrfach verwirkte Haft ist ihrem Gesamtbetrage nach, jedoch nicht über die Dauer von drei Monaten zu erkennen.

§ 78. Sind mehrere Geldstrafen verwirkt, so ist auf jede gesondert zu erkennen.

Das gleiche gilt von den Freiheitsstrafen, die an die Stelle uneinbringlicher Geldstrafen treten. Ihre Gesamtdauer darf zwei Jahre nicht übersteigen; die Gesamtdauer mehrerer zusammentreffender Haftstrafen darf drei Monate nicht übersteigen.

§ 79. Die Vorschriften der §§ 74 bis 78 finden auch Anwendung, wenn, bevor eine erkannte Strafe verbüßt, verjährt oder erlassen ist, die Verurteilung wegen einer strafbaren Handlung erfolgt, welche vor der früheren Verurteilung begangen war.

1. Nach § 74 kommt eine Gesamtstrafe nur dann in Betracht, wenn die mehreren Straftaten zum gleichen Zeitpunkt abgeurteilt werden. Nicht dagegen kommt § 74 zur Anwendung, wenn die jetzt abzuurteilende Tat vor der früheren Verurteilung begangen war. Der § 79 ermöglicht auch für diesen Fall die Bildung einer Gesamtstrafe, vorausgesetzt, daß das frühere Urteil rechtskräftig ist, der Verurteilte aber die damals ausgesprochene Strafe mindestens teilweise noch zu verbüßen hat.

2. Beispiel: Der A begeht am 2. Dezember 1949 einen Diebstahl und am 28. Dezember einen Betrug. Er wird am 5. Februar 1950 wegen des Diebstahls zu drei Monaten Gefängnis verurteilt. Die Strafe wurde nicht verbüßt. Am 6. März 1950 findet Hauptverhandlung wegen des am 28. Dezember begangenen Betrugs statt. Aus den Vorstrafakten stellt der Amtsrichter den obigen Sachverhalt fest. Er hält für den Betrug eine Gefängnisstrafe von fünf Monaten für angemessen. Diese Strafe ist die Einsatzstrafe, aus der durch Hinzurechnung der Diebstahlsstrafe eine Gesamtstrafe zu bilden ist, die mehr als fünf und weniger als acht Monate Gefängnis betragen muß. Wird die Bildung einer Gesamtstrafe in der Hauptverhandlung versehentlich unterlassen, dann kann sie nachträglich im Beschlußverfahren gemäß §§ 460, 462 StPO. erfolgen.

Zweiter Teil.

Von den einzelnen Verbrechen, Vergehen und Übertretungen und deren Bestrafung.

Erster Abschnitt: Hochverrat.

§§ 80—87 aufgehoben durch Kontrollratsgesetz Nr. 11.

1a Abschnitt: Landesverrat.

§§ 88—93a aufgehoben durch Kontrollratsgesetz Nr. 11.

Zweiter Abschnitt. Angriffe gegen den Reichspräsidenten.

§ 94 aufgehoben durch Kontrollratsgesetz Nr. 11.

§§ 95—97 sind gegenstandslos geworden.

Dritter Abschnitt.

Beleidigung von Bundesfürsten (§§ 98 bis 101) ist gegenstandslos geworden

Vierter Abschnitt.

Feindliche Handlungen gegen befreundete Staaten.

§§ 102—103 aufgehoben durch Kontrollratsgesetz Nr. 11.

Zerstörung ausländischer Hoheitszeichen.

§ 103a. Wer ein öffentliches Zeichen der Autorität eines nicht zu Deutschland gehörenden Staats oder ein Hoheitszeichen eines solchen Staats böswillig wegnimmt, zerstört oder beschädigt oder beschimpfenden Unfug daran verübt, wird mit Geldstrafe oder mit Gefängnis bis zu zwei Jahren bestraft.

§ 135 bedroht dasselbe Vergehen an deutschen Hoheitszeichen.

Aburteilung nur mit vorheriger Genehmigung der Militärregierung. (Allgemeine Anweisung an Richter Nr. 1.)

Beleidung von Gesandten.

§ 104. Wer sich gegen einen bei dem Reich beglaubigten Gesandten oder Geschäftsträger einer Beleidigung schuldig macht, wird mit Gefängnis bis zu einem Jahre oder mit Festungshaft von gleicher Dauer bestraft.

Die Verfolgung tritt nur auf Antrag des Beleidigten ein. Die Zurücknahme des Antrages ist zulässig.

Aburteilung nur mit vorheriger Genehmigung der Militärregierung. (Allgemeine Anweisung an Richter Nr. 1.)

Fünfter Abschnitt.

Verbrechen und Vergehen in Beziehung auf die Ausübung staatsbürgerlicher Rechte.

Sprengung gesetzgebender Versammlungen.

§ 105. Wer es unternimmt, eine gesetzgebende Versammlung (des Reichs oder) eines Landes auseinander zu sprengen, zur Fassung oder Unterlassung von Beschlüssen zu nötigen oder Mitglieder aus ihnen gewaltsam zu entfernen, wird mit Zuchthaus nicht unter fünf Jahren oder mit Festungshaft von gleicher Dauer bestraft.

Sind mildernde Umstände vorhanden, so tritt Festungshaft nicht unter einem Jahre ein.

Der Ausdruck: „wer es unternimmt" umfaßt Vollendung und Versuch. Bloße Vorbereitungshandlungen (siehe Vorbemerkung zu § 43 und Erläuterung 3 zu § 43) sind also nicht strafbar.

Verhinderung von Mitgliedern.

§ 106. Wer ein Mitglied einer der vorbezeichneten Versammlungen durch Gewalt oder durch Bedrohung mit einer strafbaren Handlung verhindert, sich an den Ort der Versammlung zu begeben oder zu stimmen, wird mit Zuchthaus bis zu fünf Jahren oder mit Festungshaft von gleicher Dauer bestraft.

Sind mildernde Umstände vorhanden, so tritt Festungshaft bis zu zwei Jahren ein.

Verhinderung der Wähler.

§ 107. Wer einen Deutschen durch Gewalt oder durch Bedrohung mit einer strafbaren Handlung verhindert, in Ausübung seiner staaatsbürgerlichen Rechte zu wählen oder zu stimmen, wird mit Gefängnis nicht unter sechs Monaten oder mit Festungshaft bis zu fünf Jahren bestraft.

Der Versuch ist strafbqr.

Zu den staatsbürgerlichen Rechten gehört auch das Gemeindewahlrecht. Nicht hierher gehören berufliche Wahlen (z. B. zur Handelskammer oder Ärztekammer).

Sprengung von Versammlungen.

§ 107a. Wer nichtverbotene Versammlungen, Aufzüge oder Kundgebungen mit Gewalt oder durch Bedrohung mit einem Verbrechen verhindert oder sprengt, wird mit Gefängnis, neben dem auf Geldstrafe erkannt werden kann, bestraft.

Wer in nichtverbotenen Versammlungen oder bei nichtverbotenen Aufzügen oder Kundgebungen Gewalttätigkeiten in der Absicht begeht, die Versammlung, den Aufzug oder die Kundgebung zu sprengen, wird mit Gefängnis und mit Geldstrafe oder mit einer dieser Strafen bestraft.

Eine Ergänzung zu § 107a bedeutet das Gesetz Nr. 21 der Regierung Württemberg/Baden vom 20. November 1945 (Regierungsblatt 1946 Nr. 1 S. 2).

§ 3 Ziff. 3 dieses Gesetzes lautet: „Mit Gefängnis bis zu 2 Jahren oder mit Geldstrafe wird bestraft, wer eine öffentliche Versammlung, für die keine Erlaubnis erteilt worden ist, veranstaltet, fördert oder an ihr teilnimmt, es sei denn, daß die Versammlung zu religiösen Zwecken oder in Ausübung einer amtlich genehmigten Tätigkeit gehalten wird."

Wahlfälschung.

§ 108. Wer in einer öffentlichen Angelegenheit mit der Sammlung von Wahl- oder Stimmzetteln oder -zeichen oder mit der Führung der Beurkundungsverhandlung beauftragt, ein unrichtiges Ergebnis der Wahlhandlung vorsätzlich herbeiführt oder das Ergebnis verfälscht, wird mit Gefängnis von einer Woche bis zu drei Jahren bestraft.

Wird die Handlung von jemand begangen, welcher nicht mit der Sammlung der Zettel oder Zeichen oder einer anderen Verrichtung bei dem Wahlgeschäft beauftragt ist, so tritt Gefängnisstrafe bis zu zwei Jahren ein.

Auch kann auf Verlust der bürgerlichen Ehrenrechte erkannt werden.

1. Es kommen Wahlen des Staats, der Gemeinden und anderer öffentlicher Korporationen (z. B. der Ortskrankenkassen) oder Stiftungen, auch die Volksabstimmungen in Frage.

2. Ein unrichtiges Ergebnis führt schon derjenige herbei, welcher nur das Stimmenverhältnis ohne Rücksicht auf das End- oder Gesamtresultat der Wahrheit zuwider gestaltet.

3. Während der Absatz 1 die Mitglieder und Protokollführer der Wahlkommissionen trifft, wendet sich der Absatz 2 gegen jeden anderen und bestraft insbesondere auch den Wähler, welcher seine, sei es auch ohne sein Wissen und Zutun erfolgte, ungesetzliche Aufnahme in die Wahlliste dazu benutzt, zu wählen oder wer bewußt unberechtigt an zwei Orten wählt, selbst wenn er in die Wählerliste beider Orte eingetragen ist.

Stimmenkauf.

§ 109. Wer in einer öffentlichen Angelegenheit eine Wahlstimme kauft oder verkauft, wird mit Gefängnis von einem Monat bis zu zwei Jahren bestraft; auch kann auf Verlust der bürgerlichen Ehrenrechte erkannt werden.

1. Nicht nur der Wahlkandidat, sondern auch jeder Dritte kann als Stimmkäufer in Betracht kommen. Auch der gegen ein Entgelt erklärte Verzicht auf die Ausübung eines Wahlrechts ist ein Verkauf.

2. Jeder Vorteil irgendwelcher Art, nicht nur Vermögensvorteile, kommen als Kaufpreis in Betracht.

3. Die strafbare Handlung ist gegeben, auch wenn das Entgelt nur versprochen ist, auch wenn die Stimme noch gar nicht abgegeben ist, sofern nnr Käufer und Verkäufer einig sind.

Sechster Abschnitt:

Widerstand gegen die Staatsgewalt.

Aufforderung zum Ungehorsam.

§ 110. Wer öffentlich vor einer Menschenmenge, oder wer durch Verbreitung oder öffentlichen Anschlag oder öffentliche Ausstellung von Schriften oder anderen Darstellungen zum Ungehorsam gegen Gesetze oder rechtsgültige Verordnungen oder gegen die von der Obrigkeit innerhalb ihrer Zuständigkeit getroffenen Anordnungen auffordert, wird mit Geldstrafe oder mit Gefängnis bis zu zwei Jahren bestraft.

1. Diese Gesetzesstelle trifft nur die Auflehnung gegen das Gesetz an sich, und nicht etwa die Aufforderung zur Behebung bestimmter strafbarer Handlungen. (Siehe § 111.)

2. Öffentlich bedeutet hier die Vornahme der Handlung in der Art und Weise, daß sie, gleichgültig ob an einem öffentlichen oder privaten Orte geschehen, von unbestimmt welchen und wievielen Personen wahrgenommen werden konnte. Danach ist für eine Vereinsversammlung die Öffentlichkeit nicht vorhanden, wenn sich der Verein auf einen engern durch besondere Beziehungen unter sich verbundenen und bestimmt abgeschlossenen Personenkreis beschränkt.

3. Eine Menschenmenge liegt nur vor, wenn eine größere Anzahl von Menschen, die man nicht auf den ersten Blick zählen kann, versammelt ist. Die Aufforderung kann auch dann als „vor einer Menschenmenge" erfolgt angesehen werden, wenn sie sich nur an eine einzelne Person richtet.

4. Eine Verbreitung ist gegeben, sobald eine größere Anzahl von Personen, wenn sie auch der Zahl und dem Namen nach bestimmt sind, in Kenntnis gesetzt wird.

5. Obrigkeit ist nicht ein polizeiliches Vollzugsorgan, sondern nur eine Behörde oder ein Beamter, welcher die Regierungsgewalt in gewissem Umfang selbständig auszuüben hat.

6. Gleichgültig ist für den Tatbestand, ob die Aufforderung Erfolg hatte oder nicht (vgl. den folgenden Paragraphen).

7. Beispiele: Eine Polizeibehörde hat einen geplanten Umzug verboten. In einer politischen Versammlung oder in der Presse wird zur Nichtbeachtung dieser Maßnahme aufgefordert. Oder es wird auf diese Weise aufgefordert, keine Steuern zu zahlen, oder der Ablieferungspflicht nicht nachzukommen.

Aufforderung zur Begehung strafbarer Handlungen.

§ 111. Wer auf die vorbezeichnete Weise zur Begehung einer strafbaren Handlung auffordert, ist gleich dem Anstifter zu bestrafen, wenn die Aufforderung die strafbare Handlung oder einen strafbaren Versuch derselben zur Folge gehabt hat.

Ist die Aufforderung ohne Erfolg geblieben, so tritt Geldstrafe oder Gefängnisstrafe bis zu einem Jahre ein. Die Strafe darf jedoch, der Art oder dem Maße nach, keine schwerere sein, als die auf die Handlung selbst angedrohte.

1. Im Gegensatz zu § 110 wird hier die Aufforderung zu einer bestimmten strafbaren Handlung mit Strafe bedroht.

2. Als strafbare Handlungen kommen nur kriminell strafbare Handlungen, also nicht auch reine Disziplinardelikte in Betracht.

3. Im Gegensatz zu § 110 macht § 111 einen Unterschied, je nachdem, ob die Aufforderung von Erfolg begleitet war oder nicht; im ersten Falle folgt Bestrafung nach Abs. 1, im anderen nach Abs. 2.

a) Im Falle des Abs. 1 ist der Auffordernde gleich dem Anstifter zu bestrafen. (Von der Anstiftung des § 48 unterscheidet sich § 111 Abs. 1 dadurch, daß die Aufforderung nicht gegenüber einer bestimmten Person erfolgt.) Die Handlung ist also jeweils nach der Strafandrohung für die strafbare Handlung, zu der aufgefordert ist, mit Strafe zu belegen. Danach bemißt sich dann auch, ob der nach § 111 Abs. 1 Handelnde ein Verbrechen, ein Vergehen oder eine Übertretung begangen hat.

b) Im Falle des Abs. 2 ist die Strafe Geldstrafe und zwar nach § 27 Abs. 2 Ziff. 1 mindestens 3 D-Mark und höchstens 10000 D-Mark, oder Gefängnisstrafe bis zu einem Jahr.

4. Beispiel: Der Führer eines Demonstrationszuges fordert zur Plünderung von Lebensmittelgeschäften auf. Kommt es zur Plünderung, dann erfolgt Bestrafung wegen Anstiftung zum Diebstahl bzw. Raub. Hat die Aufforderung keinen Erfolg, dann ist die Strafe des Abs. 2 verwirkt.

§ 112. Aufgehoben durch Kontrollratsgesetz Nr. 11. (Betraf Aufreizung von Wehrmachtsangehörigen zum Ungehorsam.)

Widerstand gegen die Staatsgewalt.

§ 113. Wer einem Beamten, welcher zur Vollstreckung von Gesetzen, von Befehlen und Anordnungen der Verwaltungsbehörden oder von Urteilen und Verfügungen der Gerichte berufen ist, in der rechtmäßigen Ausübung seines Amtes durch Gewalt oder durch Bedrohung mit Gewalt Widerstand leistet, oder wer einen solchen Beamten während der rechtmäßigen Ausübung seines Amtes tätlich angreift, wird mit Gefängnis von vierzehn Tagen bis zu zwei Jahren bestraft.

Sind mildernde Umstände vorhanden, so tritt Gefängnisstrafe bis zu einem Jahre oder Geldstrafe ein.

Dieselben Strafvorschriften treten ein, wenn die Handlung gegen Personen, welche zur Unterstützung des Beamten zugezogen waren (oder gegen Mannschaften der bewaffneten Macht) oder gegen

Mannschaften einer Gemeinde-, Schutz- oder Bürgerwehr in Ausübung des Dienstes begangen wird.

Der Versuch ist strafbar.

1. Diese Gesetzesstelle behandelt den Widerstand gegen die Staatsgewalt.

2. Welche Personen „Beamte" sind, sagt der § 359. Als Vollstreckungsbeamte kommen insbesondere in Frage: Polizei- und Gendarmeriebeamte, Steuer- und Zollbeamte, Gerichtsvollzieher u. a. Auch Bedienstete von Privateisenbahngesellschaften gehören hierher, wenn sie als Bahnpolizeibeamte fungieren.

3. Gerichte steht hier für gerichtliche Behörden: also kommen auch die Verfügungen der Staatsanwaltschaft in Betracht.

4. Zu der rechtmäßigen Ausübung des Amtes gehört, daß der Beamte:

a) sachlich und örtlich zuständig ist, d. h. daß die fragliche Handlung zum Geschäftskreis des betreffenden Beamten gehört und daß er sie in den Grenzen seines Amtsbezirks vornimmt (die sachliche Zuständigkeit fehlt z. B. beim Einschreiten in privatrechtlichen Angelegenheiten),

b) die wesentlichen Förmlichkeiten beobachtet, z. B. die Zuziehung von Zeugen bei einer Zwangsvollstreckung gemäß § 759 ZPO., oder Zustellung des zu vollstreckenden Urteils vor oder spätestens zu Beginn der Zwangsvollstreckung (§ 750 ZPO).

Fehlt die Rechtmäßigkeit der Amtsausübung, so ist der Widerstand als solcher nicht strafbar.

5. Die Frage, inwieweit ein Irrtum des Beamten die Rechtmäßigkeit seiner Amtshandlung berührt, ist folgendermaßen zu beantworten:

a) Irrt sich der Beamte über die tatsächlichen Voraussetzungen seines Einschreitens, d. h. nimmt er z. B. infolge einer Personenverwechslung oder eines falschen Tatverdachts einen Unschuldigen fest, dann bleibt seine Amtshandlung trotzdem rechtmäßig, vorausgesetzt, daß der Irrtum entschuldbar ist, d. h. daß der Beamte das pflichtmäßige Ermessen hat walten lassen.

b) Liegt dagegen ein Rechtsirrtum vor, d. h. irrt sich der Beamte über die rechtlichen Voraussetzungen seiner Amtsbefugnisse, so kann ein solcher Irrtum die fragliche Handlung niemals zu einer rechtmäßigen machen; sie ist vielmehr rechtswidrig und ein Widerstand gegen sie ist nicht nach § 113 strafbar, sondern wird im allgemeinen durch Notwehr gerechtfertigt sein.

6. Widerstand durch Gewalt liegt nur dann vor, wenn es zu einer körperlichen Kraftäußerung gegen die Person des Beamten gekommen ist; bloßes passives Verhalten genügt nicht. Dagegen ein Gegenstemmen mit Händen oder Füßen, Anklammern an irgendeinen festen Gegenstand, Sichlosreißen, ferner Zuhalten eines Schrankes (z. B. bei einer Durchsuchung); auch Einsperren eines Beamten erfüllt den Tatbestand, dagegen nicht ein Verschließen des Hauses vor dem Beamten. Zur Erfüllung des Tatbestands der Gewaltandrohung ist erforderlich, daß die Bedrohung geeignet ist, von dem Beamten als ernstlich aufgefaßt zu werden.

Tätlicher Angriff ist auch dann gegeben, wenn nur zum Schlage ausgeholt wird oder die Schußwaffe angelegt oder ein Stein gegen den Beamten geworfen wird.

7. Der rechtmäßigen Ausübung des Amtes gegenüber gibt es keine Notwehr, weil die Rechtswidrigkeit des Angriffs (vgl. Erl. 5 zu § 53) fehlt.

8. Der innere Tatbestand des § 113 erfordert Vorsatz. Der Täter muß wissen, daß er einen Beamten vor sich hat und daß er der Amtshandlung dieses

Beamten gewaltsam entgegenwirkt. Dagegen gehört das Bewußtsein von der Rechtmäßigkeit der Amtsausübung, da diese nur eine Bedingung der Strafbarkeit und kein Tatbestandsmerkmal im Sinne des § 59 darstellt, nicht zum Vorsatz. Glaubt also der Widerstand Leistende irrtümlicherweise, der Beamte handle nicht rechtmäßig, so ist er trotzdem strafbar. Der Widerstand gegen eine an sich rechtsmäßige Amtshandlung ist also stets strafbar.

9. Zu den zur Unterstützung der Beamten zugezogenen Personen (siehe Abs. 3 des § 113) gehören nicht solche, die freiwillig dem Beamten beige- [illegible]n sind.

10. Der Widerstand gegen Forst- und Jagdbeamte usw. ist in §§ 117 bis 119 mit besonderer Strafe bedroht.

11. Eine Ergänzung zu § 113 bildet das Gesetz Nr. 21 der Regierung Württemberg/Baden vom 20. November 1945 (Regierungsblatt 1946 Nr. 1 S. 2).

§ 3 Ziff. 4 dieses Gesetzes lautet: „Mit Gefängnis bis zu 2 Jahren oder mit Geldstrafe wird bestraft, wer gegen eine Verhaftung durch eine im amtlichen Auftrag handelnde oder sonst zur Festnahme oder Verhaftung berechtigte Person Widerstand leistet oder wer aus einer behördlich verhängten Haft entweicht." (Siehe auch Erl. 6 zu § 121.)

12. Beispiele: a) Ein Kriminalbeamter nimmt infolge einer entschuldbaren Personenverwechslung den A statt des im Verdacht der Hehlerei stehenden B fest. Leistet A Widerstand, so liegt nicht eine straflose Notwehrhandlung vor, sondern A ist nach § 113 strafbar; denn der Beamte befand sich in der rechtmäßigen Ausübung seines Amtes. (Siehe oben Erläuterungen 5a und 7.) Ebenso ist zu entscheiden, wenn ein Gerichtsvollzieher eine Wohnung durchsucht, die er irrtümlich für die des Schuldners hält. In beiden Fällen ist das Bewußtsein des A, daß seitens des Beamten ein Irrtum vorliegt, ohne Bedeutung. (Siehe oben Erl. 8.) b) Ein Polizeibeamter dringt während der Nacht in die Wohnung des A ein, um in einer Strafsache Erhebungen zu machen, obwohl weder die Voraussetzungen des § 104 Abs. 1 StPO. (Verfolgung auf frischer Tat oder Gefahr im Verzuge) noch diejenigen des Abs. 2 a.a.O. vorlagen. Der Wohnungsinhaber tritt dem Beamten mit der Drohung entgegen, er werde ihn die Treppe herunterwerfen, wenn er nicht sofort das Haus verlasse: Es liegt kein Vergehen nach § 113 vor, denn der Beamte war zu dem Eindringen wider Willen des Inhabers zur Nachtzeit nicht berechtigt. Der Beamte war also nicht in rechtmäßiger Ausübung seines Amtes und zwar nicht infolge eines tatsächlichen Irrtums (wie im Fall a), sondern infolge eines Rechtsirrtums, der eine objektiv unrechtmäßige Amtsausübung niemals zu einer rechtmäßigen machen kann. Ebenso wäre zu entscheiden, wenn ein Polizeibeamter den Ehemann A., der seiner Ehefrau einen Brillantring weggenommen haben soll, wegen Diebstahlverdachts vorläufig festnimmt, und der Ehemann bei dieser Gelegenheit Widerstand leistet. Auch in diesem Falle ist das Vorgehen des Beamten nicht rechtmäßig und der A. befindet sich in berechtigter Notwehr, denn gemäß § 247 Abs. 2 ist ein Diebstahl zwischen Ehegatten straflos. (Siehe oben Erl. 5 b.)

Beamtennötigung.

§ 114. Wer es unternimmt, durch Gewalt oder Drohung eine Behörde oder einen Beamten zur Vornahme oder Unterlassung einer Amtshandlung zu nötigen, wird mit Gefängnis nicht unter drei Monaten bestraft.

Sind mildernde Umstände vorhanden, so tritt Gefängnisstrafe bis zu zwei Jahren oder Geldstrafe ein.

1. Während der nur für Vollstreckungsbeamte geltende § 113 die Freiheit der Willensbetätigung schützen will und deshalb mit der dortigen Vollstreckungshandlung bereits begonnen sein muß, will § 114, der sich auf alle Beamten und Behörden erstreckt, der Freiheit der Willensentschließung Schutz gewähren, d. h. einer in der Zukunft liegenden Entschließung der Behörde. Nicht erforderlich ist, daß tatsächlich eine Willensbeeinflußung stattfindet.

2. Wegen des Begriffs „unternimmt" siehe Erl. zu § 105.

3. Wegen Gewalt s. Erl. 6 zu § 113.

4. Drohung bedeutet in Aussichtstellen irgendeines Übels z. B. Veröffentlichung der Handlungen des Beamten in der Presse. Die Androhung eines verkehrsmäßigen Übels, z. B. die Ankündigung einer dienstlichen Beschwerde genügt nicht.

5. Zum Vorsatz gehört nichts weiter als das Bewußtsein, auf den freien Willen eines Organs der Staatsgewalt einzuwirken in der Überzeugung, daß das gewählte Mittel zur Erreichung dieses Zieles geeignet ist.

6. Beispiel: Der Täter erhält einen Steuerbescheid vom Finanzamt; er schreibt an das Finanzamt, daß er Mißstände bei dieser Behörde öffentlich brandmarken werde, wenn der Steuerbescheid nicht zurückgenommen werde.

Aufruhr.

§ 115. Wer an einer öffentlichen Zusammenrottung, bei welcher eine der in den §§ 113 und 114 bezeichneten Handlungen mit vereinten Kräften begangen wird, teilnimmt, wird wegen Aufruhrs mit Gefängnis nicht unter sechs Monaten bestraft.

Die Rädelsführer, sowie diejenigen Aufrührer, welche eine der in den §§ 113 und 114 bezeichneten Handlungen begehen, werden mit Zuchthaus bis zu zehn Jahren bestraft; auch kann auf Zulässigkeit von Polizei-Aufsicht erkannt werden. Sind mildernde Umstände vorhanden, so tritt Gefängnisstrafe nicht unter sechs Monaten ein.

1. Der Aufruhr ist ein qualifizierter Fall des Widerstands gegen die Staatsgewalt in den Formen der §§ 113, 114.

2. Öffentliche Zusammenrottung ist das räumliche Zusammenhalten und Zusammenwirken beliebiger, unbestimmt welcher und wievieler Personen zu einem sofortigen erkennbar rechtswidrigen bedrohlichen oder gewalttätigen Handeln. Eine aus Neugierde oder zu einem sonstigen erlaubten Zweck versammelte Menge (z. B. ein Auflauf im Sinne des § 116) kann eine Zusammenrottung werden, wenn die Vereinten in dem Bewußtsein zusammenbleiben, es handle sich jetzt fernerhin um Verübung von Gewalttätigkeiten gegen Beamte usw.

3. Teil nimmt derjenige, welcher sich vorsätzlich und mit Kenntnis von dem strafbaren Zwecke der zusammengerotteten Menge anschließt oder nach Erkennen dieses Zwecks bewußt bei der Menge verbleibt.

4. Rädelsführer ist derjenige, welcher die Menge zusammentreibt oder zusammenhält.

5. Beispiel: In die Polizeiwache ist ein Teilnehmer an einer Plünderung eingeliefert worden; eine Menschenmenge sammelt sich vor der Wache an. Als eine

zur Verstärkung herbeigeholte Polizeistreife zum Auseinandergehen auffordert, fällt ein Teil der Menge über die Beamten her und mißhandelt sie. Strafbar ist nach Abs. 1 jeder, der sich unter der Menge befindet, nach Abs. 2 (Verbrechen), jeder, der sich an dem Überfall unmittelbar beteiligt hat.

Auflauf.

§ 116. Wird eine auf öffentlichen Wegen, Straßen oder Plätzen versammelte Menschenmenge von dem zuständigen Beamten (oder Befehlshaber der bewaffneten Macht) aufgefordert, sich zu entfernen, so wird jeder der Versammelten, welcher nach der dritten Aufforderung sich nicht entfernt, wegen Auflaufs mit Gefängnis bis zu drei Monaten oder mit Geldstrafe bestraft.

Ist bei einem Auflaufe gegen die Beamten (oder die bewaffnete Macht) mit vereinten Kräften tätlicher Widerstand geleistet oder Gewalt verübt worden, so treten gegen diejenigen, welche an diesen Handlungen teilgenommen haben, die Strafen des Aufruhrs ein.

1. Der Auflauf ist ein reines Unterlassungsdelikt. Es ist strafbar, weil es leicht zu einem Aufruhr (§ 115) führen kann.

2. Zu welchem Zwecke die Menge versammelt ist, ist gleichgültig. (Z. B. Ansammlung einer Menschenmenge anläßlich eines Unfalls; in einem solchen Falle wird der Beamte allerdings versuchen, die Menge durch eine gewöhnliche Aufforderung zum Auseinandergehen zu bewegen.)

3. Ein Weg, ein Platz ist öffentlich, wenn er dem öffentlichen Verkehr freigegeben ist, einerlei in wessen Eigentum er steht.

4. Zuständiger Beamter ist auch der einzelne Gendarm oder Polizeibeamte, wenn er die zur Aufrechterhaltung der Ordnung und Ruhe erforderlichen Maßregeln unter eigener Verantwortung zu treffen hat.

5. Eine in der Menge eingekeilte Person, die sich gar nicht entfernen kann, trotzdem sie möchte, macht sich nicht strafbar.

6. Strafbar wird das Sichnichtentfernen erst nach der dritten Aufforderung.

7. Das Vergehen des Auflaufs wird nach Abs. 2 des § 116 zum Verbrechen des Aufruhrs, wenn mit vereinten Kräften tätlicher Widerstand geleistet wird.

Forstwiderstand.

§ 117. Wer einem Forst-, Jagd- oder Fischereibeamten, dem Eigentümer eines Waldes oder eines Fischgewässers, einem Forst- oder Fischereiberechtigten, einem Jagd- oder Fischereiausübungsberechtigten, oder einem von diesen bestellten Aufseher in der rechtmäßigen Ausübung seines Amtes oder Rechtes durch Gewalt oder durch Bedrohung mit Gewalt Widerstand leistet, oder wer eine dieser Personen während der Ausübung ihres Amtes oder Rechtes tätlich angreift, wird mit Gefängnis von vierzehn Tagen bis zu drei Jahren bestraft.

Ist der Widerstand oder der Angriff unter Drohung mit Schießgewehr, Äxten oder anderen gefährlichen Werkzeugen erfolgt, oder mit Gewalt an der Person begangen worden, so tritt Gefängnisstrafe nicht unter drei Monaten ein.

Sind mildernde Umstände vorhanden, so tritt in den Fällen des Absatz 1 Gefängnisstrafe bis zu einem Jahre, in den Fällen des Absatz 2 Gefängnisstrafe nicht unter einem Monat ein.

Der Versuch ist strafbar.

1. Die §§ 117—119 regeln den Forstwiderstand; sie enthalten besondere Vorschriften über den Schutz von Forst-, Jagd- und Fischereibeamten wegen der größeren Gefährlichkeit ihres Dienstes und gewähren den gleichen Schutz aber auch den Forst- und Jagdberechtigten, sowie den von ihnen aufgestellten Privataufsehern, weil diese der gleichen Gefahr ausgesetzt sind.

2. Wegen der rechtmäßigen Ausübung des Amtes vgl. Erl. 4 zu § 113. Soweit es sich um einen Privataufseher (also einen Nichtbeamten) handelt, wird das infolge tatsächlichen Irrtums erfolgte Einschreiten nicht zu einem rechtmäßigen, wie dies beim Beamten der Fall ist. (Siehe Erl. 5a zu § 113.)

3. Bei einer nicht dem Forst- oder Jagdschutz dienenden Amtshandlung, z. B. Ergreifung eines ausgeschriebenen Verbrechers im Walde, greifen nicht die §§ 117 bis 119, sondern § 113 Platz. Ebenso verhält es sich mit einer Durchsuchung bei dem verdächtigen Forstdieb in einer Ortschaft, wenn sie sich nicht etwa als unmittelbare Fortsetzung einer im Walde begonnenen Amtshandlung darstellt.

4. Wegen Widerstandleistens und tätlichen Angriffs siehe Erl. 6 zu § 113.

5. Die „an der Person“ verübte Gewalt, wie sie der Abs. 2 als straferhöhenden Umstand im Gegensatz zu der in Absatz 1 erwähnten Gewalt fordert, liegt nur vor, wenn die Gewaltanwendung die Person unmittelbar betroffen hat.

Forstwiderstand mit Körperverletzung.

§ 118. Ist durch den Widerstand oder den Angriff eine Körperverletzung dessen, gegen welchen die Handlung begangen ist, verursacht worden, so ist auf Zuchthaus bis zu zehn Jahren zu erkennen.

Sind mildernde Umstände vorhanden, so tritt Gefängnisstrafe nicht unter drei Monaten ein.

1. Wegen des Begriffs Körperverletzung vgl. § 223 und die dortigen Erläuterungen.

2. Gleichgültig für das Vorliegen des Tatbestandes des § 118 ist, ob der Täter die Körperverletzung gewollt hat oder sie nur fahrlässigerweise bei seinem Widerstand verursacht hat.

Gemeinschaftlicher Forstwiderstand.

§ 119. Wenn eine der in den §§ 117 und 118 bezeichneten Handlungen von mehreren gemeinschaftlich begangen worden ist, so kann die Strafe bis um die Hälfte des angedrohten Höchstbetrages, die Gefängnisstrafe jedoch nicht über fünf Jahre erhöht werden.

Gemeinschaftlich heißt bewußt und gewollt zusammenwirkend i. S. des § 47.

Gefangenenbefreiung.

§ 120. Wer einen Gefangenen aus der Gefangenenanstalt oder aus der Gewalt (der bewaffneten Macht) des Beamten oder desjenigen, unter dessen Beaufsichtigung, Begleitung oder Bewachung er sich befindet, vorsätzlich befreit oder ihm zur Selbstbefreiung vorsätzlich behilflich ist, wird mit Gefängnis bis zu drei Jahren bestraft.

Der Versuch ist strafbar.

1. Hier wird die Gefangenenbefreiung behandelt. Gefangener i. S. der §§ 120—122 ist jeder, der durch ein berechtigtes Organ der Staatsgewalt seiner Freiheit beraubt ist, also nicht nur der Strafgefangene und Untersuchungsgefangene, sondern auch der nach § 127 Abs. 2 StPO. vorläufig Festgenommene. (Dagegen sind die von einer Privatperson gemäß § 127 Abs. 1 StPO. Festgenommenen keine Gefangenen.) Als Gefangener gilt nach § 122a auch der in Sicherungsverwahrung oder in einem Arbeitshaus Untergebrachte. Die in einer Heil- oder Pflegeanstalt (§ 42 b), einer Trinkerheilanstalt (§ 42 c) oder einem Asyl (§ 42 d Abs. 4) Untergebrachten sowie die Fürsorgezöglinge fallen unter § 122 b.

2. Die Täterhandlung besteht
a) in dem Befreien des Gefangenen,
b) in der Beihilfe zur Selbstbefreiung, z. B. Festhalten des Beamten, um dadurch dem Festgenommenen die Flucht zu ermöglichen.

3. Ob die Festnahme sachlich begründet ist, ist gleichgültig für den Tatbestand, wenn sie nur vom zuständigen Beamten in richtigen Formen wirklich vollzogen und nicht nur etwa angekündigt ist.

4. Neben den Beamten kommen solche Personen als Verwahrer der Gefangenen in Betracht, welche auf amtliche Anordnung bestehende Gefangenschaft zu vollziehen haben, also auch Wärter in Krankenhäusern, in denen sich Gefangene befinden.

5. Über die Selbstbefreiung vgl. Erl. 5 zu § 121.

6. Wer die Wiederergreifung eines entflohenen Gefangenen verhütet, macht sich nicht nach § 120 strafbar, wohl aber möglicherweise wegen Begünstigung (§ 257 StGB.).

7. Beispiel: Ein Polizeibeamter nimmt einen wegen Diebstahls Verfolgten fest und bringt ihn zur Wache. Auf dem Weg dorthin stürzen sich mehrere Freunde des Festgenommenen auf diesen und entreißen ihn dem Beamten, so daß er entfliehen kann. Gelingt die Befreiung nicht, so liegt Versuch vor.

Entweichenlassen von Gefangenen.

§ 121. Wer vorsätzlich einen Gefangenen, mit dessen Beaufsichtigung oder Begleitung er beauftragt ist, entweichen läßt oder dessen Befreiung befördert, wird mit Gefängnis bis zu drei Jahren bestraft.

Ist die Entweichung durch Fahrlässigkeit befördert worden, so tritt Gefängnisstrafe bis zu drei Monaten oder Geldstrafe ein.

1. Diese Strafbestimmung findet auf solche Personen Anwendung, welche auf amtliche Anordnung Festgenommene zu verwahren haben (s. oben Erl. 4 zu § 120); auf Beamte findet § 347 StGB. Anwendung.

2. Die Täterhandlung besteht
a) in dem Entweichenlassen des Gefangenen,
b) in der Beförderung der Befreiung.

3. Fahrlässig handelt derjenige, welcher bei gehöriger Aufmerksamkeit und Vorsicht das Entweichen des Gefangenen als erfahrungsgemäße Folge seines Verhaltens voraussehen konnte.

4. Der Gefangene, welcher sich selbst befreit, ist, solange nicht Meuterei (s. § 122 StGB.) vorliegt, nicht strafbar. (Siehe aber Erl. 5). Dagegen kann er sich durch Anstiftung seines Transporteurs zum vorsätzlichen Entweichenlassen strafbar machen.

5. Durch das Gesetz Nr. 21 der Regierung Württemberg/Baden vom 20. November 1945 (Regierungsblatt 1946 Nr. 1 S. 2) wurde in § 3 Ziff. 1 ein neuer Straftatbestand der Selbstbefreiung geschaffen. Er lautet: „Mit Gefängnis bis zu 2 Jahren oder mit Geldstrafe wird bestraft, wer gegen eine Verhaftung durch eine im amtlichen Auftrag handelnde oder sonst zur Festnahme oder Verhaftung berechtigte Person Widerstand leistet oder wer aus einer behördlich verhängten Haft entweicht." Eine ähnliche Bestimmung enthält das Bayrische Gesetz Nr. 55 zur Bestrafung der Befreiung von Gefangenen vom 28. Oktober 1946 (Bayrisches GVBl. Nr. 1 vom 20. Januar 1947).

Gefangenenmeuterei.

§ 122. Gefangene, welche sich zusammenrotten und mit vereinten Kräften die Anstaltsbeamten oder die mit der Beaufsichtigung Beauftragten angreifen, denselben Widerstand leisten oder es unternehmen, sie zu Handlungen oder Unterlassungen zu nötigen, werden wegen Meuterei mit Gefängnis nicht unter sechs Monaten bestraft.

Gleiche Strafe tritt ein, wenn Gefangene sich zusammenrotten und mit vereinten Kräften einen gewaltsamen Ausbruch unternehmen.

Diejenigen Meuterer, welche Gewalttätigkeiten gegen die Anstaltsbeamten oder die mit der Beaufsichtigung Beauftragten verüben, werden mit Zuchthaus bis zu zehn Jahren bestraft; auch kann auf Zulässigkeit von Polizeiaufsicht erkannt werden.

1. Hier wird die sog. Gefangenenmeuterei behandelt. Über den Begriff des Gefangenen s. oben Erl. 1 zu § 120.

2. Über das Zusammenrotten vgl. Erl. 2 zu § 115. Im Sinne des § 122 können schon zwei Gefangene eine Zusammenrottung bilden. Der Angriff oder Widerstand von nur einem Gefangenen fällt unter § 113. — Über die Bedeutung von Unternehmen vgl. Erl. zu § 105.

§ 122a. In den Fällen der §§ 120—122 steht einem Gefangenen gleich, wer in Sicherungsverwahrung oder in einem Arbeitshaus untergebracht ist.

§ 122b. Wer, abgesehen von den Fällen der §§ 120, 121, 122a, vorsätzlich jemand, der auf behördliche Anordnung in einer Anstalt untergebracht ist, aus der Verwahrung befreit oder ihm das Entweichen erleichtert, wird mit Gefängnis bis zu zwei Jahren oder mit Geldstrafe bestraft.

Der Versuch ist strafbar.

Die Strafverfolgung tritt nur auf Antrag der Behörde ein, welche die Verwahrung bewirkt hat.

Hierher gehören die in einer Heil- oder Pflegeanstalt, in einer Trinkerheilanstalt oder Entziehungsanstalt oder in einer Erziehungsanstalt Untergebrachten, insbesondere die Fürsorgezöglinge.

Siebenter Abschnitt.

Verbrechen und Vergehen wider die öffentliche Ordnung.

Vorbemerkung:

Nach Ziff. 7c der „Allgemeinen Anweisung an Richter Nr. 1" unterliegt die Aburteilung der Straftaten der §§ 125 bis 130, 132a dieses Abschnitts der vorherigen Meldepflicht an die Militärregierung, während eine Verurteilung nach §§ 130a, 135 der vorherigen Genehmigung durch die Militärregierung bedarf.

Hausfriedensbruch.

§ 123. Wer in die Wohnung, in die Geschäftsräume oder in das befriedete Besitztum eines anderen oder in abgeschlossene Räume, welche zum öffentlichen Dienste oder Verkehre bestimmt sind, widerrechtlich eindringt, oder wer, wenn er ohne Befugnis darin verweilt, auf die Aufforderung des Berechtigten sich nicht entfernt, wird wegen Hausfriedensbruchs mit Geldstrafe oder mit Gefängnis bis zu drei Monaten bestraft.

Ist die Handlung von einer mit Waffen versehenen Person oder von mehreren gemeinschaftlich begangen worden, so tritt Geldstrafe oder Gefängnisstrafe bis zu einem Jahre ein.

Die Verfolgung tritt nur auf Antrag ein. Die Zurücknahme des Antrags ist zulässig.

1. Hier wird der Hausfriedensbruch behandelt. Geschützt wird das Hausrecht, d. h. das Recht seines Inhabers, in bestimmten Örtlichkeiten frei schalten und walten zu können.

2. Wohnung ist der Inbegriff der Räume, die einer Einzelperson oder einer zusammengehörenden Mehrheit von Personen, einer Familie, zum ständigen Aufenthalt zur Verfügung stehen. Sie kann auch beweglich sein, z. B. Wohnung eines umherziehenden Schaustellers, die Wohnräume auf einem Schiff. Dagegen ist eine bewegliche Schlafstätte in einem Schäferkarren noch keine Wohnung. Leerstehende Räume sind ebensowenig Wohnungen im Sinne dieses Gesetzparagraphen wie unfertige Häuser, dagegen können sie als befriedetes Besitztum (s. unten) in Betracht kommen.

Zu der Wohnung gehören auch Treppen, Fluren oder Gänge. Bei Mietwohnungen ist es Tatfrage, ob Treppe und Hausgang zu der in Betracht kommenden Wohnung gehören oder gemeinschaftlich sind.

3. Geschäftsräume können auch beweglich sein, wie z. B. eine Baubude, die zum Aufenthalt der Arbeiter bestimmt ist, oder ein Zirkuszelt. Bahnwagen und Fuhrwerke sind keine Geschäftsräume, sondern Transportmittel.

4. Befriedetes Besitztum liegt vor, wenn ein Grundstück, auch ohne daß es ganz umzäunt oder eingehegt ist, für Jedermann erkennbar gegen das Betreten durch jeden Beliebigen gesichert ist, z. B. Gärten, Lagerplätze, Hofräume.

5. Zu den abgeschlossenen Räumen, welche zum öffentlichen Dienst bestimmt sind, gehören Schulsäle, Wartesäle, Postwagen, Gepäckwagen auf Bahnen. Zum öffentlichen Verkehr sind u. a. bestimmt: Personenabteile in Eisenbahnzügen, Straßenbahnwagen, Omnibusse, Verkehrsflugzeuge.

6. Eindringen bedeutet das Betreten der Räumlichkeit unter Überwindung eines tatsächlichen Widerstandes oder mit dem Bewußtsein des dem Eintritt entgegenstehenden Willens des Berechtigten. Es genügt, wenn nur ein Teil des Körpers in den Raum gelangt.

7. Widerrechtlich heißt, wie das später folgende „ohne Befugnis", gegen den (dem Täter bekannten oder von ihm vermuteten) Willen des Berechtigten, der nicht immer der Eigentümer zu sein braucht. So kann auch der Hauseigentümer bei seinem Mieter einen Hausfriedensbruch begehen. Auch das Einschleichen um zu stehlen ist ein widerrechtliches Eindringen, es kommt aber als besonders zu strafende Handlung nur in Betracht, wenn der Diebstahl noch nicht zum Versuch gelangt ist, oder wieder aufgegeben wurde. (Rücktritt.)

8. Nicht widerrechtlich ist das Eindringen des Gerichtsvollziehers, der eine Pfändung vornimmt, oder des Kriminalbeamten, der eine Durchsuchung durchführen will. (Siehe „Einführende Vorbemerkungen zum Strafrecht" S. 1ff., Abschnitt B III 2f, S. 5.)

9. Hausfriedensbruch kann auch begangen werden durch unbefugtes Verweilen trotz Aufforderung des Berechtigten, sich zu entfernen. Es genügt eine einmalige Aufforderung. So macht sich der Gast einer Wirtschaft strafbar, der trotz Aufforderung des Gastwirts sich nicht entfernt; er darf aber solange bleiben, bis er die bestellten Speisen usw. verzehrt hat. Dieses Recht hat er aber nicht, wenn er sich ungebührlich benimmt. Entlassene Hausangestellte dürfen solange in dem von ihnen bewohnten Raum bleiben, bis sie ihre Sachen gepackt haben.

10. Der erschwerte Hausfriedensbruch des Abs. 2 wird auch nur auf Antrag verfolgt.

11. Unter Waffe ist jedes gefährliche Werkzeug zu verstehen.

12. Zur Gemeinschaftlichkeit ist ein bewußtes Zusammenwirken erforderlich, bloße gleichzeitige Begehung genügt nicht.

13. Das Vergehen des § 123 kann auch im Wege der Privatklage vom Verletzten verfolgt werden (vgl. § 374[1] StPO.).

14. Für den Hausfriedensbruch des Beamten gilt die Spezialbestimmung des § 342.

Schwerer Hausfriedensbruch.

§ 124. Wenn sich eine Menschenmenge öffentlich zusammenrottet und in der Absicht, Gewalttätigkeiten gegen Personen oder Sachen mit vereinten Kräften zu begehen, in die Wohnung, in die Geschäftsräume oder in das befriedete Besitztum eines anderen oder in abgeschlossene Räume, welche zum öffentlichen Dienste bestimmt sind, widerrechtlich eindringt, so wird jeder, welcher an diesen Handlungen teilnimmt, mit Gefängnis von einem Monat bis zu zwei Jahren bestraft.

1. Hier wird der sog. schwere Hausfriedensbruch behandelt. Über den Ausdruck Menschenmenge s. oben Erl. 3 zu § 110, Zusammenrotten Erl. 2 zu § 115, Teilnehmen Erl. 3 zu § 115.

2. Die Begehung von Gewalttätigkeiten gehört nicht zum Tatbestand des § 124.

Landfriedensbruch.

§ 125. Wenn sich eine Menschenmenge öffentlich zusammenrottet und mit vereinten Kräften gegen Personen oder Sachen Gewalttätigkeiten begeht, so wird jeder, welcher an dieser Zusammenrottung teilnimmt, wegen Landfriedensbruches mit Gefängnis nicht unter drei Monaten bestraft.

Die Rädelsführer, sowie diejenigen, welche Gewalttätigkeiten gegen Personen begangen oder Sachen geplündert, vernichtet oder zerstört haben, werden mit Zuchthaus bis zu zehn Jahren bestraft; auch kann auf Zulässigkeit von Polizeiaufsicht erkannt werden. Sind mildernde Umstände vorhanden, so tritt Gefängnisstrafe nicht unter sechs Monaten ein.

1. Vom schweren Hausfriedensbruch (§ 124) unterscheidet sich der sog. Landfriedensbruch des § 125 dadurch, daß jener ein Eindringen in die fremde Wohnung usw., aber keine Verübung von Gewalttätigkeiten voraussetzt, während beim Landfriedensbruch wirklich Gewalttätigkeiten verübt worden sein müssen, dagegen ein Eindringen in die Wohnungen nicht verlangt wird. Vom Aufruhr (§ 115) unterscheidet sich der Landfriedensbruch dadurch, daß bei letzterem Gewalttätigkeiten gegen beliebige Personen oder Sachen bestraft werden, während sich der Aufruhr gegen Behörden oder Beamte richtet.

2. Wegen des Ausdrucks Menschenmenge s. Erl. 3 zu § 110, zusammenrotten Erl. 2 zu § 115, teilnehmen Erl. 3 zu § 115.

3. Über den Begriff Rädelsführer vgl. Erl. 4 zu § 115.

4. Sachen plündert derjenige, welcher unter Benutzung des entstandenen Schreckens in der Absicht rechtswidriger Zueignung Sachen den Einwohnern offen wegnimmt oder abnötigt.

Landzwang.

§ 126. Wer durch Androhung eines gemeingefährlichen Verbrechens den öffentlichen Frieden stört, wird mit Gefängnis bis zu einem Jahre bestraft.

1. Der hier aufgestellte Tatbestand ist der sog. Landzwang.

2. Die gemeingefährlichen Verbrechen sind in den §§ 306 bis 324 enthalten.

3. Der öffentliche Frieden ist gestört, wenn mindestens ein Teil der Bevölkerung in seinem Sicherheitsbewußtsein erschüttert ist.

Bildung eines bewaffneten Haufen.

§ 127. Wer unbefugter Weise einen bewaffneten Haufen bildet oder befehligt oder eine Mannschaft, von der er weiß, daß sie ohne gesetzliche Befugnis gesammelt ist, mit Waffen oder Kriegsbedürfnissen versieht, wird mit Gefängnis bis zu zwei Jahren bestraft.

Wer sich einem solchen bewaffneten Haufen anschließt, wird mit Gefängnis bis zu einem Jahre bestraft.

1. Unter „Haufen" ist eine regellos zusammengeschlossene Menschenmenge, unter „Mannschaft" eine disziplinierte und geordnete Abteilung von Menschen zu verstehen.

2. Waffe heißt im Gegensatz zu § 123 Abs. 2 (vgl. daselbst Erl. 11) ein Instrument, welches dazu bestimmt ist, zum Angriff oder zur Verteidigung bei Kämpfen zu dienen.

3. In Abs. 2 ist unter bewaffnetem Haufen auch die Mannschaft des Abs. 1 mitinbegriffen.

Teilnahme an Geheimverbindungen.

§ 128. Die Teilnahme an einer Verbindung, deren Dasein, Verfassung oder Zweck vor der Staatsregierung geheim gehalten werden soll, oder in welcher gegen unbekannte Obere Gehorsam oder gegen bekannte Obere unbedingter Gehorsam versprochen wird, ist an den Mitgliedern mit Gefängnis bis zu sechs Monaten, an den Stiftern und Vorstehern der Verbindung mit Gefängnis von einem Monat bis zu einem Jahre zu bestrafen.

Gegen Beamte kann auf Verlust der Fähigkeit zur Bekleidung öffentlicher Ämter auf die Dauer von einem bis zu fünf Jahren erkannt werden.

1. Verbindung ist im Gegensatz zu Versammlung eine Vereinigung von längerer Dauer mit Unterordnung des Einzelnen unter den Willen der Gesamtheit.

2. Auf den Inhalt der gedruckten oder geschriebenen Statuten kommt es nicht an, sondern auf die wirklich gehandhabte Organisation der Verbindung.

3. Beamte s. § 359 StGB.

Teilnahme an staatsfeindlichen Verbindungen.

§ 129. Die Teilnahme an einer Verbindung, zu deren Zwecken oder Beschäftigungen gehört, Maßregeln der Verwaltung oder die Vollziehung von Gesetzen durch ungesetzliche Mittel zu verhindern oder zu entkräften, ist an den Mitgliedern mit Gefängnis bis zu einem Jahre, an den Stiftern und Vorstehern der Verbindung mit Gefängnis von drei Monaten bis zu zwei Jahren zu bestrafen.

Gegen Beamte kann auf Verlust der Fähigkeit zur Bekleidung öffentlicher Ämter auf die Dauer von einem bis zu fünf Jahren erkannt werden.

Anreizung zum Klassenkampf.

§ 130. Wer in einer den öffentlichen Frieden gefährdenden Weise verschiedene Klassen der Bevölkerung zu Gewalttätigkeiten gegeneinander öffentlich anreizt, wird mit Geldstrafe oder mit Gefängnis bis zu zwei Jahren bestraft.

1. Im Gegensatz zu § 126 bedarf es hier nicht der Störung des öffentlichen Friedens (Erl. 3 zu § 126), sondern nur der Gefährdung, d. h. der naheliegenden Möglichkeit einer Störung.

2. Die Anreizung muß sich immer an die ganze Klasse, nicht bloß an bestimmte einzelne Mitglieder der betreffenden Klassen gerichtet haben. Auch im Ausland erfolgte Anreizung gehört hierher, wenn sie nur im Inland wirken soll.

3. Verschiedene Klassen der Bevölkerung sind z. B. Arbeitgeber und Arbeitnehmer, Arbeiter und Bauern.

Kanzelmißbrauch.

§ 130a. Ein Geistlicher oder anderer Religionslehrer, welcher in Ausübung oder in Veranlassung der Ausübung seines Berufes öffentlich vor einer Menschenmenge, oder welcher in einer Kirche oder an einem anderen zu religiösen Versammlungen bestimmten Orte vor Mehreren Angelegenheiten des Staats in einer den öffentlichen Frieden gefährdenden Weise zum Gegenstande einer Verkündigung oder Erörterung macht, wird mit Gefängnis oder Festungshaft bis zu zwei Jahren bestraft.

Gleiche Strafe trifft denjenigen Geistlichen oder anderen Religionsdiener, welcher in Ausübung oder in Veranlassung der Ausübung seines Berufes Schriftstücke ausgibt oder verbreitet, in welchen Angelegenheiten des Staats in einer den öffentlichen Frieden gefährdenden Weise zum Gegenstande einer Verkündigung oder Erörterung gemacht sind.

Diese Gesetzesbestimmung, der sog. „Kanzelparagraph" ist durch Gesetz v. 10. Dezember 1871 in das StGB. eingefügt worden. Als Täter kommen nur Geistliche oder andere Religionsdiener in Betracht.

Staatsverleumdung.

§ 131. Wer erdichtete oder entstellte Tatsachen, wissend, daß sie erdichtet oder entstellt sind, öffentlich behauptet oder verbreitet, um dadurch Staatseinrichtungen oder Anordnungen der Obrigkeit verächtlich zu machen, wird mit Geldstrafe oder mit Gefängnis bis zu zwei Jahren bestraft.

1. Dieser Paragraph stellt eine bestimmte Art der Verleumdung (§ 187) des Staates unter Strafe, während sonst nur lebende Personen als Verleumdete in Betracht kommen.

2. Tatsachen sind auch Absichten, die ein Mensch verfolgt.

3. Wegen der Bedeutung von „öffentlich", das sich aber nur auf das Behaupten, nicht auch auf das Verbreiten bezieht, vgl. Erl. 2 zu § 110. Behaupten heißt etwas als Audruck des eigenen Wissens hinstellen.

4. Eine Ergänzung zu § 131 bedeutet das Gesetz Nr. 21 der Regierung Württemberg/Baden vom 20. November 1945 (Regierungsblatt 1946 Nr. 1 S. 2).

§ 3 Ziff. 6 dieses Gesetzes lautet: „(Abs. 1) Mit Gefängnis bis zu 2 Jahren oder mit Geldstrafe wird bestraft, wer ein Gerücht in der Absicht verbreitet, Unruhe oder Aufregung in der Bevölkerung hervorrufen. (Abs. 2) Der Versuch ist strafbar. (Abs. 3) Soweit eine der in Absatz 1 bezeichneten Handlungen durch das Reichsstrafgesetzbuch oder ein anderes deutsches Gesetz mit schwererer Strafe bedroht ist, ist das schwerere Gesetz anzuwenden."

Amtsanmaßung.

§ 132. Wer unbefugt sich mit Ausübung eines öffentlichen Amtes befaßt oder eine Handlung vornimmt, welche nur kraft eines öffentlichen Amtes vorgenommen werden darf, wird mit Gefängnis, in schweren Fällen mit Zuchthaus bestraft.

1. Die Amtsanmaßung, die nur strafbar ist, wenn sie sich auf ein öffentliches Amt bezieht, kann in zwei verschiedenen Formen begangen werden:

a) Erster Tatbestand: Es befaßt sich jemand unbefugt mit der Ausübung eines öffentlichen Amtes. Dieser Tatbestand liegt vor, wenn der Täter sich als Inhaber eines öffentlichen Amts gebärdet, das er in Wirklichkeit nicht bekleidet und auf Grund dieser Vortäuschung eine Handlung vornimmt, deren Vornahme zum Geschäftsbereich des angemaßten oder eines anderen öffentlichen Amts gehört.

Beispiel: Es gibt sich jemand als Kriminalbeamter aus und nimmt eine Durchsuchung vor.

b) Zweiter Tatbestand: Die unbefugte Vornahme einer Handlung, die nur kraft eines öffentlichen Amtes vorgenommen werden darf, ohne daß der Täter sich den Anschein zu geben braucht, als nehme er die Handlung vermöge einer ihm zukommenden amtlichen Befugnis vor.

Beispiel: Ein Privatdetektiv nimmt eine Durchsuchung vor.

2. Während Täter des § 132 in der Regel ein Nichtbeamter sein wird, kann auch ein Beamter Täter sein und zwar dann, wenn der Beamte in den Geschäftskreis einer anderen Behörde eingreift (z. B. ein Richter entfaltet eine Tätigkeit, die nur einem Notar zusteht), oder wenn der Beamte unter Überschreitung seiner sachlichen Zuständigkeit unbefugt eine Amtshandlung vornimmt, die nur ein anderer Beamter derselben Behörde vornehmen darf (z. B. ein Gerichtsschreiber greift in die Befugnisse eines Richters über).

Nimmt dagegen der Beamte nach außen Handlungen vor, zu denen er an sich zuständig ist, entfaltet aber nach innen eine seinen Amtspflichten widersprechende Tätigkeit (z. B. Beschlagnahme oder eine sonstige Amtshandlung zu Privatzwecken), so liegt möglicherweise Untreue, Unterschlagung, Betrug oder ein nur dienststrafrechtlich zu ahndendes Verhalten, jedenfalls aber keine Amtsanmaßung vor.

3. Durch Verordnung vom 9. April 1942 wurde die Strafdrohung des früheren Rechts erhöht. Es kann daher im Hinblick auf Ziff. 8b der „Allgemeinen Anweisung an Richter Nr. 1" nur der vor dem 30. Januar 1933 in Geltung gewesene Strafrahmen (Gefängnis bis zu einem Jahr oder Geldstrafe) zur Anwendung gelangen. (Siehe Vorbemerkung B vor § 13.)

Unbefugtes Uniformtragen.

§ 132a. Wer unbefugt inländische oder ausländische Uniformen, Amtskleidungen oder Amtsabzeichen trägt, wird, soweit nicht besondere Vorschriften etwas anderes bestimmen, mit Gefängnis bis zu einem Jahre und mit Geldstrafe oder mit einer dieser Strafen bestraft.

Ebenso wird bestraft, wer unbefugt eine Berufstracht oder ein Berufsabzeichen für Betätigung in der Kranken- oder Wohlfahrtspflege trägt, die im Inland staatlich anerkannt sind.

Den in den Absätzen 1, 2 genannten Uniformen, Kleidungen, Trachten oder Abzeichen stehen solche gleich, die ihnen zum Verwechseln ähnlich sind.

Die Vorschriften der Absätze 1 bis 3 gelten auch für Amtskleidungen und Amtsabzeichen der Religionsgesellschaften des öffentlichen Rechts sowie für Berufstrachten und Berufsabzeichen der von ihnen anerkannten religiösen Genossenschaften.

1. Die Absicht, Dritte über die Person des Trägers oder über seine Befugnis zum Tragen der Uniform zu täuschen, gehört nicht zum Tatbestand. Dagegen liegt § 132a nicht vor, wenn die Uniform im Rahmen der Verkehrssitte bei Aufführungen und Maskeraden getragen wird.

2. Uniform ist jede auf Grund öffentlich-rechtlicher Bestimmungen eingeführte Tracht, z. B. der Polizei, der Reichsbahn, der Post, der Feuerwehr usw. Zu den Amtskleidungen, die im Gegensatz zu den Uniformen, nicht ständig, sondern nur bei bestimmten Amtshandlungen getragen werden, gehören z. B. die Roben der Richter, Staatsanwälte und Rechtsanwälte.

3. Zu den Berufstrachten des Abs. 2 gehören die Uniform der Sanitätskolonne vom Roten Kreuz und die Tracht der Rote-Kreuz-Schwestern.

4. Amtskleidungen der Religionsgesellschaften sind z. B. die Talare der evangelischen und die Gewänder der katholischen Geistlichen.

5. Hierher gehört noch das Gesetz über Titel, Orden und Ehrenzeichen vom 1. Juli 1937, das im § 6 das unbefugte Führen von Amts- und Dienstbezeichnungen, Titeln und Würden, sowie das unbefugte Tragen von Orden und Ehrenzeichen und von Abzeichen, die den Orden und Ehrenzeichen ähneln, unter Strafe stellt. Bei unerlaubter Führung akademischer Grade kommt ausschließlich das Gesetz vom 7. Juni 1939 (RGBl. I S. 985) in Frage. Vgl. auch Kontrollratsgesetz Nr. 8, Art. 4 betr. Verbot des Tragens von Orden und Ehrenzeichen usw.

Gewahrsamsbruch.

§ 133. Wer eine Urkunde, ein Register, Akten oder einen sonstigen Gegenstand, welche sich zur amtlichen Aufbewahrung an einem dazu bestimmten Orte befinden, oder welche einem Beamten oder einem Dritten amtlich übergeben worden sind, vorsätzlich vernichtet, beiseite schafft oder beschädigt, wird mit Gefängnis bestraft.

Ist die Handlung in gewinnsüchtiger Absicht begangen, so tritt Gefängnisstrafe nicht unter drei Monaten ein; auch kann auf Verlust der bürgerlichen Ehrenrechte erkannt werden.

1. Diese Gesetzesstelle behandelt den Bruch der amtlichen Verfügungsgewalt. Geschützt sind Sachen, die sich in amtlicher Verwahrung befinden.

2. Der Beamte, welcher mit der Verwahrung von Urkunden betraut ist oder dem sie amtlich zugänglich sind, wird nach der schwereren Vorschrift des § 348 Abs. 2 bestraft.

3. Wem die Urkunden, Akten usw. gehören, ist für diesen Tatbestand (§ 133) gleichgültig, so daß auch der Eigentümer selbst sich dieser Straftat schuldig machen kann, z. B. der Täter gegenüber einem ihm abgenommenen in amtlicher Verwahrung befindlichen Überführungsstück.

4. Die amtliche Aufbewahrung setzt immer voraus, daß sie in Ausübung staatlicher Hoheitsrechte erfolgt. Deshalb gehört nicht hierher z. B. das Inventar der Dienstzimmer (Büromaterial wie z. B. Schreibmaschinen). Dagegen gelten als amtlich aufbewahrt die Frachtgüter usw. auf der Eisenbahn, sowie das der Bahn zur Aufbewahrung übergebene Reisegepäck. Deshalb wird bei Diebstahl solcher Gegenstände in der Regel gleichzeitig der Tatbestand des § 133 verwirklicht.

Eine Sache ist amtlich übergeben, wenn die Übergabe zu amtlichen Zwekken geschieht, so daß durch sie ein amtlicher Gewahrsam begründet wird. Beispiel: Der Wechselinhaber übergibt dem Gerichtsvollzieher einen Wechsel zur Protesterhebung. Als dieser den Wechsel dem Schuldner vorzeigt, reißt letzterer den Wechsel dem Beamten aus der Hand und vernichtet ihn.

5. Das Beiseiteschaffen braucht nicht ein immerwährendes zu sein. Es genügt schon ein vorübergehendes Wegbringen. So liegt z. B. ein Beiseiteschaffen vor, wenn ein Beamter den Gegenstand in seinem Privatschubfach im Verwahrungszimmer verschließt. (Handelt es sich dabei um eine Urkunde, dann liegt § 348, Abs. 2 vor.)

6. Die gewinnsüchtige Absicht des Abs. 2 liegt vor, wenn der Täter z. B. gegen das Versprechen einer Belohnung handelt oder wenn er die Tat begeht, um sich einen durch eine andere Handlung verschafften Gewinn zu erhalten.

7. Die Tat des § 133 kann zugleich den Tatbestand des Diebstahls (§ 242), der Unterschlagung (§ 246), des Siegelbruchs (§ 136), des Verstrickungsbruchs (§ 137) und der Urkundenvernichtung (§ 274 Nr. 1) erfüllen.

Beschädigung öffentlicher Bekanntmachungen.

§ 134. Wer öffentlich angeschlagene Bekanntmachungen, Verordnungen, Befehle oder Anzeigen von Behörden oder Beamten böswillig abreißt, beschädigt oder verunstaltet, wird mit Geldstrafe oder mit Gefängnis bis zu sechs Monaten bestraft.

Eine Ergänzung zu § 134 bedeutet das Gesetz Nr. 21 der Regierung Württemberg/Baden vom 20. November 1945 (Regierungsblatt 1946 Nr. 1 S. 2).

§ 3 Ziff. 1 dieses Gesetzes lautet: „Mit Gefängnis bis zu 2 Jahren oder mit Geldstrafe wird bestraft, wer geschriebene oder gedruckte Ankündigungen, die im amtlichen Auftrag angeschlagen worden sind, verunstaltet oder unbefugt entfernt."

§ 134a. Aufgehoben durch Kontrollratsgesetz Nr. 11.

§ 134b. Aufgehoben durch Kontrollratsgesetz Nr. 11. (§§ 134a und b betrafen den Schutz des Reiches, der deutschen Wehrmacht und der NSDAP.)

Verletzung inländischer Hoheitszeichen.

§ 135. Wer ein (öffentliches Zeichen der Autorität des Reichs oder ein) Hoheitszeichen eines deutschen Landes böswillig wegnimmt, zerstört oder beschädigt oder beschimpfenden Unfug daran verübt, wird mit Geldstrafe oder mit Gefängnis bis zu zwei Jahren bestraft.

1. Solche Zeichen sind Schilder der Behörden, Grenzpfähle, Fahnen an öffentlichen Gebäuden.

2. Vgl. hierzu auch den § 103a.

Siegelbruch.

§ 136. Wer unbefugt ein amtliches Siegel, welches von einer Behörde oder einem Beamten angelegt ist, um Sachen zu verschließen, zu bezeichnen oder in Beschlag zu nehmen, vorsätzlich erbricht, ablöst oder beschädigt oder den durch ein solches Siegel bewirkten amtlichen Verschluß aufhebt, wird mit Gefängnis bis zu sechs Monaten oder mit Geldstrafe bestraft.

1. Diese Gesetzesstelle behandelt den sog. Siegelbruch.

2. Nur ein amtliches Siegel genießt den Schutz, nicht etwa ein Privatsiegel, mit welchem z. B. ein Gendarm beschlagnahmte Gegenstände bezeichnet.

3. Wie das Siegel hergestellt ist und aus welchem Stoff, ist gleichgültig, es genügt auch eine Siegelmarke eines Gerichtsvollziehers. Wer also die Pfandmarken des Gerichtsvollziehers von einem gepfändeten Klavier entfernt, macht sich nach § 136 strafbar. Auch die Plomben eines Feuermelders oder eines städtischen Elektrizitätswerkes sind Gegenstand eines Vergehens nach § 136.

4. Der amtliche Verschluß wird aufgehoben, wenn unter Unversehrtlassen des Verschlusses dieser unwirksam gemacht wird, z. B. durch Einsteigen in ein Fenster eines Raumes, dessen Türe versiegelt ist. Auch diese Aufhebung muß vorsätzlich begangen sein um den Tatbestand zu erfüllen.

5. Häufig wird der Tatbestand des § 136 mit demjenigen des § 137 zusammenfallen.

Verstrickungsbruch.

§ 137. Wer Sachen, welche durch die zuständigen Behörden oder Beamten gepfändet oder in Beschlag genommen worden sind, vorsätzlich beiseite schafft, zerstört oder in anderer Weise der Verstrickung ganz oder teilweise entzieht, wird mit Gefängnis bis zu einem Jahre oder mit Geldstrafe bestraft.

1. Im Gegensatz zum Siegelbruch des § 136, der das äußere Zeichen der amtlichen Herrschaft über die Sache schützen soll, bezweckt § 137 den Schutz der Sache selbst und der über sie begründeten staatlichen Herrschaftsgewalt gegen den sog. Verstrickungsbruch.

2. Unter Sachen sind Forderungsrechte nicht mit inbegriffen, wohl aber die Urkunden über solche, z. B. Schuldscheine, Aktien.

Zu den Sachen gehört auch das unbewegliche Vermögen. Doch kommt ein Grundstück selbst deshalb nicht in Betracht, weil man es weder beiseite schaffen noch zerstören kann. Wohl aber sind hierher zu rechnen Bestandteile von Grundstücken wie Gebäude, Früchte auf dem Halm, ausgesäte Samen, eingepflanzte Bäume usw., sowie Bestandteile, die mit dem Grund und Boden verbunden sind, z. B. Maschinen. Vgl. auch Erl. zu § 289.

3. Der § 137 setzt in objektiver Beziehung nichts weiter voraus, als daß die Sache von einem zuständigen Beamten gepfändet bzw. in Beschlag genommen ist, d. h. daß sie (bei der Pfändung auf Grund eines vollstreckbaren Titels) von einem an sich zur Pfändung usw. sachlich und örtlich zuständigen Beamten unter Beobachtung der Formvorschriften der freien Verfügung der dazu bisher berechtigten Personen entzogen und der ausschließlichen behördlichen Verfügungsgewalt unterworfen (verstrickt) worden ist.

4. Als Formvorschriften für die Pfändung kommen vor allem §§ 808 ff. ZPO. in Frage, wonach bei einer Pfändung der Gerichtsvollzieher die Sache in Besitz nehmen oder, falls er sie in Gewahrsam des Schuldners lassen will, mit einem Siegel versehen muß. Dagegen ist bei der Beschlagnahme, die vor allem im Strafverfahren in Frage kommt, die Kenntlichmachung durch ein amtliches Siegel nicht erforderlich.

5. Die materielle Rechtmäßigkeit des Pfändungs- bzw. Beschlagnameaktes ist nicht Voraussetzung für eine Strafbarkeit nach § 137. Kommt also der Beamte nach pflichtgemäßem Ermessen zu der Überzeugung, daß im einzelnen Falle die Voraussetzungen der Beschlagnahme bzw. Pfändung gegeben sind, so ist seine Maßnahme rechtwirksam, mag er auch tatsächlich geirrt, z. B. eine Sache irrtümlich als im Eigentum des Schuldners stehend, oder irrtümlich nicht als Kompetenzstück angesehen und infolgedessen gepfändet haben. Auch eine solche Pfändung ist rechtswirksam.

6. Die Handlung des § 137 besteht, ähnlich wie in § 288, in Entziehung aus der Verstrickung durch Beiseiteschaffen, Zerstören oder in sonstiger Weise.

7. Zum Vorsatz gehört nur das Bewußtsein des Täters, daß die in Erl. 3 genannten Voraussetzungen gegeben sind. Dagegen ist nicht erforderlich, daß sich der Täter auch der materiellen Rechtmäßigkeit der Pfändung bewußt ist. Wer sich durch die Pfändung oder Beschlagnahme für verletzt hält, darf den Arrest nicht eigenmächtig brechen, selbst wenn die Pfändung bzw. Beschlagnahme materiell zu Unrecht erfolgt ist; er kann nur die getroffene Maßregel anfechten.

8. Beispiele: Der A bringt die vom Gerichtsvollzieher gepfändete und mit einem amtlichen Siegel versehene Schreibmaschine zu seinem Freunde B. Oder: Der A bringt die von einem Kriminalbeamten beschlagnahmte Schreibmaschine zu seinem Freunde B.

Falsche Entschuldigung für Terminsversäumnis.

§ 138. Wer als Zeuge, Geschworener oder Schöffe berufen, eine unwahre Tatsache als Entschuldigung vorschützt, wird mit Gefängnis bis zu zwei Monaten bestraft.

Dasselbe gilt von einem Sachverständigen, welcher zum Erscheinen gesetzlich verpflichtet ist.

Die auf das Nichterscheinen gesetzten Ordnungsstrafen werden durch vorstehende Strafbestimmung nicht ausgeschlossen.

Nichtanzeige von Verbrechen.

§ 139. Wer von dem Vorhaben eines Verbrechens wider das Leben, eines Münzverbrechens, eines Raubes, Menschenraubes oder gemeingefährlichen Verbrechens glaubhafte Kenntnis erhält und es unterläßt, der Behörde oder dem Bedrohten hiervon zur rechten Zeit Anzeige zu machen, wird mit Gefängnis bestraft. Ist die Tat nicht versucht worden, so kann von Strafe abgesehen werden.

In besonders schweren Fällen kann auf Zuchthaus und, wenn die geplante Tat mit dem Tode bedroht ist, auch auf lebenslanges Zuchthaus oder auf Todesstrafe erkannt werden.

1. Diese Gesetzesstelle, die durch Gesetz vom 2. Juli 1936 neu gefaßt und erweitert wurde, enthält ein sog. echtes Unterlassungsdelikt. (Siehe „Einführende Vorbemerkungen zum Strafrecht" S. 1 ff., Abschnitt B II 4, S. 3.)

2. Eine Verpflichtung zur Anzeige begangener Verbrechen besteht nur für die hierzu besonders bestimmten Beamten (siehe § 346), während eine Pflicht zur Anzeige bevorstehender Verbrechen jedem obliegt, wenn es sich dabei um eines der in § 139 im einzelnen aufgeführten Verbrechen handelt.

3. Der äußere Tatbestand des § 139 erfordert, daß jemand von dem Vorhaben eines Verbrechens wider das Leben (§§ 211, 212, nicht 216 ff.), eines Münzverbrechens (§§ 146, 147, 149), eines Raubs (§§ 249—251), eines Menschenraubs (§ 234) oder eines gemeingefährlichen Verbrechens (§§ 306 bis 308, 311—313, 315, 321 Abs. 2, 322—324) glaubhaft Kenntnis erhält, d. h. daß er mit der Ausführung der Tat rechnete und es unterläßt, zur rechten Zeit, d. h. wenn die Verhütung des geplanten Verbrechens noch möglich ist, der Behörde oder dem Bedrohten Anzeige zu machen.

4. Das Unterlassen der Anzeige ist auch dann strafbar, wenn die Tat nicht begangen, ja nicht einmal versucht worden ist. In letzterem Falle kann allerdings von Strafe abgesehen werden.

5. Eine Ausnahme von der Anzeigepflicht besteht lediglich für den Bedrohten, sowie für die an dem Verbrechen als Täter, Anstifter oder Gehilfen beteiligten oder der Beteiligung verdächtigen, d. h. also diejenigen Personen, für die das geplante Verbrechen kein fremdes darstellt; denn eine Pflicht zur Selbstanzeige besteht nicht.

6. Zu den Anzeigepflichtigen gehören aber andererseits auch die Angehörigen und die sonstigen Zeugnisverweigerungsberechtigten (§§ 52—55 StPO.).

7. Wegen der durch die Neufassung erfolgten Strafschärfung siehe Vorbemerkung B vor § 13. Die Todesstrafe ist in Wegfall gekommen (siehe Erl. 5 zu § 13).

8. Beispiel: Der A erfährt, daß der B den Entschluß gefaßt hat, den C zu berauben. Er unterläßt es, den C oder die Polizeibehörde hiervon zu benachrichtigen. Kommt der Plan aus irgendeinem Grunde nicht zur Ausführung, dann liegt es im Ermessen des Gerichts, ob A bestraft wird oder nicht. Erstattet A die Anzeige so spät, daß der Raub nicht mehr verhütet werden konnte, obwohl er die Anzeige früher hätte erstatten können, so ist A nach § 139 zu bestrafen.

Verkehrsflucht.

§ 139a. Wer sich nach einem Verkehrsunfall der Feststellung seiner Person, seines Fahrzeugs oder der Art seiner Beteiligung an dem Unfall vorsätzlich durch Flucht entzieht, obwohl nach den Umständen in Frage kommt, daß sein Verhalten zur Verursachung des Unfalls beigetragen hat, wird mit Gefängnis bis zu zwei Jahren oder mit Haft und mit Geldstrafe oder mit einer dieser Strafen bestraft.

Der Versuch ist strafbar.

In besonders schweren Fällen ist die Strafe Gefängnis nicht unter sechs Monaten oder Zuchthaus.

1. § 139a ist durch die VO. zur Änderung der Strafvorschriften über fahrlässige Tötung, Körperverletzung und Flucht bei Verkehrsunfällen vom 2. April 1940 (RGBl. I S. 606) eingefügt. Da dieser Tatbestand aus der Reformarbeit vor 1933 übernommen worden ist, also kein nationalsozialistisches Ideengut enthält, dürften gegen seinen Fortbestand keine Bedenken bestehen.

2. Im Gegensatz zu § 22 des Kraftfahrzeuggesetzes vom 3. Mai 1909, der durch das obengenannte Gesetz aufgehoben ist, ist nunmehr die Flucht nach einem Verkehrsunfall nicht nur für den Kraftfahrzeugführer, sondern für jeden Verkehrsteilnehmer strafbar, wenn sein Verhalten möglicherweise zur Verursachung des Unfalls beigetragen hat. Täter kann somit auch sein der Insasse des Kraftwagens, der etwa dem Führer Weisungen erteilt hat, ferner der Radfahrer oder Fußgänger, oder der Führer eines bespannten Fuhrwerks oder eines Straßenbahnzuges, immer vorausgesetzt, daß der Täter weiß oder damit rechnet, daß er als Verursacher oder Mitverursacher des Unfalls nach den Umständen in Frage kommt und sich gleichwohl den Feststellungen entzieht.

3. § 139a erklärt auch denjenigen für strafbar, der sich der Feststellung der „Art seiner Beteiligung an dem Unfall" etwa des Grades seiner Trunkenheit durch Blutprobe oder des schlechten Zustandes seines Wagens durch die Flucht entzieht.

4. Häufig wird § 139a mit einem Vergehen nach § 330c zusammentreffen.

5. Siehe das Beispiel in Erl. 7 b zu § 340.

Vernachlässigung der Aufsichtspflicht.

§ 139b. Wer einen noch nicht Achtzehnjährigen, dessen Beaufsichtigung ihm obliegt, nicht gehörig beaufsichtigt, wird mit Gefängnis bis zu sechs Monaten oder mit Haft oder mit Geldstrafe bestraft, wenn der zu Beaufsichtigende eine mit Strafe bedrohte Handlung begeht, die der Aufsichtspflichtige durch gehörige Aufsicht hätte verhindern können. Dies gilt nicht, soweit in sonstigen Vorschriften eine andere Strafe angedroht ist.

Aufsichtspflichtig im Sinne dieser Vorschrift ist derjenige, dem die Sorge für die Person des Kindes oder des Jugendlichen obliegt oder dem das Kind oder der Jugendliche zur Erziehung oder Pflege ganz oder überwiegend anvertraut ist.

1. Diese Gesetzesstelle enthält ein sog. echtes Unterlassungsdelikt (siehe Erl. 1 zu § 139) und hat nur subsidiäre Bedeutung, d. h. sie findet keine Anwendung, wenn der Aufsichtspflichtige als Teilnehmer, vor allem als Gehilfe der mit Strafe bedrohten Handlung in Frage kommt. § 139b scheidet ferner aus, wenn in sonstigen Vorschriften (z. B. § 361 Nr. 9) die Vernachlässigung der Aufsichtspflicht besonders geregelt ist.

2. Voraussetzung der Strafbarkeit ist, daß der zu Beaufsichtigende (eine Person unter 18 Jahren) eine mit Strafe bedrohte Handlung begeht, die der Aufsichtspflichtige durch gehörige Beaufsichtigung hätte verhindern können.

3. Als Aufsichtspflichtige kommen vor allem die Eltern, der Vormund und Pfleger in Frage.

§§ 140—143a sind durch Kontrollratsgesetz Nr. 11 aufgehoben worden. (Sie betrafen Schutz der Wehrmacht.)

Verleitung zur Auswanderung.

§ 144. Wer es sich zum Geschäfte macht, Deutsche unter Vorspiegelung falscher Tatsachen oder wissentlich mit unbegründeten Angaben oder durch andere auf Täuschung berechnete Mittel zur Auswanderung zu verleiten, wird mit Gefängnis von einem Monat bis zu zwei Jahren bestraft.

1. Einen Erwerb braucht der Täter aus seinem „Geschäfte" nicht beabsichtigt zu haben.

2. Vgl. das Reichsgesetz über das Auswanderungswesen v. 9. Juni 1897 §§ 43—48 und VO. gegen Mißstände im Auswanderungswesen v. 14. Febr. 1924, (RGBl. S. 107).

Gefährdung des Schiffsverkehrs.

§ 145. Wer die (von der Reichsregierung)
zur Verhütung des Zusammenstoßens der Schiffe auf See,
über das Verhalten der Schiffer nach einem Zusammenstoße von Schiffen auf See, oder
in betreff der Not- und Lotsensignale für Schiffe auf See und auf den Küstengewässern
erlassenen Verordnungen übertritt, wird mit Geldstrafe bestraft.

Unerlaubte Ausstellung von Inhaberpapieren.

§ 145a. Wer im Inlande Schuldverschreibungen auf den Inhaber, in denen die Zahlung einer bestimmten Geldsumme versprochen wird, ohne die erforderliche staatliche Genehmigung ausstellt und in den Verkehr bringt, wird mit einer Geldstrafe bestraft, die dem fünften Teile des Nennwerts der ausgegebenen Schuldverschreibungen gleichkommen kann.

§ 145b (Tierquälerei) ist gestrichen.

§ 145b ist durch § 9 Abs. 1 des Gesetzes v. 24. Nov. 1933 (RGBl. S. 987) ersetzt worden. Er lautet: Wer ein Tier unnötig quält oder roh mißhandelt, wird mit Gefängnis bis zu 2 Jahren und mit Geldstrafe oder mit einer dieser Strafen bestraft.

Ein Tier quält nach § 1 a. a. O., wer ihm länger dauernde oder sich wiederholende erhebliche Schmerzen oder Leiden verursacht; unnötig ist das Quälen, soweit es keinem vernünftigen berechtigten Zweck dient. Ein Tier mißhandelt, wer ihm erhebliche Schmerzen verursacht; eine Mißhandlung ist roh, wenn sie einer gefühllosen Gesinnung entspringt.

Verbotene Berufsausübung.

§ 145 c. Wer einen Beruf oder ein Gewerbe ausübt oder ausüben läßt, solange ihm dies nach § 421 untersagt ist, wird mit Gefängnis bis zu zwei Jahren und mit Geldstrafe oder mit einer dieser Strafen bestraft.

Eingefügt durch RG. v. 24. Nov. 1933.

Vortäuschung einer Straftat.

§ 145 d. Wer einer Dienststelle des Staates wider besseres Wissen die Begehung einer Straftat vortäuscht oder die Dienststelle über die Person eines an einer Straftat Beteiligten zu täuschen sucht, wird mit Gefängnis bis zu zwei Jahren oder mit Geldstrafe bestraft, soweit die Tat nicht nach anderen Vorschriften mit schwererer Strafe bedroht ist.

1. Diese Gesetzesstelle wurde durch die Verordnung vom 29. Mai 1943 in das Strafgesetzbuch eingefügt. Da der Tatbestand schon in den Reformarbeiten vor 1933 vorgesehen war, somit kein nationalsozialistisches Gedankengut enthält, dürften gegen den Fortbestand dieser Gesetzesstelle, die einem dringenden Bedürfnis der Praxis entspricht, keine Bedenken bestehen.

2. Welches Motiv der Vortäuschung zugrunde liegt, ist gleichgültig. Häufig wird das Delikt der Vortäuschung begangen werden, um eine andere Straftat zu verdecken. Z. B. Vortäuschen eines Diebstahls, um eine begangene Unterschlagung zu verdecken.

3. Dem Vortäuschen ist gleichgestellt der Fall, daß jemand die Dienststelle über den Täter einer begangenen Straftat zu täuschen sucht, z. B. durch falsche Selbstbezichtigung; will er damit die Verfolgung des wahren Täters vereiteln, so ist er wegen Begünstigung nach § 257 strafbar.

4. Der innere Tatbestand erfordert Handeln wider besseres Wissen; bedingter Vorsatz (siehe „Einführende Vorbemerkungen zum Strafrecht" S. 1 ff. Abschnitt C III 1 b, S. 16) genügt also nicht.

Achter Abschnitt:

Münzverbrechen und Münzvergehen.

Vorbemerkung:

1. Die verschiedenen Tatbestände:
   a) Die Falschmünzerei: § 146, erster Halbsatz.
   b) Die Münzfälschung: § 146, zweiter Halbsatz.
   c) Der Münzbetrug: § 147.
   d) Das Abschieben von Falschgeld: § 148.
   e) Die Münzverringerung: § 150.
   f) Die Vorbereitungshandlungen: § 151.
   g) Die Übertretungen nach § 360 Ziffer 4—6.
   h) Die Nichtanzeige eines Münzverbrechens ist nach § 139 strafbar.

2. Unter den Begriff Geld fällt jedes vom Staat oder seitens einer von ihm ermächtigten Stelle als Wertträger beglaubigte und zum Umlauf im öffentlichen Verkehr bestimmte Zahlungsmittel. Dem Metall- und Papiergeld des § 146 sind die Wertpapiere des § 149 gleichgestellt. Auch ausländisches Geld kann Gegenstand eines Münzdelikts sein.

3. Bei der Beschlagnahme falscher Münzen und unechten Papiergeldes ist behufs Vermeidung späterer Weitläufigkeiten tunlichst die Einwilligung des Besitzers zu der seinerzeitigen Einziehung des beschlagnahmten Gegenstandes festzustellen. Vgl. § 152.

4. Bezüglich aller Münzverbrechen und Münzvergehen gilt das sog. Weltrechtsprinzip nach § 4 Abs. 3 Z. 7.

Falschmünzerei und Münzfälschung.

§ 146. Wer inländisches oder ausländisches Metallgeld oder Papiergeld nachmacht, um das nachgemachte Geld als echtes zu gebrauchen, oder sonst in Verkehr zu bringen, oder wer in gleicher Absicht echtem Gelde durch Veränderung an demselben den Schein eines höheren Werts oder verrufenem Gelde durch Veränderung an demselben das Ansehen eines noch geltenden gibt, wird mit Zuchthaus nicht unter zwei Jahren bestraft; auch ist Polizeiaufsicht zulässig.

Sind mildernde Umstände vorhanden, so tritt Gefängnisstrafe ein.

1. Man unterscheidet die Falschmünzerei (erster Halbsatz), d. i. das Nachmachen von echtem inländischem oder ausländischem Metallgeld oder Papiergeld, und die Münzfälschung, d. i. die Verfälschung echten Geldes (zweiter Halbsatz).

2. Die Absicht des Gebrauchs oder des Inverkehrbringens gehört zum Tatbestand, so daß also der nicht strafbar wäre, der nachweislich nur zu seinem eigenen Vergnügen, um seine Kunst zu erproben, falsche Stücke herstellt. Nicht erforderlich ist aber, daß der Falschmünzer einen Gewinn macht.

3. Unter verrufenem Gelde ist nicht mehr geltendes, nicht mehr im Umlauf befindliches Geld zu verstehen. Wird es ohne Veränderung in Verkehr gebracht, so liegt nur Betrug vor.

4. Das Münzverbrechen ist schon vollendet, wenn die falschen Münzen in der Absicht des Inverkehrbringens hergestellt sind; das Ausgeben des falschen Geldes gehört nicht zum Tatbestand. Gibt der Fälscher also den Gedanken der Ausgabe der Falschstücke auf, so kann von einem straflos machenden Rücktritt vom Versuch (§ 46 StGB.) nicht die Rede sein. Schreitet er noch zum Ausgeben der Falschstücke, so kommt dies nur für die Ausmessung der Strafe in Betracht.

5. Ein Versuch liegt vor, wenn das Nachmachen der Stücke erst begonnen hat, ein falsches Geldstück also noch nicht fertig gestellt ist, oder das fertiggestellte Geldstück so schlecht gelungen ist, daß es nicht möglich war, den Arglosen im gewöhnlichen Verkehr zu täuschen.

6. Wegen der Bestrafung gewisser Vorbereitungshandlungen zum Münzverbrechen vgl. § 151. — Wegen Anfertigung sog. Blüten vgl. § 360 Ziff. 6

Münzbetrug.

§ 147. Dieselben Strafbestimmungen finden auf denjenigen Anwendung, welcher das von ihm auch ohne die vorbezeichnete Absicht nachgemachte oder verfälschte Geld als echtes in Verkehr bringt, sowie auf denjenigen, welcher nachgemachtes oder verfälschtes Geld sich verschafft und solches entweder in Verkehr bringt oder zum Zwecke der Verbreitung aus dem Auslande einführt.

Diese Gesetzesstelle enthält drei Tatbestände:

1. Den eigentlichen Münzbetrug, der vorliegt, wenn der Täter beim Nachmachen bzw. Verfälschen noch nicht die Verbreitungsabsicht gehabt, sondern diesen Entschluß erst nachträglich gefaßt und verwirklicht hat (siehe Erl. 2 zu § 146),

2. das Inverkehrbringen von nachgemachtem bzw. verfälschtem Geld, das sich der Täter auf irgendeine Weise, also auch durch Fund, Diebstahl oder Unterschlagung usw. verschafft, d. h. in dem Bewußtsein, daß es falsch ist, in Besitz genommen hat, und das er nunmehr derart aus seinem Gewahrsam entläßt, daß ein anderer über das Geld im Verkehr verfügen kann,

3. die Einführung von Falschgeld aus dem Ausland zum Zwecke der Verbreitung.

Abschieben falschen Geldes.

§ 148. Wer nachgemachtes oder verfälschtes Geld als echtes empfängt und nach erkannter Unechtheit als echtes in Verkehr bringt, wird mit Gefängnis bis zu drei Monaten oder mit Geldstrafe bestraft.

Der Versuch ist strafbar.

1. Diese Gesetzesstelle enthält eine Strafmilderung gegenüber § 147, weil hier der Täter, der die Unechtheit des Geldes beim Erwerb noch nicht erkannt hat, lediglich einen unverschuldeten Schaden auf einen anderen abwälzen will, während im Falle des § 147 sich der Täter das Geld, wissend, daß es falsch ist, verschafft hat.

2. Unter § 148 fällt aber auch der Dieb und der Finder, da diese anderenfalls, mangels Anwendbarkeit des § 147 straflos bleiben müßten.

§ 149. Dem Papiergelde werden gleich geachtet die auf den Inhaber lautenden Schuldverschreibungen, Banknoten, Aktien oder deren Stelle vertretende Interimsscheine oder Quittungen, sowie die zu diesen Papieren gehörenden Zins-, Gewinnanteils- oder Erneuerungsscheine, welche von dem Reich, einem Lande oder fremden Staate oder von einer zur Ausgabe solcher Papiere berechtigten Gemeinde, Korporation, Gesellschaft oder Privatperson ausgestellt sind.

1. Die hier genannten Geldpapiere müssen auf den Inhaber ausgestellt sein, dürfen also nicht auf den Namen einer bestimmten Person geschrieben sein. Wechsel gehören nicht hierher.

2. Unter Interimsscheinen versteht man Urkunden, welche bis zur Herstellung der Geldpapiere oder Volleinzahlung der Summen, auf welche die Geldpapiere lauten, als Quittung ausgestellt werden.

3. Für Zins- bzw. Gewinnanteilsscheine werden die Ausdrücke Koupons bzw. Dividendenscheine, für Erneuerungsscheine der Ausdruck Talons gebraucht.

4. Von Privaten ausgegebene Inhaber-Geldpapiere gehören nur hierher, wenn die Ausgabe eine vom Gesetz sanktionierte war; nach § 795 BGB. dürfen Schuldverschreibungen auf den Inhaber, in denen die Zahlung einer bestimmten Geldsumme versprochen wird, nur mit staatlicher Genehmigung in den Verkehr gebracht werden. Vgl. oben § 145a.

Münzverringerung.

§ 150. Wer echte, zum Umlauf bestimmte Metallgeldstücke durch Beschneiden, Abfeilen oder auf andere Art verringert und als vollgültig in Verkehr bringt, oder wer solche verringerte Münzen gewohnheitsmäßig oder im Einverständnis mit dem, welcher sie verringert hat, als vollgülitg in Verkehr bringt, wird mit Gefängnis bestraft, neben welchem auf Geldstrafe sowie auf Verlust der bürgerlichen Ehrenrechte erkannt werden kann.

Der Versuch ist strafbar.

In dieser Bestimmung wird das sog. „Kippen" (Verringern echter Münzen: mechanisch durch Beschneiden, Abfeilen, Ausschälen oder chemisch durch Säureanwendung usw.) und das sog. „Wippen" (Inverkehrbringen solcher verringerter Geldstücke) mit Strafe bedroht. Diese Gesetzesstelle ist praktisch ohne große Bedeutung.

Vorbereitungshandlungen.

§ 151. Wer Stempel, Siegel, Stiche, Platten, oder andere zur Anfertigung von Metallgeld, Papiergeld oder dem letzteren gleich geachteten Papieren dienliche Formen zum Zwecke eines Münzverbrechens angeschafft oder angefertigt hat, wird mit Gefängnis bis zu zwei Jahren bestraft.

1. Hier werden die Vorbereitung eines Münzverbrechens und die Beihilfe zu einem in dem Vorbereitungsstadium stecken gebliebenen Münzverbrechen, die sonst straflos bleiben müßten (siehe aber § 49a Erl. 2), wegen der Gemeingefährlichkeit derartiger Manipulationen mit besonderer Strafe bedroht. Wenn ein Münzfälscher vom Versuche der Fälschung zurücktritt (§ 46), so kann er immer noch nach § 151 strafbar sein. Umgekehrt scheidet § 151 aus, wenn das Münzverbrechen unter Benutzung der Formen versucht oder vollendet worden ist.

2. Erfolgt die Anschaffung oder Anfertigung nicht zum Zwecke der Begehung eines eigenen oder der Beihilfe zu einem fremden Münzverbrechen, so kommt möglicherweise die Übertretung des § 360 Nr. 4 in Frage.

Einziehung.

§ 152. Auf die Einziehung des nachgemachten oder verfälschten Geldes, sowie der im § 151 bezeichneten Gegenstände ist zu erkennen, auch wenn die Verfolgung oder Verurteilung einer bestimmten Person nicht stattfindet.

Hier wird für die Strafverfolgungsbehörde der Zwang festgestellt, alle derartigen Falschstücke, einerlei wem sie gehören, einzuziehen. Vgl. oben die Vorbem. 3 vor § 146.

Neunter Abschnitt:

Falsche uneidliche Aussage und Meineid.

Vorbemerkung:

1. Die Neufassung des 9. Abschnitts beruht auf der Strafrechtsangleichungsverordnung vom 29. Mai 1943 und der 2. Durchführungsverordnung hierzu vom 20. Jan. 1944.

2. Die verschiedenen Tatbestände:
   a) Die falsche uneidliche Aussage: § 153.
   b) Der Meineid: § 154.
   c) Die falsche Versicherung an Eides Statt: § 156.
   d) Die erfolglose Anstiftung zu einem Eidesdelikt: § 159.
   e) Die Verleitung zum Falscheid: § 160.
   f) Der Eidesbruch: § 162.
   g) Der fahrlässige Falscheid: § 163.

3. Die Eidesdelikte sind Angriffe auf die Rechtsordnung; Schutzobjekt ist also nicht die Religion.

Der Eid des § 154, der ein auferlegter Eid (z. B. Offenbarungseid) oder eine eidliche Bekräftigung einer Parteiaussage im Zivilprozeß oder ein Zeugen- bzw. Sachverständigeneid im Strafprozeß oder Zivilprozeß sein kann, ist die Beteuerung der Wahrheit in besonders feierlicher Form vor einer dafür zuständigen Behörde.

4. Der Eid ist jetzt durchweg Nacheid, d. h. sowohl im Strafprozeß als auch im Zivilprozeß erfolgt die Beeidigung des Zeugen bzw. der Partei nach der Vernehmung, und zwar in der Weise, daß der Richter an den Schwurpflichtigen die Worte richtet: „Sie schwören bei Gott dem Allmächtigen und Allwissenden, daß Sie nach bestem Wissen die reine Wahrheit gesagt und nichts verschwiegen haben" und der Schwurpflichtige hierauf die Worte spricht: „Ich schwöre es so wahr mir Gott helfe." (Siehe § 66 c StPO.)

5. Von der Vereidigung ist u. a. abzusehen bei Personen unter 16 Jahren sowie bei Personen, welche nach den Bestimmungen der Strafgesetze (§ 161 StGB.) unfähig sind, als Zeugen oder Sachverständige eidlich vernommen zu werden. (Siehe § 60 StPO.)

Falsche uneidliche Aussage.

§ 153. Wer vor Gericht oder vor einer anderen zur eidlichen Vernehmung von Zeugen oder Sachverständigen zuständigen Stelle als Zeuge oder Sachverständiger uneidlich vorsätzlich falsch aussagt, wird mit Gefängnis nicht unter drei Monaten, in schweren Fällen mit Zuchthaus bestraft.

Der Versuch ist strafbar.

1. Nach früherem Recht konnte die falsche uneidliche Aussage nur unter dem Gesichtspunkt der Begünstigung (§ 257) oder der falschen Namensangabe (§ 360 Nr. 8) oder des Betrugs (§ 263) oder gegebenenfalls gem. § 271 strafrechtlich erfaßt werden. In § 153 ist nunmehr die uneidliche Aussage als besonderer strafrechtlicher Tatbestand aufgestellt.

2. Der äußere Tatbestand hat folgende Merkmale:

a) Die Aussage ist falsch, wenn sie mit dem objektiven Sachverhalt nicht übereinstimmt. Hierzu gehört auch der Fall, daß der Täter etwas verschweigt, was zum Gegenstand seiner Vernehmung gehört. Ist Gegenstand der Aussage die Überzeugung von der Wahrheit oder Unwahrheit einer Tatsache, dann ist die Aussage falsch, wenn der Aussagende die fragliche Überzeugung nicht hat.

b) Die falsche uneidliche Aussage muß vor Gericht oder vor einer anderen zur eidlichen Vernehmung von Zeugen oder Sachverständigen zuständigen Stelle abgegeben werden. Dabei ist es gleichgültig, ob es sich um ein Zivilgericht oder Strafgericht oder Verwaltungsgericht handelt. Als „andere zuständige Stellen" kommen in Betracht die Dienststrafgerichte im Dienststrafverfahren und das Patentamt (§ 33 Patentgesetz).

Nicht unter den Tatbestand des § 153 fallen vor allem falsche Zeugenaussagen vor der Polizei oder dem Staatsanwalt oder dem Notar.

c) Die falsche uneidliche Aussage ist als solche nur dann strafbar, wenn sie von einem Zeugen oder Sachverständigen gemacht wird. Es ist also nach wie vor nicht strafbar die falsche Aussage bei der uneidlichen Parteivernehmung im Zivilprozeß (es sei denn, daß sie den Tatbestand des Betruges erfüllt), oder die falsche Aussage eines Angeklagten vor Gericht. Ebensowenig fällt unter § 153 die uneidliche Versicherung, die ein Schuldner gemäß § 19d Vollstreckungsverordnung vom 19. Mai 1933 im Offenbarungseidverfahren abgibt.

3. Der innere Tatbestand erfordert Vorsatz. Auch bedingter Vorsatz (dolus eventualis) genügt. Der Täter muß sich also bewußt sein, oder mit der von ihm gebilligten Möglichkeit rechnen, daß das, was er bekundet, mit dem Geschehenen nicht übereinstimmt. Hält der Täter seine Bekundung für falsch, während sie in Wirklichkeit richtig ist, so liegt Versuch vor.

4. Die Neufassung des § 158 sieht auch für § 153 die Möglichkeit strafbefreienden Rücktritts vor.

5. Die Verleitung zur falschen Aussage (§ 160) sowie die versuchte Anstiftung hierzu (§ 159) findet auch auf die uneidliche falsche Aussage Anwendung. (Siehe die Neufassung der §§ 159, 160.)

6. Eine fahrlässig falsche Aussage, entsprechend dem fahrlässigen Falscheid des § 163 gibt es nicht.

7. Da der § 153 aus der Reformarbeit vor 1933 stammt, somit kein nationalsozialistisches Ideengut enthält, dürften gegen seinen Fortbestand keine Bedenken bestehen.

Meineid.

§ 154. Wer vor Gericht oder vor einer anderen zur Abnahme von Eiden zuständigen Stelle vorsätzlich falsch schwört, wird mit Zuchthaus bestraft.

Sind mildernde Umstände vorhanden, so ist die Strafe Gefängnis nicht unter sechs Monaten.

1. Während in dem früheren § 153 der Parteimeineid und der falsch geschworene auferlegte Eid (Offenbarungseid der §§ 807, 833 ZPO. und Verklarungseid des Schiffers nach § 525 HGB.), und in dem früheren § 154 der Zeugen- und Sachverständigenmeineid behandelt wurde, betrifft der neue § 154 alle Möglichkeiten des Meineids.

2. Der äußere Tatbestand des § 154 hat die gleichen Merkmale wie derjenige des § 153 (siehe die dortige Erläuterung 2a und b).

3. Wegen des inneren Tatbestandes siehe Erläuterung 3 zu § 153.

4. Bei jedem Meineid muß auf bestimmte Nebenstrafen erkannt werden (§ 161).

5. Nach der „Allgemeinen Anweisung an Richter" Nr. 1 Ziff. 8 b kommt als Strafrahmen regelmäßig nur Zuchthaus bis zu 10 Jahren in Frage. (Siehe Vorbemerkung B vor § 13.)

6. Beispiel: In einem Zivilprozeß des A gegen B wegen Rückzahlung eines Darlehens behauptet B bei seiner uneidlichen Vernehmung der Wahrheit zuwider, daß er das Darlehen zurückbezahlt habe. B ist nicht nach § 153 strafbar, da die falsche uneidliche Aussage nur bei Zeugen und Sachverständigen mit Strafe bedroht ist. Leistet aber B im weiteren Verlauf des Prozesses einen Eid auf diese falsche Angabe, dann macht er sich nach § 154 strafbar.

Eidliche Beteuerungen.

§ 155. Der Ableistung eines Eides wird gleichgeachtet, wenn

1. ein Mitglied einer Religionsgesellschaft, welcher das Gesetz den Gebrauch gewisser Beteuerungsformeln an Stelle des Eides gestattet, eine Erklärung unter der Beteuerungsformel seiner Religionsgesellschaft abgibt;
2. derjenige, welcher als Partei, Zeuge oder Sachverständiger einen Eid geleistet hat, in gleicher Eigenschaft eine Versicherung unter Berufung auf den bereits früher in derselben Angelegenheit geleisteten Eid abgibt, oder ein Sachverständiger, welcher als solcher ein- für allemal vereidet ist, eine Versicherung auf den von ihm geleisteten Eid abgibt;
3. ein Beamter eine amtliche Versicherung unter Berufung auf seinen Diensteid abgibt.

Falsche Versicherung an Eides Statt.

§ 156. Wer vor einer zur Abnahme einer Versicherung an Eides Statt zuständigen Behörde eine solche Versicherung wissentlich falsch abgibt oder unter Berufung auf eine solche Versicherung wissentlich falsch aussagt, wird mit Gefängnis von einem Monat bis zu drei Jahren bestraft.

Der Versuch ist strafbar.

1. Die Form der eidesstattlichen Versicherung ist gleichgültig. Die Versicherung kann auch schriftlich abgegeben werden; im letzteren Falle muß die eidesstattliche Versicherung eigenhändig unterschrieben werden.

2. Zuständige Behörden sind vor allem: Die Gerichte bei Glaubhaftmachungen im Zivilverfahren und im Strafverfahren. (Einer Partei im

Zivilverfahren kann allerdings ebensowenig wie einem Beschuldigten im Strafverfahren eine eidesstattliche Versicherung abgenommen werden.) Ferner sind zuständige Behörden die Vormundschafts-, Nachlaß- und Konkursgerichte, sowie die Finanzämter im Steuerfestsetzungsverfahren und die Notare bei Erteilung eines Erbscheins. Nicht zuständig sind Staatsanwaltschaft und Polizei.

3. Zum inneren Tatbestand gehört, ebenso wie bei §§ 153, 154, daß der Täter die Unrichtigkeit seiner Erklärung kennt. Auch hier genügt bedingter Vorsatz.

Eidesnotstand.

§ 157. Hat ein Zeuge oder Sachverständiger sich eines Meineides, einer falschen Versicherung an Eides Statt oder einer falschen uneidlichen Aussage schuldig gemacht, so kann der Richter die Strafe nach pflichtgemäßem Ermessen mildern und im Falle uneidlicher Aussage auch ganz von Strafe absehen, wenn der Täter die Unwahrheit gesagt hat, um von einem Angehörigen oder von sich selbst die Gefahr einer gerichtlichen Bestrafung abzuwenden.

Der Richter kann auch dann die Strafe mildern oder ganz von Strafe absehen, wenn ein noch nicht Eidesmündiger uneidlich falsch ausgesagt hat.

1. Durch die StrafrechtsangleichungsVO. v. 29. Mai 1943 wurde der § 157 nicht unwesentlich abgeändert. Der Grundgedanke ist aber der gleiche geblieben: Es wird der Gewissensnot Rechnung getragen, in welcher der schwörende Zeuge oder Sachverständige sich befindet, wenn er bei wahrheitsgemäßer Bekundung sich oder einen Angehörigen der Gefahr gerichtlicher Bestrafung aussetzt.

2. Zu Abs. 1:

a) Auf den Meineid einer Partei bei der Parteivernehmung oder bei der Leistung eines Offenbarungseides findet Abs. 1 nach wie vor keine Anwendung, weil in diesen Fällen kein Aussagezwang besteht.

Entsprechend dem neuen § 153 ist Abs. 1 des § 157 auch auf die uneidliche Aussage ausgedehnt worden.

b) Die Gefahr einer gerichtlichen Bestrafung (nicht mehr, wie bisher nur die Gefahr der Verfolgung wegen eines Verbrechens oder Vergehens) ist dann gegeben, wenn mit ihr nach den Erfahrungen des Lebens gerechnet werden muß; dabei ist nicht erforderlich, daß die Gefahr objektiv besteht, sondern es genügt, daß der Täter nur irrtümlich die Möglichkeit einer solchen Gefahr angenommen hat.

c) Liegen die Voraussetzungen vor, dann kann die Strafe bei einer eidlichen falschen Aussage gemildert, und bei einer uneidlichen Aussage überhaupt von Strafe abgesehen werden.

3. Zu Abs. 2: Macht ein Eidesunmündiger, also eine Person unter 16 Jahren (siehe § 60 Nr. 1 StPO.) eine uneidliche falsche Aussage, so hat der Richter stets die Möglichkeit, die Strafe zu mildern, oder ganz von Strafe abzusehen.

4. Beispiel zu Abs. 1: Der A leugnet im Ehescheidungsprozeß als Zeuge unter Eid der Wahrheit zuwider, intime Beziehungen mit der beklagten Ehefrau unterhalten zu haben: Der Richter kann die Strafe wegen Meineids mildern, da A den Meineid geleistet hat, um eine Bestrafung wegen Ehebruchs abzuwenden.

Berichtigung.

§ 158. Der Richter kann die Strafe wegen Meineids, falscher Versicherung an Eides Statt oder falscher uneidlicher Aussage nach seinem pflichtgemäßen Ermessen mildern oder von Strafe absehen, wenn der Täter die falsche Angabe rechtzeitig berichtigt.

Die Berichtigung ist verspätet, wenn sie bei der Entscheidung nicht mehr verwertet werden kann oder aus der Tat ein Nachteil für einen anderen entstanden ist oder wenn schon gegen den Täter eine Anzeige erstattet oder eine Untersuchung eingeleitet worden ist.

Die Berichtigung kann bei der Stelle, der die falsche Angabe gemacht worden ist oder die sie im Verfahren zu prüfen hat, sowie bei einem Gericht, einem Staatsanwalt oder einer Polizeibehörde erfolgen.

1. Durch die Strafrechtsangleichungs-VO. vom 29. Mai 1943 erhielt § 158 eine neue Fassung.

2. Die Gesetzesstelle behandelt einen Fall des freiwilligen Rücktritts (§ 46) von der vollendeten Tat, der sonst, abgesehen von den Fällen der §§ 310, 163 Abs. 2 nur bei versuchten Straftaten in Frage kommt. Die Vorschrift bezweckt, die Berichtigung falscher eidlicher und uneidlicher Aussagen zu fördern. Im Gegensatz zu § 157 findet § 158 auch auf falsche Aussagen anläßlich einer Parteivernehmung Anwendung.

3. Voraussetzung für die Anwendung des § 158 ist, daß der Täter die falsche Angabe rechtzeitig berichtigt. Wann die Berichtigung verspätet ist, sagt Abs. 2 des § 158.

4. Nach früherem Recht mußte der Widerruf bei der Behörde erfolgen, bei der die Aussage gemacht worden war. Nach neuem Recht kann darüber hinaus die Berichtigung auch bei einem Gericht, einem Staatsanwalt oder einer Polizeibehörde (§ 158 Abs. 3) erfolgen.

5. Beispiel: Der A leistet in einem Zivilprozeß als Zeuge einen Meineid. Er bereut die Tat, begibt sich zu dem Richter, vor dem er den falschen Eid geschworen hat und widerruft den Eid, bevor der Richter auf Grund der falschen Aussage des A ein Urteil gefällt hat.

Aufforderung zum Meineid usw.

§ 159. Die Vorschriften über die Bestrafung der erfolglosen Anstiftung und anderer Vorbereitungshandlungen bei Verbrechen (§ 49a) gelten entsprechend für alle Fälle der falschen uneidlichen Aussage, des Meineids und der wissentlichen Abgabe einer falschen Versicherung an Eides Statt.

1. Der frühere § 159 enthielt eine Spezialbestimmung, in der das Unternehmen einer Verleitung zum Meineid bzw. zur wissentlichen Abgabe einer falschen Versicherung an Eides Statt mit besonderer Strafe bedroht war.

Nachdem die Strafrechtsangleichungsverordnung vom 29. Mai 1943 den § 49a neu gefaßt hat und nunmehr jede erfolglose Aufforderung zu einem Verbrechen (sowie auch jede erfolglose Beihilfe zu einem solchen) strafbar ist, erübrigt sich, soweit das Verbrechen des Meineids in Frage kommt, die bisherige Spezialbestimmung des § 159.

2. Da aber der § 49a sich nur auf Verbrechen bezieht, andererseits die uneidliche falsche Aussage des § 153 und die wissentliche Abgabe einer falschen Versicherung an Eides Statt des § 156 Vergehen sind, mußte in dem neuen § 159 die Bestimmung aufgenommen werden, daß § 49a entsprechend auch auf die Vergehen der §§ 153, 156 Anwendung zu finden hat.

3. Der Wille des Auffordernden muß darauf gerichtet sein, daß der Aufgeforderte vorsätzlich einen Meineid begeht, eine falsche uneidliche Aussage macht oder eine falsche Versicherung an Eides Statt abgibt.

4. Hat die Aufforderung einen Meineid usw. zur Folge, so ist der Auffordernde nicht nach §§ 159, 49a, sondern wegen Anstiftung nach § 48 zum Verbrechen des § 154 bzw. Vergehen des § 153 bzw. § 156 zu bestrafen.

5. Beispiele:

a) Der A fordert den B zur Leistung eines Meineides auf, aber erfolglos, denn der B macht unter Eid wahre Angaben. Der A ist nach §§ 159, 49a zu bestrafen.

b) Der A fordert den B zur Leistung eines Meineides auf, den B auch tatsächlich leistet. Der A ist nicht nach §§ 159, 49a, sondern wegen Anstiftung gem. § 48 zum Verbrechen des § 154 zu bestrafen.

Entsprechend ist zu entscheiden, wenn es sich um die Aufforderung zu einer falschen uneidlichen Aussage oder Abgabe einer falschen Versicherung an Eides Statt handelt.

Verleitung zur falschen Aussage.

§ 160. Wer einen anderen zur Ableistung eines falschen Eides verleitet, wird mit Gefängnis bis zu zwei Jahren bestraft, neben welchem auf Verlust der bürgerlichen Ehrenrechte erkannt werden kann, und wer einen anderen zur Ableistung einer falschen Versicherung an Eides Statt oder einer falschen uneidlichen Aussage verleitet, wird mit Gefängnis bis zu sechs Monaten bestraft.

Der Versuch ist strafbar.

1. Hier wird die Verleitung zum falschen Eid, d. h. zum tatsächlich unrichtigen aber vom Schwörenden nicht als unrichtig erkannten Eid, mit Strafe bedroht. Während bei der Verleitung zum Meineid (§ 159) der Wille des Verleiters darauf gerichtet ist, daß der zu Verleitende wissentlich etwas Unwahres beschwört, ist der Wille des Verleiters im § 160 darauf gerichtet, daß der zu Verleitende gutgläubig einen objektiv falschen Eid leiste. Der Verleitende benutzt den Schwörenden als Werkzeug, um einen Meineid herbeizuführen; er kann aber nicht als mittelbarer Täter bestraft werden, da der Meineid zu den sog. eigenhändigen Delikten gehört. (Siehe „Einführende Vorbemerkungen zum Strafrecht" S. 1 ff., Abschnitt B IV 2 b, S. 7.) Als Ersatz für die in diesem Falle ausgeschlossene mittelbare Täterschaft wurde § 160 geschaffen. Entsprechendes gilt für die Verleitung zur falschen Versicherung an Eides Statt.

2. Die erfolglos gebliebene Verleitung wird als Versuch bestraft.

3. Nach der VO. v. 29. Mai 1943 ist nunmehr auch die Verleitung zur uneidlichen falschen Aussage strafbar. Auch hier ist erforderlich, daß der Aussagende seine Angaben für richtig hält.

4. Beispiel: A ist auf Schadensersatz verklagt, weil er am 1. Oktober 1949

den Hund des B in Heidelberg getötet habe. Er bestreitet die Täterschaft mit der Behauptung, er sei an diesem Tage mit seinem Freunde C in Stuttgart zusammengetroffen, während in Wirklichkeit dieses Treffen, was A genau wußte, nicht am 1., sondern am 2. Oktober stattgefunden hatte. A beruft sich für diese Behauptung auf C als Zeugen, nachdem er diesem eingeredet hatte, daß die Zusammenkunft am 1. Oktober stattgefunden habe. C beschwört dies als Zeuge im Glauben an die Richtigkeit der Behauptung des A. A hat sich nach § 160 strafbar gemacht, außerdem wegen Prozeßbetrugs (siehe Erl. 12 g zu § 263).

Nebenstrafen und Nebenfolgen.

§ 161. Bei jeder Verurteilung wegen Meineides, mit Ausnahme der Fälle in den §§ 157 und 158, ist auf Verlust der bürgerlichen Ehrenrechte und außerdem auf die dauernde Unfähigkeit des Verurteilten, als Zeuge oder Sachverständiger eidlich vernommen zu werden, zu erkennen.

In den Fällen der §§ 153, 156—159 kann neben der Gefängnisstrafe auf Verlust der bürgerlichen Ehrenrechte erkannt werden.

Eidesbruch.

§ 162. Wer vorsätzlich einer durch eidliches Angelöbnis vor Gericht bestellten Sicherheit oder dem in einem Offenbarungseid gegebenen Versprechen zuwiderhandelt, wird mit Gefängnis bis zu zwei Jahren bestraft.

Hier wird wesentlich milder als die wissentliche Eidesverletzung der nachträgliche Eidesbruch mit Strafe bedroht. Diese Bestimmung ist für die Praxis nahezu bedeutungslos.

Fahrlässiger Falscheid.

§ 163. Wenn eine der in den §§ 154—156 bezeichneten Handlungen aus Fahrlässigkeit begangen worden ist, so tritt Gefängnisstrafe bis zu einem Jahre ein.

Straflosigkeit tritt ein, wenn der Täter, bevor eine Anzeige gegen ihn erfolgt oder eine Untersuchung gegen ihn eingeleitet und bevor ein Rechtsnachteil für einen anderen aus der falschen Aussage entstanden ist, diese bei derjenigen Behörde, bei welcher er sie abgegeben hat, widerruft.

1. Zum Nachweis eines fahrlässigen Falscheids gehört neben der tatsächlichen Unwahrheit des Beschworenen die Nichtkenntnis des Schwörenden von der Unwahrheit und der Nachweis, daß dieser bei genügender Aufmerksamkeit und Vorsicht (z. B. bei Anstrengung seines Gedächtnisses) erkennen konnte, daß die von ihm beschworenen Tatsachen den richtigen Verhältnissen nicht entsprechen.

2. Zu Abs. 2 vgl. Erläuterung Nr. 1 zu § 158. Im Gegensatz zu § 158 tritt bei Widerruf des fahrlässigen Falscheides immer Straflosigkeit ein.

3. Eine fahrlässige uneidliche Aussage (§ 153) ist nicht strafbar.

Zehnter Abschnitt: Falsche Anschuldigung.

Falsche Anschuldigung.

§ 164. Wer einen anderen bei einer Behörde oder einem zur Entgegennahme von Anzeigen zuständigen Beamten (oder militärischen Vorgesetzten) oder öffentlich wider besseres Wissen einer strafbaren Handlung oder der Verletzung einer Amts- oder Dienstpflicht in der Absicht verdächtigt, ein behördliches Verfahren oder andere behördliche Maßnahmen gegen ihn herbeizuführen oder fortdauern zu lassen, wird wegen falscher Anschuldigung mit Gefängnis nicht unter einem Monat bestraft.

Ebenso wird bestraft, wer in gleicher Absicht bei einer der im Abs. 1 bezeichneten Stellen oder öffentlich über einen anderen wider besseres Wissen eine sonstige Behauptung tatsächlicher Art aufstellt, die geeignet ist, ein behördliches Verfahren oder andere behördliche Maßnahmen gegen ihn herbeizuführen oder fortdauern zu lassen.

Ist die Tat in der Absicht begangen, sich oder einem Dritten einen Vorteil zu verschaffen, so ist die Strafe Gefängnis nicht unter drei Monaten.

Neben der Strafe kann auf Verlust der bürgerlichen Ehrenrechte erkannt werden.

Ist die falsche Anschuldigung (Abs. 1, 2) nicht wider besseres Wissen, aber vorsätzlich oder leichtfertig begangen, so ist die Strafe Gefängnis bis zu einem Jahre oder Geldstrafe.

Solange ein infolge der gemachten Anzeige eingeleitetes Verfahren anhängig ist, soll mit dem Verfahren und mit der Entscheidung über die falsche Anschuldigung innegehalten werden.

1. Die Strafvorschrift der falschen Anschuldigung, die das Denunziantentum bekämpfen soll, ist ein Vergehen gegen die Strafrechtspflege, gleichzeitig aber auch ein solches gegen die Ehre des zu Unrecht Beschuldigten (siehe § 165).

2. Der äußere Tatbestand des durch die Strafrechtsnovelle vom 26. Mai 1933 neu gefaßten § 164 hat folgende Voraussetzungen:

a) Während nach altem Recht eine Beschuldigung in einer Anzeige erforderlich war, genügt jetzt schon die Verdächtigung eines anderen. Es ist also nicht mehr ein Handeln des Täters aus eigener Entschließung erforderlich, sondern der Tatbestand des § 164 kann auch bei Gelegenheit einer amtlichen Vernehmung oder in einer Erklärung auf amtliche Aufforderung erfüllt werden.

b) Die falsche Anschuldigung kann nicht nur, wie nach früherem Recht, bei einer Behörde erhoben werden, sondern auch bei einem zur Entgegennahme von Anzeigen zuständigen Beamten (ohne daß es also einer Weitergabe an die Behörde bedarf), oder öffentlich.

c) Während nach früherem Recht die Anzeige eine kriminell strafbare Handlung oder die Verletzung einer Amtspflicht zum Gegenstand haben mußte, kann jetzt außerdem Inhalt der falschen Anschuldigung die Aufstellung einer sonstigen Behauptung tatsächlicher Art sein, die geeignet ist, ein behördliches Verfahren oder eine andere behördliche Maßnahme gegen einen anderen herbeizuführen oder fortdauern zu lassen.

d) Die Anzeige muß objektiv unwahr sein. Beschuldigt daher jemand einen anderen einer strafbaren Handlung in der Meinung, er habe sie nicht begangen, während er sie in der Tat begangen hat, so entfällt auch nach neuem Recht eine Strafbarkeit nach § 164.

3. Die subjektiven Tatbestandsmerkmale:

a) Während nach früherem Recht das Bewußtsein des Täters erforderlich war, daß die Beschuldigung unwahr ist (dolus eventualis genügte nicht), unterscheidet der neue § 164 folgende 3 Möglichkeiten:

aa) Die falsche Anschuldigung wider besseres Wissen § 164 Abs. 1 und 2 mit einer Strafandrohung von 1 Monat bis 5 Jahre Gefängnis (ist die Tat begangen, um sich oder einem Dritten einen Vorteil zu verschaffen, so ist die Strafe 3 Monate bis 5 Jahre Gefängnis).

bb) Die vorsätzlich falsche Anschuldigung (§ 164 Abs. 5), d. h. die mit dem dolus eventualis begangene (die mit dem dolus directus begangene fällt unter aa) mit einer Strafandrohung von 1 Tag bis 1 Jahr Gefängnis oder Geldstrafe. Dieser Fall ist dann gegeben, wenn der Anzeigende nicht bestimmt weiß, daß seine Anzeige grundlos ist, aber mit dieser Möglichkeit rechnet und sie in Kauf nimmt, d. h. auch für diesen Fall die Anzeige will.

cc) Die leichtfertige falsche Anschuldigung (§ 164 Abs. 5) mit der gleichen Strafandrohung wie zu bb („Leichtfertigkeit" bedeutet hochgradige Fahrlässigkeit.)

b) Der Täter muß nach dem neuen Tatbestand ferner in der Absicht gehandelt haben, ein behördliches Verfahren oder eine andere behördliche Maßnahme gegen den Verdächtigen herbeizuführen oder fortdauern zu lassen.

4. Strafbar ist auch derjenige, der einen anderen, der die Unwahrheit der Anzeige nicht kennt, zur Erstattung der Anzeige veranlaßt. Es liegt dann sog. mittelbare Täterschaft vor. (Siehe „Einführende Vorbemerkungen zum Strafrecht" S. 1 ff., Abschnitt B IV 2a, S. 7.)

5. Schwerere Bestrafung tritt ein, wenn die Tat begangen wurde in der Absicht, sich oder einem Dritten einen Vorteil zu verschaffen (Abs. 3).

6. Wegen der Veröffentlichungsbefugnis vgl. § 165.

7. Siehe auch Erl. 1 zu § 145d.

§ 165. Wird wegen falscher Anschuldigung auf Strafe erkannt, so ist zugleich dem Verletzten die Befugnis zuzusprechen, die Verurteilung auf Kosten des Schuldigen öffentlich bekannt zu machen. Die Art der Bekanntmachung, sowie die Frist zu derselben, ist in dem Urteile zu bestimmen.

Dem Verletzten ist auf Kosten des Schuldigen eine Ausfertigung des Urteils zu erteilen.

Elfter Abschnitt:

Vergehen, welche sich auf die Religion beziehen.

Gotteslästerung.

§ 166. Wer dadurch, daß er öffentlich in beschimpfenden Äußerungen Gott lästert, ein Ärgernis gibt, oder wer öffentlich eine der christlichen Kirchen oder eine andere mit Korporationsrechten innerhalb des Reichsgebietes bestehende Religionsgesellschaft oder ihre Einrichtungen oder Gebräuche beschimpft, ingleichen wer in einer Kirche oder in einem anderen zu religiösen Versammlungen bestimmten Orte beschimpfenden Unfug verübt, wird mit Gefängnis bis zu drei Jahren bestraft.

1. Der Paragraph enthält drei verschiedene Tatbestände: den der Gotteslästerung, den der Beschimpfung der Kirchen und Religionsgesellschaften und schließlich den des beschimpfenden Unfugs in einer Kirche.

2. Gotteslästerung: öffentlich vorgenommen heißt in einer Art und Weise, daß die Äußerung unbestimmt von welchen und wie vielen Personen gehört werden konnte, mag sich dabei der Täter an einem öffentlichen oder privaten Orte befunden haben (vgl. Erl. 2 zu § 110). Eine im privatem Zirkel gemachte, später in die Öffentlichkeit gedrungene Äußerung kann den Tatbestand nicht erfüllen.

Beschimpfend sind die Äußerungen, wenn sie Beleidigungen (Ehrenkränkungen) in rohen oder besonders verletzenden Ausdrücken enthalten.

Nur mündliche oder schriftliche Äußerungen kommen in Betracht, nicht bildliche oder theatralische Darstellungen.

Lästern heißt Ehrenrühriges in schmähsüchtiger Weise sagen.

Ärgernis ist gegeben, wenn mindestens eine Person in ihren moralischen oder religiösen Gefühlen sich verletzt gefühlt hat.

3. Beschimpfung der Kirche usw.: wegen des Erfordernisses der Öffentlichkeit s. oben unter 2. In der Bezeichnung der Bibel als Lügenbuch kann eine Beschimpfung der christlichen Kirche gesehen werden.

Die christlichen Kirchen sind: die römisch-katholische, die alt-katholische, die evangelische oder protestantische (auch lutherische, reformierte und unierte genannt). Religionsgesellschaften mit Korporationsrechten sind: die jüdische Religionsgesellschaft, die griechisch-katholische, die anglikanische Religionsgesellschaft u. a. m.

Die Kirche ist beschimpft, wenn die Gesamtheit ihrer Anhänger beschimpft wurde. Als Einrichtungen der christlichen Kirchen sind anerkannt: die Christusverehrung, das Glaubensbekenntnis, die Reichung des Abendmahls, die Verkündung des Evangeliums durch die Predigt, die Sonntagsheiligung, die Kirchenlieder; bei der römisch-katholischen Kirche: das Priestertum, die Orden, die Messe, der Ablaß, das Zölibat (Verbot der Priesterehe); bei der evangelischen Kirche: das Predigtamt, das evangelische Lehramt, die Konfirmation, die Ehe der Geistlichen.

Gebräuche sind die Amtstracht der Geistlichen, die Kollekten (Sammlungen) für kirchliche Zwecke, die Gebete bei Beerdigungen; bei der römisch-katholischen Kirche: die Reliquienverehrung.

Über die Bedeutung von Beschimpfen s. oben unter Erl. 2. Tadelnde Kritiken über Fragen religiöser Verehrung sind natürlich nicht strafbar.

4. Beschimpfender Unfug in Kirchen: als Orte der Verübung kommen in Betracht: Kirchengebäude samt den Zugängen zu denselben, Betsäle, Privatkapellen, Friedhöfe, nicht aber vorübergehend zum Gottensdienst benutzte Gasthofsäle oder die Straßen, durch welche eine Prozession zieht.

Beschimpfender Unfug ist eine unberechtigte, mit Roheit und Frevelhaftigkeit gepaarte Handlung.

Öffentlich braucht in diesem Falle die Handlung nicht geschehen zu sein.

5. Nach der „Allgemeinen Anweisung an Richter Nr. 1" unterliegt eine Bestrafung nach § 166 der vorherigen Meldepflicht an die Militärregierung.

Gottesdienstverhinderung.

§ 167. Wer durch eine Tätlichkeit oder Drohung jemand hindert, den Gottesdienst einer im Staate bestehenden Religionsgesellschaft auszuüben, ingleichen wer in einer Kirche oder in einem anderen zu religiösen Versammlungen bestimmten Orte durch Erregung von Lärm oder Unordnung den Gottesdienst oder einzelne gottesdienstliche Verrichtungen einer im Staate bestehenden Religionsgesellschaft vorsätzlich verhindert oder stört, wird mit Gefängnis bis zu drei Jahren bestraft.

1. Auch in diesem Paragraphen sind zwei Tatbestände vereinigt:

Die Verhinderung Einzelner — auch der Priester — an der Ausübung des Gottesdienstes, wozu auch die bloße Teilnahme am Gottesdienst zählt,

die Verhinderung oder Störung der Gesamtheit der Gemeinde in dem Gottesdienst oder in einzelnen gottesdienstlichen Handlungen.

2. Gottesdienst ist die Vereinigung von Mitgliedern einer Religionsgesellschaft zur gemeinsamen Erbauung durch Verehrung und Anbetung Gottes. Hierher gehört die Christenlehre, die Bestattungszeremonie, Vorlesen aus der Thora in einer jüdischen Gemeinde.

3. Die Störung des Gottesdienstes kann auch von einer außerhalb der Kirche befindlichen Person ausgehen.

4. Ein durch die Predigt des Geistlichen beleidigter Zuhörer darf in der Notwehr sich die Beleidigung straflos verbitten, wenn auch dadurch der Gottesdienst gestört wird.

5. Nach der „Allgemeinen Anweisung an Richter Nr. 1" unterliegt eine Bestrafung nach § 167 der vorherigen Meldepflicht an die Militärregierung.

Leichendiebstahl und Grabbeschimpfung.

§ 168. Wer unbefugt eine Leiche aus dem Gewahrsam der dazu berechtigten Person wegnimmt, ingleichen wer unbefugt ein Grab zerstört oder beschädigt, oder wer an einem Grabe beschimpfenden Unfug verübt, wird mit Gefängnis bis zu zwei Jahren bestraft; auch kann auf Verlust der bürgerlichen Ehrenrechte erkannt werden.

1. Der Paragraph faßt drei Tatbestände zusammen: den Leichendiebstahl, die Grabzerstörung und den beschimpfenden Unfug an einem Grab.

2. Leichendiebstahl: es kommt nur die Wegnahme der Leiche als Ganzes in Betracht. Wegen einzelner Teile vgl. § 367¹. — Nur Menschenleichen werden hier geschützt. Eine Leibesfrucht gehört nicht hierher, sondern nur die Leiche eines ent-

wickelt geborenen Kindes. Einbalsamierte uralte Leichen (ägyptische Mumien) sind nicht Leichen im Sinne dieser Bestimmung. Dagegen ist ein Diebstahl an ihnen möglich.

Den Gewahrsam über beerdigte Leichen hat der Eigentümer des Friedhofs, die politische oder religiöse Gemeinde, bei verschlossenen Erbbegräbnissen derjenige, welcher den Schlüssel dazu verwahrt. Also kann auch der Totengräber, der Friedhofverwalter als Täter für dieses Delikt in Frage kommen.

3. Grabzerstörung: unter Grab versteht man die Stätte, an der eine Menschenleiche in äußerlich erkennbarer Weise zur Ruhe gebracht ist. Zum Grabe gehört der Sarg mit der Leiche, der Grabhügel mit Gitter und Anpflanzungen sowie das Grabmal.

Wird jedoch nur das Grabmal beschädigt oder zerstört, so kommt § 304 StGB. in Betracht. Uralte Grabstätten (Hunnengräber) kommen nicht für diesen Tatbestand in Frage.

4. Beschimpfender Unfug an einem Grab: vgl. hierzu Erl. 4 Abs. 2 zu § 166.

Die Beziehung zu dem Grabe erhält der Unfug durch die erkennbare Absicht, den Verstorbenen in seinem Andenken zu beschimpfen.

Die Handlung muß das Grab in irgendeiner Weise selbst ergreifen, eine Beschimpfung, die nur auf einer Grabstätte ausgesprochen wurde, fällt nicht unter diese Strafbestimmung, möglicherweise aber unter § 166 letzter Fall.

Die Beweggründe können z. B. Zorn gegen die Hinterbliebenen, Rache gegen den Toten sein.

Zwölfter Abschnitt:

Straftaten gegen den Personenstand, die Ehe und die Familie.

Vorbemerkung:

1. Personenstand i. S. des § 169 ist das familienrechtliche Verhältnis einer einzelnen Person zu anderen Personen und wird begründet durch Geburt, Legitimation, Annahme an Kindes Statt, oder durch die Ehe; aufgehoben wird er durch Tod oder Scheidung der Ehe.

2. Der § 169 bezweckt den Schutz eines bereits rechtlich begründeten Personenstandes. Bei der Bedeutung der Personenstandsverhältnisse für die Allgemeinheit ist davon auszugehen, daß der Angriff bei der Personenstandsverletzung sich gegen ein Rechtsgut öffentlich-rechtlicher Natur richtet, daß somit die Einwilligung des „anderen", dessen Personenstand das äußere Angriffsobjekt bildet, die Handlung nicht straflos machen kann.

3. Durch das neue Personenstandsgesetz v. 3. Nov. 1937, in Kraft getreten am 1. Juli 1938, wurde das Gesetz v. 6. Febr. 1875 außer Kraft gesetzt.

4. Durch die Verordnung zum Schutz von Ehe, Familie und Mutterschaft v. 9. März 1943 (RGBl. I S. 140) und der Durchführungs-Verordnung hierzu v. 18. März 1943 (RGBl. I S. 169) wurde die Überschrift des zwölften Abschnitts geändert, und am Ende des Abschnitts die §§ 170a—170d neu eingefügt. Diese neuen Straftatbestände dienen der Förderung von Ehe und Familie. Da diese neuen Bestimmungen teilweise schon in Entwürfen vor 1933 erörtert worden sind und im übrigen offensichtlich kein nationalsozialistisches Gedankengut enthalten, also mit der Bestimmung des Militärregierungsgesetzes Nr. 1 Art. III, 4 nicht in Widerspruch stehen, dürften gegen den Fortbestand dieser vier

Bestimmungen keine Bedenken bestehen. (Siehe auch Entscheidung des Oberlandesgerichts Braunschweig vom 6. Februar 1946, abgedruckt in der Südd. Juristenzeitung Jg. 1 Nr. 5 S. 118.) In den so erweiterten zwölften Abschnitt wurden ferner die §§ 171, 172 (Doppelehe, Ehebruch) einbezogen, so daß der dreizehnte Abschnitt nunmehr mit § 173 beginnt.

Verletzung des Personenstandes.

§ 169. Wer ein Kind unterschiebt oder vorsätzlich verwechselt, oder wer auf andere Weise den Personenstand eines anderen vorsätzlich verändert oder unterdrückt, wird mit Gefängnis bis zu drei Jahren und, wenn die Handlung in gewinnsüchtiger Absicht begangen wurde, mit Zuchthaus bis zu zehn Jahren bestraft.

Der Versuch ist strafbar.

1. Die sog. Kindsunterschiebung, die in § 169 als erster Tatbestand genannt wird, stellt einen Spezialfall des Haupttatbestandes der Personenstandsveränderung dar. Er ist in der Praxis von untergeordneter Bedeutung. Die Veränderung besteht in diesem Falle in der Unterschiebung oder Verwechslung eines Kindes. Im ersten Falle wird ein Zustand herbeigeführt, der ein Kind als leibliches Kind einer Frau erscheinen läßt, die es nicht geboren hat. Bei der „Verwechslung" wird einem Kinde ein Personenstand zugeschrieben, der in Wirklichkeit einem anderen zukommt.

2. Veränderungen und Unterdrückungen des Personenstands können nur vorsätzlich begangen werden und müssen sich immer auf einen anderen beziehen. Wenn sich jemand selbst fremde Personalien anmaßt, kann er sich wegen Betrugs (§ 263), Veranlassung falscher Beurkundung (§ 271) oder nach § 360 Nr. 8 strafbar machen, jedenfalls aber nicht nach § 169.

3. Eine Veränderung des Personenstandes liegt vor, wenn einem anderen ein Personenstand beigelegt wird, der der Wirklichkeit nicht entspricht, so daß sich dessen familienrechtliches Verhältnis anders darstellt als es tatsächlich ist.

Beispiele: Die uneheliche Kindsmutter A bewirkt die Eintragung ihres Kindes ins Geburtsregister als eheliches oder gibt dem Vormundschaftsrichter einen Unbeteiligten als Erzeuger an. Oder: Der Ehemann B der unehelichen Kindsmutter A erkennt wahrheitswidrig ihr uneheliches Kind als eigenes an. — Oder: Der A gibt seine Hausangestellte B ständig, auch den Behörden gegenüber, als seine Frau aus.

4. Unterdrückung des Personenstandes liegt vor, wenn ein tatsächlicher Zustand herbeigeführt wird, vermöge dessen verhindert oder erschwert wird, daß das wirkliche Familienverhältnis einer Person zur praktischen Geltung gelangt.

Beispiel: Die uneheliche Kindsmutter A, die in der Empfängniszeit nur mit B Verkehr gehabt hat, erklärt der Wahrheit zuwider dem Vormundschaftsrichter, sie könne den Vater nicht angeben, weil sie in der fraglichen Zeit mit mehreren Männern Verkehr gehabt habe; dadurch veranlaßt sie den Richter, keine weiteren Schritte zur Ermittlung des Erzeugers des Kindes zu unternehmen.

5. Gewinnsüchtige Absicht bildet einen straferhöhenden Umstand.

6. Die Bewirkung bewußt falscher Eintragungen in die Personenstandsbücher, insbesondere in das Geburtenbuch und das Sterbebuch, wird in der Regel auch den Tatbestand des § 271 erfüllen, da nach § 60 des Personenstandsgesetzes die Eintragungen in die genannten Bücher Heirat, Geburt und Tod und die darüber gemachten näheren Angaben beweisen. (Siehe Erläuterung 7 zu § 271.)

Eheerschleichung.

§ 170. Wer bei Eingehung einer Ehe dem anderen Teile ein gesetzliches Ehehindernis arglistig verschweigt, oder wer den anderen Teil zur Eheschließung arglistig mittels einer solchen Täuschung verleitet, welche den Getäuschten berechtigt, die Gültigkeit der Ehe anzufechten, wird, wenn aus einem dieser Gründe die Ehe aufgelöst worden ist, mit Gefängnis nicht unter drei Monaten bestraft.

Die Verfolgung tritt nur auf Antrag des getäuschten Teils ein.

1. Hier ist mit Strafe bedroht die Begründung eines der Auflösung ausgesetzten Personenstandes. Die beiden Tatbestände des § 170 sind der Ehebetrug und die Eheerschleichung.

2. Beim Ehebetrug besteht die strafbare Handlung darin, daß ein gesetzliches Ehehindernis arglistig verschwiegen wird. (Siehe die Nichtigkeitsgründe der §§ 16—22, und die Aufhebungsgründe der §§ 30—34 des Ehegesetzes vom 20. Februar 1946.)

3. Eheerschleichung liegt vor, wenn der Täter den anderen Teil zur Eheschließung arglistig mittels einer solchen Täuschung verleitet, welche den Getäuschten berechtigt, die Gültigkeit der Ehe anzufechten. (Siehe § 33 Ehegesetz.)

4. Sowohl beim Ehebetrug wie bei der Eheerschleichung kann eine Bestrafung nur erfolgen, wenn die Ehe durch rechtskräftiges Nichtigkeits- oder Aufhebungsurteil aufgelöst worden ist.

5. Für die Strafverfolgung ist außerdem ein Antrag erforderlich.

Beiseiteschaffen von Familienhabe.

§ 170a. Ein Ehegatte, der Familienhabe böswillig oder aus grobem Eigennutz veräußert, zerstört oder beiseiteschafft und dadurch den anderen Ehegatten oder einen unterhaltsberechtigten Abkömmling schädigt, wird mit Gefängnis bis zu zwei Jahren oder mit Geldstrafe bestraft.

Der Versuch ist strafbar.

1. Es ist eine Erfahrungstatsache, daß Ehegatten, die sich auseinandergelebt haben, aus Haß oder Gewinnsucht einander dadurch schädigen, daß sie Familienhabe verschleudern oder zerstören. Nach früherem Recht war ein solches Verhalten nur als Untreue nach § 266 zu verfolgen; dies aber hatte zur Voraussetzung, daß ein besonderes Treueverhältnis festgestellt werden konnte, und daß der verletzte Ehegatte einen Strafantrag stellte.

2. Zur Familienhabe gehören Möbel, Teppiche, Beleuchtungskörper, Küchengerät, Kleidungsstücke, Wäsche, Bücher, aber auch nicht zum notwendigen Lebensbedarf gehörende Gegenstände, wie Kinderspielzeug, Sparkonten und Lebensversicherungen. Dabei ist es gleichgültig, wem die Gegenstände gehören; das Vorgehen kann also auch durch Beseitigung von im ausschließlichen Eigentum des betreffenden Ehegatten stehenden Gegenständen begangen werden. Zur Familienhabe gehört schließlich auch das Mietrecht an der Mietwohnung; es kann

also das Vergehen des § 170a auch durch Kündigung der Mietwohnung begangen werden.

3. Unter Veräußerung fällt nicht nur die Übergabe eines Gegenstandes, sondern auch die Aufgabe eines Rechts, oder die Abtretung einer Forderung. Das Beiseiteschaffen kann erfolgen durch Verstecken, Verheimlichen usw.

4. Der innere Tatbestand erfordert böswilliges Handeln, d. h. ein Verhalten, das auf verwerflicher Gesinnung beruht und mit der Treue gegen die Familie in Widerspruch steht. Nicht böswillig handelt daher der Ehegatte, der Familienhabe bei Freunden oder Verwandten unterstellt, um ihre Verschleuderung durch den anderen Ehegatten zu verhindern.

Aus grobem Eigennutz handelt, wer sich von dem Streben nach eigenem Vorteil in einem besonders anstößigen Maße in seinem Tun und Lassen bestimmen läßt.

5. Die Strafvorschrift verlangt ferner, daß dem anderen Ehegatten oder einem unterhaltsberechtigten Abkömmling ein Schaden zugefügt wird, der in der Regel darin bestehen wird, daß dem anderen Ehegatten bzw. den Kindern die Mitbenutzung der Familienhabe entzogen wird.

Verletzung der Unterhaltspflicht.

§ 170b. Wer sich einer gesetzlichen Unterhaltspflicht vorsätzlich entzieht, so daß der Lebensbedarf des Unterhaltsberechtigten gefährdet ist oder ohne öffentliche Hilfe oder die Hilfe anderer gefährdet wäre, wird mit Gefängnis bestraft.

Der Versuch ist strafbar.

1. Nach früherem Recht konnte die Verletzung der Unterhaltspflicht lediglich unter dem Gesichtspunkt einer Übertretung nach § 361 Nr. 10 bestraft werden, und zwar war Voraussetzung, daß die zuständige Behörde den Täter zur Erfüllung seiner Unterhaltspflicht aufgefordert hatte, und daß durch Vermittelung der Behörde fremde Hilfe in Anspruch genommen werden mußte.

2. Nach dem neuen § 170b, der an die Stelle des § 361 Nr. 10 tritt, ist die Verletzung der Unterhaltspflicht nunmehr ein Vergehen, das immer schon dann vorliegt, wenn sich der Unterhaltspflichtige einer Unterhaltspflicht entzieht, ohne daß vorher eine Aufforderung seitens der Behörde an ihn ergangen zu sein braucht.

3. Der Unterhaltspflicht entzieht sich, wer nicht das als Unterhalt bezahlt, was der Berechtigte nach Sachlage zu fordern berechtigt ist; ein Entziehen kann aber auch darin erblickt werden, daß der Unterhaltsverpflichtete seinen Arbeitsplatz oder seinen Wohnsitz wechselt, um dadurch dem Unterhaltsberechtigten die Verfolgung seiner Unterhaltsansprüche unmöglich zu machen.

4. Als Folge des Verhaltens des Täters muß festgestellt werden, daß der Lebensbedarf des Unterhaltsberechtigten gefährdet ist, oder ohne öffentliche Hilfe oder die Hilfe anderer gefährdet wäre. Es ist aber nicht erforderlich, daß der Unterhaltsberechtigte in eine direkte Not gerät; es genügt, daß ihm Schwierigkeiten drohen.

5. Geschützt werden nicht nur Ehegatten, eheliche Kinder und Eltern, sondern auch die unehelichen Kinder.

6. Als Schuldform genügt Vorsatz. Der Täter muß wissen, daß eine Unterhaltsverpflichtung besteht, daß er sie erfüllen kann, daß er sie nicht erfüllt, und schließlich, daß durch sein Verhalten der Lebensbedarf des Unterhaltsberechtigten gefährdet wird. Eine Aufforderung durch die Behörde ist also keine Voraussetzung der Strafbarkeit. Ebensowenig wird böswilliges Verhalten gefordert.

7. Ein Versuch nach § 170b kann z. B. dann vorliegen, wenn ein Mann mit einer Frau geschlechtlich verkehrt und dabei sich eines falschen Namens bedient, um etwaige Unterhaltsansprüche unmöglich zu machen.

Verlassen Schwangerer.

§ 170c. Wer einer von ihm Geschwängerten gewissenlos die Hilfe versagt, deren sie wegen der Schwangerschaft oder der Niederkunft bedarf, und dadurch Mutter oder Kind gefährdet, wird mit Gefängnis bestraft.

1. Diese Vorschrift stellt eine Ergänzung dar zu der Strafvorschrift der Aussetzung nach § 221. Während letztere nur die Schwangere während der Geburt und in den nächsten der Geburt folgenden Tagen schützt (denn nur in dieser Zeit kann sie als eine „wegen Krankheit hilflose Person" i. S. des § 221 angesehen werden), erstreckt sich der Schutz des § 170c auf die letzten Wochen vor und die ersten Wochen nach der Entbindung. Für diese gesamte Zeit hat der Schwängerer für Bereitstellung des Unterhalts und Unterkunft für die Entbindung zu sorgen.

2. Die Versagung der Hilfe ist aber nur dann strafbar, wenn sie gewissenlos erfolgt. Gewissenlosigkeit wird z. B. zu verneinen sein, wenn die Schwangere treulos geworden ist, d. h. sich mit anderen Männern eingelassen hat.

3. Der Täter muß ferner durch sein Verhalten Mutter oder Kind gefährden. Eine Gefährdung kann z. B. auch darin liegen, daß die Schwangere durch das gewissenlose Verhalten des Schwängerers zu ernstlichen Selbstmordgedanken getrieben wird.

Vernachlässigung der Sorgepflicht für Kinder.

§ 170d. Wer das körperliche oder sittliche Wohl eines Kindes dadurch gefährdet, daß er in gewissenloser Weise seine Fürsorge- oder Erziehungspflichten gröblich vernachlässigt, insbesondere das Kind ohne ausreichende Nahrung oder Wartung läßt, wird mit Gefängnis bestraft, soweit nicht die Tat nach anderen Vorschriften mit schwererer Strafe bedroht ist.

1. Der hier neu geschaffene Tatbestand konnte bisher nur unter dem Gesichtspunkt der Aussetzung (§ 221) oder eines Vergehens nach § 223b strafrechtlich erfaßt werden. Die dabei entstehenden Schwierigkeiten sind durch § 170d beseitigt.

2. Eine gröbliche Vernachlässigung von Kindern wird z. B. dann vorliegen, wenn eine Mutter, deren Mann sich in Gefangenschaft befindet, ihre Kinder sich selbst überläßt, um das Kino zu besuchen oder sonstigen Vergnügungen nachzugehen.

Doppelehe.

§ 171. Ein Ehegatte, welcher eine neue Ehe eingeht, bevor seine Ehe aufgelöst oder für nichtig erklärt worden ist, ingleichen eine unverheiratete Person, welche mit einem Ehegatten, wissend, daß er verheiratet ist, eine Ehe eingeht, wird mit Zuchthaus bis zu fünf Jahren bestraft.

Sind mildernde Umstände vorhanden, so tritt Gefängnisstrafe nicht unter sechs Monaten ein.

Die Verjährung der Strafverfolgung beginnt mit dem Tage, an welchem eine der beiden Ehen aufgelöst oder für nichtig erklärt worden ist.

1. Das Verbrechen der Doppelehe oder Bigamie begeht ein Ehegatte, der mit einer ledigen Person oder mit einem Ehegatten aus einer anderen Ehe die Ehe eingeht und ebenso eine ledige Person, die mit einem Ehegatten die Ehe eingeht.

2. Eine Ehe ist aufgelöst, wenn ein Ehegatte gestorben oder die Ehe rechtskräftig geschieden oder aufgehoben ist (§§ 29, 41 Ehegesetz), sowie durch die Wiederverheiratung im Falle der Todeserklärung (§ 38 Abs. 2 Ehegesetz).

3. Eine Ehe wird für nichtig erklärt mit der Rechtskraft des Nichtigkeitsurteils, das auf die Nichtigkeitsklage ergeht (§ 23 Ehegesetz).

4. Wurden bei Eingehung der Ehe die wesentlichen Formvorschriften des § 13 Ehegesetz nicht gewahrt (Erklärung der Eheabsicht vor dem Standesbeamten in gleichzeitiger Anwesenheit), dann ist gemäß § 17 Abs. 1 Ehegesetz die Ehe nichtig, und das Verbrechen der Doppelehe liegt nicht vor, mag der bezeichnete Mangel die frühere oder die spätere Ehe betreffen. Da aber nach § 17 Abs. 2 Ehegesetz eine formell nichtige Ehe nach 5 bzw. 3 Jahren geheilt werden kann, kann nach Ablauf dieler Frist das Verbrechen der Bigamie begangen werden.

Ehebruch.

§ 172. Der Ehebruch wird, wenn wegen desselben die Ehe geschieden ist, an dem schuldigen Ehegatten sowie dessen Mitschuldigen mit Gefängnis bis zu sechs Monaten bestraft.

Die Verfolgung tritt nur auf Antrag ein.

1. Der Begriff „Ehebruch" erfordert Beischlafvollziehung, d.h. Vereinigung der Geschlechtsteile.

2. Die Ehe, welche gebrochen worden sein soll, muß gerade wegen dieses Ehebruchs geschieden, d.h. aufgelöst oder in der Gemeinschaft aufgehoben sein.

3. Leben beide Schuldigen in der Ehe, so findet ein Doppelehebruch statt, der an beiden strafbar ist, wenn in der Folge auch nur eine der Ehen geschieden wird.

4. Die Verjährung ruht gemäß § 69 bis zur Rechtskraft des Scheidungsurteils. Die Antragsfrist für den verletzten Ehegatten beginnt erst mit der Kenntnis von der Rechtskraft des Scheidungsurteils.

Dreizehnter Abschnitt:

Verbrechen und Vergehen wider die Sittlichkeit.

Blutschande.

§ 173. Der Beischlaf zwischen Verwandten auf- und absteigender Linie wird an den ersteren mit Zuchthaus bis zu fünf Jahren, an den letzteren mit Gefängnis bis zu zwei Jahren bestraft.

Der Beischlaf zwischen Verschwägerten auf- und absteigender Linie, sowie zwischen Geschwistern wird mit Gefängnis bis zu zwei Jahren bestraft.

Neben der Gefängnisstrafe kann auf Verlust der bürgerlichen Ehrenrechte erkannt werden.

Verwandte und Verschwägerte absteigender Linie bleiben straflos, wenn sie das achtzehnte Lebensjahr nicht vollendet haben.

1. Die hier behandelten Straftaten betreffen die sog. Blutschande.

2. Unter Beischlaf versteht man die Vereinigung der Geschlechtsteile zweier Personen verschiedenen Geschlechts, wozu mindestens der Anfang des Eindringens des männlichen Glieds in den weiblichen Geschlechtsteil gehört. Samenerguß ist nicht erforderlich.

3. Andere unzüchtige Handlungen zwischen Verwandten der hier bezeichneten Art sind als Blutschande nicht strafbar. (Siehe aber Erl. 1 zu § 174.) Nur soweit die Blutschande ein Verbrechen ist, also für die Eltern und Großeltern, ist auch der Versuch, zum Beischlaf zu gelangen, mit Strafe bedroht (§ 43 StGB.).

4. Zum inneren Tatbestand gehört lediglich das Bewußtsein von der Tatsache, daß der Beischlafspartner verwandt oder verschwägert bzw. eine Schwester bzw. ein Bruder ist. Nimmt der Täter irrtümlicherweise ein solches Verhältnis an, dann liegt Versuch am untauglichen Objekt vor, der auf seiten des Aszendenten im Falle des Verbrechens der Blutschande des Abs. 1 strafbar ist (siehe die „Einleitenden Vorbemerkungen zum Strafrecht", Seite 1 ff., Abschnitt B VI 3 c, S. 11).

5. Zu Abs. 1:

a) Für die Verwandten aufsteigender Linie, also für die Eltern und Großeltern (siehe Erl. 3 a zu § 52) ist die Blutschande ein Verbrechen und somit auch im Versuchsstadium strafbar (§§ 1, 43). Bei den Verwandten absteigender Linie liegt nur ein Vergehen vor, das mangels gesetzlicher Bestimmung nur als vollendete Tat verfolgbar ist. (Dieser Unterschied ist auch bei Begründung des Fluchtverdachts beim Haftbefehl von Bedeutung, siehe Erl. 1 b zu § 1.)

b) Der Beischlaf zwischen Verwandten in der Seitenlinie, also zwischen Onkel und Nichte, Tante und Neffe, Vetter und Cousine ist straflos.

6. Zu Abs. 2:

a) Hier wird der sog. Verschwägertenbeischlaf mit geringerer Strafe als die eigentliche Blutschande des Abs. 1 bedroht. Er ist nur ein Vergehen, ebenso wie der Beischlaf zwischen Geschwistern.

b) Wegen des Begriffs „Verschwägerte" siehe Erl. 3 b zu § 52.

c) Als „Geschwister" kommen nicht nur vollbürtige (gemeinsame Eltern), sondern auch Stiefgeschwister (ein gemeinsamer Elternteil) in Frage.

d) Absatz 2 erhielt durch § 4 DVO. zum Gesetz über Änderung und Ergänzung familienrechtlicher Vorschriften vom 28. April 1938 folgende Einschränkung: „In den Fällen des § 173 Abs. 2 tritt Bestrafung nicht ein, wenn die Ehe, auf der die Schwägerschaft beruht, zur Zeit der Tat nicht mehr bestand; das Gericht kann von Strafe absehen, wenn die häusliche Gemeinschaft der Ehegatten zur Zeit der Tat aufgehoben war. Die Tat wird nicht mehr verfolgt, wenn Befreiung vom Ehehindernis des § 1310 BGB. (jetzt § 4 des Ehegesetzes) erteilt ist."

7. Die Bestimmung des Abs. 4 kommt nur Kindern und Enkeln, den Schwieger- und Stiefkindern bzw. Enkeln zugut, nicht aber unter 18 Jahre alten Geschwistern.

8. Beispiele:

a) Zu § 173 Abs. 1: Beischlaf zwischen Vater und seiner ehelichen oder unehelichen Tochter oder zwischen Mutter und ihrem ehelichen oder unehelichen Sohn, oder zwischen Großvater und Enkeltochter oder Großmutter und Enkelsohn.

b) Zu § 173 Abs. 2: Beischlaf der Ehefrau A mit dem unehelichen Sohn ihres

Mannes, oder Beischlaf des B mit seiner Stieftochter, oder mit seiner Schwiegertochter oder mit der Stieftochter seines Sohnes oder mit der Ehefrau seines Enkels.

Unzucht mit Abhängigen.

§ 174. Mit Zuchthaus oder mit Gefängnis nicht unter sechs Monaten wird bestraft,

1. wer einen seiner Erziehung, Ausbildung, Aufsicht oder Betreuung anvertrauten Menschen unter einundzwanzig Jahren oder
2. wer unter Ausnutzung seiner Amtsstellung oder seiner Stellung in einer Anstalt für Kranke oder Hilfsbedürftige einen anderen zur Unzucht mißbraucht.

Vorbemerkung: Der Bestimmung des § 174 liegt der gesetzgeberische Gedanke zugrunde, daß Personen, die der Autorität einer anderen Person in gewisser Beziehung unterworfen sind, gegenüber dem Mißbrauch dieses Autoritätsverhältnisses geschützt werden sollen; die geschlechtliche Freiheit dieser Personen soll vor Angriffen bewahrt werden. Infolgedessen wird aus § 174 immer nur die Autoritätsperson bestraft, niemals der andere Teil, mag dieser sich auch freiwillig preisgegeben oder selbst die Initiative ergriffen haben.

Da die frühere Fassung des § 174 zu zahlreichen Meinungsverschiedenheiten in Wissenschaft und Rechtsprechung geführt hat, wurde durch die VO. vom 29. Mai 1943 der Gesetzestext erheblich vereinfacht.

1. Zu Ziff. 1: Während früher der Täter ganz bestimmten im einzelnen aufgeführten Personengruppen angehören mußte, kann nunmehr jeder Täter sein, dem ein anderer zur Erziehung, Ausbildung, Aufsicht oder Betreuung anvertraut ist. Neben den schon nach früherem Recht in Betracht kommenden Personen wie Vormund, Adoptiv- und Pflegeeltern, Geistlichen, Lehrern und Erziehern können jetzt auch Eltern im Verhältnis zu ihren leiblichen Kindern als Täter in Frage kommen.

Zur Ausbildung anvertraut ist der Schüler dem Lehrer, der Lehrling dem Lehrherrn; auch weibliche Lehrer können sich strafbar machen.

Zur Betreuung anvertraut ist z. B. ein Minderjähriger dem Betriebsführer oder dem Abteilungsleiter.

Erzieher ist, wer berufsmäßig eine auf längere Dauer berechnete Stellung gegenüber einer minderjährigen Person ähnlich der eines Vaters oder Vormundes einnimmt und die Lebensführung des Kindes zu überwachen hat. Z. B. der Inhaber eines landwirtschaftlichen Betriebes, der eine minderjährige Magd beschäftigt.

2. Zu Ziff. 2: Während früher nur Personen geschützt waren, gegen die der Beamte eine Untersuchung zu führen hatte oder die seiner Obhut anvertraut waren, kommen nach neuem Recht als Täter in Frage alle Amtsträger des Staates, der Gemeinden und sonstiger öffentlich-rechtlicher Körperschaften. Eine Ausnutzung der Amtsstellung liegt vor, wenn der Amtsträger das dienstliche Verhältnis, in dem er zu einem anderen steht, dazu mißbraucht, um Unzucht mit diesem zu treiben. Als Krankenanstalt kann auch eine private in Frage kommen und zwar kann als Täter jeder in Betracht kommen, der in der Anstalt angestellt oder beschäftigt ist.

3. Unter **Unzucht** sind solche Handlungen zu verstehen, die **objektiv** das allgemeine Sittlichkeitsgefühl verletzen und **subjektiv** auf Befriedigung oder Erregung eigener oder fremder Geschlechtslust gerichtet sind. Auch die **gleichgeschlechtliche** Unzucht zwischen Männern und Frauen kann unter § 174 fallen.

Der **Beischlaf**, soweit er nicht zwischen Ehegatten stattfindet, ist eine unzüchtige Handlung. Auch gegen den **bedeckten** Körper einer anderen Person gerichtete Handlungen können unzüchtige sein. Der **Körper** der anderen Person muß irgendwie mit der handelnden Person in Berührung kommen. Verschiedenheit des Geschlechts ist nicht erforderlich. Auch eine Frauensperson kann die unzüchtigen Handlungen vornehmen.

4. Durch die obengenannte Verordnung vom 21. Mai 1943 wurde gleichzeitig eine **Strafschärfung** vorgenommen. Es kann daher im Hinblick auf Ziff. 8b der „Allgemeinen Anweisung an Richter Nr. 1" nur der **vor** dem 30. Januar 1933 geltende Strafrahmen (Zuchthaus bis zu 5 Jahren oder Gefängnis nicht unter 6 Monaten) zur Anwendung gelangen. (Siehe Vorbemerkung B vor § 13.)

Gleichgeschlechtliche Unzucht.

§ 175. Ein Mann, der mit einem anderen Mann Unzucht treibt oder sich von ihm zur Unzucht mißbrauchen läßt, wird mit Gefängnis bestraft.

Bei einem Beteiligten, der zur Zeit der Tat noch nicht einundzwanzig Jahre alt war, kann das Gericht in besonders leichten Fällen von Strafe absehen.

1. **Vorbemerkung** zu §§ 175—175b: Durch Gesetz vom 28. Juni 1935 wurde § 175 neu gefaßt und der besonders schwere Fälle gleichgeschlechtlicher Unzucht behandelnde § 175a neu in das Strafgesetzbuch aufgenommen. (§ 175b enthält keine Neuerung, sondern hat den schon im alten § 175 vorgesehenen Tatbestand der Sodomie in einen Sonderstraftatbestand aufgenommen.) Da die genannten Paragraphen nicht zu den durch die Gesetzgebung des Kontrollrats und der Militärregierung ausdrücklich aufgehobenen Gesetzesstellen gehören und nicht ersichtlich ist, daß die Änderungen weltanschaulich bedingt waren, d. h. nationalsozialistisches Gedankengut enthalten, dürften gegen den Fortbestand dieser Tatbestände wohl keine Bedenken bestehen.

2. Der alte § 175 bedrohte die **widernatürliche Unzucht** zwischen Männern. Unter widernatürlicher Unzucht zwischen Männern waren nach der Rechtsprechung nur beischlafähnliche Handlungen zu verstehen, so daß die **wechselseitige Onanie** im allgemeinen nicht strafbar war. Die Neufassung des § 175 nach dem Gesetz vom 28. Juni 1935 beruht auf dem Gedanken, daß grundsätzlich **jede Art gleichgeschlechtlicher Unzucht** zwischen Männern, also nicht nur beischlafsähnliche Handlungen, strafrechtlich erfaßt werden sollen.

3. Die widernatürliche Unzucht zwischen Personen **weiblichen Geschlechts**, die sog. lesbische Liebe, ist nach wie vor nicht strafbar.

4. Macht sich der Täter des Vergehens nach § 175 mit **verschiedenen Männern** schuldig, so liegen mehrere selbständige Handlungen und nicht etwa fortgesetzte Tat vor, da eine solche immer dann ausgeschlossen ist, wenn sich die Straftaten gegen Leben, Gesundheit, Ehre und sittliche Reinheit verschiedener Personen richten.

Schwere gleichgeschlechtliche Unzucht.

§ 175a. Mit Zuchthaus bis zu zehn Jahren, bei mildernden Umständen mit Gefängnis nicht unter drei Monaten wird bestraft:

1. ein Mann, der einen anderen Mann mit Gewalt oder durch Drohung mit gegenwärtiger Gefahr für Leib oder Leben nötigt, mit ihm Unzucht zu treiben oder sich von ihm zur Unzucht mißbrauchen zu lassen;
2. ein Mann, der einen anderen Mann unter Mißbrauch einer durch ein Dienst-, Arbeits- oder Unterordnungsverhältnis begründeten Abhängigkeit bestimmt, mit ihm Unzucht zu treiben oder sich von ihm zur Unzucht mißbrauchen zu lassen;
3. ein Mann über einundzwanzig Jahre, der eine männliche Person unter einundzwanzig Jahren verführt, mit ihm Unzucht zu treiben oder sich von ihm zur Unzucht mißbrauchen zu lassen;
4. ein Mann, der gewerbsmäßig mit Männern Unzucht treibt oder von Männern sich zur Unzucht mißbrauchen läßt oder sich dazu anbietet.

1. Zum Begriff der „Verführung" in Ziff. 3 gehört, daß der Volljährige irgendwie auf den Willen des Minderjährigen einwirkt, um diesen zu der Unzucht, die er an sich nicht will, geneigt zu machen, und dabei die geschlechtliche Unerfahrenheit oder geringere Widerstandskraft des Minderjährigen ausnützt. Verführung liegt also nicht vor, wenn der Minderjährige ohne Beeinflussung seines Willens zur Unzucht bereit gewesen ist.

2. Im Hinblick auf Ziff. 8b der „Allgemeinen Anweisung an Richter Nr. 1" (siehe Vorbemerkung B vor § 13) ist bezüglich der Strafdrohung folgendes festzustellen: Die in § 175a aufgestellten Tatbestände fielen mit Ausnahme des in Nr. 4 aufgestellten letzten Tatbestandes („Wer sich gewerbsmäßig zur Unzucht anbietet") auch schon unter den alten § 175, enthalten also gegenüber dem alten Recht keinen neuen Straftatbestand und konnten mithin schon vor dem 30. Januar 1933 bei der Strafzumessung berücksichtigt werden. Da aber weiterhin der neue § 175a eine Strafschärfung gegenüber dem alten § 175 enthält, wird man zu dem Ergebnis kommen müssen, daß sich der Richter bei Anwendung des § 175a grundsätzlich innerhalb des im alten § 175 festgesetzten Strafrahmens (Gefängnis) halten muß, es sei denn, daß der neue Strafrahmen des § 175a durch die kriminelle Vergangenheit des Angeklagten oder die Häufigkeit der Straftaten gerechtfertigt ist. (Dieser ganze Fragenkomplex betreffend Strafrahmen des § 175a ist bestritten. In jüngster Zeit wird in der Praxis offenbar überwiegend die Auffassung vertreten, daß § 175a neue Straftatbestände enthalte, d. h. daß der Strafrahmen des § 175a in jedem Falle zur Anwendung gelangen könne.)

Unzucht mit Tieren.

§ 175b. Die widernatürliche Unzucht, welche von Menschen mit Tieren begangen wird, ist mit Gefängnis zu bestrafen; auch kann auf Verlust der bürgerlichen Ehrenrechte erkannt werden.

Die sog. Sodomie kann sowohl von Männern wie von Frauen begangen werden. Der Tatbestand erfordert keine Vereinigung der Geschlechtsteile, noch Verschiedenheit des Geschlechts, noch Samenerguß.

Nötigung zur Unzucht. Unzucht mit Kindern.

§ 176. Mit Zuchthaus bis zu zehn Jahren wird bestraft, wer

1. mit Gewalt unzüchtige Handlungen an einer Frauensperson vornimmt oder dieselbe durch Drohung mit gegenwärtiger Gefahr für Leib oder Leben zur Duldung unzüchtiger Handlungen nötigt;
2. eine in einem willenlosen oder bewußtlosen Zustande befindliche oder geisteskranke Frauensperson zum außerehelichen Beischlaf mißbraucht, oder
3. mit Personen unter vierzehn Jahren unzüchtige Handlungen vornimmt oder dieselben zur Verübung oder Duldung unzüchtiger Handlungen verleitet.

Sind mildernde Umstände vorhanden, so tritt Gefängnisstrafe nicht unter sechs Monaten ein.

1. Zu Ziffer 1:

a) Ob die Frauensperson bescholten oder unbescholten, verheiratet oder ledig ist, ist gleichgültig. Auch das Alter ist ohne Bedeutung. (Das gleiche gilt für Ziffer 2.)

b) Wegen des Begriffs „unzüchtige Handlungen" vgl. Erläuterung 3 zu § 174.

c) Gewalt ist die unter Anwendung körperlicher Kraft erfolgende Einwirkung auf einen anderen zur Beseitigung eines tatsächlich geleisteten oder bestimmt erwarteten Widerstandes. Wegen „Drohung" siehe Erl. 2 b zu § 52.

d) Wird ein Notzuchtversuch nach § 177 freiwillig aufgegeben, so daß der Täter wegen dieses Verbrechens nicht bestraft werden kann, so bleibt er aber wohl meistens wegen Verbrechens nach § 176 Z. 1 strafbar.

e) Täter kann auch eine Frau sein.

2. Zu Ziffer 2 (sog. Schändung):

a) Hat der Täter den willenlosen oder bewußtlosen Zustand selbst herbeigeführt, dann ist er wegen Notzucht nach § 177 zu bestrafen.

b) Der Begriff geisteskranke Frauensperson umfaßt auch geistesschwache Frauen, letztere aber nur, wenn sie infolge ihres Geisteszustandes außerstande sind, die Bedeutung und die Folgen des Beischlafs richtig zu erkennen.

c) Wegen des Begriffs „Beischlaf" vgl. Erläuterung 2 zu § 173.

d) Täter kann nur ein Mann sein.

3. Zu Ziffer 3:

a) Das Verbrechen der Begehung unzüchtiger Handlungen mit Kindern unter 14 Jahren enthält 3 Tatbestände: 1. Die Vornahme einer unzüchtigen Handlung mit einem Kinde. 2. Die Verleitung desselben zur Verübung oder 3. zur Duldung einer unzüchtigen Handlung.

b) Das Verbrechen kann von Männern oder Frauen an Knaben oder Mädchen begangen werden.

c) Das Alter des Kindes unter 14 Jahren ist ein Tatbestandsmerkmal, muß also vom Vorsatz des Täters umfaßt sein. Ist der Täter der irrigen Meinung, das Kind sei schon über 14 Jahre alt, dann kann er gemäß § 59 nicht wegen Verbrechens nach § 176 Z. 3 bestraft werden. (Siehe „Einführende Vorb. zum Strafrecht“ S. 18.) Macht sich der Täter bezüglich des Alters überhaupt keine ernsthaften Gedanken, sondern handelt er auf die von ihm in Kauf genommene Möglichkeit hin, daß das Kind noch nicht 14 Jahre alt sein könne, so genügt dies zur Bestrafung.

d) Von besonderer Bedeutung für die Bestrafung der Exhibitionisten ist die neuere Rechtsprechung: Veranlaßt der Täter ein Kind unter 14 Jahren, seinen, des Täters entblößten Geschlechtsteil anzusehen, so hat er das Kind „zur Verübung einer unzüchtigen Handlung verleitet“, wobei es gleichgültig ist, ob sich das Kind dabei des Unzüchtigen seiner Handlungsweise bewußt wird. Gelingt es dem Täter nicht, das Kind zum Hinsehen zu veranlassen, so ist Versuch des Verbrechens nach § 176 Z. 3 gegeben.

e) Wird Unzucht mit einem Knaben unter 14 Jahren getrieben, so ist nicht nur der Tatbestand des § 176 Z. 3, sondern auch derjenige des § 175 erfüllt.

Notzucht.

§ 177. Mit Zuchthaus wird bestraft, wer durch Gewalt oder durch Drohung mit gegenwärtiger Gefahr für Leib oder Leben eine Frauensperson zur Duldung des außerehelichen Beischlafs nötigt, oder wer eine Frauensperson zum außerehelichen Beischlafe mißbraucht, nachdem er sie zu diesem Zwecke in einen willenlosen oder bewußtlosen Zustand versetzt hat.

Sind mildernde Umstände vorhanden, so tritt Gefängnisstrafe nicht unter einem Jahre ein.

1. Das hier behandelte Verbrechen der Notzucht ist nur vollendet, wenn es wirklich zum Beischlaf (s. oben Erl. 2 zu § 173) gekommen ist, sonst liegt nur Versuch vor oder nur das Verbrechen des § 176 Ziff. 1. Wegen „Gewalt“ und „Drohung“ siehe Erl. 1c zu § 176.

2. Auch eine Frauensperson kann sich an der Notzucht beteiligen, wenn sie eine andere Frauensperson zum Beischlaf mit einem Manne nötigt. Sie wird wegen Beihilfe zu bestrafen sein.

3. Ob die Frauensperson bescholten oder unbescholten ist, ist gleichgültig, auch an einer Dirne kann das Verbrechen begangen werden. Da der Tatbestand einen außerehelichen Beischlaf voraussetzt, kann Notzucht nicht an der eigenen Ehefrau begangen werden, wohl aber kann bei der eigenen Ehefrau die Beischlaferzwingung nach § 240 strafbar sein; auch kann der Ehemann, falls er unter den Voraussetzungen des § 176 Ziffer 1 unzüchtige Handlungen, zu deren Duldung die Ehefrau nicht verpflichtet ist, vornimmt, nach dieser Gesetzesstelle bestraft werden.

4. Ein freiwillig aufgegebener Notzuchtsversuch wird häufig entweder den Tatbestand des § 176 Ziffer 1 (siehe Erläuterung 1d zu § 176) oder aber den Tatbestand der Beleidigung erfüllen. Es ist daher in Zweifelsfällen stets ein Strafantrag von der Verletzten zu erheben.

5. Die Schändung unter erschwerenden Umständen (Abs. 1, zweiter Halbsatz) enthält gegenüber § 176 Nr. 2 den Erschwerungsgrund, daß der Täter selbst die Frau willens- oder bewußtlos gemacht hat.

§ 178. Ist durch eine der in den §§ 176 und 177 bezeichneten Handlungen der Tod der verletzten Person verursacht worden, so tritt Zuchthausstrafe nicht unter zehn Jahren oder lebenslängliche Zuchthausstrafe ein.

Tritt der Tod *infolge* der Niederkunft der geschändeten Frauensperson ein, so liegt die Verschärfung dieses Paragraphen vor, ebenso, wenn sich die Geschändete aus Scham selbst den Tod gibt.

Erschleichung des Beischlafs.

§ 179. Wer eine Frauensperson zur Gestattung des Beischlafs dadurch verleitet, daß er eine Trauung vorspiegelt, oder einen anderen Irrtum in ihr erregt oder benutzt, in welchem sie den Beischlaf für einen ehelichen hielt, wird mit Zuchthaus bis zu fünf Jahren bestraft.

Sind mildernde Umstände vorhanden, so tritt Gefängnisstrafe nicht unter sechs Monaten ein.

Die Verfolgung tritt nur auf Antrag ein.

1. Zu dem hier festgestellten Verbrechen der *Erschleichung des Beischlafs* vgl. das Vergehen der *Eheerschleichung* (§ 170) und die dortigen Erläuterungen.

Das Vergehen des § 170 kann von einem Manne, aber auch von einer Frauensperson begangen werden, das Verbrechen des § 179 aber nur von einem Manne.

2. Das Verbrechen wird begangen, indem eine kirchliche Trauung, eine Abschließung der Ehe vor einem Standesbeamten *vorgetäuscht* wird, oder indem sich der Täter als Ehemann der getäuschten Frauensperson ausgibt (z. B. unter Benutzung der Dunkelheit).

3. Die Täuschung muß der Grund sein, aus dem sich die Frauensperson hingegeben hat; hätte sie auch sonst den Beischlaf gestattet und wird die Trauung nur etwa, um das Vermögen zu erlangen, vorgespiegelt, so liegt dieses Verbrechen nicht vor, es kann aber Betrug gegeben sein.

Kuppelei.

§ 180. Wer gewohnheitsmäßig oder aus Eigennutz durch seine Vermittelung oder durch Gewährung oder Verschaffung von Gelegenheit der Unzucht Vorschub leistet, wird wegen Kuppelei mit Gefängnis nicht unter einem Monat bestraft; auch kann zugleich auf Geldstrafe, auf Verlust der bürgerlichen Ehrenrechte, sowie auf Zulässigkeit von Polizeiaufsicht erkannt werden. Sind mildernde Umstände vorhanden, so kann die Gefängnisstrafe bis auf einen Tag ermäßigt werden.

Als Kuppelei gilt insbesondere die Unterhaltung eines Bordells oder eines bordellartigen Betriebs.

Wer einer Person, die das achtzehnte Lebensjahr vollendet hat, Wohnung gewährt, wird auf Grund des Abs. 1 nur dann bestraft, wenn damit ein Ausbeuten der Person, der die Wohnung gewährt ist, oder ein Anwerben oder Anhalten dieser Person zur Unzucht verbunden ist.

1. **Kuppelei** begeht derjenige, welcher durch seine Vermittlung oder durch Gewährung oder Verschaffung von Gelegenheit der Unzucht Vorschub leistet. Die Kuppelei ist aber nur strafbar, wenn sie gewohnheitsmäßig oder aus Eigennutz begangen wird (§ 180), oder wenn hinterlistige Kunstgriffe angewendet bzw. wenn der Schuldige zu der verkuppelten Person in nahem verwandtschaftlichen oder Autoritätsverhältnis steht (§ 181).

Vgl. § 48 des Reichsgesetzes über das Auswanderungswesen, abgedruckt unten bei § 236. Internationales Übereinkommen zur Bekämpfung des Mädchenhandels mit Ausführungsgesetz vom 14. Aug. 1912, RGBl. I S. 44.

2. Gewohnheitsmäßig handelt der Täter, wenn für ihn ein Hang zur Begehung die Triebfeder bildet. (Siehe hierzu „Einführende Vorbemerkungen zum Strafrecht" S. 1 ff., Abschnitt B VII 6 b, S. 14.)

3. Aus Eigennutz handelt derjenige, welcher irgendeinen Nutzen, also in der Hauptsache einen Geldgewinn, wenn auch keinen außerordentlichen anstrebte. Gleichgültig ist es, ob es zur Erlangung des Gewinnes wirklich gekommen ist.

Aus Eigennutz handelt der Vermieter, wenn er seine Wohnung günstig zu vermieten sucht oder sich die zahlungsfähige Mieterin zu erhalten sucht oder der Gastwirt wenn er den Besuch seines Lokals oder den Absatz seiner Getränke steigern will.

4. Unter Unzucht versteht man außer der Beischlafsvollziehung auch sonstige, gegen Zucht und Sitte im Verkehr der Geschlechter verstoßende Handlungen. Einerlei ist es, ob es sich um natürliche oder unnatürliche Unzucht (s. § 175) handelt Zur Vollendung des Tatbestands ist es nicht erforderlich, daß es schon zur Ausübung der Unzucht gekommen ist.

5. Vorschubleisten erfordert stets eine wirkliche Förderung der Unzucht, entweder durch vermittelnde Tätigkeit, d.h. eine solche, welche die persönliche Annäherung der betreffenden Personen zum Zwecke der Ausübung der Unzucht ermöglicht, oder durch Gewährung oder Verschaffung von Gelegenheit z. B. dadurch, daß der Täter Räume, über die er verfügen kann, jemandem zur Ausübung der Unzucht überläßt. So begeht z. B. Kuppelei der Dienstmann, der gegen Entgelt Fremde zu Dirnen führt, der Agent, der Dirnen für Bordells anwirbt, oder der Vermieter, der einem Liebespaar gegen übermäßigen Mietpreis ein Zimmer zur Verfügung stellt. (Siehe aber unter Erl. 9.)

6. Vorschubleisten durch Unterlassen kommt dann in Frage, wenn der Unterlassende die rechtliche Verpflichtung und die Möglichkeit hat, die Unzucht zu verhindern. So kann z. B. der Ehemann dadurch Kuppelei begehen, daß er den Geschlechtsverkehr seiner Frau mit anderen Männern nicht verhindert; das gleiche gilt für Eltern gegenüber ihren minderjährigen Kindern. (Siehe Erl. 5 zu § 181.)

7. Der Abs. 2 enthält die gesetzliche Vermutung, daß die Unterhaltung eines Bordells oder eines bordellähnlichen Betriebs (z. B. getarnter Massagesalon) den Tatbestand der Kuppelei erfüllt.

8. Beihilfe zur Kuppelei kann durch Gewährung eines Darlehens zur Schaffung eines Bordells und durch Weinlieferungen an das Bordell begangen werden.

9. Abs. 3 bezieht sich lediglich auf die Fälle, in denen die Gewährung der Wohnung als solche das einzige Mittel ist, durch das die Gelegenheit zur Unzucht verschafft wird. In einem solchen Falle liegt nur dann strafbare Kuppelei vor, wenn der Vermieter einen Preis fordert, der den normalen Preis erheblich übersteigt, oder wenn das Vermieten mit einem Anwerben oder Anhalten der Mieterin zur Unzucht verbunden ist.

Schwere Kuppelei.

§ 181. Die Kuppelei ist, selbst wenn sie weder gewohnheitsmäßig noch aus Eigennutz betrieben wird, mit Zuchthaus bis zu fünf Jahren zu bestrafen, wenn

1. um der Unzucht Vorschub zu leisten, hinterlistige Kunstgriffe angewendet werden, oder
2. der Schuldige zu der verkuppelten Person in dem Verhältnisse des Ehemannes zur Ehefrau, von Eltern zu Kindern, von Vormündern zu Pflegebefohlenen, von Geistlichen, Lehrern oder Erziehern zu den von ihnen zu unterrichtenden oder zu erziehenden Personen steht.

Neben der Zuchthausstrafe ist der Verlust der bürgerlichen Ehrenrechte auszusprechen; auch kann zugleich auf Geldstrafe sowie auf Zulässigkeit von Polizeiaufsicht erkannt werden.

Sind im Falle des Absatz 1 Nr. 2 mildernde Umstände vorhanden, so tritt Gefängnisstrafe ein, neben welcher auf Geldstrafe erkannt werden kann.

1. Vgl. zu § 181 Erl. 1 zu § 180.

2. Hinterlistige Kunstgriffe sind raffiniert getroffene Vorkehrungen, um die zu verkuppelnde Person über die wahre Absicht des Täters zu täuschen, z. B. der Täter verlockt das Mädchen zum Eintritt in ein Bordell unter der Vorspiegelung, es handle sich um eine Stelle als Dienstmädchen in einem normalen Haushalt.

3. Unter Eltern sind auch Adoptiv- und Pflegeeltern sowie Stiefeltern zu verstehen.

4. Als Kinder kommen weibliche und männliche, eheliche und uneheliche, minderjährige und volljährige in Betracht.

5. Die Eltern und der Ehemann machen sich strafbar, wenn sie es unterlassen, ihre elterlichen oder ehelichen Befugnisse pflichtgemäß zu gebrauchen und dadurch Gelegenheit zur Unzucht schaffen (Duldung des unzüchtigen Verkehrs in der elterlichen oder ehemännlichen Wohnung, Gestattung des Eintritts in ein Bordell). Der Ehemann, der zur Schaffung eines Scheidungsgrundes einen anderen zum Geschlechtsverkehr mit seiner Ehefrau auffordert, begeht einen Versuch nach § 181.

Zuhälterei.

§ 181a. Eine männliche Person, welche von einer Frauensperson, die gewerbsmäßig Unzucht treibt, unter Ausbeutung ihres unsittlichen Gewerbes ganz oder teilweise den Lebensunterhalt bezieht, oder welche einer solchen Frauensperson gewohnheitsmäßig oder aus Eigennutz in bezug auf die Ausübung des unzüchtigen Gewerbes Schutz gewährt oder sonst förderlich ist (Zuhälter), wird mit Zuchthaus bis zu fünf Jahren bestraft.

Bei mildernden Umständen ist die Strafe Gefängnis nicht unter drei Monaten.

Neben der Strafe kann auf die Zulässigkeit von Polizeiaufsicht erkannt werden.

1. Dieser sog. Zuhälterparagraph ist erst 1900 in das StGB. eingefügt worden. Die Neufassung und Strafschärfung beruht auf Gesetz vom 24. November 1933, wonach die Zuhälterei nunmehr Verbrechen ist. (Siehe aber Erl. 6.)

2. Zwei verschiedene Fälle strafbarer Handlungen werden hier festgestellt: Strafbar ist, wer sich von einer gewerbsmäßigen Dirne ganz oder teilweise unterhalten läßt (ausbeuterische Zuhälterei); vereinzelte Zuwendungen oder einzelne Geschenke genügen nicht.

Strafbar ist weiter der Zuhälter, welcher gewohnheitsmäßig oder aus Eigennutz einer solchen Dirne Dienste zur Förderung ihres Gewerbes leistet (kupplerische Zuhälterei), z. B. Begleiten der Dirne auf ihren Strichgängen, um jederzeit Schutz zu gewähren. In beiden Fällen müssen gewisse persönliche Beziehungen dauernder Art bestehen.

3. Wegen der Begriffe „gewohnheitsmäßig" und „aus Eigennutz" vgl. Erläuterungen 2 u. 3 zu § 180.

4. Aberkennung der bürgerlichen Ehrenrechte ist wie bisher stets zulässig, da die Grundstrafe Zuchthaus ist und bei Annahme mildernder Umstände auf mindestens 3 Monate Gefängnis erkannt werden muß. (Siehe § 32.)

5. Als weitere Nebenstrafe ist Polizeiaufsicht vorgesehen.

6. Wegen der Strafschärfung siehe Vorbem. B vor § 13. Man wird wohl zu dem Ergebnis gelangen müssen, daß im Hinblick auf Ziff. 8b der „Allgemeinen Anweisung an Richter Nr. 1" ebenso wie für § 175a auch für § 181a grundsätzlich der vor dem 30. Januar 1933 geltende Strafrahmen zur Anwendung zu gelangen hat, d. h. Gefängnis nicht unter einem Monat, und wenn der Zuhälter der Ehemann der Frauensperson war, oder Gewalt oder Drohung angewendet wurden, Gefängnis nicht unter einem Jahr. (Siehe § 181a, Abs. 2 alter Fassung.)

Verführung.

§ 182. Wer ein unbescholtenes Mädchen, welches das sechzehnte Lebensjahr nicht vollendet hat, zum Beischlafe verführt, wird mit Gefängnis bis zu einem Jahre bestraft.

Die Verfolgung tritt nur auf Antrag der Eltern oder des Vormundes der Verführten ein.

1. Unter unbescholten versteht das Gesetz frei von Tadel in bezug auf die Geschlechtsehre. Zur Bescholtenheit gehört nicht allein, daß das Mädchen schon einem Manne den Beischlaf gestattete, sondern auch schon der Fall, wenn das Mädchen in sittenloser Gesinnung sonstige unzüchtige Handlungen sich zuschulden kommen ließ.

2. Ein Mädchen, das von einem Manne genotzüchtigt wurde, kann trotzdem noch als unbescholten gelten.

3. Ein zweitesmal kann ein Mädchen nicht verführt werden, weil es durch die erste Beischlafsgestattung bescholten worden ist.

4. Verführen heißt, seinen Lüsten dienstbar machen unter Mißbrauch der geschlechtlichen Unerfahrenheit des Mädchens, und zwar muß der Beischlaf vollzogen sein, anderenfalls kommt nur evtl. Beleidigung in Betracht. Wenn das Mädchen sich anbietet, liegt keine Verführung vor. Wohl aber kann auch in diesem Falle der Tatbestand der Beleidigung gegeben sein, denn die Rechtswidrigkeit

der Beleidigung bleibt trotz der Einwilligung bestehen, weil die Einwilligung von Jugendlichen unter 18 Jahren, da sie die Bedeutung der Geschlechtsehre nicht erkennen, im allgemeinen rechtlich unerheblich ist. (Siehe S. 5, Abschnitt cc),

5. Die Mutter kann auch bei Lebzeiten des Vaters selbständig den Strafantrag stellen. Das Mädchen selbst ist nicht antragsberechtigt.

6. Die Verführung eines Mädchens unter 14 Jahren enthält gleichzeitig den Tatbestand des § 176 Nr. 3.

Erregung öffentlichen Ärgernisses.

§ 183. Wer durch eine unzüchtige Handlung öffentlich ein Ärgernis gibt, wird mit Gefängnis bis zu zwei Jahren oder mit Geldstrafe bestraft.

Neben der Gefängnisstrafe kann auf Verlust der bürgerlichen Ehrenrechte erkannt werden.

1. Zum Begriff der „unzüchtigen Handlung" i. S. des § 183 gehört im Gegensatz zu § 174 und zu § 176 nicht, daß der Täter die Absicht hat, die eigene oder fremde Geschlechtslust zu erregen, oder daß er sich vorstellt, die Handlung könne einen geschlechtlichen Reiz hervorrufen. Eine unzüchtige Handlung i. S. des § 183 liegt vielmehr schon dann vor, wenn sie das Scham- und Sittlichkeitsgefühl der Allgemeinheit in geschlechtlicher Beziehung verletzt und der Täter sich dieser Möglichkeit bewußt ist.

2. Durch die Handlung muß ein Ärgernis gegeben worden sein, d. h. es muß irgendeine Person, wenn auch nur ein Kind, in ihrem Sittlichkeitsgefühl verletzt worden sein.

3. Das Ärgernis muß öffentlich gegeben sein, es muß also die Handlung öffentlich verübt worden sein, d. h an einem Orte, an dem sie von beliebigen unbestimmten Personen wahrgenommen werden konnte. Einerlei ist, ob wirklich weitere Personen als diejenige, welche Ärgernis genommen haben, dazu kamen, wenn nur noch andere beliebige Personen hätten dazu kommen können.

4. Das Vergehen wird besonders häufig begangen von Männern, die ihren entblößten Geschlechtsteil Frauen oder Kindern zeigen (sog. Exhibitionisten). Wenn das Vergehen mehrfach von demselben Manne begangen wird, so ist besonders auch sein Geisteszustand festzustellen. (Siehe auch Erl. 3d zu § 176.)

Verbreitung unzüchtiger Schriften.

§ 184. Mit Gefängnis bis zu einem Jahre und mit Geldstrafe oder mit einer dieser Strafen wird bestraft, wer

1. unzüchtige Schriften, Abbildungen oder Darstellungen feilhält, verkauft, verteilt, an Orten, welche dem Publikum zugänglich sind, ausstellt oder anschlägt oder sonst verbreitet, sie zum Zwecke der Verbreitung herstellt oder zu demselben Zwecke vorrätig hält, ankündigt oder anpreist;
2. unzüchtige Schriften, Abbildungen oder Darstellungen einer Person unter sechzehn Jahren gegen Entgelt überläßt oder anbietet;
3. Gegenstände, die zu unzüchtigem Gebrauche bestimmt sind, an Orten, welche dem Publikum zugänglich sind, ausstellt

oder solche Gegenstände dem Publikum ankündigt oder anpreist;

3a. wer in einer Sitte oder Anstand verletzenden Weise Mittel, Gegenstände oder Verfahren, die zur Verhütung von Geschlechtskrankheiten dienen, öffentlich ankündigt, anpreist oder solche Mittel oder Gegenstände an einem dem Publikum zugänglichen Orte ausstellt;

4. öffentliche Ankündigungen erläßt, welche dazu bestimmt sind, unzüchtigen Verkehr herbeizuführen.

Neben der Gefängnisstrafe kann auf Verlust der bürgerlichen Ehrenrechte sowie auf Zulässigkeit von Polizeiaufsicht erkannt werden.

1. Unzüchtig ist eine Schrift, Abbildung oder Darstellung, wenn sie geeignet ist, das Scham- und Sittlichkeitsgefühl des normal empfindenden Menschen in geschlechtlicher Beziehung zu verletzen.

Eine Darstellung des nackten menschlichen Körpers oder von Teilen desselben ist nur dann unzüchtig, wenn die Darstellung zu einem schamverletzenden Zwecke gemacht wurde und dies aus der Darstellung selbst oder aus ihrer Zusammenstellung mit anderen Darstellungen erkennbar ist.

2. Zu Ziff. 1:

a) Die Handlung besteht im Verbreiten; ein solches liegt vor, wenn der Täter die Schrift usw. einem größeren Kreis zugänglich macht; dabei ist nicht erforderlich, daß das Verbreiten öffentlich erfolgt. Als besondere Arten des Verbreitens nennt das Gesetz das Feilhalten (Bereithalten für das Publikum zum Verkauf), Verteilen, Ausstellen (hierunter fällt auch Vorführung eines Films) oder Anschlagen.

b) Dem Verbreiten sind gewisse Vorbereitungshandlungen gleichgestellt, nämlich das Herstellen, Vorrätighalten, Ankündigen und Anpreisen zum Zwecke der Verbreitung.

c) Zum inneren Tatbestand gehört das Bewußtsein, daß der Inhalt der Schrift usw. geeignet ist, das allgemeine Scham- und Sittlichkeitsgefühl zu verletzen.

3. Zu Ziff. 2: Diese Bestimmung findet Anwendung auf Personen, die ohne mit solchen Dingen Handel zu treiben, sie Personen unter 16 Jahren gegen Entgelt überlassen. Kaufleute, die einen Handelsartikel dieser Art anderen verkaufen, fallen schon unter die Ziff. 1.

4. Zu Ziff. 3: „Zum unzüchtigen Gebrauch bestimmt" sind auch solche Gegenstände, die zur Verhütung der Empfängnis dienen. Der Verkauf solcher Gegenstände ist nicht strafbar, sondern nur das Ausstellen usw.

5. Zu Ziff. 3a: Die öffentliche Ausstellung von Mitteln oder Gegenständen, die zur Verhütung von Geschlechtskrankheiten dienen, ist stets strafbar, die öffentliche Ankündigung oder Anpreisung aber nur dann, wenn dadurch Sitte und Anstand verletzt werden.

6. Zu Ziff. 4: Hier sollen Zeitungsannoncen, welche verschleiert oder unverschleiert, unzüchtigen Verkehr zwischen Männern und Frauen oder auch nur zwischen Männern vermitteln sollen, getroffen werden.

7. Nach § 40 StGB. kann die Einziehung der zur Begehung des Vergehens gebrauchten Schriften usw. erfolgen. Zur Sicherung dieser Einziehung hat die Beschlagnahme zu erfolgen (§§ 94, 98 StPO., § 23 Abs. 3 des Preßgesetzes).

Überlassung schamloser Schriften an Jugendliche.

§ 184 a. Wer Schriften, Abbildungen oder Darstellungen, welche, ohne unzüchtig zu sein, das Schamgefühl gröblich verletzen, einer Person unter sechzehn Jahren gegen Entgelt überläßt oder anbietet, wird mit Gefängnis bis zu sechs Monaten oder mit Geldstrafe bestraft.

Schriften, Darstellungen usw. können, ohne daß sie das Sittlichkeitsgefühl in geschlechtlicher Beziehung verletzen, dennoch unter gewissen besonderen Umständen das Schamgefühl gröblich verletzen; dies kann z. B. der Fall sein bei Abbildungen in medizinischen Büchern, bei Abbildung menschlicher Körperteile in Wachs zu wissenschaftlichen Zwecken. Derartige Dinge dürfen nach der Bestimmung dieses Gesetzesparagraphen Personen unter 16 Jahren gegen Entgelt nicht überlassen werden.

Ärgerniserregung durch Gerichtsberichterstattung.

§ 184b. Mit Geldstrafe oder mit Gefängnis bis zu sechs Monaten wird bestraft, wer aus Gerichtsverhandlungen, für welche wegen Gefährdung der Sittlichkeit die Öffentlichkeit ausgeschlossen war, oder aus den diesen Verhandlungen zugrunde liegenden amtlichen Schriftstücken öffentlich Mitteilungen macht, welche geeignet sind, Ärgernis zu erregen.

Vgl. hierzu § 172 GVG.

Vierzehnter Abschnitt: Beleidigung.

Vorbemerkung:

I. Man unterscheidet 3 Formen der Beleidigung:

1. Die sog. formale Beleidigung des § 185, bei der das Beleidigende in der Form der Kundgebung liegt (z. B. Schimpfworte),

2. die üble Nachrede des § 186, bei der eine Bestrafung nur eintritt, wenn nicht die behauptete Tatsache erweislich wahr ist,

3. die verleumderische Beleidigung des § 187, welche denselben Tatbestand betrifft, wie die üble Nachrede, jedoch mit dem Unterschied, daß die behauptete oder verbreitete Tatsache unwahr sein, und daß der Täter sie „wider besseres Wissen" behauptet oder verbreitet haben muß.

4. § 189 behandelt die Verunglimpfung des Andenkens Verstorbener. Sie kann in sämtlichen Formen der Beleidigung (§§ 185—187) begangen werden.

II. Bei Prüfung der Frage, welche Art von Beleidigung im einzelnen Falle, ob insbesondere der Tatbestand des § 185 oder derjenige des § 186 vorliegt, ist folgendes zu beachten:

1. Handelt es sich um eine reine Formalbeleidigung (z. B. „Du bist ein Tagdieb"), so liegt eine einfache Beleidigung nach § 185 vor, und zwar ohne

Rücksicht darauf, ob diese Beleidigung gegenüber dem Beleidigten oder gegenüber einem Dritten geäußert worden ist.

Ebenso liegt eine einfache Beleidigung nach § 185 vor, wenn es sich um eine Tatsachenbehauptung handelt, die gegenüber dem Beleidigten geäußert wird (z. B. „Du hast mich betrogen").

2. Dagegen liegt der Tatbestand der üblen Nachrede nach § 186 vor, wenn es sich um eine Tatsachenbehauptung handelt, die nicht dem Beleidigten, sondern einem Dritten gegenüber aufgestellt wird (z. B. der A sagt dem B, er sei von C bestohlen worden). Diese Art der Beleidigung ist dann straflos, wenn die Wahrheit der Behauptung positiv erwiesen ist.

3. Ist schließlich die einem Dritten gegenüber aufgestellte Tatsachenbehauptung unwahr und wurde sie in Kenntnis der Unwahrheit gemacht, so liegt verleumderische Beleidigung nach § 187 vor.

III. Die Beleidigung ist vollendet, sobald sie mit Willen des Täters zur Kenntnis eines anderen gelangt, wobei nicht erforderlich ist, daß gerade der Beleidigte selbst Kenntnis nimmt (Kenntnisnahme der beleidigenden Postkarte durch den Briefträger).

IV. Die Rechtswidrigkeit der Beleidigung ist ausgeschlossen, es tritt also Straflosigkeit ein, wenn die Voraussetzungen des § 193 gegeben sind. (Siehe „Einführende Vorbemerkungen zum Strafrecht" S. 1 ff., Abschnitt B III 2b, S. 4.)

V. Die Absicht der Beleidigung ist nur dann Voraussetzung der Strafbarkeit, wenn trotz Vorliegens der Voraussetzungen der §§ 192, 193 Bestrafung wegen formaler Beleidigung erfolgen soll.

VI. Die Vergehen der Beleidigung in den Fällen der §§ 185 bis 187, 189 können auch im Wege der Privatklage vom Verletzten verfolgt werden. (Siehe § 374 Abs. 1 Nr. 2 StPO.)

Beleidigung.

§ 185. Die Beleidigung wird mit Geldstrafe oder mit Haft oder mit Gefängnis bis zu einem Jahre und, wenn die Beleidigung mittels einer Tätlichkeit begangen wird, mit Geldstrafe oder mit Gefängnis bis zu zwei Jahren bestraft.

1. Unter Beleidigung versteht man die unberechtigte Darlegung der Mißachtung seines Nebenmenschen oder, wie es sonst noch ausgedrückt wird, „jede vorsätzliche, die Kränkung der Ehre eines andern enthaltende rechtswidrige Kundgebung".

2. Die Beleidigung ist entweder eine wörtliche oder eine tätliche. Letztere wird begangen durch körperliche Einwirkung auf die Person eines andern, solange diese Einwirkung nicht zu einer Mißhandlung oder Gesundheitsbeschädigung führt, denn dann ist es Körperverletzung (§ 223). Anspeien s. unter Erl. 2 am Ende zu § 223.

3. Die Beleidigung kann auch eine schriftliche (durch Zusendung eines Briefes, durch die Presse) oder eine symbolische sein, durch Gesten, Zeichen.

4. Die wörtliche Beleidigung kann eine sog. formale sein, durch ein Schimpfwort (Schuft, Gauner usw.), das unter allen Umständen die Ehre des anderen kränkt und nach § 185 strafbar ist, gleichgültig, ob das Schimpfwort dem Beleidigten oder dem Dritten gegenüber geäußert wird, oder eine durch Behauptung von ehrenrührigen Tatsachen begangene. Werden die ehrenrührigen Tatsachen nicht dem Beleidigten direkt gegenüber geäußert, sondern einem andern gegenüber

oder wenigstens in Gegenwart eines andern ausgesprochen, so liegt das Vergehen der „üblen Nachrede" — § 186 — vor. Vgl. unten Erl. 1 zu § 186.

5. Beleidigt werden kann nur ein Lebender, von dessen Leben der Beleidiger auch weiß. Wegen der Beschimpfung des Andenkens eines Verstorbenen vgl. § 189.

6. Beleidigt werden können nicht nur Einzelpersonen, sondern auch Personenmehrheiten, die das Recht anerkennt, und die mit staatlicher Billigung öffentliche Aufgaben zu erfüllen haben, z. B. der Anwaltsstand, das Rote Kreuz. Keine beleidigungsfähigen Gemeinschaften sind dagegen die Aktiengesellschaften und Geselligkeitsvereine, da sie keine öffentlichen Aufgaben zu erfüllen haben.

7. Kinder und Geisteskranke können beleidigt werden, wenn sie auch selbst die Kränkung nicht empfinden.

8. Beleidigt werden kann auch eine Person, der die bürgerlichen Ehrenrechte aberkannt sind.

9. Dadurch wird eine Beleidigung nicht straflos, daß derjenige, auf den sie zielt, nicht ausdrücklich genannt ist, wenn er nur so bezeichnet wurde, daß erkennbar ist, wer gemeint ist.

10. Die Rechtswidrigkeit einer Ehrenkränkung kann unter gewissen Umständen ausgeschlossen sein; siehe Vorbem. Z. IV.

11. Die Absicht zu beleidigen ist zu dem Tatbestand des § 185 nicht erforderlich. Es genügt vielmehr das Bewußtsein, daß die Äußerung geeignet ist, den Eindruck der Mißachtung einer bestimmten Person hervorzurufen. (Siehe aber Vorbem. Z. V.)

12. Auch ein im Scherz getaner Ausspruch kann eine Beleidigung sein, wenn der andere nicht wissen kann, daß es sich um einen Scherz handelt oder wenn es schon eine Mißachtung ist dem andern gegenüber, sich mit ihm Scherze zu erlauben.

13. Das Ansinnen einer unzüchtigen Handlung an einen andern, also die Zumutung, sich widernatürliche Unzucht gefallen oder etwa den Beischlaf an sich vollziehen zu lassen, ist eine Beleidigung, verliert aber den beleidigenden Charakter, wenn der oder die andere darauf eingeht.

Üble Nachrede.

§ 186. Wer in Beziehung auf einen anderen eine Tatsache behauptet oder verbreitet, welche denselben verächtlich zu machen oder in der öffentlichen Meinung herabzuwürdigen geeignet ist, wird, wenn nicht diese Tatsache erweislich wahr ist, wegen Beleidigung mit Geldstrafe oder mit Haft oder mit Gefängnis bis zu einem Jahre, und, wenn die Beleidigung öffentlich oder durch Verbreitung von Schriften, Abbildungen oder Darstellungen begangen ist, mit Geldstrafe oder mit Gefängnis bis zu zwei Jahren bestraft.

1. Die „üble Nachrede", wie der Tatbestand dieses Paragraphen genannt wird, liegt vor, wenn der Täter zwar an die Richtigkeit seiner Tatsachenbehauptung glaubt, sie aber nicht beweisen kann, und wenn sie nur oder auch gegenüber einem Dritten erfolgt; erfolgt sie nur gegenüber dem Beleidigten, dann liegt lediglich der Tatbestand des § 185 vor (siehe oben Erl. 4 zu § 185).

2. Die „üble Nachrede" des § 186 unterscheidet sich von der Verleumdung des § 187 dadurch, daß im Falle des § 186 Bestrafung schon dann eintritt, wenn

die behaupteten Tatsachen seitens des Beschuldigten nicht bewiesen werden können, während sie bei der Verleumdung in voller Kenntnis ihrer Unwahrheit aufgestellt sein müssen.

3. Auch das Verbreiten von Gerüchten fällt unter die Strafbestimmung des § 186. Das Beifügen, man glaube nicht daran, hebt die Strafbarkeit nicht auf.

4. Behaupten vgl. Erl. 3 zu § 131. Auch die Behauptung einer Tatsache bezüglich eines Dritten kann für einen anderen herabwürdigend sein, so wenn z. B. behauptet wird, die Tochter des andern habe außerehelich geboren.

5. Öffentlich ist die üble Nachrede begangen, wenn sie so vorgenommen wurde, daß sie unbestimmt von welchen und wievielen Personen wahrgenommen werden konnte, einerlei, ob sich der Täter dabei an einem öffentlichen Ort oder in einer Privatwohnung befand.

6. Wird der Beweis der Wahrheit erbracht, oder ist er nach § 190 Satz 1 als erbracht anzusehen, so kann eine Bestrafung aus § 186 nicht erfolgen. Der Richter kann aber Anlaß haben zu prüfen, ob nicht eine einfache Beleidigung nach § 185 übrig geblieben ist. Diese Frage ist gemäß § 192 zu bejahen, wenn das Vorhandensein einer Beleidigung aus der Form der Behauptung oder Verbreitung oder aus den Umständen, unter welchen sie geschah, hervorgeht.

7. Eine erhebliche Strafschärfung für öffentliche Beleidigung nach § 186 (Gefängnis nicht unter 3 Monaten) hat die NotVO. v. 8. Dez. 1931 gebracht in dem Falle, daß der Verletzte im öffentlichen Leben steht (RGBl. S. 699, 743).

Verleumdung.

§ 187. Wer wider besseres Wissen in Beziehung auf einen anderen eine unwahre Tatsache behauptet oder verbreitet, welche denselben verächtlich zu machen oder in der öffentlichen Meinung herabzuwürdigen oder dessen Kredit zu gefährden geeignet ist, wird wegen verleumderischer Beleidigung mit Gefängnis bis zu zwei Jahren, und, wenn die Verleumdung öffentlich oder durch Verbreitung von Schriften, Abbildungen oder Darstellungen begangen ist, mit Gefängnis nicht unter einem Monat bestraft.

Sind mildernde Umstände vorhanden, so kann die Strafe bis auf einen Tag Gefängnis ermäßigt, oder auf Geldstrafe erkannt werden.

1. Unterschied zwischen übler Nachrede und Verleumdung vgl. oben Erl. 2 zu § 186.

2. Dem Beschuldigten muß nicht nur die Unwahrheit der behaupteten Tatsache, sondern auch nachgewiesen werden, daß er sie wider besseres Wissen ausgesprochen, daß er also die Unwahrheit erkannt hat. Im übrigen deckt sich der erste Teil des Tatbestands mit demjenigen des § 186.

3. Als zweiten Tatbestand enthält § 187 die Kreditgefährdung. Unter Kredit versteht man das Vertrauen, das jemandem in bezug auf die Erfüllung von Verbindlichkeiten vermögensrechtlicher Art entgegengebracht wird. Als Verletzte können deshalb hier auch Handelsgesellschaften, Aktiengesellschaften, Genossenschaften in Betracht kommen. (Bestritten.)

4. Die Verleumdung kann auch zusammentreffen mit falscher Anschuldigung (§ 164 StGB.).

5. Eine erhebliche Strafschärfung für öffentliche Verleumdung (Gefängnis nicht unter 6 Monaten) hat die NotVO. v. 8. Dez. 1931 gebracht in dem Falle, daß der Verletzte im öffentlichen Leben steht (RGBl. S. 699, 743).

Buße.

§ 188. In den Fällen der §§ 186 und 187 kann auf Verlangen des Beleidigten, wenn die Beleidigung nachteilige Folgen für die Vermögensverhältnisse, den Erwerb oder das Fortkommen des Beleidigten mit sich bringt, neben der Strafe auf eine an den Beleidigten zu erlegende Buße erkannt werden.

Eine erkannte Buße schließt die Geltendmachung eines weiteren Entschädigungsanspruchs aus.

Über die Buße, welche außer der Strafe zu erkennen ist und den Vermögensschaden sowie sonstige Einbußen ersetzen soll, vgl. 406d StPO. — Der Mindestbetrag ist drei, der Höchstbetrag 10000 DM. In den zu § 186, Erl. 7, und § 187, Erl. 5 genannten Fällen kann das Gericht außerdem auf eine an die Staatskasse zu entrichtende Buße bis zu 100000 DM. erkennen.

Beleidigung Verstorbener.

§ 189. Wer das Andenken eines Verstorbenen verunglimpft, wird mit Gefängnis bis zu zwei Jahren oder mit Geldstrafe bestraft.

Die Verfolgung tritt nur auf Antrag der Eltern, der Kinder, des Ehegatten oder der Geschwister des Verstorbenen ein.

1. Durch die in der Verordnung v. 29. Mai 1943 erfolgte Neufassung des § 189 wurde der Tatbestand erheblich erweitert.

2. Nach früherem Recht war die Beleidigung Verstorbener nur dann strafbar, wenn sie in der Form der Verleumdung (§ 187) also wider besseres Wissen erfolgte. Jetzt genügt schon die einfache Beleidigung (§ 185) oder üble Nachrede (§ 186). Da aber das Gesetz eine Verunglimpfung verlangt, wird zum Ausdruck gebracht, daß nicht jede Beleidigung oder üble Nachrede genügt, sondern daß eine besonders schwere Kränkung vorliegen muß.

3. Da den Antrag nach der besonderen Vorschrift des Abs. 2 nur leibliche Eltern, Kinder, oder der Ehegatte (auch wenn er wieder geheiratet hat) oder die Geschwister des Verstorbenen stellen können, ist eine Bestrafung ausgeschlossen, wenn keiner dieser Angehörigen mehr lebt.

4. Abs. 3 wurde aufgehoben durch Kontrollratsgesetz Nr. 11.

5. Wegen des Strafrahmens siehe Vorbemerkung B vor § 13. Es gilt der alte (Gef. bis zu 6 Monaten, bei mildernden Umständen Geldstrafe).

Wahrheitsbeweis.

§ 190. Ist die behauptete oder verbreitete Tatsache eine strafbare Handlung, so ist der Beweis der Wahrheit als erbracht anzusehen, wenn der Beleidigte wegen dieser Handlung rechtskräftig verurteilt worden ist. Der Beweis der Wahrheit ist dagegen ausgeschlossen, wenn der Beleidigte wegen dieser Handlung vor der Behauptung oder Verbreitung rechtskräftig freigesprochen worden ist.

Der Paragraph enthält eine das Gericht bindende Beweisregel für den Fall, daß die Beleidigung in der Behauptung oder Verbreitung einer gerichtlich (nicht etwa nur dienstpolizeilich) strafbaren Handlung besteht.

§ 191. Ist wegen der strafbaren Handlung zum Zwecke der Herbeiführung eines Strafverfahrens bei der Behörde Anzeige gemacht, so ist bis zu dem Beschlusse, daß die Eröffnung der Untersuchung nicht stattfinde, oder bis zur Beendigung der eingeleiteten Untersuchung mit dem Verfahren und der Entscheidung über die Beleidigung innezuhalten.

1. Dieser Paragraph gehört unmittelbar zu dem vorhergehenden § 190 und dient zu dessen näherer Ausführung für einen besonderen Fall.

2. Vgl. auch die ähnliche Vorschrift bei § 164 Abs. 6 (falsche Anschuldigung).

§ 192. Der Beweis der Wahrheit der behaupteten oder verbreiteten Tatsache schließt die Bestrafung nach Vorschrift des § 185 nicht aus, wenn das Vorhandensein einer Beleidigung aus der Form der Behauptung oder Verbreitung oder aus den Umständen, unter welchen sie geschah, hervorgeht.

Wenn eine erweislich wahre Tatsache behauptet oder verbreitet wird, so ist dies keine rechtswidrige Handlung und deshalb auch nicht nach §§ 186, 187 StGB. strafbar. Wohl aber kann darin noch eine nach § 185 strafbare Beleidigung gefunden werden, wenn sich aus den näheren Umständen (vgl. darüber Erl. 6 zu § 193) ergibt, daß der Täter damit seine Mißachtung des Betroffenen unberechtigterweise darlegen wollte, d. h. wenn auf eine Beleidigungs*absicht* geschlossen werden kann. (Siehe Vorbem. Z. IV u. V vor § 185.)

Wahrnehmung berechtigter Interessen.

§ 193. Tadelnde Urteile über wissenschaftliche, künstlerische oder gewerbliche Leistungen, ingleichen Äußerungen, welche zur Ausführung oder Verteidigung von Rechten oder zur Wahrnehmung berechtigter Interessen gemacht werden, sowie Vorhaltungen und Rügen der Vorgesetzten gegen ihre Untergebenen, dienstliche Anzeigen oder Urteile von seiten eines Beamten und ähnliche Fälle sind nur insofern strafbar, als das Vorhandensein einer Beleidigung aus der Form der Äußerung oder aus den Umständen, unter welchen sie geschah, hervorgeht.

1. Die Bedeutung dieser die *Rechtswidrigkeit ausschließenden* Vorschrift beruht darin, daß beim Vorhandensein der Voraussetzungen des § 193 zur Bestrafung wegen Vergehens nach §§ 185, 186 nicht das Bewußtsein von dem beleidigenden Charakter der Kundgebung genügt, sondern daß, ebenso wie bei § 192 eine direkt auf Zufügung der Beleidigung gerichtete *Absicht* erfordert wird. Im Falle des § 187 kommt § 193 wohl niemals in Frage. (Siehe Vorbemerkung Z. IV und V zu § 185.)

2. In *Wahrnehmung berechtigter Interessen* handelt derjenige, welcher in einer ihn nahe angehenden Angelegenheit Schutzbehauptungen aufstellt,

z. B. im Zivilprozeß dem Gegner Unglaubwürdigkeit vorwirft. Es kommen dabei nicht nur die höchstpersönlichen eigenen Interessen in Betracht, sondern auch mittelbar die Interessen einer Körperschaft, der der Täter angehört, oder fremder Personen, wenn der Täter nur nahe Beziehungen zu ihnen hat (z. B. der Redakteur einer Zeitung oder der Anwalt oder Verteidiger oder das Auskunftsbüro usw. sind berechtigt, die Interessen ihrer Auftraggeber gegebenenfalls auch auf Kosten der Ehre anderer wahrzunehmen). Die Inanspruchnahme der Presse kann nur zugebilligt werden, wenn die Anrufung der Behörde nutzlos erscheint oder wenigstens vom Täter in gutem Glauben für nutzlos erachtet wurde. Der Angezeigte hat aber nicht das Recht, zu seiner Verteidigung wissentlich unwahre ehrverletzende Behauptungen über einen anderen aufzustellen. Anzeigen unter falschem Namen, die in der Regel als Urkundenfälschungen anzusehen sind, können den Schutz des § 193 nicht beanspruchen.

3. Die Vorhaltungen und Rügen der Vorgesetzten sind nicht rechtswidrig und genießen deshalb ebenfalls den Schutz des § 193.

4. Der Ausdruck „dienstliche Anzeigen" umfaßt nicht nur die Anzeige selbst, sondern auch die Ausführungen zur Begründung und Erläuterung der Anzeige.

5. Tätliche Beleidigungen kommen hier nicht in Betracht.

6. Ist aber die Form der Beleidigung (also der Ton der Äußerung, die Beigabe von Schimpfworten) oder sind die begleitenden Umstände (Vorbringung vor einer zur Empfangnahme solcher Mitteilungen ganz unberechtigten Person usw.) so, daß daraus zu ersehen ist, der Täter habe dem Betroffenen die Mißachtung seiner Person unberechtigterweise absichtlich darlegen, ihn in seiner Ehre angreifen wollen, dann muß dennoch Strafe eintreten.

7. Beispiele: a) Der Unternehmer A hält dem Angestellten C vor, er habe Geschäftsgelder unterschlagen. A ist straflos, wenn er in gutem Glauben war, ohne Rücksicht darauf, ob die Tatsache wahr ist oder nicht. b) A macht gutgläubig die gleiche Bemerkung gegenüber dem Unternehmer B, der C einstellen will. A ist straflos ohne Rücksicht darauf, ob die Tatsache erweislich wahr ist oder nicht; denn A handelte in diesem Falle zur Wahrnehmung eines fremden berechtigten Interesses. c) A macht gutgläubig die fragliche Bemerkung gegenüber einem beliebigen Dritten; er ist nicht durch § 193 geschützt, sondern die Beleidigung (üble Nachrede) ist rechtswidrig und A ist nur dann straflos, wenn er die Wahrheit seiner Behauptung beweisen kann. d) A kann im Falle c) zwar seine Behauptung beweisen, hat aber gegenüber dem Dritten außerdem behauptet, C sei ein Erzlump. A ist gemäß § 185 strafbar, da sich die Absicht der Beleidigung aus der Form der Äußerung ergibt.

Antrag.

§ 194. Die Verfolgung einer Beleidigung tritt nur auf Antrag ein. Die Zurücknahme des Antrages (§§ 185—193) ist zulässig.

1. Vgl. hierzu die §§ 61—65 StGB. über den Antrag. — Über die Privatklage s. § 381 StPO. und Anhang 2, Abschnitt L IV.

2. Die öffentliche Klage wird von der Staatsanwaltschaft nur dann erhoben, wenn dies im öffentlichen Interesse liegt (§ 376 StPO.), z. B. bei Beleidigung von Beamten.

§ 195. Ist eine Ehefrau beleidigt worden, so hat sowohl sie, als ihr Ehemann das Recht, auf Bestrafung anzutragen.

1. Der Ehemann hat bei den Beleidigungen ausnahmsweise (vgl. § 65 StGB.) neben der Ehefrau ein selbständiges Antragsrecht.

2. Es kommt darauf an, ob der Ehemann z. Zt., als die Beleidigung gefallen ist, verheiratet war mit der Beleidigten.

Beamtenbeleidigung.

§ 196. Wenn die Beleidigung gegen eine Behörde, einen Beamten, einen Religionsdiener (oder ein Mitglied der bewaffneten Macht), während sie in der Ausübung ihres Berufes begriffen sind, oder in Beziehung auf ihren Beruf begangen ist, so haben außer den unmittelbar Beteiligten auch deren amtliche Vorgesetzte das Recht, den Strafantrag zu stellen.

1. Die hier genannten Vorgesetzten haben ein selbständiges Antragsrecht neben dem Beleidigten.

2. Behörden sind Organe der Staatsgewalt, welche unter öffentlicher Autorität für Staatszwecke dienstbar sind. Auch die mittelbar für Staatszwecke tätigen Organe der Kommunen (Gemeinden, Kreise usw.) gehören hierher. Auch kirchliche Behörden sind in dieser Bestimmung mitinbegriffen. (Anders bei § 114 StGB.).

3. Einerlei ist es für die hier festgestellte Antragsberechtigung, ob der beleidigte Beamte in rechtmäßiger Ausübung seines Berufes war. (Anders beim Widerstand, § 113).

4. Eine Beziehung auf den Beruf braucht nicht vorhanden zu sein, wenn dem Beamten eine allgemein sittenwidrige Handlung (z. B. ein falscher Zeugeneid) vorgeworfen wird.

5. Von mehreren Vorgesetzten hat jeder das Antragsrecht, nicht nur der unmittelbar Vorgesetzte.

§ 197. Eines Antrages bedarf es nicht, wenn die Beleidigung gegen eine gesetzgebende Versammlung des Reichs oder eines Landes oder gegen eine andere politische Körperschaft begangen worden ist. Dieselbe darf jedoch nur mit Ermächtigung der beleidigten Körperschaft verfolgt werden.

1. Das ist eine Ausnahme von § 194.

2. Nach der „Allgemeinen Anweisung an Richter Nr. 1" unterliegt eine Bestrafung nach § 197 der vorherigen Meldepflicht an die Militärregierung.

Antrag bei wechselseitigen Beleidigungen.

§ 198. Ist bei wechselseitigen Beleidigungen von einem Teile auf Bestrafung angetragen worden, so ist der andere Teil bei Verlust seines Rechts verpflichtet, den Antrag auf Bestrafung spätestens vor Schluß der Verhandlung in erster Instanz zu stellen, hierzu aber auch dann berechtigt, wenn zu jenem Zeitpunkte die dreimonatliche Frist bereits abgelaufen ist.

Wechselseitige Beleidigungen sind miteinander im Zusammenhang stehende, gegenseitige Beleidigungen, die aber nicht auf der Stelle erwidert zu sein brauchen.

Kompensation.

§ 199. Wenn eine Beleidigung auf der Stelle erwidert wird, so kann der Richter beide Beleidiger oder einen derselben für straffrei erklären.

1. „Auf der Stelle erwidert" heißt nicht etwa am selben Platz sofort erwidert, sondern nur alsbald nach der Kenntnisnahme erwidert.

2. Entsprechende Bestimmung für Körperverletzung in § 233.

Veröffentlichungsbefugnis.

§ 200. Wird wegen einer öffentlich oder durch Verbreitung von Schriften, Darstellungen oder Abbildungen begangenen Beleidigung auf Strafe erkannt, so ist zugleich dem Beleidigten die Befugnis zuzusprechen, die Verurteilung auf Kosten des Schuldigen öffentlich bekannt zu machen. Die Art der Bekanntmachung, sowie die Frist zu derselben ist in dem Urteile zu bestimmen.

Erfolgte die Beleidigung in einer Zeitung oder Zeitschrift, so ist der verfügende Teil des Urteils auf Antrag des Beleidigten durch die öffentlichen Blätter bekannt zu machen, und zwar wenn möglich durch dieselbe Zeitung oder Zeitschrift und in demselben Teile und mit derselben Schrift, wie der Abdruck der Beleidigung geschehen.

Dem Beleidigten ist auf Kosten des Schuldigen eine Ausfertigung des Urteils zu erteilen.

1. Wegen der öffentlichen Begehung vgl. Erl. 5 zu § 186.

2. Auch dem amtlichen Vorgesetzten, der den Antrag nach § 196 StGB. gestellt hat, ist die Befugnis zuzusprechen.

Fünfzehnter Abschnitt: Zweikampf.

Herausforderung zum Zweikampf.

§ 201. Die Herausforderung zum Zweikampf mit tödlichen Waffen, sowie die Annahme einer solchen Herausforderung wird mit Festungshaft bis zu sechs Monaten bestraft.

1. Unter Zweikampf im Sinne der §§ 201—210 versteht man einen zwischen zwei Personen verabredeten ernstlichen Kampf mit tödlichen Waffen nach vereinbarten oder hergebrachten Regeln.

2. Waffen irgendwelcher Art (also Schußwaffen oder Hiebwaffen) müssen angewendet sein, damit ein Zweikampf vorliegt. Ein Boxkampf gehört nicht hierher.

3. Eine tödliche Waffe ist eine Waffe, welche geeignet und bestimmt ist, tödliche Verletzungen beizubringen.

4. In § 201 wird lediglich die Herausforderung zum Zweikampf, sei sie nun zwischen den Gegnern direkt oder durch Mittelspersonen (sog. Kartellträger, § 203

StGB.) erfolgt, mit Strafe bedroht. Vom stattgehabten Zweikampf handeln die §§ 205ff.

5. Die Strafe fällt weg, wenn die Parteien den Zweikampf freiwillig aufgegeben haben (§ 204 StGB.).

Herausforderung mit Tötungsabsicht.

§ 202. Festungshaft von zwei Monaten bis zu zwei Jahren tritt ein, wenn bei der Herausforderung die Absicht, daß einer von beiden Teilen das Leben verlieren soll, entweder ausgesprochen ist oder aus der gewählten Art des Zweikampfes erhellt.

Kartellträger.

§ 203. Diejenigen, welche den Auftrag zu einer Herausforderung übernehmen und ausrichten (Kartellträger), werden mit Festungshaft bis zu sechs Monaten bestraft.

Rücktritt.

§ 204. Die Strafe der Herausforderung und der Annahme derselben, sowie die Strafe der Kartellträger fällt weg, wenn die Parteien den Zweikampf vor dessen Beginn freiwillig aufgegeben haben.

Zweikampf.

§ 205. Der Zweikampf wird mit Festungshaft von drei Monaten bis zu fünf Jahren bestraft.

1. Erst wenn der Zweikampf begonnen hat, tritt diese Strafbestimmung ein. Vorher ist nur die Herausforderung strafbar (§ 201).

2. Der Teilnahme an dem Zweikampf machen sich auch die Mitglieder des Ehrengerichts, welches über die Zulässigkeit des Zweikampfes entscheidet, schuldig.

Tötung im Zweikampf.

§ 206. Wer seinen Gegner im Zweikampf tötet, wird mit Festungshaft nicht unter zwei Jahren, und wenn der Zweikampf ein solcher war, welcher den Tod des einen von beiden herbeiführen sollte, mit Festungshaft nicht unter drei Jahren bestraft.

1. Die schwere Strafe dieses Paragraphen tritt ein, wenn einer der Gegner infolge der im Zweikampf erlittenen Verletzungen stirbt, wenn der Tod auch erst nach Wochen im Krankenbett erfolgt und wenn der andere Teil den Tod auch gar nicht gewollt hat. (Erster Halbsatz.)

2. Die noch schwerere Strafe des zweiten Halbsatzes dieses Paragraphen tritt ein, wenn bei der Vereinbarung des Zweikampfes die Absicht vorlag, daß einer das Leben lasse, z. B. wenn Kugelwechsel bis zum Fallen eines Teils ausgemacht war.

Übertretung der Kampfesregeln

§ 207. Ist eine Tötung oder Körperverletzung mittels vorsätzlicher Übertretung der vereinbarten oder hergebrachten Regeln des Zweikampfes bewirkt worden, so ist der Übertreter, sofern nicht nach den vorhergehenden Bestimmungen eine härtere Strafe verwirkt ist, nach den allgemeinen Vorschriften über das Verbrechen der Tötung oder der Körperverletzung zu bestrafen.

1. Wenn ein Teil nicht vorsätzlich, sondern nur in der Hitze des Kampfes fahrlässig die Regeln des Zweikampfes außer acht gelassen hat, kommt diese Bestimmung nicht in Anwendung.

2. Tötung §§ 211ff., Körperverletzung §§ 223ff.

Zweikampf ohne Sekundanten.

§ 208. Hat der Zweikampf ohne Sekundanten stattgefunden, so kann die verwirkte Strafe bis um die Hälfte, jedoch nicht über fünfzehn Jahren erhöht werden.

Unter Sekundanten versteht man die beim Zweikampf Mitwirkenden, welche je einer auf einer Seite dem Kämpfenden beistehen, um ihn vor regelwidrigen Ausschreitungen des Gegners zu schützen.

Straflosigkeit der Kartellträger

§ 209. Kartellträger, welche ernstlich bemüht gewesen sind, den Zweikampf zu verhindern, Sekundanten, sowie zum Zweikampf zugezogene Zeugen, Ärzte und Wundärzte sind straflos.

Anreizung zum Zweikampf.

§ 210. Wer einen andern zum Zweikampf mit einem Dritten absichtlich, insonderheit durch Bezeigung oder Androhung von Verachtung anreizt, wird, falls der Zweikampf stattgefunden hat, mit Gefängnis nicht unter drei Monaten bestraft.

In dem Anreizen kann auch eine Anstiftung (vgl. § 48 StGB.) liegen. Es kann aber auch weniger sein als zur Anstiftung erfordert wird.

§ 210a. Aufgehoben durch Kontrollratsgesetz Nr. 11. (Betraf Zweikampf mit Schlägern.)

Sechzehnter Abschnitt:
Verbrechen und Vergehen wider das Leben.

Vorbemerkung:

1. Das Tötungsstrafrecht wurde durch das Gesetz zur Änderung des Reichsstrafgesetzbuches v. 4. Sept. 1941 (RGBl. I S. 549) neu geregelt.

a) Der Grundtatbestand ist der Mord. Der Totschlag ist lediglich ein leichter Fall des Mordes. Eine Verurteilung wegen Totschlags hat also immer zur Voraussetzung, daß der Täter kein Mörder ist.

b) Die §§ 214 (Totschlag bei Unternehmung einer strafbaren Handlung) und 215 (Aszendententotschlag) wurden als nicht mehr notwendig aufgehoben, während die §§ 213 (Totschlag unter mildernden Umständen), 216 (Tötung auf Verlangen) und 217 (Kindstötung) bestehen blieben.

2. In §§ 211, 212, 213, 216, 217 ist die vorsätzliche Tötung eines Menschen, in § 218 die Abtreibung, in § 221 die Aussetzung und in § 222 die fahrlässige Tötung behandelt.

3. Gegenstand der verschiedenen Tötungsdelikte ist der Mensch schon als eben zur Welt kommendes Kind, vom Beginne der Geburtswehen an. Vorher kommt die menschliche Frucht nur für die Abtreibung (§ 218) in Betracht.
Lebend muß das Kind sein, aber nicht lebensfähig. Es kann also auch ein Kind Gegenstand eines Tötungsdelikts sein, das ohnedies nach kürzerer oder längerer Zeit sterben müßte, ebenso wie ein todkranker erwachsener Mensch.

4. Die Selbsttötung ist nicht strafbar, so daß auch Versuch und Teilnahme straflos sind. In der Anstiftung zum Selbstmord kann aber u. U. ein in mittelbarer Täterschaft begangener Mord oder Totschlag erblickt werden, so z. B. wenn der Selbstmörder unzurechnungsfähig ist.

5. Folgende zwei Sonderfälle sind zu beachten: Wenn der Täter seinen Feind A töten will, in der Dunkelheit aber den B für den A hält und erschießt, so wird er als Mörder oder Totschläger bestraft, wie wenn er den A erschossen hätte. Schießt er aber wirklich auf den A, trifft aber, weil der Schuß fehl geht, den in der Nähe stehenden B tödlich, so liegt Versuch der Tötung des A und fahrlässige Tötung des B (§ 222) vor. (Siehe „Einführende Vorbemerkungen zum Strafrecht" S. 1 ff., Abschnitt D III, S. 20.)

6. Die Tötung ist nicht strafbar, wenn sie nicht rechtswidrig ist, d. h. wenn ein Rechtfertigungsgrund vorliegt, z. B. wenn sie vom Soldat im Kriege oder vom Scharfrichter, oder vom Arzte bei einer Geburt zur Rettung der Mutter ausgeführt wird. (Siehe „Einführende Vorbemerkungen zum Strafrecht" S. 1 ff., Abschnitt B III 2 f, S. 5.)

Mord.

§ 211. Der Mörder wird mit dem Tode bestraft.

Mörder ist, wer

aus Mordlust, zur Befriedigung des Geschlechtstriebs, aus Habgier oder sonst aus niedrigen Beweggründen,

heimtückisch oder grausam oder mit gemeingefährlichen Mitteln oder

um eine andere Straftat zu ermöglichen oder zu verdecken,

einen Menschen tötet.

Ist in besonderen Ausnahmefällen die Todesstrafe nicht angemessen, so ist die Strafe lebenslanges Zuchthaus.

1. Der Vorsatz ist bei Mord und Totschlag nach wie vor der gleiche: Die bewußte, gewollte Tötung eines Menschen. Bedingter Vorsatz genügt.

a) Nach altem Recht wurde der Totschlag zum Mord, wenn die Tötung mit Überlegung ausgeführt wurde.

b) Auch das neue Recht hält an der Unterscheidung zwischen Mord und Totschlag fest, unterscheidet die beiden Tötungsarten aber nicht mehr nach dem inneren rein verstandesmäßigen Vorgang der Überlegung, sondern stellt mit der Bezeichnung des Täters als Mörder oder Totschläger die Gesamtpersönlichkeit des Täters in den Mittelpunkt der Betrachtungsweise.

2. Der Richter hat sich nach dem neuen Recht bei jedem Tötungsdelikt zunächst mit der Frage zu befassen, ob die Tötung als Mord zu werten ist, d. h. ob der Täter eine besonders verwerfliche Gesinnung an den Tag gelegt hat.

Dies ist dann der Fall, wenn die im Gesetz in der ersten und dritten Gruppe aufgeführten besonderen Beweggründe vorliegen (Mordlust, Befriedigung des Geschlechtstriebes, Habgier, sonstige niedrige Beweggründe, sowie Verfolgung des Zweckes, eine andere Straftat zu ermöglichen oder zu verdecken), oder wenn eine der in der zweiten Gruppe genannten Begehungsarten (Heimtücke, Grausamkeit und Anwendung gemeingefährlicher Mittel) in Frage kommen.

3. Versuch des Mords kann schon dann vorliegen, wenn der Täter in Tötungsabsicht lediglich das Gewehr anlegt, selbst wenn der Hahn noch nicht gespannt ist. (Siehe Erl. 2 zu § 43.)

4. Während das frühere Tötungsstrafrecht für den Mord nur die absolute Todesstrafe kannte, läßt der neue § 211 für besondere Ausnahmefälle, in denen die Todesstrafe nicht angemessen ist, lebenslanges Zuchthaus zu. (Wegen Abschaffung der Todesstrafe siehe die Erl. zu § 13.)

Totschlag.

§ 212. Wer einen Menschen vorsätzlich tötet, ohne Mörder zu sein, wird als Totschläger mit lebenslangem Zuchthaus oder mit Zuchthaus nicht unter fünf Jahren bestraft.

1. Totschlag ist die vorsätzliche Tötung eines Menschen, wenn die besonderen Umstände des § 211 nicht vorliegen, und auch §§ 216, 217 nicht in Frage kommen. Wie beim Mord genügt auch hier bedingter Vorsatz.

2. Wegen Versuchs siehe Erl. 3 zu § 211.

3. Allgemeine Anweisung an Richter Nr. 1 (siehe Vorbemerkung B vor § 13) findet Anwendung; als Strafrahmen kommt daher grundsätzlich nur der frühere Strafrahmen (Zuchthaus nicht unter 5 Jahren) in Betracht.

Totschlag unter mildernden Umständen.

§ 213. War der Totschläger ohne eigene Schuld durch eine ihm oder einem Angehörigen zugefügte Mißhandlung oder schwere Beleidigung von dem Getöteten zum Zorne gereizt und hierdurch auf der Stelle zur Tat hingerissen worden, oder sind andere mildernde Umstände vorhanden, so tritt Gefängnisstrafe nicht unter sechs Monaten ein.

1. Diese Vorschrift, die im Falle einer Provokation mildernde Umstände beim Totschlag vorsieht, gilt nicht beim Mord (§ 211) und der Tötung auf Verlangen (§ 216). Der Totschlag bleibt ein Verbrechen, auch wenn mildernde Umstände vorliegen. (Siehe Erl. 2 zu § 1.)

2. Als Provokationen nennt das Gesetz Mißhandlungen (aber nur körperliche) und schwere Beleidigungen, z. B. Ehebruch mit der Frau des Totschlägers.

3. Das „Hingerissenwerden" zur Tat muß „auf der Stelle", also noch unter der Einwirkung der durch die Provokation hervorgerufenen Gemütsbewegung (Zornaffekt) erfolgen.

4. Der Täter muß schließlich „ohne eigene Schuld" zur Tat hingerissen worden sein, d. h. ohne daß er zu der Mißhandlung oder Beleidigung eine Veranlassung gegeben hat.

5. Als „andere mildernde Umstände" kommen alle Tatsachen in Betracht, die die Anwendung des ordentlichen Strafrahmens als zu hart erscheinen lassen.

§§ 214, 215 sind durch Gesetz v. 4. Sept. 1941 gestrichen. (Siehe Vorbemerkung zu § 211.)

Tötung auf Verlangen.

§ 216. Ist jemand durch das ausdrückliche und ernstliche Verlangen des Getöteten zur Tötung bestimmt worden, so ist auf Gefängnis nicht unter drei Jahren zu erkennen.

Der Versuch ist strafbar.

1. Diese Gesetzesstelle behandelt ein Sonderdelikt. Die Bestimmung des § 213 kommt also nicht in Betracht (siehe Erl. 1 zu § 213).

2. Das Verlangen muß ausdrücklich, d. h. eindeutig und unmißverständlich sowie ernstlich erfolgt sein, d. h. nicht etwa nur unter dem Eindruck einer vorübergehenden Depression. Bei Geisteserkrankung oder jugendlichem Alter wird eine solche Ernstlichkeit im allgemeinen zu verneinen sein.

Kindstötung.

§ 217. Eine Mutter, welche ihr uneheliches Kind in oder gleich nach der Geburt vorsätzlich tötet, wird mit Zuchthaus nicht unter drei Jahren bestraft.

Sind mildernde Umstände vorhanden, so tritt Gefängnisstrafe nicht unter zwei Jahren ein.

1. Die sog. Kindstötung ist ein Sonderdelikt. Die Bestimmung des § 213 findet daher auf § 217 keine Anwendung.

2. Grund für diese Sonderbehandlung der unehelichen Mutter ist die wirtschaftliche und seelische Notlage, in der sich im allgemeinen die uneheliche Mutter bei der Geburt befindet.

3. Unehelich ist ein Kind, dessen Eltern weder zur Zeit des Beischlafs noch zur Zeit der Geburt in formell gültiger Ehe miteinander verheiratet waren. Daher kann auch die Ehefrau, die ein nicht von ihrem Ehemann erzeugtes Kind tötet, unter § 217 fallen.

4. „In der Geburt" bedeutet den Zeitraum vom Beginne der Geburtswehen bis zum vollständigen Austritt aus dem Mutterleibe. „Gleich nach der Geburt" umfaßt den Zeitraum, in dem die durch die Geburt hervorgerufene Gemütsbewegung noch andauert. Ein bestimmter Zeitabschnitt läßt sich dafür nicht aufstellen.

5. Nur der Mutter selbst kommt dieser Strafmilderungsgrund zugute. Der Teilnehmer (Mittäter, Anstifter, Gehilfe) wird wegen Teilnahme am Mord (§ 211) oder Totschlag (§ 212) bestraft. (Siehe Erl. 4 b, cc und Erl. 7 d zu § 50).

Abtreibung.

§ 218. Eine Frau, die ihre Leibesfrucht abtötet oder die Abtötung durch einen anderen zuläßt, wird mit Gefängnis, in besonders schweren Fällen mit Zuchthaus bestraft.

Der Versuch ist strafbar.

Wer sonst die Leibesfrucht einer Schwangeren abtötet, wird mit Zuchthaus, in minder schweren Fällen mit Gefängnis bestraft. Hat der Täter dadurch die Lebenskraft des deutschen Volkes fortgesetzt beeinträchtigt, so ist auf Todesstrafe zu erkennen.

Wer einer Schwangeren ein Mittel oder einen Gegenstand zur Abtötung der Leibesfrucht verschafft, wird mit Gefängnis, in besonders schweren Fällen mit Zuchthaus bestraft.

1. Das Wesen des Abtreibungsdelikts besteht darin, daß entweder durch die Bewirkung des vorzeitigen Abgangs der Frucht aus dem Leibe der lebenden Mutter der Tod der Frucht oder des etwa lebend geborenen Kindes herbeigeführt, oder die Frucht im lebenden Mutterleib getötet wird, aber in beiden Fällen unter Erhaltung des Lebens der Schwangeren. Ist zwar die Abtreibung bewirkt worden, das Kind aber, weil es die zum Fortleben erforderliche Reife hatte, am Leben geblieben, so liegt nur Versuch vor. Während die Tötungsverbrechen der §§ 211 bis 217 sich gegen die Menschen vom Beginne der Geburtswehen an richten, handelt der § 218 von der Vernichtung der Leibesfrucht bis zum Beginne der Geburtswehen.

2. Als Mittel der Abtreibung kommen sowohl äußerliche (z. B. Schlag oder Stoß auf den Unterleib der Schwangeren, Herabspringen der Schwangeren, Tragen schwerer Lasten u. ä.), als auch innerliche Mittel (Abführmittel, Mutterkorn und vor allem Einspritzung in die Gebärmutter) in Frage. Dabei ist zu bemerken, daß es vollkommen sicher die Abtreibung herbeiführende Mittel überhaupt nicht gibt, daß aber alle Mittel, welche Blutüberfüllung in den Unterleibsorganen herbeiführen, auch die Abtötung der Leibesfrucht bewirken können. Auch die Anwendung absolut untauglicher Mittel bewirkt Strafbarkeit wegen Versuchs, dies sogar auch dann, wenn die Schwangere nur irrtümlich angenommen hat, daß sie schwanger sei. (Siehe Erl. 5 zu § 43.)

3. Der neue § 218 enthält folgende Tatbestände:

a) Die Abtötung durch die Mutter (Abs. 1, erster Halbsatz).

b) Die Abtötung durch einen anderen (Abs. 3).

c) Die Zulassung der Abtötung durch die Mutter (Abs. 1 zweiter Halbsatz).

d) Die Erleichterung der Abtötung (Verschaffung eines Gegenstandes zur Abtötung der Leibesfrucht) (Abs. 4).

Die Verschaffung ist ohne Rücksicht darauf strafbar, ob die Schwangere das Mittel verwendet oder nicht. Es ist sogar unerheblich, ob das Mittel mit dem Willen erworben wird, damit die Frucht abzutreiben. Es ist lediglich erforderlich, daß die Frau, der das Abtreibungsmittel verschafft wird, wirklich schwanger und das Mittel zur Abtreibung wirklich geeignet ist. Soweit die Schwangerschaft und die Eignung lediglich in der Vorstellung des Verschaffenden vorhanden ist, kommt nur ein sog. Versuch am untauglichen Objekt und mit untauglichen Mitteln in Betracht.

4. Auch durch Selbstmord bzw. Selbstmordversuch kann eine Abtreibung begangen werden, wenn die schwangere Kindsmutter das Bewußtsein und den Willen hat, auch ihre Leibesfrucht zu töten.

5. Eine straflose Unterbrechung der Schwangerschaft durch den Arzt ist nur aus medizinischen Gründen möglich.

Durch Gesetz Nr. 34 der Regierung Württemberg/Baden vom 24. Juli 1946 (siehe Regierungsblatt Nr. 17 S. 207) wurde bestimmt, daß § 14 Abs. 1 des Gesetzes zur Verhütung erbkranken Nachwuchses vom 14. Juli 1933 in der Fassung der Gesetze vom 26. Juni 1935 und vom 4. Februar 1936 sowie die Bestimmungen der Artikel 2—7, 12 und 14 der 4. Ausführungsverordnung vom 18. Juli 1935 (mit einigen Änderungen) weiterhin anwendbar bleiben.

Der genannte § 14 Abs. 1 lautet: „Eine Unfruchtbarmachung oder Schwangerschaftsunterbrechung sowie eine Entfernung der Keimdrüsen sind nur dann zulässig, wenn ein Arzt sie nach den Regeln der ärztlichen Kunst zur Abwendung einer ernsten Gefahr für das Leben oder die Gesundheit desjenigen, an dem er sie vornimmt, und mit dessen Einwilligung vollzieht."

In dem ebenfalls in Kraft gebliebenen Art. 5 der genannten Ausführungsverordnung ist dann weiter bestimmt, daß die Unfruchtbarmachung oder Schwangerschaftsunterbrechung erst dann vorgenommen werden darf, nachdem eine Gutachterstelle den Eingriff für erforderlich erklärt hat, es sei denn, daß er wegen unmittelbarer Gefahr für Leben oder Gesundheit nicht aufgeschoben werden kann. (Ebenso wurde in der britischen Zone § 14 a. a. O. aufrecht erhalten. Dagegen wurde in Bayern und Hessen das genannte Gesetz für unanwendbar erklärt, so daß für diese Gebiete der amerikanischen Zone die Straflosigkeit einer ärztlichen Schwangerschaftsunterbrechung nur mit Hilfe des sog. übergesetzlichen Notstandes — siehe hierzu Erl. 4 zu § 54 — begründet werden kann.)

Im übrigen wird mit Hilfe des übergesetzlichen Notstandes in allen Fällen, in denen ein Nichtarzt (z. B. eine Hebamme) bei Nichterreichbarkeit eines Arztes eine Schwangerschaftsunterbrechung vornimmt, eine Straflosigkeit derselben begründet werden können, vorausgesetzt, daß der Eingriff das einzige Mittel war, um die Schwangere aus einer gegenwärtigen Gefahr des Todes oder schwerer Gesundheitsschädigung zu retten.

6. Für den Strafrahmen des § 218, der durch Verordnung vom 9. März 1943 gegenüber der früheren Fassung vom 18. Mai 1926 verschärft wurde, ergibt sich nunmehr unter Zugrundelegung der Erläuterungen in Vorbemerkung B vor § 13 folgendes:

a) Die Abtreibung (auch die Drittabtreibung) wird im Regelfall mit Gefängnis bestraft.

b) Auf Zuchthausstrafe kann erkannt werden:

aa) Bei der Selbstabtreibung, wenn ein besonders schwerer Fall vorliegt und außerdem entweder durch die kriminelle Vergangenheit der Angeklagten oder durch die Häufigkeit der Straftat die Verschärfung der Strafe gerechtfertigt ist;

bb) bei Drittabtreibung, wenn die Abtreibung ohne Einwilligung der Schwangeren erfolgt oder wenn die Abtreibung gewerbsmäßig erfolgt, oder wenn die Verschärfung der Strafe durch die kriminelle Vergangenheit des Angeklagten oder durch die Häufigkeit der Straftat gerechtfertigt ist.

Auch die Drittabtreibung ist demnach für den Regelfall wieder zum Vergehen geworden.

c) Auf Todesstrafe kann nicht mehr erkannt werden (siehe Erl. zu § 13). Darüber hinaus dürfte wohl die Annahme gerechtfertigt sein, daß die ganze

Bestimmung des Abs. 3 Satz 2 unanwendbar geworden ist, da sie offensichtlich nationalsozialistisches Gedankengut enthält („fortgesetzte Beeinträchtigung der Lebenskraft des deutschen Volkes").

Vertrieb von Abtreibungsmitteln.

§ 219. Wer Mittel oder Gegenstände, welche die Schwangerschaft abbrechen oder verhüten oder Geschlechtskrankheiten vorbeugen sollen, vorsätzlich oder fahrlässig einer Vorschrift entgegen herstellt, ankündigt oder in Verkehr bringt, wird mit Gefängnis bis zu zwei Jahren oder mit Geldstrafe bestraft.

1. Die durch die VO. v. 9. März 1943 geschaffene Neufassung des § 219 erweitert dessen Anwendungsgebiet insofern, als nunmehr auch die Herstellung eines Abtreibungsmittels unter Strafe gestellt ist.

2. Unter die Ankündigung fällt auch die Anpreisung und Ausstellung. Das Inverkehrbringen umfaßt nicht nur den Verkauf, sondern jeden irgendwie gearteten Vertrieb, also auch die unentgeltliche Abgabe.

3. Die Handlung muß unter Verletzung einer Vorschrift begangen werden. Als eine solche Vorschrift kommt vor allem in Betracht die Polizeiverordnung betr. Verfahren, Mittel und Gegenstände zur Unterbrechung und Verhütung von Schwangerschaften vom 21. Januar 1941 (RGBl. I, S. 63) sowie die Polizeiverordnung über die Werbung auf dem Gebiete des Heilwesens vom 29. September 1941 (RGBl. I S. 587) in Betracht.

4. Für die britische Zone wurde dem § 219 folgender Absatz 2 zugefügt: „Die Vorschrift des Abs. 1 findet keine Anwendung, wenn Mittel, Gegenstände oder Verfahren, die zu ärztlich gebotenen Unterbrechungen der Schwangerschaft dienen, Ärzten oder Personen, die mit solchen Mitteln und Gegenständen erlaubterweise Handel treiben, oder in ärztlichen oder pharmazeutischen Fachzeitschriften angekündigt oder angepriesen werden."

Anbieten von Hilfeleistungen.

§ 220. Wer öffentlich seine eigenen oder fremde Dienste zur Vornahme oder Förderung von Abtreibungen anbietet, wird mit Gefängnis bis zu zwei Jahren oder mit Geldstrafe bestraft.

Aussetzung.

§ 221. Wer eine wegen jugendlichen Alters, Gebrechlichkeit oder Krankheit hilflose Person aussetzt, oder wer eine solche Person, wenn dieselbe unter seiner Obhut steht oder wenn er für die Unterbringung, Fortschaffung oder Aufnahme derselben zu sorgen hat, in hilfloser Lage vorsätzlich verläßt, wird mit Gefängnis nicht unter drei Monaten bestraft.

Wird die Handlung von leiblichen Eltern gegen ihr Kind begangen, so tritt Gefängnisstrafe nicht unter sechs Monaten ein.

Ist durch die Handlung eine schwere Körperverletzung der ausgesetzten oder verlassenen Person verursacht worden, so tritt Zuchthausstrafe bis zu zehn Jahren und, wenn durch die Handlung der Tod verursacht worden ist, Zuchthausstrafe nicht unter drei Jahren ein.

1. Die Aussetzung ist ein Gefährdungsdelikt (siehe „Einführende Vorbemerkungen zum Strafrecht" Seite 1 ff., Abschnitt B II 2, S. 3).

2. Für den Begriff „jugendliches Alter" ist keine Altersgrenze vorgesehen. Gebrechlichkeit umfaßt auch die Altersschwäche, Krankheit auch sinnlose Trunkenheit.

3. Hilflos ist jemand, wenn er ohne Hilfe anderer an Leib oder Leben gefährdet ist.

4. Unter Aussetzen versteht man das Verbringen einer hilflosen Person in einen Zustand, in dem sie ohne Hilfe anderer an Leib oder Leben gefährdet ist.

5. Das Verlassen in hilfloser Lage wird nur bestraft, wenn der Weggehende eine rechtliche, nicht bloß moralische Verpflichtung hat, für die hilflose Person zu sorgen. Ein bloßes Nichtaufnehmen einer derartigen Person fällt nicht unter die Strafbestimmung.

6. Der Abs. 2 bezieht sich nur auf leibliche Eltern (auch uneheliche) nicht also auf Stief-, Schwieger-, Adoptiv- und Pflegeeltern, auch nicht auf Großeltern.

7. Nach Abs. 3 ist lediglich der ungewollte Eintritt der bezeichneten schweren Folgen Grund zur Anwendung der hier aufgestellten Verbrechensstrafe.

8. Zum Vorsatz gehört lediglich die Kenntnis des Täters von der hilflosen Lage und sein Bewußtsein, daß er durch seine Handlungsweise die hilflose Person gefährdet. Erfolgt die Aussetzung mit dem Willen, die fragliche Person zu töten, dann kommt nur Mord (§ 211) oder Totschlag (§ 212) in Frage. Im Verhältnis des § 221 zu §§ 170 d und 330 c besteht Gesetzeskonkurrenz. (Siehe S. 12.)

9. Beispiele:

a) Die uneheliche Mutter A legt ihr 4 Monate altes Kind in den Straßengraben einer verkehrsreichen Straße, um sich des Kindes zu entledigen; sie hat dabei die Hoffnung, daß einer der Vorübergehenden sich des Kindes annehmen werde: Die A hat eine „wegen jugendlichen Alters hilflose Person ausgesetzt" i. S. der ersten Alternative des § 221; denn es hängt vom Zufall ab, ob das Kind von einem Passanten aufgenommen wird. Die A hat demnach durch ihr Verhalten Leben oder Gesundheit des Kindes gefährdet und damit das Vergehen des § 221 vollendet und zwar unter dem Erschwerungsgrund des Abs. 2 des § 221. Dieses Vergehen würde nur dann nicht vorliegen, wenn die A sich in der Nähe der Aussetzungsstelle aufgehalten hätte, um bis zur etwaigen Aufnahme des Kindes zu warten und eventuell das Kind in seinen Schutz zurückzunehmen.

b) Der Wirt B eines Gasthauses verbringt einen sinnlos betrunkenen Gast, um ihn vor Schließung des Lokals los zu werden, in einer Nacht bei 10 Grad Kälte vor die Wirtschaft, wo der Gast einige Stunden später den Erfrierungstod erleidet: B hat eine „wegen Krankheit hilflose Person ausgesetzt" und hat sich, da durch seine Handlungsweise der Tod des Betrunkenen eingetreten ist, eines Verbrechens nach § 221 Abs. 3 schuldig gemacht.

c) Wenn im Falle b) ein Passant den Betrunkenen vor der Wirtschaft liegen sieht und sich seiner nicht annimmt, so macht er sich nicht nach § 221 (Verlassen in hilfloser Lage) strafbar, denn er hat keine rechtliche Verpflichtung, für den Betrunkenen zu sorgen; es könnte höchstens ein Vergehen nach § 330c in Frage kommen.

d) Dagegen macht sich im Fall b) der Polizeibeamte C, der den Betrunkenen findet, eines Vergehens nach § 221 schuldig, wenn er es unterläßt, für ihn zu sorgen, da für den Beamten eine rechtliche Verpflichtung hierzu besteht.

Fahrlässige Tötung.

§ 222. Wer durch Fahrlässigkeit den Tod eines Menschen verursacht, wird mit Gefängnis bestraft.

1. Durch die VO. zur Änderung der Strafvorschriften über fahrlässige Tötung, Körperverletzung und Flucht bei Verkehrsunfällen v. 2. April 1940 wurde die Strafandrohung verschärft. Wegen der Strafschärfung siehe Vorbem. B vor § 13. Man wird wohl auch hier zu dem Ergebnis gelangen müssen, daß bei Anwendung des § 222 grundsätzlich der vor dem 30. Januar 1933 geltende Strafrahmen, nämlich Gefängnis bis zu 3 Jahren, maßgebend ist, es sei denn, daß die in der alten Fassung des § 222 vorgesehenen Strafschärfungsgründe (Berufsfahrer usw.) vorliegen, die eine Erhöhung der Gefängnisstrafe auf 5 Jahre ermöglichten.

2. Der Abs. 2 des § 222 und der Abs. 2 des § 230 bedrohten die fahrlässige Tötung und die fahrlässige Körperverletzung mit erhöhter Strafe, wenn der Täter zu der Aufmerksamkeit, die er außer acht ließ, „vermöge seines Amtes, Berufes oder Gewerbes besonders verpflichtet" war. Lagen diese Voraussetzungen vor, so wurden ferner nach der früheren Regelung des § 232 die leichte vorsätzliche sowie die fahrlässige Körperverletzung von Amts wegen verfolgt, während sonst diese Delikte nur auf Antrag des Verletzten verfolgt wurden. (Siehe Erl. 1 zu § 232.)

3. Die durch die genannte VO. getroffene Neuregelung, die für den gesamten Bereich der fahrlässigen Tötung und Körperverletzung gilt (ihr Hauptanwendungsgebiet bildet allerdings der Straßenverkehr), beseitigt die Unterscheidung nach der Verletzung einer Amts-, Berufs- oder Gewerbepflicht, macht also keinen Unterschied mehr zwischen Berufsfahrer und Nichtberufsfahrer, verschärft dafür aber die Strafen in § 222 Abs. 1 und in § 230 Abs. 1.

4. Der eingetretene Erfolg (nämlich der Tod) muß die direkte oder indirekte, vom Täter aber nicht gewollte Folge der ihm zur Last fallenden Handlungsweise oder Unterlassung sein. Man nennt dieses Verhältnis von Ursache und Wirkung Kausalzusammenhang. (Siehe hierzu „Einführende Vorbemerkungen zum Strafrecht", S. 1 ff., Abschnitt B V, S. 9.)

5. Fahrlässigkeit liegt vor, wenn der Täter bei gehöriger Aufmerksamkeit und Vorsicht den Tod des andern als erfahrungsmäßige Folge seines Verhaltens hätte voraussehen können. Es ist also neben einem gewissen Grad von Leichtsinn auch Voraussehbarkeit der Todesfolge zur Strafbarkeit erforderlich. Damit ist aber nicht gesagt, daß sich der Täter gerade die im besonderen Fall eingetretene Folge der Ereignisse vorstellen mußte, wenn er nur im allgemeinen den auf irgendeine Weise eintretenden Tod voraussehen konnte. (Siehe „Einführende Vorbemerkungen zum Strafrecht" S. 1 ff., Abschnitt C III 2, S. 16.)

6. Ein Verstoß gegen Polizeiverordnungen, Unfallverhütungsvorschriften usw. rechtfertigt nicht ohne weiteres die Annahme einer Fahrlässigkeit, sondern kann nur ein Beweisanzeichen dafür sein, daß fahrlässiges Handeln vorliegt.

7. Häufig wird mit der fahrlässigen Tötung eine Übertretung von Bestimmungen für den Kraftfahrzeugverkehr zusammentreffen. Maßgebend hierfür ist die Straßenverkehrsordnung (StVO.) vom 13. November 1937, insbesondere die §§ 1, 7 bis 24, welche die dem Kraftfahrer im Interesse der Sicherheit des Verkehrs auferlegten Verpflichtungen enthalten. Wer gegen diese Bestimmungen verstößt und dadurch den Tod eines Menschen verursacht, ist wegen

fahrlässiger Tötung, begangen in Tateinheit (Idealkonkurrenz) mit einer Übertretung nach § 49 StVO. zu bestrafen. Ferner kann fahrlässige Tötung in Idealkonkurrenz mit Abtreibung zusammentreffen, ebenso mit einem Vergehen nach § 170 d. Realkonkurrenz (Tatmehrheit) mit dem Vergehen der Führerflucht (§ 139 a) liegt vor, wenn der Kraftfahrer, nachdem er durch sein fahrlässiges Verhalten den Tod eines Menschen verursacht hat, flieht.

8. Sonstige Beispiele: Die Mutter kann fahrlässigerweise den Tod ihres eben geborenen Kindes herbeiführen, wenn sie infolge Leichtfertigkeit die Vorbereitungen zur Geburt unterläßt. Ebenso können sich die Hebamme durch Unachtsamkeit bei der Geburtshilfe, auch durch nicht rechtzeitiges Kommen und Nichtherbeiholen eines Arztes, ferner der Arzt durch Kunstfehler, der Apotheker durch falsches Wiegen bei Giftmedikamenten, der Bauunternehmer durch Nichtbeachtung von Unfallverhütungsvorschriften der fahrlässigen Tötung schuldig machen, immer vorausgesetzt, daß der Kausalzusammenhang zwischen dem pflichtwidrigen Verhalten und dem Tod gegeben ist. Schließlich kann fahrlässige Tötung auch dann in Frage kommen, wenn der mit Vorsatz handelnde Täter irrtümlicherweise die Voraussetzungen eines Rechtfertigungs- oder eines Schuldausschließungsgrundes angenommen hat. So kann z. B. der Jagdaufseher, der auf große Entfernung irrtümlicherweise einen mit einem Gewehr versehenen Jäger für einen Wilderer hält, der ihn angreifen wolle und daraufhin einen tödlichen Schuß auf den vermeintlichen Wilderer abgibt, nicht wegen vorsätzlicher Tötung bestraft werden, da ein Rechtfertigungsgrund (Putativnotwehr) vorliegt. (Siehe Erl. 6 zu § 53.) Beruht der Irrtum aber auf Fahrlässigkeit, dann ist der Jagdaufseher gemäß § 59 Abs. 2 wegen fahrlässiger Tötung nach § 222 strafbar. (Siehe auch „Einführende Vorbemerkungen zum Strafrecht", S. 1 ff., Abschnitt D II 3, S. 19.)

9. Wegen error in persona und der sog. Abirrung siehe „Einführende Vorbemerkungen zum Strafrecht", S. 1 ff., Abschnitt D III, S. 20.

Siebzehnter Abschnitt: Körperverletzung.

Vorbemerkung:

1. Die §§ 223—229 betreffen die vorsätzliche Körperverletzung und zwar:

§ 223 die einfache oder leichte Körperverletzung, nach Abs. 2 erschwert, wenn gegen einen Verwandten aufsteigender Linie verübt,

§ 223a die sog. gefährliche Körperverletzung.

An Stelle des § 223a Abs. 2 ist durch die Strafrechtsnovelle vom 26. Mai 1933 § 223b eingefügt worden, der eine erhebliche Verschärfung der Bestimmungen gegen Körperverletzungen von Kindern, Jugendlichen und Wehrlosen enthält.

§ 224 die schwere Körperverletzung mit unbeabsichtigten schweren Folgen,

§ 225 die schwere Körperverletzung mit beabsichtigten schweren Folgen,

§ 226 die Körperverletzung mit (unbeabsichtigtem) nachfolgendem Tod,

§ 227 die Beteiligung am Raufhandel mit schweren Folgen,

§ 228 mildernde Umstände für alle vorsätzlichen Körperverletzungen mit Ausnahme der des § 225,

§ 229 Beibringung von Gift,

§ 230 die fahrlässige Körperverletzung,

die §§ 231—233 Bestimmungen über Buße, Strafantrag und Aufrechnung gegenseitiger Körperverletzungen.

2. Die Vergehen der Körperverletzung in den Fällen der §§ 223, 223a Absatz 1 und des § 230 StGB. können vom Verletzten im Wege der Privatklage verfolgt werden, ohne daß es einer vorgängigen Anrufung der Staatsanwaltschaft bedarf (s. § 374 StPO. und Anhang 2, Abschnitt L IV, S. 347).

3. Die frühere Streitfrage, ob die Einwilligung des Verletzten eine Körperverletzung straflos machen kann, hat § 226a dahin gelöst, daß grundsätzlich die Einwilligung einen Rechtfertigungsgrund bildet, es sei denn, daß die Tat trotz der Einwilligung gegen die guten Sitten verstößt. Durch diese neue Vorschrift ist nunmehr auch festgestellt, daß die Operation straflos ist. (Siehe hierzu „Einführende Vorbemerkungen zum Strafrecht", S. 1 ff., Abschnitt B III 2 b, bb, S. 5.)

Leichte Körperverletzung.

§ 223. Wer vorsätzlich einen anderen körperlich mißhandelt oder an der Gesundheit beschädigt, wird wegen Körperverletzung mit Gefängnis bis zu drei Jahren oder mit Geldstrafe bestraft.

Ist die Handlung gegen Verwandte aufsteigender Linie begangen, so ist auf Gefängnis nicht unter einem Monat zu erkennen.

1. Körperverletzung ist die widerrechtliche Beeinträchtigung der körperlichen Unversehrtheit eines anderen. Sie kann auf zweierlei Weise begangen werden: durch körperliche Mißhandlung oder durch Gesundheitsbeschädigung. Die Körperverletzung des § 223 ist der Grundtatbestand, zu dem erschwerende Umstände hinzutreten können, die dann die Tatbestände der §§ 223 a bis 226 begründen.

2. Eine körperliche Mißhandlung liegt nur vor, wenn der „andere" mindestens ein körperliches Mißbehagen empfindet. Das kann auf die verschiedenste Weise verursacht werden, auch durch die Einflößung von Flüssigkeiten. Verursacht ein Schlag oder ein Stoß kein Mißbehagen, so kann er nur als Beleidigung in Betracht kommen (vgl. oben Erl. 2 zu § 185). Anspeien kann eine Mißhandlung darstellen.

3. Die Gesundheitsbeschädigung, welche sowohl die körperliche, als auch die geistige Gesundheit betreffen kann, ist die Störung des Befindens eines anderen, die sich als Krankheit darstellt. Auch durch Ansteckung mit einer Geschlechtskrankheit kann eine solche Gesundheitsbeschädigung erfolgen (vgl. Erl. 5 zu § 327); ebenso durch die pflichtwidrige Entziehung der notwendigen Pflege, oder durch Erregung von schwerer Trunkenheit.

4. Ebenso wie bei der Tötung (siehe § 222 Erl. 8 letztes Beispiel) fehlt auch bei der Körperverletzung die Rechtswidrigkeit dann, wenn dem Handelnden ein Rechtfertigungsgrund zur Seite steht, vor allem, wenn die Körperverletzung auf Grund berechtigter Notwehr begangen wird (siehe die Erläuterungen zu § 53). Als weitere Rechtferigungsgründe, welche die Straflosigkeit einer Körperverletzung bedingen können, kommen in Betracht: Die Einwilligung des Verletzten gemäß § 226 a (siehe Erl. 3 der Vorbemerkung), ferner das Züchtigungsrecht der Eltern gegenüber den eigenen Kindern gemäß § 1627, 1631 BGB. (die Züchtigung fremder Kinder ist grundsätzlich rechtswidrig und daher als Körperverletzung strafbar), ferner das Züchtigungsrecht des Lehrers gegenüber

dem Schüler und des Lehrherrn gegenüber dem Lehrling (§ 127a Gewerbeordnung). Liegt nur Putativnotwehr vor (siehe Erl. 6 zu § 53), dann macht sich der Täter wegen fahrlässiger Körperverletzung strafbar, falls sein Irrtum verschuldet war. Ebenso macht sich der Lehrer, der infolge Personenirrtums den zu strafenden Schüler A mit dem unschuldigen Schüler B verwechselt und letzteren züchtigt, nicht wegen vorsätzlicher Körperverletzung im Amte gemäß § 340 strafbar; dagegen kann fahrlässige Körperverletzung in Frage kommen, wenn die Personenverwechslung fahrlässig verschuldet war. (Siehe „Einführende Vorbemerkungen zum Strafrecht", Seite 1 ff., Abschnitt D II 3, S. 19.)

5. Die in Abs. 2 erwähnten Verwandten aufsteigender Linie sind die Eltern, Großeltern und Urgroßeltern. S. auch Erl. 3 zu § 52, und „Einführende Vorbemerkungen zum Strafrecht", S. 1 ff., Abschnitt D II 1a, S. 18. Wegen mildernder Umstände siehe § 228.

6. Die Verfolgung der leichten vorsätzlichen Körperverletzung (sowie aller fahrlässigen Körperverletzungen) tritt nur auf Antrag ein. Die Zurücknahme des Antrags ist zulässig, wenn die Körperverletzung gegen einen Angehörigen begangen ist (§ 232).

7. Die Staatsanwaltschaft erhebt nur dann Anklage wegen Vergehens nach § 223, wenn ein öffentliches Interesse vorliegt (§ 376 StPO.). Anderenfalls kann die Verfolgung nur im Privatklageweg erfolgen. (Siehe Anhang 2, Abschnitt L IV 3, S. 348.)

Gefährliche Körperverletzung.

§ 223a. Ist die Körperverletzung mittels einer Waffe, insbesondere eines Messers oder eines anderen gefährlichen Werkzeuges, oder mittels eines hinterlistigen Überfalles, oder von mehreren gemeinschaftlich, oder mittels einer das Leben gefährdenden Behandlung begangen, so tritt Gefängnisstrafe nicht unter zwei Monaten ein.

1. Hier wird die gefährliche oder erschwerte Körperverletzung behandelt. Die erhöhte Strafbarkeit wird durch die Anwendung bestimmter Mittel bzw. durch die Art der Begehung begründet, während bei den Körperverletzungen der §§ 224, 225, 226 ein besonders schwerer Erfolg die erhöhte Strafbarkeit bewirkt.

2. Waffe ist ein Werkzeug, welches nach seiner Beschaffenheit und regelmäßigen Bestimmung dazu dient, Körperverletzungen durch Hieb, Stoß, Stich, Wurf oder Schuß beizubringen.

3. Als Messer im Sinne dieser Gesetzesbestimmung kommt nur ein Messer, dessen Klinge geöffnet ist, in Betracht. Dagegen kann ein geschlossenes Messer Waffe oder gefährliches Werkzeug sein.

4. Ein gefährliches Werkzeug ist ein Mittel, welches in der vom Täter vorgenommenen Art des Gebrauchs geeignet ist, erheblichere Verletzungen beizubringen, z. B. Bierglas, zugeklapptes Taschenmesser, mit Nägeln beschlagener Stiefel, ein Zimmermannsnagel, nicht aber eine Stecknadel, ein leichtes Stöckchen. Eine ätzende Flüssigkeit ist kein Werkzeug. Ihre Anwendung gegen einen Menschen kann aber eine das Leben gefährdende Behandlung enthalten.

5. Hinterlistiger Überfall ist ein vom Verletzten unvorhergesehener Angriff, den der Täter absichtlich so angelegt hat, daß der Verletzte sich nicht verteidigen kann.

6. Von mehreren gemeinschaftlich verübt ist die Körperverletzung, wenn mindestens zwei bewußt und gewollt zusammenwirken (vgl. § 47 StGB.). Gleichzeitigkeit des Zugreifens ist ein Merkmal für die gemeinschaftliche Verübung, aber nicht absolutes Erfordernis. Ein Täter kann auch die Tätigkeit des anderen wissentlich fortsetzen.

7. Das Leben gefährdend ist die Behandlung, wenn sie geeignet war, eine Lebensgefahr herbeizuführen, wenn es auch im einzelnen Falle nicht zu einer Bedrohung des Verletzten gekommen ist. Vgl. oben Erl. 4 am Schlusse. Das Herunterstoßen vom Fahrrad kann hierher gehören.

8. Bestraft werden wegen der gefährlichen Körperverletzung des § 223a kann nur der, welcher sich der Gefährlichkeit des von ihm benutzten Werkzeuges, des Mitwirkens mehrerer und der Lebensgefährlichkeit der ausgübten Behandlung bewußt war.

9. Der Abs. 2 des § 223a ist durch § 223b ersetzt worden. Hier ist der Kreis der geschützten Personen und der Kreis der unter Strafe gestellten Handlungen erweitert worden.

10. Das in Erl. 7 zu § 223 Gesagte gilt auch für § 223a.

Mißhandlung von Kindern und Wehrlosen.

§ 223b. Wer Kinder, Jugendliche oder wegen Gebrechlichkeit oder Krankheit Wehrlose, die seiner Fürsorge oder Obhut unterstehen oder seinem Hausstand angehören oder die von dem Fürsorgepflichtigen seiner Gewalt überlassen worden oder durch ein Dienst- oder Arbeitsverhältnis von ihm abhängig sind, quält oder roh mißhandelt oder wer durch böswillige Vernachlässigung seiner Pflicht, für sie zu sorgen, sie an der Gesundheit schädigt, wird mit Gefängnis nicht unter drei Monaten bestraft.

In besonders schweren Fällen ist die Strafe Zuchthaus bis zu fünf Jahren.

1. Diese Strafbestimmung dient dem Schutze von Personen unter 18 Jahren (Kind: bis zur Vollendung des 14., Jugendlicher: bis zur Vollendung des 18. Lebensjahres), und der wegen Gebrechlichkeit oder Krankheit wehrlosen Menschen. Wegen „Gebrechlichkeit" und „Krankheit" siehe Erl. 2 zu § 221.

2. Als Täter kommen in Frage:

a) Eltern, Adoptiveltern, Pflegeltern, Stiefeltern, Vormünder, Pfleger, Geistliche, Erzieher, Lehrer, Ärzte, Gefängnisbeamte u. a. bezüglich der ihrer Fürsorge oder Obhut unterstehenden Personen.

b) Der Haushaltungsvorstand bezüglich der seinem Hausstand angehörigen Personen.

c) Derjenige, in dessen Gewalt der Fürsorgebedürftige vom Fürsorgepflichtigen überlassen worden ist.

d) Der Unternehmer oder Lehrherr bezüglich der von ihm durch ein Dienst- oder Arbeitsverhältnis abhängigen Personen.

3. Die Handlung des § 223b, der durch die Strafrechtsnovelle vom 26. Mai 1933 neu geschaffen wurde (siehe Vorbemerkung zum 17. Abschnitt), besteht in Quälen, d. h. Verursachung sich wiederholender Schmerzen, oder roher, d. h. aus

einer gefühllosen Gesinnung entspringenden Mißhandlung, oder in Gesundheitsbeschädigung durch böswillige Vernachlässigung der Sorgepflicht.

4. Da § 223b in der Hauptsache eine Strafschärfung, also keinen neuen Tatbestand gegenüber dem früheren § 223a Abs. 2 enthält, kommt im Hinblick auf Ziff. 8b der „Allgemeinen Anweisung an Richter Nr. 1" bei der Strafzumessung nur der frühere Strafrahmen (Gefängnisstrafe nicht unter 2 Monaten) in Frage (siehe Vorbemerkung B vor § 13).

5. In diesem Zusammenhang sei auch das Jugendschutzgesetz v. 30. April 1938 erwähnt, das die bisher in verschiedenen Gesetzen verstreuten Schutzvorschriften einheitlich zusammenfaßt und den Forderungen des Jugendschutzes anpaßt. Es regelt die Arbeitszeit der unter 18 Jahre alten Gefolgschaftsmitglieder, während die Beschäftigung der Erwachsenen die gleichzeitig in Kraft getretene Arbeitszeitordnung behandelt. § 24 des Jugendschutzgesetzes enthält die Strafbestimmungen. Während ein einfacher Verstoß gegen die Vorschriften des Gesetzes als Übertretung bestraft wird (Abs. 1), enthält Abs. 3 einen Sondertatbestand: Wer gewissenlos eine Person unter 18 Jahren, die durch ein Arbeits- oder Lehrverhältnis von ihm abhängt, durch Überanstrengung in ihrer Arbeitskraft schwer gefährdet, wird mit Gefängnis nicht unter 3 Monaten bestraft. In besonders schweren Fällen ist die Strafe Zuchthaus.

Schwere Körperverletzung.

§ 224. Hat die Körperverletzung zur Folge, daß der Verletzte ein wichtiges Glied des Körpers, das Sehvermögen auf einem oder beiden Augen, das Gehör, die Sprache oder die Zeugungsfähigkeit verliert, oder in erheblicher Weise dauernd entstellt wird, oder in Siechtum, Lähmung oder Geisteskrankheit verfällt, so ist auf Zuchthaus bis zu fünf Jahren oder Gefängnis nicht unter einem Jahre zu erkennen.

1. Hier wird die sog. schwere Körperverletzung behandelt, bei der es nicht auf die Gefährlichkeit der angewandten Mittel, sondern auf die eingetretenen schweren Folgen ankommt.

2. Die hier aufgezählten schweren Folgen dürfen nicht beabsichtigt sein (sonst liegt das härter bedrohte Verbrechen gegen § 225 vor). Die schwere Folge muß außerhalb des Wollens des Täters eingetreten sein. (Siehe hierzu „Einführende Vorbemerkungen zum Strafrecht", S. 1 ff., Abschnitt B II 3, S. 3).

3. Ein wichtiges Glied ist jeder mit dem Rumpf durch Gelenk verbundene Körperteil, welcher im Verhältnis zu dem Gesamtdasein des Menschen von besonderem Wert ist, also nicht ein einzelner Finger und besonders nicht einzelne Glieder eines Fingers, außer dem Daumen.

4. Der Verlust, also die gänzliche Abtrennung, nicht nur die Gebrauchsunfähigkeit eines Gliedes muß vorliegen, um die Bestrafung nach § 224 eintreten zu lassen.

5. Der Verlust des Sehvermögens auf einem Auge genügt schon zu der schweren Bestrafung, aber das Gehör muß auf beiden Ohren verloren worden sein.

Wenn der Verletzte auch noch Licht und Dunkel unterscheiden und einzelne Töne noch hören kann, so ist doch schon der Verlust des Sehvermögens, wenn er Gegenstände nicht mehr erkennen kann, und der Verlust des Gehörs eingetreten, wenn er Sprechlaute nicht mehr unterscheiden kann.

6. Derjenige hat die Sprache verloren, welcher Sprechlaute nicht mehr hervorbringen kann, wenn er auch noch Töne auszustoßen vermag.

7. Zeugungsfähigkeit ist gleichbedeutend mit Fortpflanzungsfähigkeit. Darauf, ob etwa trotz des Verlustes der Beischlaf noch ausgeübt werden kann, kommt es nicht an.

8. In erheblicher Weise dauernd entstellt ist der Verletzte, wenn seine äußere Gesamterscheinung in sofort auffallender Weise verunstaltet ist. Bloßer Schönheitsverlust kommt ebensowenig in Betracht, wie Verlust einer Singstimme oder Verlust innerer Organe. Dagegen wird die Entstellung dadurch nicht ausgeschlossen, daß der Verletzte in der Lage ist, durch eine Perücke, durch ein falsches Auge und Ähnliches die Verunstaltung später wieder zu verdecken.

9. Siechtum ist ein langandauernder (chronischer) Krankheitszustand, welcher den gesamten Organismus des Verletzten ergreifend, eine erhebliche Beeinträchtigung des Allgemeinbefindens, eine Abnahme der Körperkräfte, Hinfälligkeit zur Folge hat. Absolute Unheilbarkeit braucht nicht vorzuliegen.

10. Unter Lähmung ist eine den ganzen Menschen ergreifende Bewegungsunfähigkeit zu verstehen, die von längerer Dauer sein muß, aber nicht unheilbar zu sein braucht.

11. Unter Geisteskrankheit wird hier eine länger andauernde aber nicht unheilbare Erkrankung des Geistes verstanden, bloße vorübergehende Bewußtlosigkeiten und Ohnmachten scheiden aus.

12. Erschwerungsgrund bei Anwendung von Gift vgl. § 229 Abs. 2.

13. Die Anwendung mildernder Umstände ist zulässig (§ 228).

§ 225. War eine der vorbezeichneten Folgen beabsichtigt und eingetreten, so ist auf Zuchthaus von zwei bis zu zehn Jahren zu erkennen.

Wenn der Wille des Täters auf Herbeiführung der in § 224 bezeichneten schweren Folgen gerichtet ist, dann liegt das Verbrechen des § 225 vor (s. oben Erl. 2 zu § 224). Mildernde Umstände gibt es hier nicht (§ 228).

Körperverletzung mit tödlichem Ausgang.

§ 226. Ist durch die Körperverletzung der Tod des Verletzten verursacht worden, so ist auf Zuchthaus nicht unter drei Jahren oder Gefängnis nicht unter drei Jahren zu erkennen.

1. Wenn als ein vom Täter nicht gewollter Erfolg irgendeiner, also auch einer leichten Körperverletzung der Tod des Verletzten eingetreten ist, dann tritt die hier festgesetzte Bestrafung wegen „Körperverletzung mit Todesfolge" oder „Körperverletzung mit nachgefolgtem Tod" ein.

War der Wille des Täters auf Herbeiführung des Todes gerichtet, dann liegt Mord oder Totschlag vor (s. oben §§ 211 f.)

2. Eine etwa mit der Körperverletzung zusammenfallende fahrlässige Tötung kommt neben der Bestimmung dieses Paragraphen nicht mehr in Betracht, auch nicht Zusammentreffen mit § 223 a oder § 223 b (ebensowenig § 223a mit § 224).

3. Da § 226 ein reines Erfolgsdelikt darstellt, ist ebenso wie in den Fällen der §§ 222 und 224 auch hier die Frage des Kausalzusammenhangs von be-

sonderer Bedeutung. (Siehe hierzu „Einführende Vorbemerkungen zum Strafrecht", Seite 1 ff., Abschnitt B V, S. 9.)

4. Erschwerungsgrund bei Anwendung von Gift vgl. § 229 Abs. 2.

Einwilligung.

§ 226a. Wer eine Körperverletzung mit Einwilligung des Verletzten vornimmt, handelt nur dann rechtswidrig, wenn die Tat trotz der Einwilligung gegen die guten Sitten verstößt.

Durch diese, durch Gesetz vom 26. 5. 1933 eingefügte Bestimmung, ist nunmehr festgestellt, daß ärztliche notwendige Eingriffe (Operationen) keine strafbare Körperverletzung sind, ebensowenig solche, die bei Sportkämpfen (Boxsport) entstehen. Strafbar aber sind, trotz Einwilligung des Verletzten, Körperverletzungen aus sadistischen Gründen. (Siehe hierzu „Einführende Vorbemerkungen zum Strafrecht," S. 1 ff., Abschnitt B III 2 h, S. 5.)

§ 226b. Aufgehoben durch Kontrollratsgesetz Nr. 11. (Betraf die Zerstörung der Zeugungs- oder Gebärfähigkeit.)

Raufhandel.

§ 227. Ist durch eine Schlägerei oder durch einen von mehreren gemachten Angriff der Tod eines Menschen oder eine schwere Körperverletzung (§ 224) verursacht worden, so ist jeder, welcher sich an der Schlägerei oder dem Angriffe beteiligt hat, schon wegen dieser Beteiligung mit Gefängnis bis zu drei Jahren zu bestrafen, falls er nicht ohne sein Verschulden hineingezogen worden ist.

Ist eine der vorbezeichneten Folgen mehreren Verletzungen zuzuschreiben, welche dieselbe nicht einzeln, sondern nur durch ihr Zusammentreffen verursacht haben, so ist jeder, welchem eine dieser Verletzungen zur Last fällt, mit Zuchthaus bis zu fünf Jahren zu bestrafen.

1. Schlägerei ist ein in Tätlichkeiten bestehender Streit von mehr als zwei Personen. Wenn dabei eine oder mehrere Personen zeitweise auch in Notwehr waren, so werden sie dadurch nicht straflos, wenn sie mit ihrem Verschulden in die Schlägerei hineingezogen waren (s. unten Erl. 5).

2. Auch der von mehreren gemachte Angriff muß auf Tätlichkeiten abzielen, wenn es auch noch nicht zu einem körperlichen Zusammenstoß gekommen war.

3. Wenn durch irgendeine bei der Schlägerei oder dem Angriff (auch durch eine nicht zu ermittelnde Person) vorgekommene Verletzung der Tod oder die schwere Körperverletzung eines Menschen, selbst eines Unbeteiligten (z. B. eines Polizeibeamten) verursacht wurde, tritt die Strafe des § 227 gegen alle Beteiligten (s. Erl. 4) ein.

4. Beteiligt ist jeder, der irgendwie eine Anteilnahme ausgeübt hat, wenn auch nur durch hetzenden Zuruf oder durch Abhalten der Polizei. Er braucht nicht selber tätlich gewesen zu sein.

5. Nicht ohne sein Verschulden hineingezogen ist derjenige, welcher nicht lediglich mitgerissen oder angegriffen wurde, sondern selbst sich tätlich bei Beginn gezeigt oder die Angreifer gereizt hat, auch derjenige, welcher anfangs schuldlos hineingezogen, dann unnötigerweise zu Körperverletzungen übergeht.

6. Mit Notwehr kann sich der in eine Schlägerei schuldhafterweise Hineingezogene nicht entschuldigen (s. oben Erl. 1), wohl aber derjenige, gegen den ein Angriff mehrerer erfolgt ist.

7. Der Abs. 2 dieses Paragraphen will nicht die treffen, welche als Mittäter für die Körperverletzung in ihrer Gesamtwirkung in Betracht kommen, denn diese werden ohnedies schon durch §§ 226 und 224, 47 getroffen. Gemeint sind die, welche, ohne bewußt mit den andern zusammenzuwirken, eine der den Tod oder die schwere Folge des § 224 mit verursachenden Körperverletzungen, sei es auch nur fahrlässigerweise, gesetzt haben.

8. Sind bei der Schlägerei die in § 227 genannten schweren Folgen nicht eingetreten, und liegt auch der Tatbestand des § 223a nicht vor, dann kommt evtl. eine Übertretung nach § 367 Nr. 10 in Frage.

Mildernde Umstände.

§ 228. Sind mildernde Umstände vorhanden, so ist in den Fällen des § 223 Abs. 2 und des § 223a auf Gefängnis bis zu drei Jahren oder Geldstrafe, in den Fällen der §§ 224 und 227 Abs. 2 auf Gefängnis nicht unter einem Monat, und im Falle des § 226 auf Gefängnis nicht unter drei Monaten zu erkennen.

Mildernde Umstände gibt es nicht bei §§ 223 Abs. 1, 223b und § 225.

Vergiftung.

§ 229. Wer vorsätzlich einem anderen, um dessen Gesundheit zu beschädigen, Gift oder andere Stoffe beibringt, welche die Gesundheit zu zerstören geeignet sind, wird mit Zuchthaus bis zu zehn Jahren bestraft.

Ist durch die Handlung eine schwere Körperverletzung verursacht worden, so ist auf Zuchthaus nicht unter fünf Jahren und, wenn durch die Handlung der Tod verursacht worden, auf Zuchthaus nicht unter zehn Jahren oder auf lebenslängliches Zuchthaus zu erkennen.

1. Das Verbrechen der sog. Vergiftung bedroht in Abs. 1 die Vollendung und den Versuch einer vorsätzlichen Körperverletzung, wenn zu derselben Gift oder ein anderer gesundheitszerstörender Stoff benützt wurde. Es ist ein Gefährdungsdelikt. (Siehe „Einführende Vorbemerkungen zum Strafrecht" S. 3.)

2. Gift ist ein Stoff, welcher auch in kleiner Menge durch seine chemische Beschaffenheit die Gesundheit zu zerstören geeignet ist. Auch Ansteckungsstoffe, wie Blattern-, Syphilis-Gift (vgl. Erl. 5 zu § 327) gehören hierher.

3. Beigebracht ist das Gift, wenn es von dem Opfer durch den Mund eingenommmen, eingeatmet oder unter die Haut eingespritzt ist.

4. In Absatz 2 wird die schwere Körperverletzung (§ 224) und die Körperverletzung mit nachgefolgtem Tod (§ 226) dann als besonders gefährliches Verbrechen mit erhöhter Strafe bestraft, wenn sie mittels Giftes bewirkt wurde.

5. Erfolgt die Beibringung von Gift usw. in Tötungsabsicht, so liegt lediglich ein versuchtes oder vollendetes Tötungsdelikt nach §§ 211, 212 vor. (Siehe hierzu „Einführende Vorbemerkungen zum Strafrecht", S. 1 ff., Abschnitt B VII 4 c, S. 12.)

Fahrlässige Körperverletzung.

§ 230. Wer durch Fahrlässigkeit die Körperverletzung eines anderen verursacht, wird mit Geldstrafe oder mit Gefängnis bis zu drei Jahren bestraft.

1. Fahrlässig verursacht eine Körperverletzung (leichte oder schwere), wer bei Anwendung gehöriger Aufmerksamkeit und Vorsicht die Mißhandlung oder Gesundheitsbeschädigung des anderen als erfahrungsmäßige Folge seines Verhaltens voraussehen konnte. (Siehe wegen Fahrlässigkeit „Einführende Vorbemerkungen zum Strafrecht", S. 1 ff., Abschnitt C III 2, S. 16.)

2. Ebenso wie für die fahrlässige Tötung des § 222 bildet auch für die fahrlässige Körperverletzung ein Hauptanwendungsgebiet der Straßenverkehr, da Verstöße gegen die Straßenverkehrsordnung, die eine Körperverletzung eines anderen zur Folge haben, in der Regel auch den Tatbestand des § 230 erfüllen. Im übrigen gilt das in den Erläuterungen zu § 222 Ausgeführte entsprechend für § 230.

3. Wegen der Strafschärfung gilt das in Erl. 1 zu § 222 Gesagte. Es wird also bei Anwendung des § 230 grundsätzlich der vor dem 30. Januar 1933 in Geltung gewesene Strafrahmen (Gefängnis bis zu 2 Jahren), und der neue Strafrahmen (Gefängnis bis zu 3 Jahren) nur gegen den Berufsfahrer usw. in Frage kommen. (Siehe Vorbemerkung B vor § 13.)

4. Ebenso wie die leichte K. des § 223 ist auch die fahrlässige K. ein Antragsdelikt (§ 232) und wird in der Regel im Privatklageweg verfolgt. (Siehe Vorbem. 2 vor § 223.)

Buße.

§ 231. In allen Fällen der Körperverletzung kann auf Verlangen des Verletzten neben der Strafe auf eine an denselben zu erlegende Buße erkannt werden.

Eine erkannte Buße schließt die Geltendmachung eines weiteren Entschädigungsanspruches aus.

Für diese Buße haften die zu derselben Verurteilten als Gesamtschuldner.

Die Buße beträgt mindestens drei und höchstens 10000 DMark.

Antrag.

§ 232. Die Verfolgung leichter vorsätzlicher sowie aller durch Fahrlässigkeit verursachter Körperverletzungen (§§ 223, 230) tritt nur auf Antrag ein, es sei denn, daß die Strafverfolgungsbehörde wegen des besonderen öffentlichen Interesses an der Strafverfolgung ein Einschreiten von Amts wegen für geboten erachtet.

Ist das Vergehen gegen einen Angehörigen verübt, so ist die Zurücknahme des Antrages zulässig.

Die in den §§ 195, 196 und 198 enthaltenen Vorschriften finden auch hier Anwendung.

1. In § 232 ist die Strafverfolgung der leichten vorsätzlichen sowie der fahrlässigen Körperverletzung durch die VO. v. 2. April 1940 (siehe Erläuterung 2) zu § 222) einheitlich dahin geregelt, daß grundsätzlich ein Strafantrag zur Verfolgung erforderlich bleibt, daß aber der Staatsanwalt die Körperverletzung dann von Amts wegen verfolgen kann, wenn er wegen des besonderen öffentlichen Interesses an der Strafverfolgung ein Einschreiten von Amts wegen für erforderlich erachtet.

2. Ein Einschreiten von Amts wegen wird insbesondere geboten sein bei einschlägigen ernsteren Vorstrafen, bei besonders grobem Leichtsinn (insbesondere Trunkenheit am Steuer), bei schweren Unfallsfolgen und dadurch hervorgerufener besonderer Erregung in der Öffentlichkeit. Im übrigen können nach wie vor die leichten vorsätzlichen und die fahrlässigen Körperverletzungen im Wege der Privatklage verfolgt werden. (Siehe Anhang 2, Abschnitt L IV, S. 347.)

3. Antragsberechtigt ist der Verletzte, für eine Ehefrau der Ehemann (§ 195), für unter väterlicher Gewalt stehende Kinder der Vater (§ 65), für Beamte der Vorgesetzte (§ 196).

4. Wegen des Begriffs „Angehörige" siehe § 52 Abs. 2.

Kompensation.

§ 233. Wenn leichte Körperverletzungen mit solchen, Beleidigungen mit leichten Körperverletzungen oder letztere mit ersteren auf der Stelle erwidert werden, so kann der Richter für beide Angeschuldigte, oder für einen derselben eine der Art oder dem Maße nach mildere oder überhaupt keine Strafe eintreten lassen.

Vgl. hierzu § 199 StGB. und die Erläuterung dazu.

Achtzehnter Abschnitt: Verbrechen und Vergehen wider die persönliche Freiheit.

Vorbemerkung:

Die §§ 234, 235 betreffen den sog. Menschenraub und Kinderraub, §§ 236—238 die Entführung, § 239 die Freiheitsberaubung, § 239a den erpresserischen Kinderraub, § 240 die Nötigung, § 241 die Bedrohung.

Weitere, wenigstens teilweise dem Schutze der persönlichen Freiheit dienende Tatbestände sind außerhalb dieses Abschnitts enthalten in §§ 107, 122, 174, 176 ff., 249, 253 u. a.

Menschenraub.

§ 234. Wer sich eines Menschen durch List, Drohung oder Gewalt bemächtigt, um ihn in hilfloser Lage auszusetzen oder in

Sklaverei, Leibeigenschaft oder in auswärtige Kriegs- oder Schiffsdienste zu bringen, wird wegen Menschenraubes mit Zuchthaus bestraft.

1. Der § 234 enthält das Verbrechen des „Menschenraubes", für das § 139 die Anzeigepflicht vorschreibt. Es ist ein Spezialfall der Freiheitsberaubung nach § 239.

2. Das Verbrechen ist schon vollendet, wenn der Täter sich eines Menschen bemächtigt hat, um ihn auszusetzen usw., wenn auch die Aussetzung usw. selbst noch nicht geglückt ist.

3. Bemächtigt hat sich der Täter des Menschen, sobald er die wirkliche körperliche Herrschaft über ihn gewonnen hat.

4. „List" ist die Ausführung einer geflissentlich verborgenen Absicht mittels großer Schlauheit, Klugheit und Geschicklichkeit.

5. Unter „Drohung" versteht man das Inaussichtstellen irgend eines Übels, das nicht eine strafbare Handlung zu sein braucht.

6. Über die Bedeutung von „Gewalt" vgl. Erl. 1c zu § 176.

7. Über „in hilfloser Lage aussetzen" vgl. die Erläuterungen 3 bis 5 zu § 221.

8. Über Sklaverei vgl. das RG. v. 28. Juli 1895 (RGBl. S. 425) betr. die Bestrafung des Sklavenhandels. Hier wird in § 1 die vorsätzliche Mitwirkung an einem auf Sklavenraub gerichteten Unternehmen bestraft. Als Täter und Geraubte kommt nur eine Mehrheit von Personen in Frage.

Kinderraub.

§ 235. Wer eine minderjährige Person durch List, Drohung oder Gewalt ihren Eltern, ihrem Vormund oder ihrem Pfleger entzieht, wird mit Gefängnis bestraft.

Sind mildernde Umstände vorhanden, so kann auf Geldstrafe erkannt werden.

Geschieht die Handlung in der Absicht, die Person zum Betteln oder zu gewinnsüchtigen oder unsittlichen Zwecken oder Beschäftigungen zu gebrauchen, so tritt Zuchthaus bis zu zehn Jahren ein.

1. Hier wird der sog. „Kinderraub" behandelt. Diese Gesetzesstelle ist in der Praxis vor allem im Ehescheidungsverfahren von Bedeutung.

2. Entzogen ist das Kind den Eltern usw., wenn es aus dem Gewaltverhältnis der Eltern in das eines andern verbracht ist und dieser Zustand eine gewisse Dauer hat.

Das Entziehen kann auch durch Verschweigen des Aufenthalts des Kindes erfolgen.

3. Unter Eltern sind nicht nur beide Eltern — Vater und Mutter — gemeinschaftlich, sondern auch ein einzelner Elternteil, sofern ihm das Erziehungsrecht zusteht, zu verstehen; zu den Eltern gehören auch die Adoptiveltern, denen gegenüber das Verbrechen von den leiblichen Eltern begangen werden kann.

4. Die Drohung kann sich auch gegen einen Dritten wenden, also z. B. gegen einen auf Grund richterlicher Verfügung ein Kind abholenden Gerichtsvollzieher. Auf die Einwilligung des Kindes selbst kommt es nicht an.

5. Wird der Kinderraub ausgeführt, um das Kind zum Betteln, zu anderen gewinnsüchtigen oder zu unsittlichen Zwecken oder Beschäftigungen zu gebrauchen, so wird das Vergehen zum Verbrechen.

6. Über die Bedeutung von List, Drohung und Gewalt vgl. die Erl. 4 bis 6 zu § 234.

7. Beispiel: Das Vormundschaftsgericht hat gemäß § 75 Abs. 2 des Ehegesetzes vom 20. Februar 1946 dem allein schuldig geschiedenen Ehemann die Befugnis zu persönlichem Verkehr mit dem aus der aufgelösten Ehe hervorgegangenen Kinde innerhalb einer bestimmten Zeit zugesprochen. Die Ehefrau, die diese Anordnung durch List, Drohung oder Gewalt vereitelt, „entzieht" das Kind dem Vater und macht sich dadurch nach § 235 strafbar.

Entführung wider Willen.

§ 236. Wer eine Frauensperson wider ihren Willen durch List, Drohung oder Gewalt entführt, um sie zur Unzucht zu bringen, wird mit Zuchthaus bis zu zehn Jahren und, wenn die Entführung begangen wurde, um die Entführte zur Ehe zu bringen, mit Gefängnis bestraft.

Die Verfolgung tritt nur auf Antrag ein.

1. Die in den §§ 236 bis 238 behandelte „Entführung" kann nur an einer Frauensperson begangen werden und verfolgt geschlechtliche Zwecke. Der § 236, der sog. Frauenraub, umfaßt die Entführung wider Willen der minder- oder volljährigen Frauensperson unter Anwendung von List, Drohung oder Gewalt (s. die Erl. 4—6 zu § 234), während § 237 nur die Entführung einer minderjährigen unverehelichten Frauensperson (es kann auch die Braut des Täters sein) mit ihrem Willen aber gegen den Willen ihrer Eltern betrifft. Der § 238 verhindert in beiden Fällen (§§ 236 und 237) die Strafverfolgung, solange nicht die Ehe, welche der Schuldige selbst etwa mit der Entführten abgeschlossen hat, für ungültig erklärt ist.

2. Unter „Entführen" versteht man das Wegbringen an einen andern Ort als den bisherigen Aufenthaltsort in die Gewalt des Täters, der auch eine Frauensperson sein kann, welche im Interesse eines Mannes die Tat ausführt.

3. Ob die Frauensperson minderjährig oder volljährig ist, ist gleichgültig, ebenso ob sie unbescholten ist oder nicht.

4. Die Mittel: List, Drohung oder Gewalt müssen gegen die Frauensperson selbst angewandt werden, da der Tatbestand des § 236 nur vorliegt, wenn die Frauensperson gegen ihren Willen entführt wurde.

5. Wenn die Entführung begangen ist, um die Frauensperson zur Unzucht (vgl. Erl. 3 zu § 174) zu bringen, liegt ein Verbrechen vor; wenn der Abschluß einer wirklichen (nicht etwa nur einer vorgetäuschten) Ehe beabsichtigt war, nur ein Vergehen. (§ 237 macht diese Unterscheidung nicht.)

6. Strafantragsberechtigt ist die Entführte, wenn sie achtzehn Jahre alt ist, sonst die in § 65 genannten Personen.

7. Vgl. hierzu Reichsgesetz v. 9. Juni 1897 über das Auswanderungswesen.

§ 48. Wer eine Frauensperson zu dem Zwecke, sie der gewerbsmäßigen Unzucht zuzuführen, mittels arglistiger Verschweigung dieses Zweckes zur Auswanderung verleitet, wird mit Zuchthaus bis zu fünf Jahren bestraft. Neben der Zuchthausstrafe ist der Verlust der bürgerlichen Ehrenrechte auszusprechen; auch kann zugleich auf Geldstrafe erkannt werden.

Dieselben Strafvorschriften finden auf denjenigen Anwendung, welcher mit Kenntnis des vom Täter in solcher Weise verfolgten Zweckes die Auswanderung der Frauensperson vorsätzlich befördert; sind mildernde Umstände vorhanden, so tritt Gefängnisstrafe nicht unter drei Monaten ein, neben welcher auf Geldstrafe erkannt werden kann.

Entführung mit Willen.

§ 237. Wer eine minderjährige, unverehelichte Frauensperson mit ihrem Willen, jedoch ohne Einwilligung ihrer Eltern, ihres Vormundes oder ihres Pflegers entführt, um sie zur Unzucht oder zur Ehe zu bringen, wird mit Gefängnis bestraft.

Die Verfolgung tritt nur auf Antrag ein.

1. Im allgemeinen vgl. über die Bedeutung der Strafbestimmung die Erl. 1 zu § 236.

2. Eine Volljährige, eine Witwe oder eine Geschiedene kann nach § 237 nicht entführt werden.

3. Die Entführung ist vollzogen, wenn die minderjährige Frauensperson an einen Ort verbracht ist, der für die Eltern nicht beliebig zugängig ist, an dem sie der Tochter nicht erforderlichenfalls ihren Schutz geben können.

4. Der Täter muß, wie im Falle des § 236 handeln, um die Frauensperson zur Unzucht oder zur Ehe zu bringen. Die Strafandrohung ist aber, im Gegensatz zu § 236, für beide Fälle die gleiche.

5. Zur Stellung des Strafantrags sind berechtigt die Eltern und der Vormund, gegebenenfalls der Pfleger, nicht aber die Entführte selbst. Die Antragsfrist beginnt ebenso wie die Verjährung erst mit der Volljährigkeit der Entführten.

§ 238. Hat der Entführer die Entführte geheiratet, so findet die Verfolgung nur statt, nachdem die Ehe für nichtig erklärt worden ist.

1. Der § 238 findet auf die §§ 236 und 237 Anwendung, nicht aber auf § 235.

2. Die Nichtigkeitserklärung der Ehe ist Voraussetzung der Strafverfolgung. Ist die Ehe nur geschieden, dann ist die Strafverfolgung unzulässig.

Freiheitsberaubung.

§ 239. Wer vorsätzlich und widerrechtlich einen Menschen einsperrt oder auf andere Weise des Gebrauches der persönlichen Freiheit beraubt, wird mit Gefängnis oder mit Geldstrafe bestraft.

Wenn die Freiheitsentziehung über eine Woche gedauert hat, oder wenn eine schwere Körperverletzung des der Freiheit Beraubten durch die Freiheitsentziehung oder die ihm während derselben widerfahrene Behandlung verursacht worden ist, so ist auf Zuchthaus bis zu zehn Jahren zu erkennen. Sind mildernde Umstände vorhanden, so tritt Gefängnisstrafe nicht unter einem Monat ein.

Ist der Tod des der Freiheit Beraubten durch die Freiheitsentziehung oder die ihm während derselben widerfahrene Behandlung verursacht worden, so ist auf Zuchthaus nicht unter drei Jahren zu erkennen. Sind mildernde Umstände vorhanden, so tritt Gefängnisstrafe nicht unter drei Monaten ein.

1. Diese Gesetzesstelle dient dem Schutze der freien Willensbetätigung bezüglich der Wahl des Aufenthaltsortes. Das Delikt kann nur vorsätzlich begangen werden.

2. Als Mittel der Freiheitsberaubung kommen neben dem im Gesetz genannten häufigsten Fall der Einsperrung in Betracht: Gewalt, Betäubung (mit Chloroform usw.), Hypnotisierung und schließlich auch Erregung eines Irrtums (mittelbare Täterschaft, siehe unten Erl. 7).

3. Die Widerrechtlichkeit fällt weg, wenn der der Freiheit Beraubte einwilligt, oder wenn das Gesetz (StPO. §§ 112, 127 für die Verhaftung und vorläufige Festnahme, erlaubte Selbsthilfe nach § 229 BGB., Notwehr § 53 StGB., elterliche Erziehungsrechte) die Ermächtigung für die Freiheitsentziehung gibt, schließlich auch bei der Fürsorge für einen Geisteskranken.

4. Ob sich der der Freiheit Beraubte der Freiheitsentziehung bewußt war, ist für den Tatbestand gleichgültig; es kann auch ein Schlafender, ein Betäubter, ein schwer Betrunkener als der Freiheit Beraubter in Betracht kommen.

5. Die in Abs. 2 und 3 bezeichneten schweren Folgen brauchen nicht beabsichtigt gewesen zu sein; es genügt, daß sie durch die Freiheitsentziehung verursacht worden sind.

6. Gegen Beamte kommen die besonderen Bestimmungen der §§ 341, 345 in Betracht.

7. Beispiele: Eine Freiheitsberaubung kann erblickt werden in der absichtlichen Nichtöffnung eines Eisenbahnabteils, oder in dem absichtlichen Weiterfahren eines Fahrzeugs, um dem Fahrgast das Aussteigen am Fahrziel unmöglich zu machen, oder in der absichtlichen Wegnahme einer Leiter, die zum Herabsteigen von einem Dachboden benötigt wird. Ferner kann die Freiheitsberaubung auch in der Form der mittelbaren Täterschaft begangen werden, z. B. durch Täuschung eines Polizeibeamten, der infolgedessen einen Unschuldigen verhaftet und dadurch der Freiheit beraubt oder durch Täuschung eines Arztes der Irrenklinik, der infolgedessen einen Gesunden für einen Geisteskranken hält und ihn durch Festhalten in der Anstalt rechtswidrig der Freiheit beraubt. Schließlich kann die Freiheitsberaubung auch dadurch begangen werden, daß es einer Person unmöglich gemacht wird, den Aufenthaltsort anders als mittels eines gegen Sitte und Anstand verstoßenden Verhaltens zu verlassen, z. B. dadurch, daß dem Badenden die Kleider weggenommen werden.

Erpresserischer Kindesraub.

§ 239a. Wer in Erpressungsabsicht ein fremdes Kind durch List, Drohung oder Gewalt entführt oder sonst der Freiheit beraubt, wird mit dem Tode bestraft.

Kind im Sinne dieser Vorschrift ist der Minderjährige unter 18 Jahren.

1. Da vor dem 30. Januar 1933 jeder Fall des Kindesraubs nur nach § 235 strafbar war, die Todesstrafe also nicht verhängt werden konnte, hatte sie schon als durch das Militärregierungsgesetz Nr. 1, Art. IV Ziff. 8 aufgehoben zu gelten. (Siehe Erl. zu § 13.) Ob darüber hinaus die ganze Vorschrift des § 239a in Wegfall gekommen ist, oder ob sie mit der Maßgabe bestehen geblieben ist, daß an Stelle der Todesstrafe der Strafrahmen des § 44 Abs. 2 Platz zu greifen hat, ist fraglich.

2. Die Entführung muß in der Absicht geschehen, den Sorgeberechtigten oder einen anderen zu nötigen, dem Täter oder einem Dritten einen ihm nicht zustehenden Vermögensvorteil (Lösegeld) zu verschaffen.

3. Wegen des Begriffs „entführen" siehe Erläuterung 2 zu § 236.

Nötigung.

§ 240. Wer einen anderen rechtswidrig mit Gewalt oder durch Drohung mit einem empfindlichen Übel zu einer Handlung, Duldung oder Unterlassung nötigt, wird wegen Nötigung mit Gefängnis oder mit Geldstrafe, in besonders schweren Fällen mit Zuchthaus oder mit Gefängnis nicht unter sechs Monaten bestraft.

Rechtswidrig ist die Tat, wenn die Anwendung der Gewalt oder die Zufügung des angedrohten Übels zu dem angestrebten Zweck dem gesunden Volksempfinden widerspricht.

Der Versuch ist strafbar.

1. Vorbemerkung: Durch Verordnung vom 29. Mai 1943 wurde der Tatbestand der Nötigung neu gefaßt. Ebenso wie bei der Erpressung des § 253 wird auch bei der Nötigung in einem besonderen Absatz 2 das Tatbestandsmerkmal „rechtswidrig" gesetzlich fixiert. Als rechtswidrig soll die Nötigungshandlung nämlich dann gelten, „wenn die Anwendung der Gewalt oder die Zufügung des angedrohten Übels zu dem angestrebten Zweck dem gesunden Volksempfinden widerspricht". Da nun aber nach der Kontrollratsproklamation Nr. 3 Art. II Ziff. 3 und nach dem Militärregierungsgesetz Nr. 1 Art. IV Ziff. 7 jegliche Bestrafung nach Anwendung von „gesundem Volksempfinden" verboten ist (siehe die Erl. zu dem aufgehobenen § 2), erhebt sich die Frage, ob durch dieses Verbot der ganze § 240 oder nur der Absatz 2 aufgehoben ist. Da im Gegensatz zu § 253 die Neufassung der Nötigungshandlung in § 240 (nach früherem Recht war die Drohung beschränkt auf eine solche mit einem Verbrechen oder Vergehen) eine den ganzen Tatbestand des § 240 betreffende Änderung enthält, erscheint es fraglich, ob nicht durch die Aufhebung des § 2 gleichzeitig auch Absatz 1 unanwendbar geworden ist. Verneint man diese Frage, vertritt man also den Standpunkt, daß Absatz 1 des § 240 in Kraft geblieben ist, dann muß man zu der alten Auslegung des Begriffs der „Rechtswidrigkeit" bzw. „Widerrechtlichkeit" zurückkehren, die dahin lautete, daß ein verkehrsmäßiger Zusammenhang zwischen der Nötigungshandlung und dem angestrebten Zweck die Nötigung nicht als wider das Recht laufend, also nicht als rechtswidrig erscheinen lassen kann. M. a. W.: Das Inaussichtstellen von Nachteilen zur Erlangung des angestrebten Zwecks unter Anwendung von ordnungsmäßigen und verkehrsmäßigen Druckmitteln ist nicht rechtswidrig, sondern erlaubt und daher nicht strafbar.

Man kommt somit zu dem Ergebnis, daß bei Auslegung des Begriffs der Rechtswidrigkeit in dem oben erörterten Sinne gegen den Tatbestand des § 240 Abs. 1 keine durchschlagenden Bedenken bestehen dürften.

2. Das Wesen der Nötigung besteht darin, daß der Täter auf die Willensentschließung oder Willensbetätigung einer bestimmten Person einen widerrechtlichen Druck ausübt und den anderen dadurch zwingt, etwas zu tun, was er andernfalls nicht getan, oder etwas zu dulden, was er andernfalls abgewehrt, oder etwas zu unterlassen, was er andernfalls getan hätte.

3. Als Mittel der Nötigung kommen in Betracht Gewalt oder Drohung mit einem empfindlichen Übel.

a) Unter Gewalt ist die unter Anwendung physischer (körperlicher) Kraft erfolgende Einwirkung auf einen anderen zur Beseitigung eines tatsächlich geleisteten oder bestimmt erwarteten Widerstandes zu verstehen, wobei zu beachten ist, daß auch in der Gewalt gegen Sachen mittelbar eine solche gegen die Person liegen kann (z. B. Unbrauchbarmachung der Wohnung, um den Mieter zum Auszug zu zwingen).

b) Während nach alter Fassung als zweites Nötigungsmittel nur die Bedrohung mit einem Verbrechen oder Vergehen in Frage kam, genügt nach der neuen Fassung jede Drohung mit einem empfindlichen Übel; der Kreis der Nötigungsmittel wurde also erheblich erweitert. Es ist nach neuem Recht nur erforderlich, daß es sich um die Androhung irgendeines Übels handelt, das der Bedrohte derart zu fürchten hat, daß dadurch seine freie Willensbestimmung oder Betätigung beeinflußt wird oder im Falle des Versuchs beeinflußt werden kann.

4. Die Nötigungshandlung ist, wie sich aus den obigen Erörterungen in der Vorbemerkung ergibt, dann rechtswidrig, wenn andere als ordnungsmäßige oder verkehrsmäßige Druckmittel zur Erreichung des mit der Nötigungshandlung angestrebten Zweckes angewendet werden. Deshalb handelt z. B. nicht rechtswidrig, wer einen Betrunkenen mit Gewalt nach Hause bringt, oder wer einen anderen mit Gewalt an der Begehung einer strafbaren Handlung hindert. Dagegen erfüllt die Bedrohung eines Schuldners durch den Gläubiger, er werde die Tatsache seiner Schuld veröffentlichen, falls der Schuldner seine Schuld nicht begleiche, den Tatbestand des § 240. Ebenso handelt der Vermieter rechtswidrig, der den zum Auszug verpflichteten Mieter durch Aushängen der Fenster zur Räumung der Wohnung zwingt. Denn in beiden Fällen widerspricht es der Verkehrssitte, zu den genannten Zwecken sich einer Drohung zu bedienen bzw. Gewalt anzuwenden.

5. Für den inneren Tatbestand ist erforderlich der Nötigungswille mit der Vorstellung von der Möglichkeit des Erfolges, d. h. der Wirksamkeit der Kundgebung auf die Willenstätigkeit des zu Nötigenden.

6. Beim Versuch kommt es nur darauf an, ob nach Auffassung des Drohenden die von ihm in Aussicht gestellte Maßregel geeignet ist, bestimmend auf den Willen des Bedrohten einzuwirken; die Auffassung des Bedrohten selbst ist gleichgültig.

7. Die Erhöhung der Strafdrohung gegenüber dem bisherigen Recht hat den Tatbestand der Nötigung im Amte (§ 339) überflüssig gemacht.

Andererseits aber steht der Strafschärfung Ziff. 8b der „Allgemeinen Anweisung an Richter Nr. 1" entgegen (siehe Vorbem. B vor § 13). Man wird daher zu dem Ergebnis gelangen müssen, daß sich der Richter bei Anwendung des § 240 innerhalb des für § 240 alter Fassung vorgesehenen Strafrahmens (Gefängnis bis zu 1 Jahr oder Geldstrafe) halten muß, soweit nicht der Tatbestand des früheren § 339 (Nötigung durch einen Beamten) gegeben ist. Stellt man sich dagegen auf den Standpunkt, daß § 240 n. F. einen neuen Tatbestand enthält, dann würden gegen die Anwendung der verschärften Strafe keine Bedenken bestehen.

Bedrohung.

§ 241. Wer einen anderen mit der Begehung eines Verbrechens bedroht, wird mit Gefängnis bis zu sechs Monaten oder mit Geldstrafe bestraft.

1. Zum Unterschied von der Nötigung muß bei der Bedrohung mit einem Verbrechen gedroht werden.

2. Die Androhung des Verbrechens kann ausdrücklich geschehen oder durch nicht mißzuverstehende Handlungen (z. B. Abgabe eines scharfen oder blinden Schusses nach dem Bedrohten).

3. Ob das in Aussicht gestellte Verbrechen den Bedrohten selbst oder nur einen andern, etwa sein Kind, treffen sollte, ist für den Tatbestand gleichgültig.

4. Ob der Drohende wirklich vorhatte, das Verbrechen auszuführen, ist ohne Bedeutung, wenn er nur in dem Bedrohten Furcht vor der Verwirklichung seiner Drohung erregen wollte.

5. Ist die Drohung nur bedingt ausgesprochen, („wenn du mich angreifst, schlage ich dich tot", „wenn du da herauf kommst, schieße ich dir eine Kugel in den Kopf"), so wird es an der Ernstlichkeit, Furcht vor der Verwirklichung zu erregen, fehlen. Etwas anderes ist es, wenn die Bedingung eine Tatsache umfaßt, die in einer gewöhnlichen (täglichen) Handlung des Bedrohten, welche dieser vornehmen muß, besteht. Sobald daher die Drohung lautet: „wenn du morgen früh zur Arbeit gehst, schieße ich dich tot", dann wird der Tatbestand gegeben sein. In allen Fällen, in denen der Bedrohte durch die Bedrohung mit einem Verbrechen zu einer Handlung, Duldung oder Unterlassung veranlaßt werden soll, ist neben dem Tatbestand des § 241 auch eine Nötigung nach § 240 gegeben (Tateinheit nach § 73).

6. Der Versuch ist nicht strafbar (vgl. Erl. 6 zu § 240).

7. Die Bedrohung kann vom Verletzten im Wege der Privatklage verfolgt werden (s. § 374 StPO. und Anhang 2, Abschnitt L IV, 2 d, S. 348).

Neunzehnter Abschnitt: Diebstahl und Unterschlagung.

Vorbemerkung:

1. Die §§ 242 bis mit 245 behandeln den Diebstahl, § 245a enthält eine Bestimmung über den strafbaren Besitz von Diebeswerkzeugen, § 246 betrifft die Unterschlagung, § 247 die leichteren Fälle des Diebstahls und der Unterschlagung; sie werden nur auf Antrag verfolgt oder sind überhaupt straflos.

2. Als zwei Sondertatbestände des Diebstahls sind zu erwähnen:

a) § 4 des Gesetzes über den Verkehr mit Edelmetallen, Edelsteinen und Perlen vom 29. 6. 1926: „Wer einen Diebstahl an einem Gegenstand aus Edelmetall begeht, der zum öffentlichen Nutzen dient oder öffentlich aufgestellt wird, wird wegen schweren Diebstahls (§ 243 StGB.) bestraft."

b) § 17 des Gesetzes über den Verkehr mit unedlen Metallen vom 23. 7. 1926: „Wer einen Diebstahl an einem Gegenstand aus unedlem Metall begeht, der zum öffentlichen Nutzen dient oder öffentlich aufgestellt ist, oder der einen Teil eines Gebäudes bildet oder in einem Gebäude zu dessen Ausstattung angebracht ist, wird wegen schweren Diebstahls (§ 243 StGB.) bestraft. Das gleiche gilt für den Diebstahl von Maschinenbestandteilen und sonstigen Betriebsmitteln aus unedlem Metall, deren Wegnahme die gesicherte Fortführung des Betriebes erheblich gefährdet."

3. Als weitere Spezialfälle des Diebstahls, die mit § 242 in Gesetzeskonkurrenz stehen (siehe „Einführende Vorbemerkungen zum Strafrecht", S. 1 ff., Abschnitt B VII 4 a S. 12), sind für die Praxis von besonderer Bedeutung:

a) Der Diebstahl geringwertiger Gegenstände aus Not, § 248a (Strafantrag erforderlich);

b) Die Verbrauchsmittelentwendung (sogenannter Mundraub) des § 370 Nr. 5 (Strafantrag erforderlich), (siehe hierzu Erl. 4 zu § 244).

4. § 252 behandelt den sog. räuberischen Diebstahl.

5. Wegen des Gesetzes vom 9. April 1900 betr. die Bestrafung der Entziehung elektrischer Kraft siehe Erl. 2 zu § 242.

6. Wegen der Verordnung gegen den unbefugten Gebrauch von Kraftfahrzeugen siehe Erl. 7 b, bb zu § 242.

7. Bezüglich der Feld- und Forstdiebstähle (Entwendung von Gartenfrüchten, Feldfrüchten und anderen Bodenerzeugnissen, sowie von Holz oder anderen Walderzeugnissen) gilt folgendes: Durch Verordnung vom 20. 9. 1942 wurde bestimmt, daß auch diese Entwendungen nach den Vorschriften des StGB. über Diebstahl und Unterschlagung bestraft werden können, auch wenn sie nach landesrechtlichen Sonderbestimmungen mit Strafe bedroht sind. Da nun gemäß Ziff. 8b der „Allgemeinen Anweisung an Richter Nr. 1" die Anwendung von nach dem 30. 1. 1933 erfolgten Strafschärfungen verboten ist (siehe Vorbemerkung B vor § 13), ist die Gültigkeit der obengenannten VO. vom 20. 9. 1942 in Frage gestellt. In der britischen Zone wurde daher am 5. 8. 1946 die VO. vom 20. 9. 1942 durch eine materiellrechtlich gleichlautende Verordnung ersetzt. In der amerikanischen Zone hat Bayern durch VO. vom 3. 7. 1946 eine gleiche Regelung getroffen, und ebenso Württemberg-Baden durch VO. vom 31. 7. 1947.

8. Für die Praxis von geringerer Bedeutung sind schließlich noch folgende diebstahlsähnliche Übertretungen:

a) § 370 Nr. 1: Grundstücksverringerung durch Abgraben und Abpflügen.

b) § 370 Nr. 2: Entwendung von Bodenbestandteilen.

c) § 370 Nr. 6: Futterdiebstahl im Interesse des Eigentümers.

Einfacher Diebstahl.

§ 242. Wer eine fremde bewegliche Sache einem anderen in der Absicht wegnimmt, dieselbe sich rechtswidrig zuzueignen, wird wegen Diebstahls mit Gefängnis bestraft.

Der Versuch ist strafbar.

1. Vorbemerkung: Das durch § 242 geschützte Rechtsgut ist sowohl das Eigentum als auch der Gewahrsam. Daraus folgt, daß als Verletzter und damit Antragsberechtigter i. S. des § 61 sowohl der Eigentümer als auch der Gewahrsamsinhaber ist, und weiter, daß wenn nur einer dieser beiden Verletzten zu den in § 247 bezeichneten Personen gehört, der Diebstahl weder Antragsdelikt noch straflos ist. Wenn also z. B. der Sohn dem Vater einen diesem nicht zu Eigentum gehörigen, sondern von ihm nur verwahrten Gegenstand eines Dritten stiehlt, so ist der Sohn auch dann wegen Diebstahls zu bestrafen, wenn der Vater keinen Strafantrag stellt und zwar ohne Rücksicht darauf, ob der Sohn gewußt hat, daß der Gegenstand nicht seinem Vater, sondern einem Dritten gehörte (siehe hierzu Erl. 6 zu § 247); ebenso ist die Ehefrau wegen Diebstahls zu bestrafen, die ihrem Manne einen von diesem nur verwahrten Gegenstand stiehlt.

2. Objekt des Diebstahls kann nur eine Sache sein, d. h. ein körperlicher Gegenstand, nicht also Forderungen oder sonstige Rechte, wohl aber die solche Rechte verkörpernden Urkunden, wie Schuldscheine, Wechsel, Quittungen,

Sparkassenbücher, Lebensmittelkarten usw. Unerheblich ist, ob die Sache einen Geldwert hat oder nicht, denn § 242 schützt lediglich das Eigentum, ohne Rücksicht auf den Wert der Sache. Bei der Wegnahme wertloser Gegenstände wird es allerdings meistens am subjektiven Tatbestand fehlen, insofern der Wegnehmende annehmen kann, der Eigentümer werde mit der Wegnahme einverstanden sein.

Es können ferner nicht nur feste Gegenstände, sondern auch Gas im Rohr oder Wasser im Brunnen (falls es in fremden Eigentum steht) gestohlen werden, nicht aber Maschinenkraft, Elektrizität.

Vergleiche hierzu das Gesetz vom 9. April 1900 betreffend die Bestrafung der Entziehung elektrischer Arbeit.

§ 1. Wer einer elektrischen Anlage oder Einrichtung fremde elektrische Arbeit mittels eines Leiters entzieht, der zur ordnungsmäßigen Entnahme von Arbeit aus der Anlage oder Einrichtung nicht bestimmt ist, wird, wenn er die Handlung in der Absicht begeht, die elektrische Arbeit sich rechtswidrig zuzueignen, mit Gefängnis und mit Geldstrafe oder mit einer dieser Strafen bestraft.

Neben der Gefängnisstrafe kann auf Verlust der bürgerlichen Ehrenrechte erkannt werden.

Der Versuch ist strafbar.

§ 2. Wird die in § 1 bezeichnete Handlung in der Absicht begangen, einem anderen rechtswidrig Schaden zuzufügen, so ist auf Geldstrafe oder auf Gefängnisstrafe bis zu zwei Jahren zu erkennen.

Die Verfolgung tritt nur auf Antrag ein.

3. Die Sache muß beweglich sein. Ob sie schon bei der Wegnahme beweglich ist oder erst von dem Wegnehmenden durch Wegreißen, Loslösen oder ähnliches zu einer beweglichen gemacht wird, ist gleichgültig, z. B. Steine aus einem Steinbruch, Bretter eines Zaunes, Abmähen fremder Frucht, Wegnahme gestochenen Torfs usw. Der Grund und Boden kann niemals Gegenstand eines Diebstahls sein.

4. Die Sachen müssen fremde sein, d. h. ein anderer muß Eigentümer der Sache sein. Durch Verpfändung oder Beschlagnahme geht das Eigentum nicht verloren.

a) Es scheiden also zunächst die im Eigentum des Täters stehenden Sachen als Diebstahlsobjekt aus. Dabei ist aber zu beachten, daß auch solche Sachen für den Täter fremde sind, an denen er nur Miteigentum hat. Ein Miteigentümer kann also an der gemeinschaftlichen Sache, wenn er sie in Besitz oder Alleingewahrsam hat, eine Unterschlagung (§ 246) und wenn er sie aus dem Gewahrsam oder Mitgewahrsam eines anderen wegnimmt, einen Diebstahl begehen. So kann sich z. B. derjenige nach § 242 strafbar machen, der einen gefällten Baum, der auf der Grenze gestanden hat, also ihm und seinem Nachbarn gemäß § 923 Abs. 1 BGB. zu gleichen Teilen (Miteigentum) gehört, sich aneignet. Ebenso macht sich der Miteigentümer, der gemeinschaftliches, in der Verwahrung des anderen Miteigentümers befindliches Geld unbefugt zu seinem Nutzen verwendet, des Diebstahls schuldig. (Der Begriff des Miteigentums spielt im Gegensatz zu demjenigen des Mitgewahrsams — siehe unten Erl. 5g — in der Praxis nur eine geringe Rolle.)

b) Ebensowenig können herrenlose Sachen gestohlen werden.

Als solche kommen in Betracht:

aa) Wilde in Freiheit befindliche Tiere und Fische; für sie gelten die Sonderbestimmungen der §§ 292 bis 295. Wenn sie aber in umhegten Tiergärten oder in geschlossenen Teichen untergebracht sind, sind sie nicht mehr herrenlos und ihre Wegnahme ist Diebstahl. Zahme Tiere (Haustiere) bleiben dagegen im Eigentum ihres Herrn, auch wenn sie entlaufen.

Ein gefangenes wildes Tier wird herrenlos, wenn der Eigentümer dasselbe nach erlangter Freiheit nicht unverzüglich verfolgt oder wenn er die Verfolgung aufgibt (§ 960 BGB.). Ein Bienenschwarm wird herrenlos, wenn er ausgeschwärmt ist, und der Eigentümer ihn nicht unverzüglich verfolgt oder die Verfolgung aufgibt (§ 961 BGB.).

bb) Herrenlos sind ferner solche Sachen, an denen der Eigentümer sein Eigentum aufgegeben hat (§ 959 BGB.), z. B. der zum Abholen bereitgestellte Hausmüll.

cc) Dagegen gehören nicht zu den herrenlosen Sachen die verlorenen, verlegten oder vergessenen Sachen, denn bei ihnen tritt kein Eigentumsverlust ein. An den verlorenen kann allerdings kein Diebstahl, wohl aber eine Unterschlagung begangen werden (siehe unten Erl. 5c), dagegen können verlegte oder vergessene Sachen sehr wohl Gegenstand eines Diebstahls sein (siehe unten Erl. 5d). Die Sachen in der Wohnung des auf Reisen befindlichen Eigentümers bleiben ebenfalls in dessen Gewahrsam.

c) Als Objekte des Diebstahls scheiden ferner aus diejenigen Sachen, die ihrer Natur nach in niemandes Eigentum stehen können. Hierher gehören:

aa) Die freie Luft, das Wasser im Meer, das fließende Wasser der Flüsse.
bb) Der menschliche Leichnam; er ist geschützt durch §§ 168, 370 Nr. 1.
cc) Der lebende menschliche Körper. Teile des Körpers (Zähne, Haare, einzelne Glieder) werden mit der Abtrennung selbständige Sachen und gelangen unmittelbar in das Eigentum der Person, von deren Körper sie getrennt wurden.

5. Die Sache muß ferner in fremdem Gewahrsam stehen, denn nur wenn dies zutrifft, kann die Sache „einem anderen" weggenommen werden.

a) Unter Gewahrsam ist ein tatsächliches Herrschaftsverhältnis zu verstehen, das nicht gleichbedeutend ist mit Besitz i. S. des bürgerlichen Rechts. Gewahrsam einer Sache hat, wer die physische Möglichkeit besitzt, über die Sache mit Ausschließung anderer zu verfügen. Fremd ist der Gewahrsam, den der Täter nicht selbst hat. (Wegen Mitgewahrsam siehe unten Erl. g).

b) Der Gewahrsamsinhaber braucht nicht der rechtmäßige Eigentümer der Sache zu sein; es kann also auch dem Dieb die gestohlene Sache wieder gestohlen werden.

c) An einer verlorenen Sache kann ein Diebstahl nicht begangen werden, weil der letzte Besitzer ja nicht weiß, wo die Sache ist, und infolgedessen auch kein Herrschaftsverhältnis zu der Sache, d. h. keinen Gewahrsam hat. Da aber durch den Verlust das Eigentum nicht berührt wird (siehe oben Erl. 4b, cc) stellt sich die Aneignung einer gefundenen Sache als Unterschlagung i. S. des § 246 dar (siehe Erl. 9a zu § 246). Häufig wird aber bei Verlust der Sache ein neuer Gewahrsam eintreten, z. B. derjenige der Behörde, der Bahnhofsverwaltung, des Ladeninhabers, des Gastwirts bezüglich derjenigen Sachen, die in den betreffenden Räumlichkeiten in Verlust geraten sind; an solchen Sachen kann daher sehr wohl ein Diebstahl begangen werden.

d) Scharf zu trennen von den verlorenen Sachen sind die nur verlegten oder vergessenen Sachen. Sie bleiben nicht nur im Eigentum des ursprünglichen Inhabers, sondern auch in dessen Gewahrsam und können daher sehr wohl „gestohlen" werden. Ebenso bleibt eine versteckte Sache solange in Gewahrsam des Versteckenden, als diesem nicht dauernd die Verfügungsmöglichkeit entzogen wird.

e) Entwendungen aus einer Erbschaft sind nur dann als Diebstahl zu betrachten, wenn die Erbschaftssachen schon in die tatsächliche Gewalt des Erbberechtigten gelangt sind, anderenfalls kommt nur Unterschlagung (siehe Erl. 4 zu § 246) in Frage. Ohne Bedeutung hierfür ist es, daß § 857 BGB. bestimmt, der Besitz gehe auf den Erben über; denn § 242 will, wie schon oben (siehe Erläuterung 5a) ausgeführt, nicht ein im bürgerlichen Recht anerkanntes Verhältnis schützen, sondern setzt nur voraus, daß sich die Sache im tatsächlichen Gewahrsam einer Person befinde.

f) Entwendungen aus einem Warenautomaten sind als Diebstahl zu werten, da über seinen Inhalt der Eigentümer des Automaten unter Ausschließung anderer zu verfügen in der Lage ist, d. h. den Gewahrsam an dem Inhalt hat. Es liegt hier nicht etwa der Tatbestand des Automatenmißbrauchs im Sinn des § 265a vor. (Siehe Erl. zu § 265a).

g) Von besonderer Bedeutung für die Praxis ist die Frage des sogenannten Mitgewahrsams; denn Diebstahl kann nicht nur, was zwar in der täglichen Strafrechtspraxis die Regel ist, an Sachen begangen werden, die sich im Alleingewahrsam eines anderen befinden, sondern es genügt schon, daß der andere lediglich Mitgewahrsam hat. Diebstahl scheidet nur dann aus, wenn der Täter Alleingewahrsam an der Sache hat, die er sich rechtswidrig zueignet; dann liegt nämlich Unterschlagung vor. (Siehe Erl. 1 zu § 246.) Zweifel in dieser Richtung ergeben sich in der täglichen Strafrechtspraxis in folgenden Fällen:

aa) Bei vermieteten Räumen wird in der Regel der Mieter den alleinigen Gewahrsam haben; eignet er sich also dem Vermieter gehörige Sachen an, so begeht er keinen Diebstahl, sondern eine Unterschlagung. Dagegen ist bei Vermietung durch Gastwirte im allgemeinen deren Wille zum Mitgewahrsam anzunehmen, so daß der Hotelgast sich durch die Wegnahme eines Einrichtungsgegenstandes eines Diebstahls schuldig macht.

bb) Ein Mitgewahrsam liegt ferner in folgenden Fällen vor: Verkäufer und sonstige Angestellte eines Ladengeschäftes haben höchstens Mitgewahrsam, niemals jedenfalls Alleingewahrsam nicht nur an den Warenvorräten, sondern auch an den Geldern, die sie für den Geschäftsherrn einnehmen. Das gleiche gilt für Hausangestellte bezüglich der zur eigenen Benutzung überlassenen Sachen. Der Arbeiter wird im allgemeinen keinen Gewahrsam an dem Arbeitsmaterial erlangen, das er zur Bearbeitung vom Arbeitgeber erhalten hat, ebensowenig der Wächter oder Aufseher, an den zu bewachenden Gegenständen. Alle diese Personen begehen also durch rechtswidrige Zuneigung der fraglichen Gegenstände einen Diebstahl und keine Unterschlagung.

6. Die Ausführungshandlung besteht in dem Wegnehmen, d. h. in dem Bruch des fremden Gewahrsams und der Verbringung in die eigene Verfügungsgewalt.

a) Die Wegnahme ist vollendet, wenn die fremde Sache aus dem Gewahrsam des anderen in einen anderen Gewahrsam gebracht worden ist; dazu genügt weder die bloße Berührung des wegzunehmenden Gegenstandes, noch ist andererseits die Entfernung der Sache aus den Räumen des bisherigen Inhabers erforderlich. So ist z. B. der Diebstahl schon vollendet, wenn der Ladendieb die Ware in seiner Tasche verschwinden läßt, oder wenn ein Angestellter die entnommenen Waren zunächst im Geschäftslokal versteckt, um sie bei passender Gelegenheit nach Hause zu schaffen.

b) Es ist nicht erforderlich, daß der Bruch des fremden Gewahrsams durch den Täter selbst erfolgt; vielmehr kann er sich hierzu eines gutgläubigen Dritten bedienen.

c) Ebensowenig ist die Begründung eines eigenen Gewahrsams erforderlich. Zwar wird regelmäßig das „Wegnehmen" dadurch bewirkt, daß der Täter nicht nur den fremden Gewahrsam aufhebt, sondern auch den eigenen Gewahrsam begründet. Es ist aber auch möglich, daß der die Zueignung Beabsichtigende gar nicht erst den eigenen Gewahrsam begründet, sondern den anderen, dem er die Sache übereignen will, veranlaßt und instand setzt, den Gewahrsam unmittelbar zu ergreifen. So kann z. B. eine „Wegnahme" darin erblickt werden, daß der Täter die Sache einem gutgläubigen Dritten verkauft und durch diesen wegschaffen läßt. In diesem Falle kann tateinheilich mit Diebstahl Betrug zusammenfallen.

d) Immer aber ist erforderlich, daß die Aufhebung des Gewahrsams ohne den Willen des Gewahrsamsinhabers bzw. Eigentümers erfolgt. Ist dies nicht der Fall, so kann Betrug, oder falls der Gewahrsamsbruch mit Gewalt oder unter Anwendung von Drohungen usw. erfolgt, Nötigung, Erpressung oder Raub vorliegen.

7. Der innere Tatbestand erfordert Vorsatz, der vor allem das Bewußtsein umfassen muß, daß der wegzunehmende Gegenstand sich in fremdem Eigentum befindet. Es genügt bedingter Vorsatz (siehe „Einführende Vorbemerkungen zum Strafrecht", Seite 1 ff., Abschnitt C III 1 b S. 16). Kennt der Wegnehmende das Tatbestandsmerkmal „fremd" nicht, dann ist er gemäß § 59 Abs. 1 straflos. Nimmt der Wegnehmende dagegen infolge eines Irrtums an, der ihm zu Eigentum gehörende Gegenstand stehe in fremdem Eigentum, dann macht er sich des versuchten Diebstahls schuldig (siehe „Einführende Vorbemerkungen zum Strafrecht", Seite 1 ff., Abschnitt D II 1 a, S. 18).

8. Zum Inneren Tatbestand gehört ferner, daß die Wegnahme in der Absicht rechtswidriger Zueignung erfolgt. Eine gewinnsüchtige Absicht ist nicht erforderlich.

a) In Zueignungsabsicht handelt, wer den Willen hat, den zu entwendenden Gegenstand dem Vermögen des Berechtigten dauernd zu entziehen, und ihn dem eigenen Vermögen zuzuführen.

Zu diesem Grundsatz ist folgendes zu bemerken;

aa) Liegt nur bloße Entziehungsabsicht vor (z. B. Öffnen des Käfigs, damit der Vogel entfliegt), ist der Tatbestand des § 242 nicht erfüllt.

bb) Mit der Absicht, den Gegenstand dem eigenen Vermögen zuzuführen, braucht nicht der Wille verbunden zu sein, den Gegenstand dauernd in seinem Vermögen zu behalten. Vielmehr steht der Annahme einer rechtswidrigen Zueignungsabsicht die Tatsache nicht entgegen, daß der Täter schon bei der Wegnahme die Absicht gehabt hat, sich der Sache nach erfolgtem Gebrauch wieder zu entäußern, sie zu verschenken, zu zerstören usw.

cc) Hat aber der Täter bei der Wegnahme die Absicht, den Gegenstand nach Gebrauch dem Eigentümer wieder zurückzugeben, liegt in der Regel nur ein strafloser sogenannter Gebrauchsdiebstahl vor. (Lediglich in einem Falle ist schon das Gebrauchmachen einer Sache im Gesetz ausdrücklich für strafbar erklärt, nämlich bei der sog. Gebrauchsanmaßung des § 290.)

b) Für die widerrechtliche Benutzung eines Kraftwagens gilt daher folgendes:

aa) Sie ist nur dann als Diebstahl des Wagens und des Betriebsstoffes zu verfolgen, wenn die Absicht des Täters bei Wegnahme dahin ging, den Wagen für seine Zwecke, solange er für ihn Wert habe, zu benutzen, ihn jedoch dann an beliebiger Stelle zurück zu lassen und dem Zugriff jedes Dritten freizugeben, wobei er den Umstand, daß der Eigentümer den Wagen später wieder zurückerhalten hat, nicht vorausgesehen und auch nicht gewollt hat.

bb) Hat der Täter nicht mit diesem dolus gehandelt, sondern ging seine Absicht dahin, daß dem Eigentümer des Wagens sein Eigentum erhalten bleibt, dann scheidet § 242 aus und es greift die VO. gegen unbefugten Gebrauch von Kraftfahrzeugen und Fahrrädern vom 20. Oktober 1932 Platz, die folgendes bestimmt: „Wer ein Kraftfahrzeug oder ein Fahrrad gegen den Willen des Berechtigten in Gebrauch nimmt, wird, sofern die Tat nicht nach anderen Vorschriften mit schwererer Strafe bedroht ist, mit Gefängnis bis zu 3 Jahren bestraft. Der Versuch ist strafbar. Die Verfolgung tritt nur auf Antrag ein. Die Zurücknahme des Antrags ist zulässig. Wer die Tat gegen seinen Ehegatten oder gegen einen Verwandten absteigender Linie begeht, ist straffrei."

c) Schließlich ist noch folgendes zu bemerken: Es sind Fälle denkbar, daß eine Sache einen, ihren eigentlichen Stoffwert überschreitenden und als solchen ausnutzbaren Sachwert besitzt, wie z. B. ein Sparkassenbuch oder Biermarken. In einem solchen Falle ist es für den Begriff der Zueignungsabsicht gleichgültig, ob der Täter schon bei der Wegnahme die Absicht hatte, den fraglichen Gegenstand nach seiner wirtschaftlichen Verwertung (z. B. das gestohlene Sparkassenbuch nach Abhebung eines Teilbetrages) dem Eigentümer wieder zurückzugeben. Der Wegnehmende ist wegen Diebstahl des Sparkassenbuchs zu bestrafen.

d) Rechtswidrig ist die Zueignung dann, wenn dem Täter kein Anspruch auf Herausgabe zusteht. Es ist daher die Wegnahme eines geschuldeten fälligen Geldbetrags kein Diebstahl, ebensowenig die Wegnahme mit Einwilligung des Eigentümers.

9. Vollendet ist der Diebstahl, wie oben erwähnt, mit der Wegnahme in rechtswidriger Zueignungsabsicht. Der Versuch des Diebstahls setzt voraus, daß mit dem Bruch des fremden Gewahrsams irgendwie begonnen worden ist. Dies ist schon der Fall, wenn der Täter mit dem bestimmten Willen, zu stehlen, was sich ihm Brauchbares bieten werde, in fremdes befriedetes Besitztum eingedrungen ist und den fremden Gewahrsam bereits beeinträchtigt oder ernstlich gefährdet, seinen Willen aber noch nicht auf die Wegnahme bestimmter Sachen gerichtet hat.

10. Verfügungen, die der Dieb nach der Wegnahme über die Sache trifft, stellen sich als straflose Nachtat (Verhältnis des Verwertungsdelikts zum Aneignungsdelikt) dar, können also nicht nochmals strafrechtlich erfaßt werden,

wenn der durch die zweite Handlung angerichtete Schaden mit dem durch die erste bewirkten zusammenfällt (siehe hierzu „Einführende Vorbemerkungen zum Strafrecht", Seite 1 ff., Abschnitt B VII 4 d, S. 12).

11. Zwischen § 242 und den privilegierten Tatbeständen der §§ 248a und 370 Nr. 5 besteht Gesetzeskonkurrenz. (Siehe Vorbemerkung Ziff. 3 vor § 242.)

Schwerer Diebstahl.

§ 243. Auf Zuchthaus bis zu zehn Jahren ist zu erkennen, wenn

1. aus einem zum Gottesdienste bestimmten Gebäude Gegenstände gestohlen werden, welche dem Gottesdienste gewidmet sind;
2. aus einem Gebäude oder umschlossenen Raume mittels Einbruchs, Einsteigens oder Erbrechens von Behältnissen gestohlen wird;
3. der Diebstahl dadurch bewirkt wird, daß zur Eröffnung eines Gebäudes oder der Zugänge eines umschlossenen Raumes, oder zur Eröffnung der im Innern befindlichen Türen oder Behältnisse falsche Schlüssel oder andere zur ordnungsmäßigen Eröffnung nicht bestimmte Werkzeuge angewendet werden;
4. auf einem öffentlichen Wege, einer Straße, einem öffentlichen Platze, einer Wasserstraße oder einer Eisenbahn, oder in einem Postgebäude oder dem dazu gehörigen Hofraume, oder auf einem Eisenbahnhofe eine zum Reisegepäck oder zu anderen Gegenständen der Beförderung gehörende Sache mittels Abschneidens oder Ablösens der Befestigungs- oder Verwahrungsmittel, oder durch Anwendung falscher Schlüssel oder anderer zur ordnungsmäßigen Eröffnung nicht bestimmter Werkzeuge gestohlen wird;
5. der Dieb oder einer der Teilnehmer am Diebstahle bei Begehung der Tat Waffen bei sich führt;
6. zu dem Diebstahle mehrere mitwirken, welche sich zur fortgesetzten Begehung von Raub oder Diebstahl verbunden haben, oder
7. der Diebstahl zur Nachtzeit in einem bewohnten Gebäude, in welches sich der Täter in diebischer Absicht eingeschlichen, oder in welchem er sich in gleicher Absicht verborgen hatte, begangen wird, auch wenn zur Zeit des Diebstahls Bewohner in dem Gebäude nicht anwesend sind. Einem bewohnten Gebäude werden der zu einem bewohnten Gebäude gehörige umschlossene Raum und die in einem solchen befindlichen Ge-

bäude jeder Art, sowie Schiffe, welche bewohnt werden, gleich geachtet.

Sind mildernde Umstände vorhanden, so tritt Gefängnisstrafe nicht unter drei Monaten ein.

Hier wird der sog. schwere oder erschwerte Diebstahl behandelt. Ein weiterer Fall von durch seine Gefährlichkeit ausgezeichnetem Diebstahl wird beim Raub in § 252 StGB. mit Strafe bedroht. — Der schwere Diebstahl im wiederholten Rückfall ist in § 244 StGB. mit besonders harter Strafe belegt.

1. Der Kirchendiebstahl (§ 243 Nr. 1).

a) Zum Gottensdienst bestimmt ist das Gebäude erst dann, wenn es tatsächlich gottesdienstlichen Zwecken überwiesen ist. Siehe im übrigen Erl. 2a.

b) Dem Gottesdienst gewidmet ist ein Gegenstand, der bei der Ausführung des Rituals verwendet wird (z. B. Abendmahlgerätschaften, Kruzifixe, Altarkerzen, dagegen nicht das Inventar des Gebäudes, die Opferstöcke und der Klingelbeutel).

2. Der in der Praxis wichtigste Fall ist der Einbruchsdiebstahl des § 243 Nr. 2.

a) Gebäude sind Bauwerke, die mit dem Grund und Boden fest verbunden und in ihrer Gesamtheit unbeweglich sind. Wenn auch keine dauernde Verbindung erforderlich ist (z. B. Ausstellungs- und Zirkuszelte), so muß doch zum mindesten eine durch die Schwere des Bauwerks hergestellte natürliche Verbindung mit dem Grund und Boden bestehen. Deshalb ist ein Schiff kein Gebäude (auch kein umschlossener Raum).

b) Umschlossener Raum ist ein begrenzter Teil der Erdoberfläche, dessen Betreten durch nicht ganz leicht zu überwindende, ringsum vorhandene Hindernisse Unbefugten verwehrt werden soll, z. B. ein eingezäuntes Baugelände, dagegen nicht ein Schiff, ein Eisenbahnwagen oder Kraftwagen. (Wer aus einem verschlossenen Kraftwagen, der auf der Straße parkt, darin eingeschlossene Gegenstände stiehlt, macht sich wegen schweren Diebstahls nicht nach § 243 Nr. 2, sondern nach § 243 Nr. 4 strafbar, denn der Kraftwagen ist weder ein Gebäude, noch ein umschlossener Raum, dagegen ein „Beförderungsmittel" und gleichzeitig ein „Verwahrungsmittel".)

Auch Zimmer im Inneren eines Gebäudes sind keine „umschlossenen Räume", dagegen „Behältnisse" im Sinne des § 243 Nr. 2.

Dagegen bildet die in der Umfassungsmauer eingebaute Warenauslage einen Teil des Gebäudes im Sinne des § 243 Nr. 2.

c) Der Diebstahl muß mittels Einbruchs, Einsteigens oder Erbrechens von Behältnissen durchgeführt werden.

aa) Einbrechen ist die auf Kraftanstrengung beruhende Erzeugung oder Erweiterung einer Eröffnung; eine Verletzung oder Zerstörung der Substanz ist nicht erforderlich, z. B. Auseinanderbiegen der beiden Flügel eines Scheunentores oder Ausheben der Türen.

Der Täter braucht das Gebäude oder den umschlossenen Raum nicht selbst betreten zu haben. Herauslangen des Gegenstandes genügt; ebenso wenn die zu stehlenden Tiere veranlaßt werden, durch die durch Einbruch entstandene Lücke dem Täter in die Hände zu laufen.

bb) Einsteigen ist das Betreten eines Gebäudes oder umschlossenen Raumes durch eine hierzu nicht bestimmte Öffnung unter Überwindung eines gewissen

Hindernisses. Das Einsteigen muß vom Freien oder wenigstens von einem anderen Gebäude aus erfolgen.

Im Gegensatz zum Einbruch (siehe oben) muß beim Einsteigen der Täter in den Raum, wenn auch nicht mit dem ganzen Körper, hineingelangen.

Das Herausholen mit einem Werkzeug oder durch ein Tier oder auch durch einen schuldlos handelnden (gutgläubigen oder geisteskranken) Menschen genügt nicht zur Erfüllung des Tatbestandmerkmals des Einsteigens.

cc) Das Erbrechen des Behältnisses muß innerhalb des Gebäudes oder umschlossenen Raumes erfolgen; nimmt also der Dieb das ganze Behältnis mit und erbricht es außerhalb des Gebäudes, so begeht er einen einfachen Diebstahl.

Das „Erbrechen" erfordert ebenso wie das „Einbrechen" keine Substanzverletzung.

Zu den Behältnissen gehören auch Zimmer und sonstige Räume (Speicher usw.) innerhalb eines Hauses.

Schließlich kann auch das Öffnen eines Briefes in der Absicht, sich den Inhalt anzueignen, als Erbrechen eines Behältnisses gewertet werden.

3. Der Nachschlüsseldiebstahl des § 243 Nr. 3.

a) Falsche Schlüssel können auch verlorene, gestohlene oder sonstwie abhanden gekommene Schlüssel sein, wenn ihnen der Berechtigte durch seinen auch anderen erkennbar gewordenen Willen die Bestimmung zur ordnungsmäßigen Eröffnung entzogen hat.

b) Andere zur ordnungsmäßigen Eröffnung nicht bestimmte Werkzeuge sind solche, durch die der Mechanismus des Verschlusses ordnungswidrig in Bewegung gesetzt wird, z. B. Dietriche; es ist immer erforderlich eine Einwirkung auf das Schließwerk eines Schlosses.

c) Der Tatbestand des Nachschlüsseldiebstahls ist auch dann erfüllt, wenn der Täter zunächst mit falschem Schlüssel ein Behältnis öffnet, aus diesem den richtigen nimmt und damit den Geldbehälter öffnet.

d) Der sogenannte Automatendiebstahl (Entwendung von Gegenständen aus Automaten mittels Einwurfs von Metallplatten, Knöpfen oder dergleichen anstatt Geldmünzen) gehört nicht hierher, weil keine Öffnung des Schlosses stattgefunden hat; es liegt in einem solchen Falle nur einfacher Diebstahl nach § 242 vor. Der Tatbestand des Automatenmißbrauchs nach § 265a kommt deshalb nicht in Frage, weil diese Bestimmung nach ihrem Wortlaut nur subsidiäre Bedeutung hat.

4. Der Transportdiebstahl des § 243 Nr. 5.

a) Der Zweck dieser Vorschrift ist, den auf öffentlichen Wegen und in öffentlichen Verkehrsanstalten befindlichen Beförderungsgegenständen, die durch besondere Befestigungen, Verwahrung oder Verschluß gesichert sind, einen erhöhten Schutz zu gewähren, weil sie mehr als andere Sachen der Gefahr des Diebstahls ausgesetzt sind und weil es für den Transportführer schwer ist, derartige Gegenstände andauernd persönlich zu überwachen.

b) Zu den „Gegenständen der Beförderung" gehören nicht nur die Transportgüter selbst, sondern auch das Gerät, das zum Gebrauch unterwegs mitgenommen wird, wie z. B. Reservereifen am Kraftwagen oder Beil und Säge im D-Zug-Wagen.

c) Wie beim Diebstahl mittels Erbrechens von Behältnissen (siehe oben Ziffer 2c, cc) muß auch beim Transportdiebstahl das Abschneiden usw. nach dem Wortlaut des Gesetzes am Diebstahlsort selbst erfolgen. Nimmt also der Dieb das ganze Beförderungsgut uneröffnet mit, dann liegt nur ein einfacher Diebstahl vor. Man wird daher für die Praxis es als genügend erachten müssen, wenn der Täter zeitlich unmittelbar anschließend an die Wegnahme die gewaltsame Eröffnung des Beförderungsgutes vornimmt.

5. Der Waffendiebstahl des § 243 Nr. 5.

a) Der Begriff „Waffe" ist nicht in technischem Sinne zu verstehen; es genügt vielmehr jedes gefährliche Werkzeug.

b) Handelt es sich um ein solches (also nicht um eine Waffe im technischen Sinne), dann ist subjektiv zur Erfüllung des Tatbestandes erforderlich, daß der Täter wenigstens mit der Möglichkeit gerechnet haben muß, den Gegenstand bei der Tat als Waffe zu verwenden; denn andernfalls müßte angenommen werden, daß, wer ein Taschenmesser im Anzuge zu tragen pflegt, immer nur einen schweren Raub oder Diebstahl begehen könnte.

6. Der Bandendiebstahl des § 243 Nr. 6.

a) Erste Voraussetzung ist, daß die Verbindung (von zwei oder mehr Personen) auf die Begehung mehrerer selbständiger, im einzelnen noch unbestimmter Diebstähle gerichtet ist; denn der hier verwendete Begriff der „fortgesetzten" Tat ist nicht identisch mit dem Begriff der fortgesetzten Straftat im technischen Sinne.

b) Der Begriff „Mitwirkung" ist enger als der der Teilnahme nach §§ 47ff. Er verlangt ein zeitliches und örtliches Zusammenwirken mehrerer Mitglieder der Bande bei der Ausführung des einzelnen Diebstahls. Wer nicht „mitgewirkt" hat, kann u. U. als Teilnehmer nach §§ 47ff., 242 bestraft werden.

c) Durch die Verbindung wird den einzelnen Straftaten ihre rechtliche Selbständigkeit nicht genommen.

7. Der nächtliche Diebstahl des § 243 Nr. 7.

a) Der gesetzgeberische Grund für die härtere Bestrafung des „nächtlichen Diebstahls" ist ein doppelter. Einmal sind Diebstähle, die zur Nachtzeit begangen werden, besonders dazu angetan, die Sicherheit des Besitzes und Eigentums zu gefährden, insofern sie die Anwendung von Gegenmaßregeln unmöglich machen oder mindestens sehr erschweren. Sodann bedürfen die Personen, die durch solche Diebstähle in Mitleidenschaft gezogen werden, eines erhöhten Strafschutzes, weil sie bei einem Zusammentreffen mit dem Dieb ernstlichen Gefahren für Leben oder Gesundheit ausgesetzt sind.

b) Zur Nachtzeit muß der Diebstahl begangen sein, d. h. in der Zeit vom Eintritt der Dunkelheit bis zur Morgendämmerung.

c) Als Ort der Tat kommt vor allem ein bewohntes Gebäude in Betracht. Es genügt, daß das Gebäude nur einem Menschen zum Aufenthalt während der Nachtzeit dient. Ferner kommen nach dem Gesetzestext als Ort der Tat in Frage der zu einem bewohnten Gebäude gehörige umschlossene Raum, ferner die in einem solchen Raum befindlichen Gebäude jeder Art und schließlich Schiffe, welche bewohnt werden.

d) Die besondere Art der Begehung dieses Diebstahls besteht im Einschleichen oder Sichverbergen des Täters in diebischer Absicht.

aa) Einschleichen ist jedes heimliche und absichtlich der Wahrnehmung anderer entzogene Eintreten. Nicht erforderlich ist, daß der Täter vor Beginn der Nachtzeit eingeschlichen ist, oder daß ein gewisser Zeitraum zwischen Einschleichen und Wegnehmen liegt. Ein „Einschleichen" liegt auch dann vor, wenn sich der Täter durch List oder durch Täuschung von Hausbewohnern offenen Zutritt in ein Gebäude verschafft.

bb) Ein Verbergen liegt vor, wenn der Dieb dazu einen Ort benutzt, an dem er nicht verweilen durfte.

8. Versuch des schweren Diebstahls liegt schon dann vor, wenn mit einem der erschwerenden Tatbestandsmerkmale begonnen ist. So liegt z. B. schon Versuch des Einbruchdiebstahls vor, wenn der Täter eine Fensterscheibe des Gebäudes, in das er in diebischer Absicht eindringen will, mit einer dicken Masse bestreicht, um das Klirren der Glasstücke beim Eindrücken der Scheibe zu verhindern.

9. Wird durch Ausführung eines erschwerenden Merkmals ein Hausfriedensbruch oder eine Sachbeschädigung begangen, so gehen diese Delikte im schweren Diebstahl auf, d. h. es besteht Gesetzeskonkurrenz. (Siehe „Einführende Vorbemerkungen zum Strafrecht", Seite 1 ff., Abschnitt B VII 4 d, aa, S. 12 und Erl. 4 zu § 248 a.)

10. Wegen der Nebenstrafen siehe § 248.

Rückfalldiebstahl.

§ 244. Wer im Inlande als Dieb, Räuber oder gleich einem Räuber oder als Hehler bestraft worden ist, darauf abermals eine dieser Handlungen begangen hat, und wegen derselben bestraft worden ist, wird, wenn er einen einfachen Diebstahl (§ 242) begeht, mit Zuchthaus bis zu zehn Jahren, wenn er einen schweren Diebstahl (§ 243) begeht, mit Zuchthaus nicht unter zwei Jahren bestraft.

Sind mildernde Umstände vorhanden, so tritt beim einfachen Diebstahl Gefängnisstrafe nicht unter drei Monaten, beim schweren Diebstahl Gefängnisstrafe nicht unter einem Jahre ein.

1. Vorbemerkung: Bei allen Straftatbeständen wird der Rückfall ganz allgemein als Strafzumessungsgrund berücksichtigt. In vier Fällen schreibt das Gesetz aber ausdrücklich vor, welche Strafen einzutreten haben, wenn der Täter rückfällig ist, nämlich beim Diebstahl (§ 244), beim Raub (§ 250, Nr. 5), bei der Hehlerei (§ 261) und beim Betrug (§ 264). Bei der Hehlerei und beim Betrug kommen jeweils nur eigentliche Hehlerei- bzw. Betrugstatbestände als rückfallbegründend in Frage, während beim Diebstahl und beim Raub auch andere Straftaten den Rückfall begründen können.

2. Die Voraussetzungen des Rückfalldiebstahls sind folgende:

a) Der Täter muß im Inland wegen Diebstahls (§§ 242, 243), wegen Raubs (§§ 249—251), räuberischen Diebstahls (§ 252), räuberischer Erpressung § 255), oder wegen Hehlerei (§§ 258—260) bestraft sein. Es genügt eine Verurteilung wegen Versuchs oder Teilnahme (Anstiftung, Beihilfe.)

b) Die Strafe muß mindestens teilweise verbüßt oder erlassen sein (§ 245). Anrechnung der Untersuchungshaft genügt. Wegen „Tilgung" siehe Erl. 3 zu § 245.

c) Nach Verbüßung der ersten Strafe muß der Täter abermals eine der in a) genannten Taten begangen haben, und auch dieserhalb muß er rechtskräftig verurteilt worden sein, und die Strafe mindestens teilweise verbüßt haben, bzw. die Strafe muß mindestens teilweise erlassen sein.

d) Seit Verbüßung oder Erlaß der letzten Strafe dürfen keine zehn Jahre verflossen sein (Rückfallverjährung). Der zeitliche Abstand zwischen den beiden ersten Strafen darf mehr als zehn Jahre betragen.

3. Der strafschärfende Rückfall ist eine „persönliche Eigenschaft" und daher ein die Strafe schärfender Umstand im Sinne des § 50 Abs. 2 (siehe Erläuterung 7 — Beispiele zu § 50). Er ist aber gleichzeitig ein „die Strafbarkeit erhöhender Umstand" im Sinn des § 59. Daraus folgt, daß die Verurteilung wegen Rückfalldiebstahls voraussetzt, daß der Dieb bei Begehung des Diebstahls das Vorhandensein der den Rückfall begründenden Tatumstände gekannt hat. (Eine Vollziehung der Strafe ohne Kenntnis des Täters ist wohl kaum denkbar, wenigstens nicht bei Freiheitsstrafen und dem Verweis, den Strafarten, die für die Anwendung des § 244 allein in Betracht kommen. Dagegen kann sich sehr wohl ein Straferlaß der Kenntnis des Täters zeitweise oder auch dauernd entziehen.)

4. Das Verbrechen des § 244 liegt nicht vor, wenn es sich lediglich um Diebstahl geringwertiger Gegenstände aus Not (§ 248a) oder um Verbrauchsmittelentwendung (§ 370 Nr. 5) handelt.

Rückfallverjährung.

§ 245. Die Bestimmungen des § 244 finden Anwendung, auch wenn die früheren Strafen nur teilweise verbüßt oder ganz oder teilweise erlassen sind, bleiben jedoch ausgeschlossen, wenn seit der Verbüßung oder dem Erlasse der letzten Strafe bis zur Begehung des neuen Diebstahls zehn Jahre verflossen sind.

1. Vgl. hiezu Erl. 2 zu § 244 StGB. Eine teilweise Verbüßung kommt z. B. vor, wenn der Verurteilte seinerzeit entsprungen ist, vorläufig entlassen oder auf Wohlverhalten beurlaubt wurde.

2. Welcher Zeitraum zwischen erster und zweiter Bestrafung liegt, ist gleichgültig. Wenn nur seit dem letzten Tag der Verbüßung der zweiten Strafe bis zur Begehung des neuen (dritten) Diebstahls noch keine zehn Jahre verflossen sind, dann tritt Rückfallsstrafe ein.

3. Die „Tilgung" einer Vorstrafe nach dem Reichsgesetz über beschränkte Auskunft aus dem Strafregister und Tilgung von Strafvermerken v. 9. April 1920 (RGBl. 507) beseitigt nach § 5 Abs. 2 dieses Gesetzes ihre rückfallbegründende Wirkung. Bei Zuchthausstrafe kommt eine Tilgung nicht in Frage.

Besitz von Diebeswerkzeug.

§ 245a. Wer Diebeswerkzeug in Besitz oder Gewahrsam hat oder von einem anderen für sich verwahren läßt, nachdem er wegen schweren Diebstahls, Diebstahls im Rückfall, Raubes, gewerbs- oder gewohnheitsmäßiger Hehlerei oder Hehlerei im Rückfall (§§ 243 bis 245, 249 bis 252, 260, 261) rechtskräftig verurteilt worden ist, wird mit Gefängnis nicht unter drei Monaten bestraft, sofern sich nicht aus den Umständen ergibt, daß das Werkzeug nicht zur Verwendung bei strafbaren Handlungen bestimmt ist.

Wer Diebeswerkzeug für einen anderen in Verwahrung nimmt oder einem anderen überläßt, obwohl er weiß oder den Umständen nach annehmen muß, daß das Werkzeug zur Verwendung bei strafbaren Handlungen bestimmt ist, wird, sofern die Tat nicht nach anderen Vorschriften mit schwererer Strafe bedroht ist, mit Gefängnis bestraft.

Das Diebswerkzeug ist einzuziehen, auch wenn es dem Täter nicht gehört.

In den Fällen des Abs. 1 kommt eine frühere Verurteilung nicht in Betracht, wenn zwischen dem Eintritt ihrer Rechtskraft und der Tat des Abs. 1 mehr als fünf Jahre verstrichen sind. In die Frist wird die Zeit nicht eingerechnet, in der der Täter eine Freiheitsstrafe verbüßt oder auf behördliche Anordnung in einer Anstalt verwahrt wird. Eine ausländische Verurteilung steht einer inländischen gleich, wenn die geahndete Tat nach deutschem Recht ein Verbrechen der im Abs. 1 genannten Art wäre.

1. Vorbemerkung: § 245a, in das Strafgesetzbuch eingefügt durch das Gewohnheitsverbrechergesetz vom 24. November 1933 wendet sich gegen den berufsmäßigen Eigentumsverbrecher, den die Polizei bei ihrer Fahndungstätigkeit häufig in Besitz von Diebeswerkzeug d. h. von beweglichen Gegenständen, die zur Ausführung von Diebstählen geeignet sind (wie Dietriche, Stemmeisen usw.) antrifft, ohne daß sie ihm jedoch neue Diebstähle nachweisen kann.

Die Vorschrift des § 245a bedroht gewissermaßen eine Vorbereitungshandlung zum Diebstahl als vollendetes Delikt mit Strafe; sie hat zum Gegenstand eine Gefährdungstat, die sich gegen die öffentliche Sicherheit richtet, während der Diebstahl selbst eine Verletzungstat darstellt, deren Strafdrohung dem Schutze des Eigentums dient. Da somit das geschützte Rechtsgut bei beiden Straftaten nicht dasselbe ist, besteht zwischen ihnen nicht etwa Gesetzeseinheit, sondern es kann nur in Frage kommen, ob zwischen § 245a und §§ 242ff. Tateinheit oder Tatmehrheit gegeben ist. Diese Frage ist nach Lage des einzelnen Falles zu beurteilen.

2. Der Absatz 1 des § 245a bedroht den Besitz von Diebeswerkzeug mit Strafe. Diese Bestimmung richtet sich also gegen den Einbrecher selbst.

a) Als Täter kommt hier nur in Betracht, wer schon einmal wegen schweren Diebstahls usw. verurteilt worden ist (gewisse frühere Urteile, die weiter zurückliegen, kommen nach Absatz 4 nicht in Betracht).

b) Für den inneren Tatbestand ist Vorsatz erforderlich, und zwar soll wegen der Beweisschwierigkeiten, die sich erfahrungsgemäß dem Nachweis der Zweckbestimmung des Werkzeugs im Einzelfall entgegenstellen würden, die Bestrafung nach Absatz 1 schon dann eintreten, wenn jemand einen Gegenstand, der seiner Beschaffenheit nach als Diebeswerkzeug geeignet ist, in Kenntnis dieser äußeren — objektiven — Eignung in Besitz oder Gewahrsam hat; nur dann verzichtet der Gesetzgeber in einem solchen Falle auf Bestrafung, wenn sich „aus den Umständen" ergibt, daß das Werkzeug nicht zur Verwendung bei strafbaren Handlungen bestimmt ist. Die innere — subjektive — Zweckbestimmung des Werkzeugs braucht der Vorsatz des Täters des Absatz 1 also nicht zu umfassen.

3. Der Absatz 2 des § 245a will die Helfershelfer des Einbrechers usw. treffen und richtet sich vor allem gegen die Kaschemmenwirte, Dirnen und ähnliche Personen, die dem Verbrecher durch Verwahrung des Diebeswerkzeugs Unterstützung gewähren und gegen diejenigen Angehörigen der Verbrecherwelt, die die Berufsdiebe mit ihrem Werkzeug ausstatten.

a) Täter kann jedermann sein; im Gegensatz zu Absatz 1 ist eine Vorverurteilung des Täters keine Voraussetzung der Strafbarkeit.

b) Für den inneren Tatbestand ist Vorsatz erforderlich. Ebenso wie bei der Hehlerei soll auch hier genügen, daß der Täter den Bestimmungszweck den Umständen nach annehmen muß.

c) Der Tatbestand des Absatz 2 hat subsidiäre Bedeutung, d. h. er kommt nur in Betracht, wenn die Tat nicht nach anderen Vorschriften mit schwererer Strafe bedroht ist. Ist daher der, der für einen anderen Diebeswerkzeug in Verwahrung genommen und dadurch selbst Gewahrsam daran erlangt hat, im Sinne des Absatz 1 vorverurteilt, so trifft ihn kraft des Vorbehaltes in Absatz 2 die strengere Strafe des Absatz 1.

4. Die Einziehung des Diebeswerkzeugs ist obligatorisch, auch wenn es dem Täter nicht gehört (Absatz 3).

5. Nicht strafbar ist, wer, ohne zu den in § 245 a Abs. 1 genannten Personen zu gehören, Diebeswerkzeug für einen eigenen Diebstahl in Besitz hat.

Unterschlagung.

§ 246. Wer eine fremde bewegliche Sache, die er in Besitz oder Gewahrsam hat, sich rechtswidrig zueignet, wird wegen Unterschlagung mit Gefängnis bis zu drei Jahren und, wenn die Sache ihm anvertraut ist, mit Gefängnis bis zu fünf Jahren bestraft.

Sind mildernde Umstände vorhanden, so kann auf Geldstrafe erkannt werden.

Der Versuch ist strafbar.

1. Unterschlagung ist die rechtswidrige Zueignung einer fremden beweglichen Sache, die der Täter in Besitz oder Gewahrsam hat.

2. Der Unterschied gegenüber dem Diebstahl besteht darin, daß bei der Unterschlagung der eigene Besitz oder Gewahrsam des Täters vorhanden sein muß, bevor er sich die fremde Sache aneignet, während beim Diebstahl die Sache dem Eigentümer weggenommen wird, die Verschaffung des eigenen Gewahrsams also der Zueignungshandlung nachfolgt. Während sich der Diebstahl sowohl gegen fremdes Eigentum als auch gegen fremden Gewahrsam richtet (siehe Erl. 1 zu § 242), ist das geschützte Rechtsgut bei der Unterschlagung nur das fremde Eigentum; der durch die Unterschlagung Verletzte ist also nur der Eigentümer. Unterschlagung setzt immer Alleingewahrsam des Täters voraus.

3. Wegen des Begriffs „beweglich" und „fremde Sache" vgl. Erl. 3 und 4 zu § 242.

4. Wegen des Begriffs „Gewahrsam" vgl. Erl. 5 a zu § 242.

5) Zueignungshandlung ist die Verbringung der Sache aus dem Eigentum eines anderen in das Eigentum des Täters. Sie ist nicht schon dann gegeben,

wenn der Inhaber der fremden Sache lediglich den Willen hat, darüber gleich dem berechtigten Eigentümer und mit Ausschluß desselben die Herrschaft auszuüben, den bisherigen Fremdbesitz also in Eigenbesitz umzuwandeln, sondern dieser Wille muß auch in einer äußeren Handlung oder einer Unterlassung zum Ausdruck kommen. Es kommen daher als Zueignungshandlungen vor allem in Frage der Verbrauch, der Verkauf, die Verschenkung; ferner Verpfändung der fremden Sache, es sei denn, daß der Täter in der Lage und willens ist, aus eigenen Mitteln die Sache jederzeit wieder einzulösen. Auch schon das Angebot zum Kauf wird in der Regel als eine Zueignung anzusehen sein, ebenso die Ableugnung des Besitzes gegenüber dem Eigentümer. Die Nichtanzeige einer Fundsache wird dann als Zueignung gewertet werden können, wenn sich aus der unterlassenen Anzeige ergibt, daß der Finder die Sache für sich behalten will.

6. Der innere Tatbestand erfordert

a) Vorsatz, der vor allem das Bewußtsein des Täters umfassen muß, daß der Gegenstand, den er sich aneignen will, in fremdem Eigentum steht. Hierzu gilt das für den Diebstahl in Erl. 7 zu § 242 Gesagte entsprechend für die Unterschlagung.

b) Zum inneren Tatbestand gehört ferner, daß der Täter das Bewußtsein hat, daß die Aneignung rechtswidrig erfolgt. Da, wie bei allen Eigentumsdelikten die Rechtswidrigkeit entfällt, wenn der Eigentümer in die Zueignung einwilligt, wird gerade bei der Unterschlagung dem Täter häufig das Bewußtsein, rechtswidrig zu handeln, fehlen, d. h. er wird, falls er bereit und fähig ist, den Gegenstand (vor allem, wenn es sich um Geld handelt) jederzeit aus eigenen Mitteln zu ersetzen (sog. Ersatzbereitschaft) annehmen dürfen, daß der Eigentümer mit seinem Vorgehen einverstanden ist. Eine solche Annahme würde, selbst wenn sie auf einem Irrtum beruhte, die Strafbarkeit des Täters ausschließen. (Irrtum über das Tatbestandsmerkmal der objektiven Rechtswidrigkeit gemäß § 59 Abs. 1.) (Siehe „Einführende Vorbemerkungen zum Strafrecht", S. 18.)

7. Vollendet ist die Unterschlagung, sobald die Zueignungshandlung vollzogen ist. Ein Versuch, der nach Abs. 3 strafbar ist, kommt in der Praxis selten vor; er ist z. B. gegeben, wenn der Verwahrer eines fremden Behältnisses, an dem er Alleingewahrsam hat, dieses erbricht, um sich den Inhalt anzueignen, dann aber von einer Aneignung absieht.

8. Erhöhte Strafe tritt ein, wenn die Sache, die sich der Täter zueignet, ihm anvertraut war (sog. Veruntreuung). Anvertraut ist eine Sache, wenn der Überlassung des Gegenstandes an einen anderen ein gewisses Vertrauensverhältnis zugrunde liegt.

9. Als Beispiele für Grenzfälle, die in der Praxis oft zu Zweifeln Anlaß geben, kommen vor allem folgende in Frage:

a) An einer verlorenen Sache kann kein Diebstahl begangen werden, weil der Verlierer ja nicht weiß, wo die Sache sich befindet und infolgedessen auch keinen Gewahrsam hat, dagegen eine Unterschlagung, falls der Täter irgendwie über die Sache verfügt, da durch das Verlieren der Sache das Eigentum an ihr nicht berührt wird. (Siehe Erl. 5 c zu § 242.) Anders dagegen bei verlegten, vergessenen oder versteckten Sachen. (Siehe Erl. 5 d zu § 242.)

b) An Sachen, die zu einer Erbschaft gehören, von der die Erben noch keinen Besitz ergriffen haben, wird Unterschlagung begangen, wenn der Nichterbe sich in den Besitz der Erbschaftsgegenstände setzt und sie dann zu seinem Nutzen verwertet. (Siehe Erl. 5 e zu § 242.)

c) Eignet sich der Mieter Gegenstände des Vermieters aus dem an ihn vermieteten möblierten Zimmer an, so begeht er keinen Diebstahl, sondern eine Unterschlagung. (Siehe Erl. 5 g, aa zu § 242.)

d) Verkäufer und sonstige Angestellte eines Ladengeschäfts begehen an den Warenvorräten und den Geldern, die sie für den Geschäftsherrn einnehmen, keine Unterschlagung, sondern Diebstahl, ebenso die Hausangestellte, die sich zur eigenen Benutzung überlassene Sachen der Dienstherrschaft aneignet sowie der Wächter oder Aufseher an den zu bewachenden Gegenständen. In allen diesen Fällen haben die Täter höchstens Mitgewahrsam, bei dessen Verletzung immer Diebstahl und nicht Unterschlagung vorliegt, welch letztere, wie oben erwähnt, immer Alleingewahrsam des Täters voraussetzt. (Siehe Erl. 5 g, bb zu § 242.)

e) Ein Geschäftsreisender, der für seinen Geschäftsherren Gelder einzieht und nicht abliefert, begeht Unterschlagung, wenn er Vollmacht zum Geldeinzug hatte. Kassiert er ohne Vollmacht ein, dann begeht er Betrug zum Nachteil des zahlenden Kunden. (Siehe Erl. 12 b zu § 263.)

10. Die Amtsunterschlagung ist in § 350 mit besonderer Strafe bedroht. In diesem Falle ist die etwaige Ersatzbereitschaft des Beamten ohne Bedeutung. (Siehe Erl. 3 zu § 350.)

11. Für ungetreues Verhalten von Bankinhabern usw. kommen in Erweiterung des § 246 die Spezialbestimmungen der §§ 34 und 38 des Depotgesetzes v. 4. Febr. 1937 in Betracht. Nach § 34 macht sich der Kaufmann, der von Kunden Wertpapiere (Aktien, Kuxe usw.) zur Verwahrung oder als Pfand erhalten hat, auch dann strafbar, wenn er bei der rechtswidrigen Verfügung über diese Papiere nicht die Absicht hatte, sich dieselben rechtswidrig zuzueignen, wenn er sie also z. B. verpfändet mit dem Willen und der Möglichkeit, sie jederzeit wieder auszulösen. Nach § 38 des Gesetzes tritt Zuchthausstrafe ein, wenn ein Kaufmann im Bewußtsein seiner Zahlungsunfähigkeit oder seiner Überschuldung Kundenwertpapiere sich rechtswidrig zueignet.

Leichtere Fälle des Diebstahls und der Unterschlagung.

§ 247. Wer einen Diebstahl oder eine Unterschlagung gegen Angehörige, Vormünder oder Erzieher begeht, oder wer einer Person, zu der er im Lehrlingsverhältnisse steht, oder in deren häuslicher Gemeinschaft er als Gesinde sich befindet, Sachen von unbedeutendem Werte stiehlt oder unterschlägt, ist nur auf Antrag zu verfolgen. Die Zurücknahme des Antrags ist zulässig.

Ein Diebstahl oder eine Unterschlagung, welche von Verwandten aufsteigender Linie gegen Verwandte absteigender Linie oder von einem Ehegatten gegen den anderen begangen worden ist, bleibt straflos.

Diese Bestimmungen finden auf Teilnehmer oder Begünstiger, welche nicht in einem der vorbezeichneten persönlichen Verhältnisse stehen, keine Anwendung.

1. Bei Haus- oder Familiendiebstahl bzw. -unterschlagung sind zwei Gruppen zu unterscheiden: Im Falle des Abs. 1 tritt die Verfolgung nur auf Antrag ein, während Diebstähle und Unterschlagungen im Falle des Abs. 2 vollkommen straflos bleiben.

2. Zu Abs. 1:

a) Hier sind wieder zwei Personengruppen zu unterscheiden:

aa) Ist der durch Diebstahl oder Unterschlagung Verletzte ein Angehöriger, Vormund oder Erzieher, so ist die Handlung ein Antragsdelikt ohne Rücksicht auf den Wert der Sache.

bb) Steht der Täter zu dem Verletzten im Verhältnis des Lehrlings zum Lehrherrn oder des Gesindes zum Dienstherrn (im letzteren Falle muß zwischen beiden eine Hausgemeinschaft bestehen), so ist die Handlung nur dann Antragsdelikt, wenn die gestohlene oder unterschlagene Sache eine solche von unbedeutendem Werte ist, wobei maßgebend ist der Verkehrswert.

b) Daß der Strafantrag kein Tatbestandsmerkmal, sondern lediglich eine Bedingung der Strafverfolgung ist, und welche praktischen Folgerungen sich hieraus für § 247 ergeben, wurde in Erl. 10 zu § 61 erörtert. Welche Folgen für § 247 ferner die Tatsache hat, daß als Verletzte und damit Antragsberechtigte beim Diebstahl sowohl der Eigentümer als auch der Gewahrsamsinhaber gelten, wurde in Erl. 1 zu § 242 behandelt.

3. Zu Abs. 2: Hier sind die privilegierten Täter Verwandte aufsteigender Linie, die gegen Verwandte absteigender Linie (nicht hierher gehören also die Verschwägerten, nämlich die Schwiegereltern gegenüber Schwiegerkindern oder Stiefeltern gegenüber Stiefkindern) oder Ehegatten, die untereinander einen Diebstahl oder eine Unterschlagung begehen. Alle derartige Diebstähle können nicht bestraft werden. (Wegen der Teilnahme siehe aber Erl. 7 c zu § 50.)

4. Sowohl im Falle des Abs. 1 als auch im Falle des Abs. 2 tritt die genannte Sonderbehandlung auch dann ein, wenn der Diebstahl unter den Erschwerungsgründen der §§ 243, 244 begangen worden ist.

5. Zu Abs. 3: Hier weist der Gesetzgeber ausdrücklich darauf hin, daß die Bestimmungen der Absätze 1 und 2 nicht auf die Teilnehmer oder Begünstiger des Diebstahls bzw. der Unterschlagung Anwendung finden, die nicht zu den fraglichen beiden Personengruppen gehören. Diese Tatsache ergibt sich für die Personengruppe des Abs. 2 schon daraus, daß es sich hier um persönliche Strafausschließungsgründe i. S. des § 50 Abs. 2 handelt. (Siehe Erl. 4 c, aa und 7 c zu § 50.)

Nebenstrafen.

§ 248. Neben der wegen Diebstahls oder Unterschlagung erkannten Gefängnisstrafe kann auf Verlust der bürgerlichen Ehrenrechte, und neben der wegen Diebstahls erkannten Zuchthausstrafe auf Zulässigkeit von Polizeiaufsicht erkannt werden.

Notdiebstahl.

§ 248a. Wer aus Not geringwertige Gegenstände entwendet oder unterschlägt, wird mit Geldstrafe oder mit Gefängnis bis zu drei Monaten bestraft.

Die Verfolgung tritt nur auf Antrag ein. Die Zurücknahme des Antrags ist zulässig.

Wer die Tat gegen einen Verwandten absteigender Linie oder gegen seinen Ehegatten begeht, bleibt straflos.

1. Hier wird der sog. Notdiebstahl bzw. die Notunterschlagung behandelt.

2. Die Voraussetzungen dieser Sonderstraftat sind, daß die Tat aus Not begangen ist und daß sie einen geringwertigen Gegenstand betrifft.

a) Eine Notlage liegt nur dann vor, wenn sie wirtschaftlich bedingt ist, wobei es gleichgültig ist, ob sie der Täter verschuldet hat oder nicht. Andererseits liegt aber eine Not nicht schon dann vor, wenn der Täter keine Mittel zur Bestreitung seines Lebensunterhalts hat, sondern erst, wenn er sie sich nicht in redlicher Weise, insbesondere nicht durch eigene Arbeit verschaffen kann. Die Not muß die Triebfeder zur Tat gewesen sein.

b) Die Bezeichnung „geringwertiger Gegenstand" hat die gleiche Bedeutung wie „unbedeutender Wert" in § 247 (siehe die dortige Erl. 2 a, bb).

3. Der innere Tatbestand erfordert Vorsatz, der außer dem Wissen, daß es sich um eine fremde Sache handelt, auch das Bewußtsein umfassen muß, daß die Sache geringwertig ist. Hält der Täter irrtümlicherweise den an sich wertvollen Gegenstand für geringwertig, dann ist er trotzdem nur nach § 248 a strafbar. Hält er aber umgekehrt den an sich geringwertigen Gegenstand nicht für geringwertig, dann liegt versuchter Diebstahl nach §§ 242, 43 vor.

4. Der Tatbestand des § 248 a ist nicht rückfallbegründend i. S. des § 244 (siehe die dortige Erl. 4) und greift, falls die oben erörterten Voraussetzungen vorliegen, auch dann Platz, wenn die Tat unter einer der Voraussetzungen des § 243 (schwerer Diebstahl) begangen worden ist. In diesem Falle ist aber neben einer Bestrafung nach § 248 a auch eine solche wegen Sachbeschädigung (§ 303) oder Hausfriedensbruch (§ 123) möglich. (Siehe hierzu Erl. 9 zu § 243.)

5. Andererseits ist aber der Notdiebstahl als Raub nach § 249 zu bestrafen, wenn dessen Voraussetzungen gegeben sind. Ebenso findet auch § 252 auf § 248 a Anwendung.

6. Nach Abs. 2 ist § 248 a, ebenso wie § 264 a und § 370 Nr. 5 ein Antragsdelikt.

7. Nach Abs. 3 liegt, ebenso wie im § 247 Abs. 3 ein persönlicher Strafausschließungsgrund vor, wenn die Tat gegen einen Verwandten absteigender Linie oder gegen den Ehegatten begangen wird.

Zwanzigster Abschnitt: Raub und Erpressung.

Vorbemerkung:

Die §§ 249 bis 252 behandeln den Raub, die §§ 253 bis 255 die Erpressung, § 256 bezieht sich auf Nebenstrafen bei diesen strafbaren Handlungen.

§ 249 umfaßt den einfachen, § 250 den schweren, § 251 den besonders schweren Raub, § 252 den raubähnlichen Diebstahl.

Einfacher Raub.

§ 249. Wer mit Gewalt gegen eine Person oder unter Anwendung von Drohungen mit gegenwärtiger Gefahr für Leib oder Leben eine fremde bewegliche Sache einem anderen in der Absicht wegnimmt, sich dieselbe rechtswidrig zuzueignen, wird wegen Raubes mit Zuchthaus bestraft.

Sind mildernde Umstände vorhanden, so tritt Gefängnisstrafe nicht unter sechs Monaten ein.

1. Unter Raub versteht man einen Diebstahl (vgl. § 242), bei welchem durch Gewalt oder Drohung ein der Wegnahme geleisteter Widerstand gebrochen oder ein beabsichtigter Widerstand verhindert wird. — Der Täter muß die Sache selbst wegnehmen; wird die Herausgabe durch Drohung usw. erzwungen, so liegt räuberische Erpressung (§ 255) vor.

2. Die Gewalt muß gegen eine Person angewandt werden, und zwar gegen den Gewahrsamsinhaber; eine Gewaltanwendung gegen eine Sache genügt nur dann, wenn mit der Gewaltanwendung auf die Sache zugleich eine solche gegen die Person verbunden ist. Deshalb ist das in der Praxis häufig vorkommende Wegreißen einer Sache (Handtasche einer weiblichen Person) nur dann Raub, wenn die Sache von der betreffenden Person festgehalten wird, so daß beim Wegnehmen ein körperlicher Widerstand zu überwinden ist. Der Gebrauch von Betäubungsmitteln ist keine Gewaltanwendung, es sei denn, daß die Mittel mit Gewalt beigebracht werden.

3. Wegen Drohung siehe Erläuterung 2b zu § 52.

4. Gegenüber Diebstahl (§ 242) ist der Raub ein Sonderverbrechen, so daß eine gleichzeitige Bestrafung wegen Diebstahls nicht möglich ist; § 73 ist also unanwendbar. Es ist ferner zu beachten, daß § 249 auch dann Platz greift, wenn die Tatbestände der §§ 247, 248a und 370 Z. 5 unter den Voraussetzungen des § 249 vorliegen.

Schwerer Raub.

§ 250. Auf Zuchthaus nicht unter fünf Jahren ist zu erkennen, wenn

1. der Räuber oder einer der Teilnehmer am Raube bei Begehung der Tat Waffen bei sich führt;
2. zu dem Raube mehrere mitwirken, welche sich zur fortgesetzten Begehung von Raub oder Diebstahl verbunden haben;
3. der Raub auf einem öffentlichen Wege, einer Straße, einer Eisenbahn, einem öffentlichen Platz, auf offener See oder einer Wasserstraße begangen wird;
4. der Raub zur Nachtzeit in einem bewohnten Gebäude (§ 243 Nr. 7) begangen wird, in welches sich der Täter zur Begehung eines Raubes oder Diebstahls eingeschlichen oder sich gewaltsam Eingang verschafft oder in welchem er sich in gleicher Absicht verborgen hatte, oder
5. der Räuber bereits einmal als Räuber oder gleich einem Räuber im Inlande bestraft worden ist. Die im § 245 enthaltenen Vorschriften finden auch hier Anwendung.

Sind mildernde Umstände vorhanden, so tritt Gefängnisstrafe nicht unter einem Jahre ein.

1. Der § 250 behandelt den schweren Raub, für welchen im übrigen die Erläuterungen beim einfachen Raub (§ 249) und beim Diebstahl (§ 242) zu vergleichen sind.

2. Zu Ziffer 1: Über Waffen bei sich führen vgl. Erl. 12 zu § 123 und Erl. 5 zu § 243.

3. Zu Ziffer 2: vgl. hierzu den Bandendiebstahl, wie er in § 243[6] bedroht ist.

4. Zu Ziffer 3: hier ist der Straßenraub bedroht. Im Gegensatz zu § 243 Nr. 3 können hier Gegenstand der Tat alle Sachen, nicht nur Gegenstände der Beförderung sein.

5. Zu Ziffer 4: Diese Gesetzesstelle entspricht im wesentlichen dem § 243 Nr. 7. Als weiter erschwerender Umstand ist hier die gewaltsame Eingangsverschaffung vorgesehen. Gewaltsam Eingang verschafft sich derjenige, welcher Gewalt gegen Sachen anwendet, Personen mit Gewalt überwältigt oder sie bedroht, daß sie ihm Eingang gewähren.

Zu dem Einschleichen oder sich gewaltsam Eingang verschaffen muß dann noch die Anwendung von Gewalt oder Drohung gegen eine im Gebäude anwesende Person kommen, wie sie der Tatbestand des Raubes (§ 249) erfordert.

6. Zu Ziffer 5: Der Rückfall in den Raub wird schon bei der zweiten Bestrafung (und nicht wie beim Diebstahl erst bei der dritten Bestrafung vgl. § 244) als schwerer Raub bestraft. Aber nur Vorstrafen wegen Raubs begründen diesen Rückfall. Wegen der Anwendung des § 245 vgl. die Erläuterungen zu diesem Paragraphen.

Besonders schwerer Raub.

§ 251. Mit Zuchthaus nicht unter zehn Jahren oder mit lebenslänglichem Zuchthaus wird der Räuber bestraft, wenn bei dem Raube ein Mensch gemartert, oder durch die gegen ihn verübte Gewalt eine schwere Körperverletzung oder der Tod desselben verursacht worden ist.

1. Hier werden zwei Fälle als besonders schwerer Raub mit hoher Strafe bedroht. Dieses Verbrechen ist im zweiten Fall ein durch den Erfolg qualifiziertes Delikt (Seite 3).

2. Unter Marterung eines Menschen versteht man absichtliche körperliche Peinigung durch Verursachung großer Schmerzen.

3. Was man unter schwerer Körperverletzung versteht, sagt § 224.

4. Ein vollendeter Raub nach § 251 liegt nur dann vor, wenn der Täter die Sachen an sich nimmt, während der Gewahrsamsinhaber noch lebt, denn nach dessen Tode kann er ihm die Sache nicht mehr „wegnehmen". Die nach dem Tod vollzogene Zueignung kann demnach nur als Unterschlagung bestraft werden.

5. Anders dagegen ist folgender Fall zu entscheiden: Hat der Täter von vornherein die Absicht, sein Opfer zu töten (z. B. durch Abgabe eines Schusses), um ihm dann seine Wertsachen wegzunehmen, liegt Mord bzw. Totschlag (§§ 211, 212) vor, begangen in Tateinheit (§ 73) mit einem Verbrechen nach § 251 (Raub mit Todesfolge). Denn der in Tötungsabsicht abgegebene Schuß war nicht nur die Ausführungshandlung der Tötung, sondern gleichzeitig der Beginn der Ausführungshandlung des Raubs (Wegnahme mit Gewalt). Man spricht bei einem solchen Zusammentreffen von Tötung und Raub von Raubmord, ein Begriff, für den das StGB. keinen besonderen Tatbestand aufgestellt hat.

Räuberischer Diebstahl.

§ 252. Wer bei einem Diebstahle auf frischer Tat betroffen, gegen eine Person Gewalt verübt oder Drohungen mit gegenwärtiger Gefahr für Leib oder Leben anwendet, um sich im Besitze des gestohlenen Gutes zu erhalten, ist gleich einem Räuber zu bestrafen.

1. Hier wird ein besonderer Fall des Diebstahls als Sonderstraftat bedroht, wenn nämlich nach Vollendung des Diebstahls (auch eines solchen nach § 248a und § 370 Z. 5) der Dieb mit Gewalt oder Drohung gegen eine Person vorgeht, um sich im Besitz des Diebesgutes zu erhalten.

2. Strafantrag ist in keinem Falle erforderlich. § 247 findet nicht Anwendung, weil der Täter gleich einem Räuber nicht wie ein Dieb zu bestrafen ist.

3. Beispiel: Der Dieb wird in der Wohnung des Bestohlenen überrascht; auf dessen Aufforderung, die gestohlenen Sachen herauszugeben, versetzt ihm der Dieb einen Schlag auf den Kopf und entflieht mit dem Diebesgut, oder er bedroht den ihn verfolgenden Polizeibeamten durch Vorhalten des Revolvers.

Erpressung.

§ 253. Wer einen anderen rechtswidrig mit Gewalt oder durch Drohung mit einem empfindlichen Übel zu einer Handlung, Duldung oder Unterlassung nötigt und dadurch dem Vermögen des Genötigten oder eines anderen Nachteil zufügt, um sich oder einen Dritten zu Unrecht zu bereichern, wird wegen Erpressung mit Zuchthaus oder mit Gefängnis nicht unter sechs Monaten bestraft.

Rechtswidrig ist die Tat, wenn die Anwendung der Gewalt oder die Zufügung des angedrohten Übels zu dem angestrebten Zweck dem gesunden Volksempfinden widerspricht.

1. Vorbemerkung: Durch Verordnung vom 29. Mai 1943 wurde der Tatbestand der Erpressung neu gefaßt. Das in Erl. 1 zu § 240 Gesagte gilt für § 253 entsprechend. Man muß also auch bezüglich § 253 zu dem Ergebnis gelangen, daß gegen den Fortbestand dieser Gesetzesstelle dann keine Bedenken bestehen dürften, wenn man den Begriff des „gesunden Volksempfindens" ersetzt durch den Begriff „Verkehrssitte".

Da jedoch der Strafrahmen in der neuen Fassung gegenüber demjenigen der alten Fassung des § 253 eine Strafschärfung enthält, hat gemäß Ziff. 8b der „Allgemeinen Anweisung an Richter Nr. 1" der alte Strafrahmen (Gefängnis nicht unter einem Monat) zur Anwendung zu gelangen (siehe Vorbemerkung B vor § 13), es sei denn, daß die Erpressung durch Bedrohung mit Mord, mit Brandstiftung oder mit Verursachung einer Überschwemmung begangen wird, in welchen Fällen gemäß der aufgehobenen Bestimmung des § 254 auf Zuchthaus bis zu 5 Jahren erkannt werden kann.

2. Wie bei der Nötigung des § 240 kommen auch bei der Erpressung als Mittel Gewalt oder Drohung mit einem empfindlichen Übel in Betracht. (Siehe hierzu Erl. 3 zu § 240.) (Nach früherem Recht genügte neben der Gewalt eine Drohung schlechthin.) Wie bisher kommt als Gewalt im § 253 nur eine

solche an Sachen in Betracht, weil § 255 die Gewalt gegen eine Person als Erschwerungsgrund aufstellt.

3. Während nach früherem Recht der objektive Tatbestand schon dann vollendet war, wenn der Genötigte die Handlung vorgenommen, geduldet oder unterlassen hat, ist nach neuem Recht zur Vollendung der Erpressung erforderlich, daß ein Vermögensnachteil für den Genötigten tatsächlich eingetreten ist.

4. Der innere Tatbestand erfordert nach wie vor Vorsatz und außerdem die Absicht, sich oder einen anderen zu Unrecht zu bereichern.

5. Beispiele:

a) Der Kaufmann A schreibt seinem Lieferanten B, er werde die Geschäftsverbindung zu ihm abbrechen, wenn er ihm künftighin die von ihm zu beziehenden Waren nicht erheblich billiger liefern werde. Oder: Der Mieter A droht dem Vermieter B, er werde ihm den Mietvertrag kündigen, wenn er nicht einen Nachlaß im Mietzins gewähre: In beiden Fällen liegt keine Erpressung vor. Zwar wurde von A versucht, den B zu einem Preisnachlaß, bzw. zu einer Herabsetzung des Mietzinses zu nötigen, und diese Nötigungshandlung hätte auch zweifellos den A zu Unrecht bereichert, da er ja keinen Anspruch auf einen Preis- bzw. Mietzinsnachlaß gehabt hat, und es wäre insofern auch dem B ein Nachteil zugefügt worden. Die Androhung enthält auch ein empfindliches Übel. Die Nötigungshandlung war aber nicht rechtswidrig, weil es sich um die Androhung eines verkehrsmäßigen Übels handelte, d. h. eines Übels, mit dem jedermann im Geschäfts- und Wirtschaftsleben nach den Regeln des normalen Verkehrs, nach der Verkehrssitte rechnen muß.

b) Der Kaufmann A bzw. der Mieter A sucht seinen Zweck dadurch zu erreichen, daß er dem B damit droht, im Falle der Weigerung eine Strafanzeige wegen eines von B tatsächlich begangenen Sittlichkeitsverbrechens zu erstatten: An sich ist zwar die Erstattung einer Strafanzeige, der ein wahrer Sachverhalt zugrunde liegt, erlaubt. Trotzdem aber war diese Androhung der Zufügung eines an sich erlaubten Übels im vorliegenden Falle deshalb nicht rechtmäßig, also rechtswidrig, weil es verkehrs- bzw. sittenwidrig ist, die Erlangung eines Vermögensvorteils mit einer Strafanzeige zu verbinden, die einen in keinerlei Zusammenhang mit dem erstrebten Zwecke stehenden Sachverhalt zum Gegenstande hat, oder wenn der Fordernde in keiner Beziehung zu dem Verbrechen steht, dessen Nichtanzeige er gewissermaßen verkaufen will.

In diesen beiden Fällen liegt also eine versuchte, und wenn die Drohung Erfolg gehabt hat, eine vollendete Erpressung nach § 253 vor.

c) Wenn A, nachdem die entsprechenden Erpresserbriefe zur Kenntnis des B gelangt waren, Reue empfunden und den B gebeten hätte, die Briefe als nicht geschrieben zu betrachten, so hätte dieses reumütige Verhalten des A keinen Einfluß auf die Strafbarkeit wegen versuchter Erpressung gehabt, denn gemäß § 46 Ziff. 2 ist ein Rücktritt vom beendigten Versuch immer dann ausgeschlossen, wenn die Tat schon entdeckt war. Eine solche Entdeckung lag aber vor, da B bereits von den Erpresserbriefen Kenntnis genommen hatte.

6. Die Erpressung des § 253 ist ein Spezialdelikt gegenüber den Tatbeständen des §§ 240, 241. Es besteht also Gesetzeskonkurrenz (siehe „Einführende Vorbemerkungen zum Strafrecht", Seite 1 ff., Abschnitt B VII 4 a, S. 12).

Schwere Erpressung

§ 254. Gestrichen durch VO. v. 29. Mai 1943.

Räuberische Erpressung.

§ 255. Wird die Erpressung durch Gewalt gegen eine Person oder unter Anwendung von Drohungen mit gegenwärtiger Gefahr für Leib oder Leben begangen, so ist der Täter gleich einem Räuber zu bestrafen.

1. Räuberische Erpressung liegt vor, wenn die Gewalt nicht nur gegen Sachen, sondern an der Person des zu Nötigenden (vgl. oben Erl. 2 am Schlusse zu § 253) vorgenommen wird oder wenn auf den Bedrohten mit Ankündigung sofortiger Tötung oder Körperverletzung eingewirkt wird.

2. Die Bestrafung gleich einem Räuber erfolgt nach den §§ 249 bis 251.

3. Beispiel: Der Täter zwingt durch vorgehaltenen Revolver einen anderen zum Unterschreiben eines Wechselakzeptes, oder zur Herausgabe seines Geldbeutels. Greift der Täter dagegen mit vorgehaltenem Revolver selbst in die Taschen seines Opfers und holt sich dort das Geld heraus, dann ist der Tatbestand des Raubes i. S. des § 249 gegeben.

Nebenstrafen.

§ 256. Neben der wegen Erpressung erkannten Gefängnisstrafe kann auf Verlust der bürgerlichen Ehrenrechte und neben der wegen Raubes oder Erpressung erkannten Zuchthausstrafe auf Zulässigkeit von Polizeiaufsicht erkannt werden.

Einundzwanzigster Abschnitt: Begünstigung und Hehlerei.

Vorbemerkung:

I. In den §§ 257—262 werden Handlungen mit Strafe bedroht, die eigentlich Teilnehmerhandlungen an verschiedenen Delikten, verübt nach der Tat, sind. Es bedarf also zur Bestrafung nach diesen Bestimmungen zuerst der Feststellung einer vorausgegangenen anderen strafbaren Handlung (sog. Vortat).

II. Die Tatbestände sind folgende:

1. Die Begünstigung (§§ 257, 258).
   a) Persönliche B. (§ 257 Abs. 1, erster Halbsatz).
   b) Sachliche B. (§ 257 Abs. 1, erster Halbsatz).
   Beide qualifiziert, falls des persönlichen Vorteils wegen begangen (§ 257 Abs. 1, zweiter Halbsatz).
   c) Begünstigung des Vorteils wegen nach vorausgegangenen besonderen Delikten, sog. Personenhehlerei (§ 258).
2. Die Hehlerei.
   a) Die einfache H. (§ 259).
   b) Die gewerbs- oder gewohnheitsmäßige H. (§ 260).
   c) Die Rückfallhehlerei (§ 261).

Begünstigung.

§ 257. Wer nach Begehung eines Verbrechens oder Vergehens dem Täter oder Teilnehmer wissentlich Beistand leistet, um denselben der Bestrafung zu entziehen oder um ihm die Vorteile des Verbrechens oder Vergehens zu sichern, ist wegen Begünstigung mit Geldstrafe oder mit Gefängnis bis zu einem Jahre und, wenn er diesen Beistand seines Vorteils wegen leistet, mit Gefängnis zu bestrafen. Die Strafe darf jedoch, der Art oder dem Maße nach, keine schwerere sein, als die auf die Handlung selbst angedrohte.

Die Begünstigung ist straflos, wenn dieselbe dem Täter oder Teilnehmer von einem Angehörigen gewährt worden ist, um ihn der Bestrafung zu entziehen.

Die Begünstigung ist als Beihilfe zu bestrafen, wenn sie vor Begehung der Tat zugesagt worden ist. Diese Bestimmung findet auch auf Angehörige Anwendung.

1. Es gibt zweierlei Begünstigungen:

Die persönliche Begünstigung, die nach der Tat geleistet wird, um den Täter der Bestrafung zu entziehen. (Strafvereitelung.)

Die sachliche Begünstigung, die dem Täter die Vorteile seiner strafbaren Handlung sichern, ihm die Ausnützung der Straftat ermöglichen soll. (Vorteilssicherung.)

2. Die Handlung des § 257 besteht in beiden Fällen darin, daß dem Täter oder Teilnehmer der Vortat nach Begehung derselben Beistand geleistet wird; und zwar muß der Beistand wissentlich geleistet sein, d. h. der Begünstiger muß wissen, daß der Vortäter eine strafbare Handlung begangen hat, die nach dem Gesetze ein Verbrechen oder Vergehen ist. Dabei genügt schon, wie in allen Fällen, in denen „Wissentlichkeit" verlangt wird, der sog. dolus eventualis, d. h. es handelt der Täter auch dann wissentlich, wenn er einen solchen Sachverhalt nur für möglich hält, für den Fall aber, daß er gegeben ist, den Täter in persönlicher oder sachlicher Hinsicht fördern will. Nach einer Übertretung ist keine Begünstigung möglich. Ebenso ist die Selbstbegünstigung straflos (siehe Erl. 8a zu § 346).

3. In beiden Fällen muß die Beistandsleistung nach Begehung des Verbrechens oder Vergehens erfolgen. Hat sie während der Ausführung der Tat stattgefunden, dann ist sie als Beihilfe zu bestrafen. Ebenso gilt gemäß Abs. 3 die vor der Tat zugesagte Beistandsleistung als Beihilfe.

4. Als Beistandsleistung bei der persönlichen Begünstigung kommt jede Tätigkeit in Betracht, die geeignet ist, den Strafanspruch des Staates gegen den Täter oder einen Teilnehmer zu vereiteln, sei es, um die Strafverfolgung, die Verurteilung oder die Vollstreckung der erkannten Strafe zu hintertreiben.

In der Praxis häufig vorkommende Fälle der persönlichen Begünstigung sind: Verbergen des Täters, Ermöglichen der Flucht, Einwirkung auf den Polizeibeamten, die Anzeige nicht zu erstatten, unberechtigte Zeugnisverweigerung vor dem Richter, Verbüßung der Strafe für einen anderen, Zahlung der Geldstrafe für den Verurteilten ohne Verpflichtung zur Rückerstattung, falsche tatsächliche Erklärungen in einem für einen anderen eingereichten Gnadengesuch. Dagegen kann die bloße Weigerung, einem Polizeibeamten gegenüber Angaben zu machen, den Tatbestand einer strafbaren Begünstigung nicht erfüllen, weil der Polizei gegenüber keine gesetzlich erzwingbare Verpflichtung zur Aussage besteht. Geht aber die bloße Ablehnung der Auskunftserteilung über in ein bewußt wahrheitswidriges Behaupten zugunsten des Verfolgten, dann beginnt damit die „Beistandsleistung" i. S. des § 257.

5. Als Beistandsleistung bei der sachlichen Begünstigung kommt jede Tätigkeit in Betracht, die geeignet ist, dem Vortäter die Vorteile des Verbrechens oder Vergehens zu sichern. Sie stellt einen Angriff dar gegen das rechtlich geschützte Gut, das bereits durch die Vortat verletzt worden ist, indem sie diese Verletzung zugunsten des Vortäters festigen will. Beispiele: Aufbewahrung der durch Diebstahl oder Unterschlagung erlangten Sachen; Ableugnen des Besitzes einer solchen Sache, die auf rechtmäßige Art in den Besitz des Begünstigers gekommen war.

6. In beiden Fällen ist straferschwerend, wenn der Begünstiger seines Vorteils wegen Beistand geleistet hat.

7. In Abs. 2 wird die persönliche Begünstigung, welche einem Angehörigen geleistet wird, für straflos erklärt.

8. Wenn das begünstigte Verbrechen oder Vergehen nur auf Antrag verfolgt wird, so gilt das gleiche für die Begünstigung.

9. Eine besondere Art der Begünstigung ist die sog. Personenhehlerei des § 258 (siehe dort).

10. Für die bei der Strafrechtspflege beteiligten Beamten kommt u. U. die Sonderbestimmung der § 346 in Frage.

11. Eine Ergänzung zu § 257 bedeutet das Gesetz Nr. 21 der Regierung Württemberg/Baden vom 20. November 1945 (Regierungsblatt 1946 Nr. 1 S. 2).

§ 3 Ziff. 5 dieses Gesetzes lautet: „Mit Gefängnis bis zu 2 Jahren oder mit Geldstrafe wird bestraft, wer einer Person, von der ihm bekannt ist, daß sie von einer Behörde gesucht wird, Hilfe leistet, um sie dem Zugriff der Behörde zu entziehen, oder wer es unterläßt, diese Person der suchenden Behörde zu melden."

§ 257a. Wer, abgesehen von den Fällen der §§ 120, 121, 122a, 122b, vorsätzlich die Vollstreckung einer gegen einen anderen rechtskräftig angeordneten Maßregel der Sicherung und Besserung ganz oder zum Teil vereitelt, wird mit Gefängnis bis zu zwei Jahren oder mit Geldstrafe bestraft.

Der Versuch ist strafbar.

Wird die Tat zugunsten eines Angehörigen begangen, so tritt Straffreiheit ein.

Eingefügt wurde diese Gesetzesstelle durch Gesetz v. 24. Nov. 1933; sie wurde notwendig, um die Vollstreckung der Maßregeln der Sicherung und Besserung zu gewährleisten.

Personenhehlerei.

§ 258. Wer seines Vorteils wegen sich einer Begünstigung schuldig macht, wird als Hehler bestraft, wenn der Begünstigte

1. einen einfachen Diebstahl oder eine Unterschlagung begangen hat, mit Gefängnis,

2. einen schweren Diebstahl, einen Raub oder ein dem Raube gleich zu bestrafendes Verbrechen begangen hat, mit Zuchthaus bis zu fünf Jahren.

Sind mildernde Umstände vorhanden, so tritt Gefängnisstrafe nicht unter drei Monaten ein.

Diese Strafvorschriften finden auch dann Anwendung, wenn der Hehler ein Angehöriger ist.

1. Die des Vorteils wegen (s. oben Erl. 6 zu § 257) geleistete Begünstigung wird hier als sog. Personenhehlerei (im Gegensatz zu der eigentlichen Hehlerei des § 259) mit besonders schwerer Strafe bedroht, wenn sie bei Diebstahl, Unterschlagung und Raub begangen wurde.

2. Zu den Diebstählen der Ziff. 1 gehören nicht die Straftaten der §§ 248a, 370 Nr. 5.

3. Die Vortat braucht nicht vollendet zu sein.

4. Für Angehörige besteht im Gegensatz zu § 257 keine Ausnahme von der Strafbarkeit.

Sachhehlerei.

§ 259. Wer seines Vorteils wegen Sachen, von denen er weiß oder den Umständen nach annehmen muß, daß sie mittels einer strafbaren Handlung erlangt sind, verheimlicht, ankauft, zum Pfande nimmt oder sonst an sich bringt oder zu deren Absatz bei anderen mitwirkt, wird als Hehler mit Gefängnis bestraft.

Der Versuch ist strafbar.

1. Die Sachhehlerei des § 259 (die im Gegensatz zur Begünstigung auch bei Übertretungen möglich ist) besteht darin, daß der Täter eine Sache, die einem Dritten durch die verbotswidrige Handlung des Vortäters entzogen worden ist, durch Verheimlichen, Ansichbringen oder Mitwirken zum Absatz in dieser Lage erhält und dadurch dem Geschädigten die Wiedererlangung der Sache erschwert oder unmöglich macht.

2. Bezüglich der Vortat verlangt das Gesetz, daß die Sache mittels einer strafbaren Handlung erlangt wurde. Dabei ist es gleichgültig, ob der Vortäter sich die Sache unmittelbar (wie z. B. durch diebische Wegnahme) oder mittelbar (z. B. Meineid, Urkundenfälschung, Betrug) verschafft hat.

3. Es ist ferner Identität der erlangten und der gehehlten Sache erforderlich, d. h. die Sache, die nur an die Stelle der durch strafbare Handlung erlangten getreten ist, kann grundsätzlich nicht Gegenstand einer Hehlerei sein, z. B. das für einen gestohlenen Hundertmarkschein eingewechselte Kleingeld, oder die aus gestohlenem oder unterschlagenem Geld gekauften Sachen.

4. Die Sache muß ferner den Mangel der rechtswidrigen Erlangung in der Hand des Vortäters z. Zt. der Hehlerei noch an sich tragen. Hat also der Vortäter an der durch die strafbare Handlung erlangten Sache rechtmäßiges Eigentum erworben (z. B. durch Verjährung oder der Bettler an den Almosen oder die Dirne an dem Dirnenlohn), so kann an derartigen Sachen keine Hehlerei begangen werden.

Ebenso ist Hehlerei ausgeschlossen, wenn der Hehler selbst unanfechtbares Eigentum erworben hat. (Siehe Erl. 11c zu § 292.) Andererseits ist Hehlerei auch an Sachen möglich, die vom Vortäter zwar durch eine strafbare Handlung erlangt sind, wegen deren der Vortäter aber nicht bestraft werden kann, z. B. weil die Straftat mangels Strafantrags nicht verfolgbar ist, oder wenn sie wegen eines anderen persönlichen Strafausschließungsgrundes straflos bleiben muß, z. B. wenn es sich um einen Diebstahl zwischen Ehegatten (§ 247 Abs. 2) handelt. (Siehe Erl. 5 zu § 247.)

5. Die Tat des Hehlers, die der Vortat nachfolgt, besteht in der Befestigung des Erfolges der Vortat, und zwar durch das Mittel des Verheimlichens, Ansichbringens und des Mitwirkens zum Absatze bei anderen.

a) Das Verheimlichen ist eine Tätigkeit, die darauf gerichtet ist, dem Berechtigten die Auffindung der Sache zu erschweren oder unmöglich zu machen, so z. B. das Ableugnen des Besitzes einer selbst in gutem Glauben erworbenen gestohlenen Sache.

b) Das Ansichbringen ist die Erwerbung eigener tatsächlicher Verfügungsgewalt auf Grund beiderseitiger Willensübereinstimmung derart, daß der Erwerber über die Sache wie über seine eigene verfügen soll. Eigenmächtige Ansichnahme genügt also nicht, ebensowenig eine Verwahrung; diese kann aber eine Beistandsleistung i. S. des § 257 darstellen. Das Mitverzehren gestohlener Lebensmittel ist ebenfalls kein Ansichbringen.

c) Das Mitwirken zum Absatz bei anderen ist jede dem Veräußerer der Sache bei seiner Absetzungstätigkeit geleistete Förderung.

6. Der Vorsatz erfordert ein Wissen davon, daß der Vortäter die Sache durch irgendeine strafbare Handlung — Verbrechen, Vergehen oder Übertretung — erlangt hat und noch rechtswidrig über sie verfügt. Diesem Wissen ist das durch die Umstände bedingte Annehmenmüssen gleichgestellt, d. h. es genügt, daß dem Täter Umstände von derartiger Beschaffenheit bekannt waren, daß sie ihm zu der Annahme eines strafbaren Erwerbs nötigen mußten. Wer annehmen mußte, von dem wird kraft Gesetzes vermutet, daß er auch angenommen hat.

Kann aber der der Hehlerei Verdächtige im einzelnen Falle Tatsachen anführen, die beweisen, daß er gar nicht auf den Gedanken kommen konnte, die fragliche Sache könne von dem anderen durch eine strafbare Handlung erworben sein, daß er also im guten Glauben gehandelt habe, dann liegt der Tatbestand des § 259 nicht vor.

7. Auch der Eigentümer kann an seiner eigenen Sache Hehlerei begehen. Beispiel: Die Ehefrau A hat einen Mantel, den ihr Ehemann B dem Gläubiger C als Sicherheit für eine Darlehnsschuld zum Pfand gegeben hat, dem Gläubiger vor Zahlung der Schuldsumme heimlich weggenommen und ihrem Ehemann wieder zurückgegeben: Der Ehemann begeht, wenn er in Kenntnis des Sachverhalts seinen Mantel an sich nimmt, Hehlerei, weil er eine durch das Vergehen der Pfandkehr nach § 289 durch die Ehefrau erlangte Sache an sich gebracht hat.

8. Als Beweggrund für die Tat erfordert das Gesetz, daß sie des eigenen Vorteils wegen geschieht.

9. Die sog. Personenhehlerei des § 258 unterscheidet sich von der Sachhehlerei des § 259 dadurch, daß bei ersterer die Vorteilsicherung Mittel und Zweck der Begünstigung des Vortäters ist, während bei der Sachhehlerei die Befestigung und Sicherung des Erfolgs der Vortat lediglich des eigenen Vorteils wegen geschieht. Es ist also die Willensrichtung des Täters entscheidend.

10. Ein Beispiel zu § 259 befindet sich in Erl. 10 zu § 292.

Gewerbsmäßige und gewohnheitsmäßige Hehlerei.

§ 260. Wer die Hehlerei gewerbs- oder gewohnheitsmäßig betreibt, wird mit Zuchthaus bis zu zehn Jahren bestraft.

1. Der Paragraph findet auf §§ 258 und 259 Anwendung.

2. Gewerbsmäßig handelt, wer die Absicht hat, aus der in Betracht kommenden Handlungsweise eine ständige, fortgesetzte, wenn auch nur bei günstiger Gelegenheit fließende Einkommensquelle zu machen.

Dabei kann schon ein einzelner Fall unter Umständen genügen, wenn nur das Gesamtverhalten des Täters auf eine Wiederholungsabsicht schließen läßt.

3. Dagegen kann die Gewohnheitsmäßigkeit nur durch mehrere Einzelhandlungen bewiesen werden, ebenso wie auch der Begriff der fortgesetzten Tat mindestens zwei Einzelhandlungen erfordert. Im übrigen handelt gewohnheitsmäßig, wer einem durch Übung ausgebildeten Hang zur Wiederholung von gleichartigen Handlungen nachgibt. (Siehe auch „Einführende Vorbemerkungen zum Strafrecht", S. 1ff., Abschnitt B VII 6 a und b, S. 14.)

Rückfallhehlerei.

§ 261. Wer im Inlande wegen Hehlerei einmal und wegen darauf begangener Hehlerei zum zweiten Male bestraft worden ist, wird, wenn sich die abermals begangene Hehlerei auf einen schweren Diebstahl, einen Raub oder ein dem Raube gleich zu bestrafendes Verbrechen bezieht, mit Zuchthaus nicht unter zwei Jahren bestraft. Sind mildernde Umstände vorhanden, so tritt Gefängnisstrafe nicht unter einem Jahre ein.

Bezieht sich die Hehlerei auf eine andere strafbare Handlung, so ist auf Zuchthaus bis zu zehn Jahren zu erkennen. Sind mildernde Umstände vorhanden, so tritt Gefängnisstrafe nicht unter drei Monaten ein.

Die in dem § 245 enthaltenen Vorschriften finden auch hier Anwendung.

1. Auch dieser Paragraph bezieht sich sowohl auf § 258 als § 259.

2. Für die im wiederholten Rückfall begangene Hehlerei kommen im Gegensatz zum Rückfalldiebstahl nur Hehlereistrafen in Betracht (vgl. § 244 und Erl. 1 zu diesem Paragraph).

3. Zu Abs. 3 vgl. die Erl. zu § 245.

Nebenstrafen.

§ 262. Neben der wegen Hehlerei erkannten Gefängnisstrafe kann auf Verlust der bürgerlichen Ehrenrechte und neben jeder Verurteilung wegen Hehlerei auf Zulässigkeit von Polizeiaufsicht erkannt werden.

Zweiundzwanzigster Abschnitt: Betrug und Untreue.

Betrug.

§ 263. Wer in der Absicht, sich oder einem Dritten einen rechtswidrigen Vermögensvorteil zu verschaffen, das Vermögen eines anderen dadurch beschädigt, daß er durch Vorspiegelung falscher oder durch Entstellung oder Unterdrückung wahrer Tatsachen einen Irrtum erregt oder unterhält, wird wegen Betrugs mit Gefängnis bestraft, neben welchem auf Geldstrafe, sowie auf Verlust der bürgerlichen Ehrenrechte erkannt werden kann.

Sind mildernde Umstände vorhanden, so kann ausschließlich auf die Geldstrafe erkannt werden.

Der Versuch ist strafbar.

In besonders schweren Fällen tritt an die Stelle der Gefängnisstrafe Zuchthaus bis zu zehn Jahren. Ein besonders schwerer Fall liegt insbesondere dann vor, wenn die Tat das Wohl des Volkes geschädigt oder einen anderen besonders großen Schaden zur Folge gehabt oder der Täter besonders arglistig gehandelt hat.

Wer einen Betrug gegen Angehörige, Vormünder oder Erzieher begeht, ist nur auf Antrag zu verfolgen. Die Zurücknahme des Antrages ist zulässig.

1. Der Betrug ist die in rechtswidriger Bereicherungsabsicht durch Täuschung bewirkte Vermögensschädigung. Er ist seinem Wesen nach eine gegen das Vermögen gerichtete Straftat. Von der Erpressung des § 253 unterscheidet sich der Betrug in der Hauptsache dadurch, daß das Mittel zur Erreichung des Ziels beim Betrug in der arglistigen Täuschung, bei der Erpressung in der Gewalt oder Drohung besteht. Dem Betrogenen wird ein Vermögenswert abgeschwindelt, dem Erpreßten abgenötigt.

2. Zum Tatbestand des Betrugs gehören:

a) Als äußere Tatbestandsmerkmale: Die Täuschungshandlung, die dadurch bewirkte Irrtumserregung, die dadurch bewirkte Vermögensverfügung und schließlich die dadurch bewirkte Vermögensbeschädigung.

Diese vier objektiven Tatbestandsmerkmale müssen untereinander in ursächlichem Zusammenhang stehen, d. h. ein Tatbestandsmerkmal muß das andere zur Folge haben.

b) Der innere Tatbestand verlangt Vorsatz und die Absicht, sich oder einem Dritten einen rechtswidrigen Vermögensvorteil zu verschaffen. (Siehe Erl. 7.)

3. Die Täuschungshandlung besteht in der Vorspiegelung falscher Tatsachen oder in der Entstellung oder Unterdrückung wahrer Tatsachen.

a) Zu den Tatsachen gehört nicht nur das, was wahrnehmbar und feststellbar ist, wie z. B. die Vermögensverhältnisse einer Person, insbesondere die Zahlungsfähigkeit, oder die Beschaffenheit eines Gegenstandes, sondern auch die inneren Tatsachen, wie z. B. eine vorhandene Zahlungsabsicht (Kreditbetrug). Nicht als „Tatsachen" haben zu gelten die reinen Werturteile, z. B. übertriebene, ganz allgemein gehaltene Behauptungen bezüglich der Qualität der zu verkaufenden Ware.

b) Vorspiegeln einer Tatsache ist das Aufstellen einer bewußt unwahren Behauptung, z. B. die Behauptung eines bankrotten Kaufmanns, er habe ein größeres verfügbares Bankkonto, oder er habe die Absicht, den ihm übergebenen Wechsel zu einer Kreditbeschaffung zu benutzen, während er ihn von vornherein zur Zahlung eigener Schulden zu verwenden beabsichtigte. Der Begriff des Vorspiegelns kann auch durch schlüssige Handlungen erfüllt werden, wenn der Täter durch sein gesamtes äußeres Verhalten den Willen kund gibt, eine bestimmte Tatsache zum Ausdruck zu bringen, z. B. das Auftreten als zahlungsfähiger und zahlungswilliger Gast (Zechprellerei).

c) Eine Entstellung wahrer Tatsachen liegt vor, wenn durch Zusätze oder Weglassungen die wirkliche Sachlage nicht mehr richtig erkannt werden kann.

d) Die Unterdrückung wahrer Tatsachen setzt zunächst ein positives Tun voraus, das darauf abzielt, eine Tatsache der Kenntnisnahme anderer zu entziehen. Durch einfaches Schweigen kann dieses Tatbestandsmerkmal nur erfüllt werden, wenn eine Rechtspflicht zur Offenbarung der fraglichen Tatsache besteht; eine solche Pflicht zur Offenbarung kann sich aber nicht nur aus gesetzlichen Vorschriften ergeben (z. B. aus der Bestimmung, daß der Empfänger von Arbeitslosenunterstützung dem Wohlfahrtsamt die Nebeneinnahme bezahlter Arbeit mitzuteilen hat), sondern allein schon aus den Grundsätzen von Treu und Glauben. In dieser Beziehung wurde in der Rechtsprechung folgender Grundsatz entwickelt: Fordern Treu und Glauben mit Rücksicht auf die Verkehrssitte nach der Auffassung des redlichen Verkehrs über das, was sittlich erlaubt und erträglich ist, eine bestimmte Tatsache zu offenbaren, so besteht eine Rechtspflicht zur Offenbarung. So besteht z. B. eine Pflicht des noch keinen Fahrschein besitzenden Fahrgastes einer Straßenbahn auf die Frage des Schaffners, ob sonst jemand ohne Fahrschein sei, sich zu melden. (In vielen Fällen des täglichen Lebens enthält die Unterdrückung und Entstellung wahrer Tatsachen zugleich die Vorspiegelung falscher Tatsachen.)

4. Die Täuschungshandlung muß zur Folge haben, daß in dem Getäuschten ein Irrtum erregt oder unterhalten wird, d. h. eine der Wahrheit nicht entsprechende Vorstellung.

a) Das bloße Nichtwissen ist kein Irrtum. Deshalb kann der sogenannte blinde Passagier auf der Eisenbahn oder Straßenbahn nicht wegen Betrugs bestraft werden, wenn der Schaffner von seiner Anwesenheit überhaupt keine Kenntnis erlangt hat. Diese frühere Lücke im Gesetz füllt § 265a aus (siehe die dortigen Erläuterungen).

b) Ob der Getäuschte bei genügender Aufmerksamkeit den Irrtum hätte vermeiden können, ist ohne Bedeutung.

5. Durch den Irrtum muß der Getäuschte zu einer Vermögensverfügung veranlaßt worden sein, die das Bindeglied zwischen Irrtum und Vermögensbeschädigung bildet.

a) Unter Vermögensverfügung ist jedes Handeln, Dulden oder Unterlassen zu verstehen, das eine Vermögensveränderung zur Folge hat. So trifft z. B. derjenige eine Vermögensverfügung durch Handeln, der infolge der Täuschung einen für ihn ungünstigen Kauf- oder Darlehensvertrag abschließt oder durch Unterlassen, wenn er infolge der Täuschung über einen ihm zustehenden Anspruch in Unkenntnis gelassen wird und ihn infolgedessen nicht geltend macht, d. h. wenn er unbewußt auf diesen Anspruch verzichtet.

b) Die Vermögensverfügung muß den Vermögensschaden unmittelbar herbeiführen. Es liegt daher keine Vermögensverfügung vor, wenn A den B, da dieser ihm vorgespiegelt hat, er komme vom Elektrizitätswerk, um den Zähler zu reparieren, in seine Wohnung hinein läßt und dem B dadurch Gelegenheit gibt, ihn zu bestehlen; in diesem Falle liegt kein Betrug, sondern ein Diebstahl vor.

6. Als Folge der Verfügung, zu der der Getäuschte durch den in ihm hervorgerufenen Irrtum bestimmt worden ist, muß eine Vermögensbeschädigung eintreten.

a) Das Vermögen ist nicht schon dann beschädigt, wenn der Getäuschte durch den in ihm erregten Irrtum zu irgendeiner vermögensrechtlichen Verfügung bestimmt worden ist, sondern erst dann, wenn das Vermögen durch die Verfügung objektiv dergestalt beeinträchtigt wird, daß der Geldwert des Vermögens nach der Verfügung geringer ist, als der Geldwert, den es gehabt hätte, wenn die Täuschungshandlung nicht vorgekommen wäre. Dies ist nicht nur der Fall, wenn der Getäuschte auf Grund der Täuschung eine Sache, insbesondere Geld aus seinem Vermögen herausgibt, ohne einen entsprechenden Gegenwert in sein Vermögen hinein zu bekommen (der in der Praxis am häufigsten vorkommende Fall), sondern ein Vermögensschaden liegt auch dann vor, wenn der Getäuschte infolge der Täuschung sein Vermögen mit einer Schuld, z. B. mit einer Bürgschaftsübernahme belastet oder zur Stundung einer Forderung veranlaßt wird. Der aus der strafbaren Handlung selbst entstehende Ersatzanspruch kommt bei der Beurteilung, ob ein Schaden entstanden ist, nicht in Betracht.

b) Eine Vermögensbeschädigung kann auch schon in einer Vermögensgefährdung erblickt werden, wenn sie eine Verschlechterung schon des gegenwärtigen Vermögenszustandes herbeiführt. Eine solche Vermögensgefährdung liegt insbesondere dann vor, wenn für die Hingabe baren Geldes eine infolge ihrer Unsicherheit minderwertige Gegenleistung eingetauscht wird, z. B. das Rückzahlungsversprechen eines überschuldeten Schuldners gegenüber dem Darlehensgeber.

c) Auch das rechtlich ungeschützte Vermögen kann geschädigt werden im Sinne des § 263. So kann ein Betrug auch gegen einen Dieb oder Betrüger begangen werden ebenso wie auch Ansprüche geschützt sind, die sich aus unerlaubtem oder unsittlichem Geschäftsverkehr ergeben; so liegt z. B. in dem bewußten Verkauf untauglicher Abtreibungsmittel ein Betrug zum Nachteil des Käufers, obwohl dieser den von ihm gezahlten Kaufpreis wegen Unsittlichkeit des zugrunde liegenden Vertrags gemäß § 817 BGB. nicht im Rechtswege zurückverlangen kann.

d) Während Getäuschter und Verfügender immer die gleiche Person sein müssen, brauchen Getäuschter und Geschädigter nicht identisch zu sein. Es genügt vielmehr, daß der Getäuschte tatsächlich in der Lage ist, über fremdes Vermögen zu verfügen. So wird z. B. durch Täuschung der Ehefrau bei Abschluß eines vermögensschädigenden Kaufvertrags innerhalb der Schlüsselgewalt der Ehemann geschädigt (§ 1357 BGB.). Hierauf beruht auch die Möglichkeit eines Prozeßbetrugs, der dadurch begangen werden kann, daß der Richter durch ein bewußt wahrheitswidriges Parteivorbringen oder durch eine bewußt falsche Zeugenaussage in einen Irrtum versetzt wird, infolgedessen ein objektiv falsches Urteil fällt und dadurch das Vermögen einer der Prozeßparteien schädigt.

7. Der innere Tatbestand erfordert Vorsatz und die Absicht, sich oder einem Dritten einen rechtswidrigen Vermögensvorteil zu verschaffen.

a) Zum Vorsatz gehört das Bewußtsein, durch Täuschung einen Irrtum zu erregen, durch den Irrtum eine Vermögensverfügung des Getäuschten herbeizuführen und dadurch jemand im Vermögen zu schädigen. In allen Punkten genügt bedingter Vorsatz. Dies ist von besonderer Bedeutung für den Vorsatz der Vermögensschädigung, da in den meisten Fällen des täglichen Lebens der Einwand des Täters, er habe nicht die Absicht gehabt, den Getäuschten zu schädigen, nicht widerlegt werden kann, während bei bedingtem Vorsatz der Nachweis genügt, daß der Täter zum mindesten mit der Möglichkeit gerechnet hat, daß der Getäuschte einen Schaden erleiden könne und auch für diesen Fall die Tat gewollt hat.

b) Vermögensvorteil ist jede Vermehrung des Gesamtvermögenswertes, d. h. jede günstigere Gestaltung der Vermögenslage, worunter auch die Verhinderung der Erhebung von rechtlich begründeten Ansprüchen sowie jede Verbesserung der Zivilprozeßlage gehört.

c) Rechtswidrig ist der erstrebte Vermögensvorteil, wenn der Täuschende keinen Rechtsanspruch auf den Vorteil hat. Es begeht daher keinen Betrug der Bestohlene, der den Dieb durch Täuschung zur Herausgabe des gestohlenen Gegenstandes veranlaßt, oder der Gläubiger, der den Schuldner durch Täuschung zur Bezahlung einer fälligen Darlehensschuld bestimmt, denn die Verwirklichung eines fälligen Rechtsanspruchs durch Täuschung macht diesen niemals zu einem rechtswidrigen.

8. Vollendet ist der Betrug, wenn die Beschädigung eines fremden Vermögens eingetreten ist, und zwar ohne Rücksicht darauf, ob auch der erstrebte Vermögensvorteil eingetreten ist. Versuchter Betrug liegt vor, wenn mit der Einwirkung auf den zu Täuschenden begonnen worden ist, dieser aber das lügenhafte Vorbringen nicht glaubt oder aus anderen Gründen keine Vermögensverfügung trifft. Klärt der Täuschende den Getäuschten über die wahre Sachlage auf, bevor dieser eine Vermögensverfügung trifft, dann bleibt der Täuschende straflos gemäß § 46 Nr. 2 (tätige Reue). (Siehe Erl. 4 zu § 46.)

9. Eine straflose Nachtat und kein strafbarer Betrug liegt vor, wenn Täuschungshandlungen vorgenommen werden, um eine vorausgegangene Straftat (z. B. Diebstahl, Betrug) zu verdecken, und dabei kein erneuter Eingriff in ein fremdes Vermögen erfolgt. Beispiel: Der Dieb A leugnet dem Bestohlenen B gegenüber den Diebstahl und erreicht dadurch, daß B ihm glaubt und infolgedessen auf die Herausgabe des gestohlenen Gegenstandes (Eigentumsklage) verzichtet. Dieses Verhalten des A erfüllt zwar den Tatbestand des Betrugs insofern, als B infolge der Täuschung auf ein ihm zustehendes Recht verzichtet und dadurch einen Vermögensschaden erleidet. Dieser Betrug kann aber keine strafrechtlich selbständige Bedeutung gewinnen, da er sich ebenfalls gegen das Eigentum des Bestohlenen richtet. Es liegt in diesem Falle nur eine sog. straflose Nachtat gegenüber dem Diebstahl vor. Veräußert aber A den gestohlenen Gegenstand an einen gutgläubigen Dritten, dann begeht er diesem gegenüber einen Betrug, der mit dem zum Nachteil des B begangenen Diebstahl in Realkonkurrenz steht. (Siehe auch „Einführende Vorbemerkungen zum Strafrecht", Seite 1 ff., Abschnitt B VII 4 d bb, Seite 12.)

10. Der Betrug, der gegen Angehörige, Vormünder oder Erzieher begangen wird, ist nur auf Antrag zu verfolgen (Abs. 5).

11. Eine Strafschärfung bringt der durch die Strafrechtsnovelle vom 26. Mai 1933 geschaffene Absatz 4.

Hierzu wird auf Vorbemerkung B vor § 13 Bezug genommen. Da für die Bestrafung des Betrugs nach § 263 vor dem 30. Januar 1933 nur eine Gefängnisstrafe vorgesehen war, dürfte der Absatz 4 (besonders schwere Fälle) gegenstandslos geworden sein.

12. Von besonders häufig vorkommenden Betrugsarten sind zu erwähnen:

a) Der Zechbetrug (Zechprellerei). Wer in einer Wirtschaft Speisen und Getränke bestellt, erklärt damit seine Absicht, diese alsbald bar zu bezahlen und der

Wirt leistet nur unter dieser stillschweigend vorausgesetzten Vertragsbedingung; er ist daher betrogen, wenn der Gast die ohne Zahlungswillen oder im Bewußtsein der Zahlungsunfähigkeit bestellten Speisen usw. verzehrt.

b) Der Einzug von Geldern durch Geschäftsreisende, die keine Vollmacht zum „Inkasso" haben, siehe Erl. 9 e zu § 246.

c) Der Heiratsbetrüger, der durch Vorspiegelung der unwahren Tatsache, er beabsichtige, das Mädchen zu heiraten, dieses zur Herausgabe ihrer Ersparnisse usw. veranlaßt.

d) Der Hochstapler, der sich durch Beilegung hochtrabender Namen und Titel den Anschein einer wohlhabenden Person gibt und dadurch andere zur kreditweisen Hergabe von Geld oder sonstigen Vermögenswerten veranlaßt, die er seiner vorgefaßten Absicht entsprechend nicht zurückgibt.

e) Der Darlehensschwindler, der durch die unwahre Behauptung, er könne Darlehen verschaffen, das geldsuchende Publikum zur Zahlung von Provisionen usw. veranlaßt, ohne fähig und willens zu sein, Geld zu beschaffen.

f) Beim sogenannten Prozeßbetrug, d. h. beim Betrug durch Täuschung des Richters ist zu beachten, daß jede bewußt falsche Parteibehauptung zur Annahme des Betrugstatbestands führen kann. Fällt der Richter infolge der falschen Behauptungen der einen Partei ein Urteil zum Nachteil der anderen Partei, dann ist der Betrug mit der Rechtskraft dieses Urteils vollendet; kommt es nicht zum Urteil, da der Richter den Schwindel erkennt, dann liegt Betrugsversuch vor.

13. Weitere Betrugstatbestände in- und außerhalb des Strafgesetzbuches:

a) der Notbetrug des § 264a Abs. 1 und der Verwandtenbetrug des § 264a Abs. 4.

b) Der Versicherungsbetrug des § 265.

c) Der Automatenmißbrauch und das Erschleichen freien Eintritts des § 265a.

d) Die Gebührenerhebung und Abgabenüberhebung der §§ 352, 353.

e) Die unlautere Reklame des § 4 unl. Wettbew.Ges.

f) Die Nahrungsmittelfälschung nach §§ 4, 11 des Lebensmittelgesetzes vom 5. Juli 1925 in der Fassung vom 17. Januar 1936 bzw. 14. August 1943, wonach bestraft wird, wer zum Zwecke der Täuschung im Handel und Verkehr Lebensmittel nachmacht oder verfälscht.

g) Die Weinfälschung nach § 26 des Weingesetzes vom 25. 7. 1930.

h) Der Steuerbetrug nach § 396 Reichsabgabenordnung.

Rückfallbetrug.

§ 264. Wer im Inlande wegen Betruges einmal und wegen darauf begangenen Betruges zum zweiten Male bestraft worden ist, wird wegen abermals begangenen Betruges mit Zuchthaus bis zu zehn Jahren und zugleich mit Geldstrafe bestraft.

Sind mildernde Umstände vorhanden, so tritt Gefängnisstrafe nicht unter drei Monaten ein, neben welcher zugleich auf Geldstrafe erkannt werden kann.

Die im § 245 enthaltenen Vorschriften finden auch hier Anwendung.

1. Vgl. hierzu die Erl. zu §§ 244, 245. — Der Betrug wird nur härter bestraft, wenn wiederholter Rückfall vorliegt, wenn also schon der dritte Betrugsfall gegeben ist.

2. Rückfallbegründend ist nicht der Notbetrug (§ 264a), ebensowenig der Versicherungsbetrug des § 265.

Notbetrug.

§ 264a. Wer aus Not sich oder einem Dritten geringwertige Gegenstände zum Schaden eines andern durch Täuschung (§ 263 Abs. 1) verschafft, wird mit Geldstrafe oder mit Gefängnis bis zu drei Monaten bestraft.

Der Versuch ist strafbar.

Die Verfolgung tritt nur auf Antrag ein. Die Zurücknahme des Antrags ist zulässig.

Wer die Tat gegen einen Verwandten absteigender Linie oder gegen seinen Ehegatten begeht, bleibt straflos.

1. Entsprechend der Regelung betr. Diebstahl und Unterschlagung geringwertiger Gegenstände aus Not (§ 248a) ist hier eine gleiche Bestimmung für Bagatellbetrug aus Not geschaffen, deren Bedeutung besonders darin liegt, daß solche Straftaten nicht rückfallbegründend wirken und nur auf Antrag bestraft werden.

2. Im übrigen muß auch hier der volle Betrugstatbestand gegeben sein. Darüber hinaus verlangt aber § 264a zur Vollendung, daß der Täter sich oder einem Dritten den Gegenstand tatsächlich verschafft. Es genügt also, in Abweichung von § 263, nicht, daß lediglich der Getäuschte geschädigt ist (siehe Erl. 8 zu § 263).

3. Wegen der Begriffe „Not" und „geringwertige Gegenstände" siehe Erl. 2 zu § 248 a.

4. Zu Abs. 4: Während der gewöhnliche Betrug des § 263 auch dann immer strafbar ist, wenn er unter Angehörigen begangen wird (vorausgesetzt, daß ein Strafantrag gestellt wird), ist der Notbetrug des § 264a, der gegen Verwandte absteigender Linie oder zwischen Ehegatten begangen wird, straflos. Für den Diebstahl gilt dagegen die Bestimmung (siehe § 247 Abs. 2), daß nicht nur der Notdiebstahl des § 248a, wenn er gegen Verwandte absteigender Linie oder zwischen Ehegatten begangen wird, straflos ist (§ 248a, Abs. 3), sondern auch der gewöhnliche Diebstahl in jeder Form, d. h. auch unter den Voraussetzungen der §§ 243, 244.

Versicherungsbetrug.

§ 265. Wer in betrügerischer Absicht eine gegen Feuersgefahr versicherte Sache in Brand setzt, oder ein Schiff, welches als solches oder in seiner Ladung oder in seinem Frachtlohn versichert ist, sinken oder stranden macht, wird mit Zuchthaus bis zu zehn Jahren und zugleich mit Geldstrafe bestraft.

Sind mildernde Umstände vorhanden, so tritt Gefängnisstrafe nicht unter sechs Monaten ein, neben welcher auf Geldstrafe erkannt werden kann.

1. Der Versicherungsbetrug stellt sich dar als eine Vorbereitungshandlung des gewöhnlichen Betrugs des § 263, die zu einem selbständigen Verbrechen gemacht worden ist, also gegenüber § 263 ein Sonderdelikt darstellt. § 265 ist also nicht rückfallbegründend; auch ist niemals ein Strafantrag erforderlich und § 310 findet auf § 265 keine Anwendung.

2. § 265 enthält zwei Tatbestände.

a) Den sogenannten Brandversicherungsbetrug, der unter Umständen mit der Brandstiftung der §§ 306ff. zusammenfällt, wenn es sich um ein Gebäude (§ 306) oder um eine der in § 308 bezeichneten Sachen handelt.

b) Den sogenannten Seeversicherungsbetrug.

3. Wegen „Inbrandsetzen" vgl. Erl. 1a zu § 306.

4. Unter betrügerischer Absicht ist die Absicht zu verstehen, die Versicherungssumme für sich oder für einen Dritten rechtswidrig zu erlangen.

5. Die später meistens nachfolgende Erhebung der Versicherungssumme bildet einen selbständigen, gegenüber § 265 in Tatmehrheit begangenen Betrugstatbestand im Sinne des § 263.

Automatenbetrug, Erschleichen freien Eintritts.

§ 265a. Wer die Leistung eines Automaten, die Beförderung durch ein Verkehrsmittel oder den Zutritt zu einer Veranstaltung oder einer Einrichtung in der Absicht erschleicht, das Entgelt nicht zu entrichten, wird, soweit die Tat nicht nach anderen Vorschriften mit schwererer Strafe bedroht ist, mit Gefängnis bis zu einem Jahre oder mit Geldstrafe bestraft.

Der Versuch ist strafbar.

1. Der im Jahr 1935 in das Strafgesetzbuch aufgenommene § 265a war notwendig, da die Bewirkung der Leistung eines Automaten (Fernsprech- oder Wiegeautomaten) durch wertlose Metallstücke nicht unter dem Gesichtspunkt des § 263 strafrechtlich erfaßt werden kann, da es an dem Tatbestandsmerkmal der Irrtumserregung fehlt, denn es wird ja durch eine solche Manipulation keine Person getäuscht. Aus dem gleichen Grunde kann auch der sogenannte blinde Passagier oder der „schwarze" Besucher einer Veranstaltung (Konzert, Theater usw.) oder einer Einrichtung (z. B. Badeanstalt) nicht wegen Betrugs gemäß § 263 bestraft werden.

2. Da § 265a nur Platz greift, wenn die Tat nicht als Diebstahl oder Betrug strafbar ist, kommt § 265a für die sog. Warenautomaten im allgemeinen nicht in Betracht, da in diesem Falle Diebstahl vorliegt (siehe Erl. 5f zu § 242), dagegen für die sog. Leistungsautomaten, also vor allem für die Fernsprech- und Wiegeautomaten. Ebenso ist der sog. blinde Passagier, wenn die Voraussetzungen des § 263 vorliegen, d. h. wenn eine Person getäuscht worden ist, nach § 263 zu bestrafen. (Siehe Erl. 4a zu § 263.)

3. Da der § 265a aus der Reformarbeit vor 1933 stammt, also kein nationalsozialistisches Ideengut enthält, dürften gegen seinen Fortbestand keine Bedenken bestehen.

Untreue.

§ 266. Wer vorsätzlich die ihm durch Gesetz, behördlichen Auftrag oder Rechtsgeschäft eingeräumte Befugnis, über fremdes Vermögen zu verfügen oder einen anderen zu verpflichten, mißbraucht oder die ihm kraft Gesetzes, behördlichen Auftrags, Rechtsgeschäfts oder eines Treueverhältnisses obliegende Pflicht, fremde Vermögensinteressen wahrzunehmen, verletzt und dadurch dem, dessen Vermögensinteressen er zu betreuen hat, Nachteil zufügt, wird wegen Untreue mit Gefängnis und mit Geldstrafe bestraft. Daneben kann auf Verlust der bürgerlichen Ehrenrechte erkannt werden.

In besonders schweren Fällen tritt an die Stelle der Gefängnisstrafe Zuchthaus bis zu zehn Jahren. Ein besonders schwerer Fall liegt insbesondere dann vor, wenn die Tat das Wohl des Volkes geschädigt oder einen anderen, besonders großen Schaden zur Folge gehabt hat oder der Täter besonders arglistig gehandelt hat.

1. § 266 in der Fassung der Novelle vom 26. Mai 1933 unterscheidet zwei Gruppen von Untreuehandlungen, und zwar die Untreue in Form des Mißbrauchs einer Vertretungsbefugnis (Mißbrauchstatbestand) und die Untreue, begangen durch Verletzung einer Interessenwahrnehmungspflicht. (Treubruchstatbestand.)

2. Die Untreue durch Mißbrauch einer Vertretungsbefugnis.

a) Dieser Teil des § 266 setzt voraus, daß dem Täter die Befugnis zusteht, über fremdes Vermögen zu verfügen, oder einen anderen zu verpflichten. Durch die letztere Alternative wird zum Ausdruck gebracht, und damit eine Streitfrage des alten Rechts erledigt, daß nämlich eine Untreue nicht nur durch Verringerung des fremden Aktivvermögens, sondern auch durch Belastung des fremden Vermögens mit einer Schuldverbindlichkeit, also durch Vergrößerung des Passivvermögens begangen werden kann (z. B. Ausstellung eines Wechsels oder Übernahme einer Bürgschaft).

b) Die Vertretungsbefugnis kann beruhen:

aa) Auf Gesetz, z. B. die Vertretungsmacht des Vaters bezüglich der Verwaltung des Kindesvermögens, oder diejenige des Ehemanns bezüglich der Verwaltung des eingebrachten Gutes der Ehefrau.

bb) Auf behördlichen Auftrag, z. B. die Vertretungsmacht des Vormunds, des Pflegers, des Konkursverwalters und des Beamten.

cc) Auf Rechtsgeschäft. In diese Kategorie gehören solche Personen, die von dem Auftraggeber zu einem rechtsgeschäftlichen Handeln gegenüber einem Dritten bestellt sind, z. B. Treuhänder, Verkaufs-Kommissionär, Gerichtsvollzieher, Rechtsanwalt, Handlungsbevollmächtigter, Prokurist u. a., nicht dagegen die bloßen Boten, die nur ganz bestimmte Aufträge in vorher vorgeschriebener Weise auszuführen haben, z. B. die Zeitungsträgerinnen, die Abonnementsgelder einzuziehen haben; sie begehen Unterschlagung, wenn sie kassierte Gelder für sich behalten.

c) Die Handlung des Vertretungsberechtigten muß einen Mißbrauch der Vertretungsbefugnis enthalten und zur Folge haben, daß für den, dessen Vermögensinteressen der Vertretungsberechtigte zu betreuen hatte, ein Nachteil entsteht.

aa) Das Handeln kann in einem Tun, Dulden, oder Unterlassen bestehen, z. B. in der Verabsäumung pflichtmäßiger Anlegung von Mündelgeld durch den Vormund oder in dem Verjährenlassen einer Forderung, oder Unterlassung der Pfändung durch Gerichtsvollzieher usw.

bb) Ein Mißbrauch der Vertretungsmacht liegt vor, wenn die Handlung des Vertretungsberechtigten den Interessen des Vertretenen zuwiderläuft.

cc) Der Begriff des „Nachteil zufügen" dürfte wohl demjenigen der Vermögensbeschädigung beim Betrug gleichzusetzen sein, so daß also auch eine Vermögensgefährdung genügt, wenn nach der konkreten Sachlage die eingetretene Gefahr eines Verlustes, also die Ungewißheit darüber, ob nicht ein Verlust eintreten werde, den Wert des Vermögens vermindert.

3. Die Untreue durch Verletzung einer Interessenwahrnehmungspflicht (Treubruchstatbestand).

a) Dieser Teil des § 266 setzt voraus, daß der Täter, ohne eine Vertretungsmacht zu besitzen, die Pflicht hat, fremde Vermögensinteressen wahrzunehmen.

b) Diese Pflicht kann wieder beruhen:

aa) auf Gesetz, z. B. Vorstandsmitglied einer Aktiengesellschaft,
bb) auf behördlichem Auftrag, z. B. Bücherrevisoren,
cc) auf Rechtsgeschäft, z. B. Handlungsgehilfen, Kassenboten,
dd) auf einem Treuverhältnis, das ein sittlich zu billigendes sein muß. Der Hehler also, der dem Dieb beim Absatz der gestohlenen Waren hilft (Mitwirkung zum Absatz), macht sich nicht wegen Untreue, sondern nur wegen Unterschlagung strafbar, wenn er einen Teil der Waren sich persönlich zueignet.

c) Die Handlung des Täters muß eine Verletzung der Betreuungspflicht enthalten und zur Folge haben, daß dem Betreuten ein Nachteil entsteht. (Im übrigen siehe oben Ziff. 2c, aa—cc.)

4. Nach der Rechtsprechung des Reichsgerichts ist in entsprechender Anwendung der §§ 247 Abs. 1 und 263 Abs. 5, ein Strafantrag erforderlich, wenn die Untreuehandlung gegenüber einem Angehörigen (§ 52 Abs. 2) begangen wird.

5. Bezüglich der Strafschärfung in Abs. 1 wird man unter Bezugnahme auf Vorbemerkung B vor § 13 den Standpunkt vertreten müssen, daß als Strafen nur die vor dem 30. Januar 1933 in Geltung gewesenen (nämlich Geldstrafe nur fakultativ und nicht obligatorisch neben Gefängnisstrafen) in Frage kommen. Bezüglich der Strafschärfung in Abs. 2 wird auf Erl. 11 zu § 263 Bezug genommen. Da im übrigen die Neufassung des § 266 teilweise aus der Reformarbeit vor 1933 stammt und die Änderungen ausschließlich praktischen Bedürfnissen Rechnung tragen, bestehen gegen den Fortbestand des § 266 in der derzeitigen Fassung wohl keine Bedenken.

6. Untreuetatbestände außerhalb des Strafgesetzbuchs.

a) Die Neufassung des § 266 durch die Strafgesetznovelle v. 26. Mai 1933 hat an sich die in anderen Gesetzen befindlichen Untreuetatbestände überflüssig gemacht. Die Novelle hat aber gleichwohl diese anderen Untreuetatbestände nicht aufgehoben, sondern in Art. IV die Strafrahmen dieser Sonderbestimmungen der neuen Fassung des § 266 angepaßt, also durchweg ebenfalls Zuchthaus für besonders schwere Fälle festgesetzt und in Art. III einen

Untreuetatbestand für den Geschäftsführer usw. einer GmbH. neu geschaffen. (§ 81a: Vorsätzliches Handeln zum Nachteil der Gesellschaft.)

b) Außer diesem neuen § 81a des GmbHG. gibt es also nach wie vor folgende Untreuetatbestände außerhalb des StGB., die zu § 266 in Gesetzeskonkurrenz stehen:

aa) § 95 Ziff. 2 des Börsengesetzes v. 22. Juni 1896, abgeändert am 27. Mai 1908. Er lautet: Ein Kommissionär, welcher, um sich oder einem Dritten einen Vermögensvorteil zu verschaffen, bei der Ausführung eines Auftrags oder bei der Abwicklung eines Geschäfts absichtlich zum Nachteil des Kommittenten handelt, wird mit...... usw. bestraft (sog. Kommissionsuntreue).

bb) § 294 des Aktiengesetzes v. 30. Jan. 1937.

cc) § 146 des Genossenschaftsgesetzes.

dd) § 142 des Gesetzes über die Beaufsichtigung der privaten Versicherungsunternehmungen und Bausparkassen v. 6. Juni 1931.

ee) §§ 23 Abs. 2, 535, 536 Reichsversicherungsordnung.

In den letztgenannten vier Fällen werden Mitgliedern des Vorstandes und des Aufsichtsrats und Liquidatoren einer Aktiengesellschaft bzw. einer Genossenschaft bzw. eines Versicherungsvereins auf Gegenseitigkeit bzw. dem Mitglied eines Organs der Reichsversicherung, Gefängnis und Geldstrafen, und nach der Novelle v. 26. Mai 1933, wie oben erwähnt, auch Zuchthausstrafen angedroht, wenn sie absichtlich zum Nachteil der Gesellschaft, bzw. Genossenschaft, bzw. des Versicherungsvereins auf Gegenseitigkeit handeln.

c) Das Wettbewerbsgesetz enthält in § 17 (Verrat von Geschäfts- oder Betriebsgeheimnissen) einen untreueähnlichen Tatbestand.

Dreiundzwanzigster Abschnitt: Urkundenfälschung.

Vorbemerkung:

1. Der 23. Abschnitt enthält außer dem, was allgemein als „Urkundenfälschung" bezeichnet wird (§ 267), noch das Bewirken falscher Eintragung in öffentliche Bücher (§§ 271—273, die sog. intellektuelle Urkundenfälschung) und einige verwandte Tatbestände: Urkundenunterdrückung, Grenzsteinverrückung (§ 274), Stempelfälschungen (§§ 275, 276) und Anfertigung oder Gebrauch falscher ärztlicher Zeugnisse (§§ 277—279). Durch die Verordnung v. 29. Mai 1943 wurde an die Stelle der §§ 267—270 ein neuer § 267 gesetzt. Da diese Änderung offensichtlich kein nationalsozialistisches Gedankengut enthält, dürften gegen den Fortbestand der Neuregelung keine Bedenken bestehen.

2. An Stelle der Übertretung des § 363 (fälschliche Anfertigung eines Legitimationspapiers) ist durch Gesetz v. 4. Sept. 1941 eine neue Vorschrift als § 281 in das Strafgesetzbuch eingefügt worden.

Urkundenfälschung.

§ 267. Wer zur Täuschung im Rechtsverkehr eine unechte Urkunde herstellt, eine echte Urkunde verfälscht oder eine unechte oder verfälschte Urkunde gebraucht, wird wegen Urkundenfälschung mit Gefängnis bestraft.

Der Versuch ist strafbar.

In schweren Fällen ist die Strafe Zuchthaus.

1. Das Wesen der Urkundenfälschung besteht nicht in der schriftlichen Behauptung einer unwahren Tatsache, sondern im Mißbrauch der urkundlichen Form. Ob der Inhalt der Urkunde wahr oder unwahr ist, ist unerheblich. Wer also z. B. zum Zwecke der Verwendung in einem Zivilprozeß eine Quittung über eine tatsächlich bezahlte Schuld mit dem Namen des Gläubigers unterzeichnet, macht sich der Urkundenfälschung schuldig.

2. Der wesentliche Unterschied des neuen Rechts gegenüber dem früheren besteht darin, daß die Urkundenfälschung nicht mehr ein zweiaktiges, sondern nunmehr ein einaktiges Delikt ist. Nach früherem Recht mußte zur Erfüllung des Tatbestandes der Urkundenfälschung zweierlei vorliegen: Die eigentliche Fälschung und das Gebrauchmachen von der falschen Urkunde. Lag nur die Fälschung vor, sei es auch mit der Absicht, später davon Gebrauch zu machen, so war bei dem Vergehen der einfachen Urkundenfälschung kein strafbarer Tatbestand gegeben, weil bei dem § 267 a. F. der Versuch nicht strafbar war. Nach dem neuen, durch die Verordnung v. 29. Mai 1943 geschaffenen Recht ist in jedem Falle schon die eigentliche Urkundenfälschung strafbar, also ohne Rücksicht darauf, ob irgend jemandem gegenüber von der falschen Urkunde Gebrauch gemacht wird.

3. Als Gegenstand der Urkundenfälschung bezeichnet das neue Recht eine Urkunde schlechthin. Es wird also nicht mehr, wie nach früherem Recht, zwischen öffentlicher und privater Urkunde unterschieden.

a) Unter Urkunde i. S. des § 267 ist jeder sinnlich wahrnehmbare leblose Gegenstand zu verstehen, der bestimmt ist, eine außerhalb seiner selbst liegende, für das Rechtsleben bestimmte Tatsache zu erweisen und zugleich den Urheber bezeichnet oder doch erkennbar macht. Mangels einer solchen verkörperten Gedankenäußerung scheiden aus dem Urkundenbereich aus z. B. die Biermarken und die Garderobemarken (siehe Erl. c).

b) In der Regel werden im täglichen Leben Schriftstücke Gegenstand der Urkundenfälschung sein (Rechnungen, Schuldscheine, Quittungen, Geburts- und Heiratsurkunden, Wechsel usw.; Abschriften solcher Urkunden gelten im allgemeinen nicht als Urkunden). Es können aber auch andere Gegenstände Urkundeneigenschaft besitzen, wie z. B. die Plombenverschlüsse bei Postbriefbeuteln und Elektrizitätszählern. Wer solche Verschlüsse erbricht, macht sich in der Regel nicht einer Sachbeschädigung (§ 303), sondern einer Urkundenvernichtung nach § 274 Nr. 1 schuldig. Ebenso gelten z. B. die Eichstempel und Fleischbeschaustempel als Urkunden.

c) Keine Urkunden sind sog. Kennzeichen, da sie keine Gedankenäußerung enthalten, wie z. B. die Garderobemarke (siehe Erl. 3 a). Wer also mit Hilfe einer gefälschten Garderobemarke sich einen fremden Mantel verschafft, begeht nur einen Betrug und nicht außerdem noch eine Urkundenfälschung.

4. Als Fälschungshandlung bezeichnet das neue Recht zunächst die Herstellung einer unechten Urkunde; sie besteht darin, daß durch Unterschreiben einer Urkunde mit einem falschen Namen der Schein erweckt wird, als rühre die Urkunde von einer anderen Person her, als die ist, welche sie tatsächlich ausgestellt hat. Dabei ist zu beachten, daß die Herstellung einer unechten Urkunde nicht vor-

liegt, der Tatbestand des § 267 also nicht gegeben ist, wenn es demjenigen, der sich eines ihm nicht zustehenden Namens bei der Unterzeichnung einer Urkunde bedient, nur darauf ankommt, über seinen Namen oder Familienstand, nicht aber über seine Person (Identität) zu täuschen. Beispiele: Es macht sich nicht nach § 267 strafbar der Filmschauspieler, der sich, um nicht belästigt zu werden, während eines Ferienaufenthaltes in einem Kurort eines falschen Namens bedient, ebensowenig die A, die in wilder Ehe mit B lebt, und, um diese Tatsache zu verheimlichen, Urkunden mit Frau B unterzeichnet. Es liegt in diesen Fällen nur eine nicht strafbare schriftliche Lüge vor. Es begeht schließlich auch keine Urkundenfälschung, wer mit Zustimmung des Namensträgers mit dessen Namen unterzeichnet, vorausgesetzt, daß der Unterzeichner den Namensträger vertreten will, daß er ferner rechtlich dazu befugt ist (für die Errichtung eines eigenhändigen Testamentes z. B. ist die Stellvertretung ausgeschlossen), und schließlich, daß der Namensträger in der Unterschrift sich vertreten lassen will. Beispiel: Der A bittet den B, für ihn ein Telegramm aufzugeben und dieses mit seinem, des A Namen zu unterzeichnen. B macht sich, wenn er diesem Ersuchen nachkommt, nicht wegen Herstellung einer unechten Urkunde im Sinne des § 267 strafbar.

5. Die zweite Möglichkeit der Fälschungshandlung ist die Verfälschung einer echten Urkunde; sie besteht in der Erweckung des Scheins, als habe die Urkunde einen anderen Inhalt, als der ist, den der Aussteller ihr gegeben hatte.

6. Neben der Fälschung zum Zwecke der Täuschung im Rechtsverkehr stellt das neue Recht in § 267 den Gebrauch der von einem anderen oder auch von dem Täter selbst, aber ohne Gebrauchsabsicht, gefälschten Urkunde unter Strafe. Dadurch wurde der frühere § 270 überflüssig und deshalb gestrichen.

7. Der innere Tatbestand erfordert Vorsatz und die Absicht, im Rechtsverkehr zu täuschen; d. h. einen anderen mittels der falschen Urkunde zu einem rechtlich erheblichen Tun zu veranlassen. Nicht strafbar ist also, wer nur zum Scherz eine Urkundenfälschung begeht.

8. Das neue Recht macht keinen Unterschied mehr zwischen einfacher und schwerer Urkundenfälschung. Deshalb wurde der § 268 gestrichen. Die schweren Fälle der Urkundenfälschung können nach Abs. 3 mit Zuchthaus bestraft werden.

Hierzu ist folgendes zu bemerken: Zu den schweren Fällen können ohne weiteres die in dem aufgehobenen § 268 genannten Fälle (Urkundenfälschung in Bereicherungs- bzw. Schädigungsabsicht) gezählt werden. Liegen diese Verschärfungsgründe im einzelnen Falle vor, dann können ohne weiteres die im früheren § 268 angedrohten Strafen auch jetzt noch zur Anwendung gelangen, nämlich Zuchthaus bis zu 5 Jahren (bei Fälschung einer Privaturkunde) bzw. bis zu 10 Jahren (bei Fälschung einer öffentlichen Urkunde). (Siehe im übrigen Vorbemerkung B vor § 13).

9. Nach Abs. 2 ist der Versuch der Urkundenfälschung strafbar.

10. Die von dem bisherigen § 269 (sog. Blankettfälschung) erfaßten Fälle, also vor allem das Ausfüllen von in Blanko akzeptierten oder girierten Wechseln mit höheren Summen als ausgemacht war, fallen ohne weiteres unter das Herstellen einer unechten Urkunde i. S. des § 267 n. F. Der § 269 wurde daher gestrichen.

11. Beispiele: Der Täter X, der ein Rad gestohlen hat, legt als Beweis dafür, daß er das Rad auf ehrliche Weise erworben hat, dem Althändler, dem er das Rad zum Kaufe anbietet, eine Bescheinigung vor, daß er das Rad durch rechtmäßigen Kauf erworben habe; diese Bescheinigung ist von ihm geschrieben und mit einem erfundenen Namen unterzeichnet (Herstellung einer unechten Urkunde). Er erreicht

hierdurch, daß der Althändler das gestohlene Rad kauft: X hat sich einer Urkundenfälschung nach § 267 und eines Betruges nach § 263 schuldig gemacht, denn der Althändler konnte an dem gestohlenen Rad kein Eigentum erwerben und hat andererseits den Kaufpreis bezahlt; er wurde also in seinem Vermögen geschädigt.

Oder: Der Täter Z läßt sich von einem Schuldner einen Wechsel über 100 DMark ausstellen; aus der Zahl 1 macht er die Zahl 2 (Verfälschen einer echten Urkunde); mit diesem Wechsel kauft er für 200 DMark Waren: Er ist ebenfalls wegen Urkundenfälschung und Betrug zu bestrafen.

12. Wegen Aberkennung der bürgerlichen Ehrenrechte vgl. § 280.

Erschwerte Urkundenfälschung.

§ 268. Gestrichen durch die Verordnung v. 29. Mai 1943.

Blankettfälschung.

§ 269. Gestrichen durch die Verordnung v. 29. Mai 1943.

Gebrauch einer falschen Urkunde.

§ 270. Gestrichen durch die Verordnung v. 29. Mai 1943.

Mittelbare Falschbeurkundung.

§ 271. Wer vorsätzlich bewirkt, daß Erklärungen, Verhandlungen oder Tatsachen, welche für Rechte oder Rechtsverhältnisse von Erheblichkeit sind, in öffentlichen Urkunden, Büchern oder Registern als abgegeben oder geschehen beurkundet werden, während sie überhaupt nicht oder in anderer Weise oder von einer Person in einer ihr nicht zustehenden Eigenschaft oder von einer anderen Person abgegeben oder geschehen sind, wird mit Gefängnis bis zu sechs Monaten oder mit Geldstrafe bestraft.

1. Ebenso wie § 348 will auch § 271 die Beweiskraft öffentlicher Urkunden sichern. Wie schon in Erl. 1 zu § 267 ausgeführt wurde, wird eine schriftliche Lüge an sich nicht bestraft, es sei denn, daß mit Hilfe derselben ein Betrug begangen wird. Wenn aber jemand veranlaßt, daß eine Lüge in öffentliche Urkunden, Bücher oder Register aufgenommen wird, dann macht er sich wegen mittelbarer Falschbeurkundung i. S. des § 271 (auch intellektuelle Urkundenfälschung genannt) schuldig. (Siehe „Einführende Vorbemerkungen zum Strafrecht" S. 1ff., Abschnitt B IV 2 b, bb, S. 7.)

2. Das Vergehen des § 271 kann nur begangen werden, wenn der die Beurkundung vornehmende Beamte gutgläubig ist. Handelt der Beamte vorsätzlich, d. h. ist er sich der Unwahrheit des von ihm zu beurkundenden Vorgangs bewußt, so wird der Beamte nach § 348 Abs. 1 bestraft und der Dritte, der den Beamten hierzu veranlaßt hat, wegen Anstiftung zu dem Vergehen des § 348 Abs. 1.

3. Die Handlung besteht in dem Bewirken, d. h. Verursachen einer inhaltlich unrichtigen Beurkundung. Das Mittel, mit dem der Täter diesen Erfolg herbeiführt, wird im allgemeinen die Täuschung des Beamten sein.

4. Erste Voraussetzung für die Anwendung des § 271 ist, daß es sich um eine Beurkundung in öffentlichen Urkunden, Büchern oder Registern handelt,

d. h. um solche Urkunden, welche von einer öffentlichen Behörde innerhalb der Grenzen ihrer Amtsbefugnisse oder von einer mit öffentlichem Glauben versehenen Person (z. B. Notar, Gerichtsvollzieher, Standesbeamter) innerhalb des ihr zugewiesenen Geschäftskreises in der vorgeschriebenen Form aufgenommen sind (ZPO. § 415).

5. Während aber solche öffentliche Urkunden regelmäßig nur beweisen, daß die fragliche Anordnung, Verfügung oder Entscheidung ergangen ist, und zwar mit dem Inhalte, der sich aus der jeweiligen Urkunde ergibt und unter den Begleitumständen (Zeit, Ort usw.), die in ihr vermerkt sind, darüber hinaus aber keinerlei Beweis für die Wahrheit ihres sachlichen Inhalts erbringen (siehe § 417 ZPO.), liegt eine Beurkundung im Sinne des § 271 nur dann vor, wenn die schriftlichen Angaben des Beamten dazu bestimmt sind, zu öffentlichen Glauben ein für und gegen jedermann auch bezüglich des sachlichen Inhalts vollbeweisendes Schriftstück herzustellen.

M. a. W.: Die Strafbarkeit aus § 271 reicht nur soweit, als die unmittelbar äußere Beweiskraft der Urkunde sich erstreckt. Ob im Einzelfall die öffentliche Urkunde eine solche erweiterte Beweiskraft besitzt, hängt von der Natur und der Zweckbestimmung der Beurkundung ab, die sich entweder aus besonderer gesetzlicher Vorschrift oder aus allgemeinen Erwägungen ergeben kann.

a) Als öffentliche Urkunden mit einer solchen erweiterten Beweiskraft im Sinne des § 271 sind anzusehen: Personalausweise, Kennkarten und Pässe, Lebensmittelkarten, Bezugscheine, der von den Geschäftsstellen der Gerichte auf eingereichte Schriftstücke (z. B. Revisionseinlegung) zu setzende Eingangsvermerk, die Quittungskarte des Versicherten nach § 1414 Reichsversicherungsordnung, u. a.

Zu den öffentlichen Büchern oder Registern gehören in erster Linie die Personenstandsregister (Familien-, Geburten- und Sterbebuch nach §§ 1, 60 des Personenstandsgesetzes), ferner die Grundbücher, Gefangenenbücher, Annahmebücher der Postanstalten für Wertsendungen u. a.

Alle diese Urkunden, Bücher und Register genießen öffentlichen Glauben, d. h. ihrem sachlichen Inhalt kommt Beweiskraft für und gegen jedermann zu. Wer also durch Irreführung des Beamten bewirkt, daß objektiv falsche Angaben oder Erklärungen in eine solche Urkunde usw. mit erweiterter Beweiskraft aufgenommen werden, macht sich nach § 271 strafbar.

b) Weil sie nicht geeignet sind, bezüglich der materiellen Richtigkeit ihres Inhaltes vollen Beweis für und gegen jedermann zu erbringen, scheiden aus dem Anwendungsgebiet des § 271 folgende Urkunden, Bücher und Register aus: Zunächst ganz allgemein alle Urkunden usw., die nur für den inneren Dienst der Behörde, insbesondere für die Aufsicht und Kontrolle der Geschäftsführung des betreffenden Beamten bestimmt sind, so vor allem die Dienstregister der Gerichtsvollzieher; ferner scheiden aus die Vereinsregister und die Handelsregister, sowie die polizeilichen Melderegister (Einwohnermeldeamt) ferner Strafurteile und Strafbefehle sowie die Verhandlungsprotokolle im Strafprozeß und im Zivilprozeß bezüglich der Identität der als erschienen protokollierten Personen mit denjenigen, für die sie sich ausgeben. (Wer also vor Gericht falsche Personalien angibt, und dadurch bewirkt, daß das Verhandlungsprotokoll unrichtig wird, und infolgedessen auch das Urteil auf einen falschen Namen lautet, macht sich nicht nach § 271 schuldig, sondern lediglich einer Übertretung nach § 360 Nr. 8.

6. Vollendet ist das Vergehen des § 271, wenn die Beurkundung abgeschlossen ist. Der Versuch ist nur strafbar, wenn die Erschwerungsgründe des § 272 vorliegen (Schädigungsabsicht oder die Absicht, sich oder einem Dritten einen Ver-

mögensvorteil zu verschaffen), die das Vergehen des § 271 zum Verbrechen machen.

7. Beispiele: Die Kindsmutter A meldet beim Standesamt ihr uneheliches Kind als ehelich geboren an und bewirkt hierdurch einen falschen Eintrag in das Geburtenbuch: Sie hat sich nach § 271 strafbar gemacht und in Tateinheit hiermit ein Personenstandsdelikt im Sinne des § 169 begangen (siehe Erl. 5 zu § 169). Oder: Der A meldet sich mit den Papieren seines Freundes B bei der Strafanstalt X zum Strafantritt, um eine Gefängnisstrafe an dessen Stelle zu verbüßen und bewirkt dadurch einen falschen Eintrag in das Gefangenenbuch: A hat sich nach § 271 strafbar gemacht und in Tateinheit hiermit wegen Begünstigung im Sinne des § 257 (persönliche Begünstigung siehe Erl. 4 zu § 257).

Schwere mittelbare Falschbeurkundung.

§ 272. Wer die vorbezeichnete Handlung in der Absicht begeht, sich oder einem anderen einen Vermögensvorteil zu verschaffen oder einem anderen Schaden zuzufügen, wird mit Zuchthaus bis zu zehn Jahren bestraft, neben welchem auf Geldstrafe erkannt werden kann.

Sind mildernde Umstände vorhanden, so tritt Gefängnisstrafe ein, neben welcher auf Geldstrafe erkannt werden kann.

1. Da der Tatbestand des § 272 ein Verbrechen darstellt, ist auch der Versuch strafbar. Ein solcher liegt schon dann vor, wenn mit der Einwirkung auf den Beamten begonnen worden ist.

2. Wegen des Begriffes „Vermögensvorteil" siehe Erl. 7 b zu § 263. Unter „Schaden" ist nicht nur ein Vermögensschaden zu verstehen.

Gebrauchmachen von einer solchen Urkunde.

§ 273. Wer wissentlich von einer falschen Beurkundung der im § 271 bezeichneten Art zum Zwecke einer Täuschung Gebrauch macht, wird nach Vorschrift jenes Paragraphen und, wenn die Absicht dahin gerichtet war, sich oder einem anderen einen Vermögensvorteil zu verschaffen oder einem anderen Schaden zuzufügen, nach Vorschrift des § 272 bestraft.

1. Wie die falsche Beurkundung zustande gekommen ist, ob durch strafbare Handlung des Erklärenden oder des Beamten oder durch Irrtum, ist für diesen Tatbestand gleichgültig. Es ist also auch derjenige nach § 273 strafbar, der eine ausländische unechte öffentliche Urkunde im Ausland erschlichen hat und von dieser Urkunde im Inland Gebrauch macht.

2. Andererseits aber hat die Vorschrift gegenüber §§ 271, 272 nur subsidiäre Bedeutung, d. h. macht der Täter des § 271 selbst von der Urkunde Gebrauch, dann ist er nur nach § 271 zu bestrafen.

Urkundenvernichtung, Grenzverrückung.

§ 274. Mit Gefängnis, neben welchem auf Geldstrafe erkannt werden kann, wird bestraft, wer

1. eine Urkunde, welche ihm entweder überhaupt nicht oder nicht ausschließlich gehört, in der Absicht, einem anderen Nachteile zuzufügen, vernichtet, beschädigt oder unterdrückt, oder
2. einen Grenzstein oder ein anderes zur Bezeichnung einer Grenze oder eines Wasserstandes bestimmtes Merkmal in der Absicht, einem anderen Nachteil zuzufügen, wegnimmt, vernichtet, unkenntlich macht, verrückt oder fälschlich setzt.

Der Versuch ist strafbar.

1. In diesem Paragraph sind zwei ganz verschiedene, nur äußerlich verwandte Tatbestände zusammengefaßt: Die sog. Urkundenvernichtung der Nr. 1 und die Grenzverrückung der Nr. 2.

2. Zur Urkundenvernichtung (Nr. 1 des Tatbestandes):

a) Während bei der Urkundenfälschung des § 267 der Wille des Täters auf die Erlangung eines Beweismittels gerichtet ist, bezweckt die Tat des § 274 dessen Beseitigung.

b) Wegen des Begriffs der Urkunde siehe Erl. 3 zu § 267.

c) Die Urkunde gehört dem Täter nicht ausschließlich, wenn ein anderer Miteigentum an der Urkunde hat.

d) Die Urkunde ist vernichtet, wenn sie aufgehört hat, ein Beweismittel zu sein. (Daß auch das Durchschneiden eines Plombenverschlusses ein Vernichten einer Urkunde darstellen kann, wurde in Erl. 3 b zu § 267 erwähnt.) Ein Beschädigen liegt vor, wenn eine solche Veränderung an der Urkunde vorgenommen wird, die ihren Beweiswert beeinträchtigt, während eine Urkunde unterdrückt, wer sie dauernd oder vorübergehend der Benutzung eines anderen entzieht.

e) Der innere Tatbestand verlangt neben dem Vorsatz die Absicht, einem anderen Nachteile zuzufügen, wobei zu beachten ist, daß hierunter nicht nur Vermögensnachteile zu verstehen sind.

f) Der Tatbestand der Nr. 1 wird häufig mit § 133, und wenn der Täter ein Beamter ist, mit § 348 Abs. 2 zusammentreffen. Hat der Täter bei der Unterdrückung nicht nur die Absicht, dem anderen ein Beweismittel zu entziehen, sondern sich die Urkunde auch rechtswidrig zuzueignen, dann liegt Tateinheit mit Diebstahl (§ 242) vor.

g) Beispiele: Frau A nimmt aus dem Briefkasten der mit ihr verfeindeten Flurnachbarin B einen Brief heraus und vernichtet ihn. Oder: Der Sohn A vernichtet das Testament seines Vaters, weil dieser die Schwester B im Testament bevorzugt hat.

3. Die Grenzverrückung (Nr. 2 des Tatbestandes):

a) Diese Strafbestimmung richtet sich gegen die in der Absicht der Benachteiligung eines anderen vorgenommenen Verdunkelung von Grundstücksgrenzen durch Beseitigung vorhandener Grenzmerkmale (Wegnehmen, Vernichten, Unkenntlichmachen) oder durch Herstellung unrichtiger Grenzzeichen (Verrücken oder fälschliches Setzen).

b) Wasserstandszeichen sind Merkmale, die zur Regelung der Nutzungsrechte am Wasser bestimmt sind, insbesondere die sog. Aichpfähle.

4. Wegen Aberkennung der bürgerlichen Ehrenrechte siehe § 280.

Fälschung von Postwertzeichen u. ä.

§ 275. Mit Gefängnis nicht unter drei Monaten wird bestraft, wer

1. wissentlich von falschem oder gefälschtem Stempelpapier, von falschen oder gefälschten Stempelmarken, Stempelblanketten, Stempelabdrücken, Post- oder Telegraphen-Freimarken oder gestempelten Briefkuverts Gebrauch macht,
2. unechtes Stempelpapier, unechte Stempelmarken, Stempelblankette oder Stempelabdrücke für Spielkarten, Pässe oder sonstige Drucksachen oder Schriftstücke, ingleichen wer unechte Post- oder Telegraphen-Freimarken oder gestempelte Briefkuverts in der Absicht anfertigt, sie als echt zu verwenden, oder
3. echtes Stempelpapier, echte Stempelmarken, Stempelblankette, Stempelabdrücke, Post- oder Telegraphen-Freimarken oder gestempelte Briefkuverts in der Absicht verfälscht, sie zu einem höheren Werte zu verwenden.

1. Gegenstand des Strafschutzes der §§ 275, 276 sind die zum Schutze fiskalischer Interessen ausgestellten Wertzeichen, die die Entrichtung von bestimmten Steuern, Gebühren und ähnlichen öffentlich-rechtlichen Leistungen erleichtern und überwachen.

2. Als Objekte des § 275 kommen in der Hauptsache in Frage Stempelmarken und Postfreimarken. Zu den Stempelmarken gehören vor allem die Gerichtskostenmarken, zu den Postfreimarken gehören auch die mit eingedruckter Marke versehenen Postkarten.

3. Die einzelnen Ausführungshandlungen:

a) In Nr. 1 wird das wissentliche Gebrauchmachen von falschen oder verfälschten Wertzeichen unter Strafe gestellt.

b) In Nr. 2 wird die Anfertigung unechter Wertzeichen mit Strafe bedroht, sofern sie in der Absicht geschieht, die Falsifikate als echt zu verwenden. Ein Gebrauchmachen wird nicht erfordert.

c) Unter Nr. 3 fällt die Verfälschung von echten Wertzeichen in der Absicht, sie zu einem höheren Wert zu verwenden.

4. Als Spezialgesetze gegenüber § 275 kommen in Betracht: § 405 Reichsabgabenordnung, § 1496 Reichsversicherungsordnung, § 350 Angestelltenversicherungsgesetz und §§ 27, 28 Postgesetz.

5. Wegen Aberkennung der bürgerlichen Ehrenrechte siehe § 280.

6. Beispiel: Bei einer Polizeidirektion wurden Verwaltungsgebührenmarken, die für gebührenpflichtige Akte gegen Entgelt an das Publikum verabfolgt wurden, eingeführt. Mit der Verwaltung des Markenvorrats war der Polizeiinspektor A betraut. Zum Ausgleich einer Fehlmenge hat er eigenmächtig bei der Druckerei eine Anzahl solcher Marken herstellen lassen und sie alsdann den einzelnen Dienststellen der Polizeidirektion zur Abgabe an das Publikum zugeleitet: Die auf diese Weise hergestellten Verwaltungsgebührenmarken sind „Stempelmarken" i. S. des § 275, und sie waren „falsch" i. S. der Nr. 1 des § 275, da sie unbefugt, d. h. auf Grund eines eigenmächtigen Auftrags des A hergestellt worden waren. Fraglich ist aber, ob von diesen falschen Stempelmarken schon

Gebrauch gemacht worden ist i. S. der Nr. 1, da die Marken ja noch nicht an das Publikum gelangt waren. Zweifellos aber ist der Tatbestand der Nr. 2 des § 275 gegeben, d. h. ein Anfertigen unechter Stempelmarken, um sie als echte zu verwenden, und zwar begangen in mittelbarer Täterschaft, indem sich A der Druckerei, die der Meinung war, daß es sich um einen behördlichen Auftrag handle, als eines gutgläubigen Werkzeugs bedient hat.

Wiederverwendung von Wertzeichen.

§ 276. Wer wissentlich schon einmal zu stempelpflichtigen Urkunden, Schriftstücken oder Formularen verwendetes Stempelpapier oder schon einmal verwendete Stempelmarken oder Stempelblankette, ingleichen Stempelabdrücke, welche zum Zeichen stattgehabter Versteuerung gedient haben, zu stempelpflichtigen Schriftstücken verwendet, wird außer der Strafe, welche durch die Entziehung der Stempelsteuer begründet ist, mit Geldstrafe bestraft.

Gleiche Strafe trifft denjenigen, welcher wissentlich schon einmal verwendete Post- oder Telegraphenwertzeichen nach gänzlicher oder teilweiser Entfernung des Entwertungszeichens zur Frankierung benutzt. Neben dieser Strafe ist die etwa wegen Entziehung der Post- oder Telegraphengebühren begründete Strafe verwirkt.

1. Diese Gesetzesstelle betrifft die wiederholte Verwendung der in § 275 genannten Wertzeichen. Eine solche Wiederverwendung fällt stets unter § 276 und niemals unter § 275.

2. Objekte dieser Tat sind schon einmal verwendete Wertzeichen, d. h. solche, die ordnungsmäßig entwertet sind.

3. Die Ausführungshandlung besteht in der Wiederverwendung der schon einmal verwendeten Wertzeichen, d. h. in einer Tätigkeit, durch die der Schein ordnungsmäßiger Verwendung erweckt werden soll.

a) Bei Stempelwertzeichen ist die Wiederverwendung ohne Rücksicht darauf strafbar, ob ein Entwertungszeichen vorher entfernt worden ist oder nicht.

b) Bei Postwertzeichen ist die Wiederverwendung dagegen nur dann strafbar, wenn das Entwertungszeichen ganz oder teilweise entfernt worden ist. Andernfalls kommt nur der Tatbestand des § 27 Abs. 1 Nr. 3 des Postgesetzes in Frage.

4. Der Tatbestand des § 276 geht als Spezialgesetz dem allgemeinen Strafgesetz des § 263 vor.

5. Als Spezialgesetze gegenüber § 276 kommen in Frage: § 405 Reichsabgabenordnung, § 1497 Reichsversicherungsordnung und § 351 Angestelltenversicherungsgesetz.

6. Beispiele: a) Zu Abs. 1 des § 276: Der Beamte A der Geschäftsstelle für Mahnsachen eines Amtsgerichts löst in einigen Fällen von alten Zahlungsbefehlen, die ihm dienstlich zugänglich waren, entwertete Kostenmarken ab und klebt sie unter entsprechender Änderung des Entwertungszeichens auf die von ihm zu bearbeitenden Zahlungsbefehle, um auf diese Weise in Verlust geratene Kostenmarken zu ersetzen: Da es sich um eine Wiederverwendung schon einmal ver-

wendeter Stempelmarken handelt, kommt nicht § 275, sondern § 276 in Frage. A hat sich also eines fortgesetzten Vergehens nach § 276 schuldig gemacht, außerdem aber eines in fortgesetzter Tat begangenen Vergehens nach § 348 Abs. 2 (Urkunden beschädigung durch Ablösen der Kostenmarken).

b) Zu Abs. 2 des § 276: Der Untersuchungsgefangene B wollte aus der Untersuchungshaft einen Brief zur Beförderung durch die Post aufgeben lassen. Statt den Brief ordnungsmäßig zu frankieren, hat er von zwei bereits verwendeten 20 Pfg.-Briefmarken die nicht bestempelten Teile abgeschnitten und diese auf dem Briefumschlag so nebeneinander geklebt, daß sie den Anschein einer noch nicht verwendeten Freimarke hervorriefen. Bei der Briefüberwachung durch den Richter wurde diese Machenschaft entdeckt und der Brief angehalten: Ein vollendetes „Benutzen" zur Frankierung hätte erst dann vorgelegen, wenn der Brief in den Bereich der Postverwaltung selbst gelangt wäre; das war aber nicht der Fall, da der Brief ja von dem die Briefkontrolle ausübenden Richter angehalten worden ist. Das Verhalten des B könnte also höchstens als ein Versuch des Vergehens nach § 276 Abs. 2 gewertet werden. Der Versuch dieses Vergehens ist aber nicht unter Strafe gestellt. B kann auch nicht wegen Betrugsversuchs bestraft werden, weil der Tatbestand des § 276 ein Sondergesetz gegenüber § 263 darstellt. (Gesetzeskonkurrenz.) Da schließlich auch der Versuch der Portohinterziehung nach § 27 Nr. 3 des Postgesetzes nicht mit Strafe bedroht ist, kann B überhaupt nicht bestraft werden.

Fälschung von Gesundheitszeugnissen.

§ 277. Wer unter der ihm nicht zustehenden Bezeichnung als Arzt oder als eine andere approbierte Medizinalperson oder unberechtigt unter dem Namen solcher Personen ein Zeugnis über seinen oder eines anderen Gesundheitszustand ausstellt oder ein derartiges echtes Zeugnis verfälscht, und davon zur Täuschung von Behörden oder Versicherungsgesellschaften Gebrauch macht, wird mit Gefängnis bis zu einem Jahre bestraft.

1. Vorbemerkung: Die §§ 277 bis 279 beziehen sich auf Zeugnisse über den Gesundheitszustand eines Menschen, sei es des Ausstellers selbst, oder eines anderen. § 277 betrifft die Ausstellung solcher Zeugnisse unter fälschlicher Beilegung der Bezeichnung als Arzt oder als andere approbierte Medizinalperson oder unter Mißbrauch des Namens solcher Personen oder die Verfälschung echter derartiger Zeugnisse, während § 278 die Ausstellung echter, inhaltlich unrichtiger Zeugnisse durch Ärzte oder andere approbierte Medizinalpersonen und § 279 den Gebrauch solcher falscher oder inhaltlich unrichtiger Gesundheitszeugnisse betrifft.

2. Das Wesen des Tatbestandes des § 277 besteht, im Gegensatz zu § 278, nicht in der Schaffung einer Urkunde mit materiell unrichtigem Inhalt, sondern wie in § 267 in dem Mißbrauch der urkundlichen Beglaubigungsform. Der § 277 befaßt sich also nur mit dem Falle der Herstellung formal unechter oder der Verfälschung echter Gesundheitszeugnisse.

3. Die Täterhandlung setzt sich aus zwei Akten zusammen: Der eigentlichen Fälschungshandlung und dem Gebrauchmachen.

a) Die Fälschungshandlung kann im einzelnen in folgenden drei Formen geschehen:

aa) Es stellt jemand unter seinem richtigen Namen ein Gesundheitszeugnis aus, in dem er sich unberechtigterweise als Arzt oder als eine andere approbierte Medizinalperson bezeichnet, z. B. der Kurpfuscher stellt ein Zeugnis als Arzt aus.

bb) Es stellt jemand unter dem Namen eines anderen, der Arzt oder eine andere approbierte Medizinalperson ist, ein Gesundheitszeugnis aus. (Spezialfall der Herstellung einer unechten Urkunde i. S. des § 267.)

cc) Es verfälscht jemand ein von einem Arzt oder einer anderen approbierten Medizinalperson ausgestelltes Zeugnis. (Spezialfall der Verfälschung einer echten Urkunde i. S. des § 267.)

b) Der zweite Akt der Täterhandlung besteht in dem Gebrauchmachen eines solchen Zeugnisses zur Täuschung von Behörden (z. B. Ortskrankenkassen, Unfallberufsgenossenschaften) oder Versicherungsgesellschaften, worunter jedes private Versicherungsunternehmen fällt, das nach dem Zwecke seines Betriebes Gesundheitszeugnisse benötigt.

4. Wer sich als Arzt bezeichnen darf, ergibt sich aus §§ 2, 11 Reichsärzteordnung vom 13. 12. 1935 (RGBl. I, 1433). Zu den anderen approbierten Medizinalpersonen gehören Hebammen, Heilpraktiker, Krankenpfleger, Krankenschwestern, Säuglings- und Kinderschwestern,' medizinisch-technische Gehilfinnen und Assistentinnen.

5. Gesundheitszeugnisse sind nicht nur solche über den gegenwärtigen Gesundheitszustand, sondern auch solche über früher durchgemachte Krankheiten und die hierdurch zurückgelassenen Spuren.

6. § 277 ist gegenüber § 267 ein Spezialgesetz. Idealkonkurrenz (§ 73) ist also ausgeschlossen.

7. Wegen Aberkennung der bürgerlichen Ehrenrechte siehe § 280.

Ausstellen unrichtiger Gesundheitszeugnisse.

§ 278. Ärzte und andere approbierte Medizinalpersonen, welche ein unrichtiges Zeugnis über den Gesundheitszustand eines Menschen zum Gebrauche bei einer Behörde oder Versicherungsgesellschaft wider besseres Wissen ausstellen, werden mit Gefängnis von einem Monat bis zu zwei Jahren bestraft.

1. Während die Falschbeurkundung der §§ 348 Abs. 1, 271 (Fertigung einer Urkunde mit materiell unwahrem Inhalt, d. h. einer schriftlichen Lüge) nur begangen werden kann, wenn es sich um eine öffentliche Urkunde handelt, enthält § 278 eine Strafdrohung gegen eine schriftliche Lüge in einer Privaturkunde.

2. Täter ist in § 278, im Gegensatz zu § 277, eine zur Ausstellung des Zeugnisses befugte Person.

3. Die Täterhandlung besteht hier lediglich in dem Ausstellen eines inhaltlich falschen Gesundheitszeugnisses zum Gebrauch bei einer Behörde oder Versicherungsgesellschaft. Zur Vollendung gehört also, im Gegensatz zu § 277, nicht auch das tatsächlich erfolgte Gebrauchmachen.

4. Für den inneren Tatbestand verlangt das Gesetz eine Handlung wider besseres Wissen. Eventualdolus genügt also nicht.

5. Wegen der Begriffe „Ärzte" und „approbierte Medizinalpersonen" vgl. Erl. 4 zu § 277, und wegen des Begriffs „Gesundheitszeugnis" vgl. Erl. 5 zu § 277.

6. Wegen Aberkennung der bürgerlichen Ehrenrechte siehe § 280.

Gebrauchmachen von unrichtigen Gesundheitszeugnissen.

§ 279. Wer, um eine Behörde oder eine Versicherungsgesellschaft über seinen oder eines anderen Gesundheitszustand zu täuschen, von einem Zeugnisse der in den §§ 277 bis 278 bezeichneten Art Gebrauch macht, wird mit Gefängnis bis zu einem Jahre bestraft.

1. Dieser Tatbestand enthält eine Spezialbestimmung gegenüber der dritten Ausführungshandlung des § 267: Das täuschende Gebrauchmachen eines Zeugnisses der in §§ 277, 278 bezeichneten Art, das der Täter nicht selbst unter den Voraussetzungen dieser Bestimmungen ausgestellt hat.

2. Soweit es sich um ein Zeugnis nach § 278 handelt, genügt es, daß es einen objektiv unrichtigen Inhalt hat, d. h. es ist nicht erforderlich, daß der Arzt das Zeugnis wider besseres Wissen ausgestellt und insofern sich nach § 278 strafbar gemacht hat. Es genügt, daß der Täter weiß, daß das Zeugnis inhaltlich unrichtig ist. Der § 279 betrifft also auch den Fall, in dem der Arzt durch einen bei ihm erregten Irrtum zur Ausstellung eines inhaltlich unrichtigen Zeugnisses veranlaßt wurde.

3. Wegen Aberkennung der bürgerlichen Ehrenrechte siehe § 280.

Aberkennung der bürgerlichen Ehrenrechte.

§ 280. Neben einer nach Vorschrift der §§ 267, 274, 275, 277 bis 279 erkannten Gefängnisstrafe kann auf Verlust der bürgerlichen Ehrenrechte erkannt werden.

Voraussetzung für die Aberkennung der bürgerlichen Ehrenrechte ist nach § 32, daß die erkannte Gefängnisstrafe nicht unter drei Monaten beträgt.

Mißbrauch von Ausweispapieren.

§ 281. Wer ein Ausweispapier, das für einen anderen ausgestellt ist, vorsätzlich zur Täuschung im Rechtsverkehr gebraucht, oder wer zur Täuschung im Rechtsverkehr einem anderen ein Ausweispapier überläßt, das nicht für diesen ausgestellt ist, wird mit Gefängnis, in besonders schweren Fällen mit Zuchthaus bestraft. Der Versuch ist strafbar.

Einem Ausweispapier stehen Zeugnisse und andere Urkunden gleich, die im Verkehr als Ausweis verwendet werden.

1. Zwecks schärferer Bekämpfung des Mißbrauchs von Ausweispapieren wurde mit dem Gesetz zur Änderung des Reichsstrafgesetzbuchs vom 4. September 1941 unter Streichung des § 363 die neue Vorschrift des § 281 in das Strafgesetzbuch eingefügt.

2. Der Abs. 1 des aufgehobenen § 363, der die Anfertigung falscher Ausweise, bzw. den Gebrauch gefälschter Ausweise behandelte, ist im neuen § 281 nicht enthalten. Es ist daher die Ausweisfälschung und der Gebrauch gefälschter Ausweise, auch wenn die Handlung zum Zwecke besseren Fortkommens geschieht, stets als Urkundenfälschung zu bestrafen.

3. Der neue § 281 befaßt sich also nur noch mit dem Mißbrauch der für andere ausgestellten echten Ausweise; erforderlich ist ferner nicht mehr,

daß die Verwendung zum Zwecke des besseren Fortkommens des Täters oder eines anderen geschieht.

4. Zu den in § 281 geschützten Ausweispapieren gehören Pässe, Kennkarten, Führerscheine, Behördenausweise mit Lichtbild, Wanderbücher und andere Urkunden, die im Verkehr als Ausweis verwendet werden, also Wohnungsscheine, Geburtsurkunden, Taufscheine, Lebensmittelkarten, Steuerkarten. u. a.

5. Nach ausdrücklicher gesetzlicher Bestimmung ist auch das Überlassen solcher echter Ausweispapiere an andere zum Zwecke der Täuschung im Rechtsverkehr strafbar.

6. Siehe auch § 3 der Paßstrafverordnung v. 27. Mai 1942 (RGBl. I, 348), sowie Erl. 10 in Vorbemerkung vor § 360.

7. Beispiele: Der A findet einen Schwerbeschädigtenausweis und verwendet ihn dazu, unentgeltlich die Straßenbahn zu benutzen. A ist strafbar wegen Gebrauchens eines fremden Ausweises (§ 281) und tateinheitlich (§ 73) begangenen Betrugs (§ 263). Oder: Der A überläßt dem B seinen Führerschein, damit B mit dem Kraftwagen des A eine Vergnügungsfahrt machen kann. A ist strafbar wegen Überlassens eines Ausweispapieres an B, auch wenn B keinen Gebrauch von dem Führerschein macht. B ist nur dann strafbar, wenn er den ihm überlassenen Führerschein tatsächlich gebraucht.

Vierundzwanzigster Abschnitt: Bankerott.

Vorbemerkung:

1. Die Bestimmungen der Konkursordnung §§ 239—244 sind an Stelle der §§ 281—283 des Strafgesetzbuchs getreten.

2. Die Konkursordnung behandelt:

a) in § 239 den betrügerischen Bankerott, bei welchem das wesentliche ist, daß dem Schuldner bewiesen werden muß, er habe die Absicht gehabt, seine Gläubiger zu benachteiligen.

Ein oft vorkommender Fall ist der, daß der Schuldner, welcher seine Zahlungen eingestellt hat, oder über dessen Vermögen der Konkurs durch das Amtsgericht eröffnet ist, unter Mitnahme des noch vorhandenen Geschäftsvermögens in das Ausland entflieht.

Die Fälle der Ziffern 3 und 4 können nur von Vollkaufleuten begangen werden, weil nur diese die Verpflichtung haben, Bücher zu führen.

b) in § 240 den einfachen Bankerott, bei welchem der Täter sich vorsätzlich oder fahrlässig gegen die in 4 Ziffern aufgeführten Bestimmungen vergangen haben muß; ein häufig vorkommender Fall ist die in Ziffer 2 bedrohte Verschleuderung von Vermögenswerten.

c) in § 241 die Gläubigerbegünstigung, begangen in Kenntnis der Zahlungsunfähigkeit und mit dem Willen, bestimmten Gläubigern etwas zu gewähren, wozu eine Verpflichtung nicht bestand (z. B. Hingabe von Fahrnissen an Zahlungs Statt) und sie hierdurch vor den übrigen Gläubigern zu begünstigen.

d) in § 242 die Bankerottunterstützung, auch Schuldnerbegünstigung genannt, die selbständige Teilnahme an dem betrügerischen Bankerott, wie er in den Fällen des § 239 Ziff. 1 und 2 KO. bedroht ist.

e) in § 243 den Stimmenverkauf von Konkursgläubigern.

f) in § 244 die Anwendungen der Bestimmungen der §§ 239 bis 241 auf die Mitglieder des Vorstandes gewisser Gesellschaften. Vgl. auch § 83 des Reichsgesetzes v. 20. April 1892 betr. die Gesellschaft mit beschränkter Haftung i. d. Fassung v. 28. März 1924.

g) Siehe auch Vergleichsordnung v. 26. Febr. 1935 (RGBl. I S. 321), wo in § 122 die Geltendmachung erdichteter Forderungen und in § 123 der Stimmenkauf unter Strafe gestellt ist.

h) Siehe schließlich § 299 des Aktiengesetzes v. 30. Jan. 1937 (RGBl. I S. 107), wo der Stimmenkauf bei der Abstimmung in der Hauptversammlung mit Strafe bedroht ist.

Betrügerischer Bankerott.

§ 239. KonkOrdn. Schuldner, welche ihre Zahlungen eingestellt haben, oder über deren Vermögen das Konkursverfahren eröffnet worden ist, werden wegen betrügerischen Bankerotts mit Zuchthaus bestraft, wenn sie in der Absicht, ihre Gläubiger zu benachteiligen,

1. Vermögensstücke verheimlicht oder beiseite geschafft haben,
2. Schulden oder Rechtsgeschäfte anerkannt oder aufgestellt haben, welche ganz oder teilweise erdichtet sind,
3. Handelsbücher zu führen unterlassen haben, deren Führung ihnen gesetzlich oblag, oder
4. ihre Handelsbücher vernichtet oder verheimlicht oder so geführt oder verändert haben, daß dieselben keine Übersicht des Vermögenszustandes gewähren.

Sind mildernde Umstände vorhanden, so tritt Gefängnisstrafe nicht unter drei Monaten ein.

Einfacher Bankerott.

§ 240. KonkOrdn. Schuldner, welche ihre Zahlungen eingestellt haben, oder über deren Vermögen das Konkursverfahren eröffnet worden ist, werden wegen einfachen Bankerotts mit Gefängnis bestraft, wenn sie

1. durch Aufwand, Spiel oder Wette, oder durch Differenzhandel mit Waren oder Börsenpapieren übermäßige Summen verbraucht haben oder schuldig geworden sind;
2. in der Absicht, die Eröffnung des Konkursverfahrens hinauszuschieben, Waren oder Wertpapiere auf Kredit entnommen und diese Gegenstände erheblich unter dem Werte in einer den Anforderungen einer ordnungsmäßigen Wirtschaft widersprechenden Weise veräußert oder sonst weggegeben haben;

3. Handelsbücher zu führen unterlassen haben, deren Führung ihnen gesetzlich oblag, oder dieselben verheimlicht, vernichtet oder so unordentlich geführt haben, daß sie keine Übersicht ihres Vermögenszustandes gewähren, oder
4. es gegen die Bestimmung des Handelsgesetzbuches unterlassen haben, die Bilanz ihres Vermögens in der vorgeschriebenen Zeit zu ziehen.

Neben der Gefängnisstrafe kann in den Fällen der Nr. 1, 2 auf Verlust der bürgerlichen Ehrenrechte erkannt werden.

Sind mildernde Umstände vorhanden, so kann auf Geldstrafe erkannt werden.

Gläubigerbegünstigung.

§ 241. KonkOrdn. Schuldner, welche ihre Zahlungen eingestellt haben, oder über deren Vermögen das Konkursverfahren eröffnet worden ist, werden mit Gefängnis bis zu zwei Jahren bestraft, wenn sie, obwohl sie ihre Zahlungsunfähigkeit kannten, einem Gläubiger in der Absicht, ihn vor den übrigen Gläubigern zu begünstigen, eine Sicherung oder Befriedigung gewährt haben, welche derselbe nicht oder nicht in der Art oder nicht zu der Zeit zu beanspruchen hatte.

Sind mildernde Umstände vorhanden, so kann auf Geldstrafe erkannt werden.

Schuldnerbegünstigung.

§ 242. KonkOrdn. Mit Zuchthaus bis zu zehn Jahren wird bestraft, wer

1. im Interesse eines Schuldners, welcher seine Zahlungen eingestellt hat, oder über dessen Vermögen das Konkursverfahren eröffnet worden ist, Vermögensstücke desselben verheimlicht oder beiseite geschafft hat, oder
2. im Interesse eines solchen Schuldners, oder, um sich oder einem anderen Vermögensvorteil zu verschaffen, in dem Verfahren erdichtete Forderungen im eigenen Namen oder durch vorgeschobene Personen geltend gemacht hat.

Sind mildernde Umstände vorhanden, so tritt Gefängnisstrafe oder Geldstrafe ein.

Stimmenverkauf.

§ 243. KonkOrdn. Ein Gläubiger, welcher sich von dem Gemeinschuldner oder anderen Personen besondere Vorteile dafür hat gewähren oder versprechen lassen, daß er bei den Abstimmungen der Konkursgläubiger in einem gewissen Sinne stimme, wird mit Geldstrafe oder mit Gefängnis bis zu einem Jahre bestraft.

§ 244. KonkOrdn. Die Strafvorschriften der §§ 239 bis 241 finden gegen die Mitglieder des Vorstandes einer Aktiengesellschaft oder eingetragenen Genossenschaft und gegen die Liquidatoren einer Handelsgesellschaft oder eingetragenen Genossenschaft, welche ihre Zahlungen eingestellt hat, oder über deren Vermögen das Konkursverfahren eröffnet worden ist, Anwendung, wenn sie in dieser Eigenschaft die mit Strafe bedrohten Handlungen begangen haben.

Fünfundzwanzigster Abschnitt: Strafbarer Eigennutz und Verletzung fremder Geheimnisse.

Vorbemerkung:

In diesem Sammelabschnitt sind folgende strafbare Handlungen erörtert:
§§ 284—286 das Glücksspiel,
(§ 287 ist ersetzt durch §§ 24ff. des Warenzeichengesetzes v. 5. 5. 1936),
§ 288 die Zwangsvollstreckungsvereitelung,
§ 289 die unberechtigte Wegnahme der Pfandsache,
§ 290 der unberechtigte Gebrauch verpfändeter Sachen durch Pfandleiher,
§ 291 Munitionswegenahme (aufgehoben),
§§ 292—296 unberechtigtes Jagen und Fischen,
§ 297 Anbordnahme von Konterbande,
§ 298 Entlaufen eines Schiffsmannes mit der Heuer,
§§ 299, 300 Verletzung fremder Geheimnisse,
§§ 301, 302 Kreditierung an Minderjährige,
§§ 302a bis 302e Wucher.

Veranstaltung öffentlicher Glücksspiele.

§ 284. Wer ohne behördliche Erlaubnis öffentlich ein Glücksspiel veranstaltet oder hält oder die Einrichtungen hierzu bereitstellt, wird mit Gefängnis bis zu zwei Jahren und mit Geldstrafe oder mit Geldstrafe bestraft.

Als öffentlich veranstaltet gelten auch Glücksspiele in Vereinen oder geschlossenen Gesellschaften, in denen Glücksspiele gewohnheitsmäßig veranstaltet werden.

1. Sinn und Zweck der Strafvorschrift ist, die wirtschaftliche Ausbeutung der natürlichen Spielleidenschaft des Publikums unter obrigkeitliche Kontrolle zu nehmen.

2. Glücksspiel im Sinne der §§ 284, 285 ist, im Gegensatz zum Geschicklichkeitsspiel, ein Spiel, dessen Entscheidung mindestens in der Hauptsache vom

Zufalle abhängig ist. Dabei kommt es auf die Benennung nicht an; auch die „Rennwette" ist ein Glücksspiel, weshalb ein Wettunternehmer durch „Totalisator", oder die Tätigkeit als „Buchmacher" der behördlichen Erlaubnis bedarf. Auch das ändert nichts an dem Charakter eines Spiels als Glücksspiel, daß der Gewandtere bessere Hoffnung auf Erfolg haben kann als der Ungewandte, der Neuling.

Kartenspiele, bei denen neben dem Zufall der günstigen Karte Berechnung und schlaue Auswahl der sich bietenden Möglichkeiten zur Entscheidung beiträgt, wie z. B. Whist, Skat, Cego sind keine Glücksspiele im Sinne des Gesetzes.

3. Als Beispiele von Glücksspielen seien hier angeführt: die Würfelspiele, „meine, deine Tante", Kartenlotterie, Dreikartspiel, Mauscheln mit und ohne Aßzwang, das Zwicken, das Setzen am Totalisator bei Rennen, das Buchmachen, Fußballtoto. Die Geldspiel-(Schleuder-)Automaten sind Glücksspiele, wenn nicht durch besondere Einrichtungen die Geschicklichkeit derjenigen Kreise, die den Automaten benutzen, eine Hauptrolle spielt. Mitwirkung einzelner Spieler, die durch ihre Geschicklichkeit besondere Erfolge erzielen, kommt nicht in Betracht.

4. Strafbar ist nur die öffentliche Veranstaltung eines Glückspiels ohne behördliche Erlaubnis.

Öffentlich ist ein Glücksspiel:

a) wenn einem größeren, individuell nicht abgegrenzten Personenkreis die Möglichkeit der Beteiligung geboten wird,

b) wenn die Glücksspiele in Vereinen oder geschlossenen Gesellschaften (sog. Spielklubs) gewohnheitsmäßig veranstaltet werden. (Abs. 2 des § 284.) (Wegen der Zulassung öffentlicher Spielbanken siehe Gesetz vom 14. 7. 1933 i. d. F. des Gesetzes vom 23. 3. 1934 — RGBl. I, 213 und VO. vom 27. 7. 1938 — RGBl. I, 955. Siehe ferner Rennwett- und Lotteriegesetz vom 8. 4. 1922 — RGBl. I, 393, sowie § 33 d der Gewerbeordnung.)

5. Als Täterhandlungen des § 284 kommen drei Möglichkeiten in Frage: Das Veranstalten, das Halten und das Bereitstellen von Einrichtungen zum Glücksspiel.

a) Ein Glücksspiel veranstaltet, wer dem Publikum Gelegenheit zur Beteiligung am Glücksspiel gibt und das Unternehmen auf eigene Rechnung betreibt. Daß der Veranstalter selbst am Glücksspiel teilnimmt, ist nicht erforderlich; andererseits aber verlangt der Begriff der Veranstaltung, daß tatsächlich gespielt wird.

b) Ein Glücksspiel hält, wer als Unternehmer die Einrichtungen zum Spiel zur Verfügung stellt. Auch hier tritt Strafbarkeit erst ein, wenn tatsächlich gespielt wird. (Ein scharfer Unterschied zwischen „Halten" und „Veranstalten" besteht nicht.)

c) Während das „Veranstalten" und „Halten" Teilnahmehandlungen am Glücksspiel bedeuten, enthält die dritte Begehungsform, das Bereitstellen der Spieleinrichtungen, d. h. das Zurverfügungstellen von Spielkarten, Spielmarken, Würfeln, Spieltischen usw. strafbare Vorbereitungshandlungen. Beginn des Spiels ist für die Strafbarkeit nicht erforderlich.

6. Der innere Tatbestand erfordert Vorsatz. Nimmt der Täter irrtümlicherweise z. B. an, der von ihm aufgestellte Spielautomat sei kein Glücksspiel, so liegt ein unbeachtlicher Strafrechtsirrtum vor.

7. Wegen Einziehung vgl. § 284 b, wegen Nebenstrafen vgl. § 285 a.

Teilnahme am Glücksspiel.

§ 284a. Wer sich an einem öffentlichen Glücksspiel (§ 284) beteiligt, wird mit Gefängnis bis zu sechs Monaten und mit Geldstrafe oder mit Geldstrafe bestraft.

Als Teilnehmer am Glücksspiel wird jeder bestraft, der sich an einem öffentlich veranstalteten Glücksspiel (Absatz 1 und 2 des § 284) irgendwie beteiligt.

§ 284b. In den Fällen der §§ 284, 284a sind die Spieleinrichtungen und das auf dem Spieltisch oder in der Bank befindliche Geld einzuziehen, sofern sie dem Täter oder einem Teilnehmer gehören. Andernfalls können die Gegenstände eingezogen werden.

1. Die hier vorgesehene Einziehung ist eine Sicherungsmaßregel.

2. Wegen „Spieleinrichtungen" siehe Erl. 4c zu § 284.

3. Voraussetzung für eine Einziehung ist eine Verurteilung nach § 284 oder § 284a. Eine selbständige Einziehung ist nicht möglich. (Die Polizei muß die fraglichen Gegenstände sicherstellen.)

4. Die Gegenstände müssen eingezogen werden, wenn sie dem Täter oder einem Teilnehmer gehören; andernfalls können sie eingezogen werden.

Gewerbsmäßiges Glücksspiel.

§ 285. Wer aus dem Glücksspiele ein Gewerbe macht, wird mit Gefängnis und mit Geldstrafe, bei mildernden Umständen mit Gefängnis bis zu einem Jahre und mit Geldstrafe oder mit Geldstrafe bestraft.

1. Ein Gewerbe macht aus dem Glücksspiel, einerlei, ob öffentlich oder nicht öffentlich veranstaltet, wer dasselbe in der Absicht fortgesetzt ausübt, einen Erwerb aus demselben zu ziehen.

2. Strafbar ist beim Vorliegen der Gewerbsmäßigkeit in erster Reihe der Bankhalter, d. h. derjenige Mitspieler, welcher das Gesamtrisiko trägt, die Karten gibt und die Gewinne auszahlt. In richtigen Spielerkreisen hat dieser Bankhalter auch die ganze Gesellschaft mit Getränken und Erfrischungen freizuhalten. Strafbar macht sich aber beim Vorliegen der Gewerbsmäßigkeit auch der einzelne Teilnehmer (sog. Pointeur), der nichts weiter tut, als daß er Einsätze macht. S. auch Erl. zu § 284a.

Der Unternehmer, welcher, ohne an den Gewinn- und Verlustmöglichkeiten teilzunehmen, gegen eine feststehenden Gewinn die Spielmöglichkeit gewährt, macht sich nicht des gewerbsmäßigen Glücksspiels schuldig, ist aber nach § 284 strafbar, wenn das Glücksspiel öffentlich veranstaltet ist.

3. Derjenige, welcher das Lokal, die Karten, das Roulette zur Verfügung stellt, kann sich der Beihilfe zum gewerbsmäßigen Glücksspiel, derjenige, welcher die Spieler vor der Polizei verbirgt, der Begünstigung (§ 257) schuldig machen.

4. Auf der Spielbank liegende Gelder unterliegen der Einziehung nach §§ 40, 284b und sind deshalb ebenso wie Karten, Roulette, Würfel und Streichhölzer (wie sie bisweilen bei „meine, deine Tante" gebraucht werden) sicherzustellen.

§ 285a. In den Fällen der §§ 284, 284a und 285 kann neben Gefängnis auf Verlust der bürgerlichen Ehrenrechte und auf die Zulässigkeit von Polizeiaufsicht erkannt werden.

Neben der Strafe kann angeordnet werden, daß die Verurteilung auf Kosten des Schuldigen öffentlich bekanntzumachen ist.

1. Wegen Verlust der bürgerlichen Ehrenrechte vgl. §§ 32ff.

2. Wegen Polizeiaufsicht vgl. §§ 38, 39.

Lotterien und Ausspielungen.

§ 286. Wer ohne obrigkeitliche Erlaubnis öffentliche Lotterien veranstaltet, wird mit Gefängnis bis zu zwei Jahren oder mit Geldstrafe bestraft.

Den Lotterien sind öffentlich veranstaltete Ausspielungen beweglicher oder unbeweglicher Sachen gleich zu achten.

1. Eine Lotterie i. S. des § 286 Abs. 1 (eine besondere Art des Glücksspiels) liegt vor, wenn eine Mehrzahl von Personen vertragsmäßig die Möglichkeit hat, nach einem bestimmten Lotterieplan gegen bestimmten Einsatz einen bestimmten Gewinn zu machen, dessen Erzielung, den Mitspielern erkennbar, vom Zufall abhängig ist.

2. Eine Ausspielung i. S. des Abs. 2 des § 286 ist der Lotterie wesensverwandt. Sie unterscheidet sich von ihr dadurch, daß nicht Geld, sondern andere Gegenstände ausgespielt werden.

3. Veranstalter ist, wer das Unternehmen für eigene Rechnung und im eigenen Namen betreibt. Das Spielen in einer derartigen nicht genehmigten Lotterie oder Ausspielung ist nicht mit Strafe bedroht (siehe im Gegensatz hierzu § 284a, wo auch gegen den Spieler selbst Strafe angedroht ist).

4. Die Veranstaltung ist öffentlich, wenn die Beteiligung an der Lotterie oder Ausspielung einer unbegrenzten Mehrheit beliebiger Personen ermöglicht wird. Veranstaltungen der fraglichen Art im Privatzirkel oder geschlossenen Verein (sog. Glückshafen, Tombola), bei welchen nicht jeder Beliebige Lose nehmen kann, sind keine öffentlichen und daher nicht genehmigungspflichtig.

5. Wer zur Erteilung der obrigkeitlichen Erlaubnis zuständig ist, regelt die Lotterie-VO. vom 6. 3. 1937. Eine Ausspielung ist auch dann ohne Erlaubnis veranstaltet, wenn der der Erlaubnis zugrunde liegende Ausspielungsplan nicht eingehalten wird, also z. B. wenn mehr Lose ausgegeben werden, als im genehmigten Plan enthalten waren.

6. Der innere Tatbestand erfordert Vorsatz. Ein Irrtum darüber, ob die getroffene Veranstaltung eine Lotterie oder Ausspielung und daher genehmigungspflichtig ist, ist unbeachtlich. (Sog. Strafrechtsirrtum; siehe hierzu „Einführende Vorbemerkungen zum Strafrecht", S. 1 ff., Abschnitt D II 2, Seite 19.)

7. Für Wetten am Totalisator und beim Buchmacher gilt das Rennwett- und Lotteriegesetz vom 8. 4. 1922 (RGBl. I, 393).

§ 287. Wurde ersetzt durch §§ 24 ff. des Warenzeichengesetzes vom 5. Mai 1936.

Vollstreckungsvereitelung.

§ 288. Wer bei einer ihm drohenden Zwangsvollstreckung in der Absicht, die Befriedigung des Gläubigers zu vereiteln, Bestandteile seines Vermögens veräußert oder beiseite schafft, wird mit Gefängnis bis zu zwei Jahren oder mit Geldstrafe bestraft.

Die Verfolgung tritt nur auf Antrag des Gläubigers ein.

1. Während § 137 im Interesse der obrigkeitlichen Autorität Handlungen unter Strafe stellt, die eine bereits vollzogene Zwangsvollstreckung in der praktischen Wirkung vereiteln, richtet sich § 288 im Interesse des Gläubigers gegen solche Handlungen, durch welche eine erst bevorstehende Vollstreckungshandlung vereitelt werden soll. Geschützt wird dort der Staat, d. h. der Besitzwille der öffentlichen Gewalt, hier dagegen der Gläubiger, und zwar gerade derjenige, von dessen Seite die Zwangsvollstreckung droht. Deshalb ist auch nur dieser antragsberechtigt.

2. Unter Zwangsvollstreckung ist außer dem gewöhnlichen Falle der Vollstreckung infolge eines bürgerlichen Rechtsstreits auch die Vollstreckung zur Durchführung einer im Strafverfahren erkannten Einziehung oder einer Einziehung im Verwaltungsstreitverfahren und Steuerexekutionsverfahren zu verstehen.

3. Drohend ist die Zwangsvollstreckung, wenn sie nahe bevorsteht, wenn der Gläubiger seine bestimmte Absicht, seine Forderung nunmehr zur Durchführung zu bringen, zu erkennen gegeben hat. Dabei ist es gleichgültig, ob er die Klage schon erhoben hat oder etwa erst, wie bei Erhebung eines Wechselprotestes, in ganz bestimmt nahe Aussicht gestellt hat.

4. Strafbar ist nur, wer bei seiner Veräußerungshandlung gerade durch diese Handlung die Befriedigung des betreibenden Gläubigers vereiteln wollte. Wenn er lediglich handelte, um einen anderen Gläubiger, der ihm keine Ruhe ließ, loszubekommen, so macht er sich nicht strafbar, mag er auch das Bewußtsein gehabt haben, daß durch seine Handlungsweise schließlich die Befriedigung des betreibenden Gläubigers vereitelt werde. Ebenso würde die Vereitelungsabsicht fehlen, wenn der Schuldner außer den beiseitegeschafften Vermögensbestandteilen über ein sonstiges für die Befriedigung des Gläubigers ausreichendes Vermögen verfügt.

5. Vermögensbestandteil ist alles, was zum Vermögen des Schuldners gehört und was der Zwangsvollstreckung unterworfen ist. Kompetenzstücke (§ 811 ZPO.) gehören also nicht hierher (z. B. Kleidungsstücke, Wäsche, Hausrat).

6. Unter Veräußerung ist neben dem Verkaufen auch das Verschenken, Verpfänden, das Hingeben an Zahlungs Statt, das Belasten mit einer Hypothek begriffen. Keine Veräußerung ist dagegen lediglich der Abschluß eines Kaufvertrags ohne Eigentumsübertragung.

7. Unter Beiseiteschaffung fällt auch die Vernichtung, das Wegbringen unter einem Scheinkaufvertrag, das Verbergen. Auch das vorzeitige Einziehen einer Forderung, z. B. des Mietzinses, gehört hierher.

8. Tritt beim Schuldner Zahlungseinstellung oder Konkurseröffnung ein, so wird das Veräußern bzw. Beiseiteschaffen häufig den Tatbestand des § 239 KO. (betrügerischer Bankerott) erfüllen.

9. Beispiel: Auf den Kaufmann A war für den ersten Januar 1949 ein Akzept über 2000.— DMark fällig. Als der Gläubiger B, der Inhaber des Wechsels, in scharfen Worten wiederholt auf Zahlung drängte, schickte A, der sich in erheblichen

finanziellen Schwierigkeiten befand, um seine Außenstände und das Bargeld dem Zugriff des B zu entziehen, acht Schuldscheine über ausstehende Darlehen und 1000 DMark bares Geld am 10. 1. 1949 an seinen Bruder, der Geld und Scheine gutgläubig in Verwahrung nahm: Dem A hat nach Sachlage die Zwangsvollstreckung „gedroht". Er hat durch Übersendung der 1000 DMark an seinen Bruder „Bestandteile seines Vermögens beiseite geschafft". Der A ist daher, falls er über sonstiges zur Befriedigung des B ausreichendes Vermögen nicht verfügt, d. h. wenn ihm die Benachteiligungsabsicht im Sinne der Erl. 4 nachzuweisen ist, wegen Vergehens nach § 288 zu bestrafen. Dagegen liegt bezüglich der Beiseiteschaffung der Schuldscheine keine strafbare Handlung vor, da nicht diese, sondern nur die durch sie bekundeten Forderungen Bestandteile des Vermögens bilden; ein Beiseiteschaffen der Forderungen hätte aber nur dann vorgelegen, wenn A diese an seinen Bruder, wenn auch nur zum Scheine, abgetreten hätte.

Pfandkehr.

§ 289. Wer seine eigene bewegliche Sache, oder eine fremde bewegliche Sache zugunsten des Eigentümers derselben dem Nutznießer, Pfandgläubiger oder demjenigen, welchem an der Sache ein Gebrauchs- oder Zurückbehaltungsrecht zusteht, in rechtswidriger Absicht wegnimmt, wird mit Gefängnis bis zu drei Jahren oder mit Geldstrafe bestraft.

Neben der Gefängnisstrafe kann auf Verlust der bürgerlichen Ehrenrechte erkannt werden.

Der Versuch ist strafbar.

Die Verfolgung tritt nur auf Antrag ein.

Die Bestimmungen des § 247 Abs. 2 und 3 finden auch hier Anwendung.

1. Geschädigt wird bei der sog. Pfandkehr des § 289 nicht, wie beim Diebstahl der Eigentümer der Sache, sondern der Nutznießer, Pfandgläubiger, oder derjenige, dem ein Gebrauchs- oder Zurückbehaltungsrecht an der Sache zusteht.

2. Täter des § 289 ist der Eigentümer der Sache oder ein Dritter, sofern er die Sache zugunsten des Eigentümers wegnimmt.

3. Über die Begriffe „bewegliche Sachen" und „fremde Sachen" vgl. die Erl. 3 und 4 zu § 242.

4. Der Nutznießer oder Nießbraucher hat sein Recht entweder auf Grund ausdrücklicher gesetzlicher Bestimmung oder auf Grund eines Vertrages oder endlich auf Grund der Ersitzung. Gesetzliche Nutznießungsrechte gibt es im Familienrecht: Vater und Mutter haben sie an dem Vermögen der Kinder, die noch unter elterlicher Gewalt stehen. Ehemann hat Nutznießung am eingebrachten Gut der Frau.

5. Der Pfandgläubiger leitet sein Recht an beweglichen Sachen ebenfalls aus dem Gesetz her oder aus Vertrag (Faustpfandrecht). Von gesetzlichen Pfandrechten sind insbesondere anzuführen: das des Vermieters oder Verpächters an der eingebrachten Sache des Mieters oder Pächters für Mietzins-, Pachtzins-, Wassergeldforderungen usw., das des Kommissionärs, Spediteurs, Lagerhalters und Frachtführers an den infolge ihres Gewerbes an sie gekommenen Handelswaren.

6. Gebrauchsrechte haben die Mieter an der gemieteten Sache, der Entleiher an der entliehenen Sache.

7. Zurückbehaltungsrechte haben z. B. der Finder an der gefundenen Sache und gewisse Kaufleute nach Handelsrecht (siehe §§ 369ff. Handelsgesetzbuch).

8. Unter „rechtswidriger Absicht" versteht das Gesetz die Absicht, das bestehende Recht des Gläubigers zu brechen, zu vereiteln.

9. Die Täterhandlung besteht in dem Wegnehmen. Dieser Ausdruck bedeutet hier jede Handlung, durch welche die fragliche Sache dem tatsächlichen Machtbereich des Berechtigten so entzogen wird, daß ihm die Ausübung seines Pfandrechts unmöglich gemacht wird. Das „Wegnehmen" hat hier also eine weitgehendere Bedeutung als im § 242 (siehe die dortige Erl. 6). Strafbar macht sich also der Mieter, wenn er seine Möbel, obwohl ihm der Hausherr (Vermieter) dies ausdrücklich untersagt hat oder obwohl er wußte, daß der Hausherr von seinem Vermieterpfandrecht Gebrauch machen wolle, aus der gemieteten Wohnung wegschafft. — Auf die Kompetenz (§ 811 ZPO.) erstreckt sich das Recht des Vermieters nicht (siehe Erl. 5 zu § 288).

10. Der Versuch ist hier nach ausdrücklicher Vorschrift (Abs. 3) strafbar.

11. Das Beiseiteschaffen von Sachen, die durch die zuständigen Behörden oder Beamten gepfändet oder in Beschlag genommen worden sind, wird gemäß § 137 (Verstrickungsbruch) bestraft.

12. Beispiel: Der Gläubiger A holt im Einverständnis mit seinem Schuldner B, gegen den, wie er wußte, das Vermieterpfandrecht gemäß § 559 BGB. geltend gemacht wurde, heimlich in der Nacht aus der Wohnung des B verschiedene, diesem gehörige Möbelstücke als Sicherheit für seine, des A Forderung gegen B: Der Gläubiger A hat zwar die Möbel dem Vermieter in dessen Eigenschaft als Pfandgläubiger „weggenommen", er hat dies aber nicht zugunsten des Eigentümers der Möbel, nämlich des B, getan, sondern ausschließlich in seinem eigenen Interesse. Der Gläubiger A ist daher nicht nach § 289 strafbar. § 289 würde nur dann vorliegen, wenn A auch im Interesse des B gehandelt hätte.

Gebrauchsanmaßung.

§ 290. Öffentliche Pfandleiher, welche die von ihnen in Pfand genommenen Gegenstände unbefugt in Gebrauch nehmen, werden mit Gefängnis bis zu einem Jahre, neben welchem auf Geldstrafe erkannt werden kann, bestraft.

1. Während die Wegnahme einer fremden beweglichen Sache kein Diebstahl ist, wenn der Wegnehmende sie nur gebrauchen will (siehe Erl. 7a cc zu § 242), hat der Gesetzgeber hier auch das bloße Gebrauchmachen für strafbar erklärt. Unbefugt ist jeder Gebrauch ohne Genehmigung des Verpfänders.

2. Öffentlich sind die Pfandleiher, wenn sie ihr Gewerbe dem Publikum offenstehend treiben. Ob sie die durch die Gew.-O. (§ 34) vorgeschriebene Erlaubnis erwirkt haben oder nicht, ist gleichgültig. Auch diejenigen, welche sog. Rückkaufsgeschäfte machen, gehören hierher.

3. Das unbefugte Ingebrauchnehmen kann auch durch Weiterverpfändung geschehen. Dadurch kann aber die strafbare Handlung zur Unterschlagung werden, wenn nämlich die jederzeitige und sofortige Einlösung nicht möglich ist.

4. Beispiel: Der Inhaber eines Leihgeschäfts trägt einen bei ihm verpfändeten Mantel. Benutzt dagegen die Köchin in Abwesenheit ihrer Dienstherrin deren Ballkleid, so macht sie sich nicht strafbar. (Siehe Erl. 7a zu § 242.)

§ 291. Aufgehoben durch Kontrollratsgesetz Nr. 11. (Betra die Zueignung von Munition.)

Unbefugte Jagdausübung.

§ 292. Wer unter Verletzung fremden Jagdrechts dem Wilde nachstellt, es fängt, erlegt oder sich zueignet, oder eine Sache, die dem Jagdrecht unterliegt, sich zueignet, beschädigt oder zerstört, wird mit Gefängnis bestraft.

In besonders schweren Fällen, insbesondere wenn die Tat zur Nachtzeit, in der Schonzeit, unter Anwendung von Schlingen oder in anderer nicht weidmännischer Weise oder von mehreren mit Schußwaffen ausgerüsteten Tätern gemeinsam begangen wird, ist auf Gefängnis nicht unter drei Monaten zu erkennen.

Wer die Tat gewerbs- oder gewohnheitsmäßig begeht, wird mit Gefängnis nicht unter drei Monaten, in besonders schweren Fällen mit Zuchthaus bis zu fünf Jahren bestraft.

Vorbemerkung: Das Reichsjagdgesetz vom 3. 7. 1934 wurde in der amerikanischen Zone durch Mil.Reg.Ges. Nr. 13 mit Wirkung vom 1. 2. 1949 aufgehoben. Für das Land Württemberg-Baden ist an seine Stelle das Gesetz vom 19. 7. 1949 (Reg.Bl. 1949 Nr. 18, Seite 171) getreten. An der Auslegung des § 292 hat sich hierdurch nichts geändert.

1. Unter „Jagdrecht" versteht man die ausschließliche Befugnis, jagdbaren Tieren nachzustellen, sie zu fangen oder zu erlegen und sich anzueignen, sowie die ausschließliche Befugnis, sich verendetes Wild, Fallwild und Abwurfstangen sowie die Eier jagdbaren Federwilds anzueignen und die Gelege nicht geschützter Raubvögel zu zerstören. Das ausschließliche Aneignungsrecht erstreckt sich auch auf das durch unbefugte Jagdausübung eines Dritten erlegte Wild.

2. Das Jagdrecht hat also eine doppelte Bedeutung: Es gibt einerseits dem Inhaber bestimmte Befugnisse, und es enthält andererseits ein Verbot an alle Außenstehenden, in die dem Jagdberechtigten vorbehaltene Sphäre einzugreifen. Es kommt im einzelnen Falle stets darauf an, objektiv festzustellen, ob demjenigen, welcher an einem bestimmten Orte gejagt hat, ein Jagdrecht bzw. ein Jagdausübungsrecht zustand. Dieses Recht kann an Einschränkungen und Bedingungen nach der Zeit und Art und dem Gegenstand (Wildart) geknüpft sein mit der Wirkung, daß derjenige (es kann dies der Pächter, Aufseher oder Jagdgast sein), welcher sich außerhalb der Grenze des durch die Bedingung eingeschränkten Rechts befindet, demjenigen, welcher ganz ohne Berechtigung jagt, gleichzustellen ist. Denn der Jagdausübende hat dann kein aus der Person des Jagdberechtigten herleitbares Recht zur Jagdausübung; er verletzt fremdes Jagdrecht.

3. Das Objekt der Wilderei i. S. des § 292 ist ein wildes herrenloses jagdbares Tier in lebendem oder in totem Zustand. Ist das Tier in den Besitz einer berechtigten oder unberechtigten Person gelangt, kann es nicht mehr Gegenstand einer unberechtigten Jagdausübung sein. Ebensowenig ist dies der Fall bei eingehegtem Wild, insbesondere bei Wild in einem Tiergarten. In letzterem Falle erfüllt die Wegnahme des Wilds bzw. das Schießen auf dasselbe den Tatbestand des Diebstahls. (Siehe Erl. 4b, aa zu § 242.)

4. Maßgebend dafür, wo unberechtigt gejagt wird, ist der Standort des Wildes, nicht derjenige des Jägers. Strafbar ist also auch derjenige, welcher von seinem Jagdgebiet aus Wild, das auf fremdem Jagdgebiet steht, schießt, oder sich aus dem fremden Jagdgebiet durch seinen Hund oder einen Gehilfen zutreiben läßt. (Letzterer macht sich der Beihilfe zu § 292 schuldig.) Ebenso ist strafbar, wer von ihm auf eigner Jagd angeschossenes Wild auf fremdes Gebiet verfolgt und dort aufnimmt, oder von seinem Hunde vom fremden Jagdgebiet apportieren läßt, sofern mit dem Nachbar nicht ausdrücklich gegenseitige „Jagdfolge" vereinbart ist.

5. Nicht strafbar ist dagegen, wer auf seinem eigenen Jagdgebiet stehendes Wild durch fremdes Gebiet anschleicht oder von fremdem Gebiet aus erlegt, sofern nicht sein Verhalten unter die Übertretungsvorschrift des § 368 Nr. 10 fällt.

6. Das Jagdvergehen ist nach Abs. 2 erschwert, wenn es nicht weidmännisch mit Schießgewehr oder Hunden, sondern mit einer unweidmännischen Vorrichtung ausgeübt wird, oder zur Nachtzeit oder Schonzeit.

7. Gewerbsmäßig i. S. des Abs. 3 handelt, wer die Absicht hat, aus dem Wilderlegen eine ständige, fortgesetzte, wenn auch nur bei günstiger Gelegenheit fließende Einkommensquelle zu machen. Gewohnheitsmäßigkeit liegt vor, wenn der Täter aus einem durch Übung entwickelten Hang heraus handelt. (Siehe auch Erl. 2 und 3 zu § 260.)

8. Der Versuch des unberechtigten Jagens nach § 292 Abs. 1 ist nicht strafbar. Dagegen verlangen Grundgedanke und Zweck des neuen § 292 eine Auslegung, die die Möglichkeit gibt, das unweidmännische und gemeinschädliche Treiben der Wilderer in einem möglichst frühzeitigen Stadium zu erfassen. Es stellt daher z. B. schon das Aufsuchen des Wechsels durch den mit Schlingen ausgerüsteten Wilderer einen regelmäßigen Bestandteil des Schlingenlegens selbst dar und erfüllt daher schon den Tatbestand des vollendeten Jagdvergehens nach § 292 Abs. 1 und 2 (Nachstellung unter Anwendung von Schlingen).

9. Wegen der Strafschärfung siehe Vorbemerkung B vor § 13.

a) Da § 292 Abs. 1 inhaltlich im wesentlichen dem § 292 Abs. 1 alter Fassung entspricht, also gegenüber dem alten Recht keinen neuen Tatbestand darstellt, kommt im Hinblick auf Ziff. 8b der „Allgemeinen Anweisung an Richter Nr. 1" als Strafrahmen grundsätzlich nur der vor dem 30. 1. 1933 in Geltung gewesene in Frage, nämlich Geldstrafe oder Gefängnis bis zu 3 Monaten.

b) § 292 Abs. 2 entspricht inhaltlich dem § 293 alter Fassung. Als Strafrahmen kommt demnach nur der frühere, nämlich Gefängnis bis zu 6 Monaten, in Frage.

c) § 292 Abs. 3 entspricht dem § 294 alter Fassung. Als Strafrahmen kommt daher nur der frühere (Gefängnis nicht unter 3 Monaten) in Frage. Auf Zuchthaus darf grundsätzlich nicht erkannt werden.

10. Beispiele:

a) Dem Jagdaufseher A war von seinem Forstmeister streng verboten worden, Hirsche zu schießen. Trotzdem gestattet er seinem Freunde B, einem passionierten Jäger, der das Verbot kennt, in dem von ihm betreuten Forst den Abschuß eines Hirsches, den A für sich verwertet, während er dem B das Geweih überläßt: B, der das Bewußtsein hatte, fremdes Jagdrecht zu verletzen, hat sich eines Vergehens nach § 292 schuldig gemacht. Da das „Jagdrecht" die ausschließliche Befugnis des Jagdberechtigten enthält, sich das in seinem Jagdbezirk befindliche Wild anzueignen, hat auch A ein Vergehen nach § 292 begangen; denn er hat durch die Aneignung des Hirsches das Jagdrecht seines Forstmeisters verletzt.

b) Die Pilzsucherin A findet im Jagdrevier X einen soeben verendeten Hasen. Sie nimmt ihn an sich und bringt ihn nach Hause. Dort wird er ihr in einem unbewachten Augenblick von der Nachbarin B weggenommen: Da auch die Aneignung von Fallwild fremdes Jagdrecht verletzt, hat sich die A eines Jagdfrevels nach § 292 schuldig gemacht. Die Nachbarin B kann nicht wegen Diebstahls bestraft werden, da der Hase nicht in fremden Eigentum stand, d. h. weil es an dem zum Tatbestand des § 242 gehörenden Merkmal „fremd" fehlt; denn der Eigentumserwerb an herrenlosen Sachen, die einem ausschließlich Aneignungsrecht, wie dem Jagdrecht, unterliegen, ist für jeden anderen als den Aneignungsberechtigten ausgeschlossen. (Siehe BGB. § 958.) Hätte allerdings die Nachbarin B den Hasen für fremdes Eigentum gehalten, dann müßte sie wegen versuchten Diebstahls bestraft werden (irrtümliche Annahme des in Wirklichkeit nicht vorhandenen Tatbestandmerkmals „fremd" siehe „Einführende Vorbemerkungen zum Strafrecht" S. 1ff., Abschnitt B VI 3 c, S. 11).

c) Der A hat ein Reh gewildert und verkauft es an den gutgläubigen B. Am nächsten Tag erfährt B den Sachverhalt. Als kurz darauf der Jagdberechtigte C bei B Nachfrage hält, ob er im Besitz des Rehes sei, bestreitet dies B: A hat zwar das Reh mittels strafbarer Handlung (nämlich Jagdfrevels nach § 292) erlangt, und B hat das Reh seines Vorteils wegen an sich gebracht. Dieses Ansichbringen erfüllt aber nicht den Tatbestand der Hehlerei nach § 259, da B beim Erwerb des Rehes den Sachverhalt nicht kannte. Das spätere Verheimlichen gegenüber C erfüllt ebenfalls nicht den Tatbestand des § 259, denn B war durch seinen guten Glauben gemäß § 932 BGB. Eigentümer des Rehes geworden, da dieses, niemals in das Eigentum des Jagdberechtigten C gelangte Reh keine dem C „abhanden gekommene Sache" im Sinne des § 935 BGB. darstellt. Von Hehlerei kann aber dann niemals die Rede sein, wenn der Täter der Vortat oder der Hehler unanfechtbares Eigentum an der Sache erworben hat. (Siehe Erl. 4 zu § 259.)

Unbefugtes Fischen.

§ 293. Wer unter Verletzung fremden Fischereirechts fischt oder eine Sache, die dem Fischereirecht unterliegt, sich zueignet, beschädigt oder zerstört, wird mit Gefängnis bis zu zwei Jahren oder mit Geldstrafe bestraft.

In besonders schweren Fällen ist auf Gefängnis nicht unter einem Monat zu erkennen. Ein besonders schwerer Fall liegt namentlich vor, wenn die Tat zur Nachtzeit, in der Schonzeit, durch Anwendung von Sprengstoffen oder schädlichen Stoffen begangen oder wenn der Fischbestand eines Gewässers durch den Fang von Fischen gefährdet wird, die das für die Ausübung des Fischfanges festgesetzte Mindestmaß noch nicht erreicht haben.

Wer die Tat gewerbs- oder gewohnheitsmäßig begeht, wird mit Gefängnis nicht unter drei Monaten bestraft.

1. Der Umfang des Fischereirechts bestimmt sich nach Landesrecht. Unberechtigtes Fischen liegt z. B. vor, wenn weder eine Fischereiberechtigung noch ein Fischereipachtrecht oder eine Fischereierlaubnis vorliegt.

2. „Fischen" bedeutet den Fischen nachstellen. Ob wirklich Fische gefangen werden, ist für den Begriff gleichgültig. Auch die Aneignung toter Fische, sofern

sie nicht wertlose Kadaver sind, fällt unter den Begriff „Fischen". Dagegen ist Wegnahme von Fischen aus geschlossenen Gewässern Diebstahl.

3. „Zur Nachtzeit" (Abs. 2) bedeutet hier wie im § 292 die Zeit zwischen Eintritt der Dunkelheit und Eintritt der Morgendämmerung. Das Einlegen und Herausnehmen von Fangvorrichtungen während der Nachtzeit fällt unter Abs. 2, ebenso das absichtliche Liegenlassen der Fangvorrichtungen während der Nacht. Schädliche Stoffe sind solche, die auf Fische vergiftend oder betäubend wirken.

4. Wegen Gewerbs- und Gewohnheitsmäßigkeit (Abs. 3) s. Erläuterung 7 zu § 292 und Erl. 2 und 3 zu § 260.

5. Wegen der Strafschärfung siehe Vorbemerkung B vor § 13.

a) Da § 293 Abs. 1 an Stelle des durch Gesetz vom 28. Juni 1935 aufgehobenen § 370 Nr. 4 getreten ist, dürfte die Annahme nicht unbegründet sein, daß im Hinblick auf Ziff. 8b der „Allgemeinen Anweisung an Richter Nr. 1" als Strafrahmen nur die damals angedrohte Übertretungsstrafe (Geldstrafe oder Haft) in Frage kommt.

b) § 293 Abs. 2 entspricht im wesentlichen dem § 296 alter Fassung. Es dürfte daher aus dem oben zu a) erwähnten Grunde nur die damals angedrohte Strafe (Gefängnis bis zu 6 Monaten) in Frage kommen.

c) Zu Abs. 3: Da die gewerbs- oder gewohnheitsmäßige Tat im alten Recht keinen Strafschärfungsgrund bedeutete, entfällt grundsätzlich die Möglichkeit der Anwendung des in Abs. 3 festgesetzten Strafrahmens.

Leichtere Fälle.

§ 294. In den Fällen des § 292 Abs. 1 und des § 293 Abs. 1 wird die Tat nur auf Antrag des Verletzten verfolgt, wenn sie von einem Angehörigen oder an einem Orte begangen worden ist, wo der Täter die Jagd oder die Fischerei in beschränktem Umfang ausüben durfte.

1. Wer zu den „Angehörigen" gehört, besagt § 52 Abs. 2.

2. In „beschränktem Umfang" ausübungsberechtigt ist z. B. der Jagdgast, dem nur die Erlegung bestimmter Wildarten oder einer bestimmten Stückzahl von Wild gestattet ist.

Einziehung.

§ 295. Jagd- oder Fischereigeräte, Hunde oder andere Tiere, die der Täter oder ein Teilnehmer zur Jagd oder Fischerei bei sich geführt oder verwendet hat, sind einzuziehen, auch wenn sie keinem von ihnen gehören.

Von der Einziehung kann abgesehen werden, wenn die Sache ohne Schuld des Eigentümers zur Tat benutzt worden ist oder die Einziehung eine unbillige Härte für den Betroffenen bedeuten würde.

1. Hier muß, abweichend von § 40, auf Einziehung erkannt werden, es sei denn, daß die Voraussetzungen des Abs. 2 vorliegen.

2. Die Einziehung der Jagdbeute selbst ist weder nach § 40 noch nach § 295 möglich, da sie dem alleinigen Aneignungsrecht des Jagdberechtigten unterliegt.

Besitz von Jagd- und Fischereigerät.

§ 296. Wer Jagdgerät oder Fischereigerät in Besitz oder Gewahrsam hat oder von einem anderen für sich verwahren läßt, nachdem er wegen gewerbs- oder gewohnheitsmäßiger Wilderei (§ 292 Abs. 3, § 293 Abs. 3) oder mehr als einmal wegen Wilderei (§ 292 Abs. 1, 2 § 293 Abs. 1, 2) rechtskräftig verurteilt worden ist, wird mit Gefängnis bestraft, sofern sich nicht aus den Umständen ergibt, daß das Gerät nicht zur Verwendung bei der Wilderei bestimmt ist.

Wer Jagd- oder Fischereigerät für einen anderen in Verwahrung nimmt oder einem anderen überläßt, obwohl er weiß oder den Umständen nach annehmen muß, daß das Gerät zur Verwendung bei der Wilderei bestimmt ist, wird, sofern die Tat nicht nach anderen Vorschriften mit schwererer Strafe bedroht ist, mit Gefängnis bis zu zwei Jahren bestraft.

Das Jagd- oder Fischereigerät ist einzuziehen, auch wenn es dem Täter nicht gehört.

§ 245a Abs. 4 gilt entsprechend.

§ 296 entspricht dem den Besitz von Diebeswerkzeug betreffenden § 245a. Es wird daher auf die dortigen Erläuterungen Bezug genommen.

Unbefugtes Fischen von Ausländern.

§ 296a. Ausländer, welche in Deutschen Küstengewässern unbefugt fischen, werden mit Geldstrafe oder mit Gefängnis bis zu sechs Monaten bestraft.

Neben der Geld- oder Gefängnisstrafe ist auf Einziehung der Fanggeräte, welche der Täter bei dem unbefugten Fischen bei sich geführt hat, ingleichen der in dem Fahrzeug enthaltenen Fische zu erkennen, ohne Unterschied, ob die Fanggeräte und Fische dem Verurteilten gehören oder nicht.

Hier handelt es sich um unbefugtes Fischen von Ausländern, d. h. Nichtdeutschen in denjenigen Teilen des Meeres, welche noch innerhalb der Hoheitsgrenze eines der Länder liegen. Nach völkerrechtlichen Grundsätzen ist das Fischen in den bezeichneten Gewässern den Staatsangehörigen vorbehalten.

Schiffsgefährdung durch Konterbande.

§ 297. Ein Reisender oder Schiffsmann, welcher ohne Vorwissen des Schiffers, ingleichen ein Schiffer, welcher ohne Vorwissen des Reeders Gegenstände an Bord nimmt, welche das Schiff oder die Ladung gefährden, indem sie die Beschlagnahme oder Einziehung des Schiffes oder der Ladung veranlassen können, wird mit Geldstrafe oder mit Gefängnis bis zu zwei Jahren bestraft.

1. Der Paragraph bedroht die unbefugte Anbordnahme von „Zoll- oder Kriegskonterbande", d. h. von Gegenständen, welche nach den zollgesetzlichen Vorschriften der anzulaufenden Häfen oder nach den völkerrechtlichen Grundsätzen über den Seekrieg die Beschlagnahme oder Einziehung der Ladung oder des ganzen Schiffes veranlassen können. Die Vorschrift bezweckt, eine Gefährdung des Vermögens des Reeders zu verhindern.

2. Bestraft wird, wer die Gegenstände im Bewußtsein vom Bestehen der bezeichneten Vorschriften an Bord nimmt, ohne daß er gerade eine gewinnsüchtige Absicht dabei zu haben braucht.

3. Reeder ist der Eigentümer eines zum Erwerb durch die Seefahrt dienenden Schiffes.

Bruch des Heuervertrages.

§ 298. Ein Schiffsmann, welcher mit der Heuer entläuft, oder sich verborgen hält, um sich dem übernommenen Dienste zu entziehen, wird, ohne Unterschied, ob das Vergehen im Inlande oder im Auslande begangen worden ist, mit Gefängnis bis zu einem Jahre bestraft.

1. Vgl. hierzu die Bestimmungen, insbesondere § 93 der deutschen Seemannsordnung v. 2. 6. 1902.

2. Die Vorschrift findet gegen deutsche und nicht deutsche Schiffsleute Anwendung, welche auf einem deutschen Schiff im Inland oder Ausland Heuer (d. h. Lohnvorschuß) nehmen und dann vertragsbrüchig werden. Die praktische Bedeutung dieser Vorschrift ist sehr gering.

Verletzung des Briefgeheimnisses.

§ 299. Wer einen verschlossenen Brief oder eine andere verschlossene Urkunde, die nicht zu seiner Kenntnismahme bestimmt ist, vorsätzlich und unbefugter Weise eröffnet, wird mit Geldstrafe oder mit Gefängnis bis zu drei Monaten bestraft.

Die Verfolgung tritt nur auf Antrag ein.

1. Hier wird die Verletzung des Briefgeheimnisses behandelt. Jedes auf irgendeine Art, vielleicht auch durch Umschnürung, verschlossene Schriftstück soll nur von demjenigen geöffnet werden dürfen, zu dessen Kenntnisnahme es bestimmt ist. Das wird wohl in den meisten Fällen der Adressat sein. Allein die Adresse ist nicht unbedingt maßgebend.

2. Unbefugt ist die Eröffnung, d. h. die Beseitigung des Verschlusses, wenn dem Täter kein Recht zusteht, den fremden Brief zu öffnen. Ein Recht zur Öffnung kann sich ergeben aus dem Gesetz (§§ 99, 100 Abs. 3 StPO., ferner § 121 KO. und §§ 37, 48 der Postordnung vom 30. 1. 1929) oder aus dem Erziehungsrecht der Eltern und Vormünder. (Der Ehemann hat als solcher kein Recht, die an seine Ehefrau gerichteten Briefe zu öffnen.)

3. Zum inneren Tatbestand gehört Vorsatz, d. h. das Bewußtsein des Täters, daß der Brief nicht zu seiner Kenntnisnahme bestimmt ist und daß für ihn keine Befugnis zur Eröffnung besteht. Der Beweggrund oder der vom Täter verfolgte Zweck sind für den Tatbestand ohne Bedeutung.

4. Für Postbeamte und Telegraphenbeamte gelten die besonderen Vorschriften der §§ 354, 355 StGB.

5. Strafantragsberechtigt ist der Eigentümer des Briefes. Bei zur Post gegebenen Briefen bleibt der Absender Eigentümer bis zu dem Moment, in welchem der Postbote den Brief dem Adressaten bestellt hat. Dann erst wird der Adressat Eigentümer. — Die Verfolgung kann vom Verletzten im Wege der Privatklage erfolgen (siehe Anhang 2, Abschnitt L IV, S. 347).

Verletzung des Berufsgeheimnisses.

§ 300. Rechtsanwälte, Notare, Verteidiger in Strafsachen, Ärzte, Wundärzte Hebammen, sowie die Gehilfen dieser Personen werden, wenn sie unbefugt Privatgeheimnisse offenbaren, die ihnen kraft ihres Amtes, Standes oder Gewerbes anvertraut sind, mit Geldstrafe oder mit Gefängnis bis zu drei Monaten bestraft.

Die Verfolgung tritt nur auf Antrag ein.

1. Gewissen Personen der Rechtspflege und Heilpflege wird hier die Wahrung von Privatgeheimnissen zur Pflicht gemacht. Auf andere Personenkreise, insbesondere Beamte, ist die Bestimmung nicht auszudehnen. Beamten ist die Wahrung des Dienstgeheimnisses sowieso vorgeschrieben, die Verletzung der Vorschrift wird disziplinarisch bestraft.

2. Verteidiger in Strafsachen können außer Rechtsanwälten nach den §§ 138, 139, 144 StPO. noch eine Reihe anderer Personen sein.

3. Privatgeheimnisse sind Mitteilungen, welche mit der ausdrücklichen oder aus den begleitenden Umständen zu entnehmenden Auflage der Geheimhaltung gemacht werden.

4. Offenbaren heißt nichts anderes als an eine andere Person mitteilen.

5. Nur die unbefugte Mitteilung an einen anderen ist strafbar. Die Offenbarung ist nicht unbefugt, wenn der Schweigepflichtige durch den Anvertrauenden von der Schweigepflicht entbunden wird, oder wenn die Offenbarung zur Erfüllung einer rechtlichen oder sittlichen Pflicht erfolgt und wenn das bedrohte Rechtsgut überwiegt. Die Mitteilung bei der Einvernahme als Zeuge ist nicht unbefugt, auch wenn der Mitteilende das Recht gehabt hätte, das Zeugnis gemäß § 53 StPO. bzw. § 383 ZPO. zu verweigern. Die Nichtanzeige des Vorhabens eines schweren Verbrechens wird nach § 139 StGB. bestraft.

6. Nur diejenigen Privatgeheimnisse kommen in Betracht, die den genannten Personen kraft ihres Amtes usw., also in Ausübung desselben anvertraut wurden. Gleichgültig ist aber der Grund, aus dem sie einem andern dann mitgeteilt werden, z. B. in der Absicht zu beleidigen oder aus bloßer Schwatzhaftigkeit.

7. Strafantragsberechtigt ist derjenige, der das Geheimnis anvertraut hat.

8. Vgl. auch § 17 Unl. WettbewerbGes., wo Strafe angedroht wird u. a. demjenigen, der als Angestellter, Arbeiter oder Lehrling eines Geschäftsbetriebs ein Geschäfts- oder Betriebsgeheimnis, das ihm vermöge des Dienstverhältnisses anvertraut worden ist, während der Geltungsdauer des Dienstverhältnisses unbefugt an jemand zu Zwecken des Wettbewerbs oder aus Eigennutz, oder in der Absicht, dem Inhaber des Geschäftsbetriebs Schaden zuzufügen, mitteilt. (Sog. Industrieverrat.) Siehe auch VO. gegen Bestechung und Geheimnisverrat nichtbeamteter Personen in der Fassung v. 22. Mai 1943 (RGBl. I 1943 S. 351).

9. Der Grundsatz der Schweigepflicht des Arztes ist durchbrochen in § 10 des Geschlechtskrankheitengesetzes, wo eine Offenbarung unter bestimmten Umständen nicht für unbefugt erklärt wird (siehe Erl. 5 zu § 327).

Außerdem enthält die Reichsärzteordnung vom 13. Dezember 1935 in § 13 eine Strafbestimmung betr. Bruch der Verschwiegenheit durch Ärzte. Der Fortbestand dieses Gesetzes ist in Frage gestellt, zumal § 13 Abs. 3 Straffreiheit vorsieht, wenn die Offenbarung des Geheimnisses zu einem nach gesundem Volksempfinden berechtigten Zweck erfolgt. So hat bereits das Land Bayern unter Aufhebung der Reichsärzteordnung am 25. Mai 1946 ein bayrisches Ärztegesetz erlassen, in das die oben erwähnte Strafbestimmung des § 13, allerdings nur dessen Absatz 1 übernommen worden ist, wonach ein Arzt mit Gefängnis bis zu 1 Jahr und Geldstrafe, oder einer dieser Strafen bestraft wird, der unbefugt ein fremdes Geheimnis offenbart, das ihm bei Ausübung seines Berufs anvertraut oder zugängig geworden ist.

10. Eine sachliche Einschränkung des Anwendungsgebietes des § 300 bedeutet ferner § 19 der Krankenpflegeverordnung v. 28. Sept. 1938. Er lautet:

„Eine Krankenschwester, die unbefugt ein fremdes Geheimnis offenbart, das ihr bei Ausübung ihres Berufes anvertraut oder sonst zugänglich geworden ist, wird mit Gefängnis bis zu einem Jahr und Geldstrafe oder mit einer dieser Strafen bestraft."

Der Krankenschwester stehen der Krankenpfleger und Personen gleich, die in der Vorbereitung auf den Krankenpflegeberuf stehen. Auch der Fortbestand dieser Gesetzesstelle ist in Frage gestellt, da auch hier unter den gleichen Voraussetzungen wie in § 13 der Reichsärzteordnung Straffreiheit für Geheimnisoffenbarung vorgesehen ist.

11. Apotheker werden wegen Verletzung des Berufsgeheimnisses gemäß § 24 der Apothekerordnung v. 18. April 1937 (RGBl. I S. 457) bestraft.

Ausbeutung Minderjähriger.

§ 301. Wer in gewinnsüchtiger Absicht und unter Benutzung des Leichtsinns oder der Unerfahrenheit eines Minderjährigen sich von demselben Schuldscheine, Wechsel, Empfangsbekenntnisse, Bürgschaftsinstrumente oder eine andere, eine Verpflichtung enthaltende Urkunde ausstellen oder auch nur mündlich ein Zahlungsversprechen erteilen läßt, wird mit Gefängnis bis zu sechs Monaten oder mit Geldstrafe bestraft.

Die Verfolgung tritt nur auf Antrag ein.

1. Die §§ 301 und 302 sollen die Minderjährigen (die das 21. Lebensjahr noch nicht vollendet haben) gegen Ausbeutung ihres Leichtsinns und ihre Unerfahrenheit schützen.

Der § 301 enthält den leichtern, der § 302 den durch Annahme der Verpfändung der Ehre erschwerten Fall.

2. Die Täterhandlung besteht in der Veranlassung des Minderjährigen, eine Verpflichtungsurkunde (z. B. Schuldschein, Wechsel, Empfangsbekenntnis, Bürgschaft) auszustellen, oder ein mündliches oder schriftliches Zahlungsversprechen abzugeben. Ohne Bedeutung ist, ob der Täter das Versprechen verlangte, oder ob sich der Minderjährige dazu erbot.

3. Zum inneren Tatbestand gehört zunächst das Bewußtsein des Täters, daß der Kontrahent minderjährig ist und daß er aus Leichtsinn oder Unerfahrenheit handelt. Dazu muß der Täter in gewinnsüchtiger Absicht, d. h. in Bereicherungsabsicht handeln.

4. Strafantragsberechtigt ist der über 18 Jahre alte Minderjährige; ist der Minderjährige unter 18 Jahre alt, dann ist gemäß § 65 der gesetzliche Vertreter der Antragsberechtigte.

Schwere Ausbeutung Minderjähriger.

§ 302. Wer in gewinnsüchtiger Absicht und unter Benutzung des Leichtsinns oder der Unerfahrenheit eines Minderjährigen sich von demselben unter Verpfändung der Ehre, auf Ehrenwort, eidlich oder unter ähnlichen Versicherungen oder Beteuerungen die Zahlung einer Geldsumme oder die Erfüllung einer anderen, auf Gewährung geldwerter Sachen gerichteten Verpflichtung aus einem Rechtsgeschäfte versprechen läßt, wird mit Gefängnis bis zu einem Jahre oder mit Geldstrafe bestraft.

Neben der Gefängnisstrafe kann auf Verlust der bürgerlichen Ehrenrechte erkannt werden.

Dieselbe Strafe trifft denjenigen, welcher sich eine Forderung, von der er weiß, daß deren Berichtigung ein Minderjähriger in der vorbezeichneten Weise versprochen hat, abtreten läßt.

Die Verfolgung tritt nur auf Antrag ein.

1. Diese Gesetzesstelle hebt aus dem Tatbestand des § 301 die Fälle des Versprechens von Geld oder geldwerten Rechten hervor, und bedroht sie mit erhöhter Strafe, wenn das Versprechen unter einer besonderen moralischen Verpflichtung abgegeben wird. Siehe im übrigen Erl. 1 bis 3 zu § 301.

2. In Abs. 3 wird auch der Zessionar, der in gewinnsüchtiger Absicht eine unter den oben geschilderten Umständen entstandene Forderung erwirbt, mit Strafe bedroht.

3. Wegen des Strafantragsrechts vgl. Erl. 4 zu § 301.

Kreditwucher.

§ 302a. Wer unter Ausbeutung der Notlage, des Leichtsinns oder der Unerfahrenheit eines anderen mit Bezug auf ein Darlehen oder auf die Stundung einer Geldforderung oder auf ein anderes zweiseitiges Rechtsgeschäft, welches denselben wirtschaftlichen Zwecken dienen soll, sich oder einem Dritten Vermögensvorteile versprechen oder gewähren läßt, welche den üblichen Zinsfuß dergestalt überschreiten, daß nach den Umständen des Falles die Vermögensvorteile in auffälligem Mißverhältnis zu der Leistung stehen, wird wegen Wuchers mit Gefängnis bis zu sechs Monaten und zugleich mit Geldstrafe bestraft. Auch kann auf Verlust der bürgerlichen Ehrenrechte erkannt werden.

1. Vorbemerkung zu §§ 302a bis 302e: Diese Paragraphen betreffen den sog. Individualwucher, dessen Wesen darin besteht, daß durch ein zweiseitiges Rechtsgeschäft die eine Vertragspartei (also eine individuell bestimmbare Person) in ihrem Vermögen geschädigt, während die andere übermäßig bereichert wird, und zwar muß dabei das Rechtsgeschäft unter Ausbeutung der Notlage des geschädigten Teils zustande gekommen sein. Im Gegensatz hierzu bezwecken die den sog. Sozialwucher betreffenden Strafgesetz den Schutze der Allgemeinheit gegen übermäßige Preisforderungen für Gegenstände und Leistungen zur Befriedigung des täglichen Bedarfs. Hierzu gehören vor allem der die Preistreiberei behandelnde § 19 des Wirtschaftsstrafgesetzes vom 26. 7. 1949. Ferner gehört hierher der sog. Mietwucher (§ 49a des Gesetzes über Mieterschutz und Mieteinigungsämter vom 17. 2. 1928 — RGBl. I, 25).

In § 302a wird der sog. Kreditwucher, der Normalfall des Wuchers, in § 302b der durch Verschleierung, Wechselmäßigkeit oder Ehrverpfändung erschwerte Kreditwucher, in § 302c das sog. Mitwuchern eines Käufers der wucherischen Forderung, in § 302d der gewerbs- und gewohnheitsmäßige Wucher und in § 302e der sog. Sachwucher bedroht.

2. Der in § 302a behandelte Kreditwucher hat zur Voraussetzung den Abschluß eines Gelddarlehens (Empfang von Geld gegen die Verpflichtung, die empfangene Sache zurückzuerstatten, § 607 BGB.) oder eines andern Geschäfts, welches denselben wirtschaftlichen Zwecken dient. Diesen Zwecken dient jedes Geschäft, welches zur Befriedigung eines Bedürfnisses, für welches in der eigenen Wirtschaft Mittel nicht vorhanden sind, Geldmittel anderer Personen in Anspruch nimmt.

3. Die Handlung muß unter Ausbeutung der Notlage, des Leichtsinns oder der Unerfahrenheit erfolgen, und die vom Täter für sich oder einen Dritten unter Überschreitung des üblichen Zinsfußes erstrebten Vermögensvorteile müssen in auffälligem Mißverhältnis zu seiner eigenen Leistung stehen. Dabei ist zu beachten, daß die Tat schon mit der Annahme des Versprechens vollendet ist.

4. Wer das Geschäft begonnen hat, ob sich der Geldsucher an den Geldgeber gewandt oder umgekehrt der Geldgeber sich dem Geldsucher aufgedrängt hat, ist für den Tatbestand gleichgültig.

5. Beispiel: Der Kaufmann A benötigt zur Vermeidung des Bankrotts dringend 5000 M. Er wendet sich an den Winkeladvokaten B, der ihm das Geld gegen eine monatliche Gewinnbeteiligung von 4% zur Verfügung stellt. B hat sich dadurch, daß er sich 48% Jahreszinsen hat versprechen lassen, eines Vergehens nach § 302a schuldig gemacht. Der A hat sich nicht strafbar gemacht, denn derjenige, der die wucherischen Zinsen verspricht, ist nicht strafbar.

Erschwerter Kreditwucher.

§ 302b. Wer sich oder einem Dritten die wucherischen Vermögensvorteile (§ 302a) verschleiert oder wechselmäßig oder unter Verpfändung der Ehre, auf Ehrenwort, eidlich oder unter ähnlichen Versicherungen oder Beteuerungen versprechen läßt, wird mit Gefängnis bis zu einem Jahre und zugleich mit Geldstrafe bestraft. Auch kann auf Verlust der bürgerlichen Ehrenrechte erkannt werden.

1. Hier wird eine erschwerte Art des Kreditwuchers bedroht (vgl. die Erl. zu § 302 a.)

2. Beispiele: a) Verschleierung: Gleichzeitig mit dem Darlehensgeschäft wird ein Kaufvertrag abgeschlossen, nach welchem der Bewucherte für gänzlich wertlose oder für ihn unbrauchbare Waren einen hohen Kaufpreis schuldig zu sein versichert. Der Kaufpreis ist in diesem Falle eine Entschädigung für das gleichzeitig gegebene Darlehen. b) Wechselmäßige Verpflichtung: Der A gibt dem B ein Darlehen von 500 Mark und läßt sich dafür einen Wechsel über 1000 Mark ausstellen. c) Schuldversprechen auf Ehrenwort: Der A gibt dem B ein Darlehen von 500 Mark und läßt sich dafür einen Schuldschein von 1000 Mark ausstellen mit der ehrenwörtlichen Verpflichtung pünktlicher Rückzahlung.

Mit- oder Nachwucher.

§ 302 c. Dieselben Strafen (§ 302a, § 302b) treffen denjenigen, welcher mit Kenntnis des Sachverhalts eine Forderung der vorbezeichneten Art erwirbt und entweder dieselbe weiter veräußert oder die wucherlichen Vermögensvorteile geltend macht.

1. Hier wird das Mit- oder Nachwuchern eines Käufers der Darlehensforderung — also eines Rechtsnachfolgers des ersten Gläubigers — bedroht.

2. Das Erwerben der wucherischen Forderung allein ist noch nicht strafbar, sondern es muß noch dazu kommen, daß der Erwerber die Forderung weiter veräußert, oder sie auf irgendeine Weise wirtschaftlich verwertet.

Gewerbs- oder gewohnheitsmäßiger Wucher.

§ 302 d. Wer den Wucher (§§ 302a bis 302c) gewerbs- oder gewohnheitsmäßig betreibt, wird mit Gefängnis nicht unter drei Monaten und zugleich mit Geldstrafe bestraft. Auch ist auf Verlust der bürgerlichen Ehrenrechte zu erkennen.

Über die Begriffe „gewerbs- und gewohnheitsmäßig" vgl. die Erl. 2 und 3 zu § 260 StGB.

Sachwucher

§ 302 e. Dieselbe Strafe (§ 302d) trifft denjenigen, welcher mit Bezug auf ein Rechtsgeschäft anderer als der im § 302a bezeichneten Art gewerbs- oder gewohnheitsmäßig unter Ausbeutung der Notlage, des Leichtsinns oder der Unerfahrenheit eines anderen sich oder einem Dritten Vermögensvorteile versprechen oder gewähren läßt, welche den Wert der Leistung dergestalt überschreiten, daß nach den Umständen des Falles die Vermögensvorteile in auffälligem Mißverhältnis zu der Leistung stehen.

1. Für den Sachwucher, der hier bedroht ist, kommen alle Rechtsgeschäfte in Betracht, bei welchen die Erlangung irgendeines Vermögensvorteils angestrebt wird von dem Wucherer, welcher die Gelegenheit zu unrechtmäßigem Gewinn benutzt. Als Beispiele sind zu nennen: Land-, Grundstücks- und Viehwucher, Stellenvermittlung, Vermittelung von Forderungsabtretungen, Ausbeutung eines Arbeiters, Ankauf von Sachen zu Schundpreisen.

2. Der Sachwucher ist im Gegensatz zum Kreditwucher (§ 302a) nur strafbar, wenn er gewerbs- oder gewohnheitsmäßig ausgeübt wird. Beim Kreditwucher erschwert die Gewerbs- und Gewohnheitsmäßigkeit die Strafbarkeit (§ 302d), beim Sachwucher begründet sie erst die Strafbarkeit.

3. Über die Begriffe „gewerbs- und gewohnheitsmäßig" vgl. Erl. 2 und 3 zu § 260.

Sechsundzwanzigster Abschnitt: Sachbeschädigung.

Einfache Sachbeschädigung.

§ 303. Wer vorsätzlich und rechtswidrig eine fremde Sache beschädigt oder zerstört, wird mit Geldstrafe oder mit Gefängnis bis zu zwei Jahren bestraft.

Der Versuch ist strafbar.

Die Verfolgung tritt nur auf Antrag ein.

Ist das Vergehen gegen einen Angehörigen verübt, so ist die Zurücknahme des Antrages zulässig.

1. Nur eine vorsätzlich verübte Sachbeschädigung ist strafbar. Eine nicht gewollte und nur fahrlässig begangene Sachbeschädigung ist nicht mit Strafe bedroht, auch nicht, wenn sie bei Gelegenheit der Verübung einer strafbaren Handlung, etwa eines Widerstands oder einer Körperverletzung, durch Zerreißen von Kleidungsstücken, vorkommt. Dagegen entsteht zivilrechtlich eine Schadensersatzforderung. Welchen Zweck der Täter mit der Handlung verfolgt, ist gleichgültig.

2. Wegen des Begriffs „Sache" vgl. Erl. 2 zu § 242. Im Gegensatz zum Diebstahl kann das Delikt des § 303 auch an einer unbeweglichen Sache begangen werden. Unerheblich ist, ob die Sache einen Vermögenswert hat. Die Sache muß ferner „fremd" sein. (Siehe hierzu Erl. 4 zu § 242.)

3. Die Handlung besteht in dem Beschädigen oder Zerstören der Sache.

a) Beschädigt ist eine Sache, wenn auf sie stofflich so eingewirkt wird, daß ihre Brauchbarkeit für die vorgesehene Zweckbestimmung erheblich vermindert wird. Zweifelhafte Fälle, bei denen die Rechtsprechung Sachbeschädigung angenommen hat, sind: Verunreinigung eines Brunnens, Abschneiden von Ästen in anderen als den gesetzlich zugelassenen Fällen, Einstreuen von Sand in eine Maschine, Entfernung einzelner Teile eines Wagens oder einer Maschine, Beschmieren einer Büste mit Farbstoff, Einwirkung auf das Nervensystem eines lebenden Tieres.

b) Die Zerstörung ist ein erhöhter Grad der Beschädigung mit der Folge, daß die Gebrauchsfähigkeit der Sache nicht nur gemindert, sondern gänzlich aufgehoben wird. Auch Tötung eines fremden Tieres gehört hierher.

c) Keine Sachbeschädigung liegt vor, wenn nicht die Sache selbst, sondern nur das Verhältnis des Eigentümers zur Sache verändert, insbesondere wenn dem Berechtigten die Sache durch eine mit ihr vorgenommenen Ortsveränderung entzogen wird (z. B. Fliegenlassen eines eingesperrten Vogels, Werfen eines Ringes in den Fluß).

4. Die Handlung muß rechtswidrig sein. Gerade bei dem Delikt der Sachbeschädigung werden häufig Umstände vorliegen, welche die Rechtswidrigkeit ausschließen und dadurch die Tat straflos machen. Eine solche Straflosigkeit

kann bewirkt werden nicht nur durch die Einwilligung des Eigentümers, sondern vor allem durch Notwehr (§ 53), Notstand (§§ 228, 904 BGB.), erlaubte Selbsthilfe (§ 229 BGB.), übergesetzlicher Notstand (Erl. 4 zu § 54). (Siehe hierzu „Einführende Vorbemerkungen zum Strafrecht" Seite 1 ff., Abschnitt B III 2 Seite 4—5.)

5. Strafantragsberechtigt ist jeder, der durch die Tat unmittelbar verletzt ist, vor allem der Eigentümer, aber auch der Mieter, Pächter usw. Ist das Vergehen gegen einen Angehörigen (§ 52 Abs. 2) verübt, dann ist die Zurücknahme des Antrags zulässig (Abs. 4).

6. Zwischen §§ 243 Nr. 2 und 303 besteht Gesetzeskonkurrenz (siehe Erl. 9 zu § 243).

7. Der Staatsanwalt erhebt nur dann Anklage, wenn dies im öffentlichen Interesse liegt (§ 376 StPO.). Andernfalls kann der Verletzte Privatklage erheben (§ 380 StPO.). (Siehe Anhang 2, Abschnitt L IV, S. 347.)

Erschwerte Sachbeschädigung.

§ 304. Wer vorsätzlich und rechtswidrig Gegenstände der Verehrung einer im Staate bestehenden Religionsgesellschaft oder Sachen, die dem Gottesdienst gewidmet sind, oder Grabmäler, öffentliche Denkmäler, Gegenstände der Kunst, der Wissenschaft oder des Gewerbes, welche in öffentlichen Sammlungen aufbewahrt werden oder öffentlich aufgestellt sind, oder Gegenstände, welche zum öffentlichen Nutzen, oder zur Verschönerung öffentlicher Wege, Plätze oder Anlagen dienen, beschädigt oder zerstört, wird mit Gefängnis bis zu drei Jahren oder mit Geldstrafe bestraft.

Neben der Gefängnisstrafe kann auf Verlust der bürgerlichen Ehrenrechte erkannt werden.

Der Versuch ist strafbar.

1. Die Sachbeschädigung des § 304 als erschwerte unterscheidet sich von der des § 303 dadurch, daß die Sachen keine fremden zu sein brauchen, überhaupt in niemandens Eigentum stehen können (es kann also der Eigentümer selbst an eigener Sache sich des Vergehens schuldig machen, wenn er nicht die freie Verfügung über die Sache mehr hat) und daß kein Strafantrag erforderlich ist.

Sonst müssen alle Merkmale vorliegen, wie sie bei § 303 erläutert sind.

2. Über Sachen, die dem Gottesdienst gewidmet sind, vgl. Erl. 1 zu § 243.

3. Ein öffentliches Denkmal ist ein Denkmal, das an einem öffentlichen Platze steht.

4. Zum öffentlichen Nutzen dienen Gegenstände, wenn sie dem Publikum unmittelbaren Nutzen bringen sollen. Hierunter fallen z. B. öffentliche Wege, Wegweiser und Schutzgeländer an denselben, öffentliche Gärten und Parkanlagen und die dort aufgestellten Ruhebänke, öffentliche Briefkasten, Feuermelder, Anschlagsäulen, Wagen einer für den öffentlichen Verkehr bestimmten Straßenbahn oder Eisenbahn, Wasserleitungen u. ä.

5. Wegen der Begriffe „Beschädigen" und „Zerstören" siehe Er. 3 zu § 303.

6. Der Versuch ist auch hier strafbar. Ein Strafantrag ist nicht erforderlich.

7. Die Strafbestimmung des § 304 hat durch das Gesetz Nr. 21 der Regierung Württemberg/Baden vom 20. November 1945 (Regierungsblatt 1946 Nr. 1 S. 2)

eine Ergänzung erfahren. § 3 Ziff. 2 dieses Gesetzes lautet: „Mit Gefängnis bis zu 2 Jahren oder mit Geldstrafe wird bestraft, wer ein Kunstwerk, Monument oder ein anderes Kulturgut, das von einer anderen Person geschaffen worden ist, vorsätzlich zerstört, verändert oder verheimlicht."

Zerstörung von Bauwerken.

§ 305. Wer vorsätzlich und rechtswidrig ein Gebäude, ein Schiff, eine Brücke, einen Damm, eine gebaute Straße, eine Eisenbahn oder ein anderes Bauwerk, welche fremdes Eigentum sind, ganz oder teilweise zerstört, wird mit Gefängnis nicht unter einem Monat bestraft.

Der Versuch ist strafbar.

1. Dieser Tatbestand, auch gemeingefährliche Sachbeschädigung genannt, stellt einen besonders schweren Fall der einfachen Sachbeschädigung dar.

2. Gegenstand des Delikts können, wie in § 303, nur fremde Sachen sein. Im einzelnen sind geschützt:

a) Gebäude (siehe Erl. 2 zu § 243).
b) Schiffe. In Frage kommen nur größere Fahrzeuge.
c) Brücken von einer gewissen Größe. Fußgängerstege kommen nicht in Betracht.
d) Dämme.
e) Gebaute Straßen.
f) Eisenbahnen, worunter hier nur der Unter- und Oberbau des Schienenwegs und nicht auch Lokomotive und Eisenbahnwagen zu verstehen sind.
g) Andere Bauwerke. Hierher gehören z. B. Stauanlagen, Kanäle, Mauern, Rohbauten.

3. Die Handlung besteht im „Zerstören". (Siehe Erl. 3 b zu § 303.) Eine teilweise Zerstörung wurde z. B. angenommen bei der Lockerung der Schienen einer Eisenbahn durch Entfernung von Bolzen und Laschen.

Siebenundzwanzigster Abschnitt: Gemeingefährliche Verbrechen und Vergehen.

Vorbemerkung:

1. In diesem Abschnitt werden Straftaten behandelt, die in der Hauptsache bedingt sind durch Entfesselung von Naturkräften (Feuer, Wasser, Seuchen), durch erhebliche Störung und Gefährdung des Verkehrs und durch Beschädigung lebenswichtiger Anlagen. Den Zweck dieser Spezialbestimmungen bildet der Schutz der Allgemeinheit.

2. Innerhalb dieses Abschnitts sind folgende Gruppen zu unterscheiden: Brandstiftung (§§ 306 bis 311), Überschwemmung (§§ 312 bis 314), Gefährdung des Eisenbahn-, Telegraphen- und Fernsprechbetriebs (§§ 315 bis 318a), Beschädigung von Wasserbauten (§ 321), Brunnenvergiftung (§ 324), Verletzung von Absperrungsmaßregeln gegen ansteckende Krankheiten (§§ 327, 328), Verletzung der Baukunstregeln (§ 330); ferner noch als eine Art von gemeingefährlichen

Handlungen der Vollrausch (§ 330a), Abgabe von Rauschmitteln an Untergebrachte (§ 330b) und schließlich die unterlassene Hülfeleistung (§ 330c).

3. Wer das Vorhaben eines gemeingefährlichen Verbrechens nicht anzeigt, macht sich nach § 139 strafbar.

4. Nach Ziff. 7c der „Allgemeinen Anweisung an Richter Nr. 1" unterliegt die Aburteilung der Straftaten der §§ 304—324 der vorherigen Meldepflicht an die Militärregierung.

Schwere Brandstiftung.

§ 306. Wegen Brandstiftung wird mit Zuchthaus bestraft, wer vorsätzlich in Brand setzt:

1. ein zu gottesdienstlichen Versammlungen bestimmtes Gebäude,
2. ein Gebäude, ein Schiff oder eine Hütte, welche zur Wohnung von Menschen dienen, oder
3. eine Räumlichkeit, welche zeitweise zum Aufenthalt von Menschen dient, und zwar zu einer Zeit, während welcher Menschen in derselben sich aufzuhalten pflegen.

1. Die §§ 306 bis 308 betreffen die vorsätzliche, § 309 behandelt die fahrlässige Brandstiftung. § 310 findet sowohl auf die vorsätzliche wie auf die fahrlässige Brandstiftung Anwendung, ebenso § 311. § 310a enthält ein Gefährdungsdelikt.

a) Die Ausführungshandlung in allen Fällen der Brandstiftung besteht in dem Inbrandsetzen. Ein Gebäude oder ein anderer Gegenstand ist dann in Brand gesetzt, wenn das Feuer sie derart ergriffen hat, daß sie auch nach Entfernung des Zündstoffs weiter brennen. Sind einzelne Holzteile, wie Türpfosten, Fensterrahmen usw. nur angekohlt, liegt noch kein vollendetes Inbrandsetzen vor, wohl aber ein Versuch der Brandstiftung.

b) Zum Vorsatz des Brandstifters gehört nicht nur das Bewußtsein des Inbrandsetzens, sondern auch das Wissen, daß der Gegenstand der Brandstiftung die zum gesetzlichen Tatbestand erforderlichen Eigenschaften besitzt. (Tatumstände i. S. des § 59). Hält daher der Brandstifter z. B. ein Wohnhaus für eine Scheune, dann kann er nur wegen einfacher Brandstiftung nach § 308 bestraft werden.

c) Wer andere fremde Gegenstände als die in §§ 306, 308 genannten durch Feuer vorsätzlich zerstört oder beschädigt, kann nur wegen Sachbeschädigung nach §§ 303—305 bestraft werden.

d) Wer eine eigene nicht zu den in §§ 306, 308 genannten Gegenständen gehörende Sache durch Feuer zerstört, kann nur unter dem Gesichtspunkt des Versicherungsbetrugs (§ 265) strafrechtlich zur Verantwortung gezogen werden.

2. Die schwere Brandstiftung des § 306 hat nur bestimmte Gebäude und Räumlichkeiten zum Gegenstande, vor allem Gebäude, welche den Menschen zur Wohnung oder zum Aufenthalt dienen, ohne daß erforderlich ist, daß zur Zeit der Brandstiftung sich tatsächlich Menschen in der Räumlichkeit befinden. Im Gegensatz zu § 308 kommt es bei den in § 306 genannten Gebäuden usw. nicht darauf an, ob sie dem Täter gehören oder nicht.

a) Gebäude ist ein mit dem Erdboden in fester Verbindung stehendes unbewegliches Bauwerk. Es genügt, wenn die Verbindung mit dem Erdboden auch nur durch die eigene Schwere des Bauwerks hergestellt wird (vgl. im übrigen Erl. 2 a zu § 243).

b) Nur Schiffe, welche so groß sind, daß Menschen darin wohnen können, kommen in Betracht; dazu gehören auch Flöße mit Wohnstätten.

c) Hütte ist ein unbedeutendes nur oberflächlich befestigtes Bauwerk.

d) Räumlichkeit ist ein abgeschlossener beweglicher oder unbeweglicher Raum; auch Eisenbahnen, Postautos sind Räumlichkeiten.

3. Wegen des sehr häufig mit Brandstiftung tateinheitlich zusammenfallenden Versicherungsbetrugs vgl. § 265 und die dortige Erläuterung 1a.

4. Wegen Polizeiaufsicht siehe § 325.

5. Siehe auch die Beispiele in Erl. 8 zu § 308.

Besonders schwere Brandstiftung.

§ 307. Die Brandstiftung (§ 306) wird mit Zuchthaus nicht unter zehn Jahren oder mit lebenslänglichem Zuchthaus bestraft, wenn

1. der Brand den Tod eines Menschen dadurch verursacht hat, daß dieser zur Zeit der Tat in einer der in Brand gesetzten Räumlichkeiten sich befand,
2. die Brandstiftung in der Absicht begangen worden ist, um unter Begünstigung derselben Mord oder Raub zu begehen oder einen Aufruhr zu erregen, oder
3. der Brandstifter, um das Löschen des Feuers zu verhindern oder zu erschweren, Löschgerätschaften entfernt oder unbrauchbar gemacht hat.

1. Diese Vorschrift behandelt die sogenannte besonders schwere Brandstiftung; sie enthält gegenüber dem Tatbestand des § 306 drei straferhöhende Umstände.

2. Der für die Praxis wichtigste straferhöhende Umstand ist die Verursachung des Todes eines Menschen. (Ziff. 1). Dabei ist zu beachten, daß der Getötete sich zur Zeit der Tat, d. h. schon zu Beginn der Inbrandsetzung in dem fraglichen Gebäude befunden haben muß (siehe im Gegensatz dazu § 309). Da es sich bei diesem Erschwerungsgrund um ein durch den Erfolg qualifiziertes Delikt handelt, darf die Todesfolge nicht vom Vorsatz des Täters umfaßt sein, andernfalls käme, in Tateinheit begangen, Mord bzw. Totschlag in Frage. (Siehe „Einführende Vorbemerkungen zum Strafrecht", S. 3, Abschnitt 3.)

3. Wegen Polizeiaufsicht siehe § 325.

4. Siehe auch die Beispiele in Erl. 8 zu § 308.

Einfache Brandstiftung.

§ 308. Wegen Brandstiftung wird mit Zuchthaus bis zu zehn Jahren bestraft, wer vorsätzlich Gebäude, Schiffe, Hütten, Bergwerke, Magazine, Warenvorräte, welche auf dazu bestimmten öffentlichen Plätzen lagern, Vorräte von landwirtschaftlichen Erzeugnissen oder von Bau- oder Brennmaterialien, Früchte auf dem Felde, Waldungen oder Torfmoore in Brand setzt, wenn diese Gegenstände entweder fremdes Eigentum sind, oder zwar dem Brandstifter eigentümlich gehören, jedoch ihrer Beschaffenheit und

Lage nach geeignet sind, das Feuer einer der im § 306 Nr. 1 bis 3 bezeichneten Räumlichkeiten oder einem der vorstehend bezeichneten fremden Gegenstände mitzuteilen.

Sind mildernde Umstände vorhanden, so tritt Gefängnisstrafe nicht unter sechs Monaten ein.

1. Hier wird die einfache Brandstiftung behandelt. Das Inbrandsetzen der hier genannten Gegenstände ist stets strafbar, wenn sie in fremdem Eigentum stehen (unmittelbare Brandstiftung). Sind sie im Eigentum des Täters, oder herrenlos, dann ist ihre Inbrandsetzung nur strafbar, wenn dadurch eine Brandgefahr für eine der in § 306 genannten Räumlichkeiten, oder für eine der in § 308 aufgeführten Sachen hervorgerufen wird (mittelbare Brandstiftung).

2. Wegen der Begriffe Gebäude, Schiffe, Hütten siehe Erl. 2 zu § 306.

3. Bergwerke sind Bauten und Anstalten, um Erze, Kohlen oder anderes Gestein aus dem Berge zu gewinnen. Magazine sind Räumlichkeiten, die dazu bestimmt sind, erhebliche Vorräte an Waren oder sonstigen Gebrauchsgegenständen für längere Zeit aufzubewahren.

4. Bei den Warenvorräten, Vorräten von landwirtschaftlichen Erzeugnissen oder von Bau- oder Brennmaterialien, muß es sich immer um größere Quantitäten dieser Waren handeln.

5. Früchte auf dem Felde sind alle landwirtschaftlichen Erzeugnisse vor der Aberntung.

6. Waldungen sind größere, mit eng zusammenstehenden Bäumen oder Büschen bewachsene Flächen.

7. Wegen Polizeiaufsicht siehe § 325.

8. Beispiele zu §§ 306—308.

a) Der Landwirt A steckt die Scheuer seines Nachbarn an: A hat sich dadurch, daß er ein im fremden Eigentum stehendes Gebäude vorsätzlich in Brand gesetzt hat, einer einfachen Brandstiftung im Sinne des § 308 schuldig gemacht. Der Tatbestand der schweren Brandstiftung des § 306 Nr. 2 kommt nicht in Betracht, da die Scheuer nicht zur Wohnung von Menschen dient.

b) Der Landwirt B setzt den unmittelbar an sein Wohngebäude angrenzenden Stall in Brand, um sich das für einen Neubau des Stalls erforderliche Geld von der Feuerversicherungsgesellschaft zu verschaffen: B hat sich einer einfachen Brandstiftung nach § 308 schuldig gemacht. Der Stall gehörte zwar ihm selbst; er war aber, weil er unmittelbar an das Wohngebäude angrenzte, seiner Lage nach geeignet, das Feuer einem der in § 306 Nr. 2 bezeichneten Räumlichkeiten, nämlich einem zur Wohnung von Menschen dienenden Gebäude mitzuteilen. Außerdem hat sich B eines Versicherungsbetrugs i. S. des § 265 schuldig gemacht. Da beide Straftaten im Sinne des § 73 zusammenfallen, ist die Strafe aus dem Strafrahmen des § 306 zu bilden.

c) Der von dem Landwirt C entlassene Knecht steckt aus Rache das Wohngebäude des C in Brand. Bei den Löscharbeiten verunglückt ein Feuerwehrmann tödlich: Es liegt schwere Brandstiftung i. S. des § 306 Nr. 2 vor. (Gebäude, welches zur Wohnung von Menschen dient.) Eine besonders schwere Brandstiftung im Sinne des § 307 Nr. 1 liegt nicht vor, da der Erschwerungsgrund des durch den Brand verursachten Todes eines Menschen voraussetzt, daß der Getötete zur Zeit der Tat, d. h. der Inbrandsetzung sich in der in Brand gesetzten Räumlichkeit befand.

Fahrlässige Brandstiftung.

§ 309. Wer durch Fahrlässigkeit einen Brand der in den §§ 306 und 308 bezeichneten Art herbeiführt, wird mit Gefängnis und mit Geldstrafe oder mit einer dieser Strafen bestraft; ist durch den Brand der Tod eines Menschen verursacht worden, so beträgt die Gefängnisstrafe mindestens einen Monat.

1. Fahrlässige Brandstiftung liegt vor, wenn der Täter bei gehöriger Aufmerksamkeit und Vorsicht den Brand der in §§ 306 und 308 bezeichneten Sachen als erfahrungsmäßige Folge leichtfertigen Verhaltens voraussehen konnte.

2. Fahrlässiges Inbrandsetzen eines Gebäudes liegt nur vor, wenn Gebäudeteile (nicht also nur Möbel, Vorhänge eines Zimmers) schon so in Brand geraten waren, daß sie auch nach Entfernung des Zündstoffes selbständig und allein weitergebrannt hätten. Dies ist bei den häufig zur Anzeige gelangenden Zimmerbränden zu beachten.

3. Der Erschwerungsgrund der Verursachung des Todes eines Menschen liegt auch dann vor, wenn ein Mensch beim Löschen oder Retten tödlich verunglückt ist, da im Gegensatz zu dem Erschwerungsgrund des § 307 Nr. 1 (siehe Erl. 2 zu § 307) nicht erforderlich ist, daß sich der Getötete zur Zeit der Inbrandsetzung in dem fraglichen Raume aufgehalten hat.

4. Nach Ziff. 8b der „Allgemeinen Anweisung an Richter Nr. 1" (siehe Vorbem. Abschnitt B vor § 13) kommt nur der alte Strafrahmen, nämlich Gefängnis bis zu einem Jahr oder Geldstrafe und, wenn der Tod verursacht wurde, Gefängnis von einem Monat bis zu drei Jahren in Frage.

Tätige Reue.

§ 310. Hat der Täter den Brand, bevor derselbe entdeckt und ein weiterer als der durch die bloße Inbrandsetzung bewirkte Schaden entstanden war, wieder gelöscht, so wird er nicht wegen Brandstiftung bestraft.

1. Während tätige Reue regelmäßig nur bei einer versuchten Straftat in Frage kommt (siehe § 46 Nr. 2), hat der Gesetzgeber diesen Strafaufhebungsgrund bei der Brandstiftung auch gegenüber der vollendeten Tat zugelassen. § 310 gilt sowohl für die vorsätzliche als auch für die fahrlässige Brandstiftung.

2. Erste Voraussetzung für die Straflosigkeit ist, daß der Brand noch nicht entdeckt war. Entdeckt ist der Brand, wenn ein unbeteiligter Dritter ihn wahrgenommen hat, bevor dem Täter oder einer herbeigerufenen Hilfsperson die Löschung des Brandes geglückt ist.

3. Ein „weiterer Schaden" als der durch die bloße Inbrandsetzung bewirkte ist entstanden, wenn das Feuer sich bereits räumlich weiter verbreitet hat, als auf den Ort, wo es unmittelbar angelegt wurde.

4. Die tätige Reue hat lediglich die Wirkung, daß der Täter nicht wegen Brandstiftung bestraft werden kann. Dagegen bleibt die Möglichkeit unberührt, daß Bestrafung wegen Versicherungsbetrug oder Sachbeschädigung erfolgt.

Herbeiführung einer Brandgefahr.

§ 310a. Wer

1. feuergefährdete Betriebe und Anlagen, insbesondere solche, n denen explosive Stoffe, brennbare Flüssigkeiten oder brennbare

Gase hergestellt oder gewonnen werden oder sich befinden, sowie Anlagen oder Betriebe der Land- oder Ernährungswirtschaft, in denen sich Getreide, Futter oder Streumittel, Heu, Stroh, Hanf, Flachs oder andere land- oder ernährungswirtschaftliche Erzeugnisse befinden,

2. Wald-, Heide- oder Moorflächen, bestellte Felder oder Felder, auf denen Getreide, Heu oder Stroh lagert, durch Rauchen, durch Verwenden von offenem Feuer oder Licht oder deren ungenügende Beaufsichtigung, durch Wegwerfen brennender oder glimmender Gegenstände oder in sonstiger Weise vorsätzlich oder fahrlässig in Brandgefahr bringt,
wird mit Gefängnis und mit Geldstrafe oder mit einer dieser Strafen bestraft.

1. Die Neufassung des durch Gesetz v. 28. 6. 1935 eingefügten § 310 beruht auf § 6 des Gesetzes zur Änderung des Strafgesetzbuchs vom 4. September 1941.

2. Der frühere § 310a galt nur dem Schutze von Wald, Heide und Moor. Nunmehr sind darüber hinaus alle Betriebe, Anlagen und Vorräte, die ihrer Natur nach feuergefährdet sind, geschützt.

3. Als „feuergefährdete Betriebe" kommen nicht nur Werke in Betracht, die explosive Stoffe herstellen, sondern auch Theater, insbesondere Lichtspieltheater.

4. Erforderlich ist, daß durch das unsachgemäße Verhalten, insbesondere Rauchen, eine konkrete Gefährdung eintritt. Ist dies nicht der Fall, dann kommen vor allem folgende einschlägigen Vorschriften in Betracht: VO. zur Verhütung und Bekämpfung von Waldbränden vom 18. Juni 1937 (RGBl. I, 721), VO. zum Schutze der Wälder usw. vom 25. Juni 1938 (RGBl. I, 700), Polizei-VO. über das Rauchverbot in feuergefährlichen gewerblichen Betrieben vom 23. Mai 1940 (RGBl. I, 814).

5. Für den inneren Tatbestand genügt Vorsatz oder Fahrlässigkeit.

6. Ist ein Brand bereits entstanden, das geschützte Rechtsgut also verletzt, dann scheidet § 310a aus und es kommen §§ 306ff. in Frage.

7. Die Frage, ob § 310a lediglich eine Erweiterung des § 368 Nr. 6 darstellt und deshalb im Hinblick auf Ziff. 8b der „Allgemeinen Anweisung an Richter Nr. 1" (siehe Vorbemerkung B vor § 13) als Strafrahmen lediglich die Übertretungsstrafe Platz greift, ist bestritten.

Zerstörung durch Pulver.

§ 311. Die gänzliche oder teilweise Zerstörung einer Sache durch Gebrauch von Pulver oder anderen explodierenden Stoffen ist der Inbrandsetzung der Sache gleich zu achten.

1. Hier wird festgestellt, daß wegen vorsätzlicher oder fahrlässiger Brandstiftung auch der bestraft wird, welcher durch Anwendung von Explosivstoffen die gänzliche oder teilweise Zerstörung einer der in den §§ 306, 308 aufgezählten Sachen verursacht hat.

2. Wegen Polizeiaufsicht siehe § 325.

3. Vgl. auch §§ 1ff. des Sprengstoffgesetzes v. 9. Juni 1884 (RGBl. S. 61).

Herbeiführung einer Überschwemmung.

§ 312. Wer mit gemeiner Gefahr für Menschenleben vorsätzlich eine Überschwemmung herbeiführt, wird mit Zuchthaus nicht unter drei Jahren und, wenn durch die Überschwemmung der Tod eines Menschen verursacht worden ist, mit Zuchthaus nicht unter zehn Jahren oder mit lebenslänglichem Zuchthaus bestraft.

1. Die §§ 312 und 313 bedrohen die vorsätzliche, der § 314 die fahrlässige Herbeiführung einer Überschwemmung mit gemeiner Gefahr in § 312 für Menschenleben, in § 313 für Eigentum, in § 314 für Leben oder Eigentum durch Fahrlässigkeit.

2. Überschwemmung ist nicht jedes Unterwassersetzen eines Grundstücks, etwa durch zeitweises Öffnen einer Schleuse — darin kann vielleicht der Tatbestand der Sachbeschädigung gefunden werden — sondern nur die Überflutung beträchtlicher Flächen von Grund und Boden oder eines Bergwerks durch Loslassen des Wassers als Naturkraft, sei es aus Flüssen, sei es aus Seen.

Auch die Vergrößerung einer schon vorhandenen Überschwemmung fällt hierunter.

3. Aber nicht immer wird die Verursachung einer Überschwemmung nach den §§ 312—314 bestraft, sondern nur, wenn sie mit „gemeiner Gefahr" herbeigeführt wird, d. h. so, daß sie unbestimmt welche und wieviele Personen oder Sachen, also die Öffentlichkeit gefährdet, während der Täter die Beschränkung der Gefahr nicht mehr in der Hand hat.

4. Vorsätzlich hat der Täter die Überschwemmung herbeigeführt, wenn er die Überflutung wollte und sich bewußt war, daß dabei gemeine Gefahr entstehe.

5. Erschwert ist die in § 312 bedrohte Herbeiführung einer Überschwemmung, wenn durch die Überschwemmung ein Mensch den Tod erleidet, sei es auch, daß er nur bei Rettungsarbeiten verunglückt.

6. Wegen Polizeiaufsicht siehe § 325.

§ 313. Wer mit gemeiner Gefahr für das Eigentum vorsätzlich eine Überschwemmung herbeiführt, wird mit Zuchthaus bestraft.

Ist jedoch die Absicht des Täters nur auf Schutz seines Eigentums gerichtet gewesen, so ist auf Gefängnis nicht unter einem Jahre zu erkennen.

1. Hier wird die sachengefährdende Überschwemmung behandelt. Sie wird milder als die menschengefährdende Überschwemmung des § 312 bestraft.

2. Nach Absatz 2 tritt eine Strafmilderung ein, wenn die Absicht des Täters nur auf Schutz seines Eigentums gerichtet war.

3. Wegen Polizeiaufsicht siehe § 325.

Fahrlässige Überschwemmung.

§ 314. Wer eine Überschwemmung mit gemeiner Gefahr für Leben oder Eigentum durch Fahrlässigkeit herbeiführt, wird mit Gefängnis bis zu einem Jahre und, wenn durch die Überschwemmung der Tod eines Menschen verursacht worden ist, mit Gefängnis von einem Monat bis zu drei Jahren bestraft.

1. Über die Begriffe Überschwemmung, gemeine Gefahr, Eigentum vgl. die Erl. zu § 312.

2. Durch Fahrlässigkeit führt der Täter die Überschwemmung herbei, wenn er bei gehöriger Aufmerksamkeit und Vorsicht den Eintritt der Überschwemmung als erfahrungsmäßige Folge seines Handelns voraussehen konnte.

3. Wird der Tod eines Menschen verursacht, dann kann Tateinheit mit fahrlässiger Tötung (§ 222) in Frage kommen.

Transportgefährdung.

§ 315. Wer die Sicherheit des Betriebs einer Eisenbahn oder Schwebebahn, der Schiffahrt oder der Luftfahrt durch Beschädigen, Zerstören oder Beseitigen von Anlagen oder Beförderungsmitteln, durch Bereiten von Hindernissen, durch falsche Zeichen oder Signale oder durch ähnliche Eingriffe oder durch eine an Gefährlichkeit einem solchen Eingriff gleichkommende pflichtwidrige Unterlassung beeinträchtigt und dadurch eine Gemeingefahr herbeiführt, wird mit Zuchthaus bis zu zehn Jahren bestraft. In besonders schweren Fällen ist auf Zuchthaus nicht unter fünf Jahren oder auf lebenslanges Zuchthaus oder auf Todesstrafe zu erkennen.

Wer auf solche Weise die Sicherheit des Betriebs einer Straßenbahn beeinträchtigt und dadurch eine Gemeingefahr herbeiführt, wird mit Gefängnis bestraft. Der Versuch ist strafbar. In besonders schweren Fällen ist die Strafe Zuchthaus bis zu zehn Jahren.

Gemeingefahr bedeutet eine Gefahr für Leib oder Leben, sei es auch nur eines einzelnen Menschen, oder für bedeutende Sachwerte, die in fremdem Eigentum stehen oder deren Vernichtung gegen das Gemeinwohl verstößt.

1. Hier wird die vorsätzliche Transportgefährdung behandelt; der Abs. 1 schützt den Betrieb einer Eisenbahn oder Schwebebahn, der Schiffahrt oder der Luftfahrt, während Abs. 2 die Gefährdung des Betriebes einer Straßenbahn zum Gegenstand hat.

2. Als Angriffsobjekte kommen Eisenbahnen, Schwebebahnen, Schiffahrt und Luftfahrt (Abs. 1) und die Straßenbahnen (Abs. 2) in Frage. Unter Eisenbahnen sind auf festen Schienen mit elementaren Naturkräften (Dampf, Elektrizität) betriebene Bahnen zu verstehen. Der Unterschied gegenüber den Straßenbahnen (Abs. 2) besteht darin, daß die Eisenbahn regelmäßig auf besonderen, nur für sie bestimmten Wegen fährt, während die Straßenbahn Wege benützt, die dem allgemeinen Verkehr dienen. Eine Hoch- und Untergrundbahn mit eigenem Bahnkörper ist daher eine Eisenbahn. Gleichgültig ist, ob die Bahn öffentlichen oder privaten Zwecken dient.

3. Die Ausführungshandlung besteht in der Beeinträchtigung der Sicherheit des Betriebs. Das strafbare Verhalten kann im einzelnen durch folgende Tätigkeitsakte verwirklicht werden:

a) Durch Beschädigen, Zerstören oder Beseitigen von Anlagen oder Beförderungsmitteln. Anlagen sind Gleise, Brücken, Bahndämme, Tunnels, Leuchttürme usw., Beförderungsmittel sind Waggons, Lokomotiven, Schiffe, Flugzeuge usw.;

b) durch Bereiten von Hindernissen, z. B. von Aufstellen, Hinlegen oder Hinwerfen von Gegenständen, insbesondere auf die Schienen, durch Loslösen oder Verrücken der Schienen;

c) durch falsche Zeichen oder Signale oder ähnliche Eingriffe; zu letzteren gehört z. B. das Inbewegungsetzen von gebremsten Wagen oder das Bewerfen des Zugpersonals mit Steinen;

d) durch eine an Gefährlichkeit einem solchen Eingriff gleichkommende Unterlassung.

4. Durch das gekennzeichnete Verhalten muß eine Gemeingefahr herbeigeführt werden. Was hierunter zu verstehen ist, hat das Gesetz in Abs. 3 festgelegt.

5. Die Transportgefährdung des Abs. 2 (Straßenbahnen) ist mit geringerer Strafe bedroht.

6. Zum inneren Tatbestand (Vorsatz) gehört das Bewußtsein des Täters, die Betriebssicherheit zu beeinträchtigen und hierdurch eine Gemeingefahr herbeizuführen.

7. Wegen der in § 315 Abs. 1 vorgesehenen Todesstrafe für „besonders schwere Fälle" siehe Erl. 4 zu § 13. Die Todesstrafe ist nicht mehr anwendbar.

8. Stellt man sich auf den Standpunkt, daß der § 315 lediglich eine Erweiterung des alten § 315 darstellt (die Frage ist bestritten), kommt im Hinblick auf Ziff. 8b der „Allgemeinen Anweisung an Richter Nr. 1" (siehe Vorbemerkung B vor § 13) grundsätzlich nur der alte Strafrahmen in Frage, nämlich Zuchthaus bis zu 10 Jahren, bei Verursachung schwerer Körperverletzung Zuchthaus nicht unter 5 Jahren und bei Verursachung eines Todes Zuchthaus nicht unter 10 Jahren oder lebenslängliches Zuchthaus.

9. Wegen Polizeiaufsicht siehe § 325.

Fahrlässige Transportgefährdung.

§ 316. Wer fahrlässig eine der im § 315 Abs. 1 bezeichneten Taten begeht, wird mit Gefängnis nicht unter einem Monat bestraft.

Wer fahrlässig eine der im § 315 Abs. 2 bezeichneten Taten begeht, wird mit Gefängnis bis zu drei Jahren oder mit Geldstrafe bestraft.

1. Die hier behandelte fahrlässige Transportgefährdung hat den gleichen äußeren Tatbestand wie § 315.

2. Sie kommt in der Praxis besonders häufig bei Zusammenstößen von Fuhrwerken oder Autos mit Straßenbahnen oder beim Überqueren gesicherter oder ungesicherter Bahnübergänge durch Fahrzeuge in Frage.

3. Wegen des Strafrahmens siehe Erl. 8 zu § 315. Der alte § 315 lautete: „Wer fahrlässigerweise durch eine der vorbezeichneten Handlungen den Transport auf einer Eisenbahn in Gefahr setzt, wird mit Gefängnis bis zu einem Jahre oder mit Geldstrafe und, wenn durch die Handlung der Tod eines Menschen verursacht ist, mit Gefängnis von einem Monat bis zu drei Jahren bestraft. Gleiche Strafe trifft die zur Leitung der Eisenbahnfahrten und zur Aufsicht über die Bahn und den Beförderungsbetrieb angestellten Personen, wenn sie durch Vernachlässigung der ihnen obliegenden Verpflichtungen einen Transport in Gefahr setzen."

Vorsätzliche Gefährdung des Telegraphenbetriebs.

§ 317. Wer vorsätzlich und rechtswidrig den Betrieb einer zu öffentlichen Zwecken dienenden Telegraphenanlage dadurch verhindert oder gefährdet, daß er Teile oder Zubehörungen derselben beschädigt oder Veränderungen daran vornimmt, wird mit Gefängnis von einem Monat bis zu drei Jahren bestraft.

1. Unter Telegraphenanlage versteht man eine Einrichtung, welche Gedanken von einem Ort zum andern durch Elektrizität mit und ohne Draht oder durch das Licht (sogenannte optische Telegraphen) überträgt. Fernsprechanlagen und Rohrpostleitungen gehören wie § 318a klargestellt hat, auch hierher.

2. Im Gegensatze zu den Eisenbahnanlagen in §§ 315, 316 ist hier verlangt, daß die Anlagen öffentlichen Zwecken, also den Interessen der Allgemeinheit dienen, einerlei übrigens, ob sie im Eigentum des Staates oder eines Privaten (z. B. einer Aktiengesellschaft) stehen.

3. Der Betrieb wird verhindert, wenn die Anlage bestimmungsgemäß nicht mehr benutzt werden kann, und er wird gefährdet, wenn das richtige Funktionieren des Betriebs nicht mehr gewährleistet ist. Eine technisch ordnungsmäßige, jedoch unbefugte Benutzung der Anlage (z. B. Inbetriebsetzung eines Feuermelders durch Einschlagen der Scheibe) ist keine Beschädigung.

4. Zur Erfüllung des Tatbestandes muß die Handlung vorsätzlich begangen sein im Gegensatz zu § 318, in welchem fahrlässiges Handeln bestraft wird.

Fahrlässige Gefährdung des Telegraphenbetriebs.

§ 318. Wer fahrlässigerweise durch eine der vorbezeichneten Handlungen den Betrieb einer zu öffentlichen Zwecken dienenden Telegraphenanlage verhindert oder gefährdet, wird mit Gefängnis bis zu einem Jahre oder mit Geldstrafe bestraft.

Gleiche Strafen trifft die zur Beaufsichtigung und Bedienung der Telegraphenanlagen und ihrer Zubehörungen angestellten Personen, wenn sie durch Vernachlässigung der ihnen obliegenden Pflichten den Betrieb verhindern oder gefährden.

1. Fahrlässigerweise verhindert oder gefährdet jemand den Betrieb, wenn er bei Anwendung gehöriger Aufmerksamkeit und Sorgfalt als erfahrungsmäßige Folge seines Verhaltens die Verhinderung oder Gefährdung hätte voraussehen können.

2. Abs. 2 enthält die Gefährdung des Telegrafenbetriebs durch Telegrafenbeamte.

Gefährdung des Rohrpost- und Fernsprechbetriebs.

§ 318a. Die Vorschriften in den §§ 317 und 318 finden gleichmäßig Anwendung auf die Verhinderung oder Gefährdung des Betriebes der zu öffentlichen Zwecken dienenden Rohrpostanlagen.

Unter Telegraphenanlagen im Sinne der §§ 317 und 318 sind Fernsprechanlagen mitbegriffen.

Diese Vorschrift wurde durch Gesetz vom 13. 5. 1891 eingefügt, da fraglich war, ob Rohrpostanlagen und Fernsprechanlagen unter den Begriff „Telegraphenanlagen" fallen.

§§ 319, 320 sind durch Gesetz vom 28. Juni 1935 gestrichen.

Beschädigung von Wasserbauten usw.

§ 321. Wer vorsätzlich Wasserleitungen, Schleusen, Wehre, Deiche, Dämme oder andere Wasserbauten, oder Brücken, Fähren, Wege oder Schutzwehre, oder dem Bergwerksbetriebe dienende Vorrichtungen zur Wasserhaltung, zur Wetterführung oder zum Ein- und Ausfahren der Arbeiter zerstört oder beschädigt, und durch eine dieser Handlungen Gefahr für das Leben oder die Gesundheit anderer herbeiführt, wird mit Gefängnis nicht unter drei Monaten bestraft.

Ist durch eine dieser Handlungen eine schwere Körperverletzung verursacht worden, so tritt Zuchthausstrafe bis zu fünf Jahren und wenn der Tod eines Menschen verursacht worden ist, Zuchthausstrafe nicht unter fünf Jahren ein.

1. Die §§ 321, 324 **wenden sich gegen Gefährdung des Lebens oder der Gesundheit** von Menschen durch Beeinträchtigung von Wasserbauten, Brücken, Fähren, Wegen, Schutzwehren und Bergwerksanlagen (§ 321), von Brunnen und Wasserbehältern sowie durch Verkauf gefährlicher Gegenstände (§ 324), sofern die Handlung vorsätzlich begangen ist. In § 326 werden dann die gleichen Handlungen, auch wenn sie nur fahrlässig begangen sind, aber nur dann mit Strafe bedroht, wenn durch die Handlung ein Schaden oder der Tod eines Menschen verursacht worden ist.

2. Die Ausführungshandlung besteht in dem Beschädigen oder Zerstören mit der Folge, daß eine Gefahr für das Leben oder die Gesundheit anderer herbeigeführt wird.

3. Abs. 2 enthält eine erhöhte Strafdrohung, falls durch die Handlung des Täters eine schwere Körperverletzung oder der Tod eines Menschen herbeigeführt wurde.

4. Wegen Polizeiaufsicht siehe § 325.

§§ 322, 323 sind durch Gesetz vom 28. Juni 1935 gestrichen.

Brunnenvergiftung.

§ 324. Wer vorsätzlich Brunnen- oder Wasserbehälter, welche zum Gebrauche anderer dienen, oder Gegenstände, welche zum öffentlichen Verkaufe oder Verbrauche bestimmt sind, vergiftet, oder denselben Stoffe beimischt, von denen ihm bekannt ist, daß sie die menschliche Gesundheit zu zerstören geeignet sind, ingleichen wer solche vergiftete oder mit gefährlichen Stoffen vermischte Sachen wissentlich und mit Verschweigung dieser Eigenschaft verkauft, feilhält oder sonst in Verkehr bringt, wird mit Zuchthaus bis zu zehn Jahren und, wenn durch die Handlung der Tod eines Menschen verursacht worden ist, mit Zuchthaus nicht unter zehn Jahren oder mit lebenslänglichem Zuchthaus bestraft.

1. Diese Gesetzesstelle behandelt zwei Gefährdungsdelikte: Die gemeingefährliche Vergiftung und das Inverkehrbringen vergifteter Sachen.

2. Die gemeingefährliche Vergiftung besteht darin, daß Brunnen oder Wasserbehälter (namentlich Wasserleitungen, die zum menschlichen Gebrauch bestimmt sind, also nicht z. B. Wasserbehälter für Viehtränken) vergiftet werden, oder Gegenstände, welche zum öffentlichen Verkauf oder Verbrauch bestimmt sind. Zu den letzteren gehören nicht nur Nahrungs- und Genußmittel, Medikamente oder ähnliches, sondern auch Kleider, Spielsachen usw. Dem Vergiften steht gleich das Beimischen von Stoffen, welche die menschliche Gesundheit zu zerstören geeignet sind.

3. Den zweiten Tatbestand des § 324 bildet das Inverkehrbringen der vergifteten Sachen, insbesondere das Verkaufen oder Feilhalten. Zusammentreffen mit §§ 11, 12 des Lebensmittelgesetzes ist möglich.

4. Eine erhöhte Strafe für beide Fälle ist angedroht, wenn durch die Handlung der Tod eines Menschen eintritt. Ist der Tod beabsichtigt, dann ist Idealkonkurrenz mit Mord, bzw. Totschlag möglich.

5. Wegen Fahrlässigkeit vgl. § 326, wegen Polizeiaufsicht § 325.

Polizeiaufsicht.

§ 325. Neben der nach den Vorschriften der §§ 306 bis 308, 311 bis 313, 315, 321 bis 324 erkannten Zuchthausstrafe kann auf Zulässigkeit von Polizeiaufsicht erkannt werden.

Fahrlässige Begehung.

§ 326. Ist eine der in den §§ 321 bis 324 bezeichneten Handlungen aus Fahrlässigkeit begangen worden, so ist, wenn durch die Handlung ein Schaden verursacht worden ist, auf Gefängnis bis zu einem Jahre und, wenn der Tod eines Menschen verursacht worden ist, auf Gefängnis von einem Monat bis zu drei Jahren zu erkennen.

Vgl. hierzu die Erl. 1 zu § 321.

Verletzung von Absperrungsmaßregeln gegen ansteckende Krankheiten.

§ 327. Wer die Absperrungs- oder Aufsichts-Maßregeln oder Einfuhrverbote, welche von der zuständigen Behörde zur Verhütung des Einführens oder Verbreitens einer ansteckenden Krankheit angeordnet worden sind, wissentlich verletzt, wird mit Gefängnis bis zu zwei Jahren oder mit Geldstrafe bestraft.

Ist infolge dieser Verletzung ein Mensch von der ansteckenden Krankheit ergriffen worden, so tritt Gefängnisstrafe von drei Monaten bis zu drei Jahren ein.

1. Die §§ 327 und 328 bedrohen die wissentliche Nichtbeachtung sanitätspolizeilicher Maßregeln gegen Verbreitung von Seuchen; § 327 wendet sich gegen eine solche Nichtbeachtung von ansteckenden Krankheiten, welche Menschen befallen, § 328 gegen eine Nichtbeachtung von Viehseuchenvorschriften. Es handelt sich bei § 327 um ein sog. Blankettstrafgesetz, das durch Anordnungen der zuständigen Behörden ergänzt wird, wie z. B. VO. zur Bekämpfung übertragbarer Krankheiten vom 1. 12. 1938 (RGBl. I, 1721), in der ausdrücklich bestimmt ist, daß Zuwiderhandlungen gegen diese Anordnungen nach § 327 bestraft werden. Im übrigen kommen als Ergänzungen zu § 327 die von den Ortspolizeibehörden innerhalb ihrer Zuständigkeit erlassenen Vorschriften in Frage.

2. Nur wissentliche Verletzung der erwähnten Vorschriften, d. h. vorsätzliche Zuwiderhandlung mit dem Bewußtsein, gegen die behördliche Anordnung zu handeln, wird nach den §§ 327, 328 bestraft, bloße fahrlässige Zuwiderhandlung kann aber nach den Spezialgesetzen einer Strafe unterliegen. Siehe unten Erl. 4 sowie Erl. 2 zu § 328.

3. Unter „ansteckenden Krankheiten" im Sinne von § 327 sind nur Menschenkrankheiten gemeint. Aber darunter fallen auch Viehseuchen, die auf Menschen übergehen wie z. B. Tollwut der Hunde, die Trichinenkrankheit der Schweine.

4. Hierher einschlagende Reichsgesetze, die als Spezialgesetze dem § 327 vorgehen, sind:

Reichsgesetz v. 30. Juni 1900, betr. die Bekämpfung gemeingefährlicher Krankheiten (RGBl. 1900 S. 306), gegen Aussatz (Lepra), Cholera, Fleckfieber (Flecktyphus), Gelbfieber, orientalische Beulenpest, Pocken (Blattern): Anzeigepflicht;

Gesetz zur Bekämpfung der Papageienkrankheit und anderer übertragbarer Krankheiten v. 3. Juli 1934 (RGBl. S. 532).

5. Zur Bekämpfung der Geschlechtskrankheiten ist am 1. Febr. 1927 folgendes Reichsgesetz ergangen (RGBl. I S. 61), das durch VO. v. 21. Okt. 1940 (RGBl. I S. 1459) in §§ 2, 17, 18 geändert wurde: Auszug.

§ 1. Geschlechtskrankheiten im Sinne des Gesetzes sind Syphilis, Tripper und Schanker, ohne Rücksicht darauf, an welchen Körperteilen die Krankheitserscheinungen auftreten.

§ 2. Wer an einer mit Ansteckungsgefahr verbundenen Geschlechtskrankheit leidet und dies weiß, oder den Umständen nach annehmen muß, hat die Pflicht, sich von einem für das Deutsche Reich approbierten Ärzte behandeln zu lassen. Eltern, Vormünder und sonstige Erziehungsberechtigte sind verpflichtet, für die ärztliche Behandlung ihrer geschlechtskranken Pflegebefohlenen zu sorgen.

Wer an einer ansteckungsgefährlichen Geschlechtskrankheit leidet und die Kosten der Behandlung nicht selbst tragen kann, erhält kostenlose Behandlung aus öffentlichen Mitteln.

§ 3. Die Durchführung der aus diesem Gesetz erwachsenden gesundheitlichen Aufgaben ist Gesundheitsbehörden zu übertragen, die sich mit den Beratungsstellen für Geschlechtskranke, den Pflegeämtern und den sonstigen Einrichtungen der sozialen Fürsorge möglichst im Einvernehmen zu halten haben. Die Beamten der Ordnungs- und Wohlfahrtspolizei haben die Durchführung der gesundheitlichen und sozialfürsorgerischen Aufgaben, insbesondere das Eingreifen der Fürsorgestellen Minderjährigen gegenüber, in jeder Weise zu unterstützen.

§ 4. Die zuständige Gesundheitsbehörde kann Personen, die dringend verdächtig sind, geschlechtskrank zu sein und die Geschlechtskrankheit weiter zu verbreiten, anhalten, ein ärztliches Zeugnis, nur in begründeten Ausnahmefällen ein von einem durch die zuständige Gesundheitsbehörde benannten Arzte ausgestelltes Zeugnis über ihren Gesundheitszustand vorzulegen oder sich der Untersuchung durch einen solchen Arzt zu unterziehen. Auf Antrag des untersuchenden Arztes können solche Personen angehalten werden, wiederholt derartige Gesundheitszeugnisse beizubringen.

Personen, die geschlechtskrank und verdächtig sind, die Geschlechtskrankheit weiter zu verbreiten, können einem Heilverfahren unterworfen, auch in ein Krankenhaus verbracht werden, wenn dies zur Verhütung der Ausbreitung der Krankheit erforderlich erscheint.

Anzeigen, deren Urheber nicht erkennbar sind, dürfen nicht beachtet werden. Personen, die mit Namensnennung andere einer Geschlechtskrankheit bezichtigen, sind zunächst mündlich zu vernehmen und die Anzeigen erst dann weiter zu verfolgen, wenn die Vernehmung ergeben hat, daß ein ausreichender Anhalt für die Richtigkeit der behaupteten Tatsachen vorhanden ist.

Soweit andere Mittel zur Durchführung der in Absatz 1, 2 vorgesehenen Maßnahmen nicht ausreichen, ist die Anwendung unmittelbaren Zwanges zulässig. Ärztliche Eingriffe, die mit einer ernsten Gefahr für Leben oder Gesundheit verbunden sind, dürfen nur mit Einwilligung des Kranken vorgenommen werden. Die Reichsregierung bestimmt, welche ärztlichen Eingriffe insbesondere hierunter fallen.

§ 5. Wer den Beischlaf ausübt, obwohl er an einer mit Ansteckungsgefahr verbundenen Geschlechtskrankheit leidet und dies weiß, oder den Umständen nach annehmen muß, wird mit Gefängnis bis zu drei Jahren bestraft, sofern nicht nach den Vorschriften des Strafgesetzbuchs eine härtere Strafe verwirkt ist.

Die Verfolgung tritt nur auf Antrag ein. Ist der Täter ein Angehöriger des Antragstellers, so ist die Zurücknahme des Antrags zulässig. (Dieser Absatz 2 wurde durch Gesetz Nr. 201, der Regierung Württemberg-Baden v. 16. 5. 46 [Reg.-Blatt S. 172] aufgehoben, so daß die Straftat des § 5 kein Antragsdelikt mehr ist.)

Die Strafverfolgung verjährt in sechs Monaten.

§ 6. Wer weiß, oder den Umständen nach annehmen muß, daß er an einer mit Ansteckungsgefahr verbundenen Geschlechtskrankheit leidet und trotzdem eine Ehe eingeht, ohne dem andern Teil vor Eingehung der Ehe über seine Krankheit Mitteilung gemacht zu haben, wird mit Gefängnis bis zu drei Jahren bestraft.

Die Strafverfolgung tritt nur auf Antrag ein. Die Zurücknahme des Antrags ist zulässig.

Die Strafverfolgung verjährt in sechs Monaten.

§ 7. Die Behandlung von Geschlechtskrankheiten und Krankheiten oder Leiden der Geschlechtsorgane ist nur den für das Deutsche Reich approbierten Ärzten gestattet. Verboten ist, solche Krankheiten anders, als auf Grund eigener Wahrnehmung zu behandeln (Fernbehandlung) oder in Vorträgen, Schriften, Abbildungen oder Darstellungen Ratschläge für die Selbstbehandlung zu erteilen.

Wer einen anderen einem der in Abs. 1 enthaltenen Verbote zuwider behandelt oder sich zu einer solchen Behandlung öffentlich oder durch Verbreiten von Schriften, Abbildungen, von Darstellungen, wenn auch in verschiedener Weise, erbietet, wird mit Gefängnis bis zu einem Jahre und mit Geldstrafe, oder mit einer dieser Strafen bestraft.

Gleiche Strafe trifft den Arzt, der sich zur Behandlung der in Abs. 1 bezeichneten Krankheiten in unlauterer Weise anbietet.

§ 10. Wer als Beamter oder Angestellter einer Gesundheitsbehörde oder einer Beratungsstelle unbefugt offenbart, was ihm über Geschlechtskrankheiten eines anderen oder ihre Ursache oder über die sonstigen persönlichen Verhältnisse der Beteiligten dienstlich bekannt geworden ist, wird mit Geldstrafe oder mit Gefängnis bis zu einem Jahre bestraft.

Die Verfolgung tritt nur auf Antrag ein. Den Antrag kann auch die Gesundheitsbehörde stellen.

Die Offenbarung ist nicht unbefugt, wenn sie von einem in der Gesundheitsbehörde oder in einer Beratungsstelle tätigen Arzte oder mit Zustimmung eines solchen Arztes an eine Behörde oder an eine Person gemacht wird, die ein berechtigtes gesundheitliches Interesse daran hat, über die Geschlechtskrankheit des andern unterrichtet zu werden.

§ 11. Wer zum Zwecke der Heilung oder Linderung von Geschlechtskrankheiten Mittel, Gegenstände oder Verfahren öffentlich oder durch Verbreitung von Schriften, Abbildungen oder Darstellungen, wenn auch in verschleiernder Weise, ankündigt oder anpreist oder solche Mittel oder Gegenstände an einem allgemein zugänglichen Orte ausstellt, wird mit Gefängnis bis zu sechs Monaten und mit Geldstrafe oder mit einer dieser Strafen bestraft.

Straflos ist, soweit nicht anderweitige reichs- oder landesrechtliche Vorschriften entgegenstehen, die Ankündigung oder Anpreisung dieser Mittel oder Gegenstände an Ärzte oder Apotheker oder an Personen, die mit solchen Mitteln oder Gegenständen erlaubterweise Handel treiben, oder in wissenschaftlichen, ärztlichen oder pharmazeutischen Fachzeitschriften.

§ 12. Vorträge, Schriften, Abbildungen und Darstellungen, die nur der Aufklärung über die Geschlechtskrankheiten, insbesondere über die Erscheinungsformen, dienen, sind straflos, soweit sie nicht unter die Strafbestimmungen des § 7 fallen.

§ 13. Die Reichsregierung kann das Inverkehrbringen von Mitteln oder Gegenständen, die zur Verhütung von Geschlechtskrankheiten dienen sollen, von dem Ergebnis einer amtlichen Prüfung abhängig machen und das Inverkehrbringen hierfür nicht geeigneter Gegenstände verbieten. Sie kann auch Vorschriften über das Ausstellen, Ankündigen oder Anpreisen der hiernach zugelassenen Mittel oder Gegenstände treffen.

Wer Mittel oder Gegenstände, die auf Grund des Abs. 1 Satz 1 vom Verkehr ausgeschlossen sind, in Verkehr bringt, wird mit Gefängnis bis zu sechs Monaten und mit Geldstrafe oder mit einer dieser Strafen bestraft. Ebenso wird bestraft, wer einer nach Absatz 1 Satz 2 getroffenen Vorschrift zuwiderhandelt.

§ 14. Mit Gefängnis bis zu einem Jahre und mit Geldstrafe oder mit einer dieser Strafen wird bestraft, insofern nicht nach den Vorschriften des Strafgesetzbuchs eine härtere Strafe verwirkt ist,

1. eine weibliche Person, die ein fremdes Kind stillt, obwohl sie an einer Geschlechtskrankheit leidet und dies weiß, oder den Umständen nach annehmen muß;
2. wer ein syphilitisches Kind, für dessen Pflege er zu sorgen hat, von einer anderen Person, als der Mutter, stillen läßt, obwohl er die Krankheit des Kindes kennt oder den Umständen nach kennen muß;
3. wer ein sonst geschlechtskrankes Kind, für dessen Pflege er zu sorgen hat, von einer anderen Person als der Mutter, ohne sie vorher über die Krankheit und die gebotenen Vorsichtsmaßnahmen durch einen Arzt mündlich unterweisen zu lassen, stillen läßt, obwohl er die Krankheit des Kindes kennt oder den Umständen nach kennen muß;
4. wer ein geschlechtskrankes Kind, obwohl er die Krankheit kennt oder den Umständen nach kennen muß, in Pflege gibt, ohne den Pflegeeltern von der Krankheit des Kindes Mitteilung zu machen.

Straflos ist das Stillen oder Stillenlassen eines syphilitischen Kindes durch eine weibliche Person, die selbst an Syphilis leidet.

§ 15. Mit Geldstrafe bis zu einhundertfünfzig DM. oder mit Haft wird bestraft:

1. eine Amme, die ein fremdes Kind stillt, ohne im Besitz eines unmittelbar vor Antritt der Stellung ausgestellten ärztlichen Zeugnisses darüber zu sein, daß an ihr keine Geschlechtskrankheit nachweisbar ist:
2. wer zum Stillen eines Kindes eine Amme in Dienst nimmt, ohne sich davon überzeugt zu haben, daß sie im Besitze des in Nr. 1 bezeichneten Zeugnisses ist:
3. wer, abgesehen von Notfällen, ein Kind, für dessen Pflege er zu sorgen hat, von einer andern Person als der Mutter stillen läßt, ohne vorher im Besitz eines ärztlichen Zeugnisses darüber zu sein, daß eine gesundheitliche Gefahr für die Stillende nicht besteht.

Die Vorschriften des Absatz 1 finden im Falle des § 14 Absatz 2 keine Anwendung.

§ 17. Gesundheitsbehörde im Sinne dieses Gesetzes ist das Gesundheitsamt.

Verletzung von Absperrungsmaßregeln gegen Viehseuchen.

§ 328. Wer die Absperrungs- oder Aufsichts-Maßregeln oder Einfuhrverbote, welche von der zuständigen Behörde zur Verhütung des Einführens oder Verbreitens von Viehseuchen angeordnet worden sind, wissentlich verletzt, wird mit Gefängnis bis zu einem Jahre oder mit Geldstrafe bestraft.

Ist infolge dieser Verletzung Vieh von der Seuche ergriffen worden, so tritt Gefängnisstrafe von einem Monat bis zu zwei Jahren ein.

1. Vgl. hierzu die Erl. 1 und 2 zu § 327.

2. Hierher einschlagende Reichsgesetze, durch die § 328 erheblich eingeengt wurde, sind:

Reichsgesetz v. 7. April 1869: Maßregeln gegen die Rinderpest betr. (RGBl. S. 105);

Reichsgesetz v. 21. Mai 1878 betr. Zuwiderhandlungen gegen die zur Abwehr der Rinderpest erlassenen Vieheinfuhrverbote (RGBl. S. 95);

Viehseuchengesetz v. 26. Juni 1909 (RGBl. S. 519) in Kraft seit 1. Mai 1912 mit Ergänzung v. 15. Juli 1928 (RGBl. I, 289).

§ 329 ist gestrichen durch Gesetz vom 24. April 1934.

Verletzung der Baukunstregeln.

§ 330. Wer bei der Leitung oder Ausführung eines Baues wider die allgemein anerkannten Regeln der Baukunst dergestalt handelt, daß hieraus für andere Gefahr entsteht, wird mit Geldstrafe oder mit Gefängnis bis zu einem Jahre bestraft.

1. Hier wird sowohl das vorsätzliche als auch das fahrlässige Zuwiderhandeln gegen die Regeln der Baukunst bedroht.

2. Unter „Bau" ist sowohl Hoch- als Tiefbau (Bergbau, Wasser- und Straßenbau) zu verstehen; auch Abbrucharbeiten und größere Reparaturbauten gehören hierher, auch Ausschachtung einer Baugrube, Errichtung von Gerüsten samt Leitern sind zum Bau zu rechnen.

3. Die Zuwiderhandlung kann in einem Tun oder Unterlassen bestehen, z. B. Verwendung schlechten Materials oder mangelhafter Gerätschaften oder eigenmächtiges Abweichen vom Bauplan, ferner Nichtanbringung von Absperrvorrichtungen.

4. Täter kann sowohl derjenige sein, der den Bau leitet, als auch derjenige, der ihn ausführt, also auch die eigentlichen Bauarbeiter und die Unternehmer und Handwerksmeister, in deren Dienst die Arbeiter tätig sind.

5. Es muß durch das Zuwiderhandeln Gefahr für Leben oder Gesundheit anderer entstanden sein. Eine solche kann vorliegen, auch wenn die Gefahr nur eine mittelbare ist, wie z. B. bei der Möglichkeit eines Brandausbruchs.

6. Mit dem Vergehen nach § 330 treffen, wenn Menschen verletzt oder getötet sind, fahrlässige Körperverletzung oder fahrlässige Tötung zusammen (vgl. §§ 222, 230). Vgl. auch § 367, Z. 13—15.

Vollrausch.

§ 330a. Wer sich vorsätzlich oder fahrlässig durch den Genuß geistiger Getränke oder durch andere berauschende Mittel in einen die Zurechnungsfähigkeit (§ 51 Abs. 1) ausschließenden Rausch versetzt, wird mit Gefängnis oder mit Geldstrafe bestraft, wenn er in diesem Zustand eine mit Strafe bedrohte Handlung begeht.

Die Strafe darf jedoch nach Art und Maß nicht schwerer sein als die für die vorsätzliche Begehung der Handlung angedrohte Strafe.

Die Verfolgung tritt nur auf Antrag ein, wenn die begangene Handlung nur auf Antrag verfolgt wird.

1. Durch das Gesetz gegen gefährliche Gewohnheitsverbrecher und über Maßregeln der Sicherung und Besserung vom 24. November 1933 ist in den in das Strafgesetzbuch neu eingesetzten §§ 330a und 330b der Mißbrauch von Rauschgiften unter Strafe gestellt.

2. Nach § 51 ist der Täter, wenn er zur Zeit der Tat durch Alkohol oder ein sonstiges Rauschmittel (Morphium, Kokain, Opium) so berauscht ist, daß er die Fähigkeit, das Unerlaubte der Tat einzusehen oder nach dieser Einsicht zu handeln, völlig verloren hat, nicht zurechnungsfähig und deshalb nicht strafbar. Wer sich also in einen solchen Zustand versetzt und dann eine mit Strafe bedrohte Handlung begeht, kann wegen dieser Tat nicht bestraft werden. Anders dagegen, wenn der Täter sich mit dem Bewußtsein und dem Willen (es genügt auch Eventualdolus) in den Zustand der Zurechnungsunfähigkeit gesetzt hat, die fragliche Tat im Rausch zu begehen (sog. actio libera in causa). In einem solchen Falle, in dem der Täter sich gewissermaßen Mut antrinkt und sich selbst gewissermaßen als Werkzeug benutzt, wird er nicht nach § 330a bestraft, sondern wegen der im Rausch begangenen

vorsätzlichen Straftat. (Siehe Erl. 4 zu § 51.) Gleichermaßen ist zu entscheiden, wenn sich der Täter zwar nicht mit dem Willen betrinkt, eine strafbare Handlung zu begehen, wenn er sich aber fahrlässig durch berauschende Mittel in einen die Zurechnungsfähigkeit ausschließenden Rauschzustand versetzt und außerdem infolge Fahrlässigkeit nicht daran denkt, daß er in betrunkenem Zustande zur Begehung strafbarer Handlungen neigt. Auch in diesem Falle erfolgt Bestrafung nicht wegen Vergehens nach § 330a, sondern wegen der im Rausch begangenen Straftat, soweit sie fahrlässig begangen werden kann. Beispiele: Der A will dem B einen Denkzettel geben. Zu diesem Zwecke trinkt er sich Mut an und begeht dann in schuldunfähigem Zustande (§ 51 Abs. 1) eine Körperverletzung. Er ist wegen vorsätzlicher Körperverletzung nach § 223 zu bestrafen. Oder: A hat schon häufig in seinem Leben in der Trunkenheit Streit angefangen und dabei Körperverletzungen begangen. Er kennt diese seine Veranlagung, betrinkt sich aber trotzdem wieder, obwohl er bei genügender Aufmerksamkeit hätte erkennen müssen, daß er auch diesmal wieder in einen unzurechnungsfähigen Zustand geraten und in diesem Zustande wieder Körperverletzungen begehen werde. Kommt es nunmehr zu einer solchen, dann ist er wegen fahrlässiger Körperverletzung nach §§ 223, 230 zu bestrafen.

3. Im Gegensatz zu diesen Fällen wird der Täter, der ohne an eine zu begehende Straftat zu denken, sich sinnlos betrinkt und in diesem Rausch eine Straftat begeht, nicht für diese im Vollrausch begangene Straftat (sog. Rauschtat) bestraft, sondern deshalb, weil er sich in einen gefahrbringenden Zustand versetzt hat. Eine Unterscheidung nach der Richtung, ob der Täter in dem Rauschzustand ein Verbrechen, ein Vergehen oder eine Übertretung begeht, sieht § 330a nicht vor. Es ist ferner zu beachten, daß auch dann nur eine Tat nach § 330a vorliegt, wenn der Volltrunkene in demselben Vollrausch mehrere mit Strafe bedrohte Handlungen begeht.

4. Zum inneren Tatbestand des Vollrausches i. S. des § 330a (also nicht der Rauschtat, deren innere Tatseite in der folgenden Erl. 5 erörtert wird) gehört lediglich, daß sich der Täter vorsätzlich oder fahrlässig in den Rauschzustand versetzt hat. Demnach handelt der Täter vorsätzlich, wenn er weiß oder mindestens mit der von ihm gebilligten Möglichkeit rechnet (Eventualdolus), daß er durch Alkohol oder sonstige Rauschmittel in einen Zustand gerät, der seine Zurechnungsfähigkeit ausschließt. Fahrlässig handelt der Täter des § 330a, wenn er bei genügender Aufmerksamkeit diese Folge hätte erkennen müssen. War der Rausch unverschuldet, dann entfällt eine Strafbarkeit.

5. Es ist ferner bei § 330a folgendes zu beachten: Obwohl die sogenannte Rauschtat nur eine äußere Bedingung der Strafbarkeit bildet, also nicht vom Vorsatz oder der Fahrlässigkeit des Täters umfaßt wird, darf daraus nicht etwa geschlossen werden, daß die innere Seite der Rauschtat ohne jede Bedeutung sei. Die Rechtslage ist vielmehr folgende:

a) Liegt überhaupt keine Willensbetätigung des Täters bei Begehung der Rauschtat vor (z. B. Hinfallen des Täters und dadurch bewirktes Lösen einer Schußwaffe), so scheidet § 330a von vornherein aus.

b) Im übrigen müssen aber grundsätzlich alle zum äußeren und inneren Tatbestand der Rauschtat gehörigen Tatbestandsmerkmale von dem Betrunkenen mit einem gewissen natürlichen Tatwillen verwirklicht werden. Wird insbesondere bei der fraglichen Straftat eine bestimmte Absicht gefordert, z. B. die rechtswidrige Zueignungsabsicht in § 242, dann muß der natürliche Täterwillen auch diese innere Tatseite umfassen.

6. Zur **Verfolgung** wegen § 330a ist ein **Strafantrag** erforderlich, wenn die Rauschtat ein Antragsdelikt ist (Abs. 3 des § 330a), z. B. Sachbeschädigung, und **ferner** darf die **Strafe** des Vollrausches nach Art und Maß **nicht schwerer** sein, als die für die vorsätzliche Begehung der Handlung angedrohte Strafe (Abs. 2 des § 330a).

7. Im **Urteil** ist der Täter **nur** des **Vollrausches** für schuldig zu erklären, nicht auch der im Rauschzustand begangenen mit Strafe bedrohten Handlung.

8. **Anstiftung** und **Beihilfe** zum Vergehen des § 330a ist nicht möglich.

9. Die **Frage** der **Unterbringung** in einer **Trinkerheilanstalt** muß gemäß § 42c bei jeder Verurteilung aus § 330a geprüft werden.

10. Wird eine strafbare Handlung in einem Rausch begangen, der die **Zurechnungsfähigkeit** nur **vermindert**, so kommt § 330a nicht zur Anwendung. Der Täter ist vielmehr nach dem Gesetz strafbar, dessen Tatbestand er verwirklicht hat, unter Berücksichtigung des § 51 Abs. 2 (Möglichkeit der Strafmilderung).

11. **Beispiele** zu § 330a:

a) Der sinnlos Betrunkene A fällt beim Betreten der Straßenbahn zu Boden und bringt dadurch einen in seiner Tasche befindlichen geladenen Revolver zur Auslösung, wodurch ein Fahrgast schwer verletzt wird. **Oder**: Er fällt in ein Schaufenster, wodurch die Fensterscheibe zertrümmert wird. In beiden Fällen liegt **keine Straftat** nach § 330a vor, weil überhaupt **keine Willensbetätigung** des A bei Begehung der Rauschtat (Körperverletzung bzw. Sachbeschädigung) stattgefunden hat.

b) Der sinnlos betrunkene A verwechselt beim Verlassen des Restaurants seinen am Garderobeständer aufgehängten Mantel mit einem fremden Mantel, mit dem er sich nach Hause begibt. A hat keine mit Strafe bedrohte Handlung begangen, da er **nicht** die **Absicht** hatte, sich eine fremde bewegliche Sache zuzueignen (§ 242). Da es somit an einer **Rauschtat fehlt**, kann A nicht wegen Vergehens nach § 330a bestraft werden.

c) Der sinnlos betrunkene A schlägt mit seinem Spazierstock absichtlich das Schaufenster eines Ladens ein. Er ist nach § 330a strafbar, da die von ihm begangene Handlung, falls er zurechnungsfähig gewesen wäre, den Tatbestand der **Sachbeschädigung** i. S. des § 303 erfüllt hätte. **Voraussetzung** für eine Bestrafung nach § 330a ist aber, daß dem A nachgewiesen werden kann, daß er, als er sich betrank, wußte oder mindestens mit der von ihm gebilligten Möglichkeit gerechnet hat, daß er durch Einnahme übermäßigen Alkohols in einen Zustand gerate, der seine Zurechnungsfähigkeit ausschließe (siehe oben Erl. 4). **Weitere Voraussetzung** für eine Bestrafung wäre in diesem Falle, daß der Geschädigte den nach § 303 Abs. 3 zur Verfolgung wegen Sachbeschädigung erforderlichen **Strafantrag** stellt (siehe § 330a Abs. 3).

Abgabe von Rauschgiften an Untergebrachte.

§ 330b. Wer wissentlich einer Person, die in einer Trinkerheilanstalt oder einer Entziehungsanstalt untergebracht ist, ohne Erlaubnis des Leiters der Anstalt geistige Getränke oder andere berauschende Mittel verschafft, wird mit Gefängnis bis zu drei Monaten oder mit Geldstrafe bestraft.

1. Der § 330b stellt die **Abgabe** von Rauschgiften an Personen, die in einer Trinkerheilanstalt oder einer Entziehungsanstalt untergebracht sind, unter Strafe.

2. Siehe auch Polizeiverordnung über das Wirtshausverbot vom 18. Oktober 1939 (RGBl. I S. 2115).

Unterlassene Hilfeleistung.

§ 330 c. Wer bei Unglücksfällen oder gemeiner Gefahr oder Not nicht Hilfe leistet, obwohl dies nach gesundem Volksempfinden seine Pflicht ist, insbesondere wer der polizeilichen Aufforderung zur Hilfeleistung nicht nachkommt, obwohl er der Aufforderung ohne erhebliche eigene Gefahr und ohne Verletzung anderer wichtiger Pflichten genügen kann, wird mit Gefängnis bis zu zwei Jahren oder mit Geldstrafe bestraft.

1. Das Vergehen der unterlassenen Hilfeleistung ist ein echtes Unterlassungsdelikt, d. h. der Tatbestand wird unmittelbar durch ein Unterlassen erfüllt. (Siehe hierzu „Einführende Vorbemerkungen zum Strafrecht", Seite 1 ff., Abschnitt B II 4, Seite 3.) Das Unterlassen als solches wird hier wegen der rücksichtslosen Gesinnung bestraft; es ist daher unerheblich, ob und welche Folge das Unterlassen der Hilfeleistung gehabt hat.

2. Der äußere Tatbestand erfordert, daß sich ein Unglücksfall ereignet hat oder daß gemeine Gefahr oder Not eingetreten sind.

a) Ein „Unglücksfall" ist ein plötzlich eintretendes Ereignis, das erheblichen Schaden an Menschen und Sachen verursacht und weiteren Schaden zu verursachen droht. Ein Unglücksfall liegt auch dann vor, wenn ihn der Betroffene selbst oder ein anderer vorsätzlich oder fahrlässig herbeigeführt hat (z. B. Selbstmordversuch, Mordversuch oder fahrlässige Körperverletzung bzw. Tötung). Es kann auch Fälle von Krankheit geben, die als „Unglücksfälle" anzusehen sind, vor allem, wenn es sich um einen plötzlich auftretenden mit Lebensgefahr verbundenen Krankheitsprozeß handelt. (In diesen Fällen kann der Arzt, der dem Kranken die Hilfe versagt, als Täter des § 330a in Frage kommen.)

b) „Gemeine Gefahr oder Not" liegt vor, wenn die fragliche Situation eine Gefährlichkeit in sich schließt, durch die die Allgemeinheit betroffen wird, z. B. Feuersbrunst, Waldbrand, Überschwemmung.

3. Strafbar macht sich, wer angesichts einer in Erl. 2 geschilderten Situation keine Hilfe leistet, obwohl er nach „gesundem Volksempfinden" hierzu verpflichtet war.

a) Da durch die Kontrollratsproklamation Nr. 3 Art. II Nr. 3 die Verwertung des sog. gesunden Volksempfindens als Rechtserkenntnisquelle verboten worden ist (siehe die Erläuterungen zu § 2), haben manche Gerichte gegen den Fortbestand des § 330c Bedenken geäußert, die jedoch gegenstandslos sein dürften, wenn man diesen Begriff durch „allgemeines Sittlichkeitsempfinden" ersetzt.

b) Wann eine solche moralische Pflicht zur Hilfeleistung im einzelnen Fall besteht, ist Tatfrage. Jedenfalls dürfen keine übertriebenen Anforderungen gestellt werden. Ein bis zur Sesbstaufopferung gehender Heroismus wird nicht verlangt, wohl aber das „Inkaufnehmen" eines durch Zeitverlust entstehenden geschäftlichen Nachteils, u. U. auch einer im Verhältnis zum drohenden Schaden unbeachtlichen körperlichen Gefahr.

c) Ergeht eine polizeiliche Aufforderung zur Hilfeleistung (vom Gesetzgeber als ein praktisch besonders wichtiger Fall ausdrücklich hervorgehoben), dann muß der Aufgeforderte ihr Folge leisten, wenn dies ohne erhebliche eigene Gefahr oder ohne Verletzung anderer wichtiger Pflichten möglich ist.

4. Zum inneren Tatbestand gehört Vorsatz, d. h. die Kenntnis vom Unglücksfall und das Bewußtsein, zur Hilfeleistung verpflichtet zu sein.

5. Da der § 330c, der durch Gesetz vom 28. 6. 1935 in das StGB. eingefügt wurde, an Stelle des aufgehobenen § 360 Nr. 10 getreten ist, entsteht die Frage, ob im Hinblick auf Ziffer 8b der „Allgemeinen Anweisung an Richter Nr. 1" als Strafrahmen des § 330c nur die Übertretungsstrafe des § 360 Nr. 10 zugrunde zu legen ist (siehe Vorbem. B zu § 13). Diese Frage wäre zu bejahen, wenn es sich bei § 330c lediglich um eine Strafschärfung gegenüber der früheren Übertretung des § 360 Nr. 10 handeln würde. Man wird aber wohl den Standpunkt vertreten müssen, daß der Gesetzgeber mit dem § 330c einen neuen Tatbestand schaffen wollte und somit gegen die Anwendung des hier vorgesehenen Strafrahmens keine Bedenken bestehen.

6. Mit dem Vergehen des § 330c wird häufig, besonders bei Autounfällen, das Vergehen der Verkehrsflucht nach § 139a tateinheitlich zusammentreffen (siehe die Erläuterungen zu § 139a).

7. Beispiele: Der am Flußufer spazierengehende A beobachtet, wie im Sturme ein Boot kentert. Er ist zweifellos verpflichtet im Sinne des § 330c, den am Flußufer hängenden Rettungsring den Verunglückten zuzuwerfen. Dagegen dürfte für ihn, selbst wenn er des Schwimmens kundig ist, keine Verpflichtung bestehen, zur Rettung der mit dem Tode Kämpfenden selbst in den Fluß zu springen. Oder: Der A ist Zeuge eines schweren Autounglücks. Der hinzugekommene Polizeibeamte fordert ihn auf, ihm bei der Wegschaffung des schwer verletzten Chauffeurs behilflich zu sein. Falls A die Hilfe verweigert, ist er nach § 330c strafbar, es sei denn, daß ihm wegen seiner Körperbeschaffenheit eine solche Hilfeleistung nicht zuzumuten ist. Denn zur Hilfeleistung ist nur verpflichtet, wer Hilfe leisten kann.

Achtundzwanzigster Abschnitt: Verbrechen und Vergehen im Amte.

Vorbemerkung.

1. Die strafrechtliche Begriffsbestimmung des Beamten i. S. des § 359 deckt sich nicht mit dem allgemeinen Beamtenbegriff, wie er in dem deutschen Beamtengesetz v. 26. Jan. 1937 bzw. den an seine Stelle getretenen Beamtengesetzen der Besatzungsmächte niedergelegt ist. (S. Näheres hierüber in der Erläuterung zu § 359.)

2. Der Abschnitt enthält nicht alle strafbaren Handlungen, die von Beamten als solchen begangen werden können. Denn abgesehen von disziplinarisch zu ahndenden Vergehen, die gar nicht im StGB., sondern in den Beamtengesetzen vorgesehen sind und die neben der strafrechtlichen Ahndung in besonderem Verfahren behandelt werden, sind noch strafbare Handlungen von Beamten in §§ 174^2, 266 enthalten.

Andererseits enthält der Abschnitt auch strafbare Handlungen von Nichtbeamten in §§ 333, 334 Abs. 2 (Bestechung eines Beamten, Richters durch einen Nichtbeamten) und in §§ 353c und 356.

3. Ein Beamtenvergehen liegt nur vor, wenn der Täter zur Zeit der Tat die Beamteneigenschaft hatte. Ob er dann bis zur Aburteilung aus dem Beamtenverhältnis ausgeschieden ist oder nicht, ändert nichts an der Strafbarkeit.

4. Beamtendelikte sind entweder solche, die überhaupt nur ein Beamter begehen kann (sog. eigentliche Amtsdelikte der §§ 331, 332, 334 Abs. 1, 336,

343, 344, 345, 346, 348 Abs. 1, 352, 353, 353b, 354, 355, 357) oder solche, die auch von jedem anderen Staatsbürger begangen werden können, aber strenger geahndet werden, wenn sie von Beamten begangen werden (sog. uneigentliche Amtsdelikte). Hierher gehören vor allem die Amtsunterschlagung und die Körperverletzung im Amte (§§ 350, 340); ferner §§ 341, 342, 346, 347, 348 Abs. 2.

5. Ein Nichtbeamter, der sich an einem Amtsdelikt beteiligt, wird, wenn es sich um ein eigentliches Amtsdelikt handelt, wegen Anstiftung bzw. Beihilfe zu dem Amtsdelikt bestraft. Handelt es sich dagegen um ein uneigentliches Amtsdelikt, so wird der Nichtbeamte nur nach den gewöhnlichen Vorschriften über Körperverletzung, Hausfriedensbruch usw. bestraft. (Siehe Erläuterung 4a u. 7a zu § 50.)

6. Strafbestimmungen gegen die bei Behörden beschäftigten nicht beamteten Personen wegen Amtsverletzungen enthält die Verordnung gegen Bestechung und Geheimnisverrat nichtbeamteter Personen vom 22. 5. 1943 (RGBl. I, 351). Hier wird demjenigen Strafe angedroht, der als „Verpflichteter" für eine zu seinen Obliegenheiten gehörende Handlung, oder für eine Handlung, die eine Verletzung der ihm übertragenen Obliegenheiten enthält, Geschenke oder andere Vorteile annimmt, fordert oder sich versprechen läßt (§§ 2 und 3 a. a. O.). In § 4 a. a. O. wird umgekehrt derjenige mit Strafe bedroht, der die Geschenke usw. anbietet, verspricht oder gewährt.

7. Vgl. auch § 12 des Unlaut. Wettbewerb-Gesetzes, wo demjenigen Strafe angedroht wird, der im geschäftlichen Verkehr zu Zwecken des Wettbewerbs dem Angestellten oder Beauftragten eines geschäftlichen Betriebs Geschenke oder andere Vorteile anbietet, verspricht oder gewährt, um durch unlauteres Verhalten des Angestellten oder Beauftragten bei dem Bezuge von Waren oder gewerblichen Leistungen eine Bevorzugung für sich oder einen Dritten zu erlangen. In Abs. 2 des § 12 wird dann umgekehrt der Angestellte usw. mit Strafe bedroht, der die Geschenke annimmt usw.

8. Gemäß Ziff. 7c der „Allgemeinen Anweisung an Richter Nr. 1" unterliegt die Aburteilung folgender Delikte aus diesem Abschnitt der vorherigen Meldepflicht an die Militärregierung: §§ 334, 336, 341—355.

Einfache passive Bestechung.

§ 331. Ein Beamter, welcher für eine in sein Amt einschlagende, an sich nicht pflichtwidrige Handlung Geschenke oder andere Vorteile annimmt, fordert oder sich versprechen läßt, wird mit Geldstrafe oder mit Gefängnis bis zu sechs Monaten bestraft.

1. Vorbemerkung: Alles was man unter Bestechung zusammenfaßt, wird in den §§ 331 bis 334 behandelt: in § 331 Geschenkannahme eines Beamten für eine nicht pflichtwidrige Handlung, in § 332 für eine pflichtwidrige Handlung, in § 333 Bestechung eines Beamten (für pflichtwidrige Handlungen) durch einen Nichtbeamten, in § 334 Abs. 1 die Richterbestechlichkeit, in § 334 Abs. 2 die Richterbestechung durch einen Nichtbeamten.

2. Nach § 331 darf ein Beamter ohne Genehmigung seiner Behörde niemals Geschenke annehmen oder fordern, auch wenn das Geschenk für eine nicht pflichtwidrige Amtshandlung gegeben wird. Es ist auch gleichgültig, ob die Geschenkannahme vor oder nach der Amtshandlung erfolgt.

Die Annahme von Geschenken für Handlungen, welche gar nicht in das Amt einschlagen, gehört nicht hierher. Sie wird disziplinär geahndet, wenn der Beamte dabei seine dienstliche Ehre verletzt.

3. Als „andere Vorteile" kommen in Betracht: Genuß von Speise und Trank, Gestattung von Beischlaf usw.

4. Auch die indirekte Annahme eines Geschenkes (z. B. durch die Ehefrau mit Wissen des Beamten) kann den Tatbestand des § 331 erfüllen.

5. Die Rechtswidrigkeit ist dann ausgeschlossen, wenn der Vorgesetzte die Annahme des Geschenks ausdrücklich genehmigt oder wenn die Schenkung einer Verkehrssitte entspricht.

6. Der innere Tatbestand erfordert Vorsatz, d. h. das Bewußtsein, daß das Geschenk oder der sonstige Vorteil die Gegenleistung für eine Amtshandlung sein soll.

7. Bei der einfachen Bestechung ist im Gegensatz zur schweren der §§ 332, 333 nur der Beamte, nicht dagegen auch der Vorteilgeber strafbar; letzterer kann auch nicht unter dem Gesichtspunkt der Teilnahme strafrechtlich zur Verantwortung gezogen werden (sog. notwendige Teilnahme).

8. Wegen Nebenstrafen vgl. §§ 335, 358.

9. Beispiele: Ein Steuerbeamter läßt sich für eine Steuerberatung eines Steuerpflichtigen eine Kiste Zigarren schenken. Er ist nach § 331 strafbar. Oder: Der Polizeibeamte A, der den Kaufmann B gut kennt, hilft diesem an einem dienstfreien Feiertag bei der Gartenarbeit und erhält dafür eine Flasche Wein. A hat sich nicht eines Vergehens nach § 331 schuldig gemacht. Ebensowenig ist der Briefträger nach § 331 strafbar, der sich zu Neujahr ein Geldgeschenk geben läßt, denn solche Geschenke entsprechen der Verkehrssitte.

Schwere passive Bestechung.

§ 332. Ein Beamter, welcher für eine Handlung, die eine Verletzung einer Amts- oder Dienstpflicht enthält, Geschenke oder andere Vorteile annimmt, fordert oder sich versprechen läßt, wird wegen Bestechung mit Zuchthaus bis zu fünf Jahren bestraft.

Sind mildernde Umstände vorhanden, so tritt Gefängnisstrafe ein.

1. Die schwere passive Bestechung des § 332 unterscheidet sich von § 331 dadurch, daß die fragliche Amtshandlung pflichtwidrig sein muß, wobei die Unterlassung einer pflichtmäßig gebotenen Amtshandlung der pflichtwidrigen Vornahme einer in das Amt einschlagenden Handlung gleichsteht (z. B. Unterlassung einer Anzeige seitens eines Polizeibeamten trotz seiner Überzeugung, daß eine strafbare Handlung vorliegt). Ein Beamter, der nach seinem pflichtmäßigen Ermessen eine Entscheidung zu treffen hat (der sog. Ermessensbeamte) handelt schon dann pflichtwidrig, wenn er sich nicht ausschließlich von sachlichen Gesichtspunkten leiten läßt, sondern an die Sache mit einer gewissen inneren Belastung herangeht, die für ihn in dem gewährten oder erwarteten Vorteil liegt.

2. Auch im Falle des § 332 kann, ebenso wie bei der einfachen Bestechung des § 331 die Bestechung indirekt erfolgen (siehe Erl. 4 zu § 331) und auch eine schon vollzogene Amtshandlung betreffen.

3. Bei dem Verbrechen des § 332 ist der innere Tatbestand von besonderer Bedeutung und gibt in der Praxis häufig zu Zweifelsfragen Anlaß. Es ist bei der Anwendung des § 332 in dieser Beziehung stets folgendes zu beachten: Der Vorsatz muß sich auf zwei Tatsachen erstrecken, nämlich auf die Amtshandlung und auf die Pflichtwidrigkeit. Es besteht hierbei aber ein Unterschied, je nachdem, ob die Täterhandlung in einem „Annehmen" bzw. „Sichversprechenlassen", oder ob sie in einem „Fordern" besteht.

a) Soweit die Ausführungshandlung des Annehmens und Sichversprechenlassens in Frage kommt, muß sich der Beamte bewußt sein, daß der Vorteil für eine Amtshandlung gewährt werden soll und daß der andere ihm den Vorteil für eine pflichtwidrige Amtshandlung gewähren bzw. versprechen will. Der Tatbestand des § 332 ist also in diesem Falle schon dann vollendet, wenn der Beamte das Geschenk in dem Glauben annimmt bzw. sich versprechen läßt, es handle sich um ein Amtsgeschenk für eine pflichtwidrige Handlung, ohne daß es darauf ankommt, ob der Beamte wirklich den Willen hat, die Pflichtwidrigkeit zu verüben, und ohne daß der Vorteilgeber zu erkennen braucht, daß die Handlung, für die er die Vorteile gewährt oder verspricht, die Verletzung einer Amts- oder Dienstpflicht enthält. Fehlt dem Vorteilgeber die Kenntnis, daß die von ihm erwartete Handlung eine Amtshandlung ist, glaubt aber der Beamte, der Vorteilgeber handle in dieser Kenntnis, so liegt auf seiten des Beamten ein versuchtes Verbrechen des § 332 vor.

b) Handelt es sich um die Ausführungshandlung des Forderns, dann ist das Verbrechen des § 332 schon dann vollendet, wenn der Beamte seine Forderung in dem Bewußtsein und Willen stellt, eine Vergütung für eine pflichtwidrige Amtshandlung zu erhalten. In diesem Falle erschöpft sich also die Strafbarkeit nach § 332 einzig und allein in der Person des Beamten, ohne daß die inneren Vorgänge des Vorteilgebers irgendwie von Bedeutung sind.

4. Anstiftung und Beihilfe zu § 332 sind in § 333 zu Sonderdelikten erhoben, soweit die Handlungen der „Teilnehmer" im Anbieten, Versprechen oder Gewähren von Vorteilen bestehen.

5. Wegen Nebenstrafen vgl. §§ 335, 358.

6. Beispiel: Der Polizeibeamte A läßt die Dirne B, die er auftragsgemäß wegen Diebstahls verhaftet hat, auf dem Transport zum Gefängnis wieder auf freien Fuß, weil sie ihm für den Fall der Freilassung den Beischlaf versprochen und danach mit ihm ausgeübt hat: Der Beamte hat sich zunächst der passiven Bestechung schuldig gemacht. Zwischen ihm und der Dirne bestand eine Willensübereinstimmung dahin, daß ihm als Gegenleistung für eine Amtshandlung, nämlich die Wiederfreilassung, der Vorteil des intimen Verkehrs zufließen sollte. Da A auch in dem Bewußtsein gehandelt hat, daß die B ihm den Vorteil gewähre, damit er eine pflichtwidrige Handlung, nämlich die gesetzwidrige Wiederfreilassung vornehme, ist der Tatbestand des § 332 erfüllt. A hat sich in Tateinheit mit diesem Verbrechen auch eines Sittlichkeitsverbrechens nach § 174 Nr. 2 schuldig gemacht, indem er unter „Ausnützung seiner Amtsstellung" gehandelt hat. Schließlich hat sich A auch noch eines Vergehens nach § 347 (vorsätzliche Bewirkung der Befreiung), sowie einer Amtsbegünstigung nach § 346 schuldig gemacht, da er als ein „zur Mitwirkung bei der Strafvollstreckung berufener Beamter" die B „der im Gesetz vorgesehenen Strafe entzogen" hat (siehe Erl. 2 und 3 zu § 346). Die Dirne B hat sich dadurch, daß sie dem A für die Freilassung den Beischlaf angeboten hat, der aktiven Bestechung nach § 333 schuldig gemacht und in Tateinheit hiermit einer Anstiftung zu den Verbrechen der §§ 346, 347 (siehe Erl. 6 zu § 333).

Aktive Bestechung.

§ 333. Wer einem Beamten (oder einem Mitgliede der bewaffneten Macht) Geschenke oder andere Vorteile anbietet, verspricht oder gewährt, um ihn zu einer Handlung, die eine Verletzung einer

Amts- oder Dienstpflicht enthält, zu bestimmen, wird wegen Bestechung mit Gefängnis bestraft; auch kann auf Verlust der bürgerlichen Ehrenrechte erkannt werden.

Sind mildernde Umstände vorhanden, so kann auf Geldstrafe erkannt werden.

1. Strafbar ist die aktive Bestechung des § 333 nur als Gegenstück zu § 332, setzt also voraus, daß die Handlung, zu der der Beamte bestimmt werden soll, eine Verletzung der Amts- oder Dienstpflicht enthält. Ist die dem Beamten zugemutete Handlung nicht pflichtwidrig, so bleibt der Vorteilgeber straflos (siehe Erl. 7 zu § 331).

2. Wegen des Begriffs „Verletzung der Amts- oder Dienstpflicht" vgl. Erl. 1 zu § 332, und wegen des Begriffs „andere Vorteile" vgl. Erl. 3 zu § 331.

3. Ebenso wie in den Fällen der §§ 331 und 332 kann auch bei der Aktivbestechung des § 333 die Handlung des Täters indirekt (z. B. gegenüber der Ehefrau des Beamten) erfolgen (siehe Erl. 2 zu § 332). Dagegen muß im Gegensatz zu §§ 331, 332 zum mindesten nach der Auffassung des Täters die Amtshandlung noch bevorstehen.

4. Zum inneren Tatbestand gehört außer der Absicht, den Beamten zu einer pflichtwidrigen Handlung zu veranlassen, Vorsatz, d. h. das Bewußtsein, daß die dem Beamten zugemutete Handlung eine Verletzung seiner Amts- oder Dienstpflicht enthält, wobei bedingter Vorsatz genügt.

5. Vollendet ist die aktive Bestechung schon mit dem Anbieten bzw. Versprechen oder Gewähren. Es gehört also nicht zum Tatbestand, daß der Beamte die erwartete Pflichtwidrigkeit wirklich begeht.

6. Begeht aber der Beamte infolge der Bestechung nicht nur eine pflichtwidrige, sondern auch eine kriminell strafbare Handlung (z. B. Freilassung eines Verhafteten — § 347), so ist der Bestechende nicht nur nach § 333, sondern auch wegen der in Tateinheit hiermit begangenen Anstiftung zu dem fraglichen Delikt zu bestrafen. (Siehe Erl. 6 zu § 332.)

7. Häufig wird mit dem Vergehen des § 333 eine Beleidigung nach § 185 tateinheitlich zusammentreffen. Bei Bestechung mehrerer Beamter des gleichen Amtes liegt nicht Fortsetzungszusammenhang, sondern Realkonkurrenz (§ 74) vor.

8. Wegen der Nebenstrafe vgl. § 335.

9. Beispiel siehe Erl. 6 zu § 332.

Passive und aktive Richterbestechung.

§ 334. Ein Richter, Schiedsrichter, Beisitzer einer Arbeitsgerichtsbehörde, Geschworener oder Schöffe, welcher Geschenke oder andere Vorteile fordert, annimmt oder sich versprechen läßt, um eine Rechtssache, deren Leitung oder Entscheidung ihm obliegt, zugunsten oder zum Nachteile eines Beteiligten zu leiten oder zu entscheiden, wird mit Zuchthaus bestraft.

Derjenige, welcher einem Richter, Schiedsrichter, Beisitzer einer Arbeitsgerichtsbehörde, Geschworenen oder Schöffen zu dem vorbezeichneten Zwecke Geschenke oder andere Vorteile anbietet, verspricht oder gewährt, wird mit Zuchthaus bestraft. Sind mildernde Umstände vorhanden, so tritt Gefängnisstrafe ein.

1. Diese Vorschrift faßt die passive und aktive Richterbestechung in einem Paragraphen zusammen. Absatz 1, der ein echtes Beamtendelikt enthält (siehe Vorbem. Ziff. 4 vor § 331) entspricht dem § 332 und Abs. 2 dem § 333.

a) Zum Tatbestand des § 334 gehört zunächst, daß die Leitung oder Entscheidung einer „Rechtssache" in Frage kommt. Unter diesen Begriff fällt jede Rechtsangelegenheit, für deren Erledigung nicht Rücksichten der Zweckmäßigkeit, sondern Rechtsgrundsätze bestimmend sind. Welche Rechtssache im einzelnen für § 334 in Frage kommt, ergibt sich aus dem im Gesetz aufgeführten Täterkreis (siehe Erl. 2).

b) Die Täterhandlungen sind in § 334 die gleichen wie in §§ 331 bis 333.

c) Zum inneren Tatbestand gehört neben dem allgemeinen Vorsatz noch die Absicht der Begünstigung bzw. Benachteiligung eines an der Rechtssache Beteiligten.

d) Im Gegensatz zu §§ 331, 332 verlangt § 334 sowohl in Abs. 1 als auch in Abs. 2, daß das pflichtwidrige Verhalten (d. h. die durch Geschenke usw. zu beeinflussende Entscheidung) noch bevorstehen muß.

2. Täter des Abs. 1 können sein:

a) Richter (Berufsrichter) jeder Art, also nicht nur solche an den Zivil- und Strafgerichten, sondern auch Richter an Disziplinar- und Verwaltungsgerichten. (Ob auch die Handelsrichter zu den „Richtern" gehören, ist bestritten, wird aber wohl überwiegend bejaht.)

b) Schiedsrichter, d. s. solche Personen, die auf Grund eines Schiedsvertrags (§§ 1025ff. ZPO.) zur Entscheidung von Rechtsstreitigkeiten berufen sind.

c) Beisitzer einer Arbeitsgerichtsbehörde, Geschworene oder Schöffen.

3. Täter des Abs. 2 kann jeder sein, der einem Richter usw. Geschenke und andere Vorteile anbietet usw., um diesen bei der Entscheidung in einer Rechtssache zugunsten oder zum Nachteil eines an der Rechtssache Beteiligten zu beeinflussen.

4. Hat die Beeinflussung Erfolg, dann liegt, falls der Bestochene ein Beamter oder Schiedsrichter ist, auf dessen Seite in der Regel ein in Realkonkurrenz mit der passiven Richterbestechung begangenes Verbrechen der Rechtsbeugung nach § 336 vor (siehe die dortigen Erläuterungen).

5. Wegen der Nebenstrafe siehe § 335.

6. Beispiel: Die Ehefrau des Angeklagten A wendet sich bei der schöffengerichtlichen Hauptverhandlung, die gegen ihren Ehemann wegen Amtsunterschlagung durchgeführt wird, während einer Gerichtspause an den ihr bekannten Bäckermeister B, der als Schöffe an der Verhandlung mitwirkt, und bittet ihn, dafür zu sorgen, daß ihr Mann nicht zu schwer bestraft werde. Sie läßt dabei durchblicken, daß sie sich für diese Hilfeleistung dadurch dankbar erweisen werde, daß sie den seitens B schon häufig geäußerten Wunsch nach Geschlechtsverkehr erfüllen werde. Der Schöffe B, hierüber hocherfreut, verspricht, sich für die zulässige Mindeststrafe einzusetzen: Die A hat sich nach § 334 Abs. 2 strafbar gemacht (Versprechen eines „sonstigen Vorteils") und der Schöffe B nach Abs. 1 des § 334 (Sichversprechenlassen eines Vorteils).

Verfallserklärung.

§ 335. In den Fällen der §§ 331 bis 334 ist im Urteile das Empfangene oder der Wert desselben für dem Staate verfallen zu erklären.

1. Die Verfallerklärung ist eine Nebenstrafe. Sie ist, im Gegensatz zur Einziehung des § 40, zwingend vorgeschrieben. Außerdem erstreckt sie sich auch auf Sachen und Rechte, die durch die Straftat erlangt wurden.

2. Ist die Verfallerklärung des Empfangenen nicht durchführbar, dann ist ein seinem Wert entsprechender Geldbetrag für verfallen zu erklären.

3. Die Verfallerklärung kann nur in Verbindung mit einer Verurteilung nach §§ 331—334 ausgesprochen werden.

Rechtsbeugung.

§ 336. Ein Beamter oder Schiedsrichter, welcher sich bei der Leitung oder Entscheidung einer Rechtssache vorsätzlich zugunsten oder zum Nachteile einer Partei einer Beugung des Rechtes schuldig macht, wird mit Zuchthaus bis zu fünf Jahren bestraft.

1. Die Rechtsbeugung gehört zu der Gruppe der eigentlichen oder echten Amtsdelikte (siehe Vorbem. Ziff. 4 vor § 331).

2. Die Täterhandlung besteht in der Beugung des Rechts bei der Leitung oder Entscheidung einer Rechtssache mit der vom Täter gewollten Folge der Begünstigung oder Benachteiligung einer Partei.

a) Wegen des Begriffs „Rechtssache" vgl. Erl. 1a zu § 334. Da als Täter des § 336 im Gegensatz zu § 334 Abs. 1 jeder Beamte (nicht nur ein Richter) in Frage kommt, muß man hier den Begriff der „Rechtssache" gegenüber § 334 Abs. 1 dahin erweitern, daß auch Verfahren vor Verwaltungsbehörden und Steuerveranlagungsverfahren als „Rechtssachen" angesehen werden können, soweit dabei Entscheidungen nach Rechtsgrundsätzen zu treffen sind.

b) Der Ausdruck „Partei" hat die gleiche Bedeutung wie der Ausdruck „Beteiligter" in § 334.

c) Eine Rechtsbeugung liegt vor, wenn der Täter eine Vorschrift des materiellen Rechts oder eine verfahrensrechtliche Bestimmung verletzt oder anzuwenden unterläßt.

3. Als Täter einer Rechtsbeugung kommen nur Beamte oder Schiedsrichter in Betracht.

a) Zu den Beamten gehören, wie sich aus der Erl. 2a ergibt, nicht nur die Richter (siehe Erl. 2a zu § 334), sondern in bestimmten Fällen auch Verwaltungsbeamte, z. B. Polizeibeamte, die für den Erlaß von polizeilichen Strafverfügungen zuständig sind oder Beamte der Finanzämter, soweit sie im Verwaltungsstrafverfahren Strafbescheide erlassen.

b) Wegen des Begriffs „Schiedsrichter" siehe Erl. 2b zu § 334.

c) Nicht zu den Tätern des § 336 gehören aber, im Gegensatz zu § 334 (siehe die dortige Erl. 2c), die Geschworenen, Schöffen, Beisitzer einer Arbeitsgerichtsbehörde und die Handelsrichter. (Die Praxis steht auf dem Standpunkt, daß diese Beschränkung des Täterkreises auf Beamte und Schiedsrichter in § 336 eine Gesetzeslücke bedeutet.)

4. Zum inneren Tatbestand gehört nicht nur das Bewußtsein, eine Rechtsnorm zu verletzen, sondern der Täter muß außerdem noch den begünstigen-

den oder benachteiligenden Erfolg der Rechtsbeugung in seinen Vorsatz aufgenommen, also gewußt und gewollt haben. (Dolus eventualis genügt in letzterer Beziehung nicht.)

5. Daß das Verbrechen der Rechtsbeugung mit der passiven Richterbestechung des § 334 Abs. 1 in der Praxis meistens zusammentrifft und zwar in Realkonkurrenz (§ 74), wurde schon in Erl. 4 zu § 334 erwähnt.

6. Beispiel: Der Beamte A der Polizeidirektion X hat gegen den Kraftfahrer B nach Ablauf der Verjährungsfrist eine polizeiliche Strafverfügung erlassen. A gibt zu seiner Entlastung an, sein Wille sei nur darauf gerichtet gewesen, im Hinblick auf eine bevorstehende Dienstprüfung seine Nachlässigkeit in der Führung des Amtes zu verdecken. Dieser Einwand ist bedeutungslos. A hat sich eines Verbrechens nach § 336 schuldig gemacht, denn er hat gewußt, daß die Strafverfolgung der angezeigten Übertretung durch Verjährung ausgeschlossen war, daß er also „das Recht beuge", wenn er trotzdem eine Strafverfügung erlasse, und er hat ferner gewußt, daß er durch die Verhängung der Strafe den B benachteilige. Es ist somit also auch der innere (subjektive) Tatbestand des § 336 gegeben. (In der amerikanischen und britischen Zone wurde in den Nachkriegsjahren das Strafverfügungsrecht der Polizeibehörden aufgehoben und die Bestrafung aller Übertretungen den Amtsgerichten übertragen, siehe Anhang 2 „Strafprozeßrecht", Abschnitt L III.)

§ 337.

Dieser Paragraph ist ersetzt durch § 67 des Personenstandsgesetzes vom 3. Nov. 1937: „Wer die religiösen Feierlichkeiten einer Eheschließung vornimmt, bevor die Ehe vor dem Standesbeamten geschlossen ist, wird mit Geldstrafe oder Gefängnis bestraft. Eine Bestrafung tritt nicht ein, wenn einer der Verlobten lebensgefährlich erkrankt und ein Aufschub nicht möglich ist."

Da diese Bestimmung an die Stelle des inhaltlich gleichlautenden § 76 des Personenstandsgesetzes vom 6. 2. 1875 getreten ist, dort aber als Strafrahmen neben Geldstrafe Gefängnis nur bis zu 3 Monaten angedroht war, kann im Hinblick auf Ziff. 8b der „Allgemeinen Anweisung an Richter Nr. 1" auch für den neuen § 76 nur dieser mildere Strafrahmen angewendet werden (siehe Vorbem. B vor § 13).

Beihilfe zur Doppelehe.

§ 338. Ein Religionsdiener oder Personenstandsbeamter, welcher, wissend, daß eine Person verheiratet ist, eine neue Ehe derselben schließt, wird mit Zuchthaus bis zu fünf Jahren bestraft.

1. Dieser Paragraph bedroht entsprechend dem § 171 (Verbrechen der Bigamie) den Standesbeamten und Geistlichen, der die Schließung der zweiten unerlaubten Ehe ermöglicht.

2. Ein „Religionsdiener" kommt als Täter nicht mehr in Frage, da nach dem Personenstandsgesetz nur noch Personenstandsbeamte zur Schließung einer Ehe befugt sind. Die Schließung erfolgt gemäß § 13 Abs. 1 des Ehegesetzes vom 20. 2 1946 dadurch, daß die Verlobten vor dem Standesbeamten persönlich und bei gleichzeitiger Anwesenheit erklären, die Ehe miteinander eingehen zu wollen.

Nötigung im Amte.

§ 339. Gestrichen durch die Verordnung v. 29. Mai 1943. (Siehe Erl. 7 zu § 240.)

Körperverletzung im Amte.

§ 340. Ein Beamter, welcher in Ausübung oder in Veranlassung der Ausübung seines Amtes vorsätzlich eine Körperverletzung begeht oder begehen läßt, wird mit Gefängnis nicht unter drei Monaten bestraft. Sind mildernde Umstände vorhanden, so kann die Strafe bis auf einen Tag Gefängnis ermäßigt oder auf Geldstrafe erkannt werden.

Ist die Körperverletzung eine schwere, so ist auf Zuchthaus nicht unter zwei Jahren zu erkennen. Sind mildernde Umstände vorhanden, so tritt Gefängnisstrafe nicht unter drei Monaten ein.

1. Die Körperverletzung im Amt, ein uneigentliches Amtsdelikt (siehe Vorbem. Ziff. 4 vor § 331, und Erl. 4 a cc zu § 50), ist als Sondertatbestand in § 340 unter Strafe gestellt. Die Bestimmungen des § 232 (Strafantrag) und des § 233 (Kompensation) finden daher keine Anwendung. Es wird also auch die leichte Körperverletzung (§ 223) von amtswegen verfolgt. Die Zuerkennung einer Buße ist aber zulässig, da § 231 alle Fälle der Körperverletzung umfaßt.

2. Es müssen alle Tatbestandsmerkmale der Körperverletzung, wie sie in § 223 bestimmt sind, vorliegen. Zum Tatbestand des § 223 muß noch hinzukommen, daß der Täter ein Beamter ist, sowie die Tatsache, daß er in Ausübung oder in Veranlassung der Ausübung seines Amtes die Körperverletzung begeht. Ob eine einfache oder eine erschwerte Körperverletzung (§ 223a) vorliegt, ist nur für die Strafzumessung von Bedeutung.

Für die schwere Körperverletzung des § 224 enthält der Abs. 2 des § 340 eine besondere Vorschrift.

Ist aber Todesfolge eingetreten, so kommt § 226 zur Anwendung.

3. Der Beamte wird nach dieser Vorschrift bestraft, nicht nur, wenn er die Körperverletzung selbst begeht, sondern auch wenn er sie von anderen, z. B. von Untergebenen, begehen läßt. Darunter ist aber nicht schon ein bloßes Nichtverhindern der Untergebenen gemeint (ein solches würde disziplinär zu ahnden sein), sondern nur ein, wenn auch stillschweigendes, Anordnen, es sei denn, daß eine besondere Amtspflicht des Beamten zur Verhinderung besteht. Das bloße Geschehenlassen einer Körperverletzung würde nach § 357 strafbar sein.

4. Solange die Körperverletzung Folge der rechtmäßigen Ausübung des Amtes ist, ist der Beamte natürlich straflos. Sobald der Beamte aber bewußt die ihm durch Dienstvorschriften (z. B. bei Ausübung der Waffengewalt, der Schulzucht) gezogenen Grenzen überschreitet, ist er für die in dieser Überschreitung begangenen Mißhandlungen nach § 340 strafbar.

5. Eine fahrlässige Körperverletzung im Amte gibt es nicht. Wenn der Beamte aber fahrlässigerweise die Grenzen einer erlaubten Körperverletzung überschreitet oder über die tatsächlichen Voraussetzungen einer an sich erlaubten Körperverletzung irrt, so kann er wegen fahrlässiger Körperverletzung nach § 230 strafrechtlich zur Verantwortung gezogen werden. (Siehe „Einführende Vorbemerkungen zum Strafrecht", Seite 1 ff., Abschnitt D II, 3b, Seite 20.)

6. Wegen Nebenstrafe siehe § 358.

7. Beispiele:

a) Der Polizeibeamte A verprügelt den von ihm vorläufig festgenommenen B, weil dieser Widerstand leistet, oder er läßt zu, daß Personen aus dem Publikum den B mißhandeln: A macht sich nach § 340 strafbar.

b) Der Straßenbahnschaffner A der Städtischen Straßenbahn in X fordert den B, der auf einen vollbesetzten, in Fahrt befindlichen Wagen aufspringt, auf, den Wagen wieder zu verlassen und gibt das Zeichen zum Halten. Noch bevor die Bahn zum Stehen gekommen ist, versetzt A dem B einen heftigen Stoß vor die Brust, so daß dieser zu Boden stürzt und ohnmächtig liegen bleibt. A gibt trotzdem das Zeichen zur Weiterfahrt, ohne sich um B zu kümmern: A hat sich wegen Körperverletzung im Amt gemäß § 340 schuldig gemacht, begangen in Tateinheit mit gefährlicher Körperverletzung nach § 223a. (Falls die durch das gewaltsame Herabstoßen bewirkte Körperverletzung eine schwere i. S. des § 224 war, dann erfolgt Bestrafung nach § 340 Abs. 2.) Da sich A um den Verletzten nicht kümmerte, hat er sich außerdem wegen unterlassener Hilfeleistung nach § 330c und schließlich auch wegen Führerflucht nach § 139a strafbar gemacht, denn als „Verkehrsunfall" ist jedes Ereignis anzusehen, das mit dem Verkehr und seinen Gefahren in ursächlichem Zusammenhang steht und zur Verletzung eines Menschen oder zur Beschädigung einer Sache geführt hat. Bezüglich sämtlicher Straftaten liegt Tateinheit (§ 73) vor.

c) Ein Lehrer züchtigt infolge durch Fahrlässigkeit bewirkter Verwechslung den Schüler A statt den mit Recht zu strafenden Schüler B: Der Lehrer ist gemäß § 59 Abs. 2 wegen fahrlässiger Körperverletzung nach § 230 strafbar. (Siehe „Einführende Vorbemerkungen zum Strafrecht", Seite 1ff., Abschnitt D II 3b, Seite 20.)

Freiheitsberaubung im Amte.

§ 341. Ein Beamter, welcher vorsätzlich, ohne hierzu berechtigt zu sein, eine Verhaftung oder vorläufige Ergreifung und Festnahme oder Zwangsgestellung vornimmt oder vornehmen läßt, oder die Dauer einer Freiheitsentziehung verlängert, wird nach Vorschrift des § 239, jedoch mindestens mit Gefängnis von drei Monaten bestraft.

1. Die Freiheitsberaubung im Amte, ein Sonderfall des § 239, der mit erhöhter Strafe bedroht ist, ist ein uneigentliches Amtsdelikt (siehe Vorbem. Ziff. 4 vor § 331).

2. Während § 239 jede Art widerrechtlicher Freiheitsberaubung mit Strafe bedroht, beschränkt § 341 das Delikt auf vier besondere Arten der Freiheitsentziehung:

a) Unter den Begriff „Verhaftung" fallen vor allem die Untersuchungshaft (§§ 112ff. StPO.) und die Strafhaft (§ 457 StPO.). (Siehe ferner §§ 126a, 230, 236 StPO., §§ 101, 106 KO.)

b) „Vorläufige Ergreifung und Festnahme" ist die vorübergehende Freiheitsentziehung, welche zur Sicherung der Verhaftung ohne schriftlichen Haftbefehl vollzogen wird, vor allem die vorläufige Festnahme des § 127 StPO.

c) „Zwangsgestellung" ist gleichbedeutend mit „Vorführung", wie sie z. B. in §§ 51, 133, 134, 230, 236, 457 StPO. vorgesehen ist.

d) Die „Verlängerung der Dauer der Freiheitsentziehung" kann bei allen, oben in a bis c genannten Fällen in Frage kommen, mit Ausnahme der Strafhaft, deren unbegründete Verlängerung in § 345 unter besondere Strafe gestellt ist. (Siehe die dortigen Erläuterungen.)

3. Als Täter kommt nur ein Beamter in Frage, und zwar ohne Rücksicht darauf, ob er an sich zu Verhaftungen usw. berechtigt ist. Es genügt, daß er in amtlicher Eigenschaft auftritt.

4. Der Tatbestand des § 341 ist nicht nur erfüllt, wenn der Beamte selbst die unberechtigte Freiheitsentziehung vornimmt, sondern auch dann, wenn er sie vornehmen läßt. (Siehe Erl. 3 zu § 340.)

5. Zum inneren Tatbestand gehört lediglich das Bewußtsein des Täters, daß er zur Vornahme der Verhaftung oder sonstigen Freiheitsentziehung nicht berechtigt ist.

6. Da § 341 einen Spezialfall des § 239 darstellt, ist zwischen diesen beiden Gesetzesstellen Gesetzeskonkurrenz gegeben.

7. Wegen Nebenstrafe vgl. § 358.

8. Beispiele:

a) Der Polizeibeamte A nimmt den B wegen Diebstahlsverdachts vorläufig fest, um seine Personalien festzustellen und bringt ihn zu diesem Zwecke auf die Polizeiwache. Da sich A über das Verhalten des B, der sich bei der Festnahme auf der Straße geweigert hatte, seine Personalien anzugeben geärgert hat läßt er ihn nach einwandfreier Feststellung der Persönlichkeit noch einige Stunden im Notarrest sitzen: A ist nach § 341 strafbar.

b) Der Polizeibeamte A ist mit B verfeindet, weil dieser sich bei der vorgesetzten Dienststelle über A beschwert hatte. A bestellt den B auf die Polizeiwache. Dort gibt A dem Wachthabenden einen bewußt unwahren Bericht über eine angeblich von B begangene strafbare Handlung und veranlaßt hierdurch den Wachthabenden zu der Anordnung, den B der Staatsanwaltschaft zwecks Erwirkung eines Haftbefehls vorzuführen, was dann auch geschieht: Da der Begriff des „Vornehmenlassens" nicht voraussetzt, daß sich der Täter zur Freiheitsentziehung eines Untergebenen bedient, sondern schon die Tatsache genügt, daß der Täter eine Ursache für die Freiheitsentziehung setzt, ist A auch in diesem Falle nach § 341 strafbar. Würde der falsche Bericht des A nur auf Fahrlässigkeit beruhen, dann wäre A straflos, da es eine fahrlässige Freiheitsberaubung nicht gibt.

Hausfriedensbruch im Amte.

§ 342. Ein Beamter, der in Ausübung oder in Veranlassung der Ausübung seines Amtes einen Hausfriedensbruch (§ 123) begeht, wird mit Gefängnis bis zu einem Jahre oder mit Geldstrafe bestraft.

1. Der Hausfriedensbruch im Amte, ein Sonderfall des § 123, der mit erhöhter Strafe bedroht ist, ist, wie die Körperverletzung im Amt (§ 340) und die Freiheitsberaubung im Amte (§ 341) ein uneigentliches Amtsdelikt (siehe Vorbem. Ziff. 4 vor § 331). Ein Strafantrag, wie er im § 123 Abs. 3 als Voraussetzung einer Strafverfolgung verlangt wird, ist für eine Verfolgung wegen Vergehens nach § 342 ebensowenig erforderlich wie im Falle des § 340.

2. Zum äußeren Tatbestand des § 123 muß noch hinzukommen die Beamteneigenschaft des Täters und die Tatsache, daß er in Ausübung oder in Veranlassung der Ausübung seines Amtes den Hausfriedensbruch begeht. (Siehe auch Erl. 3 zu § 340.)

3. Die Rechtswidrigkeit des Vergehens nach § 342, d. h. die Widerrechtlichkeit des Eindringens bzw. Verweilens wird häufig durch amtliche Befugnisse (z. B. Durchsuchung, Verhaftung, Vornahme einer Pfändung durch den Gerichtsvollzieher) ausgeschlossen sein.

4. Der innere Tatbestand (der Vorsatz) muß nicht nur die Merkmale des § 123 umfassen, sondern auch die in Erl. 2 genannten Tatsachen.

5. Der Tatbestand des § 342 kann tateinheitlich (§ 73) mit demjenigen des § 123 Abs. 2 zusammenfallen. Dagegen besteht zwischen § 342 und Abs. 1 des § 123 Gesetzeskonkurrenz.

Aussageerpressung.

§ 343. Ein Beamter, welcher in einer Untersuchung Zwangsmittel anwendet oder anwenden läßt, um Geständnisse oder Aussagen zu erpressen, wird mit Zuchthaus bis zu fünf Jahren bestraft.

1. Es handelt sich bei dieser Gesetzesstelle um ein eigentliches Amtsdelikt (siehe Vorbem. Ziff. 4 vor § 331).

2. Der äußere Tatbestand verlangt, daß ein Beamter in einer Untersuchung Zwangsmittel anwendet oder anwenden läßt.

a) Unter „Untersuchung" ist jedes Verfahren zu verstehen, welches die Ermittlung einer gesetzlich strafbaren Handlung und deren Ahndung bezweckt. Unter diesen Begriff fällt also nicht nur das polizeiliche, staatsanwaltschaftliche und gerichtliche Ermittlungsverfahren, sondern auch das Disziplinarverfahren und das Verwaltungsstrafverfahren bei Portodefraudationen und bei Zuwiderhandlungen gegen Zoll- und Steuergesetze, sowie die Ordnungsstrafverfahren.

b) Aus dieser Feststellung ergibt sich weiter, daß als Täter jeder Beamte in Frage kommen kann, der bei einem der in a) genannten Untersuchungsverfahren mitwirkt.

c) „Zwangsmittel" sind alle Mittel, durch die die Freiheit der Willensbetätigung beeinflußt werden soll, also nicht nur die in § 240 genannten Mittel der Gewalt oder Drohung mit einem empfindlichen Übel, sondern z. B. auch Einsperrung, Nahrungs- und Schlafentzug, oder Verabfolgung bestimmter Medikamente, die den zu Vernehmenden zum Reden veranlassen sollen. Nicht zu den „Zwangsmitteln" in diesem Sinne gehören die gesetzlich vorgesehenen Zwangsmittel wie z. B. die Haft gegen einen Zeugen, der die Aussage ohne gesetzlichen Grund verweigert.

d) Die Handlung besteht in dem „Anwenden" oder „Anwendenlassen". Die letztere Begehungsform entspricht dem „Begehenlassen" in § 340 und dem „Vornehmenlassen" in § 341. (Siehe hierzu Erl. 3 zu § 340 und Erl. 4 zu § 341.)

3. Der innere Tatbestand verlangt das Bewußtsein des Täters, daß das von ihm angewandte Zwangsmittel unerlaubt ist, und ferner die Absicht, Geständnisse oder Aussagen zu erpressen.

a) Als „Geständnis" hat nicht nur ein formelles Schuldbekenntnis zu gelten, sondern jede Einräumung einer für das Verfahren bedeutsamen Tatsache.

b) Zu den „Aussagen" gehören diejenigen Erklärungen des Beschuldigten, die kein Geständnis enthalten, sowie alle Erklärungen von Zeugen und Sachverständigen.

c) „Erpressen" ist i. S. von „Nötigen" zu verstehen (siehe Erl. 2 zu § 240).

4. Vollendet ist das Verbrechen des § 343 schon mit der Anwendung eines Zwangsmittels. Der Eintritt des beabsichtigten Erfolgs ist zu Erfüllung des Tatbestands nicht erforderlich.

5. Mit § 240 steht § 343 in Gesetzeskonkurrenz.

6. Beispiele:

a) Der Polizeibeamte mißhandelt den von ihm zu vernehmenden Beschuldigten B, um ihn zu einem Geständnis zu veranlassen, oder er droht ihm mit

Entzug der Nahrung für die Dauer von 3 Tagen: In beiden Fällen macht sich A eines Verbrechens nach § 343 schuldig.

b) Der Referendar A, der am Amtsgericht X einen erkrankten Richter vertritt, vernimmt in einem staatsanwaltschaftlichen Ermittlungsverfahren auf Ersuchen einer auswärtigen Staatsanwaltschaft den B als Zeugen. Da dieser sich ohne gesetzlichen Grund weigert, bestimmte Fragen des A zu beantworten, droht A dem B eine Haftstrafe von zwei Wochen an, falls er auf seiner Aussageverweigerung beharre: Es liegt keine Aussageerpressung vor, da das angedrohte Zwangsmittel eine nach § 70 Abs. 2 StPO. erlaubte Maßnahme (sog. Zwangshaft) darstellt. Anders, d. h. im Sinne der Bejahung des Tatbestands des § 343 wäre zu entscheiden, wenn A zu dem gleichen Zwecke mit einer sofortigen Verhaftung wegen Verdachts der Mittäterschaft drohen würde, obwohl er sich bewußt ist, daß die gesetzlichen Voraussetzungen eines Haftbefehls nicht gegeben sind.

Verfolgung Unschuldiger.

§ 344. Ein Beamter, welcher vorsätzlich zum Nachteile einer Person, deren Unschuld ihm bekannt ist, die Eröffnung oder Fortsetzung einer Untersuchung beantragt oder beschließt, wird mit Zuchthaus bestraft.

1. Die Verfolgung Unschuldiger, die einen Sonderfall der Rechtsbeugung (§ 336) darstellt, gehört zu den eigentlichen Amtsdelikten (siehe Vorbem. Ziff. 4 vor § 331). (Der Tatbestand ist praktisch nur von geringer Bedeutung.)

2. Der Begriff der „Untersuchung" hat hier die gleiche Bedeutung wie in § 343 (siehe die dortige Erl. 2a). (Die Wissenschaft vertritt vielfach den Standpunkt, daß als „Untersuchung" i. S. des § 344 nur die förmliche Untersuchung in Frage komme, so daß das staatsanwaltschaftliche und polizeiliche Ermittlungsverfahren nicht unter § 344 falle.)

3. Unter den Begriff „Unschuld" fällt sowohl die Nichtschuld als auch die geringere Schuld, z. B. Nötigung statt Erpressung.

4. Der innere Tatbestand verlangt Vorsatz, d. h. der Täter muß wissen, daß der Verfolgte unschuldig ist und muß das Bewußtsein haben, daß die eingeleitete Maßnahme dem zu Unrecht Verfolgten zum Nachteile gereicht.

Unzulässige Strafvollstreckung.

§ 345. Ein Beamter, der vorsätzlich eine Strafe oder eine Maßregel der Sicherung und Besserung vollstreckt, die nicht zu vollstrecken ist, wird mit Zuchthaus bestraft.

Ist die Handlung aus Fahrlässigkeit begangen, so tritt Gefängnisstrafe oder Festungshaft bis zu einem Jahre oder Geldstrafe ein.

1. Die unzulässige Strafvollstreckung ist ein eigentliches Amtsdelikt (siehe Vorbem. Ziff. 4 vor § 331).

2. Zu den Strafen i. S. des § 345 gehören nicht nur die rein kriminellen Strafen, sondern auch die Disziplinar- oder Ordnungsstrafen.

3. Der Begriff der Strafvollstreckung umfaßt die Gesamtheit derjenigen Maßregeln, durch welche die Verbüßung der Strafe bewerkstelligt wird.

4. Als Täter kommen nicht nur Beamte in Frage, die zur unmittelbaren Mitwirkung bei der Vollstreckung einer Strafe oder einer Maßregel der Sicherung und Besserung (§§ 42a bis n) berufen sind (Richter, Beamte der Staatsanwaltschaft und Gefängnisbeamte); denn § 345 enthält, im Gegensatz zu § 346, keine Einschränkung auf die mit der Strafvollstreckung befaßten Beamten. Es kann vielmehr Täter des § 345 jeder Beamte sein, der durch sein Tun oder Unterlassen unmittelbar oder mittelbar den in § 345 vorausgesetzten Erfolg mitverursacht, und zwar ohne Rücksicht darauf, ob der Beamte an leitender oder untergeordneter Stelle tätig geworden ist.

5. Eine Strafe ist „nicht zu vollstrecken", wenn sie noch nicht rechtskräftig ist oder wenn Bewährungsfrist erteilt wurde oder bei subsidiärer Freiheitsstrafe, solange die Uneinbringlichkeit der Geldstrafe nicht feststeht, oder wenn sie die im Urteil festgesetzte Strafdauer überschreitet.

6. Der innere Tatbestand sieht Vorsatz (Abs. 1) und Fahrlässigkeit (Abs. 2) vor.

a) Zum Vorsatz gehört das Bewußtsein des Täters, daß sein Verhalten die Vollstreckung einer Strafe oder Maßregel der Sicherung oder Besserung zur Folge hat und daß diese Vollstreckung unzulässig ist (bedingter Vorsatz genügt).

b) Fahrlässigkeit liegt vor, wenn der Täter infolge schuldhaften Irrtums nicht weiß, daß sein Verhalten überhaupt eine Strafvollstreckung bewirken kann oder daß diese Strafvollstreckung unzulässig ist.

7. Wegen Festungshaft siehe Erl. zu § 17.

8. Beispiele:

a) A, der Urkundsbeamte bei der Geschäftsstelle des Amtsgerichts X, trägt in einem an eine auswärtige Behörde gerichteten Ersuchen um Vollstreckung einer Gefängnisstrafe eine solche von fünf Wochen ein, während laut Urteilstenor die Strafe nur vier Wochen Gefängnis beträgt. Der Amtsrichter B unterschreibt das Ersuchen, ohne die eingesetzte Strafe mit dem Urteilstenor zu vergleichen, da er glaubt, sich auf seinen als zuverlässig bekannten Mitarbeiter verlassen zu können. Infolge dieses Irrtums wird eine Strafe von fünf statt vier Wochen Gefängnis an C vollstreckt: Wenn den beiden Beamten ein fahrlässiges Verschulden nachgewiesen werden kann, d. h. wenn nach Sachlage die Annahme gerechtfertigt ist, daß sie bei Anwendung der gebotenen und nach ihren persönlichen Verhältnissen ihnen möglichen Aufmerksamkeit voraussehen konnten, daß nach allgemeiner Erfahrung durch die Vorlegung eines unrichtigen Entwurfs bzw. durch das Unterschreiben ohne Nachprüfung die Möglichkeit einer unzulässigen Strafvollstreckung eröffnet werde, dann sind beide Beamte wegen fahrlässig begangener unzulässiger Strafvollstreckung gemäß § 345 Abs. 2 zu bestrafen. Sollte A vorsätzlich gehandelt haben (z. B. weil er mit C verfeindet war), dann käme für ihn eine Zuchthausstrafe nach § 345 Abs. 1 in Frage, während auch in diesem Falle daneben der Amtsrichter B gemäß Abs. 2 des § 345 wegen fahrlässiger Tat bestraft werden könnte.

b) Weitere Beispiele: Ebenfalls nach Abs. 1 oder Abs. 2 des § 345 kann bestraft werden, wer als Urkundsbeamter durch falsche Beurkundung der Zurücknahme eines Rechtsmittels eine unzulässige Strafvollstreckung herbeiführt, oder wer als Gefängnisbeamter durch Unterlassung der ihm obliegenden Eintragung des Entlassungstages im Terminskalender eine längere als die urteilsmäßige Festhaltung eines Gefangenen herbeiführt, oder wer als Gerichtsschreiber durch unrichtige Beurkundung eines in einer Hauptverhandlung ergangenen Urteils eine unzulässige Strafvollstreckung verschuldet.

Amtsbegünstigung.

§ 346. Ein Beamter, der vermöge seines Amtes zur Mitwirkung bei einem Strafverfahren oder bei der Vollstreckung einer Strafe oder einer Maßregel der Sicherung und Besserung berufen ist und wissentlich jemand der im Gesetz vorgesehenen Strafe oder Maßregel entzieht, wird mit Zuchthaus bis zu fünf Jahren bestraft.

Sind mildernde Umstände vorhanden, so tritt Gefängnisstrafe nicht unter einem Monat ein.

1. Die Amtsbegünstigung, auch Begünstigung im Amt genannt, ist ein Spezialfall der §§ 257, 257a, also ein unechtes Amtsdelikt (siehe Vorbem. Ziff. 4 vor § 331). Während die Strafverfolgung Unschuldiger und die unzulässige Strafvollstreckung in zwei getrennten Gesetzesstellen (§§ 344, 345) erfaßt sind, wird der umgekehrte Fall, nämlich die unterlassene Strafverfolgung und die unterlassene Strafvollstreckung in einer Gesetzesstelle behandelt. In § 346 soll das staatliche Recht auf Bestrafung des Schuldigen sichergestellt werden.

2. Zu den Beamten des § 346, welche vermöge ihres Amtes zur Mitwirkung bei einem Strafverfahren oder bei der Vollstreckung einer Strafe oder einer Maßregel der Sicherung oder Besserung berufen sind, gehören nicht nur die verantwortlichen Leiter oder Abteilungsvorsteher, sondern ganz allgemein alle Beamten, die in irgendeiner Form an der Durchführung des Strafverfahrens (einschließlich Strafvollstreckung) amtlich beteiligt sind. Es kommen also als Täter nicht nur Staatsanwälte, Richter und Leiter der Strafanstalten, sondern auch die Hilfsbeamten der Staatsanwaltschaft und Justizbeamten der Strafgerichte, ferner die Beamten des Polizeidienstes, sowie Finanzbeamte bei Bestrafung von Steuerzuwiderhandlungen in Betracht. Andererseits kann aber Täter des § 346 nicht ein Beamter sein, der nur vorbereitende, aber keine entscheidenden Maßnahmen getroffen hat. Der Dienstvorgesetzte ist als solcher nicht ohne weiteres verpflichtet, Straftaten eines ihm unterstellten Beamten oder Angestellten der Strafverfolgungsbehörde anzuzeigen.

3. „Entzogen" wird jemand „der im Gesetz vorgesehenen Strafe oder Maßregel" schon dann, wenn der Beamte, der zur Mitwirkung bei der Strafverfolgung oder Strafvollstreckung usw. berufen ist, durch sein Verhalten bewirkt, daß der staatliche Strafanspruch mindestens für eine gewisse Zeit unverwirklicht bleibt. Zur Vollendung des Entziehens gehört also nicht, daß der Strafverfolgungs- bzw. Strafvollstreckungsanspruch endgültig vereitelt wird.

Das Entziehen kann sich im einzelnen folgendermaßen gestalten:

a) Der Täter unterläßt die Verfolgung der strafbaren Handlung.

b) Der Täter nimmt eine Handlung vor, die geeignet ist, eine Freisprechung oder eine dem Gesetz nicht entsprechende Bestrafung zu erwirken, z. B. Weglassen erheblicher, dem Beschuldigten nachteiliger Tatsachen in der Anzeige.

c) Der Täter unterläßt es, die rechtskräftig erkannte Strafe zu vollstrecken.

d) Der Täter verkürzt die Strafdauer der erkannten Strafe oder bringt eine gelindere als die erkannte Strafe zur Vollstreckung.

4. Da §§ 152 Abs. 2, 160 StPO. der Staatsanwaltschaft, und § 163 der StPO. den Behörden und Beamten des Polizeidienstes die gesetzliche Verpflichtung auferlegen, wegen aller gerichtlich strafbaren und verfolgbaren

Handlungen einzuschreiten (es sei denn, daß die Verfolgung in das Ermessen der Staatsanwaltschaft gestellt ist wie z. B. in § 153 StPO.), macht sich nach § 346 derjenige staatsanwaltschaftliche Beamte oder Polizeibeamte strafbar, welcher mit dem Bewußtsein, gegen diese gesetzliche Verpflichtung zu handeln, es unterläßt, wegen einer Straftat, von der er dienstlich Kenntnis erlangt hat, die gebotenen Maßnahmen zu ergreifen, insbesondere eine Anzeige zu erstatten. (Eine außerdienstliche Kenntnisnahme begründet im allgemeinen noch keine Pflicht zum Einschreiten, es sei denn, daß es sich um eine besonders schwere Straftat, z. B. Mord oder Totschlag handelt. Andererseits genügt für eine Verfolgungspflicht schon ein dem Beamten zu Ohren gekommenes allgemeines Gerücht.)

5. Für den inneren Tatbestand verlangt das Gesetz bestimmten Vorsatz (Wissentlichkeit); dolus eventualis genügt also nicht. Ein weiteres darüber hinausgehendes Merkmal, etwa das Vorliegen eines bestimmten Beweggrunds für das Verhalten des Täters wird nicht gefordert.

6. Die Rechtswidrigkeit kann infolge von Pflichtenkollision fehlen, d. h. eine Bestrafung nach § 346 ist ausgeschlossen, wenn der pflichtvergessene Beamte an der fraglichen Tat selbst beteiligt ist, als Teilnehmer i. S. der §§ 47ff. oder als Begünstiger, wenn also die zu verfolgende Tat für ihn keine fremde ist. (Siehe hierzu auch Erl. 5 zu § 139.)

7. Zwischen § 346 einerseits und §§ 257, 257a andererseits besteht Gesetzeskonkurrenz.

8. Beispiele:

a) Unterlassene Strafverfolgung: Der Polizeibeamte A unterläßt es, gegen B, mit dem er befreundet ist, eine Anzeige wegen Betrugs vorzulegen, obwohl der Geschädigte C eine diesbezügliche begründete Anzeige mündlich bei A erstattet hat. Oder: Der Polizeibeamte A legt eine Meldung gegen „Unbekannt" wegen Diebstahls vor, obwohl er weiß, daß B als Täter in Frage kommt. Oder: Der Polizeibeamte erfährt durch ein allgemeines Gerücht, daß im Nebenzimmer einer Weinwirtschaft der Geschlechtsverkehr einer Kellnerin mit den Stammgästen des Lokals durch den Wirt B geduldet und gefördert werde. A unterläßt es, gegen B Anzeige wegen Kuppelei zu erstatten. Er besucht vielmehr gelegentlich selbst dieses Lokal und verkehrt wiederholt geschlechtlich mit der Kellnerin: A hat sich durch dieses Verhalten nach § 346 strafbar gemacht. Zu seiner Entlastung macht er geltend, er habe deshalb keine Anzeige erstattet, weil er sonst mit einem Dienststrafverfahren oder sogar mit der Gefahr strafgerichtlicher Verfolgung wegen Ehebruchs hätte rechnen müssen; es sei ihm also bei Unterlassung der Anzeige in erster Linie darauf angekommen, sich selbst vor Bestrafung zu schützen. Dieser Einwand ist unbeachtlich, und zwar schon aus dem Grunde, weil das Verhalten des Polizeibeamten (der Geschlechtsverkehr mit der Kellnerin) keine strafbare Teilnahmehandlung an der Kuppelei darstellt, und der dabei begangene Ehebruch, mag er auch mit der Haupttat in einem engeren tatsächlichen Zusammenhang stehen, ebenfalls nicht als unmittelbare Teilnahmehandlung an der Kuppelei aufgefaßt werden kann; schließlich kann die Besorgnis, in ein Dienststrafverfahren verwickelt zu werden, niemals eine Befreiung von der Anzeigepflicht bewirken. Abgesehen von all diesen Erwägungen ist aber noch folgendes zu beachten: Die „Zwangslage" ist erst nachträglich eingetreten, nachdem im Hinblick auf das allgemeine Gerücht schon eine Amtspflicht zur Anzeigeerstattung entstanden und ohne Gewissensnot für A zu erfüllen war. Der für §§ 139, 257 und 346 allgemein anerkannte Grundsatz, daß niemand verpflichtet ist, sich selbst anzuzeigen, ist demnach im vorliegenden Falle nicht geeignet, die Handlungsweise des A ihrer Rechtswidrigkeit zu entkleiden.

b) Beispiel für unterlassene Strafvollstreckung: Siehe Erl. 6 zu § 332.

Entweichenlassen von Gefangenen.

§ 347. Ein Beamter, welcher einen Gefangenen, dessen Beaufsichtigung, Begleitung oder Bewachung ihm anvertraut ist, vorsätzlich entweichen läßt oder dessen Befreiung vorsätzlich bewirkt oder befördert, wird mit Zuchthaus bis zu fünf Jahren bestraft. Sind mildernde Umstände vorhanden, so tritt Gefängnisstrafe nicht unter einem Monat ein.

Ist die Entweichung durch Fahrlässigkeit befördert oder erleichtert worden, so tritt Gefängnisstrafe bis zu sechs Monaten oder Geldstrafe ein.

Einem Gefangenen steht gleich, wer in Sicherungsverwahrung oder in einem Arbeitshaus untergebracht ist.

1. Die Gefangenenbefreiung des § 347 ist ein qualifizierter Fall des § 121, also ein unechtes Amtsdelikt (siehe Vorbem. Ziff. 4 vor § 331).

2. Wegen des Begriffs „Gefangener" vgl. Erl. 1 zu § 120.

3. Täter kann jeder Beamte sein, der vermöge seines Amtes über die Person des Gefangenen unmittelbar oder mittelbar eine Aufsicht zu führen hat; Gefängnisbeamte, die lediglich mit Büroarbeiten befaßt sind, scheiden als Täter des § 347 aus.

4. Das Tatbestandsmerkmal „anvertraut" hat die gleiche Bedeutung wie das Tatbestandsmerkmal „beauftragt" in § 121. Es genügt also, wenn für den Beamten eine Pflicht zur Beaufsichtigung des tatsächlich, wenn auch auf Grund eigener Initiative (siehe § 127 Abs. 2 StPO.), in seine Gewalt und Obhut gelangten Gefangenen besteht.

5. Die Täterhandlung (Ausführungshandlung) besteht wie in § 121 darin, daß der Täter vorsätzlich den Gefangenen entweichen läßt, sich also seiner Selbstbefreiung nicht widersetzt, ohne seinerseits irgendwie aktiv tätig zu werden (echtes Unterlassungsdelikt) oder daß er die Befreiung bewirkt oder befördert, d. h. den tatsächlichen Zustand der Freiheit herbeiführt. (Die Tatsache, daß in Erweiterung des Tatbestands des § 121 in Abs. 1 des § 347 neben dem „Befördern" auch noch das „Erleichtern" in das Gesetz aufgenommen wurde, ist praktisch ohne Bedeutung.)

6. Für den inneren Tatbestand kommt Vorsatz (Abs. 1) oder Fahrlässigkeit (Abs. 2) in Frage. Letztere liegt vor, wenn der Täter voraussehen konnte, daß ein Entweichen möglich ist.

7. Vollendet ist das Delikt des § 347, wenn die Entweichung oder Befreiung tatsächlich gelungen ist.

8. Beispiele:

a) Zu Abs. 1 des § 347: Der Gefängnisaufseher A, der mit dem Strafgefangenen B befreundet ist, läßt absichtlich dessen Zellentür unverschlossen und ermöglicht dadurch dem B, vor Ablauf seiner Strafzeit in die Freiheit zu gelangen. Siehe ferner das Beispiel in Erl. 6 zu § 332.

b) Zu Abs. 2 des § 347: Der mit der Strafvollstreckung beim Amtsgericht beauftragte Rechtspfleger A irrt sich bei der Berechnung der Strafzeit des B und bewirkt dadurch dessen vorzeitige Entlassung aus der Strafhaft: War der Irrtum vermeidbar, d. h. hat ihn A verschuldet, dann liegt der Tatbestand des Abs. 2 des § 347 vor.

Falschbeurkundung und Urkundenfälschung im Amte.

§ 348. Ein Beamter, welcher, zur Aufnahme öffentlicher Urkunden befugt, innerhalb seiner Zuständigkeit vorsätzlich eine rechtlich erhebliche Tatsache falsch beurkundet oder in öffentliche Register oder Bücher falsch einträgt, wird mit Gefängnis nicht unter einem Monat bestraft.

Dieselbe Strafe trifft einen Beamten, welcher eine ihm amtlich anvertraute oder zugängliche Urkunde vorsätzlich vernichtet, beiseite schafft, beschädigt oder verfälscht.

Der Versuch ist strafbar.

In schweren Fällen ist die Strafe Zuchthaus.

1. Der Abs. 1 enthält die sog. Falschbeurkundung, d. h. die Herstellung einer an sich echten öffentlichen Urkunde mit unwahrem Inhalt, während das Wesen der Urkundenfälschung nach § 267 in der Herstellung einer unechten Urkunde mit wahrem oder unwahrem Inhalt besteht. (Siehe Erl. 1 zu § 267.)

a) Die Falschbeurkundung des Abs. 1 des § 348 ist ein sog. echtes Beamtendelikt, d. h. ein Vergehen, das nur von einem Beamten begangen werden kann. (Siehe Vorb. Z. 4 zu § 331 und Erl. 5 zu § 50.)

b) Während der Nichtbeamte, welcher vorsätzlich einen gutgläubigen Beamten zur Beurkundung einer Lüge in einer öffentlichen Urkunde veranlaßt, nach § 271 (intellektuelle Urkundenfälschung) bestraft wird (siehe Erl. 1 u. 2 zu § 271), wird der Beamte, der vorsätzlich eine Lüge beurkundet, nach § 348 Abs. 1 bestraft, und der Nichtbeamte im letzteren Falle wegen Anstiftung (§ 48) zu dem Vergehen des § 348 Abs. 1.

c) Als Täter des Abs. 1 kommen nur Beamte in Frage, die zur Aufnahme öffentlicher Urkunden befugt sind.

aa) Der Ausdruck „Aufnahme" ist gleichbedeutend mit „Ausstellen".

bb) Ebenso wie in § 271 kommen auch für § 348 Abs. 1 nur solche öffentliche Urkunden in Frage, die Beweis für und gegen jedermann zu erbringen bestimmt sind. Nicht hierher gehören also Feststellungen, die nur für den inneren Dienst bestimmt sind. (Siehe hierzu Erl. 4 und 5 zu § 271.)

cc) Befugt zur Aufnahme öffentlicher Urkunden ist jeder Beamte, der nach den gesetzlichen Vorschriften sachlich und örtlich zuständig ist, Erklärungen und Tatsachen mit voller Beweiskraft zu beurkunden. Als Täter kommen also nicht nur die eigentlichen Urkundsbeamten, die Richter, Notare oder Standesbeamte, sondern auch Zustellungs- und Vollstreckungsbeamte (vor allem Gerichtsvollzieher) sowie Postbeamte, Fleischbeschauer und auch Polizeibeamte u. a. in Frage.

d) Die Handlung besteht darin, daß der Beamte innerhalb seiner Zuständigkeit eine rechtlich erhebliche Tatsache falsch beurkundet oder in öffentliche Register oder Bücher falsch einträgt.

aa) Eine festgestellte Tatsache ist falsch beurkundet, wenn sie überhaupt nicht oder in anderer Weise geschehen ist, d. h. wenn der Inhalt der Urkunde mit der materiellen Wahrheit in Widerspruch steht.

bb) Eine Tatsache ist rechtlich erheblich, wenn zu ihrer Feststellung der Beamte durch Gesetz oder Dienstanweisung verpflichtet ist.

cc) Die Eintragung in öffentliche Bücher oder Register ist eine besondere Art der Beurkundung. (Siehe hierzu Erl. 5 zu § 271.)

e) Der innere Tatbestand verlangt Vorsatz, d. h. das Bewußtsein des Täters, daß er innerhalb seiner Zuständigkeit eine rechtlich erhebliche Tatsache öffentlich falsch beurkundet oder in öffentliche Register oder Bücher falsch einträgt. Ein Irrtum des Täters über einen dieser Umstände wäre ein unbeachtlicher Strafrechtsirrtum.

f) Vollendet ist das Delikt, sobald die falsche Beurkundung oder Eintragung erfolgt ist. Ein Gebrauchmachen von der falschen Beurkundung gehört nicht zum Tatbestand.

2. Der Abs. 2 des § 348 (kurz „Urkundenfälschung im Amt" genannt) dient der Erhaltung der unversehrten Gebrauchsbereitschaft amtlich anvertrauter oder zugänglicher Urkunden.

a) Dieser Tatbestand gehört zu den uneigentlichen oder unechten Amtsdelikten (siehe Vorbem. Ziff. 4 vor § 331 und Erl. 4a, cc zu § 50). Er enthält, soweit es sich um Vernichten, Beiseiteschaffen und Beschädigen handelt, strafschärfende Umstände (Täter Beamter, und amtlich anvertraute oder zugängliche Urkunde) gegenüber §§ 133 und 274 Nr. 1, und soweit ein Verfälschen in Frage kommt, gegenüber § 267.

b) Gegenstand des Delikts ist eine Urkunde und zwar jede Art von Urkunden im strafrechtlichen Sinne (siehe Erl. 3a zu § 267). Es gehören also hierher nicht nur öffentliche Urkunden, ohne Rücksicht darauf, ob sie für den inneren Dienst bestimmt sind oder nicht, sondern auch die Privaturkunden.

c) Die Handlung kann in dem Vernichten (siehe Erl. 2d zu § 274), Beiseiteschaffen (siehe Erl. 5 zu § 133), Beschädigen (siehe Erl. 2d zu § 274) oder im Verfälschen (siehe Erl. 5 zu § 267) bestehen.

3. Die Absätze 3 und 4 wurden durch Verordnung vom 29. 5. 1943 eingefügt. Im Hinblick auf Ziff. 8b der „Allgemeinen Anweisung an Richter Nr. 1" (siehe Vorbem. B vor § 13) kann auch jetzt auf Zuchthaus (allerdings nur bis zu 10 Jahren) erkannt werden, falls beim Täter Bereicherungs- oder Schädigungsabsicht vorliegt; denn für diese Fälle war in dem aufgehobenen § 349 eine solche Strafe vorgesehen.

4. Beispiele:

a) Zu Abs. 1 des § 348: Der Kaufmann A wurde von seinem Freunde B wiederholt aufgefordert, eine Schreibmaschine, die B dem A leihweise überlassen hatte, zurückzugeben. A, der die Maschine, da er in Geldverlegenheit war, verkauft hatte, teilte dem B mit, daß ihm die Maschine schon vor mehreren Wochen gestohlen worden sei. B schenkte diesen Angaben zunächst keinen Glauben. A bat daraufhin den ihm befreundeten Kriminalbeamten C, in einem vordatierten Schriftstück zu bestätigen, daß er, A, am ...... eine diesbezügliche Anzeige bei der Polizei erstattet habe. C kam nach langem Bitten schließlich dieser Aufforderung nach und fertigte nach Art eines Protokolls ein mit seinem Namen und seiner Amtsbezeichnung unterzeichnetes Schriftstück des Inhalts an, A habe ihm am ...... mündlich angezeigt, daß am ...... in seiner Wohnung eingebrochen und dabei auch eine Schreibmaschine gestohlen worden sei. Dieses Schriftstück legte A dem B vor, der nunmehr die Angelegenheit auf sich beruhen ließ: Der Kriminalbeamte C hat sich eines Vergehens nach § 348 Abs. 1 schuldig gemacht. Er war, wenn der Vorgang auf Wahrheit beruht hätte, nach § 158 Abs. 1 Satz 1 StPO. zur Entgegennahme einer solchen mündlichen Anzeige berechtigt, dann aber auch nach Satz 2 daselbst zu ihrer „Beurkundung" verpflichtet. Das fragliche Schriftstück war somit eine Urkunde, die C innerhalb des ihm zugewiesenen Geschäftskreises in der vorgeschriebenen Form aufgenommen hat. Der Urkunde kommt auch öffentlicher Glaube zu, d. h. sie war nicht lediglich eine für den inneren Dienst bestimmte Meldung, sondern begründete Beweis für und gegen jedermann zwar nicht bezüglich des Inhalts der Anzeige aber bezüglich der Tatsache, daß eine solche Anzeige am ...... erstattet worden sei. Da C somit in diesem Falle Urkundsperson i. S. des § 348 Abs. 1 war und eine Anzeigeerstattung seitens des A in Wirklichkeit nicht erfolgt war, hat C vorsätzlich eine rechtlich erhebliche Tatsache falsch beurkundet. (Der Kaufmann A hat sich durch den Verkauf der Maschine einer Unterschlagung i. S. des § 246 schuldig gemacht, während sein Verhalten gegenüber dem Kriminalbeamten als Anstiftung zu einem Vergehen der Falschbeurkundung zu werten ist.)

b) Zu Abs. 2 des § 348: Der Justizbeamte A des Amtsgerichts X, der als Gerichtsschreiber auch Zutritt zu dem Geschäftszimmer des aufsichtsführenden Richters hatte, nahm von dessen Schreibtisch ein Schreiben weg, in dem ein Gläubiger des A dem Richter mitteilt, daß A trotz wiederholter Aufforderung eine alte Darlehensschuld noch immer nicht beglichen habe. A bezweckte bei der Wegnahme, wenigstens zeitweilig zu verhindern, daß der Richter von dem Vorhandensein der Schuld, die er zu zahlen willens war, Kenntnis erhalte: A hat sich nach § 348 Abs. 2 strafbar gemacht. Seine Beamtenstellung und die mit dieser verbundene Befugnis, das Amtszimmer des Richters zu betreten, verschafften ihm den „Zugang" zu dem dort offen liegenden Schreiben, das somit für A „amtlich zugänglich" war. Dadurch, daß er die Urkunde an sich nahm, hat er sie „beiseitegeschafft", d. h. er hat sie von ihrem ordnungsmäßigen Aufbewahrungsort unberechtigterweise entfernt. (Wegen „Verfälschen" einer Urkunde siehe das Beispiel in Erl. 3 zu § 351 am Ende.)

Gewinnsüchtige Falschbeurkundung.

§ 349. Gestrichen durch die Verordnung v. 29. Mai 1943. (Betraf schwere Fälle des § 348.)

Einfache Amtsunterschlagung.

§ 350. Ein Beamter, welcher Gelder oder andere Sachen, die er in amtlicher Eigenschaft empfangen oder in Gewahrsam hat, unterschlägt, wird mit Gefängnis nicht unter drei Monaten bestraft; auch kann auf Verlust der bürgerlichen Ehrenrechte erkannt werden.

Der Versuch ist strafbar.

1. Hier wird die einfache Amtsunterschlagung behandelt. Sie ist ein uneigentliches (unechtes) Amtsdelikt, indem zum Tatbestand des § 246 noch hinzukommen muß, daß der Täter ein Beamter ist, und daß er die Sachen, die er sich aneignet, in amtlicher Eigenschaft empfangen oder in Ge-

wahrsam hat. (Siehe Vorbem. Ziff. 4 vor § 331 und Erl. 4a, cc zu § 50.) Nicht anwendbar sind §§ 247, 248a, 370 Ziff. 5; es werden also auch Notunterschlagung und Mundraub im Amte nach § 350 verfolgt. Die Amtsunterschlagung ist demgemäß niemals von einem Strafantrag abhängig.

2. Der Beamte kann nur dann als Täter einer Amtsunterschlagung in Frage kommen, wenn er sowohl bei der Empfangnahme bzw. bei der Begründung des Gewahrsams, als auch bei der Aneignung die Beamteneigenschaft besitzt. Ist er nur vorläufig seines Dienstes enthoben oder zwangsweise beurlaubt, so ist eine trotzdem ausgeübte und damit verbotswidrige dienstliche Handlung zwar fehlerhaft, aber (wenigstens nach der neueren Rechtsprechung des ehemaligen Reichsgerichts) trotzdem als dienstliche Handlung zu bewerten, da ein solcher Beamter mangels öffentlicher Bekanntmachung des Verbots in keiner Weise nach außen als abgerufener Beamter gekennzeichnet wird. Demgemäß sei es, so lautet die jüngere Rechtsprechung, geboten, eine Unterschlagung amtlich empfangener Gegenstände auch bei einem vom Dienst vorläufig enthobenen Beamten als Amtsunterschlagung zu bewerten.

3. Gegenstand der Amtsunterschlagung sind Gelder oder andere Sachen, die der Beamte in amtlicher Eigenschaft empfangen oder in Gewahrsam hat.

a) Täter kann nicht nur ein Kassenbeamter sein, sondern jeder Beamte, der dienstlich empfangene oder verwahrte Gegenstände („andere Sachen") sich zueignet, also z. B. auch der Polizeibeamte, der Fundsachen oder beschlagnahmte Sachen oder der Gerichtsvollzieher, der gepfändete Sachen, oder der Postbeamte, der Beförderungsgegenstände, oder der Leihhausverwalter, der in Pfand gegebene Gegenstände sich rechtswidrig aneignet.

b) Ein Beamter empfängt eine Sache nicht nur dann in amtlicher Eigenschaft, wenn er sie im Bereiche seiner amtlichen Zuständigkeit entgegennimmt, sondern auch dann, wenn ihn der, von dem er sie empfängt, für zuständig hält und der Beamte das erkennt. Eine Empfangnahme in amtlicher Eigenschaft liegt aber nicht vor, wenn der Beamte bei Gelegenheit einer Amtshandlung Gelder von einem Dritten annimmt, der den Mangel der Zuständigkeit kennt, aber Zeit und Kosten sparen will.

c) In amtlichem Gewahrsam befindet sich eine Sache nicht schon dann, wenn sie dem Beamten amtlich zugänglich ist (siehe § 348 Abs. 2), sondern erst dann, wenn der Beamte in Ausübung seines Dienstes die Verfügungsgewalt über die Sache erhält. Die Sache muß sich ferner im Alleingewahrsam des Täters befinden. Liegt nur Mitgewahrsam vor, dann kommt lediglich Diebstahl (§§ 242ff.) in Frage, denn einen qualifizierten Diebstahl im Amt gibt es nicht.

4. Die Handlung besteht in der rechtswidrigen Zueignung der Sache. Siehe hierzu Erl. 5 zu § 246.

5. Während die Rechtswidrigkeit bei der gewöhnlichen Unterschlagung des § 246 durch die Einwilligung des Eigentümers ausgeschlossen wird (siehe „Einführende Vorbemerkungen zum Strafrecht", Seite 1ff., Abschnitt B III 2h, Seite 5), ist der Vorgesetzte grundsätzlich nicht berechtigt, eine solche Einwilligung zu erteilen.

6. Der innere Tatbestand erfordert neben dem Vorsatz, der sich auf die sämtlichen Tatbestandsmerkmale der §§ 246, 350 erstrecken muß, auch das Bewußtsein, daß die Aneignung rechtswidrig ist. Während in letzterer Beziehung bei § 246 dieses Bewußtsein dann fehlen wird, wenn der Täter willens und fähig ist, den fraglichen Gegenstand (insbesondere Geld) jederzeit aus eigenen Mitteln

zu ersetzen, ist eine solche Ersatzbereitschaft bei einer Aneignung durch einen Beamten für den inneren Tatbestand des § 350 ohne Bedeutung. Der Verbrauch amtlicher Sachen durch einen Beamten fällt also immer unter den Begriff der rechtswidrigen Zueignung, selbst wenn die Fähigkeit sofortiger Ersatzleistung besteht.

7. Wegen Vollendung und Versuch vgl. Erl. 7 zu § 246.

8. Da die Amtsunterschlagung ein uneigentliches Amtsdelikt darstellt, wird der Teilnehmer wegen Teilnahme an der einfachen Unterschlagung (§ 246) bestraft (siehe Erl. 4 a, cc zu § 50), es sei denn, daß auch er Beamter ist und die in § 350 angeführten amtlichen Beziehungen zum Gegenstand der Unterschlagung hat.

9. Beispiel: Der Postaushelfer A beim Postamt X hat einen Einschreibebrief zuzustellen. Da er in dem Brief Geld vermutet, bricht er ihn auf, entnimmt aus dem Umschlag den Geldbetrag (zwei 50-Mark-Scheine), vernichtet den Brief und unterzeichnet die Empfangsbescheinigung mit dem Namen des Adressaten: A ist zwar nicht Beamter im staatsrechtlichen, aber ein solcher im strafrechtlichen Sinne (siehe § 359 und die dortigen Erläuterungen). Da A den Brief mit dem darin befindlichen Geld in amtlicher Eigenschaft empfangen hatte, hat er sich durch die Aneignung des Geldes einer Amtsunterschlagung (§ 350) schuldig gemacht. Die Vernichtung des Briefes bedeutet eine Verletzung des § 348 Abs. 2 (Urkundenvernichtung) während die Unterzeichnung der Empfangsbescheinigung mit dem Namen des Adressaten den Tatbestand des § 267 (Herstellung einer unechten Urkunde) erfüllt. Schließlich hat sich A auch noch eines Vergehens gegen die Beförderungspflicht nach § 354 (siehe die dortigen Erläuterungen) schuldig gemacht.

Erschwerte Amtsunterschlagung.

§ 351. Hat der Beamte in Beziehung auf die Unterschlagung die zur Eintragung oder Kontrolle der Einnahmen oder Ausgaben bestimmten Rechnungen, Register oder Bücher unrichtig geführt, verfälscht oder unterdrückt, oder unrichtige Abschlüsse oder Auszüge aus diesen Rechnungen, Registern oder Büchern, oder unrichtige Belege zu denselben vorgelegt, oder ist in Beziehung auf die Unterschlagung auf Fässern, Beuteln oder Paketen der Geldinhalt fälschlich bezeichnet, so ist auf Zuchthaus bis zu zehn Jahren zu erkennen.

Sind mildernde Umstände vorhanden, so tritt Gefängnisstrafe nicht unter sechs Monaten ein.

1. Die Amtsunterschlagung wird zu einer schweren i. S. des § 351 und damit zu einem Verbrechen (ohne seinen Charakter als uneigentliches Amtsdelikt zu ändern), wenn der Beamte (nicht nur Kassenbeamte), um die beabsichtigte Unterschlagung zu ermöglichen oder eine begangene zu verschleiern, bestimmte Manipulationen in der Buchführung vornimmt. Da in den meisten Fällen für die mit Einnahmen und Ausgaben betrauten Beamten eine Buchführungspflicht besteht und bei richtiger Buchführung die Unterschlagung sofort entdeckt würde, kommt für die Amtsunterschlagung in den meisten Fällen neben § 350 auch noch § 351 in Frage.

2. Im einzelnen nennt das Gesetz als Täterhandlungen:

a) Unrichtige Führung, Verfälschung oder Unterdrückung von Rechnungen, Registern oder Büchern, welche zur Eintragung oder Kontrolle der

Einnahmen oder Ausgaben bestimmt sind. In der Praxis spielt die wichtigste Rolle die unrichtige Führung von amtlichen Büchern seitens der Kassenbeamten. Die „Einnahmen" und „Ausgaben" können sich aber auch auf andere Gegenstände als Geld beziehen, wie z. B. das Pfänder- und Kassenbuch des Leihhausverwalters, oder das Annahmebuch einer Poststelle. Die unrichtige Führung kann auch in einer Unterlassung einer gebotenen Eintragung bestehen. Wegen des Begriffs „Verfälschen" siehe Erl. 5 zu § 267, und wegen „Unterdrücken" Erl. 2 d zu § 274.

b) Vorlegung unrichtiger Abschlüsse oder Auszüge aus diesen Büchern usw. oder unrichtiger Belege zu denselben. Hierzu ist zu bemerken, daß „unrichtig" nicht nur unechte oder verfälschte Urkunden i. S. des § 267 sind, sondern auch inhaltlich unrichtige Urkunden.

c) Schließlich kann die Täterhandlung noch in der fälschlichen Bezeichnung des Geldinhaltes auf Fässern, Beuteln oder Paketen bestehen.

3. Beispiel: Eine Posthelferin, zu deren Dienstobliegenheiten die Einziehung von Rundfunkgebühren und Zeitungsgeldern gehörte, behielt solche Gelder für sich. Um die Entdeckung zu verhindern, unterließ sie in einigen Stammkarten die Eintragung und radierte in anderen Stammkarten den zunächst richtig eingetragenen Zahlungstag wieder aus. Sie hatte die Absicht, die unterschlagenen Beträge von ihrer nächsten Lohnzahlung zu ersetzen: Da die A als Beamtin im strafrechtlichen Sinne (siehe § 359 und die dortigen Erläuterungen) anzusehen ist, und sie die Gelder in amtlicher Eigenschaft empfangen hatte, erfüllt die rechtswidrige Zueignung dieser Gelder den Tatbestand der Amtsunterschlagung (§ 350). Da die Stammkarten als „Register" i. S. des § 351 anzusehen sind, die im Hinblick auf die unterlassene Eintragung als „unrichtig geführt" und im Hinblick auf die nachträglichen Radierungen auch als „verfälscht" zu gelten haben, ist auch der Tatbestand der erschwerten Amtsunterschlagung i. S. des § 351 gegeben. Die nachträgliche Radierung erfüllt außerdem den Tatbestand einer in Tateinheit mit §§ 350, 351 begangenen Urkundenverfälschung im Amte i. S. des § 348 Abs. 2. Die angebliche Ersatzbereitschaft ist im Hinblick auf die Beamteneigenschaft der Täterin ohne Bedeutung (siehe Erl. 6 zu § 350).

Gebührenüberhebung.

§ 352. Ein Beamter, Anwalt oder sonstiger Rechtsbeistand, welcher Gebühren oder andere Vergütungen für amtliche Verrichtungen zu seinem Vorteile zu erheben hat, wird, wenn er Gebühren oder Vergütungen erhebt, von denen er weiß, daß der Zahlende sie überhaupt nicht oder nur in geringerem Betrage verschuldet, mit Geldstrafe oder mit Gefängnis bis zu einem Jahre bestraft.

Der Versuch ist strafbar.

1. Die Gebührenüberhebung des § 352 gehört zu den eigentlichen Amtsdelikten (siehe Vorbem. Ziff. 4 vor § 331).

2. Während § 353 (sog. Abgabenüberhebung) solche „Steuern, Gebühren oder andere Abgaben betrifft, die für eine öffentliche Kasse bestimmt sind, handelt es sich in § 352 um Gebühren, die dem Beamten persönlich zufließen.

3. Während als Täter des § 353 nur ein Beamter in Frage kommen kann, erstreckt sich § 352 außerdem auf Anwälte und Rechtsbeistände. Zu den Beamten des § 352 gehören Notare, Gerichtsvollzieher, Amtsärzte, beamtete

Tierärzte, Fleischbeschauer. Zu den Rechtsbeiständen gehören nur solche, die das Amt eines Rechtsbeistandes ausüben. Auf solche, die nur zugelassen sind, sowie auf Prozeßagenten (§ 157 Abs. 3 ZPO.) findet § 352 keine Anwendung.

4. Die Handlung besteht in der Erhebung einer Gebühr oder anderen Vergütung, von der der Annehmende weiß, daß sie der Zahlende überhaupt nicht oder nur in geringerem Betrage verschuldet.

a) Gebühren sind Leistungen, die durch Gesetz oder Verordnung von vorneherein festgelegt sind, während man unter Vergütungen im allgemeinen vertragsmäßige Leistungen versteht.

b) Erhoben ist eine Vergütung erst dann, wenn sie nicht nur verlangt, sondern auch gewährt wird.

5. Da die Gebührenüberhebung ein Spezialgesetz gegenüber dem Betrug darstellt, ist Idealkonkurrenz zwischen §§ 352 und 263 nur dann möglich, wenn zu der Täuschung, die begriffsnotwendig zur Gebührenüberhebung gehört, eine weitere Täuschung hinzukommt.

6. Wegen Nebenstrafe vgl. § 358.

7. Beispiele:

a) Der Rechtsanwalt A verlangt von dem Kaufmann B, den er in einem Zivilprozeß vertreten hat, die ihm zustehenden Gebühren wissentlich nach einer höheren als der in diesem Fall in Frage kommenden Wertklasse: A ist strafbar nach § 352 Abs. 1, und wenn B sich weigerte, den geforderten Betrag zu zahlen, wegen versuchter Abgabenüberhebung nach Abs. 2 des § 352.

b) Der Gerichtsvollzieher A ist vom Kaufmann B beauftragt, beim Schuldner C, der rechtskräftig zur Zahlung einer Darlehensschuld verurteilt ist, zu pfänden. A verlangt als Pfändungsgebühr 20 Mark, obwohl die ihm zustehende Gebühr, wie er sehr wohl wußte, nur 10 Mark betrug. Für Portoauslagen liquidierte er einen Betrag von 2 Mark, obwohl Portokosten überhaupt nicht entstanden waren. B bezahlte die geforderten Beträge: A hat sich durch die Liquidierung der Pfändungsgebühr von 20 Mark eines Vergehens nach § 352 schuldig gemacht. Dagegen sind die liquidierten Portobeträge nicht zu den „Gebühren oder anderen Vergütungen für amtliche Verrichtungen" zu zählen, da Auslagen, deren Ersatz der Beamte usw. zu beanspruchen hat, nur dann als „Vergütungen" i. S. des § 352 anzusprechen sind, wenn sie ohne Rücksicht auf die Höhe des wirklich entstandenen Aufwands tarifmäßig festgesetzt sind, also den Charakter einer Pauschgebühr haben. Die unrechtmäßige Erhebung der Portoauslagen erfüllt aber den Tatbestand des Betrugs.

Abgabenüberhebung.

§ 353. Ein Beamter, welcher Steuern, Gebühren oder andere Abgaben für eine öffentliche Kasse zu erheben hat, wird, wenn er Abgaben, von denen er weiß, daß der Zahlende sie überhaupt nicht oder nur in geringerem Betrage verschuldet, erhebt, und das rechtswidrig Erhobene ganz oder zum Teil nicht zur Kasse bringt, mit Gefängnis nicht unter drei Monaten bestraft.

Gleiche Strafe trifft den Beamten, welcher bei amtlichen Ausgaben an Geld oder Naturalien dem Empfänger vorsätzlich und rechtswidrig Abzüge macht und die Ausgaben als vollständig geleistet in Rechnung stellt.

1. Auch die Abgabenüberhebung des § 353 gehört, ebenso wie § 352, zu den eigentlichen Amtsdelikten (siehe Vorbem. Ziff. 4 vor § 331). Sie umfaßt zwei verschiedene Tatbestände: Die übermäßige Erhebung von Abgaben (Abs. 1) und die amtliche Verkürzung des Leistungsempfängers (Abs. 2).

2. Die übermäßige Erhebung von Abgaben (Abs. 1):

a) Sie unterscheidet sich von der Abgabenüberhebung des § 352 dadurch, daß § 353 sich mit Steuern, Gebühren oder anderen Abgaben befaßt, die für eine öffentliche Kasse zu erheben sind, während es sich in § 352 um Gebühren handelt, die dem Beamten persönlich zufließen. (Siehe Erl. 2 zu § 352.)

b) Als Täter kommt nur ein Beamter in Betracht, und zwar ein solcher, der Abgaben, insbesondere Steuern und Gebühren, für eine öffentliche Kasse zu erheben hat. Zu den Gebühren zählt auch das Entgelt für die Leistungen der Post und Eisenbahn.

c) Die Handlung ist eine zweiaktige: Sie besteht aus der Erhebung der Abgaben usw. (positive Handlung) und dem Nichtzurkassebringen (Unterlassung).

3. Die amtliche Verkürzung von Leistungsempfängern (Abs. 2):

a) Als Täter kommt nur ein Beamter in Betracht und zwar ein solcher, der amtliche Ausgaben an Geld oder Naturalien zu leisten hat.

b) Die Handlung besteht ebenso wie in § 352 aus zwei Akten: Der Nichtausgabe derjenigen Mengen, zu deren Ausgabe der Beamte verpflichtet ist (Unterlassungshandlung) und der unwahren Verrechnung der Teilleistung als einer voll bewirkten Leistung (positive Handlung). Dieser zweite Akt richtet sich also gegen den Staat oder die Gemeindebehörde, für die der Beamte bei der Auszahlung tätig geworden ist, indem die Behörde zu Unrecht mit der Vollleistung belastet wird. Der erste Akt der Täterhandlung dagegen richtet sich gegen die Person des Empfängers.

4. Der innere Tatbestand verlangt für beide Delikte Vorsatz. Bedingter Vorsatz genügt nicht.

5. Wegen Nebenstrafe vgl. § 358.

6. Beispiele:

a) Zu Abs. 1 des § 353: Der Postschaffner A, der den Paketannahmedienst beim Postamt X zu versehen hat, forderte in zahlreichen Fällen höhere Gebühren als dem Gewicht der Pakete entsprach. Im Übergabebuch setzte er nur die richtigen Beträge ein. Das ganze eingenommene Geld legte er, um den Sachverhalt gegenüber den Einlieferern zu verschleiern, zunächst in die Postkasse. Er hatte dabei die Absicht, die Mehrbeträge zum Ausgleich für etwaige Fehlbeträge bzw. für notwendige persönliche Anschaffungen zu verwenden. Nach der Abrechnung entnahm er die Mehrbeträge der Kasse und verwahrte sie in einem besonderen Kasten. Einen Teil dieser Gelder verwendete er seiner Absicht gemäß zur Deckung der Fehlbeträge, den Rest behielt er für sich: A hat „Gebühren" für eine öffentliche Kasse erhoben, die die Zahlenden „nur in geringerem Betrage verschuldeten". Diese rechtswidrig erhobenen Beträge hat er „nicht zur Kasse gebracht". Denn ein „Nichtzurkassebringen" liegt nicht nur dann vor, wenn die Gelder überhaupt nicht in die Kasse gelangen, sondern schon dann, wenn sie zwar eingelegt, aber nicht als eingenommene Gebühren verbucht werden. Eine Unterschlagungshandlung lag in diesem Zeitpunkt noch nicht vor, denn A hatte ja nur die Absicht, diese nichtverbuchten Beträge sich künftig (zur Deckung eventueller Mankos) anzueignen. Erst das weitere Verhalten des A erfüllt den

Tatbestand einer Unterschlagung, und zwar einer Amtsunterschlagung. A hatte die Mehrbeträge in „amtlicher Eigenschaft empfangen“ und er hat sie sich, indem er sie der Postkasse wieder entnahm, um Mankos zu decken, bzw. um sie für persönliche Zwecke zu verwenden, rechtswidrig zugeeignet. In bezug auf diese Unterschlagung hat er auch das Übergabebuch, ein „zur Eintragung der Einnahmen und Ausgaben bestimmtes Buch“ unrichtig geführt. Es ist somit auch der Tatbestand der schweren Amtsunterschlagung i. S. des § 351 erfüllt. Hätte A lediglich nur soviele Mehrbeträge eingezogen, als er zur Deckung der Mankos benötigte, und diese Gelder sofort für sich behalten (also nicht erst in die Kasse gelegt und sie sich später zugeeignet), dann läge ein mit der Abgabenüberhebung in Tateinheit zusammentreffender, den Auflieferern der Pakete gegenüber begangener fortgesetzter Betrug vor. Daneben käme eine Bestrafung wegen Amtsunterschlagung nicht mehr in Frage.

§ 353a. Aufgehoben durch Kontrollratsgesetz Nr. 11. (Betraf Verletzung der Amtsverschwiegenheit durch Beamte des Auswärtigen Amtes.)

Verletzung der Amtsverschwiegenheit.

§ 353b. Ein Beamter oder früherer Beamter, der unbefugt ein ihm bei Ausübung seines Amtes anvertrautes oder zugänglich gewordenes Geheimnis offenbart und dadurch wichtige öffentliche Interessen gefährdet, wird mit Gefängnis, in besonders schweren Fällen mit Zuchthaus bis zu zehn Jahren bestraft; hat der Täter mit der eingetretenen Gefährdung fahrlässig nicht gerechnet, so ist auf Gefängnis bis zu zwei Jahren oder auf Geldstrafe zu erkennen.

Einem Beamten steht eine für eine Behörde tätige Person gleich, die auf die gewissenhafte Erfüllung ihrer Dienstpflicht durch Handschlag oder zur Verschwiegenheit besonders verpflichtet worden ist.

Der Versuch ist strafbar.

Die Tat wird nur mit Zustimmung der dem Täter vorgesetzten Behörde, und, wenn er nicht mehr in seinem Amt oder seiner Stellung ist, mit Zustimmung der letzten vorgesetzten Behörde verfolgt. Die Verfolgung von Personen, die zur Verschwiegenheit besonders verpflichtet worden sind, tritt nur auf Anordnung des Reichsministers der Justiz ein.

1. Der Bruch der Amtsverschwiegenheit ist ein eigentliches Amtsdelikt (siehe Vorbem. Ziff. 4 vor § 331). Die Vorschrift wurde durch Gesetz vom 2. 7. 1936 eingefügt.

2. Täter können sein:

a) Beamte i. S. des § 359.

b) Solche Personen, die bei einer Behörde tätig sind und auf die gewissenhafte Erfüllung ihrer Dienstpflicht durch Handschlag oder zur Verschwiegenheit besonders verpflichtet worden sind, also vor allem die Behördenangestellten.

Zu dieser letzteren Gruppe gehören auch die zu einzelnen Sonderleistungen vorübergehend herangezogenen Personen, vor allem die Sachverständigen, vorausgesetzt, daß sie zur Verschwiegenheit besonders verpflichtet worden sind.

3. Die Handlung besteht im unbefugten Offenbaren eines Geheimnisses, das dem Täter bei Ausübung seines Amtes anvertraut oder zugänglich gemacht worden ist.

a) Für den Begriff des Geheimnisses sind vor allem das deutsche Beamtengesetz bzw. die Landesbeamtengesetze, die an seine Stelle getreten sind, maßgebend. Danach hat der Beamte über die ihm bei der amtlichen Tätigkeit bekannt gewordenen Angelegenheiten, deren Geheimhaltung durch Gesetz oder dienstliche Anordnung vorgeschrieben oder ihrer Natur nach erforderlich ist, Verschwiegenheit gegen jedermann zu bewahren. Geheim sind Angelegenheiten, deren Kenntnis nicht über einen geschlossenen Kreis von Personen hinausgeht.

b) Ein Geheimnis ist schon dann offenbart, wenn es auch nur an eine Person weitergegeben ist; es ist unbefugt offenbart, wenn keine besondere Erlaubnis zur Offenbarung vorliegt.

4. Als Folge des Offenbarens muß eine Gefährdung wichtiger öffentlicher Interessen eingetreten sein.

5. Der innere Tatbestand verlangt für das Offenbaren stets vorsätzliches Handeln. Dagegen genügt hinsichtlich der Gefährdung wichtiger öffentlicher Interessen schon Fahrlässigkeit; für letzteren Fall ist ein milderer Strafrahmen vorgesehen.

6. Verfolgt wird die Tat nur mit Zustimmung der dem Täter vorgesetzten Behörde.

7. Beispiel: Der Bürostellenleiter A eines Prüfungsamtes eignet sich Ersatzstücke von Klausuraufgaben, die er in amtlichem Gewahrsam hat, rechtswidrig zu, und händigt sie Prüflingen, welche die Aufgaben zu bearbeiten haben, gegen eine Vergütung vorzeitig aus: Durch die Hingabe der Aufgabenabdrucke an die Prüflinge hat sich A des Bruchs der Amtsverschwiegenheit nach § 353b schuldig gemacht. Die Klausurarbeiten, um die es sich handelte, waren vor den Prüflingen geheim zu halten; das ergab sich schon aus der Natur der Sache. Das Geheimnis war dem A als Bürostellenleiter „bei Ausübung seines Amtes zugänglich"; daß er sich die Arbeiten allerdings nur auf unrechtmäßige Weise angeeignet hat, ist dabei ohne Bedeutung. Daß A schließlich das Geheimnis „unbefugt offenbart", d. h. die Ersatzstücke der Klausurarbeiten ohne Erlaubnis an Prüflinge ausgehändigt hat, bedarf keiner Erörterung. Da A sich für die Aushändigung der fraglichen Schriftstücke an die Prüflinge Vergütungen hat zahlen lassen, hat er sich außerdem eines mit dem Vergehen des § 353b tateinheitlich zusammenfallenden Verbrechens der passiven Bestechung nach § 332 schuldig gemacht, denn er hat für eine pflichtwidrige Handlung Vorteile angenommen. Schließlich hat A durch die rechtswidrige Aneignung der in seinem amtlichen Gewahrsam befindlichen Schriftstücke eine Amtsunterschlagung im Sinne des § 350 begangen, die ihrerseits wieder mit einem Gewahrsamsbruch i. S. des § 133 Abs. 2 tateinheitlich zusammenfällt.

Verletzung der Geheimhaltungspflicht.

§ 353c. Wer, abgesehen von dem Fall des § 353b, unbefugt ein amtliches Schriftstück, das als geheim oder vertraulich bezeichnet worden ist, oder dessen wesentlichen Inhalt ganz oder zum Teil einem anderen mitteilt und dadurch wichtige öffentliche Interessen gefährdet, wird mit Gefängnis bestraft.

Ebenso wird bestraft, wer unbefugt einem anderen eine Mitteilung weitergibt, zu deren Geheimhaltung er von einer zuständigen Stelle besonders verpflichtet worden ist, und dadurch wichtige öffentliche Interessen gefährdet.

In besonders schweren Fällen ist die Strafe Zuchthaus bis zu zehn Jahren.

Hat der Täter mit der eingetretenen Gefährdung fahrlässig nicht gerechnet, so ist auf Gefängnis bis zu zwei Jahren oder auf Geldstrafe zu erkennen.

Der Versuch ist strafbar.

Die Tat wird nur auf Anordnung des Reichsministers der Justiz verfolgt.

1. Diese Gesetzesstelle enthält zwei Tatbestände:

a) Die unbefugte Mitteilung eines irgendwie zur Kenntnis des Täters gelangten amtlichen Schriftstücks (oder dessen wesentlichen Inhalts), das als geheim oder vertraulich bezeichnet worden ist, an einen anderen und dadurch bewirkte Gefährdung wichtiger öffentlicher Interessen (Abs. 1);

b) die unbefugte Weitergabe einer Mitteilung, zu deren Geheimhaltung der Weitergebende von einer zuständigen Stelle besonders verpflichtet worden ist, und dadurch bewirkte Gefährdung wichtiger öffentlicher Interessen (Abs. 2).

2. § 353c enthält kein Amtsdelikt, denn Täter braucht weder ein Beamter noch ein Behördenangestellter zu sein.

3. Wegen Nebenstrafe vgl. § 358.

4. Beispiel zu Ziff. 1a: Der Beamte A hat unter Verletzung der Amtsverschwiegenheit seinem Freunde B von dem Inhalt eines geheimen amtlichen Schriftstückes Mitteilung gemacht. B gibt diese Mitteilung an seinen Freund C weiter: Der Beamte A hat sich nach § 353b, der Freund B nach § 353c Abs. 1 strafbar gemacht.

Beispiel zu Ziff. 1b: Dem Bauunternehmer A ist von einer staatlichen Behörde die Durchführung eines großen Bauvorhabens übertragen worden. Bei der Besprechung wurde dem A ausdrücklich zur Pflicht gemacht, die Angelegenheit als „geheim" zu betrachten. Trotzdem macht A von dem geplanten Projekt seinem Freund B Mitteilung: A hat sich nach § 353c Abs. 2 strafbar gemacht.

Verletzung des Postgeheimnisses und der Beförderungspflicht.

§ 354. Ein Postbeamter, welcher die der Post anvertrauten Briefe oder Pakete in anderen, als den im Gesetze vorgesehenen Fällen eröffnet oder unterdrückt, oder einem anderen wissentlich eine solche Handlung gestattet, oder ihm dabei wissentlich Hilfe leistet, wird mit Gefängnis nicht unter drei Monaten bestraft.

1. Zweck dieser für Postbeamte geltenden Bestimmung ist, die Sicherheit und Zuverlässigkeit des Postverkehrs zu schützen und einer Verletzung

des Brief- und Postgeheimnisses durch Postbeamte vorzubeugen. Soweit die Tat des § 354 durch Unterdrücken begangen wird, handelt es sich um ein eigentliches Beamtendelikt, während das Eröffnen durch einen Postbeamten einen strafschärfenden Umstand i. S. des § 50 Abs. 2 gegenüber § 299 bildet, somit ein uneigentliches Amtsdelikt darstellt (siehe Vorbem. Ziff. 4 vor § 331).

2. Gegenstand der Tat: Der die Sicherheit des Postverkehrs betreffende gesetzgeberische Gedanke hätte den Gesetzgeber an sich veranlassen können, entsprechend dem § 350, welcher die von Beamten verübten Unterschlagungen an Sachen aller Art mit Strafe bedroht, auch die Unterdrückung von Postsendungen jeder Art unter Strafe zu stellen. Dies ist jedoch in § 354 nicht geschehen, sondern es sind ausdrücklich nur Briefe und Pakete gegen Unterdrückung geschützt.

a) Unter „Brief" ist eine Mitteilung zu verstehen, welche an Stelle des mündlichen Verkehrs durch die Schrift oder ein Surrogat derselben von Person zu Person gemacht wird. Es gehören also zu den „Briefen" nicht bloß Postkarten, sondern auch Zahlkarten, Postanweisungen, Nachnahmekarten, Postpaketadressen und Drucksachen, wenn sie geschäftliche Angebote und andere Mitteilungen enthalten.

b) Zum Begriff des „Pakets" ist das Vorhandensein einer einen Gegenstand umschließenden Umhüllung erforderlich.

c) Briefe und Pakete sind der Post „anvertraut", wenn sie dem Postverkehr in ordnungsmäßiger Weise übergeben sind.

3. Die Handlung kann im Eröffnen, Unterdrücken oder im Gestatten des Eröffnens oder Unterdrückens durch einen Dritten bestehen.

a) Das „Eröffnen" ist vollendet mit dem Lösen des Verschlusses, so daß die Kenntnisnahme vom Inhalt möglich ist.

b) „Unterdrückt" ist eine Postsendung, wenn sie auch nur vorübergehend dem ordnungsmäßigen Postverkehr entzogen wird.

c) Das „Gestatten" des Eröffnens bzw. Unterdrückens und die Hilfeleistung hierzu kann ausdrücklich oder stillschweigend erfolgen. Ist der Eröffnende bzw. Unterdrückende selbst nicht Postbeamter, so macht er sich gegebenenfalls nach §§ 133, 242, 246, 274, 299 oder 303 strafbar.

4. Die Rechtswidrigkeit der Handlung ist ausgeschlossen, wenn das Eröffnen bzw. Unterdrücken im Gesetz oder in einer Verordnung gestattet ist, z. B. gemäß §§ 99ff. StPO. (Postbeschlagnahme) oder § 21 KO. oder §§ 37, 48 der Postordnung vom 30. 1. 1929.

5. Der innere Tatbestand verlangt Vorsatz mit dem Bewußtsein, daß ein gesetzlicher Grund zur Eröffnung oder Unterdrückung nicht vorliegt.

6. Wegen Nebenstrafe vgl. § 358.

7. Beispiel: Der im Bahnpostdienst beschäftigte Oberpostschaffner A hat in dem Bahnpostwagen, in dem er arbeitete, auch Briefbeutel für andere Dienststellen mitzuführen, die er, ohne sie selbst zu bearbeiten, lediglich bei den Empfangsstationen abzuliefern hatte. Diese Beutel waren mit einem Bindfaden zugebunden, der mit einer Plombe versehen war. A, der sich infolge Krankheit in der Familie in großen Geldschwierigkeiten befand, kam eines Tages auf den verhängnisvollen Gedanken, einen solchen Postbeutel auf der Fahrt zu öffnen, die Briefe nach etwaigem Geldinhalt zu untersuchen und sich gegebenenfalls das Geld anzueignen. Zu diesem Zwecke durchschnitt er den Bindfaden, durchsuchte den Inhalt des Sackes, bis er einige Briefe fand, in denen er Geld vermutete. Er

öffnete diese Briefe, fand in einem solchen tatsächlich zwei Zwanzig-Mark-Scheine, die er an sich nahm. Die geöffneten Briefe verschloß er wieder, soweit ihm dies gelang, und legte diese Briefe wieder in den Sack zurück, während er die übrigen nicht wieder verschließbaren Briefe vernichtete. Den Beutel band er mit einer neuen Schnur wieder zu und plombierte diese mit einer neuen Plombe: a) Die Wegnahme des Geldes aus dem in dem plombierten Beutel befindlichen Brief würde nur dann eine Amtsunterschlagung (§ 350) darstellen, wenn A an dem Beutel Alleingewahrsam gehabt hätte (siehe Erl. 3c zu § 350). Im vorliegenden Falle aber hatte sich die Behörde, von der die Briefbeutel mit Plombenverschluß versehen worden waren, durch diese Maßnahme den Mitgewahrsam an den in den Beuteln befindlichen Gegenständen gesichert. Es kommen also für die Wegnahme der 40 Mark nicht die Bestimmungen der Unterschlagung, sondern diejenigen über Diebstahl in Frage. Und zwar ist, da das Geld aus dem in dem plombierten Beutel befindlichen Brief mittels Abschneidens des Verwahrungsmittels entwendet wurde, der Tatbestand des § 243 Abs. 1 Nr. 4 gegeben (sog. Transportdiebstahl, siehe Erl. 4 zu § 243). b) Das Öffnen der Briefe, die wieder verschlossen wurden, erfüllt den Tatbestand der Verletzung des Postgeheimnisses i. S. des § 354 (erste Alternative, siehe oben Erl. 1 und 3a), während das Vernichten der übrigen Briefe außerdem den Tatbestand des § 354 zweite Alternative (Verletzung der Beförderungspflicht) enthält. c) Diese Vernichtung ist, da die Briefe als Urkunden zu bewerten sind, gleichzeitig eine Urkundenvernichtung i. S. des § 348 Abs. 2 (siehe die dortige Erl. 2). d) Das Zerschneiden des Plombenverschlusses stellt ebenfalls eine Urkundenvernichtung i. S. des § 348 Abs. 2 dar, denn der Plombenverschluß eines Postbeutels gilt, wie in Erl. 4b zu § 267 erwähnt wurde, als Urkunde im strafrechtlichen Sinne. Da die sämtlichen Delikte nach der natürlichen Lebensauffassung eine einheitliche Handlung bilden, bestehen gegen die Annahme eines tateinheitlichen Zusammentreffens i. S. des § 73 keine Bedenken. Die Strafe müßte aus dem Strafrahmen des § 243 Abs. 1 Nr. 4, als dem die schwerste Strafe androhenden Gesetz, gebildet werden (siehe Erl. 2 zu § 73).

Verletzung des Telegraphen- und Telephongeheimnisses.

§ 355. Telegraphenbeamte oder andere mit der Beaufsichtigung und Bedienung einer zu öffentlichen Zwecken dienenden Telegraphenanstalt betraute Personen, welche die einer Telegraphenanstalt anvertrauten Depeschen verfälschen oder in anderen, als in den im Gesetze vorgesehenen Fällen eröffnen oder unterdrücken, oder von ihrem Inhalte Dritte rechtswidrig benachrichtigen, oder einem anderen wissentlich eine solche Handlung gestatten oder ihm dabei wissentlich Hilfe leisten, werden mit Gefängnis bestraft.

Den einer Telegraphenanstalt anvertrauten Depeschen werden Nachrichten gleichgeachtet, die durch eine zu öffentlichen Zwecken dienende Fernsprechanlage vermittelt werden.

1. Ebenso wie § 354 den Postverkehr sichern soll, dient § 355 der Sicherung des ordnungsmäßigen Betriebs der Telegraphenanstalten. Soweit § 243 auf verschlossene Depeschen anwendbar ist, liegt ein uneigentliches Amtsdelikt vor, im übrigen handelt es sich um ein eigentliches Amtsdelikt (siehe Vorbem. Ziff. 4 vor § 331).

2. Abs. 1 enthält die Verletzung des Telegraphengeheimnisses und der telegraphischen Beförderungspflicht.

Ebenso wie in § 354 bei Briefen sind auch in § 355 bezüglich der Depeschen die Eröffnung und die Unterdrückung sowie die Gestattung und die Hilfeleistung in bezug auf diese Handlungen mit Strafe bedroht (siehe hierzu Erl. 3 zu § 354). Zu diesen 4 Tatbeständen des § 354 kommen in § 355 noch weiter hinzu die Verfälschung von Depeschen (siehe Erl. 5 zu § 267), die rechtswidrige Benachrichtigung von ihrem Inhalt, die Gestattung einer solchen Handlung und die Hilfeleistung bei derselben.

3. Abs. 2 des § 355 dient der Sicherung des Fernsprechgeheimnisses.

4. Wegen Ausschluß der Rechtswidrigkeit vgl. Erl. 4 zu § 354.

5. Wegen Nebenstrafe vgl. § 358.

Parteiverrat.

§ 356. Ein Anwalt oder ein anderer Rechtsbeistand, welcher bei den ihm vermöge seiner amtlichen Eigenschaft anvertrauten Angelegenheiten in derselben Rechtssache beiden Parteien durch Rat oder Beistand pflichtwidrig dient, wird mit Gefängnis nicht unter drei Monaten bestraft.

Handelt derselbe im Einverständnisse mit der Gegenpartei zum Nachteile seiner Partei, so tritt Zuchthausstrafe bis zu fünf Jahren ein.

1. Diese Gesetzesstelle behandelt den sog. Parteiverrat, auch Untreue des Sachwalters genannt, einen Fall pflichtwidrigen Verhaltens des Rechtsanwalts durch Bruch des ihm gewährten Vertrauens. Die Vorschrift will nicht nur verhüten, daß der Anwalt durch Vertretung zweier Parteien mit entgegengesetzten Interessen in einen inneren Konflikt gerät, sondern auch, daß dadurch nach außen hin ein Eindruck entsteht, der dem Ansehen des Anwaltsstandes als eines wichtigen Organs der Rechtspflege schaden könnte.

Das Delikt gehört nicht zu den Amtsdelikten, da der Täter kein Beamter ist.

2. Als Täter kommen nur in Frage Rechtsanwälte und andere Rechtsbeistände, soweit sie amtlich zugelassen sind, wie Referendare (oder Justizbeamte) als Verteidiger, nicht aber Prozeßagenten und Rechtskonsulenten. (Letzteres ist bestritten.)

3. Die Handlung besteht darin, daß der Täter in derselben Rechtssache beiden Parteien durch Rat oder Beistand pflichtwidrig dient.

a) Unter „Rechtssache" versteht man alle Rechtsangelegenheiten, bei denen mehrere Personen mit entgegengesetzten Interessen beteiligt sind. Es kommen also in Betracht bürgerlicher Rechtsstreit, Strafsachen, Angelegenheiten der freiwilligen Gerichtsbarkeit, Privatklagesachen.

b) Ein pflichtwidriges Dienen liegt vor, wenn der Anwalt einer Partei Rat oder Beistand gewährt, nachdem er der anderen Partei in der gleichen Rechtssache, aber im entgegengesetzten Interesse, bereits Rat oder Beistand geleistet hat. Dabei ist es gleichgültig, ob das alte Mandat noch besteht oder nicht.

4. Zum inneren Tatbestand gehört Vorsatz, d. h. die Kenntnis der Tatsachen, aus denen die Identität der Rechtssache zu folgern ist, sowie das Bewußtsein, pflichtwidrig zu handeln; ein Irrtum in letzterer Beziehung soll nach der rechtsgerichtlichen Rechtsprechung ein die Strafbarkeit ausschließender,

also beachtlicher Irrtum sein (siehe „Einführende Vorbemerkungen zum Strafrecht", Seite 1ff., Abschnitt D II 1, Seite 18). Eine besondere Absicht, etwa dahingehend, zum Nachteil einer Partei zu handeln, ist nicht erforderlich (siehe folgende Erl. 5).

5. Ein erschwerter Fall liegt nach Abs. 2 vor, wenn der Täter im Einverständnis mit der Gegenpartei zum Nachteil der eigenen Partei handelt, ohne daß dabei erforderlich ist, daß ein Nachteil tatsächlich eintritt; es genügt der entsprechende Wille des Täters.

6. Der § 356 bedroht nur den Rechtsanwalt mit Strafe, nicht aber auch die Partei, der er pflichtwidrig Beistand leistet. Diese kann sich aber wegen Anstiftung oder Beihilfe zum Vergehen des § 356 strafbar machen, wenn sie z. B. über die notwendige und deshalb straflose Teilnahme hinausgehend (z. B. durch Zahlung eines übermäßig hohen Honorars) den Anwalt zum Parteiverrat veranlaßt.

7. Beispiel: Der Kaufmann A, der mit seinem Hauswirt B Mietstreitigkeiten hatte, war von B mißhandelt und unter schweren Drohungen zur sofortigen Räumung der Wohnung aufgefordert worden. A beauftragte mit der Wahrnehmung seiner Interessen den Rechtsanwalt C. Dieser beriet den Fall mit A, entwarf für ihn eine Strafanzeige wegen Körperverletzung und Nötigung, die dann A unterschrieb und weisungsgemäß bei der Staatsanwaltschaft einreichte. Gleichzeitig empfahl C seinem Mandanten, unabhängig von dem Strafverfahren eine Schadensersatzklage gegen B zu erheben. Als kurze Zeit später B wegen der in der Strafanzeige enthaltenen Beschuldigung durch die Kriminalpolizei vernommen worden war, wandte er sich an Rechtsanwalt C mit der Bitte, ihn in dem Strafverfahren zu verteidigen. Rechtsanwalt C nahm auch dieses Mandat an und besprach eingehend die Sach- und Rechtslage mit B: C hat sich wegen Parteiverrats nach § 356 dadurch strafbar gemacht, daß er in der Strafsache gegen B dessen Verteidigung übernommen und ihn beraten hat, obwohl er vorher dem verletzten A zur Anzeige gegen B Rat und Hilfe als Anwalt gewährt und ihm außerdem noch zur Erhebung von Schadensersatzansprüchen gegen B wegen der Folgen der Körperverletzung geraten hatte. C wäre auch dann strafbar, wenn ihm A sein Mandat entzogen gehabt hätte, bevor C dasjenige des B annahm, denn auch in diesem Falle hätte C den B nicht wirksam vertreten können, ohne Mißbrauch des in ihn seitens A gesetzten Vertrauens und ohne Verwertung seiner Kenntnis von der tatsächlichen und rechtlichen Lage des A.

Pflichtverletzung des Amtsvorgesetzten.

§ 357. Ein Amtsvorgesetzter, welcher seine Untergebenen zu einer strafbaren Handlung im Amte vorsätzlich verleitet oder zu verleiten unternimmt, oder eine solche strafbare Handlung seiner Untergebenen wissentlich geschehen läßt, hat die auf diese strafbare Handlung angedrohte Strafe verwirkt.

Dieselbe Bestimmung findet auf einen Beamten Anwendung, welchem eine Aufsicht oder Kontrolle über die Amtsgeschäfte eines anderen Beamten übertragen ist, sofern die von diesem letzteren Beamten begangene strafbare Handlung die zur Aufsicht oder Kontrolle gehörenden Geschäfte betrifft.

1. Hier sind einige Fälle der Teilnahme an Amtsdelikten als selbständige Beamtendelikte strafrechtlich erfaßt. § 357 kommt ausschließlich zur Anwendung, also auch dann, wenn an sich die Voraussetzungen der Anstiftung bzw. Beihilfe gegeben wären. § 357 ist ein eigentliches Amtsdelikt.

2. Das Gesetz sieht drei Möglichkeiten strafbarer Teilnahme vor:

a) Die vorsätzliche Verleitung zu einem Amtsdelikt, d. h. die erfolgreiche Anstiftung;

b) das Unternehmen der vorsätzlichen Verleitung zu einem Amtsdelikt, d. h. die erfolglos gebliebene Anstiftung, die nach der allgemeinen Bestimmung des § 49a sonst nur bei Verbrechen strafbar ist (siehe die dortigen Erläuterungen);

c) das wissentliche Geschehenlassen eines Amtsdelikts, also die Beihilfe zu demselben, vorausgesetzt, daß der Vorgesetzte tatsächlich in der Lage ist, die Begehung des Delikts zu verhindern.

3. Als Täter des Abs. 1 kommt nur der Amtsvorgesetzte des Beamten in Betracht, dem gegenüber die Anstiftungs- oder Beihilfehandlung vorgenommen wird. In Abs. 2 ist dem vorgesetzten Beamten der Aufsichtsbeamte gleichgestellt, und zwar findet auch Abs. 2 nicht nur dann Anwendung, wenn der beaufsichtigte Beamte die strafbare Handlung begangen hat (was man bei der ungenauen Gesetzesfassung annehmen könnte), sondern auch dann, wenn er erfolglos zu ihr angestiftet wurde.

4. Wegen Nebenstrafe vgl. § 358.

5. Beispiel: In der Schöffengerichtsverhandlung gegen X wegen Sittlichkeitsverbrechens hatte der Vorsitzende A versehentlich unterlassen, vor Verkündung des Urteils die Öffentlichkeit, die gemäß § 172 Strafgerichtsverfassungsgesetz wegen Gefährdung der Sittlichkeit ausgeschlossen war, gemäß § 173 Strafgerichtsverfassungsgesetz wiederherzustellen. Er bittet den Protokollführer B, trotzdem diese Tatsache als geschehen in das Protokoll aufzunehmen. B lehnt aber dieses Ansinnen ab: Wäre B dem Ersuchen seines Vorgesetzten nachgekommen, dann hätte er eine rechtlich erhebliche Tatsache in einer öffentlichen Urkunde falsch beurkundet und sich demgemäß wegen Falschbeurkundung nach § 348 Abs. 1 strafbar gemacht (siehe die dortigen Erläuterungen). Da A hierzu, allerdings erfolglos, die Anregung gegeben hat, hat er es als Amtsvorgesetzter unternommen, den B vorsätzlich zu diesem Beamtendelikt zu verleiten und ist daher gemäß § 357 zu bestrafen und zwar nach dem in § 348 vorgesehenen Strafrahmen. Auch wenn die Aufforderung des A Erfolg gehabt hätte, wäre nicht Anstiftung (§ 48) zum Vergehen des § 348 Abs. 1 in Frage gekommen, sondern ausschließlich die Bestimmung des § 357.

Nebenstrafe.

§ 358. Neben der nach Vorschrift der §§ 331, 340, 341, 352 bis 355 und 357 erkannten Gefängnisstrafe kann auf Verlust der Fähigkeit zur Bekleidung öffentlicher Ämter auf die Dauer von einem bis zu fünf Jahren erkannt werden.

§ 358 enthält (ebenso wie §§ 128, 129) eine Sondervorschrift für bestimmte Amtsdelikte, die neben der allgemeinen Regel des § 35 gilt. Es kann also der Verlust der Fähigkeit zur Bekleidung öffentlicher Ämter unabhängig von der Möglichkeit der Aberkennung der bürgerlichen Ehrenrechte, und somit (siehe § 32) auch dann ausgesprochen werden, wenn auf weniger als drei Monate Gefängnis erkannt wird.

Begriff des Beamten.

§ 359. Unter Beamten im Sinne dieses Strafgesetzes sind zu verstehen alle im Dienste des Reiches oder in unmittelbarem oder mittelbarem Dienste eines Landes auf Lebenszeit, auf Zeit oder nur vorläufig angestellte Personen, ohne Unterschied, ob sie einen Diensteid geleistet haben oder nicht, ingleichen Notare, nicht aber Anwälte.

1. Hier wird für das ganze StGB. bestimmt, was unter „Beamten" zu verstehen ist.

2. Der strafgesetzliche Beamtenbegriff geht über den staatsrechtlichen hinaus, indem er nicht nur die ausdrücklich nach den Vorschriften des Beamtenrechts in das Beamtenverhältnis berufenen Beamten umfaßt, denen in der Regel eine Ernennungsurkunde ausgehändigt wird, sondern darüber hinaus auch solche Angestellte, welche, ohne Beamte in obigem Sinne zu sein, durch einen öffentlichrechtlichen Akt zu Dienstverrichtungen berufen werden, die aus der Staatsgewalt abzuleiten sind und staatlichen Zwecken dienen.

3. Bei den Angehörigen der ersten Personengruppe ist es für die Beamteneigenschaft im strafrechtlichen Sinne gleichgültig, welche Art Dienste sie leisten; sie sind auch dann „Beamte" i. S. des § 359 und unterliegen damit den schweren Strafbestimmungen des 28. Abschnitts, wenn sie untergeordnete oder rein mechanische Dienste leisten. Dagegen sind die zur zweiten Personengruppe gehörigen Personen nur dann Beamte i. S. des § 359, wenn Dienstleistungen zu ihren Obliegenheiten gehören, die aus der Staatsgewalt abzuleiten sind und staatlichen Zwecken dienen.

4. Als Beamte im strafrechtlichen Sinne kommen somit in Betracht: Sämtliche Bundes-, Landes- und Gemeindebeamten (letztere als mittelbare Staatsbeamte). Ferner: Beamte und Angestellte der Reichsbahn (Fahrkartenverkäufer, Bahnsteigschaffner usw.), alle Organe der Bahnpolizei (ohne Rücksicht darauf, ob es sich um die Reichsbahn oder Privatbahnen handelt), Postagenten und Postaushelfer, Feldhüter, Fleischbeschauer, die Angestellten der Krankenkassen, insbesondere der Ortskrankenkassen, die Angestellten der Arbeitsämter, der Wohnungsämter, der städtischen Verkehrsunternehmen (Straßenbahnschaffner usw.), der städtischen Werke (Elektrizitäts-, Gas-, Wasserwerk).

5. Nicht als Beamte im Sinne des § 359 gelten: Die Geistlichen (im Gegensatz zu den Kirchenbeamten, die z. B. mit der Vermögensverwaltung betraut und deshalb „Beamte" sind), der Konkursverwalter, Testamentsvollstrecker und Vormund.

6. Für den inneren Tatbestand bei allen Beamtendelikten genügt es, daß der Täter diejenigen Tatsachen kennt, die die Beamteneigenschaft im strafrechtlichen Sinne begründen.

Neunundzwanzigster Abschnitt: Übertretungen.

Vorbemerkung:

1. Die Übertretungen sind im Hinblick auf die Art und Höhe der angedrohten Strafe (Haft oder Geldstrafe bis zu 150 DMark) die leichtesten der im StGB. erfaßten Delikte.

2. Zahlreiche Übertretungen finden sich auch in Gesetzen und Verordnungen außerhalb des StGB., besonders in den Polizeistrafgesetzen der einzelnen

Länder und in zahlreichen sonstigen Gesetzen usw. (z. B. Gewerbeordnung, Straßenverkehrsordnung, Polizeiverordnung zum Schutze der Jugend u. a.).

3. Auch bei Übertretungen wird schuldhaftes Verhalten vorausgesetzt. Während aber bei den Verbrechen und Vergehen jeweils ausdrücklich im Gesetz bestimmt ist, wenn sie auch fahrlässig begangen werden können (z. B. §§ 163, 222, 230, 309), ist bei Übertretungen auch ohne besondere Erwähnung immer dann schon ein fahrlässiges Verhalten strafbar, wenn Sinn und Zweck der Vorschrift diese Annahme rechtfertigen.

4. Im übrigen gelten aber grundsätzlich alle Vorschriften des Allgemeinen Teils des StGB. (insbesondere auch §§ 51ff.) für die Übertretungen, jedoch mit folgenden Ausnahmen bzw. Abweichungen:

a) Beihilfe zu einer Übertretung ist nicht strafbar (§ 49).

b) Begünstigung bezüglich einer Übertretung ist nicht strafbar (§ 257).

c) Versuch einer Übertretung ist nicht strafbar (§ 43).

d) Auf Einziehung kann nur in besonders bezeichneten Fällen erkannt werden (z. B. § 360 Abs. 2)..

e) Die Verjährung der Strafverfolgung tritt schon in drei Monaten (§ 67 Abs. 3), die der Strafvollstreckung in zwei Jahren (§ 70 Nr. 6) ein.

f) Bei Realkonkurrenz (Tatmehrheit) wird keine Gesamtstrafe gebildet (§§ 74, 77).

g) Im Ausland begangene Übertretungen sind grundsätzlich straflos (§ 6).

5. Die Übertretungen wurden bis Ende 1945 gemäß §§ 413ff. StPO. a. F. nicht im gerichtlichen Verfahren, sondern im Wege der polizeilichen Strafverfügung behandelt, gegen welche innerhalb einer Woche nach Zustellung Antrag auf gerichtliche Entscheidung gestellt werden konnte. In der amerikanischen und britischen Zone wurde in den Jahren 1945 bis 1947 durch Gesetze der einzelnen Länder dieses Strafverfügungsrecht der Polizei aufgehoben und auf den Amtsrichter übertragen. (Siehe Anhang 2 „Das Strafprozeßrecht", Abschnitt D und L III.)

6. Durch Gesetz Nr. 21 der Regierung Württemberg/Baden vom 20. Nov. 1945 (Regierungsblatt 1946, Nr. 1 S. 2) wurden zwei neue Übertretungstatbestände geschaffen. § 1 lautet: „Mit Geldstrafe von 25—150 DM oder mit Haft wird bestraft, wer einer die Ausgangsbeschränkung regelnden Verordnung zuwiderhandelt." § 2 lautet: „Mit Geldstrafe bis zu 150 DM oder mit Haft bis zu 4 Wochen wird bestraft, wer unbefugt nicht im Besitz eines Personalausweises ist."

Dieser § 2 dürfte wohl überholt sein durch die sog. Kennkarten-VO. vom 1. April 1946 (siehe Württ.-Bad. Reg.Bl. 46, S. 167).

§ 10 dieser VO. lautet: „Mit Haft und mit Geldstrafe bis zu 150 DM oder mit einer dieser Strafen wird, soweit nicht nach anderen Gesetzen eine höhere Strafe verwirkt ist, bestraft:

a) wer der Meldepflicht nach § 1 nicht oder nicht rechtzeitig nachkommt, in seiner Meldung unwahre Angaben macht oder der Aufforderung, Auskunft über seine Person oder seine Staatsangehörigkeit zu geben und die notwendigen Unterlagen hierüber vorzulegen, nicht Folge leistet;

b) wer seine Kennkarte nicht bei sich führt oder das Vorzeigen auf Verlangen eines Beamten des Polizeidienstes oder einer Behörde verweigert;

c) wer sich eine Kennkarte ausstellen läßt, obgleich er bereits im Besitz einer gültigen Kennkarte ist;

d) wer eine Kennkarte einem anderen zum Gebrauch überläßt;

e) wer eine für einen anderen ausgestellte Kennkarte gebraucht oder zum eigenen Gebrauch annimmt;

f) wer den sonstigen, sich aus der Verordnung ergebenden Verpflichtungen, insbesondere zur Rückgabe ungültig werdender Personalausweise, nicht nachkommt."

§ 360. Mit Geldstrafe bis zu einhundertfünfzig DMark oder mit Haft wird bestraft:

1. aufgehoben.
2. wer außerhalb seines Gewerbebetriebes heimlich oder wider das Verbot der Behörde Vorräte von Waffen oder Schießbedarf aufsammelt;

Vgl. die Erl. zu § 367 Nr. 9.

3. aufgehoben.
4. wer ohne schriftlichen Auftrag einer Behörde Stempel, Siegel, Stiche, Platten oder andere Formen, welche zur Anfertigung von Metall- oder Papiergeld, oder von solchen Papieren, welche nach § 149 dem Papiergelde gleich geachtet werden, oder von Stempelpapier, Stempelmarken, Stempelblanketten, Stempelabdrücken, Post- oder Telegraphenwertzeichen, öffentlichen Bescheinigungen oder Beglaubigungen dienen können, anfertigt oder an einen anderen als die Behörde verabfolgt;
5. wer ohne schriftlichen Auftrag einer Behörde den Abdruck der in Nr. 4 genannten Stempel, Siegel, Stiche, Platten oder Formen, oder einen Druck von Formularen zu den daselbst bezeichneten öffentlichen Papieren, Beglaubigungen oder Bescheinigungen unternimmt, oder Abdrücke an einen anderen als die Behörde verabfolgt;

Die Ziffern 4 und 5 sollen Münzverbrechen, Urkundenfälschungen und Stempelvergehen verhüten. Daher findet die Vorschrift keine Anwendung, sobald mit der Begehung der Delikte nach §§ 146ff., 151, 275 begonnen wird. (Siehe Erl. 2 zu § 151.)

6. wer Waren-Empfehlungskarten, Ankündigungen oder andere Drucksachen oder Abbildungen, welche in der Form oder Verzierung dem Papiergelde oder den dem Papiergelde nach § 149 gleich geachteten Papieren ähnlich sind, anfertigt oder verbreitet, oder wer Stempel, Stiche, Platten oder andere Formen, welche zur Anfertigung von solchen Drucksachen oder Abbildungen dienen können, anfertigt;

Die Bestimmung soll das Papiergeldwesen schützen gegen eine Gefährdung durch sogenannte Blüten. Es muß sich dabei um ein gültiges Papiergeld handeln.

7. wer ohne ausdrückliche Ermächtigung der zuständigen Behörde das Wappen des Reichs oder eines Landes oder den Reichsadler oder den entsprechenden Teil eines Landeswappens führt oder gebraucht oder wer unbefugt eine Dienstflagge des Reichs oder eines Landes gebraucht; den Wappen, Wappenteilen und Flaggen stehen solche gleich, die ihnen zum Verwechseln ähnlich sind;

8. wer gegenüber einer zuständigen Behörde oder einem zuständigen Beamten über seinen Namen, seinen Stand, seinen Beruf, sein Gewerbe, seinen Wohnort, seine Wohnung oder seine Staatsangehörigkeit eine unrichtige Angabe macht oder die Angabe verweigert.

1. Zuständiger Beamter ist derjenige, der ein Recht hat, den Namen zu erfahren, z. B. der Polizeibeamte, Standesbeamte, Richter, Urkundsbeamte der Geschäftsstelle usw.; dagegen nicht ein Telegraphenbeamter oder Briefträger.

2. Strafbar ist auch schon die Angabe eines falschen Vornamens.

3. Siehe im übrigen die Erläuterungen zu § 132a.

4. Bewirkt jemand die Eintragung unter falschem Namen in einer öffentlichen Urkunde, dann liegt möglicherweise der Tatbestand des § 271 vor (siehe Erl. 5 zu § 271).

9. wer gesetzlichen Bestimmungen zuwider ohne Genehmigung der Staatsbehörde Aussteuer-, Sterbe- oder Witwenkassen, Versicherungsanstalten oder andere dergleichen Gesellschaften oder Anstalten errichtet, welche bestimmt sind, gegen Zahlung eines Einkaufsgeldes oder gegen Leistung von Geldbeträgen beim Eintritte gewisser Bedingungen oder Fristen, Zahlungen an Kapital oder Rente zu leisten;

Diese Bestimmung wurde, soweit es sich um private Versicherungsunternehmungen handelt, durch § 140 des Gesetzes über die Beaufsichtigung der privaten Versicherungsunternehmungen vom 6. Juni 1931 ersetzt.

10. Gestrichen durch Gesetz vom 28. Juni 1935. Ersetzt durch § 330c.

11. wer ungebührlicherweise ruhestörenden Lärm erregt oder wer groben Unfug verübt;

1. Erregung ruhestörenden Lärms kann nur vorsätzlich begangen werden.

a) Ruhestörend ist der Lärm dann, wenn er unter den besonderen Umständen geeignet ist, die Ruhe eines größeren Personenkreises, d. h. des Publikums in seiner Allgemeinheit zu stören, z. B. durch Laufenlassen eines Radios bei offenem Fenster, oder lautes Klavierspiel bei offenem Fenster.

b) Ruhestörenden Lärm erregt auch derjenige, der es unterläßt, den Lärm zu verhindern, z. B. Dulden übermäßigen Hundegebelles.

c) „Ungebührlicherweise" ist gleichbedeutend mit „ohne gerechtfertigte Veranlassung."

2. Grober Unfug, der ebenfalls nur vorsätzlich begangen werden kann, ist nicht jede Ungebühr, die sonst strafrechtlich nicht erfaßt werden kann. Es müssen vielmehr folgende Voraussetzungen erfüllt sein:

a) Es muß eine Handlung vorliegen, die das Publikum in seiner Gesamtheit physisch oder psychisch belästigt und die Belästigung muß zugleich eine Störung oder Gefährdung des äußeren Bestands der öffentlichen Ordnung bewirken, z. B. Prügelei auf der Straße, falscher Feueralarm im Kino, Spazierengehen nur mit Hemd bekleidet, wodurch Menschenansammlungen entstehen, oder Auslöschen von Straßenlaternen; auch Entblößen der Geschlechtsteile auf offener Straße ohne geschlechtliche Beziehung (sonst § 183).

b) Die Gefährdung des Bestands der öffentlichen Ordnung muß unmittelbar durch die fragliche Handlung erfolgen. An einer solchen Unmittelbarkeit fehlt es vor allem, wenn das Publikum von der fraglichen Handlung durch die Presse oder durch die Mitteilung anderer erfährt.

12. wer als Pfandleiher oder Rückkaufshändler bei Ausübung seines Gewerbes den darüber erlassenen Anordnungen zuwiderhandelt, insbesondere den durch Landesgesetz oder Anordnung der zuständigen Behörde bestimmten Zinsfuß überschreitet.

Vgl. hierzu GewO. §§ 38, 53, 148 Abs. 1 Nr. 4a. Vgl. auch § 290.

Am 24. Nov. 1933 ist ein Tierschutzgesetz in Kraft getreten, durch das die bisherigen Bestimmungen des Strafgesetzbuchs (§§ 145b und 360 Nr. 13) aufgehoben wurden. (Siehe Erl. zu § 145b.)

Nach dem neuen Tierschutzgesetz ist als Vergehen strafbar die eigentliche Tierquälerei, d. h. das unnötige Quälen oder rohe Mißhandeln eines Tieres, sowie der unerlaubte Versuch am lebenden Tier. Ferner wird als Übertretung bestraft die Zuwiderhandlung gegen die zum Tierschutz erlassenen Vorschriften des Gesetzes. (Siehe die Erläuterungen zu dem aufgehobenen § 145b.)

In den Fällen der Nr. 2, 4, 5 und 6 kann neben der Geldstrafe oder der Haft auf Einziehung der Vorräte von Waffen oder Schießbedarf, der Stempel, Siegel, Stiche, Platten oder anderen Formen, der Abdrücke oder Abbildungen erkannt werden, ohne Unterschied, ob sie dem Verurteilten gehören oder nicht.

§ 361. Mit Haft wird bestraft:

1. wer, nachdem er unter Polizei-Aufsicht gestellt worden ist, den infolge derselben ihm auferlegten Beschränkungen zuwiderhandelt;

3. wer als Landstreicher umherzieht;

1. Als „Landstreicher" zieht umher, wer ohne Zweck, Mittel und Erwerb sich von Ort zu Ort begibt.

2. Wegen Unterbringung im Arbeitshaus siehe § 42d.

3. Landstreicher sind in der Regel fluchtverdächtig; sie sind daher vorläufig festzunehmen. (Siehe § 113 StPO. im Anhang.)

4. wer bettelt oder Kinder zum Betteln anleitet oder ausschickt, oder Personen, welche seiner Gewalt und Aufsicht untergeben sind und zu seiner Hausgenossenschaft gehören, vom Betteln abzuhalten unterläßt;

1. „Betteln" heißt um eine milde Gabe zum Lebensunterhalt (also in Geld, Nahrungsmitteln, Kleidern usw.) bitten. Ob die Gabe wirklich gewährt wird, ist gleichgültig.

2. Nicht unter Betteln fällt die Bitte um Unterstützung bei Verwandten oder Freunden, ferner das sogenannte „Kollektieren", d. h. Sammeln für fremde Zwecke, das Angehen einer Verpflegungsstation.

3. Unterbringung in einem Arbeitshaus ist zulässig (§ 42d). (Siehe aber Erl. 5 zu § 42d.)

4. Das unterlassene Abhalten vom Betteln, das dem § 139b vorgeht, ist ein Ersatz für die mangelnde Strafbarkeit der Beihilfe zur Übertretung. (Siehe Erl. 1 zu § 49; siehe ferner unten Nr. 9.)

5. Betteln unter unwahren Vorspiegelungen, z. B. Vortäuschung gar nicht bestehender Gebrechen, kann Betrug sein.

5. wer sich dem Spiel, Trunk oder Müßiggang dergestalt hingibt, daß er in einen Zustand gerät, in welchem zu seinem Unterhalte oder zum Unterhalte derjenigen, zu deren Ernährung er verpflichtet ist, durch Vermittelung der Behörde fremde Hilfe in Anspruch genommen werden muß;

Der Zustand, von dem diese gesetzliche Bestimmung spricht, darf nicht ein nur vorübergehender sein. Unterbringung im Arbeitshaus zulässig (§ 42d).

6. wer öffentlich in auffälliger Weise oder in einer Weise, die geeignet ist, einzelne oder die Allgemeinheit zu belästigen, zur Unzucht auffordert oder sich dazu anbietet;

6a) wer gewohnheitsmäßig zum Erwerbe Unzucht treibt und diesem Erwerbe in der Nähe von Kirchen oder in einer Wohnung nachgeht, in der Kinder oder jugendliche Personen zwischen drei und achtzehn Jahren wohnen;

6b) wer gewohnheitsmäßig zum Erwerbe Unzucht treibt und diesem Erwerbe in der Nähe von Schulen oder anderen zum Besuch durch Kinder oder Jugendliche bestimmten Örtlichkeiten oder in einem Hause, in dem Kinder oder jugendliche Personen zwischen drei und achtzehn Jahren wohnen, in einer diese Minderjährigen sittlich gefährdenden Weise nachgeht;

6c) wer gewohnheitsmäßig zum Erwerbe Unzucht treibt und diesem Erwerbe in einer Gemeinde mit weniger als zwanzigtausend Einwohnern nachgeht, in der die Ausübung der Unzucht zum Erwerbe durch eine zum Schutz der Jugend oder des öffentlichen Anstandes erlassene Anordnung der obersten Landesbehörde verboten ist.

1. Nr. 6 betrifft das in bestimmter Weise erfolgende Auffordern oder Sicherbieten zur Unzucht. Nr. 6a—6c betreffen den Betrieb der Unzucht an bestimmten Orten. Welche Maßnahmen aus gesundheitlichen Gründen in Frage kommen, ergibt sich aus § 4 des Gesetzes zur Bekämpfung der Geschlechtskrankheiten vom 1. Februar 1927 (siehe Erl. 4 zu § 327). Unterbringung im Arbeitshaus ist zulässig (§ 42d).

2. Die gewerbsmäßige Unzucht (Prostitution) ist seit dem genannten Gesetz vom 1. 2. 1927 an sich nicht mehr strafbar, es sei denn, daß gegen die in Nr. 6, 6a bis c zum Schutze von Sitte und Anstand getroffenen Bestimmungen verstoßen wird.

3. Unter den Begriff „Unzucht" fällt nicht nur der außereheliche Beischlaf, sondern alle den Anforderungen von Zucht und Sitte zuwiderlaufenden, die Erregung oder Befriedigung menschlicher Geschlechtslust bezweckenden Handlungen im Verkehr mehrerer Personen miteinander. Die Unzucht wird gewerbsmäßig ausgeübt, wenn aus der fortgesetzten Unzucht eine Einnahmequelle geschaffen werden soll.

4. Zu Nr. 6: Das Auffordern und Sicherbieten zur Unzucht ist nur dann strafbar, wenn es öffentlich in auffälliger Weise geschieht, oder in einer den einzelnen oder die Allgemeinheit belästigenden Weise. Bietet sich ein Mann zur gewerbsmäßigen Unzucht an, dann kommt § 175a Nr. 4 letzter Fall zur Anwendung.

5. Nr. 6a—c behandeln den Betrieb der Unzucht an bestimmten Orten. In diesen drei Fällen muß die Unzucht gewohnheitsmäßig zum Erwerbe ausgeübt werden. Das Haus, in dem Jugendliche wohnen, ist nur im Falle der Gefährdung geschützt (siehe Nr. 6b), während die Wohnung in jedem Falle geschützt ist (siehe Nr. 6a).

7. wer, wenn er aus öffentlichen Armenmitteln eine Unterstützung empfängt, sich aus Arbeitsscheu weigert, die ihm von der Behörde angewiesene, seinen Kräften angemessene Arbeit zu verrichten;

Hier wird die sog. Arbeitsscheu mit Strafe bedroht. Unterbringung im Arbeitshaus ist möglich (§§ 42d). (Siehe aber Erl. 5 zu § 42d.)

8. wer nach Verlust seines bisherigen Unterkommens binnen der ihm von der zuständigen Behörde bestimmten Frist sich kein anderweitiges Unterkommen verschafft hat und auch nicht nachweisen kann, daß er solches der von ihm angewandten Bemühungen ungeachtet nicht vermocht habe;

Hier wird die Obdachlosigkeit mit Strafe bedroht. Unterbringung im Arbeitshaus ist möglich (§ 42d). (Siehe aber Erl. 5 zu § 42d).

9. wer Kinder oder andere unter seiner Gewalt stehende Personen, welche seiner Aufsicht untergeben sind und zu seiner Hausgenossenschaft gehören, von der Begehung von Diebstählen, sowie von der Begehung strafbarer Verletzungen der

Zoll- oder Steuergesetze, oder der Gesetze zum Schutze der Forsten, der Feldfrüchte, der Jagd oder der Fischerei abzuhalten unterläßt. Die Vorschriften dieser Gesetze über die Haftbarkeit für die den Täter treffenden Geldstrafen oder anderen Geldleistungen werden hierdurch nicht berührt;

1. Wie im zweiten Teil der Nr. 4 das Nichtabhalten von Kindern vom Bettel, so wird hier das Nichtabhalten von bestimmt bezeichneten anderen strafbaren Handlungen bedroht.

2. Großjährige Kinder stehen nicht mehr unter der Gewalt der Eltern, auch wenn sie noch im Haushalt der Eltern leben. Ob über 14 Jahre alte Personen noch als „Kinder" zu gelten haben, ist bestritten.

3. Unter „Diebstählen" ist auch der Mundraub (§ 370[6] und der Notdiebstahl des § 248a) mit inbegriffen.

4. Ob die Kinder selber bestraft werden können oder etwa deshalb noch nicht, weil sie unter 14 Jahren sind, ist für die Anwendung dieser Bestimmung gleichgültig.

5. Diese Gesetzesstelle geht der Bestimmung des § 139b vor.

10. Gestrichen durch die VO. zum Schutz von Ehe, Familie und Mutterschaft v. 9. März 1943. (Siehe Erl. 1 u. 2 zu § 170b).

In den Fällen der Nr. 9 kann statt der Haft auf Geldstrafe bis zu einhundertfünfzig DMark erkannt werden.

§ 362. Die nach Vorschrift des § 361 Nr. 3 bis 8 Verurteilten können zu Arbeiten, welche ihren Fähigkeiten und Verhältnissen angemessen sind, innerhalb und, sofern sie von anderen freien Arbeitern getrennt gehalten werden, auch außerhalb der Strafanstalt angehalten werden.

Diese Gesetzesstelle gibt abweichend von der Bestimmung des § 18 Abs. 2 auch bei Haftstrafe die Möglichkeit des Zwangs zur angemessenen Arbeit.

§ 363 wurde durch Gesetz v. 4. Sept. 1941 gestrichen und durch § 281 ersetzt. (Siehe die dortigen Erläuterungen.)

Veräußerung gebrauchter Stempelmarken.

§ 364. Mit Geldstrafe bis zu einhundertfünfzig DMark wird bestraft, wer wissentlich schon einmal verwendetes Stempelpapier nach gänzlicher oder teilweiser Entfernung der darauf gesetzten Schriftzeichen, oder schon einmal verwendete Stempelmarken, Stempelblankette oder ausgeschnittene oder sonst abgetrennte Stempelabdrücke der im § 276 bezeichneten Art veräußert oder feilhält.

Gleiche Strafe trifft denjenigen, welcher wissentlich schon einmal verwendete Post- oder Telegraphenwertzeichen nach gänzlicher oder teilweiser Entfernung des Entwertungszeichens veräußert oder feilhält.

1. Vgl. hierzu die §§ 275, 276.

2. Der Handel mit gebrauchten Post- und Telegraphenwertzeichen (Briefmarken usw.) ist nach Abs. 2 straflos, wenn die Entwertungszeichen nicht entfernt sind.

§ 365.

1. Durch das Gaststättengesetz v. 28. April 1930 (RGBl. 146ff.) ist § 365 aufgehoben.

Nach § 29 Z. 6 dieses Gesetzes wird mit Haft und mit Geldstrafe bis zu 150 RMark oder mit einer dieser Strafen bestraft, wer als Gast in einer Schankwirtschaft, den Schankräumen einer Gastwirtschaft, in einer Speisewirtschaft oder an einem öffentlichen Vergnügungsort über die Polizeistunde hinaus verweilt, obwohl der Inhaber oder der Vertreter oder ein Polizeibeamter ihn aufgefordert hat, wegzugehen.

Ferner wird bestraft (§ 29, Z. 7), wer als Inhaber einer Gast- oder Schank- oder Speisewirtschaft, oder eines öffentlichen Vergnügungsorts oder als Vertreter des Inhabers duldet, daß ein Gast über die Polizeistunde hinaus in den Schankräumen oder an dem Vergnügungsorte verweilt. § 14 des Gaststättengesetzes lautet: Die oberste Landesbehörde oder die von ihr bestimmte Behörde hat Bestimmungen über die Festsetzung und Handhabung der Polizeistunde in Gast- oder Schankwirtschaften nach Anhörung der wirtschaftlichen Vereinigungen der Arbeitgeber und Arbeitnehmer des Gast- und Schankwirtschaftsgewerbes zu erlassen, soweit dies nicht schon geschehen ist. Dabei ist anzuordnen, wann die Polizeistunde beginnt, wann sie endet, unter welchen Voraussetzungen sie verlängert oder verkürzt werden darf und wie ihre Einhaltung zu überwachen ist. Abs. 2: Die äußerste Grenze für die Festsetzung der Polizeistunde ist 1 Uhr nachts, sofern nicht besondere örtliche Verhältnisse eine Ausnahme rechtfertigen, worüber die oberste Landesbehörde entscheidet. Der Ausschank von Branntwein in Gast- oder Schankwirtschaften sowie der Kleinhandel mit Branntwein darf nicht vor 7 Uhr beginnen.

§ 23 Abs. 2 lautet: Die Bestimmungen über die Polizeistunde (§ 14) finden auf Zusammenkünfte von Vereinen und geschlossenen Gesellschaften nur Anwendung, wenn sie in einer Gast- oder Schankwirtschaft oder in Räumen, die mit einer solchen verbunden sind und in denen Schankwirtschaft betrieben wird, stattfinden. Die oberste Landesbehörde kann diese Bestimmungen auch auf Zusammenkünfte in Räumen ausdehnen, die im Eigentume dieser Vereine oder Gesellschaften stehen, oder ihnen mietweise, leihweise oder aus einem anderen Grunde überlassen worden sind, soweit in diesen Räumen Getränke ausgeschänkt werden. Nach § 29 Z. 8 dieses Gesetzes wird mit Haft und mit Geldstrafe bis zu 150 RMark oder mit einer dieser Strafen bestraft, wer der Vorschrift des § 14 Abs. 2 Satz 2 zuwiderhandelt.

2. Schankwirtschaft, Schankräume und Gastwirtschaft sind dem Publikum offen stehende Räume, in denen gewerbsmäßig Getränke oder Speisen aller Art zum Genuß auf der Stelle verabfolgt werden, also auch Kaffeehallen, Teestuben. Auch Bahnhofsrestaurationen fallen unter die Bestimmung gegenüber den Gästen, welche nicht der Eisenbahn wegen darin verkehren, sondern kommen, um dort zu zechen. Zur Schankwirtschaft gehören auch Privatzimmer des Wirts, in denen dieser nach der Polizeistunde weiterwirtschaftet.

3. Öffentliche Vergnügungsorte sind Plätze, an denen irgendeine Vorrichtung zum Vergnügen des Publikums vorhanden ist. Geschlossene Räumlichkeiten brauchen es nicht zu sein.

4. Die Gäste sind strafbar, auch wenn sie sich erst nach dem Eintritt der Polizeistunde in die Wirtschaft begeben.

5. In einer Gastwirtschaft übernachtende Fremde werden von dem Verbot nicht betroffen.

6. Der Wirt schützt sich vor Strafe, wenn er die Gäste nicht mehr bedient und auf ihrer Entfernung ernstlich besteht. Auch wenn der Wirt nur fahrlässigerweise versäumt, den genannten Verpflichtungen nachzukommen, macht er sich strafbar. Er muß also im Verhinderungsfalle dafür Sorge tragen, daß sein Vertreter die Polizeistunde einhält.

§ 366. Mit Geldstrafe bis zu einhundertfünfzig DMark oder mit Haft bis zu vierzehn Tagen wird bestraft:

1. wer den gegen die Störung der Feier der Sonn- und Festtage erlassenen Anordnungen zuwiderhandelt;

1. Dieses Blankettgesetz will die Störung der Sonntags- und Feiertagsheilighaltung verhüten. Vgl. auch §§ 41a, 55a, 146a GewO.

2. Siehe hierzu Gesetz Nr. 161 über die Sonntage, Festtage und Feiertage vom 29. Oktober 1947 (Regierungsblatt der Regierung Württemberg-Baden 1948, Nr. 5, S. 41).

2. wer in Städten oder Dörfern übermäßig schnell fährt oder reitet, oder auf öffentlichen Straßen und Plätzen der Städte oder Dörfer mit gemeiner Gefahr Pferde einfährt oder zureitet;
3. wer auf öffentlichen Wegen, Straßen, Plätzen oder Wasserstraßen das Vorbeifahren anderer mutwillig verhindert;
4. wer in den Städten mit Schlitten ohne feste Deichsel oder ohne Geläute oder Schelle fährt;
5. wer Tiere in Städten oder Dörfern, auf öffentlichen Wegen, Straßen oder Plätzen, oder an anderen Orten, wo sie durch Ausreißen, Schlagen oder auf andere Weise Schaden anrichten können, mit Vernachlässigung der erforderlichen Sicherheitsmaßregeln stehen läßt oder führt;

Die Nr. 2 bis 5 sind, soweit das Verhalten auf Straßen usw. in Frage kommt, gegenstandslos geworden durch die Vorschriften der Straßenverkehrsordnung v. 13. Nov. 1937 (RGBl. S. 1179), die unter Androhung von Übertretungsstrafen jedem Teilnehmer am öffentlichen Straßenverkehr zur Pflicht macht, sich so zu verhalten, daß der Verkehr nicht gefährdet werden kann.

6. wer Hunde auf Menschen hetzt;

Nicht zur Strafbarkeit nach dieser Bestimmung gehört, daß der Hund den Menschen verletzt. Kommt es zu einer Verletzung, so liegt Körperverletzung unter Umständen mittels einer das Leben gefährdenden Behandlung vor. Aus dem Ausdruck „hetzen" geht hervor, daß die Übertretung nur vorsätzlich begangen werden kann.

7. wer Steine oder andere harte Körper oder Unrat auf Menschen, auf Pferde oder andere Zug- oder Lasttiere, gegen fremde Häuser, Gebäude oder Einschließungen, oder in Gärten oder eingeschlossene Räume wirft;

1. Unrat sind nicht nur ekelerregende Stoffe, sondern alle Stoffe, welche verunreinigen können, also z. B. auch Farbe, frisch gemischter Kalk.

2. Menschen brauchen nicht getroffen worden zu sein, dagegen müssen die Steine usw. die fremden Häuser auch wirklich erreicht haben.

3. Idealkonkurrenz mit Körperverletzung bzw. Sachbeschädigung möglich.

8. wer nach einer öffentlichen Straße oder Wasserstraße, oder nach Orten hinaus, wo Menschen zu verkehren pflegen, Sachen, durch deren Umstürzen oder Herabfallen jemand beschädigt werden kann, ohne gehörige Befestigung aufstellt oder aufhängt, oder Sachen auf eine Weise ausgießt oder auswirft, daß dadurch jemand beschädigt oder verunreinigt werden kann;

1. Durch diese Vorschrift soll das Publikum auf der Straße vor Beschädigung oder Verunreinigung geschützt werden.

2. Unter „Ausgießen" fällt auch das Begießen von Blumentöpfen in der Weise, daß ein Teil des Wassers auf die Straße läuft, ebenso das Ausschütteln von Teppichen.

3. Wird ein Mensch beschädigt, dann kann außerdem fahrlässige Körperverletzung in Frage kommen (§ 230).

9. wer auf öffentlichen Wegen, Straßen, Plätzen oder Wasserstraßen Gegenstände, durch welche der freie Verkehr gehindert wird, aufstellt, hinlegt oder liegen läßt;

Diese Gesetzesstelle hat nur noch für Wasserstraßen Bedeutung, denn für alle übrigen Straßen kommen die Bestimmungen der Straßenverkehrsordnung (§§ 41 ff.) in Betracht.

10. wer die zur Erhaltung der Sicherheit, Bequemlichkeit, Reinlichkeit und Ruhe auf den öffentlichen Wegen, Straßen, Plätzen oder Wasserstraßen erlassenen Polizei-Verordnungen übertritt.

Auch diese Bestimmung hat nur noch Bedeutung für die Wasserstraßen, da im übrigen die Vorschriften der Straßenverkehrs-Ordnung v. 13. Nov. 1937 maßgebend sind.

§ 366a. Wer die zum Schutze der Dünen und der Fluß- und Meeresufer, sowie der auf denselben vorhandenen Anpflanzungen und Anlagen erlassenen Polizei-Verordnungen übertritt, wird mit Geldstrafe bis zu einhundertfünfzig DMark oder mit Haft bestraft.

Siehe auch §§ 21, 22 des Reichsnaturschutzgesetzes v. 26. Juni 1935 i. d. Fassung v. 1. Dez. 1936 und 20. Jan. 1938 (RGBl. 1935 S. 821; 1936 S. 36; 1938 S. 36).

§ 367. Mit Geldstrafe bis zu einhundertfünfzig DMark oder mit Haft wird bestraft:

1. wer ohne Vorwissen der Behörde einen Leichnam beerdigt oder beiseite schafft, oder wer unbefugt einen Teil einer Leiche aus dem Gewahrsam der dazu berechtigten Personen wegnimmt;

1. Diese Gesetzesstelle enthält drei Tatbestände: Die heimliche Beerdigung einer Leiche, das heimliche Beiseiteschaffen einer Leiche und die unbefugte Wegnahme von Leichenteilen.
2. Auch der Körper eines totgeborenen Kindes ist eine Leiche.
3. Vgl. auch § 168.

2. wer den polizeilichen Anordnungen über vorzeitige Beerdigungen entgegenhandelt;
3. wer ohne polizeiliche Erlaubnis Gift oder Arzneien, soweit der Handel mit denselben nicht freigegeben ist, zubereitet, feilhält, verkauft oder sonst an andere überläßt;

1. Gift ist ein Stoff, der geeignet ist, in kleinen Mengen in den Körper gebracht, vermöge seiner chemischen Beschaffenheit die menschliche Gesundheit zu zerstören, vgl. auch Erl. 2 zu § 229. Der Handel mit Gift wird durch Landesgesetze geregelt.
2. Arzneien sind Zubereitungen, die als Mittel zur Beseitigung oder Linderung von Krankheiten bei Menschen oder Tieren äußerlich oder innerlich angewendet werden.

Der Handel mit Arzneien ist freigegeben, soweit er nicht nach § 1 Abs. 1 der VO. vom 13. 3. 1941 (RGBl. I, 136) den Apotheken vorbehalten ist. Letzteres ist der Fall bez. der in dem Verzeichnis B der VO. vom 22. 10. 1901 (RGBl. Seite 281, durch zahlreiche Verordnungen ergänzt) aufgeführten chemischen Präparate.

3. Der Handel mit Giften und Arzneien im Umherziehen ist ganz verboten (§ 56 Abs. 2 Nr. 9 Gewerbe-Ordnung).
4. Strafbar ist ferner das Zubereiten dieser Stoffe.
5. Für den inneren Tatbestand genügt Fahrlässigkeit.
6. Hierher gehört auch das Gesetz über den Verkehr mit Betäubungsmitteln (Opiumgesetz) v. 10. Dez. 1929 (RGBl. 215). Nach § 10 dieses Gesetzes wird u. a. bestraft, wer Opium, Kokain, Morphium usw. ohne die vorgesehene Erlaubnis einführt, ausführt, gewinnt, herstellt, verarbeitet, Handel mit ihnen treibt, sie erwirbt, abgibt usw. Diese Vorschrift gilt nach Abs. 4 des § 10 auch dann, wenn Stoffe oder Zubereitungen als solche der genannten Art in den Verkehr gebracht werden, ohne es zu sein.

4. wer ohne die vorgeschriebene Erlaubnis Schießpulver oder andere explodierende Stoffe oder Feuerwerke zubereitet;

Diese Gesetzesstelle ist gegenstandslos geworden durch verschiedene Anordnungen der Besatzungsbehörden.

5. wer bei der Aufbewahrung oder bei der Beförderung von Giftwaren, Schießpulver oder Feuerwerken, oder bei der Aufbewahrung, Beförderung, Verausgabung oder Verwendung

von Sprengstoffen oder anderen explodierenden Stoffen, oder bei Ausübung der Befugnis zur Zubereitung oder Feilhaltung dieser Gegenstände, sowie der Arzneien die deshalb ergangenen Verordnungen nicht befolgt;

1. Hier wird die Strafbestimmung für Vorschriften über die Art des Verkehrs mit den in § 367 Ziff. 3 und 4 bezeichneten Stoffen gegeben.

2. Vgl. noch die Eisenbahn-Verkehrsordnung vom 8. September 1938 (RGBl. II, S. 663) und § 5 der Postordnung für das Deutsche Reich vom 30. Januar 1929 (RGBl. I, 33).

5a. wer bei Versendung oder Beförderung von leicht entzündlichen oder ätzenden Gegenständen durch die Post die deshalb ergangenen Verordnungen nicht befolgt;

Vgl. §§ 4, 5 der Postordnung v. 30. Jan. 1929 (s. Erl. 2 zu § 367[5]).

6. wer Waren, Materialien oder andere Vorräte, welche sich leicht von selbst entzünden oder leicht Feuer fangen, an Orten oder in Behältnissen aufbewahrt, wo ihre Entzündung gefährlich werden kann, oder wer Stoffe, die nicht ohne Gefahr einer Entzündung beieinander liegen können, ohne Absonderung aufbewahrt;

Aufbewahren heißt lagern bis zur bestimmungsgemäßen Verwendung. Das vorübergehende Lagern von Hölzern auf dem Ofen oder Herd ist nicht strafbar.

7. . . . .

Außer Kraft durch das RG. v. 5. Juli 1927 über den Verkehr mit Lebensmitteln und Bedarfsgegenständen (RGBl. I S. 134), § 24.

8. wer ohne polizeiliche Erlaubnis an bewohnten oder von Menschen besuchten Orten Selbstgeschosse, Schlageisen oder Fußangeln legt, oder an solchen Orten mit Feuergewehr oder anderem Schießwerkzeuge schießt, oder Feuerwerkskörper abbrennt;

1. Vgl. hierzu § 368[7]. — Unter bewohnten oder von Menschen besuchten Orten sind nicht bloß öffentliche Orte zu verstehen, sondern auch Stellen auf Privatgrundstücken, ja selbst in Privaträumlichkeiten, die von Menschen besucht zu werden pflegen.

2. Ob mit Feuergewehr blind oder scharf geschossen wird, ist für diesen Tatbestand gleichgültig. Patronen sind auch Schießwerkzeuge.

3. § 367 Nr. 8 findet auf die rechtmäßige Jagdausübung in Jagdbezirken keine Anwendung.

4. Die Rechtswidrigkeit fehlt ferner, wenn jemand in Ausübung einer öffentlich-rechtlichen Befugnis von der Schußwaffe Gebrauch macht, oder wenn Notwehr oder Notstand vorliegt.

5. Neben der Strafe kann auf Einziehung der Selbstgeschosse erkannt werden (siehe unten letzter Absatz des § 367).

9. wer einem gesetzlichen Verbot zuwider Stoß-, Hieb- oder Schußwaffen, welche in Stöcken oder Röhren oder in ähnlicher Weise verborgen sind, feilhält oder mit sich führt;

Am 1. April 1938 war an die Stelle des Gesetzes über Schußwaffen und Munition v. 12. April 1928 das die gesamte Materie regelnde Waffengesetz vom 18. März 1938 (RGBl. S. 265) getreten. Dieses Gesetz enthielt Bestimmungen über die Erlaubnispflicht für Waffenherstellung und Waffenhandel, den Munitionserwerb, den Waffenbesitz, den Waffenerwerb und das Waffenführen. Der Besitz von Waffen und Munition war grundsätzlich nicht von polizeilicher Erlaubnis abhängig. Wer außerhalb seines Wohn-, Dienst- oder Geschäftsraumes oder seines befriedeten Besitztums eine Schußwaffe führte, mußte einen von der Kreispolizeibehörde ausgestellten Waffenschein bei sich tragen. § 367 Nr. 9 war durch § 25 Nr. 1 des Waffengesetzes ersetzt, wonach verboten war Herstellung, Handel, Führen, Besitz und Einfuhr von Schußwaffen, die zum Zusammenklappen, Zusammenschieben, Verkürzen oder zum schleunigen Zerlegen über den für Jagd- und Sportzwecke allgemein üblichen Umfang hinaus besonders eingerichtet, oder die in Stöcken, Schirmen, Röhren oder in ähnlicher Weise verborgen sind. § 26 enthielt die Strafbestimmungen betr. die genannten Verbote, deren Verletzung Vergehen waren. Siehe auch die Polizeiverordnung über die Aufbewahrung von Waffen und Munition in alleinstehenden Gebäuden v. 12. Juni 1942 (RGBl. I S. 391). (Die sämtlichen Bestimmungen sind gegenstandslos geworden durch das generelle Waffenverbot der Besatzungsmächte. Siehe Befehl Nr. 2 des Kontrollrates vom 7. Januar 1946.)

10. wer bei einer Schlägerei, in welche er nicht ohne sein Verschulden hineingezogen worden ist, oder bei einem Angriff sich einer Waffe, insbesondere eines Messers oder eines anderen gefährlichen Werkzeuges bedient;

1. Vgl. §§ 223, 223a, 227 über die Körperverletzung. — Über die Bedeutung von „Schlägerei" Erl. 1 zu § 227, „ohne sein Verschulden" Erl. 5 ebenda.

2. Der Angriff braucht nicht von mehreren gemacht zu sein. Es darf aber nicht zu einer Körperverletzung des Angegriffenen gekommen sein, sonst findet § 223a Anwendung.

11. wer ohne polizeiliche Erlaubnis gefährliche wilde Tiere hält, oder wilde oder bösartige Tiere frei umherlaufen läßt, oder in Ansehung ihrer die erforderlichen Vorsichtsmaßregeln zur Verhütung von Beschädigungen unterläßt;

1. Vgl. noch § 366[5] StGB.

2. Ausgebrochene wilde Tiere, die nicht sofort verfolgt werden, sind herrenlos (§ 960 BGB.) und können von jedermann getötet werden.

3. Als bösartige Tiere kommen hier in Betracht: bissige Hunde, schlagende oder beißende Pferde, stoßende Ochsen und Bullen.

4. Wird ein Mensch infolge Außerachtlassung der erforderlichen Vorsichtsmaßregeln verletzt (z. B. von einem bissigen, nicht mit Maulkorb versehenen Hund), so macht sich der Eigentümer wegen fahrlässiger Körperverletzung (§ 230) strafbar.

12. wer auf öffentlichen Straßen, Wegen oder Plätzen, auf Höfen, in Häusern und überhaupt an Orten, an welchen Menschen verkehren, Brunnen, Keller, Gruben, Öffnungen oder Abhänge dergestalt unverdeckt oder unverwahrt läßt, daß daraus Gefahr für andere entstehen kann;

1. „Gruben" sind Bergwerksgruben, Baugruben u. ä. Weiher, die sich in Bodenvertiefungen aus Regen bilden und wegen ihres Gebrauchs zum Viehtränken oder für Feuersgefahr nicht bedeckt werden können, gehören nicht hierher.

2. Als Öffnung kann das Fehlen einer Sprosse in einem Treppengeländer angesehen werden.

3. Strafbar ist nicht nur der Eigentümer, sondern auch der Verwalter.

4. Idealkonkurrenz mit fahrlässiger Tötung bzw. Körperverletzung möglich.

13. wer trotz der polizeilichen Aufforderung es unterläßt, Gebäude, welche dem Einsturz drohen, auszubessern oder niederzureißen;

1. Ob das Gebäude an einer öffentlichen Straße liegt oder nicht ist gleichgültig.

2. Auch bloßes Versäumnis in der Ausbesserung oder mangelhafte Ausbesserung fällt unter diese Strafbestimmung.

14. wer Bauten oder Ausbesserungen von Gebäuden, Brunnen, Brücken, Schleusen oder anderen Bauwerken vornimmt, ohne die von der Polizei angeordneten oder sonst erforderlichen Sicherungsmaßregeln zu treffen;

15. wer als Bauherr, Baumeister oder Bauhandwerker einen Bau oder eine Ausbesserung, wozu die polizeiliche Genehmigung erforderlich ist, ohne diese Genehmigung oder mit eigenmächtiger Abweichung von dem durch die Behörde genehmigten Bauplane ausführt oder ausführen läßt;

1. Die verschiedenen hier genannten Personen sind nebeneinander strafrechtlich haftbar.

2. Voraussetzung für die Strafbarkeit ist, daß nach dem maßgebenden Landesrecht eine polizeiliche Genehmigung des Baues überhaupt erforderlich ist.

3. Siehe hierzu das Aufbaugesetz vom 18. 8. 1948 (Reg.Bl. der Regierung Württemberg-Baden, Seite 127). § 35 a. a. O. lautet: „Mit Gefängnis bis zu zwei Jahren und Geldstrafe bis zu 20000 Mark oder mit einer dieser Strafen wird bestraft, wer als Bauherr, Architekt, Baumeister, Bauunternehmer oder Bauhandwerker den Vorschriften dieses Gesetzes oder anderen baurechtlichen Vorschriften zuwider Bauausführungen vornimmt oder gegen Anordnungen verstößt, welche die Baugenehmigungsbehörden auf Grund dieser oder anderer baurechtlicher Vorschriften treffen."

[16. wer den über das Abhalten von öffentlichen Versteigerungen und über das Verabfolgen geistiger Getränke vor und bei öffentlichen Versteigerungen erlassenen polizeilichen Anordnungen zuwiderhandelt.]

Diese Bestimmung ist gegenstandslos geworden. Es gelten jetzt §§ 11, 12 des Gesetzes über das Versteigerergewerbe i. d. Fassung der Bekanntmachung v. 12. 2. 1938 (RGBl. I S. 202).

In den Fällen der Nr. 8, 9 kann neben der Geldstrafe oder der Haft auf die Einziehung der Selbstgeschosse, Schlageisen oder Fußangeln, sowie der verbotenen Waffen erkannt werden, ohne Unterschied, ob sie dem Verurteilten gehören oder nicht.

§ 368. Mit Geldstrafe bis zu einhundertfünfzig DMark oder mit Haft bis zu vierzehn Tagen wird bestraft:

1. wer den polizeilichen Anordnungen über die Schließung der Weinberge zuwiderhandelt;
2. wer das durch gesetzliche oder polizeiliche Anordnungen gebotene Raupen unterläßt;
3. wer ohne polizeiliche Erlaubnis eine neue Feuerstätte errichtet oder eine bereits vorhandene an einen anderen Ort verlegt;

1. Die Ziff. 3 und 4 des § 368 verfolgen den Zweck, alle Feuerstätten der Häuser, bestehender oder neu errichteter, in brandsicherem Zustande zu erhalten.

2. Feuerstätte ist nicht nur die zur Aufnahme des Feuers dienende Vorrichtung, sondern alles, was zur feuersicheren Konstruktion der Öfen und Herde gehört.

4. wer es unterläßt, dafür zu sorgen, daß die Feuerstätten in seinem Hause in baulichem und brandsicherem Zustande unterhalten, oder daß die Schornsteine zur rechten Zeit gereinigt werden;

1. Vgl. die Erl. zu § 368³. — Das Gebot richtet sich an den Hauseigentümer und dessen verantwortlichen Vertreter, nicht aber an den Mieter und Pächter.

2. Auch der ist strafbar, welcher eine bestehende richtig konstruierte Feuerstätte so umgestaltet, daß sie feuergefährlich wird.

5. wer Scheunen, Ställe, Böden oder andere Räume, welche zur Aufbewahrung feuerfangender Sachen dienen, mit unverwahrtem Feuer oder Licht betritt, oder sich denselben mit unverwahrtem Feuer oder Licht nähert;

Nach dieser Vorschrift kann das Tabakrauchen in Scheunen usw. selbst mit verwahrten Tabakspfeifen unter Umständen bestraft werden.

6. wer in gefährlicher Nähe von Gebäuden oder feuerfangenden Sachen Feuer anzündet;
7. wer in gefährlicher Nähe von Gebäuden oder feuerfangenden Sachen mit Feuergewehr schießt oder Feuerwerke abbrennt;

Vgl. hierzu noch § 367⁸. — Diese Strafvorschrift soll die bezeichneten Handlungen wegen ihrer Feuergefährlichkeit verhindern. — Ob scharf oder blind geschossen wird, ist gleichgültig.

8. wer die polizeilich vorgeschriebenen Feuerlöschgerätschaften überhaupt nicht oder nicht in brauchbarem Zustande hält oder andere feuerpolizeiliche Anordnungen nicht befolgt;

9. wer unbefugt über Gärten oder Weinberge, oder vor beendeter Ernte über Wiesen oder bestellte Äcker, oder über solche Äcker, Wiesen, Weiden oder Schonungen, welche mit einer Einfriedigung versehen sind, oder deren Betreten durch Warnungszeichen untersagt ist, oder auf einem durch Warnungszeichen geschlossenen Privatwege geht, fährt, reitet oder Vieh treibt;

1. Das Gehen über fremde Gärten usw. ist befugt und kann deshalb nicht bestraft werden, wenn der Täter sich auf ein Wegerecht (Dienstbarkeit) oder ein Jagdrecht berufen kann.

2. Der Tatbestand liegt nur vor, wenn der Täter bewußt unbefugt seinen Weg über den Garten usw. nimmt.

10. wer zur Jagd ausgerüstet unbefugt ein fremdes Jagdgebiet außerhalb der zum allgemeinen Gebrauch bestimmten Wege betritt;

1. Zur Jagd ausgerüstet ist, wer ein zur Jagdausübung geeignetes Werkzeug, etwa ein Gewehr, so bei sich führt, daß er bei sich bietender Gelegenheit sofort davon Gebrauch machen kann.

2. Zum Tatbestand gehört nicht bewußte Widerrechtlichkeit; es genügt vielmehr Fahrlässigkeit, da ein reines Polizeidelikt vorliegt.

3. Forstschutzbeamte können in Ausübung des Forst- und Jagdschutzes auch fremde Reviere betreten. (§ 3 Abs. 2 der Durchführungsverordnung zu dem Gesetz über den Waffengebrauch der Forst- und Jagdschutzberechtigten vom 7. März 1935.)

10a. wer sich mit gebrauchsfertigem Fischereigerät unbefugt auf fremden Fischgewässern oder außerhalb der zum allgemeinen Gebrauch bestimmten Wege an fremden Fischgewässern aufhält.

§ 369. Mit Geldstrafe bis zu einhundertfünfzig DMark oder mit Haft bis zu vier Wochen werden bestraft:

1. Personen, welche ohne obrigkeitliche Anweisung oder ohne Genehmigung des Inhabers einer Wohnung Schlüssel zu Zimmern oder Behältnissen in der letzteren anfertigen oder Schlösser an denselben öffnen, ohne Genehmigung des Hausbesitzers oder seines Stellvertreters einen Hausschlüssel anfertigen, oder ohne Erlaubnis der Polizeibehörde Nachschlüssel oder Dietriche verabfolgen;

1. Die obrigkeitliche Anweisung kann von der Polizeibehörde, dem Untersuchungsrichter, dem Staatsanwalt und dem Gerichtsvollzieher ausgehen.

2. Die Anfertigung von Hausschlüsseln kann nur mit Genehmigung des Hausbesitzers (Genehmigung des Mieters genügt nicht) erfolgen.

2. Aufgehoben.

Durch § 23 der Maß- und Gewichtsordnung vom 30. Mai 1908, ersetzt durch § 22 dieses Gesetzes; § 22 wurde wieder ersetzt durch § 60 des Maß- und Gewichtsgesetzes vom 13. Dezember 1935 (RGBl. S. 1499).

3. Gewerbetreibende, welche in Feuer arbeiten, wenn sie die Vorschriften nicht befolgen, welche von der Polizeibehörde wegen Anlegung und Verwahrung ihrer Feuerstätten, sowie wegen der Art und der Zeit, sich des Feuers zu bedienen, erlassen sind.

§ 370. Mit Geldstrafe bis zu einhundertfünfzig DMark oder mit Haft wird bestraft:

1. wer unbefugt ein fremdes Grundstück, einen öffentlichen oder Privatweg oder einen Grenzrain durch Abgraben oder Abpflügen verringert;

1. Vgl. § 274 Abs. 2 StGB. — Nach dem hier in Betracht kommenden Tatbestand wird über die Grenzen hinausgegangen ohne die Grenzsteine zu verrücken.

2. An öffentlichen Wegen (d. h. solchen, die der Allgemeinheit zur Verfügung stehen, vgl. § 116 Erl. 3) kann auch derjenige, in dessen Privateigentum der Weg steht, sich der Übertretung schuldig machen. Der Privateigentümer darf sogar seinen Privatweg nicht abgraben, und macht sich strafbar, wenn andern eine Grunddienstbarkeit an diesem Wege zusteht.

2. wer unbefugt von öffentlichen oder Privatwegen Erde, Steine oder Rasen, oder aus Grundstücken, welche einem anderen gehören, Erde, Lehm, Sand, Grand oder Mergel gräbt, Plaggen oder Bülten haut, Rasen, Steine, Mineralien, zu deren Gewinnung es einer Verleihung, einer Erlaubnis oder einer Konzession der Behörde nicht bedarf, oder ähnliche Gegenstände wegnimmt;

1. Diebstahl gibt es nur an beweglichen Sachen. Die Erde ist aber, solange sie im Grundstück ist, unbeweglich, darum bedurfte es dieser Bestimmung.

2. Auch die Wegnahme von ungestochenem Torf fällt unter diese Strafbestimmung, ebenso das Wegnehmen von Tropfsteingebilden aus Höhlen. — Die unbefugte Aneignung von Mineralien, zu deren Gewinnung es einer Erlaubnis der Behörde bedarf, ist durch die Landesberggesetze geregelt.

3. Aufgehoben durch Kontrollratsgesetz Nr. 11. (Betraf Handel mit Uniformstücken.)

4. Gestrichen durch Gesetz vom 28. Juni 1935. Siehe § 293.

5. Wer Nahrungs- oder Genußmittel oder andere Gegenstände des hauswirtschaftlichen Verbrauchs in geringer Menge oder

von unbedeutendem Wert zum alsbaldigen Verbrauch entwendet oder unterschlägt.

Wer die Tat gegen einen Verwandten absteigender Linie oder gegen seinen Ehegatten begeht, bleibt straflos.

1. Die frühere Genußmittelentwendung (der Mundraub) ist hier durch das Abänderungsgesetz von 1912 zu einer unberechtigten Verbrauchsmittelwegnahme (Diebstahl und Unterschlagung) erweitert. Vgl. die Erl. zu § 248a und § 264a. Wie § 248a eine Ausnahme macht von den §§ 242 und 246, so legt § 370^5 Ausnahmen fest von diesen Paragraphen und von 248a. Nur kommt bei § 370^5 die Not nicht in Betracht.

Aber auch hier wird noch der volle Tatbestand des § 242 (Diebstahl) und des § 246 (Unterschlagung) verlangt. Die Eigenart der Übertretung liegt lediglich in der Eigenschaft, der Menge und dem Wert des Weggenommenen. Der Diebstahl von Nahrungs-, Genuß- und Verbrauchsmitteln bleibt Übertretung, auch wenn er mittels Einbruchs, Einsteigens, Erbrechens von Behältnissen, falschen Schlüsseln begangen ist. Nur wird in solchen Fällen auch noch Hausfriedensbruch und vielleicht Sachbeschädigung (zerstörte Türen, Schränke usw.) vorliegen.

Werden die Nahrungs-, Genuß- und Verbrauchsmittel mittels Gewalt weggenommen, so liegt Raub vor (§ 249). Ebenso ist § 252 anwendbar.

Rückfall (§ 244), wird durch diese Übertretung nicht begründet.

2. Nahrungsmittel sind die der Ernährung des menschlichen Körpers in fester oder flüssiger Gestalt dienenden Mittel, auch wenn noch vorherige Zubereitung erforderlich ist. Also gehören hierher: Fleisch, Fische, Kartoffeln, Brot, Milch usw.

3. Genußmittel sind Gegenstände, die dem menschlichen Körper zugeführt und dadurch verbraucht werden z. B. Zigarren, Tabake, Zigaretten.

4. Gegenstände des hauswirtschaftlichen Verbrauchs sind Brennholz (aber nicht Bauholz), Kohlen und sonstiges Brennmaterial, Beleuchtungsmittel, Heilmittel, Nähsachen und ähnliches. Geld kommt hier nicht in Betracht. Ebensowenig Wäsche, Kleidungsstücke, Schuhe.

Viehfutter zum alsbaldigen Verbrauch in der eigenen Wirtschaft gehört hierher. Vgl. auch § 370^6.

5. Bei der Einschätzung, ob unbedeutender Wert oder geringe Menge vorliegt, ist auf die Verhältnisse des Geschädigten und des Täters Rücksicht zu nehmen. Auch wenn ein Gefäß entwendet wird, kann Mundraub vorliegen, wenn es dem Täter bei der Wegnahme nur auf den Inhalt des Gefäßes oder der Umhüllung ankommt. — Bei Bestimmung des Werts ist der allgemeine Wert zugrunde zu legen (z. B. bei einem Hunde, der dann von dem Diebe zum Schlachten um geringes Geld verschleudert wird). Bei fortgesetzten Entwendungen ist der Beurteilung der Gesamtwert des Entwendeten zugrunde zu legen; geht dieser über eine „geringe Menge" oder „unbedeutenden Wert" hinaus, liegt ein gewöhnlicher Diebstahl vor. Im übrigen ist zu bemerken, daß die beiden Merkmale alternativ aufgestellt sind, so daß das eine oder das andere genügt. Ist also die Quantität gering, so liegt § 370 Nr. 5 vor, auch wenn der Wert erheblich ist.

6. „Zum alsbaldigen Verbrauch" ist die Wegnahme erfolgt, wenn der Täter ein augenblickliches Bedürfnis oder Gelüst befriedigen wollte. Dabei braucht aber das Verzehren usw. nicht an Ort und Stelle zu erfolgen, ja es kann sogar wie schon erwähnt (oben Erl. 2), noch eine Zubereitung, bei lebenden Tieren ein Töten

und Abziehen vorhergehen. Dagegen ist die Handlung gemeiner Diebstahl, wenn der Täter Vorräte ansammeln wollte oder mit der Absicht, das Gestohlene zu verkaufen oder damit sein Eigentum zu schmücken (z. B. Rosensträucher für seinen Garten) die Sachen weggenommen hat.

Übertretung bleibt es aber, wenn der Täter bei der Wegnahme auch daran dachte, seiner Familie oder seinen Hausgenossen den Mitgenuß zu verschaffen. Aus Not braucht nicht gehandelt zu sein (anders bei § 248a.)

7. Zur Verfolgung ist Strafantrag erforderlich, s. Abs. 2 des § 370.

8. Abs. 2 der Nr. 5 bringt den § 247 Abs. 2 StGB. auch hier zur Anwendung.

Beispiel: Stiftet ein Dritter die Ehefrau an, gegen ihren Ehemann eine Genußmittelentwendung zu begehen, so ist der Dritte als Anstifter strafbar, obwohl die Ehefrau nicht als Täterin bestraft werden kann. Stiftet umgekehrt die Ehefrau einen Dritten an, an ihrem Manne eine Genußmittelentwendung zu begehen, so ist die Ehefrau straflos, während der Dritte nach § 370 Z. 5 zu bestrafen ist. (Siehe Erl. 4c zu § 50 und die in Erl. 6c daselbst erwähnten Beispiele.)

9. Wenn der Täter in der Absicht einsteigt, Nahrungs- oder Genußmittel zum Zwecke des alsbaldigen Verbrauchs zu entwenden, tatsächlich aber andere Sachen wegnimmt, so begeht er nur einen einfachen Diebstahl. Wenn umgekehrt der Täter in der Absicht einsteigt, andere Sachen wegzunehmen, aber nur Nahrungs- und Genußmittel zum alsbaldigen Verbrauch entwendet, so liegt Tateinheit von versuchtem, schweren Diebstahl mit vollendetem Mundraub vor.

6. wer Getreide oder andere zur Fütterung des Viehes bestimmte oder geeignete Gegenstände wider Willen des Eigentümers wegnimmt, um dessen Vieh damit zu füttern.

1. Ein Diebstahl liegt hier nicht vor, weil die Zueignungsabsicht fehlt.

2. Zum Vieh gehört Groß- und Kleinvieh, auch Federvieh.

In den Fällen der Nr. 5 und 6 tritt die Verfolgung nur auf Antrag ein. Die Zurücknahme des Antrages ist zulässig.

Anhang 1.

Jugendstrafrecht.

A.

Reichsjugendgerichtsgesetz

vom 1. Januar 1944 (RGBl. I 1943 S. 639).

(Auszug.)

Erster Teil.

Verfehlungen Jugendlicher und ihre Folgen.

Erster Abschnitt.

Allgemeine Vorschriften.

§ 1.

Anwendungsbereich.

(1) Dieses Gesetz gilt, wenn ein Jugendlicher eine Verfehlung begeht, die strafrechtlicher Ahndung unterliegt. Jugendlicher ist, wer zur Zeit der Tat vierzehn, aber noch nicht achtzehn Jahre alt ist.

(2) Das Gesetz gilt für Deutsche. Auf Angehörige anderen Volkstums wird es sinngemäß angewendet, soweit nicht etwas anderes bestimmt ist.

§ 2.

Die Folgen der Jugendstraftat.

(1) Die Straftat eines Jugendlichen wird mit Strafe oder mit Zuchtmitteln geahndet.

(2) Aus Anlaß der Straftat können Erziehungsmaßregeln angeordnet werden.

(3) Von Strafe und Zuchtmitteln wird abgesehen, wenn Erziehungsmaßregeln oder die Unterbringung in einer Heil- oder Pflegeanstalt die Ahndung durch den Richter entbehrlich machen.

§ 3.

Verantwortlichkeit.

(1) Ein Jugendlicher ist strafrechtlich verantwortlich, wenn er zur Zeit der Tat nach seiner sittlichen und geistigen Entwicklung reif genug ist, das Unrecht der Tat einzusehen und nach dieser Einsicht zu handeln. Zur Erziehung eines Jugendlichen, der mangels Reife strafrechtlich nicht verantwortlich ist, kann der Richter dieselben Maßnahmen anordnen wie der Vormundschaftsrichter.

(2) Wer unter vierzehn Jahren eine Verfehlung begeht, ist strafrechtlich nicht verantwortlich. Ist der Täter zur Zeit der Tat wenigstens zwölf Jahre alt, so wird er wie ein Jugendlicher zur Verantwortung gezogen, wenn der Schutz des Volkes wegen der Schwere der Verfehlung eine strafrechtliche Ahndung fordert; die Vorschriften über jugendliche Schwerverbrecher werden nicht angewendet.

Anmerkung: Abs. 2, S. 2 dürfte wohl nicht mehr anwendbar sein.

Zweiter Abschnitt.

Die Strafe.

§ 4.

Jugendgefängnis.

(1) Die Strafe für Jugendliche ist Jugendgefängnis.

(2) Der Richter verhängt Jugendgefängnis, wenn das Bedürfnis der Volksgemeinschaft nach Schutz und Sühne wegen der Größe der Schuld oder wegen der schädlichen Neigungen des Jugendlichen, die in der Tat hervorgetreten sind, eine Strafe fordert.

§ 5.

Dauer des Jugendgefängnisses.

(1) Das Mindestmaß der Jugendgefängnisstrafe beträgt drei Monate, das Höchstmaß zehn Jahre; die Strafrahmen des allgemeinen Strafrechts gelten nicht.

(2) Bei der Strafbemessung muß der Richter berücksichtigen, daß die Strafe eine nachhaltige erziehliche Wirkung gewährleisten soll.

§ 6.

Jugendgefängnis von unbestimmter Dauer.

(1) Der Richter verhängt Jugendgefängnis von unbestimmter Dauer, wenn eine Jugendgefängnisstrafe von mindestens neun Monaten, höchstens jedoch vier Jahren geboten ist und sich wegen der schädlichen Neigungen des Jugendlichen, die in der Tat hervorgetreten sind, nicht voraussehen läßt, welche Strafdauer erforderlich ist, um ihn durch die Erziehung im Strafvollzug wieder in die Volksgemeinschaft einzuordnen.

(2) Der Richter setzt im Urteil das Mindestmaß der Strafe fest; es beträgt mindestens neun Monate. Das Höchstmaß beträgt vier Jahre; der Richter kann ein geringeres Höchstmaß bestimmen, doch soll dann der Unterschied zwischen dem Mindest- und dem Höchstmaß nicht weniger als zwei Jahre betragen.

Dritter Abschnitt.

Zuchtmittel.

§ 7.

Arten und Anwendung.

(1) Der Richter ahndet die Straftat mit Zuchtmitteln, wenn Jugendgefängnis nicht geboten ist, dem Jugendlichen aber eindringlich zum Bewußtsein gebracht werden muß, daß er für das von ihm begangene Unrecht einzustehen hat.

(2) Zuchtmittel sind:

1. der Jugendarrest,
2. die Auferlegung besonderer Pflichten,
3. die Verwarnung.

(3) Zuchtmittel haben nicht die Rechtswirkungen einer Strafe; sie werden nicht in das Strafregister eingetragen und begründen nicht die Anwendung von strafrechtlichen Rückfallvorschriften.

§ 8.

Jugendarrest.

(1) Der Jugendarrest ist Dauerarrest, Freizeitarrest oder Kurzarrest.

(2) Der Dauerarrest beträgt mindestens eine Woche und höchstens zehn Wochen. Er wird nach vollen Tagen oder Wochen bemessen.

(3) Der Freizeitarrest wird für die allwöchentliche Freizeit des Jugendlichen verhängt und auf mindestens eine Freizeit und höchstens vier Freizeiten bemessen.

(4) Der Kurzarrest wird aus besonderen Gründen, namentlich wenn die sofortige Vollstreckung notwendig ist, statt des Freizeitarrests verhängt; er beträgt mindestens einen Tag und höchstens sechs Tage und wird nach vollen Tagen bemessen.

(5) Einmaliger Kurzarrest bis zu drei Tagen und Freizeitarrest können nebeneinander verhängt werden.

Anmerkung zu Abs. 2: Durch Gesetz der Regierung Württemberg-Baden v. 14. 8. 1946 wurde die Höchstgrenze von 4 Wochen auf 10 Wochen erhöht. (Siehe Reg. Bl. 1946, Nr. 21, S. 246.)

§ 9.

Auferlegung besonderer Pflichten.

Als besondere Pflichten kann der Richter vor allem die Wiedergutmachung des Schadens und die Entschuldigung auferlegen. Auch kann er bei leichten Verfehlungen eine Geldbuße festsetzen, wenn anzunehmen ist, daß sie der Jugendliche aus Mitteln zahlt, über die er selbständig verfügen darf. Die Geldbuße fällt dem Reich zu, wenn sie nicht im Urteil zugunsten einer gemeinnützigen Einrichtung auferlegt wird.

§ 10.

Verwarnung.

Durch die Verwarnung soll dem Jugendlichen das Unrecht der Tat eindringlich vorgehalten werden.

Vierter Abschnitt.

Erziehungsmaßregeln.

§ 11.

Arten.

Erziehungsmaßregeln sind:
1. die Erteilung von Weisungen,
2. die Schutzaufsicht,
3. die Fürsorgeerziehung.

§ 12.

Weisungen.

(1) Weisungen sind Gebote und Verbote, die die Lebensführung des Jugendlichen regeln und dadurch seine Erziehung fördern und sichern sollen. Der Richter kann namentlich den Jugendlichen anweisen, eine Lehr- oder Arbeitsstelle anzunehmen oder bei einer Familie oder in einem Heim zu wohnen, und ihm verbieten, einen bestimmten Aufenthaltsort zu verlassen, mit bestimmten Personen zu verkehren, Gast- oder Vergnügungsstätten zu besuchen, geistige Getränke zu genießen oder zu rauchen.

(2) Der Richter erteilt die Weisungen im Einvernehmen mit der Jugendgerichtshilfe.

§ 13.

Schutzaufsicht und Fürsorgeerziehung.

Die Voraussetzungen der Schutzaufsicht und der Fürsorgeerziehung richten sich nach den Vorschriften über Jugendwohlfahrt.

Fünfter Abschnitt.

Mehrere Straftaten.

§ 14.

Mehrere Straftaten eines Jugendlichen.

(1) Auch wenn ein Jugendlicher mehrere Straftaten begangen hat, setzt der Richter nur eine Strafe, ein Zuchtmittel oder eine Erziehungsmaßregel derselben Art fest. Die gesetzlichen Höchstgrenzen der Jugendgefängnisstrafe und des Jugendarrests dürfen nicht überschritten werden. Soweit es dieses Gesetz zuläßt (§ 18), können Maßnahmen mit der Strafe verbunden oder ungleichartige Zuchtmittel und Erziehungsmaßregeln nebeneinander angeordnet werden.

(2) Ist gegen den Jugendlichen wegen eines Teils der Straftaten bereits rechtskräftig eine Strafe, ein Zuchtmittel oder eine Erziehungsmaßregel festgesetzt worden, aber noch nicht vollständig verbüßt, ausgeführt oder sonstwie erledigt, so wird unter Einbeziehung des Urteils in gleicher Weise nur auf eine Strafe oder Maßnahme erkannt. Eine Strafe, für die eine Probezeit läuft, darf nur einbezogen werden, wenn die Entlassung oder die Strafaussetzung widerrufen wird. Aus besonderen Gründen kann der Richter davon absehen, schon abgeurteilte Straftaten in die neue Entscheidung einzubeziehen; dabei kann er Zuchtmittel und Erziehungsmaßregeln für erledigt erklären, wenn er auf Strafe erkennt. Wird auf Jugendgefängnis erkannt, so steht eine Anrechnung bereits verbüßten Jugendarrests im Ermessen des Richters.

§ 15.

Mehrere Straftaten in verschiedenen Altersstufen.

Auf mehrere Straftaten, die teils vor, teils nach Vollendung des achtzehnten Lebensjahres begangen sind, wird ausschließlich das Jugendstrafrecht angewendet, wenn das Schwergewicht bei der im jugendlichen Alter begangenen Straftat liegt; anderenfalls wird ausschließlich das allgemeine Strafrecht angewendet, jedoch eine Einheitsstrafe nach den Grundsätzen des § 14 gebildet.

Sechster Abschnitt.

Gemeinsame Vorschriften.

§ 16.

Nebenstrafen und Nebenfolgen.

(1) Auf Verlust der bürgerlichen Ehrenrechte, Unfähigkeit zur Bekleidung öffentlicher Ämter oder Zulässigkeit von Polizeiaufsicht darf nicht erkannt werden.

(2) Der Gewinn, den der Jugendliche aus der Tat erlangt, und das Entgelt, das er für sie erhalten hat, können für verfallen erklärt werden; ist an die Stelle des ursprünglich erlangten Gegenstands ein anderer getreten, so kann dieser für verfallen erklärt werden.

§ 17.

Unterbringung in einer Heil- oder Pflegeanstalt.

Als Maßregel der Sicherung und Besserung im Sinne des allgemeinen Strafrechts kann nur die Unterbringung in einer Heil- oder Pflegeanstalt angeordnet werden.

§ 18.

Verbindung von Strafen und Maßnahmen.

(1) Der Richter kann neben Jugendgefängnis besondere Pflichten auferlegen, Weisungen erteilen und die Schutzaufsicht anordnen; auf andere Zuchtmittel und auf Fürsorgeerziehung kann er neben Jugendgefängnis nicht erkennen.

(2) Zuchtmittel und Erziehungsmaßregeln, ebenso mehrere Zuchtmittel oder mehrere Erziehungsmaßregeln können nebeneinander angeordnet werden.

(3) Der Richter kann neben Jugendgefängnis, Zuchtmitteln und Erziehungsmaßregeln auf Nebenstrafen und Nebenfolgen erkennen.

§ 19.

Nichterfüllung von Pflichten und Weisungen.

Kommt der Jugendliche Pflichten oder Weisungen, die ihm der Richter auferlegt oder erteilt hat, schuldhaft nicht nach, so kann Jugendarrest verhängt werden.

Siebenter Abschnitt.

Anwendung des allgemeinen Strafrechts.

§ 20.

Jugendliche Schwerverbrecher.

(1) War der Jugendliche zur Zeit der Tat sittlich und geistig so entwickelt, daß er einem über achtzehn Jahre alten Täter gleichgestellt werden kann, so wendet der Richter das allgemeine Strafrecht an, wenn [das gesunde Volksempfinden] es wegen der besonders verwerflichen Gesinnung des Täters und wegen der Schwere der Tat fordert.

(2) Dasselbe gilt, wenn der Jugendliche zur Zeit der Tat nach seiner sittlichen und geistigen Entwicklung zwar einem Erwachsenen nicht gleichgestellt werden kann, aber die Gesamtwürdigung seiner Persönlichkeit und seiner Tat ergibt, daß er ein charakterlich abartiger Schwerverbrecher ist und der Schutz des Volkes diese Behandlung fordert.

Anmerkung: Da § 20 gegenüber dem Rechtszustand vor dem 30. 1. 1933 eine Strafschärfung enthält, darf er auf Grund der allgemeinen Anweisung an Richter Nr. 1 Ziff. 8b nicht mehr angewendet werden. (Siehe Vorbem. vor § 13 StGB.) Siehe zu dieser umstrittenen Frage Südd. Juristenzeitung 1946, S. 237, und Deutsche Rechtszeitschrift 1948, S. 219.)

Zweiter Teil.

Sondervorschriften für die Jugendgerichtsverfassung und das Jugendstrafverfahren.

Erstes Hauptstück.

Jugendgerichtsverfassung.

(Siehe hierzu Anhang 2, Abschnitt B.)

Zweites Hauptstück.

Jugendstrafverfahren.

Erster Abschnitt.

Zuständigkeit.

(Siehe hierzu Anhang 2, Abschnitt B.)

Zweiter Abschnitt.

Das Vorverfahren.

§ 30.

Absehen von der Verfolgung.

(1) Hält der Staatsanwalt eine Ahndung durch den Richter für entbehrlich, wenn vormundschaftsrichterliche Erziehungsmaßregeln oder eine Ermahnung angeordnet werden, so regt er sie beim Vormundschaftsrichter an. Besondere Pflichten auferlegen, namentlich eine Arbeitsauflage erteilen, oder eine Ermahnung aussprechen, kann auch der Jugendrichter.

(2) Der Staatsanwalt sieht von der Verfolgung ab, wenn eine erzieherische Maßnahme, namentlich eine Arbeitsauflage, oder ein Disziplinarmittel bereits angeordnet ist und eine Ahndung durch den Richter entbehrlich macht. Ferner kann er in besonders leichten Fällen von der Verfolgung absehen.

Dritter Abschnitt.

Das Hauptverfahren.

§ 31.

Einstellung des Verfahrens durch den Richter.

(1) Ist die Anklage eingereicht, so stellt der Richter das Verfahren ein, wenn eine erzieherische Maßnahme, namentlich eine Arbeitsauflage, oder ein Disziplinarmittel bereits angeordnet ist und eine Ahndung durch den Richter entbehrlich macht. Er kann das Verfahren einstellen, wenn der Angeklagte mangels Reife strafrechtlich nicht verantwortlich ist.

(2) Die Einstellung bedarf der Zustimmung des Staatsanwalts; sie kann mit einer Ermahnung verbunden werden. Der Einstellungsbeschluß kann auch in der Hauptverhandlung ergehen. Er wird mit Gründen versehen und ist unanfechtbar. Die Gründe werden dem Angeklagten nicht mitgeteilt, soweit davon Nachteile für die Erziehung zu befürchten sind.

(3) Wegen derselben Tat kann nur auf Grund neuer Tatsachen oder Beweismittel von neuem Anklage erhoben werden.

Sechster Abschnitt.

Besondere Verfahren.

§ 55.

Ergänzung rechtskräftiger Entscheidungen bei mehrfacher Verurteilung.

(1) Ist die einheitliche Festsetzung einer Strafe oder Maßnahme (§§ 14, 15) unterblieben und sind die durch die rechtskräftigen Entscheidungen erkannten Strafen,

Zuchtmittel und Erziehungsmaßregeln noch nicht vollständig verbüßt, ausgeführt oder sonstwie erledigt, so trifft der Richter eine solche Entscheidung nachträglich.

(2) Die Entscheidung ergeht auf Grund einer Hauptverhandlung durch Urteil, wenn der Staatsanwalt es beantragt oder der Vorsitzer es für angemessen hält. Wird keine Hauptverhandlung durchgeführt, so entscheidet der Richter durch Beschluß. Für die Zuständigkeit und das Beschlußverfahren gilt dasselbe wie für die nachträgliche Bildung einer Gesamtstrafe nach den allgemeinen Vorschriften. Ist eine unbestimmte Strafe teilweise verbüßt, so ist der Richter zuständig, dem die Aufgaben des Vollstreckungsleiters obliegen.

(3) Ist polizeilich verhängter Jugendarrest Gegenstand der nachträglichen Entscheidung, so entscheidet der Richter durch Beschluß nach Anhören der Polizeibehörde; zuständig ist der Richter, dem die Aufgaben des Vollstreckungsleiters obliegen, soweit sich nicht aus Abs. 2 etwas anderes ergibt.

Sechster Teil.

Jugendliche vor Erwachsenengerichten.

§ 76. Gegenstandslos geworden.

§ 77.

Verbindung mehrerer Verfahren.

Verfahren, die zur Zuständigkeit der Jugendgerichte gehören, sollen mit Verfahren gegen andere Beschuldigte, für die ein Erwachsenengericht zuständig ist, nur verbunden werden, wenn es zur Erforschung der Wahrheit oder aus anderen wichtigen Gründen geboten ist.

§ 78.

Verfahren gegen Jugendliche vor Erwachsenengerichten.

(1) In Verfahren, in denen der Beschuldigte bei Erhebung der Anklage noch nicht achtzehn Jahre alt ist, sollen die Erwachsenengerichte die Verfahrensvorschriften dieses Gesetzes anwenden, soweit nicht besondere Gründe dagegensprechen.

(2) Das Erwachsenengericht kann, soweit es nicht ausschließlich zuständig ist, das Verfahren mit Zustimmung des Staatsanwalts durch Beschluß in das Jugendstrafverfahren verweisen.

(3) Die Auswahl und Anordnung von Erziehungsmaßregeln und Zuchtmitteln außer dem Jugendarrest wird dem Vormundschaftsrichter überlassen. Im übrigen kann das Erwachsenengericht auf sämtliche Strafen und Maßnahmen erkennen, die dieses Gesetz für Jugendliche zuläßt.

B.

Polizeiverordnung zum Schutze der Jugend.

vom 10. Juni 1943.

§ 1.

Fernhaltung von öffentlichen Straßen und Plätzen während der Dunkelheit.

Minderjährige unter 18 Jahren dürfen sich auf öffentlichen Straßen und Plätzen oder an sonstigen öffentlichen Orten während der Dunkelheit nicht herumtreiben.

§ 2.

Fernhaltung aus öffentlichen Lokalen.

(1) Der Aufenthalt in Gaststätten aller Art ist Minderjährigen unter 16 Jahren, die sich nicht in Begleitung des Erziehungsberechtigten oder seines Beauftragten befinden, verboten.

(2) Minderjährige im Alter von 16 bis 18 Jahren dürfen sich ohne eine solche Begleitung nur bis 21 Uhr in Gaststätten aufhalten.

§ 3.

Fernhaltung von öffentlichen Lichtspielvorführungen.

Der Besuch von öffentlichen Lichtspielvorführungen, die nach 21 Uhr beendet sind, ist Minderjährigen unter 18 Jahren, die sich nicht in Begleitung des Erziehungsberechtigten oder seines Beauftragten befinden, verboten.

§ 4.

Fernhaltung von öffentlichen Varieté-, Kabarett- und Revuevorführungen.

Der Besuch von öffentlichen Varieté-, Kabarett- und Revuevorführungen ist Minderjährigen unter 18 Jahren verboten.

§ 5.

Fernhaltung von öffentlichen Tanzlustbarkeiten.

Der Aufenthalt in Räumen, in denen öffentliche Tanzlustbarkeiten stattfinden, und die Teilnahme an öffentlichen Tanzlustbarkeiten in Räumen und im Freien ist Minderjährigen unter 16 Jahren verboten und Minderjährigen im Alter von 16 bis 18 Jahren nur in Begleitung des Erziehungsberechtigten oder seines Beauftragten bis 23 Uhr gestattet.

§ 6.

Fernhaltung von öffentlichen Schieß- oder Spieleinrichtungen.

(1) Minderjährige unter 18 Jahren dürfen sich in öffentlichen Schieß- oder Spielhallen und ähnlichen Räumen, in denen für die Benutzung von Schieß- oder Spielgeräten ein Entgelt erhoben wird, nur in Begleitung des Erziehungsberechtigten oder seines Beauftragten aufhalten.

(2) Minderjährige unter 16 Jahren dürfen Schieß- oder Spielgeräte, die an anderen Orten als in den im Abs. 1 bezeichneten Räumen aufgestellt sind (z. B. auf Jahrmärkten, Schützenfesten oder bei sonstigen Volksbelustigungen), nur in Anwesenheit des Erziehungsberechtigten oder seines Beauftragten gegen Entgelt benutzen.

§ 7.

Verbot des Alkoholgenusses.

Minderjährigen unter 18 Jahren ist in Gaststätten der Genuß von Branntwein oder überwiegend branntweinhaltigen Genußmitteln, Minderjährigen unter 16 Jahren in Abwesenheit des Erziehungsberechtigten oder seines Beauftragten auch der Genuß von anderen alkoholhaltigen Getränken verboten.

§ 8.

Verbot des öffentlichen Rauchens.

Minderjährigen unter 18 Jahren ist der Genuß von Tabakwaren in der Öffentlichkeit verboten.

§ 9.

Vertretung des Erziehungsberechtigten.

Der Erziehungsberechtigte darf mit der Wahrnehmung seiner Erziehungsgewalt im Sinne dieser Polizeiverordnung nur eine volljährige Person beauftragen.

§ 10.

Aushangspflicht.

(1) Die Unternehmer haben auf die nach den §§ 3 bis 6 für ihre Betriebe, Einrichtungen und Veranstaltungen geltenden Verbote durch einen deutlich sichtbaren Aushang hinzuweisen.

(2) Die Kreispolizeibehörden können auch den Aushang der in den §§ 2 und 7 enthaltenen Bestimmungen anordnen.

§ 11.

Ausnahmen.

Abs. 1 u. 2 sind gegenstandslos geworden.

(3) Die Vorschrift des § 2 gilt nicht für Minderjährige unter 18 Jahren, die sich nachweislich auf Reisen befinden.

(4) Die Kreispolizeibehörden können Ausnahmen von den Verboten der §§ 2 bis 5 zulassen.

§ 12.

Strafvorschriften.

I. Jugendliche.

(1) Gegen Jugendliche, die vorsätzlich gegen die §§ 1 bis 8 dieser Polizeiverordnung verstoßen oder Minderjährigen unter 18 Jahren vorsätzlich Verstöße gegen die §§ 2 bis 8 ermöglichen, wird Jugendarrest in der Form des Freizeitarrestes von einer Freizeit bis zu vier Freizeiten oder Geldstrafe bis zu 50 D-Mark verhängt.

II. Erwachsene.

(2) Mit Geldstrafe bis zu 150 D-Mark oder Haft bis zu sechs Wochen werden bestraft:

a) Erziehungsberechtigte und die von ihnen beauftragten Personen, die vorsätzlich oder fahrlässig durch Verletzung ihrer Aufsichtspflicht Minderjährigen unter 18 Jahren Verstöße gegen die §§ 1 bis 8 dieser Polizeiverordnung ermöglichen;

b) Unternehmer der in den §§ 2 bis 6 genannten Betriebe, Einrichtungen und Veranstaltungen, die vorsätzlich oder fahrlässig Minderjährigen unter 18 Jahren Verstöße gegen die §§ 2 bis 6 dieser Polizeiverordnung ermöglichen oder vorsätzlich oder fahrlässig dem § 10 zuwiderhandeln;

c) sonstige Personen über 18 Jahre, die vorsätzlich Minderjährigen unter 18 Jahren Verstöße gegen die §§ 2 bis 8 dieser Polizeiverordnung ermöglichen.

(3) Unberührt bleiben polizeiliche Sicherungsmaßnahmen, die Strafvorschriften des § 29 Ziffer 8 und des § 30 Abs. 2 des Gaststättengesetzes vom 28. April 1930 (Reichsgesetzbl. I S. 146), der §§ 25, 27 und 28 des Lichtspielgesetzes vom 16. Februar 1934 (Reichsgesetzbl. I S. 95) und sonstige Strafvorschriften, die eine höhere Strafe androhen.

§ 13.

Inkrafttreten.

Diese Polizeiverordnung tritt am siebenten Tage nach der Verkündung in Kraft.

Anhang 2.

Das Strafprozeßrecht.

A.

Wesen und Quelle des Strafprozesses.

1. Der Strafprozeß (auch formelles Strafrecht genannt im Gegensatz zum materiellen, im Strafgesetzbuch enthaltenen Strafrecht), hat die Aufgabe, die durch den Rechtsbrecher gestörte Rechtsordnung wieder herzustellen durch Feststellung und Ahndung der von ihm begangenen strafbaren Handlung. Der Strafprozeß ist ein gerichtliches Verfahren zur Entscheidung der Frage, ob gegen eine bestimmte Person wegen einer bestimmten Handlung eine kriminelle Strafe verhängt werden muß.

Im Gegensatz hierzu bildet das Wesen des Zivilprozesses die Feststellung privatrechtlicher, insbesondere vermögensrechtlicher Ansprüche. Im Strafprozeß steht der Staat, handelnd durch sein Organ, den Staatsanwalt, dem Angeklagten gegenüber, im Zivilprozeß der Kläger dem Beklagten. Zum Strafprozeß gehört auch die Privatklage, die, ohne Mitwirkung der Staatsanwaltschaft, für bestimmte leichtere Vergehen wie Beleidigungen und einfache Körperverletzungen u. a. vorgesehen ist. Diese Privatklage ist nicht mit der Zivilklage, der Grundlage des Zivilprozesses, zu verwechseln.

2. Das gesamte Strafverfahrensrecht (Strafprozeßrecht i. w. S.) hat seinen Ursprung im Gerichtsverfassungsgesetz vom 27. Januar 1877 und der Reichsstrafprozeßordnung vom 1. Februar 1877. Diese beiden Gesetze sind im Laufe der Jahrzehnte wiederholt geändert worden; die wichtigste Änderung erfolgte im Jahre 1924. Im Jahre 1946 wurde für die US.-Zone eine Strafrechtspflegeordnung, bestehend aus einem Strafgerichtsverfassungsgesetz und einer Strafprozeßordnung erlassen, während für die britische Zone das Strafverfahrensrecht nach der von der Militärregierung erlassenen Allgemeinen Anweisung an Richter Nr. 2 geregelt war und für die französische Zone eine Rechtsanordnung für die Gerichtsverfassung und das gerichtliche Verfahren erging. Die hierdurch eingetretene Rechtszersplitterung, vor allem auf dem Gebiete der sachlichen Zuständigkeit, der Untersuchungshaft und des Instanzenzuges, bedeutete eine nicht geringe Gefahr für das gesamte Rechtsleben in Westdeutschland.

3. Nunmehr ist durch das Gesetz zur Wiederherstellung der Rechtseinheit auf dem Gebiete der Gerichtsverfassung, der bürgerlichen

Rechtspflege des Strafverfahrens und des Kostenrechts vom 12. September 1950 ein einheitliches Recht für die gesamte Bundesrepublik geschaffen worden.

a) Das neue Gerichtsverfassungsgesetz (GVG.), das die Organisation und sachliche Zuständigkeit der Gerichte regelt, ist im wesentlichen auf dem alten Gesetz vom 22. März 1924 aufgebaut unter Beibehaltung der dort. Paragraphenziffern.

b) Die neue Strafprozeßordnung (StPO.), die das eigentliche Strafverfahren zum Gegenstande hat, beruht ebenfalls auf dem alten Gesetz vom 22. März 1924. Auch in der StPO. wurden die alten Paragraphenziffern aufrechterhalten. Die nach dem 30. Januar 1933 erlassenen Abänderungsvorschriften wurden beseitigt, soweit sie typisch nationalsozialistisches Gedankengut, insbesondere eine die Rechtsstellung des Angeklagten beeinträchtigende Tendenz enthielten oder eine Stärkung der Stellung des Staatsanwalts auf Kosten der Stellung des Richters bedeuteten.

4. Die StPO. ist eingeteilt in 7 Bücher:
1. Buch: Allgemeine Vorschriften (§§ 1—150).
2. Buch: Verfahren im ersten Rechtszug (§§ 151—295).
3. Buch: Rechtsmittel (§§ 296—358).
4. Buch: Wiederaufnahme des Verfahrens (§§ 359—373a).
5. Buch: Beteiligung des Verletzten am Verfahren (§§ 374—406d).
6. Buch: Besondere Arten des Verfahrens (§§ 407—433).
7. Buch: Strafvollstreckung und Kosten des Verfahrens (§§ 449—474a).

B.

Die sachliche Zuständigkeit der Strafgerichte.

I. Allgemeine Vorbemerkungen über die Zuständigkeit.

1. Unter Zuständigkeit versteht man die Befugnis eines Gerichts, in einer Strafsache eine Entscheidung zu treffen. Man unterscheidet sachliche und örtliche Zuständigkeit.

a) Durch die Vorschriften über die sachliche Zuständigkeit wird festgestellt, welche Art von Gericht für die Behandlung und Entscheidung einer bestimmten Strafsache berufen ist. Die diesbezüglichen Bestimmungen enthält das Gerichtsverfassungsgesetz (GVG.).

b) Die Bestimmungen über die örtliche Zuständigkeit (siehe Abschnitt C) regeln die Frage, welches der sachlich zuständigen Gerichte im Einzelfall in Tätigkeit zu treten hat. Die diesbezüglichen Bestimmungen enthält die Strafprozeßordnung.

2. Im allgemeinen werden die kleineren Strafsachen durch den Einzelrichter, die bedeutenderen durch das Schöffengericht, die schweren durch die Strafkammer und die schwersten durch das Schwurgericht und den Bundesgerichtshof abgeurteilt.

II. Die sachliche Zuständigkeit im einzelnen.

1. Das **Amtsgericht** ist zuständig (siehe § 24 GVG.) für Übertretungen (siehe aber Abschnitt D: Friedensgerichte) und für Vergehen, wenn nicht die Staatsanwaltschaft wegen der besonderen Bedeutung des Falles Anklage beim Landgericht erhebt, ferner für Verbrechen, wenn nicht die Zuständigkeit des Schwurgerichts oder des Bundesgerichtshofs begründet, oder im Einzelfall eine

höhere Strafe als zwei Jahre Zuchthaus oder Ausspruch der Sicherungsverwahrung zu erwarten ist oder die Staatsanwaltschaft wegen der besonderen Bedeutung des Falles Anklage beim Landgericht erhebt. Das Amtsgericht darf nicht auf eine höhere Freiheitsstrafe als zwei Jahre Zuchthaus und nicht auf Sicherungsverwahrung erkennen.

a) Der Amtsrichter entscheidet als Einzelrichter (siehe § 25 GVG.):

aa) bei Übertretungen;

bb) bei Vergehen, wenn sie im Privatklageweg verfolgt werden; ferner wenn die Tat mit keiner höheren Strafe als Gefängnis von sechs Monaten allein oder in Verbindung mit anderen Strafen oder mit Nebenfolgen bedroht ist; und schließlich, wenn die Staatsanwaltschaft Anklage zum Einzelrichter erhebt und keine höhere Strafe als Gefängnis von einem Jahr zu erwarten ist;

cc) bei Verbrechen, die nur wegen Rückfalls Verbrechen sind, wenn die Staatsanwaltschaft Anklage zum Einzelrichter erhebt und keine höhere Strafe als Gefängnis von einem Jahr zu erwarten ist.

b) Das Schöffengericht (ein Berufsrichter und zwei Schöffen) entscheidet (siehe § 28 GVG.) in allen zur Zuständigkeit der Amtsgerichte gehörenden Strafsachen (siehe oben Abschnitt 1), soweit nicht der Amtsrichter allein entscheidet. Die außerhalb der Hauptverhandlung erforderlichen Entscheidungen werden von dem Amtsrichter erlassen.

c) Der Jugendrichter (Einzelrichter):

aa) Seine Strafgewalt (siehe § 26 GVG. und § 26 RJGG.): Jugendgefängnis bis zu vier Jahren oder auf unbestimmte Dauer, ferner alle Zuchtmittel und Erziehungsmaßregeln, ferner alle Nebenstrafen und Nebenfolgen, ferner Unterbringung in einer Heil- und Pflegeanstalt.

bb) Seine Zuständigkeit: Für alle Jugendgerichtssachen im Rahmen seiner Strafgewalt, soweit nicht Anklage vor der Jugendkammer erhoben wird.

cc) Unzulässig ist gegen einen Jugendlichen (siehe §§ 51, 53 RJGG.): Strafbefehlsverfahren (§§ 407ff. StPO.), beschleunigtes Verfahren (§ 212 StPO.), Entschädigungsverfahren (§§ 403ff. StPO.) sowie Privatklage (§§ 374ff. StPO.) und Nebenklage (§§ 395ff. StPO.).

2. Beim **Landgericht** entscheiden als erkennende Gerichte die Strafkammern (kleine und große Strafkammern), die Schwurgerichte und die Jugendkammern.

a) Die kleine Strafkammer (Vorsitzender und zwei Schöffen) tritt nur als Berufungsgericht gegen Urteile des Amtsrichters in Tätigkeit (§ 76 GVG.).

b) Die große Strafkammer (drei Berufsrichter mit Einschluß des Vorsitzenden und zwei Schöffen) ist zuständig:

aa) Als erkennendes Gericht des ersten Rechtszuges für alle Verbrechen, die nicht zur Zuständigkeit des Amtsgerichts, des Schwurgerichts oder des Bundesgerichtshofs gehören. Die große Strafkammer ist ferner zuständig für alle Vergehen und Verbrechen, die von der Staatsanwaltschaft bei ihr angeklagt werden (siehe oben Abschnitt 1), oder vom Amtsgericht an sie verwiesen sind, weil seine Strafgewalt zu ihrer Aburteilung nicht ausreicht.

bb) Als Berufungsgericht gegen die Urteile des Schöffengerichts. (Siehe §§ 74, 76 GVG.)

cc) Für das Sicherungsverfahren nach §§ 429aff. als erkennendes Gericht des ersten Rechtszuges (§ 429b Abs. 3 StPO.).

(Die Strafkammern, besetzt mit drei Berufsrichtern, sind ferner gemäß § 73 GVG. noch zuständig für die die Voruntersuchung betreffenden Entscheidungen und schließlich für die Entscheidungen über Beschwerden gegen Verfügungen des Untersuchungsrichters und des Amtsrichters sowie gegen Entscheidungen des Amtsrichters und des Schöffengerichts.)

c) Die Schwurgerichte (drei Berufsrichter mit Einschluß des Vorsitzenden und sechs Geschworene) sind zuständig für Mord (§ 211 StGB.), Totschlag (§ 212 StGB.) und Kindstötung (§ 217 StGB.), ferner für die Verbrechen des StGB. nach §§ 178, 221 Abs. 3 letzter Halbsatz, 226, 229 Abs. 2 letzter Halbsatz, 239 Abs. 3, 251, 252, 255, wenn die Strafe aus § 251 zu entnehmen ist, §§ 307, 311, wenn die Strafe aus § 307 zu entnehmen ist, §§ 312 Abs. 1 letzter Halbsatz, 321 Abs. 2 letzter Halbsatz, 324 letzter Halbsatz, 341 i. Verb. mit 239 Abs. 3, und § 5 Abs. 2 zweiter Halbsatz, Abs. 3 des Sprengstoffgesetzes (§ 80 GVG.).

Die drei Berufsrichter und sechs Geschworenen entscheiden über die Schuld- und Straffrage gemeinschaftlich; Beschlüsse und Verfügungen außerhalb der Hauptverhandlung erlassen während der Tagung die drei richterlichen Mitglieder des Schwurgerichts und außerhalb der Tagung die Strafkammer (drei Richter) (§ 82 GVG.).

d) Die Jugendkammern (drei Berufsrichter, zwei Schöffen). Ihre Strafgewalt umfaßt alle nach dem Reichsjugendgerichtsgesetz zulässigen Strafen und Maßnahmen (§ 26 Abs. 2 RJGG.). Sie sind zuständig in allen Fällen, in denen die Staatsanwaltschaft vor der Jugendkammer Anklage erhebt. Beschlüsse und Verfügungen außerhalb der Hauptverhandlung erläßt die mit drei Richtern besetzte Strafkammer (§ 76 Abs. 1 GVG.).

3. Bei den **Oberlandesgerichten** entscheiden Straffenate. Sie sind gemäß § 120 GVG. zuständig:

a) In erster und letzter Instanz (besetzt mit fünf Berufsrichtern einschließlich des Vorsitzenden) in den in § 120 Abs. 1 GVG. genannten Ausnahmefällen des Hochverrats;

b) in der Besetzung mit drei Berufsrichtern einschließlich des Vorsitzenden (§ 122 GVG.) zur Verhandlung und Entscheidung über das Rechtsmittel der Revision

aa) gegen die mit der Berufung nicht anfechtbaren Urteile des Amtsrichters (siehe § 313 StPO.),

bb) gegen die Berufungsurteile der kleinen und großen Strafkammer,

cc) ausnahmsweise gegen die Urteile der großen Strafkammer und der Schwurgerichte, wenn nämlich die Revision ausschließlich auf die Verletzung einer in den Landesgesetzen enthaltenen Rechtsnorm gestützt wird (§ 121 GVG.).

(Die Oberlandesgerichte sind schließlich noch zuständig zur Entscheidung über die Beschwerde gegen strafrichterliche Entscheidungen, soweit nicht die Zuständigkeit der Strafkammer oder des Bundesgerichtshofs begründet ist, § 121 Nr. 2 GVG.)

4. Beim **Bundesgerichtshof (Karlsruhe)** entscheiden die Straffenate (besetzt mit fünf Berufsrichtern)

a) in erster und letzter Instanz in den Fällen des Hochverrats und der Parlamentssprengung (§ 134 GVG.);

b) über die Revision gegen die Urteile der Schwurgerichte und die Urteile der großen Strafkammer im ersten Rechtszuge, soweit nicht die Zuständigkeit der Oberlandesgerichte begründet ist (§ 135 GVG.).

III. Der Rechtszug:

Erste Instanz	**Amtsrichter**	**Schöffengericht** (1 Richter, 2 Schöffen)	**Große Strafkammer** (3 Richter, 2 Schöffen)	**Schwurgericht** (3 Richter, 6 Geschworene)
Berufung	**Kleine Strafkammer** (1 Richter, 2 Schöffen)	**Große Strafkammer** (3 Richter, 2 Schöffen)		
Revision	**Oberlandesgericht** (3 Richter) Im Falle des § 313 StPO. ist Berufung ausgeschlossen u. nur die Revision gegeben.	**Oberlandesgericht** (3 Richter)	**Bundesgerichtshof** (5 Richter) **Oberlandesgericht** (3 Richter) falls Landesrecht verletzt.	**Bundesgerichtshof** (5 Richter) **Oberlandesgericht** (3 Richter) falls Landesrecht verletzt.
	Im übrigen kann jedes Urteil des Amtsrichters und des Schöffengerichts unter Umgehung der Berufungsinstanz sofort mit der Revision angefochten werden. (§ 335 StPO.)			

IV. Seine sachliche Zuständigkeit hat das Gericht in jeder Lage des Verfahrens **von Amts wegen zu prüfen** (§ 6 StPO.). Kommt das Gericht während der Hauptverhandlung zu der Überzeugung, daß die Zuständigkeit eines höheren Gerichts gegeben ist, so verweist es durch Beschluß die Sache an das höhere Gericht (§ 270 StPO.). Hält es dagegen die Zuständigkeit eines niederen Gerichts für gegeben, so muß es trotzdem selbst entscheiden (§ 269 StPO.).

V. Begrenzung der sachlichen Zuständigkeit durch die **Strafgerichtsbarkeit der Besatzungsmächte.**

Das Gesetz Nr. 13 der Hohen Alliierten Kommission in Deutschland vom 9. Dezember 1949, das am 1. Januar 1950 in Kraft getreten ist, enthält, soweit die Strafgerichtsbarkeit in Betracht kommt, folgende Bestimmungen (Auszug):

Artikel 1.

Ohne ausdrückliche von dem Hohen Kommissar der Zone des Sitzes des betreffenden Gerichts allgemein oder in besonderen Fällen erteilte Genehmigung dürfen deutsche Gerichte Strafgerichtsbarkeit nicht ausüben:

(a) I. über die Alliierten Streitkräfte,

II. über Personen, die bei der Alliierten Hohen Kommission, einem Hohen Kommissar oder dem Befehlshaber einer der Besatzungsstreitkräfte beglaubigt sind, und über ihre Familienangehörigen;

(b) wenn eine Person beschuldigt wird, eine strafbare Handlung begangen zu haben:

I. gegen eine in Absatz (a) dieses Artikels genannte Person oder gegen das Eigentum einer daselbst genannten Person oder Organisation,

II. gegen Rechtsvorschriften der Besatzungsbehörden,

III. bei der Erfüllung von Pflichten oder der Leistung von Diensten für die Alliierten Streitkräfte oder in Verbindung damit.

Artikel 4.

1. Verfahren und Entscheidungen deutscher Gerichte in Angelegenheiten, die ihrer Zuständigkeit entzogen sind, sind nichtig.
2. Ein hoher Kommissar kann gerichtliche und außergerichtliche Entscheidungen und Verfügungen, die in seiner Zone unter Verletzung der Bestimmungen des Artikels 5 des Militärregierungsgesetzes Nr. 2 oder des Artikels 2 der Verordnung Nr. 173 des französischen Oberbefehlshabers in Deutschland ergangen sind, mit rückwirkender Kraft für gültig erklären.

Artikel 5.

Wenn die deutschen Behörden die Vorlage einer Urkunde, die sich im Besitz oder in der Verfügung einer in Artikel 1 (a) genannten Person oder Organisation befindet, oder das Erscheinen einer solchen Person als Zeuge verlangen, so haben sie bei der durch den Rat der Alliierten Hohen Kommission hierfür bezeichneten Behörde einen Antrag zu stellen.

Artikel 6.

Die Besatzungsbehörden können die Vorlage von Schriftstücken, Akten und anderen Urkunden deutscher Gerichte verlangen und jeder öffentlichen oder nicht öffentlichen Verhandlung vor einem deutschen Gericht beiwohnen, wenn nach ihrer Ansicht die Interessen der Besatzung berührt werden.

Artikel 8.

In Fällen, die gemäß diesem Gesetz der Gerichtsbarkeit deutscher Gerichte nicht unterliegen, darf keine deutsche Behörde ohne eine ausdrückliche allgemein oder in besonderen Fällen erteilte Ermächtigung der Besatzungsbehörden Strafen auferlegen oder Zwangsmaßnahmen irgendwelcher Art treffen.

C.

Die örtliche Zuständigkeit der Strafgerichte.

Die örtliche Zuständigkeit (Gerichtsstand) ist, wie oben erwähnt, in der Strafprozeßordnung geregelt. Der Ausdruck Gerichtsstand betrifft ausschließlich die örtliche Zuständigkeit.

I. Begründet wird der Gerichtsstand in erster Linie durch den Ort der begangenen Tat (§ 7 StPO.), ferner durch den Wohnsitz, bzw. gewöhnlichen Aufenthalt, bzw. den letzten Wohnsitz (§ 8 StPO.) des Beschuldigten.
   1. Diese Gerichtsstände sind gleichberechtigt; gesetzlich steht keinem von ihnen ein Vorrang vor dem anderen zu.
   2. In der Praxis wird man allerdings dem Gerichtsstand der begangenen Tat (er ist nach § 3 Abs. 3 des Strafgesetzbuches sowohl dort begründet, wo die Ausführungshandlung vorgenommen wurde, als auch dort, wo der Erfolg eingetreten ist) gegenüber dem Gerichtsstand des Wohnsitzes (§ 8 StPO.) den Vorrang geben, und zwar deshalb, weil der Staatsanwaltschaft die Person des Täters und infolgedessen der Gerichtsstand des Wohnsitzes häufig zunächst unbekannt ist. Abgesehen davon wird aber auch meistens die Erhebung der Beweise am sichersten und schnellsten am Tatort erfolgen können. Der Gerichtsstand des Wohn-

sitzes wird in der Regel nur dann in Frage kommen, wenn besondere Umstände vorliegen, wie z. B. die Tatsache, daß die Zeugen sämtlich am Wohnsitz des Beschuldigten, der von dem Tatort weit entfernt liegt, wohnhaft sind.

II. Der Gerichtsstand der Ergreifung (§ 9 StPO.).

1. Er kommt in Frage, wenn die strafbare Handlung außerhalb des Geltungsbereichs der StPO. begangen ist und ein Gerichtsstand in Gemäßheit des § 8 StPO. nicht begründet ist.
2. Er ist ferner gegeben, wenn die Handlung im Geltungsbereich der StPO. begangen ist, jedoch weder der Gerichtsstand der begangenen Tat noch der Gerichtsstand des Wohnsitzes ermittelt ist.

III. Der Gerichtsstand des Heimathafens (§ 10 StPO.).

Er ist für solche Straftaten begründet, welche auf einem deutschen Schiffe außerhalb des Geltungsbereichs der StPO. oder in offener See begangen werden, und zwar ist in einem solchen Falle das Gericht zuständig, in dessen Bezirk der Heimathafen oder der Hafen liegt, welchen das Schiff nach der Tat zuerst erreicht.

IV. Der Gerichtsstand des Zusammenhangs (§ 13 StPO.).

Für zusammenhängende Strafsachen, d. h. wenn eine Person mehrerer strafbarer Handlungen beschuldigt wird, oder wenn bei einer strafbaren Handlung mehrere Personen als Täter, Teilnehmer, Begünstiger oder Hehler beschuldigt werden, so daß die einzelnen Taten möglicherweise zur Zuständigkeit verschiedener Gerichte gehören würden, ist ein Gerichtsstand bei jedem Gericht begründet, welches für eine der Strafsachen zuständig ist.

V. Der Gerichtsstand des Auftrags (§ 15 StPO.).

Er wird dadurch begründet, daß das obere Gericht einem an sich örtlich unzuständigen Gericht die Untersuchung und Entscheidung einer Strafsache überträgt. Dies ist möglich, wenn das an sich zuständige Gericht rechtlich oder tatsächlich verhindert ist oder wenn von einer Verhandlung vor diesem Gericht eine Gefährdung der öffentlichen Sicherheit zu besorgen ist.

VI. In Jugendsachen gibt es noch den Gerichtsstand der Vormundschaft und des Aufenthalts (§ 27 RJGG.).

VII. Im Gegensatz zur sachlichen Zuständigkeit wird die örtliche Zuständigkeit, da diese für den Angeschuldigten regelmäßig nicht so bedeutsam ist, wie die Frage der sachlichen Zuständigkeit, von Amts wegen nur bis zur Eröffnung des Hauptverfahrens geprüft (§ 18 StPO.). Das Recht des Beschuldigten, die örtliche Unzuständigkeit geltend zu machen, besteht nur bis zu dem Zeitpunkt der Verlesung des Eröffnungsbeschlusses (§ 16 StPO.).

D.

Die Friedensgerichte.

Vorbemerkung: Maßgebend für Aufbau und Zuständigkeit der Friedensgerichte in Württemberg-Baden sind das Gesetz Nr. 241 über die Friedensgerichtsbarkeit vom 29. März 1949 (Reg.Bl. 49, S. 47) und die Verordnung Nr. 260 vom 8. Juni 1949 (Reg.Bl. 49, S. 119).

I. Aufbau der Friedensgerichte. (Siehe §§ 1 bis 3 Gesetz Nr. 241.)

1. Die Friedensgerichtsbarkeit wird ausgeübt in erster Instanz von Gemeindefriedensgerichten und staatlichen Friedensgerichten und in zweiter Instanz von Friedensobergerichten.

2. Die Gemeindefriedensgerichte können sein:

a) Kollegialgerichte (vor allem in den Landgemeinden), bestehend aus dem Bürgermeister als Vorsitzenden und zwei weiteren Mitgliedern, die ebenso wie deren Stellvertreter und der Stellvertreter des Bürgermeisters vom Gemeinderat auf drei Jahre gewählt werden.

b) Einzelrichtergerichte (vor allem in den Städten), bestehend aus einem Gemeindebeamten, der ebenfalls auf die Dauer von drei Jahren gewählt wird. Er muß entweder zum gehobenen Justiz- oder Verwaltungsdienst befähigt sein oder seine Tätigkeit anderweit, namentlich in einer öffentlichen Tätigkeit, erwiesen haben.

3. Die staatliche Friedensgerichtsbarkeit wird beim Amtsgericht ausgeübt, und zwar

a) in erster Instanz durch einen Rechtspfleger dieses Gerichts, also einen Beamten der gehobenen mittleren Laufbahn,

b) in zweiter Instanz durch ein Friedensobergericht, und zwar durch einen oder mehrere Richter des Amtsgerichts, die als Einzelrichter entscheiden.

II. Die Zuständigkeit der Friedensgerichte in Strafsachen.

Vorbemerkung: Die Friedensgerichte sind allgemein für die kleineren Zivil- und Strafsachen zuständig. (In Zivilsachen ist die Zuständigkeit in vermögensrechtlichen Streitigkeiten — mit gewissen Ausnahmen — bis zu einem Streitwert von 150 Mark begründet.) Grundsätzlich sind für alle Friedenssachen die Gemeindefriedensgerichte zuständig, während die staatlichen Friedensgerichte nur ausnahmsweise in Funktion treten.

1. Das Gemeindefriedensgericht mit erweiterter Zuständigkeit (siehe § 2 Abs. 4 Gesetz Nr. 241).

Als solches gilt ein mit einem Gemeindebeamten besetztes Friedensgericht (siehe oben Abschnitt I 2 b). Ein kollegiales Friedensgericht (siehe oben Abschnitt I 2 a) hat diese erweiterte Zuständigkeit nur dann, wenn sie ihm vom Landgerichtspräsidenten ausdrücklich übertragen wird.

a) Es ist nach § 5 Abs. I Nr. 1 des Gesetzes Nr. 241 zuständig für alle Übertretungen, d. h. solche Straftaten, die nach dem Gesetz (siehe § 1 StGB.) mit Haft oder Geldstrafe bis zu 150 Mark bedroht sind, und zwar:

aa) Zum Erlaß einer gerichtlichen Strafverfügung, sowohl ohne mündliche Verhandlung als auch, falls erforderlich, nach mündlicher Verhandlung (siehe § 36 Abs. 4 VO. Nr. 260).

Die Strafverfügung wird rechtskräftig, wenn nicht rechtzeitig, d. h. binnen 1 Woche Einspruch erhoben wird (§ 36 Abs. 3 VO. Nr. 260).

bb) Zur Entscheidung über den Einspruch gegen die von ihm erlassene Strafverfügung (siehe § 5 Abs. 2 Gesetz Nr. 241), und zwar durch Beschluß, falls der Einspruch, weil verspätet, als unzulässig zurückgewiesen wird (siehe § 41 Abs. 2 VO. Nr. 260), andernfalls durch Urteil auf Grund mündlicher Verhandlung (siehe § 5 Abs. 2 Gesetz Nr. 241).

(Das Urteil lautet gemäß § 52 VO. Nr. 260 auf Verwerfung des Einspruchs, Freisprechung, Verurteilung oder Einstellung des Verfahrens.)

Nachtrag zu a): Nachdem in der neuen Strafprozeßordnung (§ 413) das Strafverfügungsrecht aus der Zuständigkeit der Polizei auf das Amtsgericht übertragen worden ist, die Amtsgerichte also nunmehr zur Aburteilung aller Übertretungen zuständig sind, ist mit der Einführung der Friedensgerichte die Zuständigkeit der Amtsgerichte in Württemberg-Baden eingeschränkt worden, weil hier die Friedensgerichte der Gemeinden für die Aburteilung der Übertretungen zuständig sind.

b) Das zu 1. genannte Gericht ist ferner zuständig in Privatklagesachen (§ 374 StPO.), also vor allem für Beleidigungen (§§ 185 bis 187, 189 StGB.), Hausfriedensbruch (§ 123 StGB.), Körperverletzung (§§ 223, 223 a und 230), Sachbeschädigung (§ 303 StGB.), Bedrohung (§ 241 StGB.) und Verletzung des Briefgeheimnisses (§ 299 StGB.), sofern diese Straftaten auf der Gemeindemarkung begangen sind.

Die Zuständigkeit des Gemeindefriedensgerichts erstreckt sich bei den Privatklagesachen:

aa) auf Vergleich und den in § 380 StPO. vorgesehenen Sühneversuch (§ 5 Abs. 1 Nr. 2 Gesetz Nr. 241),

bb) bei Mißlingen des Vergleichs und des Sühneversuchs auf Erlaß eines Friedensspruches oder Urteils.

Der Friedensspruch kann lauten auf Verwarnung, Friedensbuße und Friedensbürgschaft, wenn die Tat nicht so ernst ist, daß eine strafrechtliche Ahndung unerläßlich ist (§ 6 Abs. 1 Gesetz Nr. 241). Die Friedensbürgschaft greift Platz, wenn zu befürchten ist, daß der Täter dem Verletzten gegenüber nicht Frieden halten wird; sie wird als Sicherheit dafür auferlegt, daß der Täter innerhalb einer bestimmten Frist, die höchstens zwei Jahre beträgt, Frieden hält. Das Gericht bestimmt den Geldbetrag, in dessen Höhe Sicherheit zu leisten ist und erklärt die Sicherheit für die Staatskasse verfallen, wenn der Verpflichtete innerhalb der Frist nicht Frieden hält (§ 6 Abs. 2 bis 4 Gesetz Nr. 241).

Das Urteil lautet gemäß § 52 VO. Nr. 260 auf Freisprechung, Verurteilung oder Einstellung des Verfahrens.

c) Zu a) und b): Dem Verletzten kann sowohl in Übertretungssachen als auch in Privatklagesachen eine Entschädigung bis zum Betrage von 300 Mark oder eine Buße (in den Fällen des § 188 und 231 StGB.) in gleicher Höhe zuerkannt werden (§ 7 Gesetz Nr. 241).

2. Das Gemeindefriedensgericht ohne erweiterte Zuständigkeit. Als solches gilt nach § 5 Abs. 2 Gesetz Nr. 241 das kollegiale Gemeindefriedensgericht (drei Mitglieder), wenn ihm keine erweiterte Zuständigkeit verliehen ist.

a) Es ist zuständig in Übertretungssachen:

aa) zum Erlaß einer gerichtlichen Strafverfügung, wenn keine mündliche Verhandlung erforderlich ist,

bb) zur Entscheidung über den Einspruch, aber nur über die Zulässigkeit desselben (§ 41 Abs. 1 VO. Nr. 260), der, wenn verspätet eingelegt, durch Beschluß als unzulässig zurückzuweisen ist (§ 41 Abs. 2 VO. Nr. 260), während bei Zulässigkeit des Einspruchs die Akten an das staatliche Friedensgericht abgegeben werden müssen (§ 41 Abs. 3 Satz 2 VO. Nr. 260).

b) Es ist ferner zuständig in Privatklagesachen, aber nur zum Vergleich und Sühneversuch nach § 380 StPO.

c) Dieses Gericht ist also nicht zuständig

aa) für Erlaß einer Strafverfügung nach mündlicher Verhandlung,

bb) für die Entscheidung über die Begründetheit des Einspruchs (in diesen beiden Fällen erfolgt Aktenabgabe an das staatliche Friedensgericht gemäß § 36 Abs. 4 Satz 2 VO. Nr. 260, bzw. § 5 Abs. 2 Satz 2 Gesetz Nr. 241 und § 41 Abs. 3 Satz 2 VO. Nr. 260),

cc) für Erlaß eines Friedensspruchs oder Urteils im Privatklageverfahren (in diesem Falle erfolgt gemäß § 56 Abs. 4 VO. Nr. 260 die Aktenabgabe an das staatliche Friedensgericht erst auf Betreiben des Privatklägers oder Widerklägers).

3. Das staatliche Friedensgericht beim Amtsgericht (ein Rechtspfleger als Einzelrichter, siehe oben Abschnitt I 3) ist zuständig:

a) soweit das Gemeindefriedensgericht mangels erweiterter Zuständigkeit nicht zuständig ist (siehe oben Abschnitt 2 c),

b) zur Erteilung von Rechtsauskunft an nicht bemittelte Rechtsuchende aus dem Bezirk des Amtsgericht (§ 8 Nr. 1 Gesetz Nr. 241),

c) zur Entscheidung der ihm vom Friedensobergericht zugewiesenen Rechtssachen (§ 8 Nr. 2 Gesetz Nr. 241).

4. Das Friedensobergericht (siehe oben Abschnitt I 3 b) ist das den Friedensgerichten übergeordnete Rechtsmittel- und Dienstaufsichtsgericht.

Es ist zuständig (siehe §§ 6 Abs. 1, 10, 11 Gesetz Nr. 241 und § 57 VO. Nr. 260):

a) über Berufung gegen die Friedenssprüche und Urteile der Friedensgerichte,

b) über die Beschwerde gegen Beschlüsse und Verfügungen des Friedensgerichts, des Vorsitzenden oder des beauftragten oder ersuchten Richters zu entscheiden,

c) Rechtsauskunft zu erteilen,

d) den Friedensgerichten rechtliche Anleitung zu gewähren,

e) eine Rechtssache, die das Gemeindefriedensgericht verzögerlich behandelt oder um deren Abnahme es wegen deren Schwierigkeit nachgesucht hat, dem staatlichen Friedensgericht zuzuweisen.

Gegen die Entscheidung des Friedensobergerichts gibt es kein Rechtsmittel; sie ist endgültig (§ 11 Abs. 3 Gesetz Nr. 241).

5. Die Friedensgerichtsbarkeit ist ausgeschlossen:

a) wenn die Tat nicht auf der Gemeindemarkung begangen wurde (§ 5 Abs. 1 Gesetz Nr. 241),

b) bei Pressedelikten (§ 5 Abs. 3 Gesetz Nr. 241),

c) bei Verfehlungen Jugendlicher (§ 34 Abs. 6 VO. Nr. 260),

d) für die Behandlung von Haftsachen (§ 34 Abs. 7 VO. Nr. 260),

e) wenn Ausländer oder Staatenlose als Täter oder Verletzte in Frage kommen (§ 34 Abs. 1 VO. Nr. 260).

E.

Die am Strafverfahren beteiligten Personen.

I. Der Richter.

1. Ein Richter ist zur Aburteilung einer Strafsache berufen, wenn er einem Gericht angehört, das sachlich und örtlich zur Behandlung dieser Sache zuständig ist und wenn er, soweit es sich um ein mit mehreren Richtern besetztes Gericht handelt, nach dem Geschäftsverteilungsplan dieses Gerichts zur Aburteilung gerade des in Frage stehenden Falles berufen ist.

2. Der Richter ist bei Ausübung seiner Tätigkeit nur dem Gesetz unterworfen und unterliegt keinerlei Weisungen seines Vorgesetzten oder der vorgesetzten Behörde. Seine Aufgabe ist es im Strafprozeß, die materielle Wahrheit zu erforschen und festzustellen und eine gerechte Entscheidung zu treffen.

3. Das Gesetz sieht die Möglichkeit vor, daß ein an sich sachlich und örtlich zuständiger Richter (auch der Schöffe oder Geschworene) an der Ausübung seines Richteramtes in einer bestimmten Strafsache behindert ist. Es wird dabei unterschieden zwischen dem Fall, daß der Richter kraft Gesetzes ausgeschlossen ist, weil er an der Sache persönlich interessiert ist (z. B. weil er durch die Straftat selbst verletzt ist), oder weil er in der gleichen Sache schon früher (z. B. als Staatsanwalt oder Untersuchungsrichter) tätig gewesen ist (§§ 22, 23 StPO.), und dem anderen Fall, daß er vom Beschuldigten oder Staatsanwalt wegen Besorgnis der Befangenheit abgelehnt wird (§ 24 StPO.).

Ein solcher ausgeschlossener oder abgelehnter Richter darf in der fraglichen Strafsache keinerlei Amtshandlung vornehmen. Nimmt er an der Hauptverhandlung teil, dann unterliegt das Urteil der Aufhebung, da ein absoluter Revisionsgrund gegeben ist (§ 338 Nr. 2, 3 StPO.).

4. Aus denselben Gründen wie ein Richter können auch ein Protokollführer (§ 31 StPO.) und ein Sachverständiger (§ 74 StPO.) abgelehnt werden.

II. Der Staatsanwalt und die Polizeibeamten.

1. Der Staatsanwalt:

a) Er leitet vor allem das sog. vorbereitende Verfahren (§§ 151 bis 177 StPO.). Er ist also in der Hauptsache zuständig für die Ermittlung des Sachverhalts und für die Anklageerhebung. Außerdem vertritt er die Anklage in der Hauptverhandlung, kann Rechtsmittel (auch zugunsten des Beschuldigten) einlegen und ist schließlich im allgemeinen auch für die Strafvollstreckung verantwortlich, d. h. er hat, abgesehen von kleineren Strafen, für deren Vollstreckung der Amtsrichter zuständig ist, die von den Gerichten ausgesprochenen Strafen zum Vollzug zu bringen (§ 451 StPO.), zu welchem Zwecke er Vorführungs- bzw. Haftbefehle oder Steckbriefe erlassen kann (§ 457 StPO.).

b) Im Gegensatz zum Richter unterliegt der Staatsanwalt den Weisungen seines Dienstvorgesetzten; er ist also kein unabhängiger Beamter.

c) Das Amt der Staatsanwaltschaft wird ausgeübt (§ 142 GVG.):

aa) Bei dem Bundesgerichtshof durch einen Oberbundesanwalt und durch einen oder mehrere Bundesanwälte;

bb) Bei den Oberlandesgerichten und den Landgerichten durch einen oder mehrere Staatsanwälte. Der erste Beamte der Staatsanwaltschaft beim Oberlandesgericht heißt Generalstaatsanwalt, der erste Beamte der Staatsanwaltschaft beim Landgericht heißt Oberstaatsanwalt.

cc) Bei den Amtsgerichten durch einen oder mehrere Staatsanwälte oder Amtsanwälte.

d) Verfolgungszwang.

aa) Die Staatsanwaltschaft hat, wenn sie von einer strafbaren Handlung Kenntnis erlangt (durch Anzeigen der Polizei, von Privatpersonen oder aus eigener Wahrnehmung) den Sachverhalt zu erforschen. Es besteht für sie der sog. Verfolgungszwang (§§ 152, 160 StPO., siehe unten Abschnitt M).

bb) Ausnahmen von diesem Verfolgungszwang (auch Legalitätsprinzip genannt) bestehen nur für die Fälle des § 153 StPO. (nämlich bei Übertretungen und Vergehen, falls die Schuld des Täters gering und die Folgen der Tat unbedeutend sind), sowie ferner im Falle des § 153a StPO. (Auslandsdelikte), des § 154 StPO. (unbedeutende Nebendelikte) und in den beiden Sonderfällen der §§ 154a, 154b StPO. Schließlich übernimmt der Staatsanwalt in Privatklagesachen (§§ 374ff. StPO.) nur dann die Verfolgung, wenn dies im öffentlichen Interesse liegt. (Siehe unten Abschnitt L IV 3, S. 347).

cc) Verletzt der Staatsanwalt seine Verfolgungspflicht, dann macht er sich wegen Verbrechens nach § 346 StGB. strafbar.

e) Aus seiner Pflicht zur Erforschung der materiellen Wahrheit folgt, daß der Staatsanwalt nicht Partei ist; er hat vielmehr nicht nur die zur Belastung des Beschuldigten, sondern auch die zur Entlastung dienenden Umstände zu ermitteln (§ 160 Abs. 2 StPO., siehe unten Abschnitt M).

2. Die Polizeibeamten:

Zur Durchführung seiner Aufgaben bedient sich der Staatsanwalt in der Hauptsache der Beamten des Polizeidienstes (§ 161 StPO., siehe unten Abschnitt M). Die Aufgaben der Polizei bei der Strafverfolgung sind folgende:

a) Der gleiche Verfolgungszwang wie für die Staatsanwaltschaft besteht auch für den Polizeibeamten (§ 163 StPO., siehe unten Abschnitt M), und ebenso wie der Staatsanwalt macht sich auch der Polizeibeamte nach § 346 StGB. strafbar, wenn er dadurch, daß er die gebotene Verfolgung einer strafbaren Handlung unterläßt, wissentlich jemand der gesetzlichen Strafe entzieht.

b) Anzeigen strafbarer Handlungen oder Strafanträge können nicht nur bei der Staatsanwaltschaft, sondern auch bei den Behörden und Beamten des Polizeidienstes mündlich oder schriftlich angebracht werden (§ 158 StPO., siehe unten Abschnitt M).

aa) Erfolgt die Anzeige nicht schriftlich, sondern mündlich, so ist sie entweder in Form einer protokollarischen Vernehmung des Anzeigenden oder durch einfache Berichterstattung zu beurkunden (§ 158 Abs. 1 StPO., siehe unten Abschnitt M).

bb) Handelt es sich um ein Antragsdelikt, d. h. um eine Straftat, die nur bei Vorliegen eines besonderen Strafantrags verfolgt werden kann (siehe § 61 StGB. und die dortigen Erläuterungen), so kann ein solcher

Antrag bei der Polizei nur schriftlich angebracht werden, d. h. er muß von dem Antragsteller eigenhändig unterschrieben sein (§ 158 Abs. 2 StPO., siehe unten Abschnitt M). Deshalb gilt ein bei einer protokollarischen Vernehmung bei der Polizei vorgebrachter Strafantrag nur dann als schriftlich gestellt, wenn das Protokoll vom Antragsteller unterschrieben wird.

c) Die Vernehmung der Zeugen und des Beschuldigten.

aa) Die Polizei hat gemäß § 163 StPO. zwar das Recht und die Pflicht, Beschuldigte und Zeugen zu vernehmen und ist insofern auch befugt, solche Personen vorzuladen. Eine Pflicht der genannten Personen, vor der Polizei zu erscheinen, ist in der StPO. nicht begründet.

bb) Die Zeugen sind (eventuell nach Ermahnung zur Wahrheit) einzeln und in Abwesenheit der später anzuhörenden Zeugen zu vernehmen (§ 58 Abs. 1 StPO.). Zunächst sind die Personalien des Zeugen (Vor- und Zuname, Alter, Beruf, Wohnort und Wohnung) festzustellen. Alsdann ist der Zeuge zu veranlassen, die ihm bekannten, für die Aufklärung des Sachverhalts erforderlichen Tatsachen anzugeben, wobei zu beachten ist, daß nicht nur die den Beschuldigten belastenden, sondern auch die entlastenden Umstände festzustellen sind (keine Suggestivfragen!). Gegebenenfalls kann ein Hinweis auf die Strafvorschrift des § 257 StGB. (siehe die dortige Erläuterung 4 am Ende) geboten erscheinen. Eine Gegenüberstellung des Zeugen mit dem Beschuldigten oder anderen Zeugen durch die Polizei ist nur zulässig, wenn es für das weitere Verfahren notwendig erscheint (§ 58 Abs. 2 StPO.). Eine Pflicht, den Zeugen auf sein Zeugnisverweigerungsrecht hinzuweisen, besteht nicht für die Polizeibehörde.

cc) Bei der Vernehmung des Beschuldigten, die im allgemeinen zweckmäßigerweise der Zeugenvernehmung nachfolgt, ist zu beachten, daß der Beschuldigte nicht verpflichtet ist, sich zu der gegen ihn erhobenen Beschuldigung zu äußern. Es dürfen daher zur Herbeiführung einer Aussage, insbesondere eines Geständnisses, keinerlei Zwangsmittel angewendet werden, andernfalls sich der Polizeibeamte der Gefahr strafgerichtlicher Verfolgung wegen Geständniserpressung nach § 343 StGB. (siehe die dortigen Erläuterungen) aussetzt. (Siehe insbesondere auch § 136a StPO., abgedruckt in Abschnitt M.)

d) Weitere Befugnisse und Pflichten des Polizeibeamten im Strafverfahren:

aa) Zwangsgestellungen zur Feststellung der Personalien. Besonders in Großstädten wird sich häufig die Notwendigkeit ergeben zu einer Razzia, d. h. einer vorübergehenden Absperrung bestimmter Räumlichkeiten (Spielklubs, Schieberlokalen), Bahnhofshallen oder ganzer Straßenzüge, wobei Personen, die sich nicht genügend legitimieren können, auf das Polizeigebäude gebracht, nach einwandfreier Feststellung ihrer Person wieder entlassen, andernfalls aber vorläufig festgehalten werden.

bb) Bei außerhalb des Amtslokals vorzunehmenden Amtshandlungen (z. B. bei Durchsuchungen und Augenscheinseinnahmen) kann der Polizeibeamte, der sie leitet, Personen, welche den Beamten bei der Durchführung der fraglichen Maßnahme stören, festnehmen und festhalten (§ 164 StPO., siehe unten Abschnitt M).

cc) Anzeigeerstattungspflicht bei bestimmten Todesfällen (§ 159 StPO., siehe unten Abschnitt M).

dd) Wegen vorläufiger Festnahme siehe unten Abschnitt G III, S. 338.

ee) Wegen Beschlagnahme und Durchsuchung siehe unten Abschnitt G V und VI, S. 338—340.

e) Bestimmte Klassen von Polizeibeamten sind zu Hilfsbeamten des Staatsanwalts bestellt (§ 152 GVG.). Sie haben das Recht, bei Gefahr im Verzuge körperliche Untersuchungen sowie Entnahmen von Blutproben selbständig anzuordnen sowie Beschlagnahmen und Durchsuchungen durchzuführen (§§ 81a Abs. 2, 81c Abs. 3, 98 Abs. 1, 105 Abs. 1 StPO., siehe unten Abschnitt M).

III. Der Beschuldigte.

1. Als Beschuldigter gilt derjenige, gegen den ein Strafverfahren geführt wird. Er wird in den verschiedenen Verfahrensabschnitten verschieden bezeichnet (§ 157 StPO.). Im eigentlichen Ermittlungsverfahren heißt er Beschuldigter. Nach Beantragung der Voruntersuchung oder Erhebung der Anklage heißt er Angeschuldigter, nach Eröffnung des Hauptverfahrens Angeklagter.

2. Seine Pflichten.

a) Er hat vor Gericht zu erscheinen und kann hierzu durch Vorführungs- oder Haftbefehl gezwungen werden (§§ 134, 230 StPO.).

b) Da der Beschuldigte nicht verpflichtet ist, sich zur Beschuldigung zu äußern, können, wie schon oben in Abschnitt II 2 c cc (S. 331) erwähnt wurde, keinerlei Zwangsmaßnahmen zur Erzwingung einer Aussage getroffen werden.

3. Seine Rechte.

a) Er hat das Recht, sich zu verteidigen und zu diesem Zwecke Fragen an Zeugen und Sachverständige zu richten, Beweisanträge zu stellen und Rechtsmittel einzulegen.

b) Er hat das Recht, sich einen Verteidiger zu nehmen.

c) Ein Recht zum Lügen hat der Beschuldigte nicht. Andererseits sind aber falsche Aussagen des Angeklagten im Gegensatz zu unbeeidigten falschen Aussagen eines Zeugen oder Sachverständigen nicht strafbar (siehe § 153 StGB. und die dortige Erläuterung 2 c).

IV. Der Verteidiger.

1. Die rechtliche Stellung des Verteidigers und seine Pflichten.

a) Der Verteidiger ist nicht Vertreter des Beschuldigten, sondern ein mit besonderen Vorrechten ausgestatteter Rechtsbeistand. Daher können weder die Anwesenheit des Verteidigers die Anwesenheit des Beschuldigten, noch die Erklärungen des ersteren die Erklärungen des letzteren ersetzen. (Ausnahmen finden nur in den gesetzlich bestimmten Fällen statt, z. B. in Privatklagesachen.)

b) Er hat die gleichen Rechte wie der Beschuldigte und darf auch Erklärungen abgeben, die mit denjenigen des Beschuldigten in Widerspruch stehen; jedoch darf er nicht gegen den ausdrücklichen Willen des Beschuldigten ein Rechtsmittel einlegen, und bedarf zur Zurücknahme eines solchen der ausdrücklichen Ermächtigung des Beschuldigten (§§ 297, 302 Abs. 2 StPO). Darüber hinaus hat er das Recht auf Akteneinsicht und auf Gebühren.

c) Streitig ist die Frage der Grenzen des Verteidigungsrechtes, d. h. ob der Verteidiger Freisprechung beantragen darf, wenn er von der Schuld des Angeklagten überzeugt ist, z. B. wenn dieser ihm ein Geständnis seiner Schuld abgelegt hat. Aus seiner Stellung als Beistand des Beschuldigten folgt jedenfalls, daß er zur Überführung des Beschuldigten nicht beitragen darf, sondern daß er in erster Linie den Unschuldigen vor ungerechter Verurteilung schützen und alle die Momente zur Geltung bringen soll, die geeignet sind, eine erwiesene Tatsache in einem milderen Lichte erscheinen zu lassen. Andererseits ist es aber mit seiner Stellung als Rechtspflegeorgan und mit seiner Standesehre nicht vereinbar, wenn er die Wahrheit bewußt verletzt; in einem solchen Falle kann er sich u. U. eines Vergehens der Begünstigung nach § 257 StGB. schuldig machen.

2. Notwendige Verteidigung und Wahlverteidigung.

a) Es steht grundsätzlich im Belieben des Beschuldigten, ob er sich einen Verteidiger nehmen will oder nicht, und zwar kann er sich in jeder Lage des Verfahrens, also auch schon im Ermittlungsverfahren des Beistands eines Verteidigers bedienen (§ 137 StPO.).

b) In gewissen Fällen aber ist die Verteidigung eine notwendige (siehe § 140 StPO.), und zwar

aa) in der Hauptverhandlung vor dem Bundesgerichtshof oder dem Oberlandesgericht im ersten Rechtszug oder vor dem Schwurgericht;

bb) wenn eine Tat in Frage kommt, die nicht nur wegen Rückfalls ein Verbrechen ist und die Staatsanwaltschaft oder der Beschuldigte oder sein gesetzlicher Vertreter die Bestellung eines Verteidigers beantragt;

cc) wenn das Verfahren zur Anordnung der Sicherungsverwahrung oder zur Unterbringung in einer Heil- oder Pflegeanstalt oder zur Untersagung der Berufsausübung führen kann;

dd) wenn der Beschuldigte taub oder stumm ist;

ee) wenn sich der Beschuldigte bis zur Hauptverhandlung in Haft befunden, diese länger als drei Monate gedauert hat und die Staatsanwaltschaft oder der Beschuldigte oder sein gesetzlicher Vertreter die Bestellung eines Verteidigers beantragt;

ff) wenn zur Vorbereitung eines Gutachtens über den Geisteszustand des Beschuldigten seine Unterbringung in einer öffentlichen Heil- oder Pflegeanstalt in Frage kommt;

gg) wenn die Hauptverhandlung gegen einen Abwesenden stattfindet (§ 277 StPO.).

In anderen Fällen bestellt der Vorsitzende auf Antrag oder von Amts wegen einen Verteidiger, wenn wegen der Schwere der Tat oder wegen der Schwierigkeit der Sach- und Rechtslage die Mitwirkung eines Verteidigers geboten erscheint oder wenn ersichtlich ist, daß sich der Beschuldigte nicht selbst verteidigen kann.

Ist einer dieser Fälle des § 140 StPO. gegeben, dann muß der Verteidiger während der ganzen Dauer der Hauptverhandlung einschließlich der Urteilsverkündung anwesend sein.

V. Der Zeuge.

1. Zeugen sind am Verfahren unbeteiligte Personen, die über von ihnen gemachte sinnliche Wahrnehmungen von Tatsachen vor Gericht oder im Vorverfahren (vor der Staatsanwaltschaft oder der Polizei) aussagen sollen.

Zeugen können daher nicht sein:

a) Der amtierende Richter,
b) der amtierende Staatsanwalt (wird seine Vernehmung als Zeuge beschlossen, so muß an seiner Stelle ein anderer Staatsanwalt der weiteren Verhandlung beiwohnen, das gleiche gilt für den Verteidiger),
c) der Privatkläger (der Nebenkläger kann Zeuge sein),
d) der Mitbeschuldigte, es sei denn, daß das Verfahren gegen ihn abgetrennt ist.

2. Die Pflichten des Zeugen.

a) Der Zeuge ist, wenn er ordnungsmäßig geladen ist, verpflichtet, vor Gericht (Amtsrichter, Untersuchungsrichter, beauftragter Richter, erkennendes Gericht, nicht aber vor der Staatsanwaltschaft oder der Polizei) zu erscheinen. Der unentschuldigt ausgebliebene Zeuge kann in eine Ordnungsstrafe (Geldstrafe bis 1000 Mark, Haft bis sechs Wochen) genommen und zwangsweise vorgeführt werden (§ 51 StPO.).

b) Der Zeuge ist ferner verpflichtet, Aussagen zu machen. Zur Verweigerung des Zeugnisses sind berechtigt:

aa) Der Verlobte und Ehegatte eines Beschuldigten sowie nahe Verwandte (§ 52 StPO., siehe unten Abschnitt M). Diese Personen müssen über ihr Zeugnisverweigerungsrecht vor ihrer Vernehmung belehrt werden.

bb) Gewisse Personen wegen ihrer beruflichen Vertrauensstellung (§ 53 StPO., siehe unten Abschnitt M).

cc) Beamte über Umstände, auf welche sich ihre Pflicht zur Amtsverschwiegenheit bezieht (§ 54 StPO., siehe unten Abschnitt M).

dd) Jeder Zeuge, falls die Beantwortung bestimmter Fragen ihm selbst oder einem nahen Angehörigen Gefahr strafgerichtlicher Verfolgung zuziehen würde (§ 55 StPO., siehe unten Abschnitt M).

c) Schließlich ist der Zeuge noch verpflichtet, seine Aussage zu beschwören, wenn es vom Gericht verlangt wird (§ 59 StPO.), es sei denn, daß er ein Eidesverweigerungsrecht gemäß § 63 StPO. hat, d. h. daß er zu den in § 52 Abs. 1 StPO. bezeichneten zeugnisverweigerungsberechtigten Personen gehört (siehe oben Abschnitt b aa). Unbeeidigt müssen nach § 60 StPO. bleiben Eidesunmündige (unter 16 Jahre alte Personen) oder Verstandesunreife bzw. Verstandesschwache, ferner die Eidesunfähigen nach § 161 StGB., sowie die der Beteiligung Verdächtigen. Von der Vereidigung kann gemäß § 61 StPO. nach dem Ermessen des Gerichts abgesehen werden bei Personen, die das 16., aber noch nicht das 18. Lebensjahr vollendet haben, ferner beim Verletzten sowie seinen Angehörigen und den Angehörigen des Beschuldigten und schließlich, wenn das Gericht der Aussage keine wesentliche Bedeutung beimißt.

d) Die unbegründete Zeugnis- oder Eidesverweigerung wird mit einer Ordnungsstrafe belegt; auch kann zur Erzwingung des Zeugnisses oder Eides die Haft angeordnet werden, jedoch nicht über sechs Monate, bei Übertretungen nicht über sechs Wochen hinaus (§ 70 StPO.).

3. Die Vernehmung des Zeugen.

a) Zunächst gilt bezüglich der Durchführung der Vernehmung das oben in Abschnitt II 2 c bb (S. 331) für die Vernehmung durch Polizeibeamte Gesagte.

b) Darüber hinaus muß bei der richterlichen Vernehmung noch eine Belehrung über die Bedeutung des Eides sowie die strafrechtlichen Folgen falscher eidlicher sowie uneidlicher Aussagen erfolgen (§ 57 StPO.).

c) Die Vereidigung, die in der Regel erst in der Hauptverhandlung erfolgt, geschieht gemäß § 66c StPO. in der Weise, daß der Zeuge sagt: „Ich schwöre es, so wahr mir Gott helfe", nachdem vorher der Richter an den Zeugen die Worte gerichtet hat: „Sie schwören bei Gott dem Allmächtigen und Allwissenden, daß Sie nach bestem Wissen die reine Wahrheit gesagt und nichts verschwiegen haben."

4. Jeder Zeuge hat nach § 71 StPO. nach Maßgabe der Gebührenordnung Anspruch auf Entschädigung für Zeitversäumnis und Erstattung der Reisekosten.

VI. Der Sachverständige.

1. Sachverständige sind dritte Personen, die mittels eines Gutachtens dem Gericht helfen sollen, Tatsachen, zu deren Beurteilung eine besondere Fachkunde gehört, richtig zu würdigen. Als Sachverständige kommen in Betracht vor allem Ärzte, besonders Nervenärzte, Schriftsachverständige, Techniker, Chemiker, Bücherrevisoren usw.

2. An sich steht es im Ermessen des Richters, ob er einen Sachverständigen zuziehen will. Eine Verpflichtung zur Zuziehung besteht nur in folgenden Fällen:

a) Bei der Einweisung in eine Irrenanstalt zur Beobachtung auf den Geisteszustand (§ 81 StPO.);

b) wenn damit zu rechnen ist, daß die Unterbringung in eine Irrenanstalt, Trinkerheilanstalt oder Entziehungsanstalt angeordnet wird (§§ 80a, 246a StPO.);

c) bei Leichenschau und Leichenöffnung (§ 87 StPO.);

d) bei Verdacht einer Vergiftung (§ 91 StPO.);

e) bei Münzdelikten (§ 92 StPO.).

3. Im Gegensatz zum Zeugen, der, wie wir oben gesehen haben, zur Aussage verpflichtet ist, besteht eine Gutachterpflicht nur für den, der zur Erstattung von Gutachten öffentlich bestellt ist, oder wenn er die Wissenschaft usw. öffentlich ausübt (§ 75 StPO.).

4. Der Sachverständige kann aus denselben Gründen wie der Richter abgelehnt werden (§ 74 StPO.); ebenso kann der Sachverständige das Zeugnis verweigern aus denselben Gründen, die den Zeugen hierzu berechtigen (§ 76 StPO.). Wegen Bestrafung bei ungerechtfertigter Weigerung siehe § 77 StPO.

5. Der Eid des Sachverständigen (die Beeidigung hängt von dem Ermessen des Gerichts ab) lautet dahin, daß er das Gutachten unparteiisch und nach bestem Wissen und Gewissen erstattet habe (§ 79 StPO.).

F.

Die sachlichen Beweismittel.

Während der Wert der Zeugenaussagen als Beweismittel nur ein bedingter ist insofern, als dieser Wert nicht nur durch die Glaubwürdigkeit des Zeugen selbst, sondern auch durch die Qualität des vernehmenden Beamten beeinflußt wird, kommen diese Gefahrenquellen bei den sog. stummen Zeugen, nämlich den Urkunden und den Augenscheinsobjekten, in Wegfall.

I. Die Urkunde.

1. Urkunden sind gedankliche Äußerungen in Schriftform, die als solche auf die Bildung richterlicher Überzeugung einzuwirken geeignet sind. Sie können deshalb als Beweismittel verwertet werden.

2. Der Urkundenbeweis erfolgt durch Verlesung des betreffenden Schriftstücks in der Hauptverhandlung, z. B. des beleidigenden Briefs oder der gefälschten Urkunde. In einem solchen Falle ist der Urkundenbeweis der unmittelbarste Beweis und deshalb dem Zeugenbeweis vorzuziehen (§ 249 StPO.). Es kann also an sich jede bei den Akten befindliche Urkunde, deren Verlesung im Gesetz nicht verboten ist, verlesen werden, wobei zu beachten ist, daß eine solche Verlesung stets nur zum Beweise dafür verwendet werden darf, daß ein Schriftstück dieses Inhalts vorhanden ist.

3. Der Urkundenbeweis ist aber stets dann ausgeschlossen, wenn er gegen den Grundsatz der Unmittelbarkeit verstoßen würde, d. h. wenn er nur dazu dient, die mündliche Vernehmung einer Person über die von ihr gemachten Wahrnehmungen durch Verlesung eines Vernehmungsprotokolls oder einer schriftlichen Erklärung zu ersetzen (§ 250 StPO.).

4. Eine solche Verlesung von richterlichen Protokollen über eine frühere Vernehmung eines Zeugen oder Sachverständigen oder Mitbeschuldigten ist nur dann zulässig, wenn die unmittelbare Vernehmung dieser Person entweder überhaupt nicht mehr möglich ist, weil sie verstorben oder in Geisteskrankheit verfallen ist oder wenn ihrer persönlichen Vernehmung nicht zu beseitigende Hindernisse (Krankheit) entgegenstehen oder wenn ihr wegen großer Entfernung das Erscheinen in der Hauptverhandlung nicht zugemutet werden kann, und schließlich, wenn Staatsanwalt, Angeklagter und Verteidiger mit der Verlesung einverstanden sind. In den ersten beiden Fällen kann jedes richterliche Protokoll verlesen werden, also nicht nur ein solches, aus demselben Verfahren, sondern auch jede sonstige, auch polizeiliche Niederschrift über eine frühere Vernehmung (§ 251 StPO.).

5. Außerdem dürfen noch bei Anwesenheit des Zeugen, bzw. Sachverständigen frühere Protokolle zur Auffrischung des Gedächtnisses dieser Personen oder zur Klärung von Widersprüchen verlesen werden (§ 253 StPO.). Ferner kann zum Zwecke der Beweisaufnahme über ein Geständnis des Angeklagten ein früheres richterliches Protokoll hierüber verlesen werden (§ 254 StPO.). Schließlich können noch die ein Zeugnis oder Gutachten enthaltenden Erklärungen öffentlicher Behörden nach Maßgabe des § 256 StPO. zur Verlesung gebracht werden.

II. Der Augenschein.

1. Unter den Begriff des Augenscheins fallen alle sinnlichen Wahrnehmungen des Gerichts, sei es, daß sie durch das Auge (z. B. Besichtigung des Tatorts), oder durch andere Sinnesorgane gemacht werden.

2. Gegenstand des Augenscheins (Augenscheinsobjekt) kann auch der Beschuldigte selbst sein (siehe wegen körperlicher Untersuchung, Entnahme von Blutproben zwecks Feststellung von Alkohol im Blute und zwecks Blutgruppenbestimmung, Lichtbilder, Fingerabdrücke und Schriftvergleichung §§ 81a—81d, 93 StPO., abgedruckt unten im Abschnitt M).

3. Ein besonders wichtiger Fall richterlichen Augenscheins ist die Leichenschau und Leichenöffnung; erstere dient dem Zwecke der Identifizierung; mit letzterer, die durch einen Arzt im Beisein des Richters durchgeführt wird, soll die Todesursache festgestellt werden (§§ 87 bis 91 StPO.).

III. Wer eine Urkunde oder ein Augenscheinsobjekt (also ein Beweismittel, das für die Untersuchung von Bedeutung sein kann) in Besitz hat, ist verpflichtet, diesen Gegenstand auf Erfordern vorzulegen und auszuliefern. Er kann im Falle der Weigerung durch Ordnungsstrafe und Haft (§ 70 StPO.) zur Vorlegung gezwungen werden (§ 95 StPO., siehe unten Abschnitt M).

G.

Die Zwangsmittel im Strafverfahren.

Vorbemerkungen:

1. Die wirksame Durchführung des Strafverfahrens macht häufig schon im Vorverfahren die Anwendung von Zwangsmitteln erforderlich, d. h. von Eingriffen in die Rechtssphäre des Einzelnen, nämlich in die persönliche Freiheit (Untersuchungshaft, einstweilige Unterbringung, vorläufige Festnahme), körperliche Unversehrtheit (körperliche Untersuchung), das Eigentum (Beschlagnahme) und das Hausrecht (Durchsuchung).

2. Zuständig für alle diese Eingriffe ist grundsätzlich nur der Richter. Staatsanwaltschaft und Polizei sind nur ausnahmsweise, vor allem bei Gefahr im Verzug, d. h. wenn eine durch Zeitverlust bedingte Vereitelung der fraglichen Maßregel droht, zur selbständigen Durchführung einer Zwangsmaßnahme berechtigt.

I. Die Untersuchungshaft.

1. Sie ist, da sie den schwersten Eingriff in die persönliche Freiheit des Beschuldigten vor seiner Verurteilung darstellt, an ganz bestimmte Voraussetzungen geknüpft:

a) Dringender Tatverdacht, d. h. ein hoher Grad von Wahrscheinlichkeit, daß der Beschuldigte die Tat begangen hat.

b) Vorliegen eines besonderen Haftgrundes, nämlich

aa) Fluchtverdacht oder

bb) Verdunkelungsgefahr, auch Kollusionsgefahr genannt, (§§ 112, 113 StPO., siehe unten Abschnitt M). Ist die Untersuchungshaft lediglich wegen Fluchtverdachts verhängt, so kann der Beschuldigte mit dem Vollzug der Haft gegen Sicherheitsleistung verschont werden (§ 117 StPO., siehe unten Abschnitt M).

2. Zuständig für Erlassung des Haftbefehls ist nur der Richter (§ 114 StPO., siehe unten Abschnitt M), und zwar im vorbereitenden Verfahren der Amtsrichter, in der Voruntersuchung der Untersuchungsrichter und in der Hauptverhandlung das erkennende Gericht.

3. Wegen des weiteren Verfahrens vgl. §§ 114a bis 115c StPO., sämtliche abgedruckt unten in Abschnitt M.

4. Der Haftbefehl ist aufzuheben, wenn der in ihm angegebene Grund der Verhaftung weggefallen ist oder wenn der Angeschuldigte freigesprochen oder außer Verfolgung gesetzt wird (§ 123 StPO., siehe unten Abschnitt M).

5. Wegen unschuldig erlittener Untersuchungshaft kann der Beschuldigte Ersatz verlangen. (Gesetz vom 14. 7. 1904.)

6. Auch die Staatsanwaltschaft kann einen Haftbefehl erlassen, und zwar zwecks Vollstreckung einer Freiheitsstrafe und einen Steckbrief, wenn der Verurteilte flüchtig ist (§ 457 StPO., siehe auch Erl. 7).

7. Ein Steckbrief ist eine öffentliche Aufforderung des Richters oder Staatsanwalts zur Ergreifung eines flüchtigen oder sich verborgen haltenden Verbrechers. Voraussetzung für Erlassung eines Steckbriefs ist grundsätzlich ein Haftbefehl. (Siehe im übrigen § 131 StPO., abgedruckt in Abschnitt M.)

II. Einstweilige Unterbringung.

1. Während die Untersuchungshaft die Sicherung des Strafverfahrens bezweckt, dient die einstweilige Unterbringung der Sicherung der zukünftigen Verwahrung eines Zurechnungsunfähigen oder vermindert Zurechnungsfähigen in einer Heil- oder Pflegeanstalt gemäß § 42 b StGB.

2. Wegen der Voraussetzungen dieser Maßnahmen siehe § 126a StPO., abgedruckt unten in Abschnitt M.

3. Für die Zuständigkeit und das Verfahren gelten dieselben Vorschriften wie für die Untersuchungshaft, mit Ausnahme des § 117 StPO. (Sicherheitsleistung), die für § 126a nicht in Frage kommt.

III. Die vorläufige Festnahme.

1. Während die Untersuchungshaft nur auf Grund eines richterlichen Haftbefehls vollzogen werden kann, ist die vorläufige Festnahme des § 127 StPO. eine Maßnahme, die auch die Staatsanwaltschaft und Polizei, ja sogar jede Privatperson durchführen kann.

2. Die Staatsanwaltschaft und die Polizei können selbständig zur vorläufigen Festnahme schreiten, wenn die Voraussetzungen eines Haftbefehls vorliegen und Gefahr im Verzug obwaltet (§ 127 Abs. 2 StPO., siehe unten Abschnitt M).

3. Jedermann (also nicht nur der Verletzte) hat das Recht der vorläufigen Festnahme, wenn der Täter auf frischer Tat betroffen oder verfolgt wird und er entweder der Flucht verdächtig ist oder seine Persönlichkeit nicht sofort festgestellt werden kann (§ 127 Abs. 1 StPO., siehe unten Abschnitt M).

4. Wegen Festnahme bei Antragsdelikten siehe § 127 Abs. 3 StPO.

5. Wegen der weiteren Maßnahmen siehe § 128 StPO., abgedruckt unten in Abschnitt M.

IV. Die **körperliche Untersuchung** nach §§ 81a—81d wurde in Abschnitt F II 2 erwähnt. (S. 337.)

V. Beschlagnahme.

Vorbemerkung: Beschlagnahme i. S. des tatsächlichen Inbeschlagnehmes ist eine behördliche Maßnahme, durch die einzelne Gegenstände, die als Beweismittel für die Untersuchung von Bedeutung sein können oder der

Einziehung unterliegen, in Verwahrung genommen oder sonst sichergestellt werden. Dieses tatsächliche Inbeschlagnehmen kann entweder in der Form einer einfachen Verwahrung oder Sicherstellung (siehe unten Erl. 1), oder durch eine formelle Anordnung der Beschlagnahme erfolgen (siehe unten Erl. 2). Außer diesen beiden lediglich den Zwecken der Strafverfolgung dienenden Formen der Beschlagnahme gibt es noch außerhalb der StPO. Beschlagnahmen, die sich als Maßregeln der präventiven Polizei darstellen, also ohne Rücksicht auf eine etwa eintretende Strafverfolgung erforderlich sind, z. B. Wegnahme einer Waffe zum Zwecke der Verhütung einer Körperverletzung.

1. Die einfache Verwahrung oder Sicherstellung.

Sie darf jeder Polizeibeamte, also nicht nur der Hilfsbeamte der Staatsanwaltschaft, ohne besondere Anordnung vornehmen, wenn die Gegenstände, die als Beweismittel für die Untersuchung von Bedeutung sein können oder der Einziehung unterliegen (z. B. §§ 40, 152, 245a, 295 StGB.), sich entweder nicht in Gewahrsam einer Person befinden (z. B. Einbrecherwerkzeuge am Tatort) oder wenn sie freiwillig herausgegeben werden (§ 94 Abs. 1 StPO., siehe unten Abschnitt M).

2. Die formelle Beschlagnahme (§§ 94 bis 101 StPO.).

a) Sie ist notwendig, wenn die Gegenstände, welche als Beweismittel für die Untersuchung von Bedeutung sein können oder der Einziehung unterliegen (z. B. §§ 40, 152, 245a, 295 StGB.), von der Person, die sie in Gewahrsam hat, nicht freiwillig herausgegeben werden (§ 94 Abs. 2 StPO., siehe unten Abschnitt M).

b) Zuständig für die Anordnung ist an sich nur der Richter, jedoch bei Gefahr im Verzuge auch die Staatsanwaltschaft und deren polizeiliche Hilfsbeamte (also nicht jeder Polizeibeamte). (Siehe § 98 StPO. unten in Abschnitt M.)

c) Eine besondere Form der Beschlagnahme ist nicht vorgesehen, insbesondere ist eine Wegnahme der Sache durch den Beamten nicht erforderlich. Es genügt vielmehr eine diesbezügliche Erklärung an den Besitzer und die Weisung, daß er sich jeder Verfügung über die Sache zu enthalten habe. Die in Verwahrung oder Beschlag genommenen Gegenstände sind genau zu verzeichnen und zur Verhütung von Verwechslungen durch amtliche Siegel oder in sonst geeigneter Weise kenntlich zu machen (§ 109 StPO., siehe unten Abschnitt M).

d) Nicht der Beschlagnahme unterliegen bestimmte amtliche Akten (§ 96 StPO.) sowie schriftliche Mitteilungen des Beschuldigten an Angehörige (§ 97 StPO., siehe unten Abschnitt M). Der Beschlagnahme unterliegen ferner nicht die dem Verletzten durch die Straftat entzogenen Sachen (z. B. das gestohlene Fahrrad). Solche Sachen sind vielmehr möglichst bald dem Verletzten zurückzugeben (§ 111 StPO., siehe unten Abschnitt M).

e) Die Beschlagnahme bewirkt, daß der betreffende Gegenstand „verstrikt" wird; derjenige, der sich an einem beschlagnahmten Gegenstand vergreift, macht sich eines Vergehens nach § 137 StGB. (siehe die dortigen Erläuterungen) schuldig.

f) Eine Sonderregelung ist vorgesehen für die Postbeschlagnahme, d. h. für die Beschlagnahme von Briefen und Telegrammen, die für den Beschuldigten bestimmt sind oder von ihm herrühren (das gleiche gilt auch für den Fernsprechverkehr). Für diese Maßnahmen, die eine Durchbrechung des im Postgesetz verankerten Grundsatzes der Unverletzlichkeit des Briefgeheimnisses bedeuten, ist nur der Richter zuständig und bei Gefahr im Verzuge auch die Staatsanwaltschaft, dagegen nicht die Hilfsbeamten der Staatsanwaltschaft (§§ 99, 100 StPO., siehe unten Abschnitt M).

Eine weitere Sonderregelung besteht für die Beschlagnahme von Presseerzeugnissen (siehe die Pressegesetze).

VI. Durchsuchung (§§ 102 bis 110 StPO.).

1. Die Durchsuchung ist eine behördliche Maßnahme zum Zwecke der Auffindung von Beweisstücken oder Einziehungsobjekten i. S. des § 94 StPO., oder zur Ergreifung einer Person. Die Durchsuchung setzt immer voraus, daß eine strafbare Handlung bereits begangen ist. Durchsucht werden können Wohnungen, Personen und Sachen. Ebenso wie bei der Beschlagnahme gibt es auch bei der Durchsuchung eine solche außerhalb der StPO., die sich als Maßregel der präventiven Polizei darstellt (z. B. Durchsuchung einer unbewohnten Wohnung, aus der Rauch herausdringt) oder die aus gesundheits- oder sittenpolizeilichen Gründen vorgenommen wird.

2. Die wichtigste und am häufigsten vorkommende Art der formellen Durchsuchung ist die Haussuchung (§§ 102 bis 110 StPO., siehe unten Abschnitt M), d. h. diejenige Durchsuchung, deren Gegenstand die Wohnung, die Geschäftsräume oder das befriedete Besitztum sind.

a) Bei der Haussuchung ist zu unterscheiden zwischen der Durchsuchung bei verdächtigen und derjenigen bei unverdächtigen Personen. Die erstere ist in § 102 StPO., die letztere in § 103 StPO. geregelt (siehe unten Abschnitt M).

b) Zur Nachtzeit ist die Durchsuchung beschränkt (§ 104 StPO., siehe unten Abschnitt M).

c) Zuständig zur Anordnung der Durchsuchung ist ebenso wie bei der Beschlagnahme der Richter, bei Gefahr im Verzuge auch der Staatsanwalt oder ein Hilfsbeamter der Staatsanwaltschaft (§ 105 Abs. 1 StPO., siehe unten in Abschnitt M). (In den Fällen des § 104 Abs. 2 StPO. sind auch Polizeibeamte, die nicht Hilfsbeamte der Staatsanwaltschaft sind, ohne besondere Anordnung zur Durchsuchung berechtigt, siehe Abs. 3 des § 105 StPO.)

d) Wegen der Ausführung der Durchsuchung vgl. §§ 105 Abs. 2, 106 bis 109 StPO., siehe unten Abschnitt M.

3. Die Durchsuchung von Personen, die nur bei Verdächtigen zulässig ist, unterliegt nur dann den Bestimmungen der §§ 102, 103 StPO., wenn es sich um eine Durchsuchung der äußeren Oberfläche des Körpers oder der Kleidung handelt, also bei vollkommener Wahrung der körperlichen Integrität. Eine körperliche Untersuchung dagegen richtet sich nach den Vorschriften über den Augenschein (siehe § 81a StPO. und oben Abschnitt F II 2, S. 337).

VII. Sonstige Freiheitsbeschränkungen.

1. Gegen den Beschuldigten: Vorführung bzw. Haftbefehl zur Durchführung der Hauptverhandlung (§§ 230, 236 StPO.), ferner die Vorführung zum Zwecke einer Vernehmung durch den Richter (§§ 133 bis 135 StPO.) und die Einweisung in eine Irrenanstalt zwecks Vorbereitung eines Gutachtens über den Geisteszustand (§ 81 StPO.).

2. Gegen den Zeugen: Die Zwangsmaßnahmen der §§ 51, 70 StPO. (siehe oben Abschnitt E V 2 a und d, S. 334, 335).

3. Gegen jede Person: Die Zwangsmaßnahmen des § 164 StPO. (siehe oben Abschnitt E II 2 d bb, S. 331) und des § 178 GVG. (Ordnungsstrafen in Geld oder bis zu drei Tagen Haft wegen Ungebühr in der Sitzung).

H.

Der Verlauf des Strafverfahrens.

Das Strafverfahren zerfällt in drei Hauptteile: das Vorverfahren, das Hauptverfahren und das Vollstreckungsverfahren.

I. Das **Vorverfahren.** Zu ihm gehört:

1. Das sog. vorbereitende Verfahren (insbesondere Vorbereitung der öffentlichen Klage), das im wesentlichen in der Hand des Staatsanwalts liegt (§§ 151—177 StPO.). (Siehe Abschnitt E II 1, S. 329.)

a) Ergeben die Ermittlungen keinen Anlaß zur Erhebung der öffentlichen Klage, so stellt die Staatsanwaltschaft das Verfahren ein; ist der Anzeigende zugleich der Verletzte, so steht ihm gegen diesen Bescheid binnen zwei Wochen nach der Bekanntmachung die Beschwerde an den vorgesetzten Beamten der Staatsanwaltschaft und gegen dessen ablehnenden Bescheid binnen einem Monat nach der Bekanntmachung der Antrag auf gerichtliche Entscheidung beim Oberlandesgericht zu (§ 172 StPO.).

b) Die Erhebung der Klage erfolgt regelmäßig entweder durch Einreichung einer Anklageschrift oder durch Antrag auf gerichtliche Voruntersuchung (§ 170 StPO.).

Der Staatsanwalt erhebt die Anklage vor dem Amtsrichter bzw. Schöffengericht, wenn er deren Strafgewalt für ausreichend hält, im übrigen vor der Strafkammer bzw. dem Schwurgericht. Er kann jedoch die Anklage auch dann vor der Strafkammer statt vor dem Amtsrichter bzw. Schöffengericht erheben, wenn er der Auffassung ist, daß dies mit Rücksicht auf den Umfang oder die Bedeutung der Sache angezeigt ist. (Siehe im übrigen Abschnitt B, S. 320 ff.)

2. Zum Vorverfahren gehört ferner die gerichtliche Voruntersuchung (§§ 178—197 StPO.).

a) Sie ist dazu bestimmt, die gegen einen bestimmten Täter wegen einer bestimmten Tat erhobene Beschuldigung so weit zu klären, daß eine Entscheidung des Gerichts darüber erfolgen kann, ob das Hauptverfahren zu eröffnen oder der Angeschuldigte außer Verfolgung zu setzen ist (§ 190 StPO.).

b) Eine notwendige Voruntersuchung findet nur in den zur Zuständigkeit des Bundesgerichtshofs, des Oberlandesgerichts im ersten Rechtszuge oder des Schwurgerichts gehörenden Strafsachen statt. Im letztgenannten Falle (Schwurgericht) entfällt eine Voruntersuchung, wenn der Beschuldigte durch einen Richter vernommen ist, der Tatbestand einfach liegt und die Voruntersuchung nach dem Ermessen der Staatsanwaltschaft nicht erforderlich ist. Doch kann der Angeschuldigte in der Erklärung über die Anklageschrift (§ 201 StPO.) die Durchführung einer Voruntersuchung beantragen; dem Antrag ist stattzugeben (§ 178 Abs. 1 StPO.).

In den zur Zuständigkeit der Strafkammer im ersten Rechtszug und zur Zuständigkeit des **Schöffengerichts** gehörenden Sachen ist die Voruntersuchung **notwendig**, wenn die Staatsanwaltschaft es wegen des Umfangs oder wegen der Bedeutung der Sache beantragt, **oder** wenn der Angeschuldigte in der Erklärung über die Anklageschrift (§ 201 StPO.) es beantragt und erhebliche Gründe geltend macht, aus denen eine Voruntersuchung zur Vorbereitung seiner Verteidigung erforderlich erscheint (§ 178 Abs. 2 StPO.).

c) Die **Eröffnung und Leitung** der Voruntersuchung steht nach § 184 StPO. dem **Untersuchungsrichter** zu.

II. Das **Hauptverfahren** umfaßt das ganze Prozeßstadium, in welchem die Sache beim erkennenden Gericht anhängig ist. Zum Hauptverfahren gehört:

1. Das **Eröffnungsverfahren** (§§ 198—211 StPO.).

a) Das Hauptverfahren wird vom Gericht **eröffnet**, wenn der Angeschuldigte einer strafbaren Handlung **hinreichend verdächtig** erscheint (§ 203 StPO.). Vorher hat der Vorsitzende die Anklageschrift dem Angeschuldigten mitzuteilen und ihn aufzufordern, sich innerhalb einer zu bestimmenden Frist zu erklären, ob er die Vornahme einzelner Beweiserhebungen vor der Hauptverhandlung beantragen oder Einwendungen gegen die Eröffnung des Hauptverfahrens vorbringen wolle (§ 201 StPO.).

b) Die **Eröffnung** des Hauptverfahrens wird **abgelehnt** bzw. der Angeschuldigte wird, falls eine Voruntersuchung stattgefunden hat, **außer Verfolgung gesetzt**, wenn er nicht hinreichend verdächtig erscheint (§ 204 StPO.).

c) Das Verfahren wird durch Beschluß gemäß § 205 StPO. **eingestellt**, wenn der Beschuldigte abwesend ist oder ein anderes in seiner Person liegendes Hindernis der Hauptverhandlung entgegensteht.

2. Die **Vorbereitung der Hauptverhandlung** (§§ 214—225 StPO.). In dieses Stadium des Verfahrens fällt vor allem die Ladung der Prozeßbeteiligten und, soweit erforderlich, die Vernehmung von Zeugen, die aus bestimmten, in § 223 StPO. niedergelegten Gründen zur Hauptverhandlung nicht erscheinen können, durch einen beauftragten oder ersuchten Richter und schließlich die Bestimmung des Termins zur Hauptverhandlung.

3. Die **Hauptverhandlung** (§§ 226—275 StPO.).

a) Die Hauptverhandlung **beginnt** mit dem Aufruf der Sache und dem **Aufruf der Zeugen und Sachverständigen**. Die Zeugen müssen sich nach Feststellung ihrer Anwesenheit zunächst wieder aus dem Sitzungssaal entfernen (§ 243 StPO.).

b) Es folgt nun die Vernehmung des Angeklagten über seine **persönlichen Verhältnisse**, die **Verlesung des Eröffnungsbeschlusses** und daran anschließend **Vernehmung des Angeklagten zur Sache**.

c) Nach dieser Vernehmung folgt die **Beweisaufnahme** (§§ 244 ff. StPO.), d. h. die Vernehmung der Zeugen und Sachverständigen, Verlesung von Schriftstücken, Vorlegen von Beweisstücken (Verbrecherwerkzeuge, Fingerabdrücke usw.). Für die Beweisaufnahme, die das Fundament für die Urteilsfindung bildet, gilt der Grundsatz, daß das Gericht **von Amts wegen** alles zu tun hat, was zur Erforschung der Wahrheit erforderlich ist (§ 244 Abs. 2 StPO.).

d) Nach dem Schlusse der Beweisaufnahme erhalten die **Staatsanwaltschaft** und sodann der **Angeklagte** (oder dessen Verteidiger) zu ihren

Ausführungen und Anträgen das Wort. Der Angeklagte selbst hat stets das letzte Wort (§ 258 StPO.).

e) Die Hauptverhandlung schließt mit der Verkündung des Urteils. Das Gericht entscheidet nach seiner freien, aus dem Inbegriffe der Verhandlung geschöpften Überzeugung (§ 261 StPO.). Das Urteil lautet gemäß § 260 StPO. auf Freisprechung, Verurteilung, Anordnung einer Maßregel der Sicherung und Besserung oder Einstellung des Verfahrens (letztere erfolgt, wenn ein sog. Verfahrenshindernis vorliegt, d. h. wenn z. B. bei einer nur auf Antrag zu verfolgenden strafbaren Handlung sich ergibt, daß ein Strafantrag überhaupt nicht vorliegt oder zurückgenommen wurde [§ 260 Abs. 3 StPO.], oder wenn die Straftat verjährt ist, oder wenn sich herausstellt, daß in der gleichen Sache schon ein Urteil ergangen ist.)

f) Allgemeine Grundsätze für die Hauptverhandlung.

aa) Prinzip der Mündlichkeit: Die Entscheidungen des Gerichts ergehen auf Grund einer Verhandlung, in der die Prozeßbeteiligten mündliche Vorträge halten und mündliche Anträge stellen. (Ausnahmen von diesem Grundsatz sind vorgesehen in §§ 249, 251, 253, 254, 256 StPO., sowie im Berufungsverfahren und besonders im Revisionsverfahren.)

bb) Der Angeklagte muß während der ganzen Dauer der Verhandlung anwesend sein (§ 230 StPO.). Ausnahmsweise kann die Hauptverhandlung ohne den Angeklagten durchgeführt werden, wenn er ordnungsmäßig geladen und in der Ladung darauf hingewiesen ist, daß in seiner Abwesenheit verhandelt werden kann, und wenn keine höhere Strafe als Haft, Geldstrafe oder Einziehung allein oder in Verbindung miteinander, zu erwarten ist. Eine höhere Strafe oder eine Maßregel der Sicherung und Besserung darf in diesem Abwesenheitsverfahren nicht verhängt werden (§ 232 StPO.). Schließlich kann der Angeklagte auf seinen Antrag von der Verpflichtung zum Erscheinen in der Hauptverhandlung unter den in § 233 StPO. genannten Voraussetzungen entbunden werden.

cc) Bei der Urteilsfindung können nur diejenigen Richter mitwirken, vor denen die Verhandlung stattgefunden hat, und diese müssen während der ganzen Verhandlung anwesend sein. Ein Wechsel in der Person des Staatsanwalts, Verteidigers und Urkundsbeamten ist dagegen möglich.

dd) Die Hauptverhandlung (einschließlich der Verkündung des Urteils) ist öffentlich, d. h. an der Verhandlung kann jedermann teilnehmen. Die Öffentlichkeit kann gemäß § 172 GVG. für die ganze Verhandlung oder einen Teil derselben ausgeschlossen werden, wenn sie eine Gefährdung der öffentlichen Ordnung, insbesondere der Staatssicherheit, eine Gefährdung der Sittlichkeit oder eine Gefährdung eines wichtigen Geschäfts- oder Betriebsgeheimnisses besorgen läßt.

ee) Eine unterbrochene Hauptverhandlung muß spätestens am elften Tage nach der Unterbrechung fortgesetzt werden, widrigenfalls mit dem Verfahren von neuem zu beginnen ist (§ 229 StPO.).

III. Das **Vollstreckungsverfahren** bezweckt die Verwirklichung der vom Gericht gegen den Angeklagten verhängten Strafe bzw. Sicherungsmaßregel und liegt im allgemeinen in der Hand des Staatsanwalts (§ 451 StPO.).

I.

Berufung, Revision und Beschwerde.

I. Gemeinsame Grundsätze betr. Berufung und Revision:

1. Die Rechtsmittel der Berufung und der Revision können sowohl vom Angeklagten als auch von der Staatsanwaltschaft eingelegt werden; die Staatsanwaltschaft kann von ihnen auch zugunsten des Beschuldigten Gebrauch machen.

2. War das Urteil nur vom Angeklagten oder zu seinen Gunsten von der Staatsanwaltschaft angefochten worden, so darf das Urteil in Art und Höhe der Strafe nicht zum Nachteil des Angeklagten abgeändert werden, d. h. es darf in dem neuen Urteil keine härtere Strafe verhängt werden, als die in dem angefochtenen Urteil erkannte (§§ 331, 358 Abs. 2 StPO.).

3. Das Rechtsmittel muß bei dem Gericht, dessen Urteil angefochten wird, binnen einer Woche nach Verkündung des Urteils zu Protokoll der Geschäftsstelle oder schriftlich eingelegt werden.

II. Berufung:

1. Sie ist gemäß § 312 StPO. zulässig gegen die Urteile des Amtsrichters und des Schöffengerichts (siehe oben Abschnitt B III, S. 323).

Ein Urteil des Amtsrichters kann nicht mit Berufung angefochten werden, wenn es ausschließlich Übertretungen zum Gegenstand hat und der Angeklagte entweder freigesprochen oder ausschließlich zu Geldstrafe verurteilt worden ist (§ 313 StPO.).

2. Sie bewirkt eine Nachprüfung des Urteils in tatsächlicher und rechtlicher Beziehung. Zu diesem Zwecke findet eine nochmalige Verhandlung vor dem Gericht höherer Instanz, der Strafkammer als Berufungsgericht, statt. (Wegen deren Besetzung siehe oben Abschnitt B II 2, S. 321.)

3. Das Berufungsgericht hat in absoluter Unabhängigkeit von dem erstrichterlichen Verfahren und dessen Ergebnissen über den Gegenstand der Anklage von neuem zu verhandeln, dabei neue Tatsachen und Beweismittel sowie alle zutage tretenden Änderungen der Sachlage zu berücksichtigen und dann ausschließlich auf Grund der Berufungsverhandlung nach eigener Überzeugung die Entscheidung in der Sache selbst zu treffen. (Ausnahme § 328 Abs. 2 u. 3 StPO.)

III. Revision:

1. Sie ist gemäß § 333 StPO. zulässig gegen die Urteile der Strafkammern und der Schwurgerichte. Gegen die Urteile des Amtsrichters ist Revision insoweit zulässig, als nach § 313 die Berufung ausgeschlossen ist (§ 334 StPO.). Ein Urteil, gegen das Berufung zulässig ist, kann statt mit Berufung mit Revision angefochten werden (§ 335 StPO.).

2. Die Revision bewirkt eine Nachprüfung des Urteils lediglich in rechtlicher Beziehung. Zu diesem Zwecke findet eine Verhandlung vor dem Oberlandesgericht bzw. dem Bundesgerichtshof als Revisionsgericht statt.

3. Im Gegensatz zum Berufungsverfahren können in der Revisionsinstanz (zu der übrigens der Angeklagte nicht persönlich zu erscheinen braucht, sondern sich durch einen Verteidiger vertreten lassen kann) keine neuen Tatsachen und

Beweismittel vorgebracht werden. Die tatsächlichen Feststellungen des angefochtenen Urteils sind also nicht angreifbar; vielmehr hat das Revisionsgericht sich ausschließlich darauf zu beschränken, zu prüfen, ob eine Verletzung des Gesetzes durch das Untergericht stattgefunden hat. Das Gesetz ist nach § 337 StPO. verletzt, wenn eine Gesetzesvorschrift überhaupt nicht oder nicht richtig angewendet worden ist.

4. Im Gegensatz zum Berufungsverfahren entscheidet das Revisionsgericht, wenn es zur Aufhebung des Urteils gelangt, nur ausnahmsweise in der Sache selbst, (siehe § 354 StPO.), während in der Regel die Sache zur anderweitigen Verhandlung und Entscheidung in die Vorinstanz zurückverwiesen wird.

IV. Beschwerde:

1. Die Beschwerde ist das Rechtsmittel gegen Beschlüsse, d. h. Entscheidungen des Gerichts, welche nicht die Hauptsache betreffen, also nicht durch Urteil getroffen werden müssen, sowie gegen Verfügungen, d. h. Entscheidungen eines einzelnen Richters (§ 304 Abs. 1 StPO.).

2. Über die Beschwerde gegen Beschlüsse des Amtsgerichts (Einzelrichter und Schöffengericht) entscheidet die Strafkammer, im übrigen entscheiden die Strafsenate der Oberlandesgerichte.

3. In gewissen, im Gesetz genannten Fällen ist eine Beschwerde ausgeschlossen, z. B. §§ 210 Abs. 1, 304 Abs. 3, 310 Abs. 2 StPO. Ferner ist die Beschwerde ausgeschlossen gegen Entscheidungen der erkennenden Gerichte, welche der Urteilsfällung vorausgehen (z. B. Ablehnung eines Beweisantrags in der Hauptverhandlung), mit den in § 305 StPO. genannten Ausnahmen.

4. Befristet (1 Woche) ist die Beschwerde nur im Falle der sofortigen Beschwerde des § 311 (z. B. §§ 210 Abs. 2, 372 StPO.).

5. Der Richter, dessen Entscheidung angegriffen wird (bei ihm ist die Beschwerde einzulegen) hat der Beschwerde abzuhelfen, wenn er sie für begründet hält (§ 306, Abs. 2 StPO.).

6. Die Entscheidung des Beschwerdegerichts lautet entweder auf Verwerfung der Beschwerde als unzulässig (weil nicht statthaft oder weil verspätet eingelegt im Falle der sofortigen B.), oder auf Zurückweisung der Beschwerde (weil sachlich unbegründet) oder, falls begründet, auf Aufhebung der angefochtenen Entscheidung und anderweitige Entscheidung in der Sache selbst.

K.

Wiederaufnahmeverfahren.

I. Ein durch rechtskräftiges Urteil abgeschlossenes Verfahren kann unter gewissen Voraussetzungen wieder aufgenommen werden. Das Verfahren hat den Zweck, da, wo die Gerechtigkeit es gebietet, die formell unanfechtbare Entscheidung vor allem der Schuldfrage von neuem zur Erörterung zu bringen, und dadurch den Widerspruch zwischen der durch das rechtskräftige Urteil geschaffenen formalen Rechtslage und der materiellen Tatlage, die sich nachträglich als nicht der Wahrheit entsprechend herausstellt, zu beseitigen.

II. Es gibt eine Wiederaufnahme zugunsten und zuungunsten des Verurteilten.

1. Zugunsten und zuungunsten des Verurteilten findet die Wiederaufnahme statt, wenn in dem angegriffenen Verfahren gewisse strafbare Handlungen, insbesondere Eidesverletzungen begangen worden sind (siehe §§ 359 Nr. 1 bis 3, 362 Nr. 1 bis 3 StPO.).

2. Zugunsten des Verurteilten findet die Wiederaufnahme statt, wenn neue Tatsachen und Beweismittel beigebracht werden (§ 359 Nr. 5 StPO.). (Der Wiederaufnahmegrund Nr. 4 des § 359 spielt in der Praxis nur eine geringe Rolle.)

3. Zuungunsten des Verurteilten findet, abgesehen von den in Ziff. 1 genannten Gründen die Wiederaufnahme nur statt, wenn der Freigesprochene vor Gericht oder außergerichtlich ein glaubwürdiges Geständnis der strafbaren Handlung ablegt (§ 362 Nr. 4), also nicht — im Gegensatz zur Wiederaufnahme zugunsten des Verurteilten — auf Grund neuer Tatsachen und Beweismittel.

L.

Besondere Verfahren.

I. Das **beschleunigte Verfahren.** (§§ 212—212 b StPO.)

1. Im Verfahren vor dem Amtsrichter (aber nicht in Jugendsachen) und dem Schöffengericht kann der Staatsanwalt schriftlich oder mündlich den Antrag auf Aburteilung im beschleunigten Verfahren stellen, wenn der Sachverhalt einfach und die sofortige Aburteilung möglich ist.

2. Für dieses Verfahren gilt im einzelnen folgendes:

a) Stellt der Staatsanwalt einen solchen Antrag, so wird die Hauptverhandlung, ohne daß es einer Entscheidung über die Eröffnung des Hauptverfahrens bedarf, sofort durchgeführt.

b) Eine Anklageschrift ist nicht erforderlich. Die Anklage kann mündlich erhoben werden.

c) Einer Ladung des Beschuldigten, für die eine Frist von 24 Stunden gilt, bedarf es nur, wenn er sich nicht freiwillig zur Hauptverhandlung stellt oder nicht dem Gericht vorgeführt wird.

d) Der Amtsrichter oder das Schöffengericht lehnt die Aburteilung im beschleunigten Verfahren ab, wenn sich die Sache zur Verhandlung in diesem Verfahren nicht eignet oder wenn eine höhere Strafe als ein Jahr Gefängnis zu erwarten ist. Zuchthaus oder eine Maßregel der Sicherung und Besserung darf im beschleunigten Verfahren nicht verhängt werden.

II. Das **Strafbefehlsverfahren.** (§§ 407—412 StPO.)

1. Bei Übertretungen und Vergehen kann der Amtsrichter auf Antrag der Staatsanwaltschaft ohne Hauptverhandlung durch Strafbefehl eine Strafe festsetzen.

2. Diese Strafe darf nur sein

a) Geldstrafe (ohne Beschränkung),

b) Freiheitsstrafe von höchstens drei Monaten,

c) Einziehung,

d) die Befugnis zur Beseitigung eines gesetzwidrigen Zustandes,

e) Bekanntmachung der Entscheidung.

Maßregeln der Sicherung und Besserung dürfen in einem Strafbefehl nicht angeordnet werden.

3. Der Amtsrichter hat Hauptverhandlung anzuberaumen:
a) Wenn er Bedenken hat, ohne Hauptverhandlung zu entscheiden,
b) wenn er hinsichtlich der Strafe von dem Antrage abweichen will (§ 408 Abs. 2 StPO.).

4. Der Strafbefehl wird erlassen, wenn weder tatsächliche noch rechtliche Bedenken entgegenstehen. Er wird rechtskräftig, wenn nicht binnen einer Woche nach der Zustellung Einspruch eingelegt wird.

5. Bei rechtzeitigem Einspruch findet Hauptverhandlung statt, in der sich der Beschuldigte durch einen Verteidiger vertreten lassen kann. Bei der Urteilsfällung ist das Gericht an den im Strafbefehl enthaltenen Ausspruch nicht gebunden, es kann also eine schärfere Strafe aussprechen als die im Strafbefehl erkannte (§ 411 StPO.).

III. Verfahren bei Strafverfügungen. (§ 413 StPO.)

1. Auf Grund landesrechtlicher Bestimmungen können die Polizeibehörden bei Übertretungen ihre Verhandlungen nach Vernehmung des Beschuldigten statt der Staatsanwaltschaft dem Amtsgericht übersenden unter Beifügung der Beweismittel und der anzuwendenden Strafvorschriften sowie einem Vorschlag zum Strafmaß.

2. Der Amtsrichter setzt dann durch gerichtliche Strafverfügung ohne Hauptverhandlung die Strafe sowie eine etwa verwirkte Einziehung oder die Befugnis zur Beseitigung eines gesetzwidrigen Zustandes fest, ohne an den Vorschlag der Polizeibehörde gebunden zu sein, oder er übersendet die Akten der Staatsanwaltschaft, falls er gegen eine Entscheidung ohne Hauptverhandlung Bedenken hat, oder wenn er noch weitere Ermittlungen für erforderlich hält. Schließlich kann der Amtsrichter das Verfahren auch gemäß § 153 I StPO. einstellen.

IV. Das Privatklageverfahren. (§§ 374—394 StPO.)

1. Grundsätzlich ist es Sache des Staates, sein Recht, zu strafen, selbst auszuüben und zwar durch die mit der Strafrechtspflege betrauten Organe. Nur ausnahmsweise überläßt der Staat dieses Recht dem durch die Straftat Verletzten und zwar in den Fällen, in denen die Privatklage zulässig ist.

2. Die Privatklage ist zulässig, wenn es sich um eine der in § 374 Abs. 1 StPO. genannten Straftaten handelt, nämlich:
a) Hausfriedensbruch (§ 123 StGB.);
b) Beleidigung (§§ 185—187, 189 StGB.);
c) Körperverletzung in den Fällen der §§ 223, 223a und 230 StGB.;
d) Bedrohung (§ 241 StGB.);
e) Verletzung des Briefgeheimnisses (§ 299 StGB.);
f) Sachbeschädigung (§ 203 StGB.);
g) alle nach dem Gesetz gegen den unlauteren Wettbewerb strafbaren Vergehen;
h) alle Verletzungen des literarischen, künstlerischen und gewerblichen Urheberrechts, soweit sie als Vergehen strafbar sind.

Zur Privatklage berechtigt ist ferner nach § 374 Abs. 2 StPO. derjenige, der neben dem Verletzten das Recht hat, selbständig einen Strafantrag zu stellen (siehe §§ 195, 196, 232 Abs. 3 StGB.).

3. Die Staatsanwaltschaft erhebt wegen der in § 374 StPO. genannten Delikte die öffentliche Klage nur dann, wenn dies im öffentlichen Interesse liegt (§ 376 StPO.).

4. Der Polizeibeamte soll, wenn offensichtlich ist, daß ein öffentliches Interesse an der Verfolgung nicht besteht, den Anzeiger bzw. Antragsteller darüber belehren, daß ihm anheim gegeben werde, Privatklage zu erheben.

5. Siehe wegen Zuständigkeit der Friedensgerichte in Privatklagesachen oben Abschnitt D II 1 b und 2 b, S. 327.

V. Die **Nebenklage.** (§§ 395—402 StPO.)

1. Während das Privatklagerecht den Verletzten gegen Klagunterlassungen schützen will, bezweckt die Nebenklage, dem Verletzten eine Möglichkeit zu geben, etwaigen Mängeln in der Klagdurchführung durch Teilnahme an dem Strafprozeß vorzubeugen. Im Gegensatz zum Privatkläger tritt der Nebenkläger nicht an die Stelle des mit der Strafverfolgung regelmäßig betrauten staatlichen Organs, sondern es soll ihm lediglich die Möglichkeit gegeben werden, neben dem Staatsanwalt seine besonderen an der Verurteilung des Angeklagten beteiligten Interessen wahrzunehmen.

2. Berechtigt zu der Anschlußerklärung als Nebenkläger sind:

a) Die nach Maßgabe des § 374 StPO. zur Privatklage Berechtigten (§ 395 Abs. 1 StPO.),

b) wer durch einen Antrag auf gerichtliche Entscheidung (§ 172 StPO.) die Erhebung der öffentlichen Klage herbeigeführt hat, wenn die strafbare Handlung gegen sein Leben, seine Gesundheit, seine Freiheit, seinen Personenstand oder seine Vermögensrechte gerichtet war (§ 395 Abs. 2 StPO.).

VI. Entschädigung des Verletzten. (§§ 403—406 d StPO.)

Sinn und Zweck dieses Verfahrens ist, Doppelarbeit zu vermeiden, indem im Strafverfahren nicht nur über die strafrechtliche Schuld entschieden wird, sondern zugleich der durch die strafbare Handlung begründete zivilrechtliche Schadensersatzanspruch geregelt werden kann. Und zwar kann der Verletzte in diesem Anschlußverfahren (auch Adhäsionsverfahren genannt) nicht nur Schadensersatzansprüche in Geld, sondern auch Rückgabe der durch die strafbare Handlung (z. B. Diebstahl) erlangten Sache, oder Rentenansprüche (z. B. bei Verletzungen durch einen fahrlässig verursachten Autounfall) geltend machen.

M.

Auszug aus der Strafprozeßordnung (für Polizeibeamte).

§ 52. (1) Zur Verweigerung des Zeugnisses sind berechtigt:

1. der Verlobte des Beschuldigten;
2. der Ehegatte des Beschuldigten, auch wenn die Ehe nicht mehr besteht;
3. wer mit dem Beschuldigten in gerader Linie verwandt, verschwägert oder durch Annahme an Kindes Statt verbunden, oder in der Seitenlinie bis zum dritten Grade verwandt oder bis zum zweiten Grade verschwägert ist, auch wenn die Ehe, durch welche die Schwägerschaft begründet ist, nicht mehr besteht.

(2) Die bezeichneten Personen sind vor jeder Vernehmung über ihr Recht zur Verweigerung des Zeugnisses zu belehren. Sie können den Verzicht auf dieses Recht auch während der Vernehmung widerrufen.

§ 53. (1) Zur Verweigerung des Zeugnisses sind ferner berechtigt:

1. Geistliche über das, was ihnen bei Ausübung der Seelsorge anvertraut ist;

2. Verteidiger des Beschuldigten über das, was ihnen in dieser Eigenschaft anvertraut ist;
3. Rechtsanwälte und Ärzte über das, was ihnen bei Ausübung ihres Berufs anvertraut ist;
4. Redakteure, Verleger und Drucker einer periodischen Druckschrift sowie die bei der technischen Herstellung der Druckschrift beschäftigten Personen über die Person des Verfassers oder Einsenders einer Veröffentlichung strafbaren Inhalts, wenn ein Redakteur der Druckschrift wegen dieser Veröffentlichung bestraft ist oder seiner Bestrafung kein rechtliches Hindernis entgegensteht.

(2) Die unter Nr. 2, 3 bezeichneten Personen dürfen das Zeugnis nicht verweigern, wenn sie von der Verpflichtung zur Verschwiegenheit entbunden sind.

§ 54. (1) Für die Vernehmung von Richtern, Beamten und anderen Personen des öffentlichen Dienstes als Zeugen über Umstände, auf die sich ihre Pflicht zur Amtsverschwiegenheit bezieht, und für die Genehmigung zur Aussage gelten die besonderen beamtenrechtlichen Vorschriften.

(2) Für die Mitglieder des Bundes oder einer Landesregierung gelten die für sie maßgebenden besonderen Vorschriften.

(3) Der Bundespräsident kann das Zeugnis verweigern, wenn die Ablegung des Zeugnisses dem Wohl des Bundes oder eines deutschen Landes Nachteile bereiten würde.

(4) Diese Vorschriften gelten auch, wenn die vorgenannten Personen nicht mehr im öffentlichen Dienst sind, soweit es sich um Tatsachen handelt, die sich während ihrer Dienstzeit ereignet haben oder ihnen während ihrer Dienstzeit zur Kenntnis gelangt sind.

§ 55. (1) Jeder Zeuge kann die Auskunft auf solche Fragen verweigern, deren Beantwortung ihm selbst oder einem der im § 52 Abs. 1 bezeichneten Angehörigen die Gefahr strafgerichtlicher Verfolgung zuziehen würde.

(2) Der Zeuge ist über sein Recht zur Verweigerung der Auskunft zu belehren.

§ 81 a. (1) Eine körperliche Untersuchung des Beschuldigten darf zur Feststellung von Tatsachen angeordnet werden, die für das Verfahren von Bedeutung sind. Zu diesem Zweck sind körperliche Eingriffe, die von einem Arzt nach den Regeln der ärztlichen Kunst zu Untersuchungszwecken vorgenommen werden, sowie die Entnahme von Blutproben ohne Einwilligung des Beschuldigten zulässig, wenn kein Nachteil für seine Gesundheit zu besorgen ist.

(2) Die Anordnung steht dem Richter, bei Gefährdung des Untersuchungserfolges durch Verzögerung auch der Staatsanwaltschaft und ihren Hilfsbeamten (§ 152 des Gerichtsverfassungsgesetzes) zu.

§ 81 b. Soweit es für die Zwecke der Durchführung des Strafverfahrens oder für die Zwecke des Erkennungsdienstes notwendig ist, dürfen Lichtbilder und Fingerabdrücke des Beschuldigten auch gegen seinen Willen aufgenommen und Messungen und ähnliche Maßnahmen an ihm vorgenommen werden.

§ 81 c. (1) Andere Personen als Beschuldigte dürfen, wenn sie als Zeugen in Betracht kommen, ohne ihre Einwilligung nur untersucht werden, soweit zur Erforschung der Wahrheit festgestellt werden muß, ob sich an ihrem Körper eine bestimmte Spur oder Folge einer strafbaren Handlung befindet. Die Untersuchung kann aus den gleichen Gründen wie das Zeugnis verweigert werden. Die Untersuchung ist unzulässig, wenn sie den Betroffenen bei Würdigung aller Umstände nicht zugemutet werden kann.

(2) Zu dem in Abs. 1 bezeichneten Zweck ist die Entnahme von Blutproben ohne Einwilligung des zu Untersuchenden zulässig, wenn kein Nachteil für seine Gesundheit zu besorgen und der Eingriff zur Erforschung der Wahrheit unerläßlich ist.

(3) Die Anordnung steht dem Richter, bei Gefährdung des Untersuchungserfolges durch Verzögerung auch der Staatsanwaltschaft und ihren Hilfsbeamten (§ 152 des Gerichtsverfassungsgesetzes) zu.

(4) Bei Weigerung des Betroffenen gilt die Vorschrift des § 70 entsprechend. Unmittelbarer Zwang darf nur auf besondere Anordnung des Richters angewandt werden. Die Anordnung setzt voraus, daß der Betroffene trotz Auferlegung einer Ordnungsstrafe bei der Weigerung beharrt oder daß Gefahr in Verzug ist.

§ 81 d. (1) Kann die körperliche Untersuchung einer Frau das Schamgefühl verletzen, so wird sie einer Frau oder einem Arzt übertragen. Auf Verlangen der zu untersuchenden Frau soll eine andere Frau oder ein Angehöriger zugelassen werden.

(2) Diese Vorschriften gelten auch dann, wenn die zu untersuchende Frau in die Untersuchung einwilligt.

§ 93. Zur Ermittlung der Echtheit oder Unechtheit eines Schriftstücks sowie zur Ermittlung seines Urhebers kann eine Schriftvergleichung unter Zuziehung von Sachverständigen vorgenommen werden.

§ 94. (1) Gegenstände, die als Beweismittel für die Untersuchung von Bedeutung sein können oder der Einziehung unterliegen, sind in Verwahrung zu nehmen oder in anderer Weise sicherzustellen.

(2) Befinden sich die Gegenstände in dem Gewahrsam einer Person und werden sie nicht freiwillig herausgegeben, so bedarf es der Beschlagnahme.

§ 95. (1) Wer einen Gegenstand der vorbezeichneten Art in seinem Gewahrsam hat, ist verpflichtet, ihn auf Erfordern vorzulegen und auszuliefern.

(2) Er kann im Falle der Weigerung durch die im § 70 bestimmten Zwangsmittel hierzu angehalten werden. Gegen Personen, die zur Verweigerung des Zeugnisses berechtigt sind, finden diese Zwangsmittel keine Anwendung.

§ 97. Schriftliche Mitteilungen zwischen dem Beschuldigten und den Personen, die wegen ihres Verhältnisses zu ihm nach §§ 52, 53 zur Verweigerung des Zeugnisses berechtigt sind, unterliegen der Beschlagnahme nicht, falls sie sich in den Händen der letzteren Personen befinden und diese nicht einer Teilnahme, Begünstigung oder Hehlerei verdächtig sind.

§ 98. (1) Beschlagnahmen dürfen nur durch den Richter, bei Gefahr im Verzug auch durch die Staatsanwaltschaft und ihre Hilfsbeamten (§ 152 des Gerichtsverfassungsgesetzes) angeordnet werden.

(2) Der Beamte, der einen Gegenstand ohne richterliche Anordnung beschlagnahmt hat, soll binnen drei Tagen die richterliche Bestätigung nachsuchen, wenn bei der Beschlagnahme weder der davon Betroffene noch ein erwachsener Angehöriger anwesend war, oder wenn der Betroffene und im Falle seiner Abwesenheit ein erwachsener Angehöriger des Betroffenen gegen die Beschlagnahme ausdrücklichen Widerspruch erhoben hat. Der Betroffene kann jederzeit die richterliche Entscheidung nachsuchen. Solange die öffentliche Klage noch nicht erhoben ist, entscheidet der Amtsrichter, in dessen Bezirk die Beschlagnahme stattgefunden hat.

(3) Ist nach erhobener öffentlicher Klage die Beschlagnahme durch die Staatsanwaltschaft oder einen ihrer Hilfsbeamten erfolgt, so ist binnen drei Tagen dem Richter von der Beschlagnahme Anzeige zu machen; die beschlagnahmten Gegenstände sind ihm zur Verfügung zu stellen.

§ 99. Zulässig ist die Beschlagnahme der an den Beschuldigten gerichteten Briefe und Sendungen auf der Post sowie der an ihn gerichteten Telegramme auf den Telegraphenanstalten; ebenso ist zulässig an den bezeichneten Orten die Beschlagnahme solcher Briefe, Sendungen und Telegramme, bei denen Tatsachen vorliegen, aus welchen zu schließen ist, daß sie von dem Beschuldigten herrühren oder für ihn bestimmt sind und daß ihr Inhalt für die Untersuchung Bedeutung hat.

§ 100. (1) Zu der Beschlagnahme (§ 99) ist nur der Richter, bei Gefahr im Verzug und, wenn die Untersuchung nicht nur eine Übertretung betrifft, auch die Staatsanwaltschaft befugt. Die letztere muß jedoch den ihr ausgelieferten Gegenstand sofort, und zwar Briefe und andere Postsendungen uneröffnet, dem Richter vorlegen.

(2) Die von der Staatsanwaltschaft verfügte Beschlagnahme tritt, auch wenn sie eine Auslieferung noch nicht zur Folge gehabt hat, außer Kraft, wenn sie nicht binnen drei Tagen von dem Richter bestätigt wird.

(3) Über eine von der Staatsanwaltschaft verfügte Beschlagnahme sowie über die Eröffnung eines ausgelieferten Briefes oder einer anderen Postsendung entscheidet der zuständige Richter (§ 98).

§ 102. Bei dem, welcher als Täter oder Teilnehmer einer strafbaren Handlung oder als Begünstiger oder Hehler verdächtig ist, kann eine Durchsuchung der Wohnung und anderer Räume, sowie seiner Person und der ihm gehörigen Sachen, sowohl zum Zwecke seiner Ergreifung, als auch dann vorgenommen werden, wenn zu vermuten ist, daß die Durchsuchung zur Auffindung von Beweismitteln führen werde.

§ 103. (1) Bei anderen Personen sind Durchsuchungen nur zur Ergreifung des Beschuldigten oder zur Verfolgung von Spuren einer strafbaren Handlung oder zur Beschlagnahme bestimmter Gegenstände und nur dann zulässig, wenn Tatsachen vorliegen, aus denen zu schließen ist, daß die gesuchte Person, Spur oder Sache sich in den zu durchsuchenden Räumen befinde.

(2) Diese Beschränkung gilt nicht für Räume, in denen der Beschuldigte ergriffen worden ist, oder die er während der Verfolgung betreten hat, oder in denen eine unter Polizeiaufsicht stehende Person wohnt oder sich aufhält.

§ 104. (1) Zur Nachtzeit dürfen die Wohnung, die Geschäftsräume und das befriedete Besitztum nur bei Verfolgung auf frischer Tat oder bei Gefahr im Verzug oder dann durchsucht werden, wenn es sich um die Wiederergreifung eines entwichenen Gefangenen handelt.

(2) Diese Beschränkung gilt nicht für Wohnungen von Personen, die unter Polizeiaufsicht stehen, sowie für Räume, die zur Nachtzeit jedermann zugänglich oder die der Polizei als Herbergen oder Versammlungsorte bestrafter Personen, als Niederlagen von Sachen, die mittels strafbarer Handlungen erlangt sind, oder als Schlupfwinkel des Glücksspiels oder gewerbsmäßiger Unzucht bekannt sind.

(3) Die Nachtzeit umfaßt in dem Zeitraum vom ersten April bis dreißigsten September die Stunden von neun Uhr abends bis vier Uhr morgens und in dem Zeitraume vom ersten Oktober bis einunddreißigsten März die Stunden von neun Uhr abends bis sechs Uhr morgens.

§ 105. (1) Durchsuchungen dürfen nur durch den Richter, bei Gefahr im Verzug auch durch die Staatsanwaltschaft und ihre Hilfsbeamten (§ 152 des Gerichtsverfassungsgesetzes) angeordnet werden.

(2) Wenn eine Durchsuchung der Wohnung, der Geschäftsräume oder de befriedeten Besitztums ohne Beisein des Richters oder des Staatsanwalts stattfindet, so sind, wenn dies möglich, ein Gemeindebeamter oder zwei Mitglieder der

Gemeinde, in deren Bezirk die Durchsuchung erfolgt, zuzuziehen. Die als Gemeindemitglieder zugezogenen Personen dürfen nicht Polizeibeamte oder Hilfsbeamte der Staatsanwaltschaft sein.

(3) Die in den vorstehenden Absätzen angeordneten Beschränkungen der Durchsuchung gelten nicht für die im § 104 Abs. 2 bezeichneten Wohnungen und Räume.

§ 106. (1) Der Inhaber der zu durchsuchenden Räume oder Gegenstände darf der Durchsuchung beiwohnen. Ist er abwesend, so ist, wenn dies möglich, sein Vertreter oder ein erwachsener Angehöriger, Hausgenosse oder Nachbar zuzuziehen.

(2) Dem Inhaber oder der in dessen Abwesenheit zugezogenen Person ist in den Fällen des § 103 Abs. 1 der Zweck der Durchsuchung vor deren Beginn bekannt zu machen. Diese Vorschrift gilt nicht für die Inhaber der im § 104 Abs. 2 bezeichneten Räume.

§ 107. Dem von der Durchsuchung Betroffenen ist nach deren Beendigung auf Verlangen eine schriftliche Mitteilung zu machen, die den Grund der Durchsuchung (§§ 102, 103) sowie im Falle des § 102 die strafbare Handlung bezeichnen muß. Auch ist ihm auf Verlangen ein Verzeichnis der in Verwahrung oder in Beschlag genommenen Gegenstände, falls aber nichts Verdächtiges gefunden wird, eine Bescheinigung hierüber zu geben.

§ 108. Werden bei Gelegenheit einer Durchsuchung Gegenstände gefunden, die zwar in keiner Beziehung zu der Untersuchung stehen, aber auf die Verübung einer anderen strafbaren Handlung hindeuten, so sind sie einstweilen in Beschlag zu nehmen. Der Staatsanwaltschaft ist hiervon Kenntnis zu geben.

§ 109. Die in Verwahrung oder in Beschlag genommenen Gegenstände sind genau zu verzeichnen und zur Verhütung von Verwechselungen durch amtliche Siegel oder in sonst geeigneter Weise kenntlich zu machen.

§ 110. (1) Eine Durchsicht der Papiere des von der Durchsuchung Betroffenen steht nur dem Richter zu.

(2) Andere Beamte sind zur Durchsicht der aufgefundenen Papiere nur dann befugt, wenn der Inhaber die Durchsicht genehmigt. Andernfalls haben sie die Papiere, deren Durchsicht sie für geboten erachten, in einem Umschlag, der in Gegenwart des Inhabers mit dem Amtssiegel zu verschließen ist, an den Richter abzuliefern.

(3) Dem Inhaber der Papiere oder dessen Vertreter ist die Beidrückung seines Siegels gestattet; auch ist er, falls demnächst die Entsiegelung und Durchsicht der Papiere angeordnet wird, wenn dies möglich, aufzufordern, ihr beizuwohnen.

(4) Der Richter hat die zu einer strafbaren Handlung in Beziehung stehenden Papiere der Staatsanwaltschaft mitzuteilen.

§ 111. (1) Gegenstände, die durch die strafbare Handlung dem Verletzten entzogen wurden, sind, falls nicht Ansprüche Dritter entgegenstehen, nach Beendigung der Untersuchung und geeignetenfalls schon vorher von Amts wegen dem Verletzten zurückzugeben, ohne daß es eines Urteils hierüber bedarf.

(2) Dem Beteiligten bleibt vorbehalten, seine Rechte im Zivilverfahren geltend zu machen.

§ 112. (1) Gegen den Angeschuldigten darf nur dann Untersuchungshaft angeordnet werden, wenn er der Tat dringend verdächtig ist und wenn

1. er flüchtig ist oder sich verborgen hält, oder wenn bei Würdigung der Umstände des Einzelfalles, insbesondere der Verhältnisse des Angeschuldigten

und der Umstände, die einer Flucht entgegenstehen, die Befürchtung begründet ist, daß sich der Angeschuldigte dem Strafverfahren entziehen werde, oder

2. bestimmte Tatsachen vorliegen, welche die Gefahr begründen, daß der Angeschuldigte durch Vernichtung von Spuren der Tat oder von anderen Beweismitteln oder durch Beeinflussung von Zeugen oder Mitschuldigen die Ermittlung der Wahrheit erschweren werde.

(2) Die Tatsachen, die den Fluchtverdacht oder die Verdunkelungsgefahr begründen, sind aktenkundig zu machen. Der Verdacht der Flucht bedarf keiner weiteren Begründung, wenn

1. ein Verbrechen den Gegenstand der Untersuchung bildet, oder
2. der Angeschuldigte im Geltungsbereich dieses Bundesgesetzes keinen festen Wohnsitz oder Aufenthalt hat, insbesondere wenn er ein Landstreicher ist oder wenn er sich über seine Person nicht ausweisen kann.

§ 113. Ist die Tat nur mit Haft oder mit Geldstrafe bedroht, so darf die Untersuchungshaft nur wegen Verdachts der Flucht und nur dann verhängt werden, wenn der Angeschuldigte zu den im § 112 Abs. 2 Nr. 2 bezeichneten Personen gehört, oder wenn er unter Polizeiaufsicht steht, oder wenn es sich um eine Übertretung handelt, wegen deren die Unterbringung in einem Arbeitshaus angeordnet werden kann.

§ 114. (1) Die Verhaftung erfolgt auf Grund eines schriftlichen Haftbefehls des Richters.

(2) In dem Haftbefehl ist der Angeschuldigte genau zu bezeichnen und die ihm zur Last gelegte strafbare Handlung sowie der Grund der Verhaftung anzugeben.

(3) Der Haftbefehl ist dem Angeschuldigten, wenn möglich, bei der Verhaftung bekanntzumachen. Geschieht dies durch Verkündung, so ist der Angeschuldigte darauf hinzuweisen, daß ihm auf Verlangen eine Abschrift erteilt wird. Ist die Bekanntmachung bei der Verhaftung nicht erfolgt, so ist dem Angeschuldigten vorläufig mitzuteilen, welcher strafbaren Handlung er verdächtig ist. Die Bekanntmachung ist in diesem Falle unverzüglich nachzuholen.

§ 114 a. (1) Von der Verhaftung und jeder weiteren Entscheidung über die Fortdauer der Haft ist von Amts wegen unverzüglich ein Angehöriger des Verhafteten oder eine Person seines Vertrauens zu benachrichtigen.

(2) Außerdem ist dem Verhafteten selbst Gelegenheit zu geben, einen Angehörigen oder eine Person seines Vertrauens von der Verhaftung zu benachrichtigen, sofern der Zweck der Untersuchung dadurch nicht gefährdet wird.

§ 114 b. (1) Wird der Angeschuldigte auf Grund des Haftbefehls ergriffen, so ist er unverzüglich, spätestens am Tage nach der Ergreifung, dem zuständigen Richter vorzuführen.

(2) Der Richter hat den Angeschuldigten unverzüglich, spätestens am nächsten Tage, über den Gegenstand der Beschuldigung zu vernehmen.

(3) Bei der Vernehmung ist der Angeschuldigte auf die ihn belastenden Umstände hinzuweisen. Die Vernehmung soll ihm Gelegenheit geben, die Verdachtsgründe zu beseitigen und die Tatsachen geltend zu machen, die zu seinen Gunsten sprechen.

§ 114 c. (1) Kann der Angeschuldigte nicht spätestens am Tage nach der Ergreifung vor den zuständigen Richter gestellt werden, so ist er auf sein Verlangen unverzüglich, spätestens am Tage nach der Ergreifung, dem nächsten Amtsrichter vorzuführen.

(2) § 114b Abs. 2 und 3 gilt entsprechend.

(3) Ergibt sich bei der Vernehmung, daß der Haftbefehl aufgehoben oder der Ergriffene nicht die in dem Haftbefehl bezeichnete Person ist, so ist der Ergriffene freizulassen.

§ 114 d. (1) Befindet sich der Angeschuldigte auf Grund eines Haftbefehls, der wegen eines Verbrechens oder Vergehens erlassen ist, in Haft, so wird auf seinen Antrag nach mündlicher Verhandlung darüber entschieden, ob der Haftbefehl aufrechtzuerhalten oder aufzuheben oder ob eine Anordnung gemäß § 117 zu treffen ist.

(2) Der Termin zur mündlichen Verhandlung darf ohne Zustimmung des Angeschuldigten nicht über eine Woche nach dem Eingang des Antrags hinaus anberaumt werden.

(3) Hat bereits eine mündliche Verhandlung nach Abs. 1 oder 2 oder nach § 115a stattgefunden, so entscheidet das Gericht über Anträge auf nochmalige mündliche Verhandlung nach freiem Ermessen.

§ 115. Bei der Bekanntmachung des Haftbefehls ist der Angeschuldigte darauf hinzuweisen, daß er gegen den Haftbefehl Beschwerde einlegen kann. Ist der Haftbefehl wegen eines Verbrechens oder Vergehens erlassen, so ist der Angeschuldigte ferner darauf hinzuweisen, daß er, statt Beschwerde einzulegen, eine mündliche Verhandlung gemäß § 114d beantragen kann.

§ 115 a. (1) Solange der Angeschuldigte sich in Untersuchungshaft befindet, hat das Gericht innerhalb bestimmter Fristen von Amts wegen zu prüfen, ob die Haft aufrechtzuerhalten ist (Haftprüfungsverfahren).

(2) Die Prüfung findet zum ersten Male statt, wenn die Untersuchungshaft einen Monat gedauert hat.

(3) Läßt das Gericht den Angeschuldigten nicht frei, so bestimmt es zugleich, wann das Haftprüfungsverfahren zu wiederholen ist. Die Frist soll in der Regel mindestens drei Wochen und darf nicht mehr als drei Monate betragen. Dasselbe gilt bei jeder Wiederholung des Haftprüfungsverfahrens.

(4) Auf Antrag des Angeschuldigten wird im Haftprüfungsverfahren nach mündlicher Verhandlung entschieden; auf dieses Recht ist der Angeschuldigte hinzuweisen. Stellt der Angeschuldigte den Antrag nicht, so ist er vor der Entscheidung zu hören; hat er einen Verteidiger, so ist auch der Verteidiger zu hören.

(5) Hatte der Angeschuldigte während des Laufes der in Abs. 2 bestimmten Frist gegen den Haftbefehl Beschwerde erhoben oder gemäß § 114 d mündliche Verhandlung beantragt, oder ist gemäß § 207 Abs. 2 die Fortdauer der Untersuchungshaft angeordnet worden, so beginnt die Frist mit der Bekanntmachung der Entscheidung, in der die Haft aufrechterhalten wird an den Angeschuldigten von neuem zu laufen. Ergeht eine solche Entscheidung während des Laufes einer gemäß Absatz 3 vom Gericht bestimmten Frist, so hat das Gericht eine neue Frist zu bestimmen.

§ 115 b. Nach Eröffnung des Hauptverfahrens findet eine mündliche Verhandlung über den Haftbefehl nicht mehr statt.

§ 115 c. (1) Für den Antrag auf mündliche Verhandlung gelten die für Rechtsmittel gegebenen Vorschriften der §§ 297 bis 300, uod § 302 Abs. 2 entsprechend.

(2) Neben einem Antrag auf mündliche Verhandlung ist eine Beschwerde über den Haftbefehl nicht zulässig. Eine bereits eingelegte Beschwerde gilt mit der Anberaumung des Termins zur mündlichen Verhandlung als zurückgenommen.

§ 115 d. (1) Von Ort und Zeit der mündlichen Verhandlung sind die Staatsanwaltschaft sowie der Angeschuldigte und der Verteidiger zu benachrichtigen.

(2) Der Angeschuldigte ist zu der Verhandlung vorzuführen, es sei denn, daß er auf die Anwesenheit in der Verhandlung verzichtet hat oder daß der Vorführung weite Entfernung oder Krankheit des Angeschuldigten oder andere nicht zu beseitigende Hindernisse entgegenstehen. Wird der Angeschuldigte zur mündlichen Verhandlung nicht vorgeführt, so muß ein Verteidiger seine Rechte in der Verhandlung wahrnehmen.

(3) Hat bis zum Beginn der mündlichen Verhandlung die Untersuchungshaft des Angeschuldigten seit der Verhaftung drei Monate gedauert, so ist ein Verteidiger zu der Verhandlung auch zuzuziehen, wenn der Angeschuldigte dazu vorgeführt wird.

(4) Hat der Angeschuldigte noch keinen Verteidiger gewählt, so ist ihm ein Verteidiger zu bestellen. Die Vorschriften der §§ 142, 143 und 145 gelten entsprechend.

(5) In der mündlichen Verhandlung sind die anwesenden Beteiligten zu hören. Art und Umfang der Beweisaufnahme bestimmt das Gericht. Über die Verhandlung ist ein Protokoll aufzunehmen. Die Vorschriften der §§ 271 bis 273 sind entsprechend anzuwenden.

(6) Die Entscheidung ist am Schluß der mündlichen Verhandlung zu verkünden. Ist dies nicht möglich, so ist die Entscheidung spätestens binnen einer Woche zu erlassen.

§ 117. Ein Angeschuldiger, dessen Verhaftung lediglich wegen des Verdachts der Flucht angeordnet ist, kann gegen Sicherheitsleistung mit der Untersuchungshaft verschont werden.

§ 123. (1) Der Haftbefehl ist aufzuheben, wenn der in ihm angegebene Grund der Verhaftung weggefallen ist, oder wenn der Angeschuldigte freigesprochen oder außer Verfolgung gesetzt wird.

(2) Durch Einlegung eines Rechtsmittels darf die Freilassung des Angeschuldigten nicht verzögert werden.

§ 126 a. (1) Sind dringende Gründe für die Annahme vorhanden, daß jemand eine mit Strafe bedrohte Handlung im Zustand der Zurechnungsunfähigkeit oder der verminderten Zurechnungsfähigkeit begangen hat und daß seine Unterbringung in einer Heil- oder Pflegeanstalt angeordnet werden wird, so kann das Gericht durch Unterbringungsbefehl seine einstweilige Unterbringung anordnen, wenn die öffentliche Sicherheit es fordert. Die Tatsachen, die diese Annahme rechtfertigen, sind aktenkundig zu machen.

(2) Für die einstweilige Unterbringung gelten die §§ 114—116, 124—126 entsprechend. Hat der Unterzubringende einen gesetzlichen Vertreter, so ist der Beschluß auch diesem bekannt zu machen. Die Freilassung gegen Sicherheitsleistung ist unzulässig.

(3) Der Unterbringungsbefehl ist aufzuheben, wenn der in ihm angegebene Grund der Unterbringung weggefallen ist oder wenn das Gericht im Urteil die Unterbringung in einer Heil- oder Pflegeanstalt nicht anordnet. Durch Einlegung eines Rechtsmittels darf die Freilassung nicht verzögert werden.

§ 127. (1) Wird jemand auf frischer Tat betroffen oder verfolgt, so ist, wenn er der Flucht verdächtig ist oder seine Persönlichkeit nicht sofort festgestellt werden kann, jedermann befugt, ihn auch ohne richterlichen Befehl vorläufig festzunehmen.

(2) Die Staatsanwaltschaft und die Polizeibeamten sind bei Gefahr im Verzug auch dann zur vorläufigen Festnahme befugt, wenn die Voraussetzungen eines Haftbefehls oder eines Unterbringungsbefehls vorliegen.

(3) Bei strafbaren Handlungen, deren Verfolgung nur auf Antrag eintritt, ist die vorläufige Festnahme von der Stellung eines solchen Antrages nicht abhängig.

§ 128. (1) Der Festgenommene ist, sofern er nicht wieder in Freiheit gesetzt wird, unverzüglich, spätestens am Tage nach der Festnahme, dem Amtsrichter des Bezirks, in dem er festgenommen worden ist, vorzuführen; dieser hat dem Vorgeführten die Gründe der Festnahme mitzuteilen, ihn zu vernehmen und ihm Gelegenheit zu Einwendungen zu geben.

(2) Hält der Amtsrichter die Festnahme nicht für gerechtfertigt oder ihre Gründe für beseitigt, so ordnet er die Freilassung an. Andernfalls erläßt er einen Haftbefehl oder einen Unterbringungsbefehl, für den die Vorschriften des § 126 gelten.

§ 131. (1) Auf Grund eines Haftbefehls oder eines Unterbringungsbefehls können die Staatsanwaltschaft oder der Richter einen Steckbrief erlassen, wenn der Beschuldigte flüchtig ist oder sich verborgen hält.

(2) Ohne Haft oder Unterbringungsbefehl ist eine steckbriefliche Verfolgung nur zulässig, wenn ein Festgenommener entweicht oder sich sonst der Bewachung entzieht. In diesen Fällen kann auch die Polizeibehörde einen Steckbrief erlassen.

(3) In dem Steckbrief ist der Verfolgte zu bezeichnen und soweit möglich zu beschreiben. Die Tat, deren er verdächtig ist, sowie Ort und Zeit ihrer Begehung sind anzugeben.

(4) Die §§ 114b, 114c gelten entsprechend.

§ 136 a. (1) Die Freiheit der Willensentschließung und der Willensbetätigung des Beschuldigten darf nicht beeinträchtigt werden durch Mißhandlung, durch Ermüdung, durch körperlichen Eingriff, durch Verabreichung von Mitteln, durch Quälerei, durch Täuschung oder durch Hypnose. Zwang darf nur angewandt werden, soweit das Strafverfahrensrecht dies zuläßt. Die Drohung mit einer nach seinen Vorschriften unzulässigen Maßnahme und das Versprechen eines gesetzlich nicht vorgesehenen Vorteils sind verboten.

(2) Maßnahmen, die das Erinnerungsvermögen oder die Einsichtsfähigkeit des Beschuldigten beeinträchtigen, sind nicht gestattet.

(3) Das Verbot des Abs. 1 und 2 gilt ohne Rücksicht auf die Einwilligung des Beschuldigten. Aussagen, die unter Verletzung dieses Verbots zustande gekommen sind, dürfen auch dann nicht verwertet werden, wenn der Beschuldigte der Verwertung zustimmt.

§ 158. (1) Anzeigen strafbarer Handlungen oder Anträge auf Strafverfolgung können bei der Staatsanwaltschaft, den Behörden und Beamten des Polizeidienstes und den Amtsgerichten mündlich oder schriftlich angebracht werden. Die mündliche Anzeige ist zu beurkunden.

(2) Bei strafbaren Handlungen, deren Verfolgung nur auf Antrag eintritt, muß der Antrag bei einem Gericht oder der Staatsanwaltschaft schriftlich oder zu Protokoll, bei einer anderen Behörde schriftlich angebracht werden.

§ 159. (1) Sind Anhaltspunkte dafür vorhanden, daß jemand eines nicht natürlichen Todes gestorben ist, oder wird der Leichnam eines Unbekannten gefunden, so sind die Polizei- und Gemeindebehörden zur sofortigen Anzeige an die Staatsanwaltschaft oder an den Amtsrichter verpflichtet.

(2) Zur Bestattung ist die schriftliche Genehmigung der Staatsanwaltschaft oder des Amtsrichters erforderlich.

§ 160. (1) Sobald die Staatsanwaltschaft durch eine Anzeige oder auf anderem Wege von dem Verdacht einer strafbaren Handlung Kenntnis erhält, hat sie zu ihrer Entschließung darüber, ob die öffentliche Klage zu erheben ist, den Sachverhalt zu erforschen.

(2) Die Staatsanwaltschaft hat nicht nur die zur Belastung, sondern auch die zur Entlastung dienenden Umstände zu ermitteln und für die Erhebung der Beweise Sorge zu tragen, deren Verlust zu besorgen steht.

(3) Die Ermittlungen der Staatsanwaltschaft sollen sich auch auf die Umstände erstrecken, die für die Strafbemessung und für die Anordnung von Maßregeln der Sicherung und Besserung von Bedeutung sind.

§ 161. (1) Zu dem im vorstehenden Paragraphen bezeichneten Zweck kann die Staatsanwaltschaft von allen öffentlichen Behörden Auskunft verlangen und Ermittlungen jeder Art, mit Ausschluß eidlicher Vernehmungen, entweder selbst vornehmen oder durch die Behörden und Beamten des Polizeidienstes vornehmen lassen. Die Behörden und Beamten des Polizeidienstes sind verpflichtet, dem Ersuchen oder Auftrag der Staatsanwaltschaft zu genügen.

(2) Die Vorschriften der §§ 136a und 69 Abs. 3 sind anzuwenden.

§ 163. (1) Die Behörden und Beamten des Polizeidienstes haben strafbare Handlungen zu erforschen und alle keinen Aufschub gestattenden Anordnungen zu treffen, um die Verdunkelung der Sache zu verhüten.

(2) Die Vorschriften der §§ 136a und 69 Abs. 3 sind anzuwenden.

(3) Sie übersenden ihre Verhandlungen ohne Verzug der Staatsanwaltschaft. Erscheint die schleunige Vornahme richterlicher Untersuchungshandlungen erforderlich, so kann die Übersendung unmittelbar an den Amtsrichter erfolgen.

§ 164. Bei Amtshandlungen an Ort und Stelle ist der Beamte, der sie leitet, befugt, Personen, die seine amtliche Tätigkeit vorsätzlich stören, oder sich den von ihm innerhalb seiner Zuständigkeit getroffenen Anordnungen widersetzen, festnehmen und bis zur Beendigung seiner Amtsverrichtungen, jedoch nicht über den nächstfolgenden Tag hinaus, festhalten zu lassen.

§ 165. Bei Gefahr im Verzug hat der Amtsrichter die erforderlichen Untersuchungshandlungen von Amts wegen vorzunehmen.

Alphabetisches Sachverzeichnis.

Die Zahlen bedeuten die Seiten.

A.

C.

D.

H.

N.

O.

P.

Q.

R.

T.

U.

Z.

Nachweis wichtiger Gesetzesausgaben

mit und ohne Erläuterungen, größere und kleinere Kommentare, Lehrbücher, Sammelwerke, Entscheidungssammlungen, Zeitschriften

Walter de Gruyter & Co., Berlin W 35, Genthiner Str. 13

Winter 1949/50

Inhaltsübersicht

I. Allgemeines, Rechtsgeschichte, Rechtsphilosophie

Abhängige Länder. Eine Analyse des Begriffs von der ursprünglichen Herrschergewalt. Zugleich eine staatsrechtliche und politische Studie über Elsaß-Lothringen, die österreichischen Königreiche und Länder, Kroatien-Slavonien, Bosnien-Herzegowina, Finnland, Island, die Territorien der nordamerikanischen Union, Kanada, Australien, Südafrika. Von Dr. R. Redslob, o. Prof. der öffentl. Rechte a. d. Univers. Rostock. Oktav. 352 Seiten. 1914. 10.—

Aktienwesen und Spekulation. Eine ökonomische und rechtspsychologische Untersuchung. Von L. von Petražycki, o. Prof. a. d. Univers. Petersburg. Oktav. IV, 226 Seiten. 1906. (Schweitzer.) Geb. 4.—

Albertus Gandinus und das Strafrecht der Scholastik. Von Dr. jur. H. U. Kantorowicz. 2 Bände. Oktav.
Bd. I: Die Praxis. Ausgewählte Strafprozeßakte des 13. Jahrhunderts nebst diplomatischer Einleitung. Von der Savigny-Stiftung unterstützt. XII, 428 Seiten. 1907. 12.—
Bd. II: Die Theorie. Kritische Ausgabe des Tractatus de maleficiis nebst textkritischer Einleitung. XXVI, 451 Seiten. 1926. 30.—

Allgemeiner Teil des Rechts, Der — — e —. Eine Darstellung der gemeinsamen Lehren des öffentlichen und des privaten Rechts. Von Dr. K. Friedrichs, Just. Rat. Oktav. X, 306 Seiten. 1927. 12.—, geb. 13.50

Alt-Regensburgs Gerichtsverfassung, Strafverfahren und Strafrecht bis zur Carolina. Nach urkundlichen Quellen dargestellt. Von Dr. H. Knapp, k. Reichsarchivrat i. Münster/W. Oktav. X, 375 Seiten. 1914. 8.—

Athenisches Gesetz über die Eleusinische Aparche, Ein — —. Von A. Elter. Quart. 56 Spalten. 1914. 3.—

Attische Geschworenengerichte, Die — n — —. Ein Beitrag zum attischen Staatsrecht. Von M. Fränkel. Oktav. VI, 112 Seiten. 1877. 1.60

Beiträge, Freiburger — — zur Strafvollzugskunde. Herausgeg. von Dr. E. Wolf. Oktav.
Heft 1: Die Stellung der deutschen Sozialisten zum Strafvollzug von 1870 bis zur Gegenwart. Von Dr. A. Behrle. 182 Seiten. 1931. 6.—
Heft 2: Quellenstudien zur Geschichte des deutschen Zuchthauswesens bis zur Mitte des 19. Jahrhunderts. Von Dr. jur. G. Saam. 112 Seiten. 1936. 5.—

Beiträge, Romanistische — — zur Rechtsgeschichte. Unter Mitwirkung von Fachgelehrten herausgeg. von L. Mitteis, J. Partsch, E. Rabel. Oktav.
Heft 1: **Der Kauf mit fremdem Geld.** Studien über die Bedeutung der Preiszahlung für den Eigentumserwerb nach griechischem und römischem Recht. Von F. Pringsheim, o. Prof. a. d. Univers. Göttingen. VI, 180 Seiten. 1916. 9.—
Heft 3: **De claris juris consultis.** Von Th. Diplovatatius. Herausgeg. von H. Kantorowicz, o. Prof. a. d. Univers. Freiburg, und Fr. Schulz, o. Prof. a. d. Univers. Bonn.
Bd. I: Lebensgeschichtliche Einleitung. Von H. Kantorowicz. De claris iuris consultis. Pars prior. Edidit F. Schulz. Mit 4 Tafeln. XXIV, 384 Seiten. 1919. 20.—

Heft 4: **Justa causa traditionis.** Eine Untersuchung über den Erwerb des Eigentums nach römischem Recht. Von Dr. A. Erhardt, Priv. Doz. i. Freiburg. VIII, 207 Seiten. 1930. 18.—
Heft 5: **Prätorische Bereicherungsklagen.** Von Dr. G. H. Maier. VIII, 174 Seiten. 1932. 10.—
Heft 6: **Antikes Lösungsrecht.** Von Dr. W. Felgentraeger, Ger. Ass. a. D. VII, 133 Seiten. 1933. 10.—

Beiträge zur Geschichte der deutschen Strafrechtspflege. Herausgeg. von Dr. M. Grünhut, Prof. i. Bonn und Dr. E. Schmidt, Prof. in Hamburg. Oktav.
Heft 1: Strafrechtspflege in Sachsen-Weimar-Eisenach unter Carl August. Von Dr. Fr. W. Lucht. 111 Seiten. 1929. 7.—
Heft 2: Stellung des Strafrichters in den Gesetzen der französischen Revolutionszeit (1791—1810). Von Dr. R. Höhn. 147 Seiten. 1929. 8.—
Heft 3: Das Strafrecht Italiens im ausgehenden Mittelalter. Untersuchungen über die Beziehungen zwischen Theorie und Praxis im Strafrecht des Spätmittelalters, namentlich im XIV. Jahrhundert. Von G. Dahm, Priv. Doz. a. d. Univers. Heidelberg. XXIV, 555 Seiten. 1931. 35.—

Beiträge zur Kenntnis des römisch-ägyptischen Grundbuchrechts. Von H. Lewald. Oktav. 100 Seiten. 1909. 3.50

Briefe und Erinnerungen. 1852—1868. Von R. v. Ihering. Oktav. 106 Seiten. 1907. (Schweitzer.) 1.80

Byzanz und Persien in ihren diplomatisch-völkerrechtlichen Beziehungen im Zeitalter Justinians. Ein Beitrag zur Geschichte des Völkerrechts. Von Dr. K. Güterbock, Geh. Just. Rat, Prof. der Rechte zu Königsberg. Oktav. VIII, 128 Seiten. 1906. 3.—

Civitas auf deutschem Boden bis zum Ausgange der Karolingerzeit, Die — —. Ein Beitrag zur Geschichte der deutschen Stadt. Von Dr. S. Rietschel, o. ö. Prof. a. d. Univers. Tübingen. Oktav. 102 Seiten. 1894. 3.—

Compensationsverfahren im vorjustinianischen stricti juris judicium, Das — —. Von E. Stampe. Oktav. IV, 98 Seiten. 1886. 2.60

Corpus juris civilis, Taschenwörterbuch zum — —, den Institutionen des Gajus und anderen römischen Rechtsquellen. 4.—5. Auflage. Klein-Oktav. IV, 172 Seiten. 1923. (Schweitzer.) 3.—

Corpus iuris germanici antiqui. Ex optimis subsidiis collegit, edidit et lectionum varietatem adiecit F. Walter. III tomi. Oktav. 1824. cplt. 12.—
Tomus I. Legem Salicam, Ripuariorum, Alamannorum, Baiuvariorum, Burgundionum, Frisionum, Angliorum et Werinorum, Saxonum, edictum Theodorici leges Wisigothorum, et edicta regum Langobardorum continens. XVI, 838 Seiten.
Tomus II. Capitularia regum Francorum usque ad Ludovicum pium continens. VIII, 867 Seiten.
Tomus III. Capitularia regum Francorum et imperatorum post Ludovicum pium, veterum formularum collectionem amplissimam, capitula regum et imperatorum legibus Langobardum addita, et appendicem variorum monumentorum continens. VIII, 803 Seiten.

Deutsche Rechtsaltertümer in unserer heutigen deutschen Sprache. Von L. Günther. Oktav. VII, 160 Seiten. 1903. 2.50

Eid, Der — — bei den Semiten in seinem Verhältnis zu verwandten Erscheinungen, sowie die Stellung des Eides im Islam. Von J. Pedersen. Quart. VIII, 242 Seiten. 1914. (Studien zur Geschichte und Kultur des islamischen Orients. 3. Heft.) 12.60

Enteignung, Die Grenzen der — —. Ein Beitrag zur Entwicklungsgeschichte des Enteignungsinstituts und zur Auslegung des Art. 153 der Weimarer Verfassung, von Dr. O. Kirchheimer. Oktav. 63 Seiten. 1930. 4.—

Entwicklung der Kompensation im römischen Rechte, Über die — —. Von Dr. P. Kretschmar, a. o. Prof. a. d. Univers. Gießen. Oktav. 80 Seiten. 1907. 2.80

Enzyklopädie der Rechtswissenschaft in systematischer Bearbeitung. Begründet von Dr. F. v. Holtzendorf. Unter Mitwirkung von G. Anschütz, L. v. Bar, E. v. Beling, E. Blume, H. Brummer, G. Cohn, K. Crome, H. Dietz, F. Dochow, E. Dorner, K. Flesch, B. Freudenthal, J. Gerstmeyer, O. v. Gierke, P. Heilborn, E. Heymann, Fr. Hiller, L. Laß, O. Lenel, A. Osterrieth, E. Rabel, P. Schoen, J. Stranz, G. Strutz, U. Stutz, H. Trumpler, K. v. Unzner, F. Wachenfeld, M. Wolff. Herausgeg. von Dr. J. Kohler, o. Prof. der Rechte i. Berlin. 7., der Neubearbeitung 2. Aufl. 5 Bände. Quart. Cplt. geb. 85.—
Bd. I: IV, 558 Seiten. 1915. Bd. II: 462 Seiten. 1914. Bd. III: 452 Seiten. 1913. Bd. IV: 551 Seiten. 1914. Bd. V: 588 Seiten. 1914. In Gemeinschaft mit Verlag Duncker & Humblot in München.

Erfüllung, Die — —. 1. Teil: Historische und dogmatische Grundlagen. Von Dr. P. Kretschmar, a. o. Prof. a. d. Univers. Gießen. Oktav. 168 Seiten. 1906. 5.40

L'étude du droit romain comparé aux autres droits de l'antiquité. Von J. Gilson, Docteur en droit. Oktav. 295 Seiten. 1899. 4.—

Excommunikation, Einfluß der — — und der Delicta mere ecclesiastica auf die Fähigkeit zum Erwerb und zur Ausübung des Patronatrechts. (Dissertation.) Von Dr. E. Jacobi, o. Prof. a. d. Univers. Münster/W. Oktav. VIII, 76 Seiten. 1908. 2.20

Festgabe für Rudolf Stammler zum 70. Geburtstag am 19. Februar 1926. Herausgeg. von E. Tatarin-Tarnheyden. Mit 1 Bildnis und 1 Tafel. Oktav. 1926. 28.—, geb. 32.—

Festschrift für Ernst-Heinrich Rosenfeld zu seinem 80. Geburtstag am 14. August 1949. Gr.-Oktav. 243 Seiten. 1949. 16.—

Festschrift für Wilhelm Sauer zu seinem 70. Geburtstag am 24. Juni 1949. Mit Bibliographie. Gr.-Oktav. 296 Seiten. 1949. 18.—

Festschrift der Universität Leipzig zur 500jährig. Jubelfeier gewidmet von der Juristischen Gesellschaft in Leipzig. Oktav. 243 Seiten. 1909. 6.50

Fiducia im römischen Privatrecht, Die — —. Eine rechtsgeschichtliche Untersuchung. Von Dr. jur. P. Oertmann. Oktav. 262 Seiten. 1890. 5.—

Funkentelegraphie im Recht, Die — —. Eine rechts- und verkehrsgeschichtl. Abhandlung. Von Thurn. Lex.-Oktav. 150 Seiten. 1913. (Schweitzer.) 5.—

Gaii institutionum commentarii quattuor. Ex membranis deleticiis Veronensis bibliothecae capitularis eruit J. F. L. Goeschen. Accedit veteris iurisconsulti de iure fisci fragmentum ex aliis eiusdem bibliothecae membranis transcriptum. Carolus Lachmannus ad schedas Goeschenii, Hollwegii, Blumii recognovit. Editio tertia. Cum tabulis aeri incicis. Oktav. LXXV, 512 Seiten. 1842. 3.—

Gaii iurisconsulti institutionum commentarius quartus sive de actionibus. Recensuit, restituere conatus est, adnotationem perpetuam librumque observationum adjecit A. G. Heffter. Quart. VIII, LXXIV, 121 Seiten. 1827. 2.—

Gaii et Justiniani institutiones iures romani. Recognoverunt annotationem adjecerunt coniunctasque ediderunt C. A. C. Klenze et E. Böcking. Quart. XV, 292 Seiten. 1829. 3.—

Gerichtsbuch der Stadt Cassel aus 1505 und 1506. Von A. Stölzel. Oktav. II, 56 Seiten. 1913. 2.50

Gesetzgebung, Rechtsprechung und Verwaltung. Eine Zusammenstellung der wichtigsten geltenden Gesetze, Verordnungen und Befehle, insbesondere für Groß-Berlin, sowie ein Streifzug durch die aktuellen Fragen der heutigen Zeit. Von L. Mohn, RA und Notar, Richter a. Landger. Berlin. Oktav. 208 Seiten. 1948. 9.—

Gestaltung der deutschen politischen Einheit, Die — —. Von Koellreutter. Oktav. 15 Seiten. 1934. (Schweitzer.) —.60

Gottesurteil und Folter. Eine Studie zur Dämonologie des Mittelalters und der neueren Zeit. Von Prof. Dr. H. Fehr, Bern. Mit 1 Tafel. Oktav. 24 Seiten. 1926. 2.50

Handwörterbuch der Rechtswissenschaft. Unter Mitberatung von E. Bumke, L. Busch, L. Ebermayer, F. Endemann, E. Heymann, O. Strecker, K. v. Unzner. Herausgeg. von Dr. jur. F. Stier-Somlo, o. Prof. a. d. Univers. Köln und Dr. jur. A. Elster, Berlin. 7 Bände. Oktav.
Bd. I: Abandon-Deichgüter. XV, 912 Seiten. 1926. 35.—
Bd. II: Deichverbände-Giroverkehr. XII, 960 Seiten. 1927. 37.80
Bd. III: Glaubensfreiheit-Luxemburg. XII, 1004 Seiten. 1928. 43.20
Bd. IV: Mädchenhandel-Reichsexekution. X, 798 Seiten. 1927. 35.—
Bd. V: Reichsgericht-Territorialprinzip. X, 885 Seiten. 1928. 37.80
Bd. VI: Testament-Zwischenstreit. Abkürzungen, Mitarbeiterverzeichnis, Sachregister zu Bd. I—VI. XIII, 1231 Seiten. 1929. 50.40
Bd. VII: (Ergänzungsband). A—Z und Sachregister. VIII, 688 Seiten. 1931. 33.30

Histoire de la législation des anciens Germains. Von G. A. Davoud-Oghlou, 2 tomes. Oktav. 1845. Cplt. 8.—
Tome I: Wisigoths, Baiuvariens, Alamanns, Burgundions, Franc-Saliens, Francs-Ripuaires. CVIII, 660 Seiten. Tome II: Langobards, Thuringiens, Frisions, Saxons. IV, 799 Seiten.

Imperatoris Justiniani institutionum libri IV. Ad fidem antiquorum librorum edidit E. Schrader in operis societatem accedentibus Theoph. Luca Fr. Tafelio, Gualth. Frider. Clossio, Christ. Joh. C. Maiero. Editio stereotypa. Oktav. VI, 216 Seiten. 1874. 1.—

Instutionen des römischen Rechts. Ein Lehrbuch. Von Dr. R. Leonhard, o. ö. Prof. der Rechtswissensch. i. Marburg. Oktav. XIV, 572 Seiten. 11.—, geb. 14.—

Interpellationsrecht, Das — — im Rahmen der modernen Ministerverantwortlichkeit. Von Dr. J. Hatschek, o. Prof. der Rechte a. d. Univers. Göttingen. Eine rechtsvergleichende Studie. (Veröffentlicht für die Geschäftsordnungskommission des Reichstags auf Wunsch ihres Vorsitzenden.) Oktav. 164 Seiten. 1909. 2.20

Intertemporales Recht, Das — — e. Das Recht der zeitlich verschiedenen Rechtsordnungen. Oktav. Von F. Affolter.
Bd. I: Das Intertemporale Privatrecht. 2 Teile.
Teil 1: Geschichte des intertemporalen Privatrechts. XIV, 652 Seiten. 1902. 18.—
Teil 2: System des deutschen bürgerlichen Übergangsrechts. XIV, 468 Seiten. 1903. 14.—

Jugendrecht. Ein Lehrbuch zur Einführung. Von Prof. Dr. A. Wegner. Oktav. VIII, 219 Seiten. 1929. 5.40, geb. 6.75

Juristenlatein, Das — —. Versuch einer Charakteristik auf Grundlage der Digesten. Von W. Kalb, k. Studienlehrer a. Melanchthon-Gymnasium i. Nürnberg. 2. Aufl. Gr.-Oktav. 90 Seiten. 1888. (Schweitzer.) 1.80

Juristische Daten. Nach Rechtsgebieten — unter Beifügung eines besonderen biographischen Abschnitts — chronologisch zusammengestellt. Von A. M. v. Biberstein. 3., verb. u. verm. Aufl. Oktav. IV, 147 Seiten. 1901. (Schweitzer.) 1.80

Juristisches Studium, Die Reform des — —. Von Dr. H. B. Gerland, o. ö. Prof. a. d. Univers. Jena. Oktav. 160 Seiten. 1911. 3.—

Kleines Satzlexikon für Behörden. Deutsch-Englisch. Von D. Borchard. Oktav. 1949. (Cram, de Gruyter & Co. Hamburg.) 2.40

Kreditauftrag, Der — —. Eine Studie nach römischem und neuem bürgerlichen Recht. Von O. Foerster. Oktav. 216 Seiten. 1903. 5.60

Kritische Vierteljahresschrift für Gesetzgebung und Rechtswissenschaft. Herausgeg. von E. Mezger, K. Blomeyer, J. Heckel, A. Hueck, E. Riezler, M. San Nicolò, Ch. Frhr. v. Schwerin, Professoren d. Münchener Juristenfakultät. Gr.-Oktav. Ab 1912 neue Folge. Der Band zu je 4 Heften. Bd. 14—18 je 8.—; Bd. 19 10.—; Bd. 20 16.—; Bd. 21 24.—; Bd. 22 32.50; Bd. 23 27.—; Bd. 24 31.—; Bd. 25 29.—; Bd. 26—32 je 28.— (Schweitzer).

Lex Salica. Zum akademischen Gebrauch herausgeg. und erläutert von H. Geffcken. Oktav. XIV, 332 Seiten. 1898. 7.—

Longi temporis praescriptio im klassischen römischen Rechte, Die, — —. Von J. Partsch. Oktav. 180 Seiten. 1906. 7.—

Magdeburger Fragen, Die — —. Von I. Fr. Behrend. Oktav. L, 300 Seiten. 1865. 6.50

Menschlicher Körper und die Persönlichkeitsrechte. Der — —. Von H. Schreuer. Oktav. 40 Seiten. 1919. —.70

Monumenta legalia antiquitatis Romanae, ex libros iuris Romani sparsa, quae in aere, lapide, aliave materia, vel apud veteres auctores extraneos, partim integra, partim mutila, sed genuina, supersunt. Delectu, forma et variarum lectionum adnotatione usui expeditiori adcommodavit, tum notitiam historicoliterariam omnium, quotquot, exillo genere exstant, monomentorum, tam legalium, quam aliorum praemisit Chr. G. Haubold. Opus ex adversariis defuncti auctoris, quantum fieri potuit, restituit E. Spangenberg. Oktav. CXXXII, 299 Seiten. 1830. 3.—

Mythos vom Recht, Der — — und seine empirischen Grundlagen. Von RRat Dr. Th. Jaehner. Oktav. 219 Seiten. 1933. (Schweitzer.) 10.—

Novae constutiones audientiae contradictarum in curia Romana promulgatae a. d. 1375. Nunc primum edidit. Von J. Förstemann. Oktav. 56 Seiten. 1897. 1.50

Personalexekution im Recht der Papyri, Zur — —. (Habilitationsschrift.) Von H. Lewald. Oktav. 76 Seiten. 1910. 2.50

Persönlichkeit des herrenlosen Sklaven, Die — —. Ein Stück aus dem römischen Sklavenrecht. Von Fr. Affolter. Oktav. VIII, 223 Seiten. 1913. 8.—

Privatrecht, Grundzüge des deutschen — — s. Von Cl. Frhr. v. Schwerin. 2. Aufl. Oktav. XII, 342 Seiten. 1928. (Lehrbücher und Grundrisse der Rechtswissenschaft Bd. XIII.) Geb. 9.90

Privatrecht, Römisches — —. Von F. Endemann. Mit Anhang: Quellenstudien. Oktav. X, 256 u. 30 Seiten. 1925. (Lehrbücher und Grundrisse der Rechtswissenschaft Bd. XII.) Geb. 9.50

Prozeß Heinrichs des Löwen, Der — —. Kritische Untersuchungen von F. Güterbock. Oktav. X, 210 Seiten. 1909. 5.—

Rechtsbegriffe, Über — —. Von Prof. Dr. P. Eltzbacher. Oktav. X, 84 Seiten. 1900. 2.—

Rechtsbuch, Armenisches — —. Mit Unterstützung der Königl. Akademie der Wissenschaften in Berlin. 2 Bände. Quart. Zusammen 40.—
Bd. I: Sempadscher Kodex aus dem 13. Jahrhundert oder Mittelarmenisches Rechtsbuch. Nach der Venediger und der Etschmiadziner Version unter Zurückführung auf seine Quellen herausgeg. und übersetzt von J. Karst. Text und Übersetzung. XXXII, 223 Seiten. 1905.
Bd. II: Sempadscher Kodex aus dem 13. Jahrhundert in Verbindung mit dem großarmenischen Rechtsbuch des Mechithar Gosch (aus dem 12. Jahrhundert). Unter Berücksichtigung der jüngeren abgeleiteten Gesetzbücher erläutert von J. Karst. Kommentar. VII, 424 Seiten. 1905.

Rechtsgefühl, Das — —. Rechtspsychologische Betrachtungen. Von E. Riezler, Prof. a. d. Univers. Freiburg i. Br. Oktav. 164 Seiten. 1921. (Schweitzer.) 1.80

Rechtsgemeinschaft, Die regelmäßige — —. Von Dr. K. Engländer. 1. Teil: Grundlegung. Oktav. IV, 360 Seiten. 1914. 8.—

Rechtsgeschichte, Deutsche — —. Von Dr. H. Fehr, Prof. i. Bern. 4., verb. Aufl. Oktav. XI, 280 Seiten. 1948. (Lehrbücher und Grundrisse der Rechtswissenschaft Bd. X.) Geb. 15.—

Rechtsgeschichte, Lehrbuch der deutschen —. Von R. Schröder und E. Frhr. v. Künßberg. 8. Aufl. in Vorbereitung.

Rechtsgeschichte, Römische — —. Von O. Karlowa. 2 Bände. Oktav.
Bd. I: Staatsrecht und Rechtsquellen. VIII, 1031 Seiten. 1885. 26.—
Bd. II: Privatrecht und Civilprozeß. Strafrecht und Strafprozeß. 1. Teil: Privatrecht. VI, 1416 Seiten. 1901. 40.—

Rechtsphilosophie, Lehrbuch der — —. Von Prof. Dr. Coing. In Vorbereitung. (Lehrbücher und Grundrisse der Rechtswissenschaft Bd. XX.) ca. 18.—

Rechtsphilosophie, Lehrbuch der — —. Von D. Dr. R. Stammler, Prof. a. d. Univers. Berlin. 3., verm. Aufl. Oktav. XV, 396 Seiten. 1928. 13.—, geb. 15.—

Rechtsphilosophie, Leitfaden der — —. Von Coing. In Vorbereitung. (Leitfaden der Rechtswissenschaft.)

Rechtsschule zu Bologna, Die Anfänge der — —. Von Dr. H. Fitting, o. Prof. der Rechte zu Halle. Oktav. 129 Seiten. 1888. 3.—

Rechtsvergleichende Studien zur Gesetzgebung Hammurapis, Königs von Babylon. Von Dr. jur. P. Koschaker, Prof. d. Rechte zu Leipzig. Oktav. XVII, 244 Seiten. 1917. 9.—

Rechtswechsel, Der — — im öffentlichen Recht und seine Einwirkung auf gleichwertige öffentlich-rechtliche Normen. Von Reg. Rat Dr. H. Vervier. Gr.-Oktav. 197 Seiten. 1923. (Schweitzer.) 5.40

Rechtswissenschaft, Einführung in die — —. Von Dr. A. Wegner, o. ö. Prof. der Rechte a. d. Westfälischen Wilhelms-Universität. 2., erw. und verb. Aufl. Oktav. 344 Seiten. 1948. Geb. 18.—

Recht und Gewalt. Von E. Brodmann. Oktav. 114 Seiten. 1921. 3.—

Reichsgericht, Fünfzig Jahre — — am 1. Oktober 1929. Von Dr. A. Lobe, Sen. Präs. a. Reichsger. i. R. Unter Mitarbeit von Mitgliedern und Beamten des Reichsgerichts, der Reichsanwaltschaft und der Rechtsanwaltschaft am Reichsgericht. Mit 14 Bildnissen und 15 Abb. Quart. VIII, 436 Seiten. 1929. 20.—, geb. 24.—

Reichsgerichtspraxis im deutschen Rechtsleben, Die — —. Festgabe der juristischen Fakultäten zum 50jährigen Bestehen des Reichsgerichts (1. Oktober 1929) in 6 Bänden unter Mitwirkung von G. Anschütz, E. Heymann, Th. Kipp, W. Kisch, A. Schultze, H. Siber. Herausgeg. von O. Schreiber. Quart. 1929. Cplt. 110.—, geb. 134.—
Bd. I: Öffentliches Recht. IV, 301 u. 54 Seiten. 18.—, geb. 22.—
Bd. II: Zivil- und Handelsrecht. IV, 326 u. 54 Seiten. 19.—, geb. 23.—
Bd. III: Zivil- und Handelsrecht (Fortsetzung). IV, 383 u. 54 Seiten. 22.—, geb. 26.—
Bd. IV: Handels- und Wirtschaftsrecht. IV, 335 u. 54 Seiten. 20.—, geb. 24.—
Bd. V: Strafrecht und Strafprozeß. IV, 321 u. 54 Seiten. 19.—, geb. 23.—
Bd. VI: Zivilprozeßrecht. IV, 334 u. 54 Seiten. 20.—, geb. 24.—

Richter und Rechtsprechung. Von Dr. A. Düringer, Reichsger. Rat. Oktav. 92 Seiten. 1909. (Erweiterter Sonderabdr. aus: Festschrift der Juristischen Gesellschaft in Leipzig zur 500jähr. Jubelfeier der Univers. Leipzig.) 2.—

Römisches Institutionen-System, Das — —, sein Wesen und seine Geschichte. Einleitender Teil. Tatbestand, Rechtsverhältnisse und Rechtsordnung. Grundlagen eines allgemeinen Teils des Privatrechts. Von Fr. Affolter. Oktav. VI, 568 Seiten. 1897. 12.—

Savigny, Friedrich Karl von — —. Ein Beitrag zu seiner Würdigung. Von Dr. R. Stintzing. Oktav. 59 Seiten. 1862. 1.—

Schöffensprüche, Magdeburger — —. Im Auftrage und mit Unterstützung der Savigny-Stiftung herausgeg. und bearb. von V. Friese und E. Liesegang. Bd. I (Abt. 1—4): Die Magdeburger Schöffensprüche für Groß-Salze, Zerbst und Anhalt, Naumburg und aus dem Kodex Harzgerodanus. Oktav. X, 872 Seiten. 1901. 20.—

Schuldvertrag und Treugelöbnis des Sächsischen Rechts im Mittelalter. Ein Beitrag zur Grundauffassung der altdeutschen Obligation. Von P. Puntschart. Oktav. XVIII, 515 Seiten. 1896. 14.—

Seedarlehen des Altertums, Das — —. Von Dr. H. Sieveking, RA i. Hamburg. Oktav. 48 Seiten. 1893. 1.40

Staatsgedanken des Reichsfreiherrn Karl vom Stein. Von Dr. E. Frhr. v. Scheurl, Hochschul- und Univers. Prof. i. Nürnberg. Oktav. 19 Seiten. 1931. (Schweitzer.) 1.—

Staatsrecht der Zaiditen, Das — —. Von R. Strothmann. Quart. XI, 109 Seiten. 1912. 4.50

Stendaler Urteilsbuch aus dem vierzehnten Jahrhundert, Ein — —, als Beitrag zur Kenntnis des Magdeburger Rechts. Von I. Fr. Behrend. Oktav. XVI, 122 Seiten. 1868. 2.80

Strohal, Emil. Ein Nachruf. Von L. Wenger. Mit einem Portrait. Oktav. 39 Seiten. 1914. 1.—

Syrische Rechtsbücher. Herausgeg. und übersetzt von E. Sachau. Quart. — Bd. I: Leges Constantini Theodosii Leonis. Aus der römischen Handschrift. XXIV, 224 Seiten. 1907. 16.—

Bd. II: Richterliche Urteile des Patriarchen Chenânîschô. Gesetzbuch des Patriarchen Timotheos. Gesetzbuch des Patriarchen Jesubarnun. Aus der römischen Handschrift. XXXIV, 212 Seiten. 1908. 16.—
Bd. III: Corpus iuris des persischen Erzbischofes Jesubocht. Erbrecht oder Canones des persischen Erzbischofes Simeon. Eherecht des Patriarchen Mâr Abhâ. Aus der römischen Handschrift. XXXV, 385 Seiten. 1914. 25.—

Taschenwörterbuch der Rechts- und Geschäftssprache. Englisch-Deutsch, Deutsch-Englisch. Von D. v. Beseler. 2., durchges. und erw. Aufl. Oktav. 271 Seiten. 1947. Geb. 15.—

Theorie der Exceptionen nach klassischem römischem Recht, Die — —. Von Dr. jur. J. v. Koschembahr-Lyskowski. Bd. I. Heft 1: Der Begriff der exceptio. Oktav. XXIII, 173 Seiten. 1893. 6.—

Übersiebnen der schädlichen Leute in Süddeutschland, Das — —. Ein rechtshistorischer Beitrag und Nachtrag. Von Dr. H. Knapp, k. Reichsarchivrat i. Münster/W. Oktav. 88 Seiten. 1910. 2.—

Untersuchungen zur Geschichte der deutschen Stadtverfassung.
Bd. I: Das Burggrafenamt und die hohe Gerichtsbarkeit in den deutschen Bischofsstädten während des früheren Mittelalters. Von Dr. S. Rietschel, o. ö. Prof. a. d. Univers. Tübingen. Oktav. XII, 344 Seiten. 1905. 10.—

Unzüchtige und die Kunst, Das — —. Eine juristische Studie für Juristen und Nichtjuristen. Von Prof. D. Dr. J. Lazarus. Oktav. 168 Seiten. 1909. 3.50

Urkunden zur Geschichte des deutschen Privatrechts. Von Dr. H. Loersch, Priv. Doz. der Rechte a. d. Univers. Bonn und Dr. R. Schröder, o. ö. Prof. der Rechte a. d. Univers. Heidelberg. Für den Gebrauch bei Vorlesungen und Übungen herausgeg. 3., neubearb. Aufl. von R. Schröder und L. Perels. Oktav. XXXII, 250 Seiten. 1912. 6.50, geb. 8.—

Vergleich im Prozesse, Der — —. Eine dogmatisch-historische Untersuchung. Von Dr. P. Kretschmar, a. o. Prof. a. d. Univers. Gießen. Oktav. 102 Seiten. 1896. 3.—

Verhandlungen des Deutschen Juristentages. Herausgeg. von dem Schriftführer-Amt der ständigen Deputation. Oktav. Preise der einzelnen Bände des 1.—37. Juristentages, soweit noch vorhanden, auf Anfrage.

Vermächtnisse, Die sogenannten gesetzlichen — —. Eine erbrechtliche Studie auf Grundlage des römischen und österreichischen Privatrechts unter Berücksichtigung anderer bedeutender Kodifikationen. Von L. Schiffner. Oktav. X, 222 Seiten. 1895. 7.—

Verwirkung, Die — —. Ein Beitrag zur Lehre von den zeitlichen Schranken der Ausübung der subjektiven Rechte. Von St. Karakantas. Oktav. 82 Seiten. 1938. (Aus: Hamburger Rechtsstudien.) (Cram, de Gruyter & Co. Hamburg.) 4.—

Vocabularium Iurisprudentiae Romanae iussi instituti Savigniani compositum. Quart.

Vol. I. Fasc. 1: (a-accipio). 1894. 15.—
— — 2: (accipio-amitto). 1898. 15.—
— — 3: (amitto-ceterum). 1899. 15.—
— — 4: (ceterum-cymbium). 1903. 15.—

Vol. II. Fasc. 1: (dactyliotjea-doceo). 1906. 15.—
— — 2: (doceo-ex). 1913. 15.—
— — 3: (ex-gutturosus). 1933. 18.—

Vol. III. Fasc. 1: (habeo-idem). 1910. 15.—
— — 2: (imperator-in). 1931. 15.—
— — 3: (inaedifico-ipse). 1937. 15.—

Vol. IV. Fasc. 1: (nam-numen). 1914. 15.—
— — 2: (numeratio-per [Praepositio]). 1936. 15.—

Vol. V. Fasc. 1: (R-sed). 1910. 15.—
— — 2: (sed-sors, sortis). 1917. 15.—
— — 3: (sortior-tantus). 1931. 15.—
— — 4: (tantus-veneo). 1938. 15.—
— — 5: (venerabilis-zythum). 1939. 17.—

Vorträge aus dem allgemeinen Staatsrecht. Separatabdruck aus den Annalen des Deutschen Reichs. Von M. v. Seydel. Gr.-Oktav. 96 Seiten. 1903. (Schweitzer.) 2.40

Westgothenrecht, Entstehung und Geschichte des — — s. Von A. Helfferich. Oktav. VIII, 475 Seiten. 1858. 6.—

Wirtschaft und Recht nach der materialistischen Geschichtsauffassung. Eine Sozialphilosophische Untersuchung. Von D. Dr. R. Stammler, Prof. a. d. Univers. Berlin. 5., durch einen Nachtrag erg. Aufl. Oktav. VIII, 706 Seiten. 1924. 14.—, geb. 16.—

Wirtschafts-Rechts-Wissenschaft und Wirtschafts-Hochschule. Von M. Rumpf, Mannheim. Oktav. 40 Seiten. 1920. 1.60

Zenten des Hochstifts Würzburg, Die — —. Ein Beitrag zur Geschichte des süddeutschen Gerichtswesens und Strafrechts. Mit Unterstützung der Savigny-Stiftung. Von Dr. H. Knapp, k. Reichsarchivrat. 2 Bände. Oktav.
Bd. I: Die Weistümer und Ordnungen der Würzburger Zenten. 1. Abt. Mit 2 Abb. XII, 708 Seiten. 2. Abt. Mit 1 Abb. IV, 696 Seiten. 1907. 45.—
Bd. II: Das Alt-Würzburger Gerichtswesen und Strafrecht. XI, 979 Seiten. 1907. 30.—

II. Bürgerliches Recht

1. Das Bürgerliche Gesetzbuch

Abhandlungen, Zivilrechtliche und prozeßrechtliche — —. Herausgeg. von Dr. W. Kisch, Prof. a. d. Univers. Straßburg. Oktav.
Heft 1: Das Sammelvermögen. Von Dr. jur. O. Fischbach. XII, 171 Seiten. 1907. 4.50
Heft 2: Das Imperium des Richters. Ein Versuch kasuistischer Darstellung nach dem englischen Rechtsleben im Jahre 1906/07. Nebst 2 Anhängen: Criminal appeal act 1907 und Probation of offenders act 1907. Von A. Mendelssohn-Bartholdy. X, 236 Seiten. 1908. 6.—, geb. 7.—
Heft 3: Streitbefangenheit und Rechtsnachfolge als Voraussetzungen der §§ 265 und 266 der Zivilprozeßordnung. Von Dr. jur. R. Schuman. VIII, 84 Seiten. 1910. 2.50
Heft 4: Die Schadenersatzansprüche bei Körperverletzung und Tötung im Zweikampf. Von Dr. F. Simon. XI, 73 Seiten. 1913. 2.—

Achilles-Greiff, Bürgerliches Gesetzbuch nebst Einführungsgesetz, Jugendwohlfahrtsgesetz, Schiffsrechtsgesetz, Ehegesetz, Testamentsgesetz. Mit Anmerkungen und Sachregister und mit Erläuterungen der Verordnung über das Erbbaurecht, des Gesetzes über die religiöse Kindererziehung sowie von Teilen des Familienrechtsänderungsgesetzes, der Familienrechtsangleichungsverordnung und des Verschollenheitsgesetzes. 19. Aufl. Herausgeg. von Dr. G. Beitzke, R. Frhr. v. Godin, Dr. J. Greiff, Dr. F. Oegg. Oktav. XVI, 1360 Seiten. Dünndruckpapier. 1949. (Guttentagsche Sammlung Nr. 38/39.) Geb. 36.—

Alimentationspflicht, Die — — der Ehegatten. Von Dr. jur. et rer. pol. Fr. Scheppler. Gr.-Oktav. 43 Seiten. 1909. (Schweitzer.) 1.60

Anfechtbarkeit der Verträge für das Vermögen eines Dritten, Die — —. Eine zivilrechtliche Abhandlung. Von Dr. R. Leonhard, o. ö. Prof. der Rechtswissenschaft i. Marburg. Oktav. 56 Seiten. 1892. 1.50

Ausführungsgesetz, Bayerisches — — zum Bürgerlichen Gesetzbuch. Mit den einschlägigen Verordnungen. Erledigt von LGDir. H. Steinert. Oktav. 216 Seiten. 1930. (Schweitzers braune Handausg.) Geb. 7.90

Beiträge zur Lehre von den Realgewerbegerechtigkeiten nach bayerischem Landeszivilrecht. Von Fr. Neuburger. Gr.-Oktav. VII, 30 Seiten. 1913. (Schweitzer.) 1.—

Blanketterklärung, Die — —. Ihre juristische Konstruktion und ihre Behandlung nach dem materiellen Recht und dem Prozeßrecht. Von Dr. J. Siegel. Oktav. VIII, 69 Seiten. 1908. (Schweitzer.) 1.80

BGB, Lexikon des — —. Von Dr. H. Kußmann, RA und Notar i. Frankfurt a. M. 203 Seiten. 1949. 10.—

Bürgerliches Gesetzbuch, Allgemeiner Teil des — —. Von Prof. Dr. jur. H. Lehmann, Köln. 6., verm. u. verb. Aufl. Oktav. XVI, 384 Seiten. 1949. (Lehrbücher und Grundrisse der Rechtswissenschaft Bd. I.) Geb. 20.—

Bürgerliches Gesetzbuch, Familienrecht. Von Prof. Dr. jur. H. Lehmann, Köln. 2., verm. u. verb. Aufl. Oktav. 311 Seiten. 1948. (Lehrbücher und Grundrisse der Rechtswissenschaft Bd. IV.) 15.—

Bürgerliches Gesetzbuch. Erstes Buch. **Allgemeiner Teil.** Von E. Kummerow, RA und Notar. Oktav. 76 Seiten. 1949. (Leitfaden der Rechtswissenschaft Bd. 1.) 3.—

Bürgerliches Gesetzbuch. Zweites Buch. **Das Recht der Schuldverhältnisse.** 1. Hälfte: Allgemeiner Teil. Von Dr. R. Lehmann, Berlin. Oktav. 110 Seiten. 1947. (Leitfaden der Rechtswissenschaft Bd. 2.) 4.—

Bürgerliches Gesetzbuch. Zweites Buch. **Das Recht der Schuldverhältnisse.** 2. Hälfte: Besonderer Teil. Von Dr. R. Lehmann, Berlin. Oktav. 204 Seiten. 1948. (Leitfaden der Rechtswissenschaft Bd. 3.) 6.—

Bürgerliches Gesetzbuch. Drittes Buch. **Sachenrecht.** Von E. Kummerow, RA und Notar. Oktav. 138 Seiten. 1948. (Leitfaden der Rechtswissenschaft Bd. 6.) 4.50

Bürgerliches Gesetzbuch. Viertes Buch. **Familienrecht.** Von E. Kummerow, RA und Notar. Oktav. 122 Seiten. 1947. (Leitfaden der Rechtswissenschaft Bd. 4.) 4.—

Bürgerliches Gesetzbuch. Fünftes Buch. **Erbrecht.** Von E. Kummerow, RA und Notar. Oktav. 93 Seiten. 1947. (Leitfaden der Rechtswissenschaft Bd. 5.) 4.—

Bürgerliches Gesetzbuch, Handkommentar zum — —. (Kleiner Staudinger.) Auf Grund von J. v. Staudingers Kommentar bearb. von OLGRat F. Keidel. 3. Aufl. Oktav. 1231 Seiten. 1931. (Schweitzer.) Geb. 18.90

Bürgerliches Gesetzbuch nebst Einführungsgesetz. Textausgabe mit ausführlichem Sachregister. 21. Aufl. Oktav. 890 Seiten. Nachdruck. 1949. (Guttentagsche Sammlung von Textausgaben ohne Anmerkungen mit Sachregister.) Geb. 6.50

Bürgerliches Recht, Einführung in das — —. Ein kurzes Lehrbuch nach neuem System und neuer Lehrmethode. Von E. Stampe. 1. Teil: Einleitung. Die Gegenstände (Rechtsobjekte). Die Unternehmen und ihre Vermögen (Umformung der Lehre von den „Rechtssubjekten"). Oktav. X, 180 Seiten. 1920. 4.—

Bürgerliches Recht, Praktikum des — — für Vorgerücktere zum akademischen Gebrauch und zum Selbststudium. Von D. Dr. R. Stammler, Prof. a. d. Univers. Berlin. 2., umgearb. Aufl. Mit Fig. Oktav. XVI, 240 Seiten. 1903. 4.50

Bürgerliches Recht, Übungen im — —. Eine Anleitung zur Lösung von Rechtsfällen an Hand von praktischen Beispielen. Von Dr. H. Berg, LGRat. 2. Aufl. in Vorbereitung.

Bürgerliches Recht, Übungen im — — für Anfänger zum akademischen Gebrauch und zum Selbststudium. Von D. Dr. R. Stammler, Prof. a. d. Univers. Berlin. 5., durchgearb. Aufl. Oktav. 227 Seiten. 1922. 4.50, geb. 6.—

Bürgerliches Recht, Zehn Lösungen aus dem — — der Bayerischen Staatsprüfungs-Aufgaben. Von LGDir. F. Gerlach. 1920—1926. Oktav. 92 Seiten. 1931. (Schweitzer.) 2.30
Texte der Aufgaben. Oktav. 44 Seiten. 1931. —.90

Clausula rebus sic stantibus, Die sogenannte — — im Bürgerlichen Gesetzbuch. Von Dr. L. Stahl. Gr.-Oktav. 88 Seiten. 1909. (Schweitzer.) 2.50

Ehegesetz vom 20. Februar 1946 mit Abdruck der noch in Kraft befindlichen Bestimmungen der Durchführungsverordnungen zum Ehegesetz vom 6. Juli 1938. Von R. Frhr. v. Godin, RA i. München und H. Frhr. v. Godin, RA i. München. Mit Erläuterungen der §§ 606—639 Zivilprozeßordnung von Reichsgerichtsrat Dr. Tölke. Oktav. Zweite Auflage. (Guttentagsche Sammlung Deutscher Reichsgesetze Nr. 230.) Im Druck.

Ehescheidungsrecht. Die Ehescheidungsgründe des Bürgerlichen Gesetzbuches durch die Rechtsprechung erläutert. Eine Sammlung grundlegender Entscheidungen des Reichsgerichts, der Oberlandesgerichte usw. Von Dr. jur. G. Tunica, weil. LGDir. 2., umgearb. und erg. Aufl. von Prof. Dr. jur. et Dr. oec. publ. E. Goldschmidt. Oktav. XXIII, 217 Seiten. 1926. 7.50, geb. 9.—

Ehevertrag, Der — —. Preisschrift. Von Dr. A. v. Baligand. Oktav. 161 Seiten. 1906. (Schweitzer.) 4.—

Eigentumsrecht, Das — —. Von Dr. V. Kruse, o. Prof. a. d. Univers. Kopenhagen. Aus dem Dänischen übersetzt von Dr. K. Larsen. 3 Bände. Oktav.
Bd. I: XXI, 881 Seiten. 1931. Geb. 25.—
Bd. II: XIII, 880 Seiten. 1935. Geb. 25.—
Bd. III: XIII, 757 Seiten. 1936. Geb. 25.—

Eigentumsvorbehalt, Der — —. Von RA Chr. Meisner. Gr.-Oktav. 82 Seiten. 1932. (Schweitzer.) 2.80

Eigentumsvorbehalt beim Kauf, Der — —. (BGB. § 455). Von Dr. jur. R. Jaffé. (Dissertation.) Oktav. XI, 100 Seiten. 1910. 3.—

Einheitsmietsvertrag, Der Deutsche — —. Erläutert von RA Dr. A. Dahm. Oktav. 87 Seiten. 1937. (Stilkes Rechtsbibl. Nr. 156.) 2.—

Einrede aus dem fremden Rechtsverhältnis, Die — —. Eine Untersuchung auf dem Gebiete des gemeinen, sowie des deutschen und österreichischen bürgerlichen Rechts. Von Dr. A. Rappaport, k. k. Ger. Sekr. Oktav. 274 Seiten. 1904. 6.—

Erbenhaftung nach dem Bürgerlichen Gesetzbuch, Die — —. 2 Bände. Von S. Riesenfeld, RA i. Berlin. Oktav. 1916. Cplt. geb. 18.—
1. Band. Die Grundsätze der Haftung. XII, 461 Seiten. —
2. Band. Das Inventar und die Mittel der Haftpflichtsbeschränkung. VIII, 455 Seiten.

Erbenhaftung und Nachlaßkonkurs im neuen Reichsrecht. Von Dr. jur., Dr. rer. pol. h. c. E. Jaeger, Prof. der Rechte zu Leipzig. Oktav. 117 Seiten. 1898. 3.—

Erbrecht des Bürgerlichen Gesetzbuches. Von F. Endemann. 2. Aufl. bearb. von Prof. Dr. jur. H. Lehmann, Köln. In Vorbereitung. (Lehrbücher und Grundrisse der Rechtswissenschaft Bd. V.) ca. 5.—

Erklärungshaftung. Ein Beitrag zum System des bürgerlichen Rechtes. Von Dr. jur. H. Hildebrandt, Ger. Ass. Oktav. 311 Seiten. 1931. 18.—

Grundschuld in ihren Beziehungen zur persönlichen Forderung, Die — —. Von W. Weisbecker. Gr.-Oktav. 48 Seiten. 1922. (Schweitzer.) —.90

Grundstücksmiete. Von Dr. F. Kiefersauer. 7. Aufl. In Vorbereitung. (Schweitzers braune Handausgabe.) ca. 8.—

Grundstückverkehrsrecht. Ergänzungsheft. Von Dr. F. Kiefersauer. Lex.-Oktav. 59 Seiten. 1943. (Schweitzer.) 1.80

Haftpflichtgesetz. Erläutert. Von Fr. Seligsohn. 2. Aufl. Oktav. 360 Seiten. 1931. 12.—, geb. 13.50

Haftpflichtgesetz, Das Reichs — —. Kommentar von E. Böhmer, OLGRat b. OLand. Ger. i. Tübingen. 172 Seiten. 1950. ca. 15.—

Hypothekenbeschaffung für Wohn- und Geschäftshäuser. Handbuch für die Praxis der Grundstückswirtschaft. Von Dr. M. Friedländer, RA i. Berlin. Oktav. VIII, 151 Seiten. 1929. 6.—, geb. 7.50

Juristische Person, Die abhängige — —. Von Kronstein. Gr.-Oktav. VI, 140 Seiten. 1931. (Schweitzer.) 7.60

Kauf zur Probe, Der — —. Rechtsbegriff, Rechtsnatur, Rechtsfolgen. Von Dr. L. Levy, RA i. Potsdam. Oktav. 87 Seiten. 1915. 2.—

Lehre vom Mißverständnis, Die — —. Eine zivilrechtliche Untersuchung. Von H. Titze. Oktav. XI, 516 Seiten. 1910. 11.—

Miete, Gesetzliche — —. Reichsmietengesetz in der Fassung der Bekanntgabe vom 24. April 1936. Erläutert von RA Dr. A. Dahm. Oktav. 140 Seiten. 1936. (Stilkes Rechtsbibl. Nr. 153.) Geb. 4.50

Mietrechtslexikon. Von RA A. Dahm, Düsseldorf. Handbuch des ges. Miet- und Wohnrechts im Reich und Preußen. Oktav. Mit 2 Nachträgen. 131 Seiten. 1930. (Stilkes Rechtsbibl. Nr. 93.) Geb. 3.15

Mitschuldklage, zugleich ein Beitrag zur Lehre von der Rechtskraft und dem Einheitsgrundsatz in Scheidungs- und Anfechtungssachen. Von Dr. jur. H. Hildebrandt, Ger. Ass. Oktav. 80 Seiten. 1933. 4.50

Nachbarrecht, Das in Bayern geltende — —. Von RA Chr. Meisner. 3. Aufl. Gr.-Oktav. 606 Seiten. 1923. (Schweitzer.) Geb. 8.50

Notweg, Der — —. Seine Geschichte und seine Stellung im heutigen Recht. Von Dr. G. Buch, a. o. Prof. d. Rechte a. d. Univers. Breslau. Gr.-Oktav. 101 Seiten. 1919. (Schweitzer.) 3.60

Planck's Kommentar zum Bürgerlichen Gesetzbuch nebst Einführungsgesetz. Bisher herausgeg. von Dr. E. Strohal. Bearbeitet von E. Brodmann, L. Busch, J. Ebbecke, F. Flad, M. Greiff, K. Gunkel, P. Knoke, M. Landois, A. Lobe, Fr. Oegg, H. Siber, O. Strecker, K. v. Unzner. 4., neu bearb. Aufl. Oktav.

Bd. I. **Allgemeiner Teil** (§§ 1—240). In 2 Halbbänden. Cplt. LXV, 606 Seiten. 1913. 15.—, geb. 17.—

Bd. II. **Recht der Schuldverhältnisse.** 1. Halbbd.: Allgemeiner Teil (§§ 241—432). XVIII, 640 Seiten. 1914. 15.—, geb. 17.—

— —. 2. Halbbd.: Besonderer Teil (§§ 433—853). XII, 1924 Seiten. 1928. 49.—, geb. 52.—

Bd. IV. 1. Halbbd.: **Familienrecht** (1. Abschn. §§ 1297—1588). VII, 701 Seiten. 1928. 26.—, geb. 28.—

Bd. V. **Erbrecht** (§§ 1922—2385). XII, 1163 Seiten. 1930. 51.—, geb. 54.—

Bd. III. **Sachenrecht.** 1. Halbbd.: Einleitung und §§ 854—1112 und Verordnung über das Erbbaurecht. Bearb. von E. Brodmann und O. Strecker. 941 Seiten. 1936. 43.—, geb. 47.—

— —. 2. Halbbd.: §§ 1113—1296. VIII, 721 Seiten. 1938. 49.—, geb. 53.—

Bd. II. 2. Hälfte: Recht der Schuldverhältnisse (Besonderer Teil) XII, S. 641—1924. 1928. 49.—

Praxis der Vertretungsverträge, Die — —. Von Dr. Fr. Beermann. Gr.-Oktav. 56 Seiten. 1929. (Schweitzer.) 2.70

Recht des Bürgerlichen Gesetzbuches, Das — — in Einzeldarstellungen. Oktav.

Nr. 3: **Das persönliche Eherecht des BGB** für das Deutsche Reich. Von Dr. L. Jacobi. 2., verb. u. verm. Aufl. 122 Seiten. 1899. 2.—, geb. 2.75

Nr. 4: **Das Recht der einzelnen Schuldverhältnisse im BGB.** Eine Darstellung und Erläuterung der Hauptbestimmungen. Von F. Schollmeyer. 2., völlig neubearb. Aufl. 241 Seiten. 1904. 5.—, geb. 6.—

Nr. 6: **Die Reichsgrundbuchordnung** und ihre landesrechtlichen Ergänzungen. Eine Einführung in das Grundbuchwesen des Deutschen Reichs mit besonderer Berücksichtigung Preußens. Von Dr. P. Siméon. 2., neubearb. Aufl. 125 Seiten. 1901. 3.—, geb. 3.75

Nr. 7: **Die allgemeinen Vorschriften des BGB über Rechte an Grundstücken.** Von O. Strecker. 121 Seiten. 1898. 2.50, geb. 3.25

Nr. 8: **Die Deliktsobligationen im System des BGB.** Kritische und dogmatische Randbemerkungen. Von Dr. Fr. v. Liszt. VI, 114 Seiten. 1898. 2.80

Nr. 10: **Der allgemeine Teil des BGB** in seinem Einflusse auf die Fortentwicklung der Rechtswissenschaft. Von Dr. R. Leonhard. XVI, 537 Seiten. 1900. 10.—

Nr. 11: **Das internationale Privatrecht des BGB.** Dargestellt von Th. Niemeyer. VI, 222 Seiten. 1901. 4.50

Nr. 12: **Das Recht der beweglichen Sachen nach dem BGB.** Von H. Buhl. 130 Seiten. 1901. 3.—

Sachenrecht des Bürgerlichen Gesetzbuches. Von Prof. Dr. J. W. Hedemann, Berlin. 2. Aufl. i. Vorbereitung. (Lehrbücher und Grundrisse der Rechtswissenschaft Bd. III.)

Sachenrecht, Grundriß des — — s bei Schiffen und Schiffsbauwerken. Von H. Wolff. Gr.-Oktav. 103 Seiten. 1949. (Cram, de Gruyter & Co. Hamburg.) 4.—

Schiffe und Schiffsbauwerke, Gesetz über Rechte an eingetragenen — — n. Vom 15. November 1940 und Durchführungsverordnung vom 21. Dezember 1940. Oktav. 88 Seiten. 1941. (Guttentagsche Sammlung von Textausgaben ohne Anmerkungen mit Sachregister.) 1.—

Schuldbereinigungsgesetz vom 3. September 1940. Von Dr. W. Vogels, Ministerialdirigent i. Reichsjust. Ministerium. Oktav. 253 Seiten. 1940. (Guttentagsche Sammlung Deutscher Reichsgesetze Nr. 221.) 5.—

Schuldrecht des Bürgerlichen Gesetzbuches. Von Prof. Dr. J. W. Hedemann, Berlin. Oktav. XXX, 422 Seiten. 1949. (Lehrbücher und Grundrisse der Rechtswissenschaft Bd. II.) Geb. 18.—

Schuldrecht, Neubau des — — s. Ein Beitrag zur Reform des deutschen Rechts. Von Reg. Präs. a. D. W. Dörr. Gr.-Oktav. 68 Seiten. 1934. (Schweitzer.) 4.—

Schuld und Haftung im geltenden Recht. Von Dr. Claudius Frhr. v. Schwerin, München. Oktav. 43 Seiten. 1911. (Schweitzer.) 1.30

Staudingers Kommentar zum Bürgerlichen Gesetzbuch. Mit Einführungsgesetz. 10., neubearb. Aufl. Lex.-Oktav. (Schweitzer.) Bisher erschienen: Bd. I. Einleitung von LGRat Dr. Fr. Brändl; **Allgemeiner Teil,** erläutert von Prof. Dr. E. Riezler. XII, 1104 Seiten. 1936. In 4 Lieferungen. Cplt. 44.—, in Halbleder geb. 49.50

Bd. II. Teil 1: **Recht der Schuldverhältnisse.** Lfg. 1: Einleitung und §§ 241—242 von AGRat D. Dr. W. Weber. 442 Seiten. 1940. 22.—

— —. Lfg. 2: **Recht der Schuldverhältnisse,** §§ 243—245, erläutert von D. Dr. W. Weber. 124 Seiten. 1941. 6.—

Bd. II. Teil 2: **Schuldverhältnisse,** §§ 433—610, von Dr. K. Kober, RA Dr. Fr. Ostler, Dr. Fr. Kiefersauer. 885 Seiten. 1937. In 3 Lieferungen. Cplt. 37.—, in Halbleder geb. 42.50

Bd. II. Teil 3: **Einzelne Schuldverhältnisse.** Lfg. 1: **Dienstvertrag,** §§ 611 bis 630, von Prof. Dr. Nipperdey. 480 Seiten. 1939. 20.—

— —. Lfg. 2: **Werkvertrag,** §§ 631—657, erläutert von Dr. K. Kober. 175 Seiten. 1939. 7.50

— —. Lfg. 3: **Recht der Schuldverhältnisse,** §§ 657—661, erläutert von Dr. K. Kober, §§ 662—704, erläutert von Prof. Dr. H. Nipperdey, §§ 705 bis 709, erläutert von K. Geiler, 271 Seiten. 1941. 11.50

— —. Lfg. 4: **Recht der Schuldverhältnisse,** §§ 709—740, erläutert von K. Geiler. 181 Seiten. 1941. 8.—

— —. Lfg. 5: **Recht der Schuldverhältnisse,** Anhang zu §§ 705 ff., erläutert von Dr. K. Geiler, §§ 741—758, erläutert von Dr. K. Kober, §§ 759—778, erläutert von Dr. Fr. Brändl, §§ 779—811, erläutert von Dr. K. Kober, §§ 812—822, erläutert von O. Lechner. 518 Seiten. 1943. 22.—

Bd. III. **Sachenrecht,** erläutert von Dr. K. Kober. 2 Teile. VIII, 1671 Seiten. 1936. In 6 Lieferungen cplt. 66.30, in Halbleder geb. 77.30

Bd. V. Teil 1: **Erbrecht.** Lfg. 1: Einleitung und §§ 1922, erläutert von Prof. Dr. G. Boehmer. 292 Seiten. 1938. 12.—

— —. Lfg. 2: **Erbrecht,** §§ 1923—2031, erläutert von Prof. Dr. H. Lehmann. 287 Seiten. 1944. 12.—

Bd. V, Teil 2: Erbrecht. Lfg. 1: Dritter Abschnitt. **Testament.** Einleitung zum dritten Abschnitt von W. Vogels, §§ 2064—2196, erläutert von K. Seybold. VIII, 290 Seiten. 1942. 12.50

Bd. VI, **Einführungsgesetz,** von H. Gramm. VIII, 574 Seiten. 1939. In 2 Lieferungen cplt. 25.—, in Halbleder geb. 29.50

Weitere Lieferungen und Teile gelangen Ende 1949 und Anfang 1950 zur Ausgabe.

Lfg. 6—9, 23 z. Z. nicht greifbar.

Sukzessivlieferungsvertrag, Der — —. Von Dr. jur. A. Hueck, Ger. Ass. Gr.-Oktav. 204 Seiten. 1918. (Schweitzer.) 4.50

Testamente und Erbverträge, Gesetz über die Errichtung von — — n, vom 31. Juli 1938. Erläutert von Dr. W. Vogels, MinDirig. i. Reichsjust. Min. 4. Aufl. bearb. von Dr. K. Seybold, Notar i. Sulzbach-Rosenberg/Opf. Oktav. 318 Seiten. 1949. (Schweitzer, Verlag für Rechtswissenschaft vorm. Fr. Vahlen G. m. b. H., Berlin.) Halbleinen 15.—

Testamentsvollstrecker, Der — —. Rechte und Pflichten des Testamentsvollstreckers. Von Dr. K. Wegler, RA i. Nürnberg und Dr. J. Leopold, AGRat i. Leipzig. Oktav. IX, 59 Seiten. 1938. 2.—

Todesfälle, Sachliche Beweise bei der Klärung von — — n. Von B. Kenyeres. Mit 83 Abb. Oktav. V, 216 Seiten. 1935. Geb. 12.—

Unterhaltsanspruch der geschiedenen Ehegatten, Der — —. Von Dr. H. Furler, RA i. Pforzheim, Prof. a. d. Techn. Hochsch. Karlsruhe. Oktav. 164 Seiten. 1941. 6.—

Veräußerungsverbot des Bürgerlichen Gesetzbuchs, Das — —. Von Dr. L. Raape, Priv. Doz. a. d. Univers. Bonn. Oktav. XIV, 210 Seiten. 1908. 5.—

Vereine ohne Rechtsfähigkeit nach dem neuen Rechte. Von Dr. O. Gierke, Geh. Just. Rat, o. Prof. d. Rechte a. d. Univers. Berlin. 2., erg. Aufl. Gr.-Oktav. 52 Seiten. 1902. (Schweitzer.) 1.—

Verjährung und gesetzliche Befristung. Von Weiß. Oktav. 155 Seiten. 1905. (Schweitzer.) 3.20

Verschollenheit, die Todeserklärung und die Feststellung der Todeszeit, Gesetz über die — —, vom 4. Juli 1939 (RGBl. I S. 1186). Erläutert von E. Kummerow, RA und Notar. Oktav. 63 Seiten. 1949. (Guttentagsche Sammlung Deutscher Reichsgesetze Nr. 234.) 2.80

Verschuldungsprinzip — Verursachungsprinzip. Von G. Marton. Oktav. 53 Seiten. 1926. (Schweitzer.) 1.80

Vertragsverletzungen, Die positiven — —. Von H. Staub. In 2. Aufl. herausgeg. und erg. von RA E. Müller. Oktav. 66 Seiten. 1913. 2.—

Viehgewährschaftsrecht, Das — —. Von RA Chr. Meisner. 3. Aufl. Oktav. 301 Seiten. 1927. (Schweitzer.) 8.—

Viehkauf (Viehgewährschaft). Von Dr. H. Stölzle, Just. Rat i. Kempten. Neubearb. von Dr. M. Graminger, München. Mit Kaiserl. Verordnung vom 27. März 1899, betr. die Hauptmängel und Gewährfristen beim Viehhandel. Von Dr. E. Fröhner, Geh. Reg. Rat. 7. Aufl. Oktav. 471 Seiten. 1935. (Guttentagsche Sammlung Deutscher Reichsgesetze Nr. 50.) 10.—

Vorteilsanrechnung, Die — — beim Erfüllungsausspruch. Von L. Decker. Gr.-Oktav. 75 Seiten. 1907. (Schweitzer.) 1.60

2. Handelsrecht

(Schiffahrtsrecht, Genossenschaften, Bank und Börse, Verschiedenes.)

Abzahlungsgeschäfte, Das Reichsgesetz betreffend die — —. Vom 16. Mai 1894. Von Dr. K.-A. Crisolli unter Mitwirkung von J. Crisolli. 4., völlig umgearb. Aufl. des Werkes von Hoffmann-Wilke. Oktav. 413 Seiten. 1931. (Guttentagsche Sammlung Deutscher Reichsgesetze Nr. 34.) Geb. 7.20

Aktiengesellschaft, Das Recht der entstehenden — —. Von Dr. L. Homberger Gr.-Oktav. VI, 45 Seiten. 1907. (Schweitzer.) 1.50

Aktiengesellschaften, Die Umgestaltungen der Satzungen der — — nach dem neuen Aktienrecht. Von Dr. W. Schmidt, RA und Notar i. Berlin. Oktav. 197 Seiten. 1938. 5.40

Aktiengesellschaften und Kommanditgesellschaften auf Aktien, Gesetz über — — (Aktiengesetz) vom 30. Januar 1937. Erläutert von R. Frhr. v. Godin, RA und Notar i. München und Dr. H. Wilhelmi, RA und Notar i. Frankfurt a. M. 2. Aufl. in Vorbereitung. (Guttentagsche Sammlung Deutscher Reichsgesetze Nr. 205.)

Aktiengesetz, Das — —. Kommentar zum HGB, Buch 2, Abschn. 3/4. Mit Einführungsgesetz, Durchführungsverordnungen und Einführungsverordnungen für Österreich und die sudetendeutschen Gebiete. Von Vizepräs. C. Ritter und OLGRat J. Ritter. 2., völlig neubearb. Aufl. Lfg. 1: §§ 1—144. VIII, 464 Seiten. 1938. 16.—. Lfg. 2: §§ 145—304; Einf. Ges. zum AkG. §§ 1—32; Durchf. Verord. zum AkG §§ 1—40; 3. Durchf. Verord. zum AkG; Wortregister. Gr.-Oktav. 370 Seiten. 1939. 15.20. Nachtrag 1940. —.80. Ges. Umf. VIII, 834 Seiten. 1939. (Schweitzer.) Mit Nachtrag 32.—, geb. 34.—

Aktienstrafrecht. Kommentar zu den §§ 288—304 des Aktiengesetzes. Von E. Schmidt. Oktav. 50 Seiten. 1940. 3.—

Aktienwesen, Die Entwicklung des deutschen — — s im 19. Jahrhundert. Von Dr. K. Bösselmann. Oktav. XI, 204 Seiten. 1939. 7.—

Aktienwesen, Die Sanierung unseres — — s. Von E. Brodmann. Oktav. 46 Seiten. 1931. 3.—

Aktionärschutz, Über — — nach deutschem, englischem und französischem Recht. Von Dr. W. Böhm. Oktav. IX, 114 Seiten. 1910. (Schweitzer.) 2.70

Aufschlußpflicht, Die — — von Vorstand und Aufsichtsrat gegenüber der Generalversammlung nach deutschem Aktienrecht. Von Dr. A. Arnold. Gr.-Oktav. 80 Seiten. 1908. (Schweitzer.) 2.40

Aufsichtsrat der Aktiengesellschaft, Der — —. Eine Darstellung seiner Aufgaben, Rechte und Pflichten für die Praxis. Von Dr. jur. E. Tremblau. Oktav. VIII, 100 Seiten. 1917. Geb. 3.—

Bankdepotgesetz. Gesetz über die Verwahrung und Anschaffung von Wertpapieren vom 4. Febr. 1937. Erläutert von RA Dr. K. H. Riecke. Oktav. 92 Seiten. 1937. (Stilkes Rechtsbibl. Nr. 163.) Geb. 2.40

Bank- und Kreditgesetzgebung, Die deutsche — —. Zusammengestellt von Dr. jur. J. C. D. Zahn, RA i. Berlin. Oktav. XVI, 342 Seiten. 1937. (Guttentagsche Sammlung Deutscher Reichsgesetze Nr. 202.) Geb. 6.—

Binnenschiffahrts- und Flößereirecht. Erläuterungswerk bearbeitet von O. Vortisch, RA und Notar und Prof. Dr. O. Zschucke. Oktav. XIX, 922 Seiten. 1938. (Guttentagsche Sammlung Deutscher Reichsgesetze Nr. 36.) Geb. 15.—

Devisengesetzgebung, Die — —. Texte und Regelungen (nach dem Stande vom 10. Februar 1937.) Von Dr. jur. K. Urbanek, RA i. Berlin. Mit Verweisungen. Oktav. 199 Seiten. 1937. (Stilkes Rechtsbibl. Nr. 158.) Geb. 4.80

D-Markbilanzgesetz und die Umstellung von Schuldverhältnissen. Kommentar von Dr. H. v. Boehmer, RA b. d. OLand. Ger. i. Düsseldorf. Oktav. XII, 393 Seiten. 1949. 12.—

Dokumentenakkreditive. Einheitliche Richtlinien und Gebräuche für Dokumentenakkreditive. Drucksache Nr. 82 der Internationalen Handelskammer. Neudruck Mai 1948. Herausgeg. unter Mitarbeit von Dr. E. Trost, Berlin. Oktav. 36 Seiten. 1948. (Kommissionsverlag.) 1.—

Erwerbs- und Wirtschaftsgenossenschaften, Das Reichsgesetz, betreffend die — —. Kleiner Kommentar. Begonnen von L. Parisius und Dr. H. Crüger. 26. Aufl. von Dr. J. Lang und Dr. L. Weidmüller. In Vorbereitung. (Guttentagsche Sammlung Deutscher Reichsgesetze Nr. 29.)

Erwerbs- und Wirtschaftsgenossenschaften, Das Reichsgesetz betreffend die — —. Kommentar zum praktischen Gebrauch für Juristen, Genossenschaften und ihre Mitglieder. Von L. Parisius und H. Crüger. Bis zur 3. Aufl. herausgeg. von L. Parisius und H. Crüger, später von H. Crüger und A. Crecelius. 12., neubearb. Aufl. von F. Citron. Oktav. XV, 605 Seiten. 1932. 25.20, geb. 27.—

Gesellschaften mit beschränkter Haftung, Das Reichsgesetz, betreffend die — —. Begonnen von L. Parisius und Dr. H. Crüger. 20. Aufl. von Dr. W. Schmidt, RA und Notar. In Vorbereitung. (Guttentagsche Sammlung Deutscher Reichsgesetze Nr. 32.)

Gesellschaften mit beschränkter Haftung, Kommentar zum Gesetz, betreffend die — — (früher Staub-Hachenburg). Von M. Hachenburg. 5. Aufl., unter Mitarbeit von F. Bing und W. Schmidt. 2 Bände. Oktav. Bd. I: §§ 1—34. VI, 527 Seiten. 1926. Bd. II: §§ 35—84. 452 Seiten. 1927. Neue Auflage in Vorbereitung.

Güter als Seefracht, Gefährliche — —. Neue, durch Nachträge verm. Aufl. 1. Teil: Gesetzliche Vorschriften für die Seeverfrachtung gefährlicher Güter im Auszuge. 2. Teil: Technische Erläuterungen zu den Stoffen des Güterverzeichnisses der Seefrachtordnung unter besonderer Berücksichtigung ihrer Zusammensetzung und gefährlichen Eigenschaften nebst Beispielen aus Seeunfällen. Für Schiffsoffiziere insbesondere Ladungsoffiziere, Verlader und Verfrachter. Von Schmaltz. Oktav. IV, 152 u. 10 Seiten. 1925. 3.—

Handbuch für Baugenossenschaften. Von A. Scheidt, Unterstaatssekr. d. Preuß. Ministeriums f. Volkswohlfahrt. 2., umgearb. Aufl. Oktav. X, 548 Seiten. 1920. 12.—, geb. 13.50

Handelsgesetzbuch nebst Einführungsgesetz vom 10. Mai 1897. Textausgabe mit Sachregister. 16. Aufl. (Guttentagsche Sammlung von Textausgaben ohne Anmerkungen mit Sachregister.) Oktav. 156 Seiten. 1949. 2.80

Handelsgesetzbuch, Das — — mit Ausschluß des Seerechts. Erläutert von Vizepräs. C. Ritter. 2. Aufl. Gr.-Oktav. 914 Seiten. 1932. (Schweitzer.) 28.—, geb. 30.50

Handelsgesetzbuch, Kommentar zum — —. Von Mitgliedern des früheren Reichsgerichts. 2. Aufl. 4 Bde. In Vorbereitung. Je Band ca. 50.—

Handelsgesetzbuch (ohne Seerecht). Mit den ergänzenden Vorschriften des Bürgerlichen Gesetzbuches. Mit Erläuterungen von Dr. E. Heymann, Geh. Just. Rat, o. Prof. a. d. Univers. Berlin, unter Mitarbeit von H. W. Kötter, RA i. Berlin. 3., durchges. Aufl. der Neubearb. (20. Gesamtaufl.) von H. W. Kötter. In Vorbereitung. (Guttentagsche Sammlung Deutscher Reichsgesetze Nr. 4.) Geb. ca. 20.—

Handelsgesetzbuch und Wechselordnung, sowie Nebengesetze und Auszug aus dem Bürgerlichen Gesetzbuche. Von Just. Rat. R. Basch. Erläutert durch die Rechtsprechung des Reichsgerichts. Neubearb. von W. Basch, RA a. Kammerger. u. Notar i. Berlin. 10. Aufl. Oktav. VIII, 460 Seiten. 1931. (Schweitzer.) Geb. 4.50

Handelsrecht, Deutsches — —. Ein Handbuch für den praktischen Gebrauch mit Anmerkungen aus der Rechtsprechung. Von Dr. W. Heun, LGDir. i. Berlin. 2 Bände. 2. Aufl. Oktav. Gesamtumf. XXIV, 1728 Seiten. 1944. (Schweitzer.) Geb. 21.—

Handelsrecht und Schiffahrtsrecht. Von Dr. J. v. Gierke, o. Prof. der Rechte a. d. Georg-August Univers. Göttingen. 6., umgearb. Aufl. Oktav. XIII, 567 Seiten. 1949. Geb. 24.—

Handelsrichter, Leitfaden für — —. Von Dr. M. Isaac, RA und Notar i. Berlin. Oktav. 134 Seiten. 1932. 3.60

Nachindossament des protestierten Wechsel, Das — —. Von Th. Böhme. (Dissertation.) Oktav. IV, 66 Seiten. 1908. 2.—

Nutzungsrecht an Unternehmen und Unternehmensbeteiligungen. Von R. Frhr. v. Godin, RA i. München. Oktav. XII, 129 Seiten. 1949. 8.—

Offene Handelsgesellschaften, Das Recht der — —. Systematisch dargestellt. Von Dr. A. Hueck, Prof. der Rechte a. d. Univers. München. Gr.-Oktav. 309 Seiten. 1946. 18.—

Offene Handelsgesellschaften, Kommanditgesellschaften und stille Gesellschaften von der Errichtung bis zur Auflösung. Nebst Vertrags- und Anmeldeformularen und mit Berücksichtigung des Steuerrechts. Von A. Starke. Oktav. XIV, 167 Seiten. 1928. 5.—

Recht der großen Haverei, Das — —. Von Dr. Ph. Heck, Ger. Ass. u. Priv. Doz. a. d. Univers. Berlin. Lex.-Oktav. XXXV, 839 Seiten. 1889. (Schweitzer.) 18.—

Seerecht, Das öffentliche — —. Erläutert von J. Sebba. Oktav. XVI, 596 Seiten. 1932. (Guttentagsche Sammlung Deutscher Reichsgesetze Nr. 19.) Geb. 11.70

Steuerrecht und Handelsrecht, Die Zusammenhänge zwischen — — und ihre Entwicklung untersucht an dem Gewinn und an der Bewertung. Eine bilanzrechtliche und bilanskritische Darstellung mit praktischen Beispielen. Von Dr. jur. J. Hein. Oktav. IX, 280 Seiten. 1928. 10.—, geb. 12.—

Stimmrecht des Aktionärs, Das — —. Von Dr. J. Haselberger. Gr.-Oktav. VIII, 68 Seiten. 1906. (Schweitzer.) 2.—

Übermäßiger Gewinn im Sinne der Preissteigerungsverordnung vom 23. Juli 1915/23. März 1916. Von RA Dr. A. Rosenthal, Hamburg. Lex.-Oktav. 19 Seiten. 1917. (Schweitzer.) —.80

Verfügungsrecht beim Frachtgeschäft, Das — —, mit besonderer Berücksichtigung des Postfrachtgeschäfts. Von Dr. jur. P. Leutke, Postinsp. Oktav. 270 Seiten. 1905. 5.—

Veröffentlichungen der Vereinigung der Handelsrechtslehrer Deutscher Hochschulen. Oktav. Heft 1: Bericht über die erste Tagung der Vereinigung in Berlin am 7. und 8. März 1927. Mit Beiträgen von E. Heymann, H. Wüstendörfer, O. Schreiber, A. Nußbaum. 65 Seiten. 1928. 5.—

Wechselgesetz und Scheckgesetz mit Anmerkungen und den Texten der Nebengesetze. Von A. Esderts. Oktav. 224 Seiten. 1935. (Stilke.) Geb. 5.50

Wechselgesetz und Scheckgesetz mit Nebengesetzen. Erläutert von Dr. P. Schaefer, Amtsgerichtsrat. Taschenformat. VII, 292 Seiten. Zweite vermehrte Auflage. 1941. (Schweitzer.) 4.—

Wechselordnung, Staub's Kommentar zur — —. Fortgesetzt von J. Stranz und M. Stranz. 13. Aufl. völlig neubearb. für das Wechselgesetz vom 21. Juni 1933. Von M. Stranz und Martin Stranz. Oktav. XII, 835 Seiten. 1934. Geb. 24.—

Wertpapiere, Gesetz über die Verwahrung und Anschaffung von — — n (Depotgesetz) vom 4. Februar 1937. Nebst einem Anhang: Schrankfachvertrag und verschlossene Einlage. Erläutert von Dr. G. Opitz, RA. Oktav. XXXII, 704 Seiten. 1937. (Guttentagsche Sammlung Deutscher Reichsgesetze Nr. 203.) Geb. 14.—

Wertpapiere, Recht der — — (einschl. Wechsel- und Scheckrecht). Von Cl. Frhr. v. Schwerin. 3. Aufl. bearb. von Prof. Dr. W. Siebert, Göttingen. In Vorbereitung. (Lehrbücher und Grundrisse der Rechtswissenschaft Bd. VII.)

III. Grenzgebiete des Bürgerlichen Rechts

1. Privat- und Sozialversicherung

Angestelltenversicherungsgesetz in der Fassung des Ausbaugesetzes vom 21. Dezember 1937 nebst Ausführungsbestimmungen. Kommentar von Dr. F. Allendorf und Dr. F. Haueisen. Mit einem Geleitwort von A. Grießmeyer. Oktav. 511 Seiten. 1938. (Guttentagsche Sammlung Deutscher Reichsgesetze Nr. 214.) Geb. 12.—
Nachtrag. 10 Seiten. 1938. —.30

Angestelltenversicherungsgesetz. Von Ministerialrat G. Ziegler. (Sonderdruck aus: Sammlung in der Praxis oft angewandter Verwaltungsgesetze und Verordnungen.) Oktav. 68 Seiten. 1927. (Schweitzer.) 1.10

Assekuranz, Geschichte der — — und der hanseatischen Seeversicherungsbörsen Hamburg, Bremen, Lübeck. Von F. Plaß. Gr.-Oktav. XIII, 790 Seiten. 80 Abb. und 3 Seeversicherungspolicen in Fksm. 1902. (Cram, de Gruyter & Co. Hamburg.) 18.—

Aufsichtsamt für das Versicherungswesen Groß-Berlin. Veröffentlichungen. 1. Jahrgang. Heft 1. 1948. 6.—. 2. Jahrgang. Heft 1. 1949. 3.80. — —. Heft 2. 1949. 3.60. — —. Heft 3. 1949. 4.—. — —. Heft 4. 1949. 3.20. Erscheinungsweise: Nach Bedarf. Preis je nach Umfang. Als nach dem Kriege wiedererschienene Fortsetzung der:

Veröffentlichungen des Reichsaufsichtsamts für Privatversicherung. Quart. 1.—38. Jahrgang (1939). Einzelne cplte. Jahrgänge sind aus Restbeständen noch lieferbar. Auf Wunsch nähere Angaben.

Beaufsichtigung der privaten Versicherungsunternehmungen und Bausparkassen vom 6. Juni 1931, Gesetz über die — —. Von RA Dr. jur. H. Goltz. Oktav. 165 Seiten. 1931. (Stilkes Rechtsbibl. Nr. 122.) Geb. 4.—

Brandversicherungsgesetz. Von Ministerialrat G. Ziegler. (Sonderdruck aus: Sammlung in der Praxis oft angewandter Verwaltungsgesetze und Verordnungen.) Oktav. 23 Seiten. 1927. (Schweitzer.) —.70

Frachtversicherung, Die — —. Von W. Mohr. Oktav. 60 Seiten. 1927. (Cram, de Gruyter & Co. Hamburg.) 2.70

Haftung des Versicherers, Die — — für Güter aus deutschen Schiffen in italienischen und portugiesischen Häfen. Von R. Martin. Gr.-Oktav. 40 Seiten. 1918. (Cram, de Gruyter & Co. Hamburg.) 4.—

Handwerkerversorgungsgesetz. Das Gesetz über die Altersversorgung für das deutsche Handwerk (Handwerkerversorgungsgesetz) vom 21. Dezember 1938 nebst der Durchführungs- und Ergänzungsverordnung vom 13. Juli 1939, den wichtigsten Vorschriften des Angestelltenversicherungsgesetzes u. sonstiger ergänzender Gesetze u. Verordnungen. Eingehend erläutert von Dr. H. Haaß, Sen. Präs. i. Reichsversicherungsamt, und R. Glanzmann, RGRat. Oktav. 368 Seiten. 1939. (Guttentagsche Sammlung Deutscher Reichsgesetze Nr. 219.) Mit Nachtrag 1940. Geb. 10.50
Nachtrag einzeln. 1.50

Kundenversicherung, Die Grundzüge der — — (Generalversicherung der Speditions- und Lagergüter) mit einer Einleitung über das Interesse als Element der Sachversicherung. Von Dr. J. Weygand, RA i. Leipzig. Oktav. 162 Seiten. 1914. 4.—

Lebensversicherung zu Gunsten Dritter, insbesondere der Interessenkonflikt zwischen dem Begünstigten und den Gläubigern des Versicherungsnehmers. Von W. Schwarz. Oktav. VIII, 50 Seiten. 1914. 1.25

Leistung und Gegenleistung im Versicherungsvertrage. Eine Grundfrage des Privatversicherungsgesetzes. Von Dr. Fr. Haymann, o. ö. Prof. der Rechte a. d. Univers. Köln. Oktav. 103 Seiten. 1933. 6.—

Obergutachten über Unfallvergiftungen. Dem Reichs-Versicherungsamt und anderen Gerichten erstattet. Von Prof. Dr. L. Lewin. Oktav. VIII, 379 Seiten. 1912. 5.—

Pflichtversicherung für Kraftfahrzeughalter und Kraftfahrversicherungsbedingungen. Textausgabe mit Erläuterung der gesetzlichen Vorschriften und Versicherungsbedingungen sowie mit Sachregister. Von G. E. Fromm, Sen. Präs. i. Reichsaufsichtsamt f. Privatversicherung. Oktav. XV, 267 Seiten. 1941. (Guttentagsche Sammlung Deutscher Reichsgesetze Nr. 223.) 5.—

Privatversicherungsrecht, Handbuch des — — s. Von Prof. Dr. W. Kisch. Lex.-Oktav. (Schweitzer.) Bd. II: Die Lehre von der Versicherungsgefahr. XXII, 604 Seiten. 1920. In 4 Lieferungen cplt. 11.70

Reichsknappschaftsgesetz, Das — — in der Fassung der Bekanntmachung vom 1. Juli 1926 nebst Einführungsgesetz zum Gesetz vom 23. Juni 1927. Von Prof Dr. Ing. e. h. M. Reuß, Wirkl. Geh. OBergrat und Dr. F. Hense, OBergrat a. D. 2. Aufl. Mit Nachtrag 1931. Oktav. XVI, 640 u. 7 Seiten. 1927. (Guttentagsche Sammlung Deutscher Reichsgesetze Nr. 155.) Geb. 10.80

Reichsversicherungsordnung, Die — — nebst dem Einführungsgesetze, den wichtigsten Ausführungsvorschriften und den ergänzenden Gesetzen und Verordnungen. Neue Aufl. in Vorbereitung. (Guttentagsche Sammlung Deutscher Reichsgesetze Nr. 161.)

Seeversicherung, Besonderheiten der — —. Von K. Doernberger. Gr.-Oktav. 66 Seiten. 1911. (Schweitzer.) 1.80

Seeversicherung, Das Recht der — —. Ein Kommentar zu den allgemeinen Deutschen Seeversicherungsbedingungen. Von C. Ritter. Gr.-Oktav. 1494 Seiten. 1924. Anastatischer Neudruck 1943. 2 Bände. (Cram, de Gruyter & Co. Hamburg.) Geb. 98.—

Seeversicherungsbedingungen, Allgemeine Deutsche — —. 24. Taus. Oktav. 56 Seiten. 1939. 1.80
Englische Ausgabe: **General Rules of Marine Insurance** adopted by the German Underwriters. Translated by A. Sieveking. Oktav. 64 Seiten. 1920. 2.70

Verantwortlichkeit des Versicherungsnehmers für das Verhalten Dritter. Von Prof. Dr. H. Möller, Univers. Hamburg. Oktav. 105 Seiten. 1939. (Schriften der Akademie für deutsches Recht, Gruppe für Handels- u. Wirtschaftsrecht H. 3.) 6.—

Versicherungsbedingungen für Haftpflichtversicherung, Allgemeine — —. §§ 1—4: Der Versicherungsschutz. Erläutert von Dr. jur. H. Oberbach. Oktav. XII, 280 Seiten. 1938. (Guttentagsche Sammlung Deutscher Reichsgesetze Nr. 213.) Geb. 9.20
— —. Teil II: §§ 5—6: Der Versicherungsfall. §§ 7—12: Das Versicherungsverhältnis. Oktav. 368 Seiten. 1947. (Guttentagsche Sammlung Deutscher Reichsgesetze Nr. 213 a.) 20.—

Versicherungsstatistik über die unter Reichsaufsicht stehenden Unternehmungen. Herausgeg. vom Reichsaufsichtsamte für Privatversicherung. Quart. Für 1902—1938 sind noch Restbestände vorhanden. Auf Wunsch nähere Angaben.

Versicherungsunternehmungen, Gesetz über die privaten — —. Vom 12. Mai 1901. Von Dr. jur. h. c. H. Koenige, Sen. Präs. a. Reichsgericht i. R. 3., umgearb. Aufl. von H. Koenige und A. Petersen, OReg. Rat a. D. Oktav. 856 Seiten. 1927. (Guttentagsche Sammlung Deutscher Reichsgesetze Nr. 62.) Geb. 18.—

Versicherungsvertrag, Das Zustandekommen des — — es. Von H. Hagemann. Oktav. 67 Seiten. 1934. (Aus: Hamburger Rechtsstudien.) (Cram, de Gruyter & Co. Hamburg.) 4.—

Versicherungsvertrag, Reichsgesetz über den — —. Von E. Bruck und H. Möller. 8. Aufl. in Vorbereitung. (Guttentagsche Sammlung Deutscher Reichsgesetze Nr. 83.)

2. Arbeitsrecht

Akkordvertrag, Der — — und der Tarifvertrag. Eine Darstellung zweier Vertragsarten aus dem modernen Wirtschaftsleben. Von P. Wölbling, Mag. Rat. Oktav. XIII, 482 Seiten. 1908. 10.—, geb. 11.—

Arbeitsgerichtsgesetz. Kommentar. 2., völlig neubearb. Aufl. von H. Dèpene unter Mitwirkung von Th. Rolfing und E. Heinitz. Oktav. XIX, 861 Seiten. 1932. (Guttentagsche Sammlung Deutscher Reichsgesetze Nr. 168.) Geb. 15.—

Arbeitsrecht. Von Loppuch. In Vorbereitung. (Leitfaden der Rechtswissenschaft.)

Arbeitsrecht der Bühne, Das — —. Von RA Dr. B. Riepenhausen. Oktav. 236 Seiten. 1943. 9.—

Arbeitsvertragsrecht. Die arbeitsrechtlichen Vorschriften der allgemeinen Gesetze mit Erläuterungen aus der höchstrichterlichen Rechtsprechung des Reichsarbeitsgerichts und der Landesarbeitsgerichte von Reichsgerichtsrat i. R. Dr. Czolbe, und Staatsrat Wagemann †. Oktav. XII, 774 Seiten. 1934. (Stilke.) Geb. 15.—

Arbeitszeit in Bäckereien und Conditoreien, Gesetz über die — — vom 29. Juni 1936 nebst der amtlichen Begründung und der Durchführungsbestimmung erläutert von Dr. R. Schneider unter Mitwirkung von H. Wolkersdörfer, Sen. Präs. b. Kammerger. Oktav. 103 Seiten. 1936. (Guttentagsche Sammlung Deutscher Reichsgesetze Nr. 199.) 1.80

Arbeitszeitordnung vom 26. Juli 1934 nebst den amtlichen Erläuterungen, den Ausführungsbestimmungen und anderen arbeitszeitrechtlichen Verordnungen. Erläutert von Dr. R. Schneider unter Mitwirkung von H. Wolkersdörfer, Sen. Präs. b. Kammerger. Oktav. 442 Seiten. 1937. (Guttentagsche Sammlung Deutscher Reichsgesetze Nr. 201.) Geb. 8.—

3. Gewerberecht

Gaststättengesetz vom 28. April 1930 mit den Durchführungs- und Ausführungsverordnungen des Reiches und Preußens. Kommentar von W. Huyke. Neue Aufl. in Vorbereitung. (Guttentagsche Sammlung Deutscher Reichsgesetze Nr. 176.)

Gewerbeordnung für das Deutsche Reich nebst Gaststättengesetz, Kinderschutzgesetz und Hausarbeitsgesetz. Mit Einleitung von A. Elster. Neue Aufl. von G. Erdmann in Vorbereitung. (Guttentagsche Sammlung von Textausgaben ohne Anmerkungen mit Sachregister.)

Pfandleihrecht, Das deutsche — —. Kommentar zum preußischen Pfandleihgesetz unter Berücksichtigung der außerpreußischen Gesetze. Von G. Lenzen. Oktav. XXVI, 266 Seiten. 1929. 20.—

Recht der Reklame, Das — —. Von Dr. F. Wolff, RA und Notar zu Berlin und Dr. K.-A. Crisolli, Ger. Ass. zu Berlin. Oktav. XX, 403 u. 54 Seiten. 1929. 9.—, geb. 10.—

Rechtliche Stellung der Geheimmittel und ähnliche Arzneimittel, Die — —. Von Dr. W. Stader. Oktav. 116 Seiten. 1929. (Stilkes Rechtsbibl. Nr. 89.) Geb. 3.15

4. Geistig-gewerblicher Rechtsschutz

Behandlung der literarisch-musikalischen Werke nach geltendem Recht. Von C. Petzl. Oktav. 61 Seiten. 1911. (Schweitzer.) 1.40

Beiträge zum Patentrecht. Von W. Dunkhase, Geh. Reg. Rat. 6 Hefte. Oktav.
Heft 1: Die Patentfähige Erfindung und das Erfinderrecht unter besonderer Berücksichtigung des Unionsprioritätsrechts. 2. Aufl. 148 Seiten. 1913. 3.—
Heft 2: Die Neuheit der Erfindung nach Patent- und Gebrauchsmusterrecht. 53 Seiten. 1913. 1.50
Heft 3: Die Prüfung der Erfindung auf Patentfähigkeit. 49 Seiten. 1913. 1.50

Heft 4: Der Patentschutz. 97 Seiten. 1914. 3.—
Heft 5: Das Patenterteilungsverfahren und das Patentamt. 152 Seiten. 1914. 4.—
Heft 6: Nichtigkeitsverfahren, Zwangslizenz und Zurücknahme des Patents. 51 Seiten. 1914. 1.50

Berner Übereinkunft über Internationales Urheberrecht, Die — —. Von H. Dungs. Oktav. 75 Seiten. 1910. (Guttentagsche Sammlung Deutscher Reichsgesetze Nr. 95.) Geb. —.90

Eigenbild im Recht, Das — —. Von Dr. J. Kohler, o. Prof. a. d. Univers. Berlin. Oktav. 66 Seiten. 1903. 2.—

Filmgewerbe, Verträge im — —. Insbesondere die Filmpacht, die Filmlizenz und der Filmserienvertrag. Von O. Böhm. Oktav. VII, 79 Seiten. 1919. 2.50

Geheimnis und Erfindungsbesitz. Von Dr. J. L. Seligsohn, RA i. Berlin. Oktav. 147 Seiten. 1921. 3.—

Gesetz zum Schutz der Warenbezeichnungen. Von Dr. A. Seligsohn, Just. Rat. 3. Aufl., bearb. in Gemeinschaft mit M. Seligsohn, RA und Notar i. Berlin. Oktav. 416 Seiten. 1925. 15.—, geb. 16.50

Gutachten der fünf preußischen Sachverständigenkammern für Urheberrecht. Eine Auswahl, bearb. und herausgeg. von E. Wollenberg. Oktav. VIII, 210 Seiten. 1936. 5.—

Patent, Der einheitliche Schutzgegenstand des — — s. Prüfung, Umgrenzung und Auslegung der Erfindungstragweite nach dem neuen Patentgesetz. Von Dr. jur. S. von der Trenck, RA a. Kammergericht. Oktav. XII, 260 Seiten. 1936. 12.—, geb. 13.—

Patentanspruch, Der —. Von Dr. E. Müller, Patentanwalt i. Berlin. Oktav. 93 Seiten. 1925. 4.—

Patentgesetz nebst Ausführungsbestimmungen. Von R. Lutter, Geh. Reg. Rat, unter Mitwirkung von Dr. O. Emersleben und Dr. jur. A. Elster. 11. Aufl. in Vorbereitung. (Guttentagsche Sammlung Deutscher Reichsgesetze Nr. 22.)

Patentgesetz und Gesetz, betreffend den Schutz von Gebrauchsmustern. Erläutert. Von Dr. A. Seligsohn, Just. Rat. 7. Aufl. Mit Nachtrag. Oktav. VIII, 622 u. 8 Seiten. 1932. 22.50, geb. 24.30

Rechtsschutz, Gewerblicher — —. Von Lindenmaier. In Vorbereitung. (Leitfaden der Rechtswissenschaft.)

Rechtsstellung des Drehbuchautors, Die — —. Von Dr. jur. Chr. Andritzky. Oktav. IX, 80 Seiten. 1931. 3.50

Schutz des Urheberrechtes im deutschen Rundfunk, Der — —. Von Dr. jur., Dr. Ing. G. Reininger. Oktav. 87 Seiten. 1929. 4.—

Unlauterer Wettbewerb, Gesetz gegen den — — vom 7. Juni 1909. Kurzer Kommentar für Praxis und Studium. Von Elster. Neue Aufl. in Vorbereitung. (Guttentagsche Sammlung Deutscher Reichsgesetze Nr. 37.)

Urheber- und Erfinderrecht, Deutsches — —. Eine systematische Darstellung. 1. Abt. Allgemeiner Teil, Besonderer Teil: Urheberrecht an Schriftwerken und Tonwerken; Urheberrecht an Kunstwerken und Photographien; Geschmacksmusterrecht. Von E. Riezler, Prof. a. d. Univers. Freiburg i. Br. Gr.-Oktav. 506 Seiten. 1909. (Schweitzer.) 7.20

Urheber- und Erfinder-, Warenzeichen- und Wettbewerbsrecht. (Gewerblicher Rechtsschutz.) Von Dr. jur. A. Elster. 2., stark erweiterte und völlig umgearb. Aufl. (Mit Abdruck der Gesetzestexte.) Oktav. XII, 611 Seiten. 1928. (Lehrbücher und Grundrisse der Rechtswissenschaft Bd. VIII.) 16.20

Warenzeichengesetz vom 5. Mai 1936 nebst Pariser Verbandsübereinkunft und Madrider Abkommen, erläutert von Dr. R. Busse, Senatsrat im Reichspatentamt in Berlin. 2. Aufl. Oktav. 636 Seiten. 1939. (Stilkes Rechtsbibl. Nr. 40.) Geb. 14.—

Gewerbe- und Industrie-Kommentar (GIK). Unter besonderer Berücksichtigung der Rechtsprechung des Reichsgerichts herausgeg. von H. Koenige. Bd. III: **Warenzeichenrecht.** Kommentar von Dr. A. Hagens, Sen. Präs. Oktav. VIII, 580 Seiten. 1927. 22.—, geb. 24.—

IV. Zivilprozeß

(Freiwillige Gerichtsbarkeit, Grundbuchrecht, Konkursordnung, Zwangsvollstreckung und Kostengesetze)

Beschlagnahme von Lohn, Gehalt und Diensteinkommen, Das Recht der — —. Auf Grundlage des Reichsgesetzes vom 21. Juni 1869, der Verordnung über Lohnpfändung vom 25. Juni 1919 nebst Abänderungen und der Zivilprozeßordnung dargestellt von G. Meyer, Just. Rat, RA b. d. Landger. Berlin und Notar. Mit Nachtrag 1932. Oktav. 175 u. 3 Seiten. 1930. (Guttentagsche Sammlung Deutscher Reichsgesetze Nr. 55.) Geb. 4.—

Beweislastregeln, Die Anwendung der — — im Zivilprozeß und das qualifizierte Geständnis. Von Dr. K. Korsch. Oktav. X, 140 Seiten. 1911. 3.—

Einschränkungen der Aufrechnung und der Konfusion im Konkurs, Die — —. Von Dr. jur. H. Kunick, Ger. Refr. Oktav. 77 Seiten. 1926. 2.50

Freiwillige Gerichtsbarkeit. Von Dr. H. W. Müller, OLGRat i. Reichsjust. Ministerium. 1949. In Vorbereitung. (Leitfaden der Rechtswissenschaft Bd. 8.) ca. 4.—

Freiwillige Gerichtsbarkeit, Die Gesetze des Reiches und Preußens über die — —. Textausgabe mit Sachregister. 2. Aufl. Oktav. 115 Seiten. 1947. (Guttentagsche Sammlung von Textausgaben ohne Anmerkung und Sachregister.) 3.60

Freiwillige Gerichtsbarkeit, Die Gesetze des Reiches und Preußens über die — —. Von H. Jastrow †. 9. Aufl. in Bearbeitung. (Guttentagsche Sammlung Deutscher Reichsgesetze Nr. 46.)

Gebührenordnung für Rechtsanwälte, Die deutsche — —, nebst den landesgesetzlichen Gebühren der Rechtsanwälte. Herausgeg. von LGRat Dr. A. Friedländer u. RA Dr. M. Friedländer. 9., völlig neubearb. Aufl. des Kommentars von Walter-Joachim. Lex.-Oktav. 839 Seiten. 1932. (Schweitzer.) Geb. 32.—

Gebührenordnung für Rechtsanwälte, Tabellen zur — —, zur Reichskostenordnung in freiwilliger Gerichtsbarkeit, zum Gerichtskostengesetz und Umsatzsteuergesetz nebst ergänzenden Bestimmungen und Erläuterungen. Zusammengestellt von G. Quandt, RA i. Brandenburg a. H. 15. Aufl. Oktav. 42 Seiten. 1949. Geb. 6.—

Gerichtliche und Verwaltungs-Meteorologie. Das Wetter in der Rechtsprechung für Gerichte und Rechtsanwälte, Verwaltungen, Magistrate und Hausbesitzer, Berufsgenossenschaften und Versicherungsgesellschaften, für Gewerbe, Handel und Technik. Mit 438 Beispielen aus der Praxis. Von Prof. Dr. C. Kassner, Priv. Doz. a. d. Techn. Hochschule Berlin. Oktav. 208 Seiten. 1921. 4.—

Gerichtsentlastung und Güteverfahren im Krieg und Frieden. Von H. Cahn, RA i. Nürnberg. Oktav. 75 Seiten. 1916. 2.—

Gerichtskostengesetz, Deutsches — — nebst Gebührenordnungen für Gerichtsvollzieher und für Zeugen und Sachverständige in den neuesten Fassungen. Auf der Grundlage der Sydow-Busch'schen Textausg. neu bearb. in 11. Aufl. von Dr. L. Busch, RGRat i. R. und O. Krieg, LGDir. Mit Nachtrag. Oktav. XI, 433 u. 4 Seiten. 1928. (Guttentagsche Sammlung Deutscher Reichsgesetze Nr. 15.) Geb. 6.75

Gerichtskostengesetz, Kommentar zum — —. Von LGRat Dr. A. Friedländer u. RA Dr. M. Friedländer. Gr.-Oktav. XXXIII, 621 Seiten. 1928. (Schweitzer.) Geb. 26.50

Gerichtskostengesetz, Preußisches — — (neueste Fassung). Nach dem Tode des früheren Herausgebers Dr. P. Siméon erläutert von O. Lindemann, Geh. OJust. Rat. 8., völlig umgearb. Aufl. Oktav. 439 Seiten. 1928. (Guttentagsche Sammlung preußischer Gesetze Nr. 17.) Geb. 7.20

Gerichtsverfassung, Deutsche — — auf dem Gebiet der streitigen und freiwilligen Rechtspflege. Von W. Dittmann. Gr.-Oktav. 136 Seiten. (Cram, de Gruyter & Co. Hamburg.) 6.—

Gerichtsverfassungsgesetz mit Einführungsgesetz. Begonnen von Dr. R. Sydow. Neue Aufl. in Vorbereitung. (Guttentagsche Sammlung Deutscher Reichsgesetze Nr. 14.)

Gläubigeranfechtung außerhalb des Konkursverfahrens, Die — —. Erläuterungen des Anfechtungsgesetzes mit systematischer Einführung. 2., völlig neubearb. Aufl. von Dr. jur., Dr. rer. pol. h. c. E. Jaeger, Prof. der Rechte zu Leipzig. Gr.-Oktav. VIII, 387 Seiten. 1938. Geb. 23.—

Grundbuchordnung in der Fassung der Bekanntmachung vom 5. August 1935. Mit Anmerkungen und einer Zusammenstellung der Reichsausführungsbestimmungen und der wichtigsten in Reichs-, Zonen-, und Landes-Gesetzen, -Verordnungen und -Verfügungen enthaltenen Vorschriften über die Grundbuchverfassung und das Grundbuchverfahren. Von Dr. P. Thieme, Sen. Präs. i. Celle. 3., neubearb. Aufl. Oktav. 356 Seiten. 1949. Halbleinen 19.—

Mit Sonderanhang für: Groß-Berlin und die Länder der sowjetischen Besatzungszone. Von Dr. K. Schwarze. 22.—

— — das Land Bayern. Von F. Reichhelm. 20.50

— — das französisch und amerikanisch besetzte Gebiet Württembergs. Von Prof. Dr. Baur. 22.—

— — das Land Hessen. Von Dr. jur. H. Eise. 24.—

— — das Land Bremen. Von Dr. H. L. Schüter. 21.50
(Stilkes Rechtsbibl. Nr. 80.)

Grundbuchordnung für das Deutsche Reich nebst den Ausführungsbestimmungen. Kommentar von W. Hesse in Verbindung mit E. Saage und N. Fischer. Neue Aufl. in Vorbereitung. (Guttentagsche Sammlung Deutscher Reichsgesetze Nr. 42.)

Grundbuchordnung, Kommentar zur — — unter besonderer Berücksichtigung der in Preußen und Bayern weitergeltenden landesrechtlichen Bestimmungen. Von G. Meikel. 4., neubearb. Aufl. von RRat Dr. W. Imhof. Gr.-Oktav. 1310 Seiten. 1940. (Schweitzer.) Geb. 53.—. In Lieferungen: Lfg. 1: 3.60; Lfg. 2: 6.—; Lfg. 3: 6.—; Lfg. 4: 7.20; Lfg. 5: 7.20; Lfg. 6: 20.—; Einbanddecke: 1.50

Grundbuchrecht, Das materielle und formelle deutsche — — in seiner Beziehung zum Liegenschaftskatasterdienst unter besonderer Berücksichtigung der bayerischen und rheinpfälzischen Verhältnisse. Von D. H. Richter. In Vorbereitung.

Grundbuchrecht, Zehn Lösungen aus dem — — der Staatsprüfungsaufgaben seit 1919. Von OARichter Dr. W. Kriener. Oktav. 95 Seiten. 1930. (Schweitzer.) 2.70

Grundbuchrecht, Zehn weitere Lösungen aus dem — — der Staatsprüfungsaufgaben seit 1919. Von OARichter Dr. W. Kriener. Oktav. 117 Seiten. 1934. (Schweitzer.) 2.70

Hinterlegungsordnung, Die Reichs — — vom 10. März 1937. Bearb. von Amtmann M. Bree. Oktav. 163 Seiten. 1937. (Stilkes Rechtsbibl. Nr. 164.) Mit Nachtrag. 1939. Geb. 5.20

Justizbeitreibungsordnung und Einziehung von Vermögensstrafen. Erläutert von R. Witte, Bez. Revis. b. d. Amtsger. Berlin. Oktav. 204 Seiten. 1937. (Guttentagsche Sammlung Deutscher Reichsgesetze Nr. 209.) Geb. 3.80

Konkursgläubigerrecht, Die Feststellung des — — s. KO. § 146. Von E. Bley. (Dissertation.) Oktav. VIII, 107 Seiten. 1914. 3.50

Konkursordnung, Kommentar zur — — und den Einführungsgesetzen, mit einem Anhang, enthaltend das Anfechtungsgesetz, die Vergleichsordnung, Auszüge aus den Kostengesetzen, Ausführungsgesetze und Geschäftsordnungen. Von Dr. jur., Dr. rer. pol. h. c. E. Jaeger, Prof. der Rechte zu Leipzig. 6. u. 7., neubearb. Aufl. Quart. Bd. I: (KO. §§ 1—46.) XXVIII, 828 Seiten. 1931. 49.—. Bd. II: (KO. §§ 47—244, Einführungsgesetze, Richtlinien, Nachtrag und Sachregister.) Quart. XIX, 1037 Seiten. 1933/36. 46.—

Konkursordnung, Vergleichsordnung und Anfechtungsgesetz mit Erläuterungen. Auf der Grundlage der Sydow-Busch'schen Textausg. mit Anmerkungen. 17. Aufl. von Prof. Bley in Vorbereitung. (Guttentagsche Sammlung Deutscher Reichsgesetze Nr. 13.)

Konkursrecht, Lehrbuch des — — s. Von Dr. jur., Dr. rer. pol. h. c. E. Jaeger, Prof. der Rechte zu Leipzig. 8., erw. Aufl. des Grundrisses zur Vorlesung über Konkursrecht. Quart. 255 Seiten. 1932. Geb. 13.50

Konkursrecht und Vergleichsordnung. Von Dr. H. W. Müller, OLGRat i. Reichsjust. Ministerium. 1949. In Vorbereitung. (Leitfaden der Rechtsseisʍɟɥasuʇɔ Bd. 10.)

Konkursrichter, Handbuch für — —. Von Senatspräs. OLGRat J. Senst. 4. Aufl., nach dem Tode des Verfassers durchges. von Dr. A. W. Müller. Gr.-Oktav. 301 Seiten. 1928. (Schweitzer.) Geb. 12.60

Kostenfestsetzungsverfahren, Das — — und die deutsche Gebührenordnung für Rechtsanwälte nebst den landesgesetzlichen Vorschriften in Preußen, Bayern, Sachsen, Württemberg, Baden und Hessen. Mit Erläuterungen. 14. Aufl. des Willenbücherschen Werkes in Gemeinschaftsarbeiten von LGDir. F. Junge, LGRat K. Breuer, RA Dr. J. A. Graf Westarp, RA Dr. J. von der Heyde, RA Dr. W. Petersen. Gr.-Oktav. VIII, 575 Seiten und 14 Seiten Tabellen. 1944. (Schweitzer.) 16.50

Kostengesetz und Gebührenordnungen der Rechtspflege. Textausgabe mit Verweisungen, Gebührentabellen und Sachregister. Herausgeg. von R. Witte, Bez. Revis. b. d. Amtsger. Berlin. Oktav. VIII, 288 Seiten. 1937. (Guttentagsche Sammlung Deutscher Reichsgesetze Nr. 204.) Geb. 3.50
Nachtrag. 14 Seiten. 1938. —.30

Kostenordnung vom 25. November 1935. Von Reichsger. Rat G. Rusche. Oktav. 300 Seiten. 1936. (Stilkes Rechtsbibl. Nr. 150.) Geb. 10.—

Kostenrechnung, ABC der — —. Teil 1: Die Gerichtskosten in familienrechtlichen Angelegenheiten, in Nachlaß- und Teilungssachen. Von H. Meyer, Bez. Revis. i. München und K. Schlegel. Just. Amtm. i. Berlin. Oktav. 261 Seiten. 1942. (Schweitzer.) 6.—

Lehrausgaben deutscher Gesetze. Herausgeg. von Dr. O. Bühler, o. ö. Prof. a. d. Univers. Münster/W. Bd. II: **Die Zivilprozeßordnung.** Sachlich geordnet, mit systematischen Paragraphenüberschriften und ausführlichem Sachregister herausgeg. von L. Rosenberg. Mit Nachtrag 1932. Oktav. XI, 564 u. 20 Seiten. 1930. Geb. 8.—

Lehrbücher des deutschen Reichsrechtes. Guttentag'sche Sammlung. Oktav.
Nr. 1: **Der Reichs-Civilprozeß.** Von H. Fitting. 12. u. 13., neu durchges. Aufl. Mit Nachtrag: Die Neuerungen der Novelle zur Civilprozeßordnung vom 1. Juni 1909. XVIII, 798 u. 53 Seiten. 1907. 5.—
Nr. 3: **Das Reichs-Konkursrecht und Konkursverfahren.** Von H. Fitting. 3., völlig neubearb. Aufl. XVI, 523 Seiten. 1904. 4.—

Lohnpfändung, Recht der — —. Dargestellt und erläutert von Dr. H. Rühling, LGRat. Oktav. 244 Seiten. 1938. (Guttentagsche Sammlung Deutscher Reichsgesetze Nr. 216.) Geb. 5.—

Mit Ergänzung: Das neue Lohnpfändungsrecht. 1941. 1.50

Offenbarungseid und Haft im Zivilprozeß. Kommentar von W. Huyke. Oktav. 173 Seiten. 1930. (Guttentagsche Sammlung Deutscher Reichsgesetze Nr. 177.) Geb. 3.60

Prozeßführung, Die — — der im ordentlichen gesetzlichen Güterstand lebenden Ehefrau. Von Dr. jur. et rer. pol. Fr. Scheppler. Oktav. 60 Seiten. 1909. (Schweitzer.) 1.30

Das Publikum im Verkehr mit dem Amtsgericht in Familien-, Erb-, Nachlaß- und Testamentsangelegenheiten, Zivilprozessen, Aufgebotsachen, Arresten und einstweiligen Verfügungen, Zwangsvollstreckungssachen. Dargestellt in etwa 180 erläuterten Musteranträgen. Von O. Scheiblich. 5. Aufl. Gr.-Oktav. 211 Seiten. 1937. (Schweitzer.) 3.50

Reichskassenordnung vom 6. August 1927 (RKO.), mit Erläuterungen von Geh. ORGRat Ministerialdirigent i. R. R. Schulze und Ministerialrat Dr. E. Wagner. Oktav. 666 Seiten. 1930. (Stilkes Rechtsbibl. Nr. 92.) Geb. 16.—

Reichskostenordnung. (Verordnung über die Kosten in Angelegenheiten der freiwilligen Gerichtsbarkeit und der Zwangsvollstreckung in das unbewegliche Vermögen.) Vom 25. November 1935. Erläutert von O. Lindemann, Geh. OPostrat. Oktav. 195 Seiten. 1936. (Guttentagsche Sammlung Deutscher Reichsgesetze Nr. 198.) Geb. 3.50

Reichszivilprozeßordnung, Die — — mit Gerichtsverfassungsgesetz und den wichtigsten Nebengesetzen. Herausgeg. von Dr. H. W. Müller. OLGRat. Textausg. 2., neubearb. Aufl. Oktav. LVI, 678 Seiten. 1949. (Schweitzer.) 12.—, geb. 13.50

Sachbericht und Gutachten. Eine Anleitung in Grundrißform. Von LGRat Dr. E. Keßler. 2., neubearb. Aufl. Gr.-Oktav. 91 Seiten. 1937. (Schweitzer.) 2.—

Sachbeweis, Der —. Von W. Polzer. Oktav. Mit zahlreichen Abbildungen. XV, 184 Seiten. 1938. (Schweitzer.) Geb. 6.40

Sachlegitimation, Die — —. Von Dr. K. Rosenthal, Hamburg. Von der rechts- und staatswissenschaftl. Fakultät d. Univers. Würzburg gekrönte Preisschrift. Gr.-Oktav. 82 Seiten. 1903. (Schweitzer.) 2.—

Schiedsrecht. (Recht des privaten Schiedsverfahrens.) Von Dr. Fr. Prager, München. Oktav. 188 Seiten. 1931. (Schweitzer.) 5.—

Schiedsverfahren nach dem deutschen Recht, Das — —. Ein Lehr- und Handbuch für Laien und Juristen. Von H. Teßmer, Syndikus. Oktav. XVI, 301 Seiten. 1915. 7.—

Staatsanwalt in Zivilsachen, Die Tätigkeit des — —. Erläutert von Dr. L. Leiß, Staatsanw. i. München. Lex.-Oktav. 146 Seiten. 1942. (Schweitzer.) 4.—

Unterlassungsklage. Eine Übersicht für den Praktiker. Von RA Dr. A. Rosenthal. Oktav. 1916. (Schweitzer.) 2.40

Vergleichsordnung vom 26. Februar 1935 mit Erläuterungen von O. Krieg, Sen. Präs. beim Kammergericht. Zugleich Nachtrag zu Sydow-Busch-Krieg, Konkursordnung (ersetzt die Seiten 573—767 der 16. Aufl.). 10., völlig neubearb. Aufl. Oktav. VIII, 319 Seiten. 1937. (Guttentagsche Sammlung Deutscher Reichsgesetze Nr. 13a.) Geb. 6.—

Wahrheitspflicht im Zivilprozeß, Die —. Ein Vortrag. Von Dr. H. Welzel, Prof. i. Göttingen. Oktav. 27 Seiten. 1935. 2.—

Wert des Streitgegenstandes in bürgerlichen Rechtsstreitigkeiten, Der — —. Von Just. Insp. Fr. X. Berger. Gr.-Oktav. 103 Seiten. 1935. (Schweitzer.) 2.60

Zivilprozesse für den Rechtsunterricht, insbesondere für die Referendarübungen. Von R. Schneider. Oktav. 119 Seiten. 1914. 2.40

Zivilprozeßordnung und Gerichtsverfassungsgesetz. Begonnen von R. Sydow. 21. Aufl. in Vorbereitung. (de Gruytersche Sammlung Deutscher Gesetze.)

Zivilprozeßrecht. Von Dr. H. W. Müller, OLGRat. 1949. In Vorbereitung. (Leitfaden der Rechtswissenschaft Bd. 7.) ca. 4.—

Zwangshypothek, Die — —. Forschungen zu ihrer Geschichte und Theorie. Von Dr. H. Schanz, o. Prof. a. d. Univers. Würzburg. Oktav. (Schweitzer.) 1. Heft: Die gerichtliche Hypothek des französischen Rechts in ihrer geschichtlichen Entwicklung und Verbreitung. 240 Seiten. 1910. (Schweitzer.) 5.80. 2. Heft: Die Zwangshypothek des deutschen Rechts in ihrer geschichtlichen Entwicklung und Verbreitung. 213 Seiten. 1933. 7.—

Zwangsversteigerung und Zwangsverwaltung vom 24. März 1897, Gesetz über die — —. Mit besonderer Berücksichtigung der bayerischen Ausführungsbestimmungen und mit Beispielen. Von Sen. Präs. A. Steiner. 5., neubearb. Aufl. Lex.-Oktav. 720 Seiten. 1935. (Schweitzer.) Geb. 33.—

Zwangsvollstreckung. Ein Lehrbuch. Von Dr. K. Blomeyer, o. Prof. i. Jena. Oktav. 187 Seiten. 1933. (Lehrbücher und Grundrisse der Rechtswissenschaft Bd. XV.) Geb. 4.50

Zwangsvollstreckung, Die Gesetzgebung, betreffend die — — in das unbewegliche Vermögen im Reiche und in Preußen. Von Dr. J. Krech und Dr. O. Fischer. Neue Aufl. in Bearbeitung. (Guttentagsche Sammlung Deutscher Reichsgesetze Nr. 43.)

Zwangsvollstreckung in Forderungen und andere Vermögensrechte. Von F. Schubert, Just. Insp. i. Freiberg i. Sa. 2., neubearb. Aufl. Oktav. 310 Seiten. 1938. Geb. 5.50
Nachtrag. 1941. —.50

Zwangsvollstreckung und Zwangsversteigerung. Von Dr. H. W. Müller, OLGRat. In Vorbereitung. (Leitfaden der Rechtswissenschaft Bd. 9.)

Zwischenurteile, Über den Einfluß der — — und des bedingten Endurteils auf nachfolgende Versäumnisurteile. Von Zeitlmann. Oktav. 88 Seiten. 1893. (Schweitzer.) 2.—

V. Strafrecht und Strafprozeß

(einschl. Kriminologie)

Abhandlungen des Kriminalistischen Instituts an der Universität Berlin. Vierte Folge. Oktav. Begründet von Dr. Fr. v. Liszt. Herausgeg. von Dr. W. Graf Gleispach und Dr. E. Kohlrausch, Professoren des Strafrechts an der Universität Berlin.
Bd. I, Heft 1: **Liberalismus und Strafrecht im 19. Jahrhundert** unter Zugrundelegung der Lehren Karl Georg v. Waechters. Von Dr. H. Dannenberg. VII, 66 Seiten. 1925. 3.—

— —, Heft 2: **Die systematische Bedeutung der adaequaten Kausalitätstheorie** für den Aufbau des Verbrechensbegriffs. Von Dr. H. Tarnowski, RA a. Kammergericht. X, 340 Seiten. 1927. 18.—

— —, Heft 3: **Der Verrat von Betriebsgeheimnissen** nach englischem und nordamerikanischem Recht. Von Dr. jur. L. Ehrlich. VII, 75 Seiten. 1930. 4.—

— —, Heft 4: **Die juristische Natur der falschen Beweisaussage.** Ein Beitrag zur Geschichte und Systematik der Eidesdelikte, zugleich zur Frage einer Beschränkung der Strafbarkeit auf erhebliche falsche Aussagen. Von Dr. St. Kuttner. VI, 76 Seiten. 1931. 6.—

Bd. II, Heft 1: **Kriminalpolitik und Strafrechtssystematik** unter besonderer Berücksichtigung des sowjetrussischen Rechts. Von Dr. W. Gallas. VII, 88 Seiten. 1931. 5.—

— —, Heft 2: **Das Bewußtsein der Rechtswidrigkeit,** entwickelt an der Lehre vom Hausfriedensbruch. Von Dr. W. Goldschmidt. IX, 51 Seiten. 1931. 4.—

— —, Heft 3: **Bewährungsfrist vor dem Urteil.** Von Dr. jur. Fr. Hoefer. 90 Seiten. 1931. 4.—
Bd. III, Heft 1: **Der moderne Täterbegriff und der deutsche Strafgesetzentwurf.** Von Dr. R. Lange, Ger. Ass. VI, 79 Seiten. 1935. 3.50

— —, Heft 2: **Schutz von Staat und Volk im englischen Recht.** Im Vergleich mit einer rechtsvergleichenden Untersuchung der Verratsverbrechen. Von Dr. E. Schinnerer. XII, 99 Seiten. 1935. 4.50

— —, Heft 3: **Beiträge zur Lehre vom Adhäsionsprozeß.** Von Dr. jur. habil. A. Schönke, Ger. Ass. i. Berlin. XIV, 179 Seiten. 1935. 6.50

— —, Heft 4: **Hegels Notstandslehre.** Von Dr. P. Bockelmann. VI, 69 Seiten. 1935. 3.—

Bd. IV, Heft 1: **Kriminalität in Stadt und Land.** Von Dr. H. Buchardt. 168 Seiten. 1936. 8.—

— —, Heft 2: **Täuschung und Rechtswidrigkeit beim Kreditbetrug.** Von Dr. P. Burchardt. VI, 59 Seiten. 1937. 3.—

— —, Heft 3: **Die Auswirkungen des wertbeziehenden Denken in der Strafrechtssystematik.** Von Dr. H. Mittasch. X, 153 Seiten. 1939. 6.—

Bd. V, Heft 1: **Die notwendige Teilnahme.** Von Dr. R. Lange, Prof. i. Jena. IV, 102 Seiten. 1940. 5.—

— —, Heft 2: **Probleme der Strafe der Brandmarkung im Lichte von rechtsvergleichenden Quellen.** Von Dr. jur. Y. Chen. 56 Seiten. 1948. 4.—

§ 193. Beleidigung und berechtigte Interessen. Eine Sammlung von 40 strafrechtlichen Fällen nach der Spruchpraxis des Bayer. ObLG. Von J. Kurz. Gr.-Oktav. 28 Seiten. 1909. (Schweitzer.) —.50

Blankettfälschung, Die — —. Ihre Stellung innerhalb der Urkundenfälschung. Zugleich ein Beitrag zur Strafrechtsreform. Von Dr. jur. F. Hahn, Reutlingen. Oktav. VII, 76 Seiten. 1910. 1.20

Bücherei, kleine kriminalistische, — —. Herausgeg. von Dr. jur. H. Schneickert. Oktav.

Bd. I: **Die strafrechtlichen Aufgaben der Polizei.** Für den Polizeiunterricht und die Polizeipraxis. Von Dr. jur. H. Schneickert. 182 Seiten. 1923. 2.—

Bd. II: **Beobachtungs- und Ermittlungspraxis im Polizei- und Detektivdienst.** Von L. Philipp. 181 Seiten. 1923. 2.—

Bd. III: **Falschspieler.** Formen und Technik des Spielbetruges nebst einem Anhange: Der Spielprofessor und sein angebliches sicheres System beim Spiele gegen eine öffentliche Roulettebank. Von H. v. Manteuffel. Oktav. 90 Seiten. 1923. 2.—

Bd. IV: **Kriminalistische Spurensicherung.** Sammlung dienstlicher Anweisungen und sachverständiger Ratschläge für den Dienstgebrauch und für Polizeischulen. Herausgeg. von Dr. jur. H. Schneickert. 3., verb. Aufl. Mit 2 Abb. 117 Seiten. 1944. 2.80

Bd. V: **Gerichtsärztliche Tatbestandsfeststellungen** im Dienste der Polizei. Ein Leitfaden für Polizei- und Kriminalbeamte. Von Dr. med. P. Rehfeldt, Pol. med. Rat in Köln. 133 Seiten. 1927. Geb. 3.50

Bd. VI: **Kriminologie.** Von Dr. G. Ledig, OLGRat i. Dresden. 96 Seiten. 1947. 3.—

Entwurf 1925, Der — —. Von Dr. H. B. Gerland, o. ö. Prof. a. d. Univers. Jena. Allgemeiner Teil. Kritische Bemerkungen. Oktav. 96 Seiten. 1925. 5.—

Erforschung des Sachverhalts strafbarer Handlungen, Die — —. Ein Leitfaden für Beamte der Staatsanwaltschaft und des Polizei- und Sicherheitsdienstes. Von Dr. H. Groß, o. ö. Prof. d. Strafrechts a. d. Univers. Graz. 7. Aufl., neubearb. von Reg. Rat Dr. K. Leibig. Mit zahlreichen Abb. im Text. Gr.-Oktav. VIII, 231 Seiten. 1938. (Schweitzer.) Geb. 5.60

Gefängnisarbeit, Die — —. Vortrag, gehalten am 26. Juli 1900. Von Dr. Fr. v. Liszt, o. Prof. der Rechte i. Berlin. Oktav. 20 Seiten. 1900. (Sammlung gemeinverständlicher Vorträge, herausgeg. von der Berliner Finkenschaft.) —.60

Gehirn und Veranlagung des Verbrechers. Beiträge zur Aufhebung der Todesstrafe und zur Einführung eines Verwahrgesetzes. Im Anschluß an die Besprechung interessanter Rechtsfälle. Von Prof. Dr. med. M. Flesch. Oktav. 151 Seiten. 1929. 8.—

Geldstrafengesetz, Das — — vom 6. Februar 1924 mit Begründung und Ausführungsbestimmungen. Von Dr. A. Hellwig, LGDir. i. Potsdam. 3. Aufl. Oktav. XII, 187 Seiten. 1924. (Schweitzer.) 5.40

Gesetz und Schuld im Strafrecht. Von Dr. L. v. Bar, o. Prof. der Rechte i. Göttingen. 3 Bände. Oktav.
Bd. I. Das Strafgesetz. XII, 272 Seiten. 1906. 4.—
Bd. II. Die Schuld nach dem Strafgesetze. XIX, 855 Seiten. 1907. 12.—
Bd. III. Die Befreiung von Schuld und Strafe durch das Strafgesetz. XXVII, 610 Seiten. 1909. 8.—

Handbuch der Kriminalistik. Von Prof. Dr. H. Groß, o. ö. Prof. d. Strafrechts a. d. Univers. Graz, neu bearb. und erg. von Prof. Dr. E. Seelig, Dir. d. Kriminal. Inst. d. Univers. Graz. 8. Aufl. des „Handbuchs für Untersuchungsrichter als System der Kriminalistik". Oktav. Bd. I: 443 Seiten. 1942. (Schweitzer.) 14.—, Bd. II, Lfg. 2: IV, 214 Seiten. 1944. 6.50. Weitere Lieferungen erscheinen Anfang 1950.

Handlungsbegriff in seiner Bedeutung für das Strafrechtssystem, Der — —. Zugleich ein Beitrag zur Lehre von der rechtswissenschaftlichen Systematik. Von Dr. G. Radbruch, Priv. Doz. a. d. Univers. Heidelberg. Oktav. 147 Seiten. 1903. 3.—

Handwörterbuch der Kriminologie und der anderen strafrechtlichen Hilfswissenschaften. Unter Mitberatung von C. Drucker, Graf W. Gleispach, C. Hafner, M. Hagemann, F. Hartung, E. Kohlrausch, Müller-Heß. Herausgeg. von Dr. jur. A. Elster, Berlin und H. Lingemann, LGDir. i. Köln. Bd. II: Kriminalroman — Zwangs- und Fürsorgeerziehung. Mit Gesamtregister für Bd. I und II. Quart. X, 1208 Seiten. 1936. 69.50, geb. 75.—

Irrtum und Schuldbegriff im Strafrecht. I. Teil. Von Dr. E. Kohlrausch, Prof. a. d. Univers. Berlin. Oktav. VIII, 188 Seiten. 1903. 4.50

Jugendgerichtsgesetz vom 16. Februar 1923. Von AGRat H. Francke. 2. Aufl. Oktav. 133 Seiten. 1926. (Schweitzer.) 4.—

Kriminalistik, Die Photographie in der — —. Eine Einführung in die photographischen Arbeitsmethoden der naturwissenschaftlichen Kriminaluntersuchung. Von Dr. jur., Dr.-Ing. H. Tetzner, RA a. Landger. Traunstein. Mit 51 Abb. Oktav. VIII, 152 Seiten. 1949. 10.—

Krise des Strafrechts, Die — — und ihre Überwindung im Staatsgedanken. Von W. Gallas. Berliner Antrittsvorlesung. Oktav. 18 Seiten. 1933. (Sonderabdruck aus der Zeitschrift für die gesamte Strafrechtswissenschaft, 53. Band.) 1.—

Lehrbuch der Kriminologie. Von W. Sauer, Prof. a. d. Univers. Münster. ca. 280 Seiten. 1949. In Vorbereitung. ca. 13.—

Lehrbuch des deutschen Strafrechts. Von Dr. Fr. v. Liszt, o. Prof. der Rechte i. Berlin. 27. Aufl. in Bearbeitung.

Mitteilungen der Internationalen Kriminalistischen Vereinigung. Bulletin de l'Union Internationale de Droit Pénal. Deutsch und französisch. (11. bis 21. Band im Auftrage des Gesamtvorstandes redigiert von E. Rosenfeld.) Oktav.

Bd. I: 207 Seiten. 1889. 4.—

Bd. II: IV, 236 Seiten. Mit Beilage: Erste Landesversammlung der Gruppe Deutsches Reich. Halle a. S., den 26. und 27. März 1890. (Beilageheft zu Band 10 der Zeitschrift für die gesamte Strafrechtswissenschaft.) 88 Seiten. 1891. 4.—

Bd. III: IV, 429 Seiten. (Mit Beilage: Erste Versammlung der schweizerischen Landesgruppe. Bern, den 15. Juni 1891. [Sonderabdr. aus: Zeitschrift für Schweizer Strafrecht, H. 3.] 42 Seiten. 1891.) 1892. 6.—

Bd. IV: (Deutsch) IV, 367 Seiten. 1894. 8.—. (Französisch) IV, 416 Seiten. 1894. 8.—

Bd. V: IV, 552 Seiten. 1896. 8.—

Bd. VI: V, 604 Seiten. (Mit Beilage: Vorentwurf zu einem Schweizerischen Strafgesetzbuch nach den Beschlüssen der Expertenkommission.) IX, 132 Seiten. 1897. 8.—

Bd. VII: IV, 285 Seiten. (Mit Beilage: Sammlung außerdeutscher Strafgesetzbücher Nr. 11. XXIII, 126 Seiten. 1898.) 1899. 8.—

Bd. VIII: IV, 421 Seiten. (Mit Beilage: Sammlung außerdeutscher Strafgesetzbücher Nr. 14. 53 Seiten. 1899.) 1900. 8.—

Bd. IX: IV, 408 Seiten. 1902. 8.—

Bd. X: IV, 658 Seiten. 1902. 8.—

Bd. XI: IV, 863 Seiten. (Mit 2 Beilagen: Sammlung außerdeutscher Strafgesetzbücher Nr. 18. VII, 88 Seiten. 1903. — Materialien zur Lehre von der verminderten Zurechnungsfähigkeit. Herausgeg. von A. Gottschalk. X, 123 Seiten. 1904.) 1904. 12.—

Bd. XII: IV, 503 Seiten. (Mit 3 Beilagen: Sammlung außerdeutscher Strafgesetzbücher Nr. 20. XVI, 95 Seiten. 1904 und Nr. 21. VIII, 74 Seiten. 1905. — Materialien zur Lehre von der Rehabilitation. Gesammelt und herausgeg. von E. Delaquis und J. Polec. XLVIII, 498 Seiten. 1905.) 1905. 12.—

Bd. XIII: IV, LII, 784 Seiten. (Mit Beilage: Sammlung außerdeutscher Strafgesetzbücher Nr. 22. 20 Seiten.) 1906. 12.—

Bd. XIV: LII, 702 Seiten. 1907. 12.—

Bd. XV: VI, 664 Seiten. (Mit Beilage: Sammlung außerdeutscher Strafgesetzbücher Nr. 25. 114 Seiten.) 1908. 12.—

Bd. XVI: IV, XXXVII, 534 Seiten. (Mit 2 Beilagen: Sammlung außerdeutscher Strafgesetzbücher Nr. 27. 106 Seiten. 1909 und Nr. 30. 104 Seiten. 1910.) 1909. 12.—

Bd. XVII: IV, 576 Seiten. 1910. 12.—

Bd. XVIII: IV, 650 Seiten. (Mit 2 Beilagen: Sammlung außerdeutscher Strafgesetzbücher Nr. 31. 45 Seiten und Nr. 33. 37 Seiten.) 1911. 12.—

Bd. XIX: IV, 702 Seiten. (Mit 4 Beilagen: Sammlung außerdeutscher Strafgesetzbücher Nr. 34. XIV, 107 Seiten, Nr. 35. 12 Seiten, Nr. 36. 100 Seiten und Nr. 37. 37 Seiten.) 1912. 12.—

Bd. XX: IV, LII, 584 Seiten. (Mit 5 Beilagen: Sammlung außerdeutscher Strafgesetzbücher Nr. 38. 109 Seiten, Nr. 39. 188 Seiten, Nr. 40. 165 Seiten, Nr. 41. 43 Seiten und Nr. 42. 184 Seiten.) 1913. 12.—

Bd. XXI: VI, 710 Seiten. (Mit Beilage: Sammlung außerdeutscher Strafgesetzbücher Nr. 43. 46 Seiten.) 1914. 12.—

Bd. XXII: Enthält nur Heft 3 (als Beiheft zur Zeitschrift für Strafrechtswissenschaft Bd. 43, H. 4): 18. Tagung der deutschen Landesgruppe. 1924. 3.—; und Heft 4: 19. Tagung der deutschen Landesgruppe. 1924. 8.—

Hauptregister zu Bd. I—XII. 125 Seiten. 1905. 2.50

Mitteilungen der Internationalen Kriminalistischen Vereinigung. Neue Folge. Oktav.

Bd. I: 20. Tagung der deutschen Landesgruppe gemeinsam mit der Österreichischen Kriminalistischen Vereinigung zu Innsbruck vom 10.—12. September 1925. Im Auftrage des Vorstandes herausgeg. von E. M. Foltin. 256 Seiten. 1926. 14.—

Bd. II: 21. Tagung der deutschen Landesgruppe zu Bonn vom 9.—11. September 1926. Im Auftrage des Vorstandes herausgeg. von E. M. Foltin. 226 Seiten. 1927. 12.—

Bd. III: 22. Tagung der deutschen Landesgruppe zu Karlsruhe vom 11.—13. September 1927. XXIII, 224 Seiten. 1928. 13.—

Bd. IV: 23. Tagung der deutschen Landesgruppe zu Breslau am 24. u. 25. Mai 1929. XXIII, 211 Seiten. 1930. 7.—

Bd. V: 24. Tagung der deutschen Landesgruppe zu Essen am 28. u. 29. Mai 1931. XIII, 210 Seiten. 1931. 9.—

Bd. VI: 25. Tagung der deutschen Landesgruppe zu Frankfurt a. M. am 12. u. 13. September 1932. 219 Seiten. 1933. 8.—

Münzverbrechen und ihre Bekämpfung. Von RegRat Tartaruga, Ob. Pol. Rat. a. D. Lex.-Oktav. 53 Seiten. 1926. (Schweitzer.) 1.40

Nebenklage des Reichsstrafprozesses, Die — —. Ein Beitrag zu der Lehre von den Rechten des Verletzten im Strafverfahren. Von E. H. Rosenfeld. Oktav. VI, 212 Seiten. 1900. 4.—

Polizeihund als Gehilfe der Strafrechtsorgane, Der — —. Ein Hilfsbuch für Staaatsanwälte, Untersuchungsrichter, Verteidiger, Polizeibehörden usw. Von Dr. Th. Zell. Mit Abb. der gebräuchlichsten Polizeihunde. Oktav. 164 Seiten. 1909. 2.—

Reichsstrafprozeßrecht, Deutsches — — mit Einschluß des Strafgerichtsverfassungsrechts. Von E. Beling. Oktav. 568 Seiten. 1928. (Lehrbücher und Grundrisse der Rechtswissenschaft Bd. XVII.) 13.50

Sammlung außerdeutscher Strafgesetzbücher in deutscher Übersetzung. Herausgeg. von den Schriftleitungen der Zeitschrift für die gesamte Strafrechtswissenschaft und der Mitteilungen der Internationalen Kriminalistischen Vereinigung. Oktav.

Nr. 7: Das Strafgesetzbuch für das Großfürstentum Finnland vom 19. Dezember 1889 nebst Verordnung über die Strafvollstreckung. Übersetzt von J. Oehgvist. 85 Seiten. 1891. 2.—

Nr. 8: Das Mexikanische Strafgesetzbuch vom 7. Dezember 1871, gültig für den Bundesdistrikt und das Territorium Nieder-Kalifornien bezüglich der gemeinen Vergehen und für die ganze Republik bezüglich der Vergehen gegen den Bund. 188 Seiten. 1894. 3.50

Nr. 11: Entwurf eines allgemeinen Bürgerlichen Gesetzbuches für das Königreich Norwegen. Übersetzt von E. Rosenfeld und A. Urbye. XXIII, 126 Seiten. 1898. 4.—

Nr. 12: Das bulgarische Strafgesetzbuch vom 2. Februar 1896. 76 Seiten. 1897. 2.50

Nr. 14: Vorentwurf zu einem Strafgesetzbuch für das Kaiserlich japanische Reich. Übersetzt von A. Okada. 53 Seiten. 1899. 1.50

Nr. 15: Strafgesetzbuch der Republik Chile. Amtl. Ausg. Übersetzt von A. Hartwig. VIII, 109 Seiten. 1900. 3.—

Nr. 16: Allgemeines Bürgerliches Strafgesetzbuch für das Königreich Dänemark vom 10. Februar 1866 sowie Gesetz, betreffend die Behandlung einiger im allgemeinen bürgerlichen Strafgesetzbuch behandelter Verbrechen und Gesetz über Gewalt gegen schuldlose Personen vom 11. Mai 1897. Übersetzt von H. Bittl. 60 Seiten. 1901. 1.60

Nr. 17: Die bulgarische Strafprozeßordnung vom 3. April 1897. Übersetzt von A. Teichmann. 86 Seiten. 1902. 2.25

Nr. 18: Die norwegische Strafgesetzgebung des Jahres 1902. 1. Militärstrafgesetzbuch vom 22. Mai 1902. 2. Gesetz über das gerichtliche Verfahren in Militärstrafsachen vom 22. Mai 1902. 3. Gesetz vom 22. Mai 1902, enthaltend Änderungen im Gesetz über das gerichtliche Verfahren in Strafsachen vom 1. Juli 1887 (samt den seitherigen Änderungen). Übersetzt von A. Teichmann. 88 Seiten. 1903. 2.50

Nr. 19: Das Portugiesische Strafgesetzbuch. Übersetzt von F. Zander. XII, 120 Seiten. 1903. 3.—

Nr. 21: Die Ottomanische Strafprozeßordnung, veröffentlicht auf Jrade vom 5. Redscheb 1296 (25. Juni 1879). Übersetzt von W. Padel. VIII, 74 Seiten. 1905. 2.50

Nr. 22: Dänemark. 1. Interimistisches Gesetz Nr. 129 vom 1. April 1905 betr. Änderungen der Strafgesetze (Prügelgesetz). 2. Verordnung betr. Körperstrafe und Vollziehung. 3. Bekanntmachung Nr. 140 vom 6. September 1915 betr. die Durchführung der im interimistischen Gesetze vom 1. April enthaltenen Bestimmungen, daß Gefängnisstrafe bei gewöhnlicher Kost mit Arbeitszwang verbunden ist. 20 Seiten. 1906. —.60

Nr. 23: Strafgesetzbuch für das Kaiserlich japanische Reich vom 23. April 1907. Übersetzt von S. Oba. 47 Seiten. 1908. 1.50

Nr. 26: Spanisches Strafgesetzbuch. Vom 17. Juni 1870. Übersetzt von A. Hartwig. XIII, 127 Seiten. 1909. 3.—

Nr. 27: Neueste englische Kriminalpolitik. 1. Children Act, 1908. 2. Prevention of Crime Act, 1908. 3. Probation of Offenders Act, 1907. Übersetzt von E. Rosenfeld. 106 Seiten. 1909. 2.—

Nr. 31: Japanisches Militärstrafgesetzbuch vom 9. April 1908. Japanische Militärstrafgerichtsordnung vom 19. Oktober 1898. Übersetzt von R. Fujisawa. 45 Seiten. 1911. 1.20

Nr. 32: Vorentwurf zu einem Strafgesetzbuch für das Königreich Serbien. Nach der amtlichen Ausgabe übersetzt und herausgeg. von Z. Topalovits und H. Landsberg. 83 Seiten. 1911. 2.—

Nr. 33: Das Alkoholgesetz in Chile vom 18. Januar 1902. Übersetzt von A. Hartwig. 37 Seiten. 1912. 1.—

Nr. 34: Das Türkische Strafgesetzbuch vom 28. Zilhidje 1274 (9. August 1858) mit Novelle vom 6. Djemazi-ül-achyr 1329 (1. April 1911) und den wichtigsten Strafnebengesetzen. Übersetzt mit Einleitung und Anmerkungen von E. Nord. XIV, 107 Seiten. 1912. 3.50

Nr. 35: Englisches Spionagegesetz vom Jahre 1911. 12 Seiten. 1912. —.80

Nr. 36: Das Gerichtsverfassungsgesetz und die Strafprozeßordnung von Japan. Mit Anhang: Gesetz über die Gefangenenanstalten. Übersetzt und mit Anmerkungen versehen von M. Yamaoka und O. Kerry. 100 Seiten. 1912. 3.—

Nr. 37: a) Das belgische Kinderschutzgesetz vom 15. Mai 1912. b) Französisches Gesetz betr. Jugendgerichte und Schutzaufsicht vom 22. Juli 1912. Übersetzt von Rosenfeld. c) Entwurf eines deutschen Gesetzes über das Verfahren gegen Jugendliche. 37 Seiten. 1912. 1.—

Nr. 38: Das polizeiliche Strafverfahren in Ungarn. Übersetzt von G. von Szöllösy. 109 Seiten. 1912. 3.—

Nr. 39: Regierungsentwurf eines Österreichischen Strafgesetzbuches und einer Abänderung der Strafprozeßordnung (1912). 188 Seiten. 1913. 4.50

Nr. 40: Das Russische Militärstrafrecht. Übersetzt und bearbeitet von Klibanski. 165 Seiten. 1913. 3.50

Nr. 41: Ungarisches Jugendgerichtsgesetz vom Jahre 1913. Mit einem Vorwort von R. Vambéry. 41 Seiten. 1913. 1.—

Nr. 42: Die Strafprozeßordnung des Königreichs Italien vom 27. Februar 1913, nebst dem Einführungsgesetze dazu. Mit Anhang: Gesetz des Königreichs Italien betreffend die Irrenhäuser und die Irren vom 14. Februar 1904. Übersetzt und mit Anmerkungen versehen von G. Erich. 184 Seiten. 1913. 4.50

Nr. 43: Das englische Gesetz betr. die Fürsorge und Verwahrung geistig Minderwertiger. Übersetzt von E. Behrend. 46 Seiten. 1914. 1.20

Nr. 44: Japanische Strafgesetze. 1. Schwurgerichtsverordnung vom 18. April 1923 und strafrechtliche Nebengesetze. Übersetzt von H. Kusano, L. Sugiura und F. Bartelt. 2. Strafvollzugsgesetz vom 28. März 1908 nebst Ausführungsverordnung vom 16. Juni 1908. Übersetzt von T. Tokiwa und W. Gentz. Mit 6 Abb. 55 Seiten. 1927. 3.—

Nr. 45: Die Auslieferungsgesetze Norwegens, Schwedens und Finnlands. Mit einer systematischen Darstellung der Grundzüge des nordischen Auslieferungsrechts im Hinblick auf den Erlaß eines deutschen Auslieferungsgesetzes. Von E. Wolgast. VIII, 487 Seiten. 1928. 20.—

Nr. 46: Das Türkische Strafgesetzbuch vom 1. März 1926. Gesetz Nr. 765 (Türkisches Gesetzblatt Nr. 320 vom 13. März 1926). Ausführungsgesetz zum türkischen Strafgesetzbuch vom 26. April 1926. Übersetzt von K. Ziemke. 138 Seiten. 1927. 5.—

Nr. 47: Entwurf eines griechischen Strafgesetzbuches. Übersetzt und eingeleitet von D. G. Venturas. 123 Seiten. 1928. 7.—

Nr. 48: Italienischer Vorentwurf zu einem neuen Strafgesetzbuch (Progetto di un nuovo codice penale). Übersetzt von K. Bunge. XXXII, 224 Seiten. 1928. 10.—

Nr. 49: Strafgesetzbuch (U golownyi Kodex) der Russischen Sozialistischen Föderation Sowjet-Republik (R.S.F.S.R.) vom 22. November 1926 mit den Änderungen bis zum 1. August 1930. Übersetzt von W. Gallas. 1931. 4.—

Nr. 50: Das italienische Strafgesetzbuch vom 19. Oktober 1930. Übersetzt von Dr. K. Bunge. 227 Seiten. 1933. 7.—

Nr. 51: Das italienische Jugendgerichtsgesetz vom 20. Juli 1934 mit Erläuterungen und einem geschichtlichen Überblick über das italienische Jugendstrafrecht. Von Dr. E. Pritsch. 51 Seiten. 1935. 2.—

Nr. 52: R. Sieverts. Das englische Jugendwohlfahrts- und Jugendgerichtsgesetz vom 13. April 1933. (Children and Young Persons Act, 1933) (23 Geo. 5. Ch. 12). Unter Mitwirkung von Dr. jur. E. Hennings übersetzt, mit einer Einleitung und Anmerkungen versehen von Dr. jur. E. Sieverts. 116 Seiten. 1938. 7.—

Nr. 53: G. von Leask. Das australische Strafrecht, dargestellt von RA Leask, Sydney. Übersetzt von Dr. M. von Gottstein. VI, 203 Seiten. 1939. 8.—

Nr. 54: Das Rumänische Strafgesetzbuch. Carol II. vom 18. März 1936 mit den Abänderungsgesetzen vom 8. April 1936, 22. Dezember 1936, 22. Januar 1938, 24. September 1938 und 7. Oktober 1939. In deutscher Übertragung mit einer rechtsgeschichtlichen Einführung und rechtsvergleichenden Texthinweisen. 224 Seiten. 1942. 12.—

In Vorbereitung: Criminal Iustice Bill. Übersetzt von H. Sieverts.

Schwurgerichte, Erläuterungen der bayerischen Verordnung über die Wiedereinführung der — —. Von E. Brandstetter. In Vorbereitung.

Strafgesetzbuch mit Erläuterungen nebst den wichtigsten Nebengesetzen und einem Anhang über Strafprozeßrecht, Wirtschafts- und Jugendstrafrecht. Zum Gebrauch für Polizei-, Kriminal- und Gendarmeriebeamte. Von LGRat Dr. W. Petters. 20., vollk. neubearb. u. verm. Aufl. Oktav. 1949. In Vorbereitung. (Schweitzer.) ca. 7.20

Strafgesetzbuch, Deutsches — — mit Nebengesetzen. Textausgabe mit Erläuterung der Änderungen. 2. Aufl., besorgt von Dr. R. Lange. Oktav. 168 Seiten. 1949. (Guttentagsche Sammlung von Textausgaben ohne Anmerkungen mit Sachregister.) 6.—

Strafgesetzbuch für das Deutsche Reich mit Nebengesetzen. Von Dr. E. Kohlrausch. 39./40. Aufl. besorgt von Dr. R. Lange, Prof. der Rechte a. d. freien Univers. Berlin. In Vorbereitung. (Guttentagsche Sammlung Deutscher Reichsgesetze Nr. 2.) Geb. ca. 25.—

Strafgesetzreform, Prinzipien einer — —. 1. Die soziale Aufgabe der Strafe. Das Strafensystem. Von J. C. W. Thyrén. Oktav. 200 Seiten. 1910. 5.—

Strafprozeß. Von K. Schäfer. In Vorbereitung. (Leitfaden der Rechtswissenschaft.)

Strafprozeß und Strafrecht, Die Eidesreform in — —. Von M. Boehringer. Oktav. 203 Seiten. 1931. 10.—

Strafprozeßfälle mit Lösungen, Praktische — —. Von LGRat Dr. W. Petters. 5., vollk. umgearb. Aufl. (Petters, Strafrecht und Strafprozeß, Bd. II.) Oktav. XIV, 156 Seiten. (Schweitzer.) 8.—

Strafprozeßordnung für das Deutsche Reich, Die — — vom 22. März 1924 nebst dem Gerichtsverfassungsgesetz und den Gesetzen vom 24. November und 6. Dezember 1933. Kommentar. Von E. Löwe, A. Hellweg und W. Rosenberg. 19., völlig umgearb. Aufl. von H. Gündel, F. Hartung, H. Lingemann und E. Niethammer. Oktav. XII, 1545 Seiten. 1934. 58.—, geb. 63.—

Strafprozeßordnung und Gerichtsverfassungsgesetz. 25. Aufl., besorgt von Dr. R. Lange, Prof. der Rechte a. d. freien Univers. Berlin. In Vorbereitung. (Guttentagsche Sammlung Deutscher Reichsgesetze Nr. 12.)

Strafprozeßordnung und Gerichtsverfassungsgesetz. Textausgabe. Neue Aufl. in Vorbereitung. (Guttentagsche Sammlung von Textausgaben ohne Anmerkungen mit Sachregister.)

Strafprozeßrecht, Zehn Lösungen aus dem — — der Bayerischen Staatsprüfungs-Aufgaben. Von LGDir. F. Gerlach. 1921—1926. Oktav. 101 Seiten. 1931. (Schweitzer.) 2.70
Texte der Aufgaben. Oktav. 72 Seiten. 1931. 1.30

Strafrecht. Von K. Schäfer. In Vorbereitung. (Leitfaden der Rechtswissenschaft.)

Strafrecht, Das deutsche — — in seinen Grundzügen. Von Dr. H. Welzel, Prof. i. Göttingen. 2. Aufl. Oktav. 296 Seiten. 1949. Geb. 14.—

Strafrecht, Deutsches — —. Allgemeiner Teil. Von A. Köhler. Oktav. VIII, 723 Seiten. 1917. 11.50

Strafrecht. Grundriß zu Vorlesungen und Leitfaden zum Studium. Von Prof. Dr. F. van Calker. 4. Aufl. Lex.-Oktav. 199 Seiten. 1933. (Schweitzer.) Geb. 7.40

Strafrechtliche Arbeitsmethode de lege ferenda. Von Dr. L. Zimmerl, Priv. Doz. Oktav. 354 Seiten. 1931. 12.—

Strafrechtliche Aufsätze und Vorträge. Von Dr. Fr. v. Liszt, o. Prof. der Rechte i. Berlin. 2 Bände. Oktav. Bd. I: 1875—1891. 560 Seiten. Bd. II: 1892—1904. 519 Seiten. 1905. 20.—

Strafrechtliche Fälle für Übungen an Universitäten und bei Justizbehörden. Von R. Frank. 9., durchges. Aufl. 56 Seiten. 1933. 1.50

Strafrechtsfälle, Praktische — — mit Lösungen. Von LGRat Dr. W. Petters. 9., vollk. umgearb. u. verm. Aufl. (Petters, Strafrecht und Strafprozeß, Bd. I.) Oktav. 523 Seiten. 1949. (Schweitzer.) 20.—

Strafrechtslehre, Allgemeine — —. 2., völlig neue Aufl. **der Grundlagen des Strafrechts.** Mit Leitsätzen zur Anfertigung von Übungsarbeiten und Urteilen. Von W. Sauer, Prof. a. d. Univers. Münster. Oktav. XII, 264 Seiten. 1949. Halbleinen 14.—

Strafrecht und Strafverfahren. Eine Sammlung der wichtigsten Gesetze des Strafrechts und des Strafverfahrens mit Erläuterungen. Für den Praktiker zum Handgebrauche begründet von Dr. Dalcke, weil. Gen. Staatsanw., Geh. Just.Rat. 35., neubearb. Aufl. besorgt von LGDir. Dr. E. Fuhrmann und OLGRat Dr. K. Schäfer. In Vorbereitung. (Schweitzer.) ca. 35.—

Strafvollstreckung, Die — —. Durchführung der Vollstreckung gerichtlicher Strafen mit Beispielen. Von A. Roeschel, Just. Insp., und E. Blaese. Oktav. 280 Seiten. 1944. 7.50

Strafvollstreckung, Die — —. Ein Handbuch für bayerische Strafvollstreckungsbehörden. Von H. Stoiber, II. Staatsanw. b. Landger. München I. 2. Aufl. Lex.-Oktav. 226 Seiten. 1930. (Schweitzer.) Geb. 4.30

Strafvollzug, Persönlichkeitsforschung und Differenzierung im — —. Von W. Petrzilka. Oktav. 184 Seiten. 1930. (Cram, de Gruyter & Co. Hamburg.) 7.20

System und Praxis der Daktyloskopie und der sonstigen technischen Methoden der Kriminalpolizei. Von R. Heindl. 3., neubearb. und verm. Aufl. Mit 21 Bildertafeln und 905 Abb. im Text. Oktav. VIII, 779 Seiten. 1927. 36.—, geb. 40.—

Todesstrafe, Die — —. Ein Gutachten. Von M. Liepmann. Oktav. 220 Seiten. 1912. 4.—

Typen der Kriminellen, Die — —. Von Prof. Dr. E. Seelig und AGRat Dr. K. Weindler. Oktav. 194 Seiten. 1949. (Schweitzer.) (Grazer Kriminologische Schriften. Herausgeg. vom Kriminol. Inst. d. Univers. Graz.) 9.60

Übungen, Strafrechtliche — —. Siebzig Rechtsfälle und siebzig lehrmäßige Aufgaben. Von Prof. Dr. h. c. E. Niethammer, Reichsger. Rat a. D. Oktav. 76 Seiten. 1948. 3.50

Veruntreuung an vertretbaren Sachen, Die — —. Von Dr. W. Graf Gleispach, o. Prof. der Rechte i. Freiburg. Oktav. 205 Seiten. 1905. 4.—

Wirtschaftsstrafverordnungen. Erläutert von Dr. E. Fuhrmann, LGDir. i. Berlin. Oktav. IX, 203 Seiten. 1943. (Schweitzer.) 5.—

Zeitschrift für die gesamte Strafrechtswissenschaft. Gegründet von Dr. Fr. v. Liszt und A. Dochow. Oktav. Von den bisher erschienenen 62 Bänden sind aus Restbeständen noch einzelne Bände cplt. lieferbar. Neuerscheinen wird vorbereitet.

VI. Öffentliches Recht

1. Staats- und Völkerrecht, ausländisches Recht

Bankaufsichtsgesetze der Welt, Die — — in deutscher Sprache. Im Auftrage des Deutschen Instituts für Bankwissenschaft und Bankwesen gesammelt von Dr. jur. J. C. D. Zahn, RA i. Berlin. Gr.-Oktav. XXX, 819 Seiten. 1937. Geb. 30.—

Beiträge zum ausländischen und internationalen Privatrecht. Herausgeg. in Gemeinschaft mit E. Heymann, M. Pagenstecher, F. Schlegelberger, H. Titze, M. Wolff. Von E. Rabel. (Institut für ausländisches und internationales Privatrecht.) Oktav.

Heft 1: **Vertraglicher Schutz gegen Schwankungen des Geldwertes.** (Goldklauseln und andere Abreden zur Minderung des Valutarisikos.) Von Dr. A. Nußbaum, Prof. a. d. Univers. Berlin. 85 Seiten. 1928. 5.—

Heft 2: **Die Haftung des Verkäufers einer fremden beweglichen Sache in den Vereinigten Staaten** von Amerika in Vergleichung mit dem deutschen bürgerlichen Recht. Von Dr. J. Wolff. 84 Seiten. 1930. 4.—

Heft 3: Die **Bereicherungshaftung im anglo-amerikanischen Rechtskreis** in Vergleichung mit dem deutschen bürgerlichen Recht. Von Dr. W. Friedmann. 148 Seiten. 1930. 7.—

Heft 4: **Die Wirkungen der Wechselerklärungen** im internationalen Privatrecht. Von Dr. L. Raiser, Ass. a. Inst. f. ausl. u. int. Priv. Recht. 124 Seiten. 1931. 9.—

Heft 5: **Die Struktur des vertraglichen Schuldverhältnisses im angloamerikanischen Recht.** Von Dr. M. Reinstein. 256 Seiten. 1932. 15.30

Heft 6: **Die Fahrlässigkeit im nordamerikanischen Deliktsrecht** unter vergleichender Berücksichtigung des englischen und des deutschen Rechts. Von Dr. F. Keßler. 187 Seiten. 1932. 9.—

Heft 7: **Zessionsrecht.** 1. Teil. Von Dr. K. Arndt, Ger. Ass. 175 Seiten. 1932. 6.—

Heft 8: **Der Rechtserwerb vom Nichtberechtigten an beweglichen Sachen und Inhaberpapieren** im deutschen internationalen Privatrecht. Von Dr. K. Duden, Ass. a. Inst. f. ausl. u. int. Priv. Recht. 137 Seiten. 1934. 5.—

Heft 9: **Vertragsansprüche Dritter im französischen Recht** unter Vergleichung mit dem deutschen Recht dargestellt an Hand der Fälle der action directe. Von Dr. E. Wahl. IX, 227 Seiten. 1935. 9.—

Heft 10: **Die Ultra-Vires-Lehre im englischen Privatrecht.** Von Dr. C. Schlink, Ger. Ass. XVI, 183 Seiten. 1935. 6.—

Heft 11: **Beiträge zum Problem der internationalen Doppelbesteuerung.** Die Begriffsbildung im internationalen Steuerrecht. Von Dr. W. Wengler, Ass. a. Inst. f. ausl. u. int. Priv. Recht. XIV, 198 Seiten. 1935. 6.—

Heft 12: **Das englische Konkursrecht.** Von Dr. F. Eckstein. XV, 351 Seiten. 1935. 10.—

Heft 13: **Probleme der Aufrechnung:** Gegenseitigkeit und Liquidität rechtsvergleichend dargestellt. Von Dr. G. Kegel, Ass. a. Kaiser Wilh.-Inst. f. ausl. u. intern. Priv. Recht. XI, 225 Seiten. 1938. 7.—

Heft 14: **Studien zur Bedingungslehre.** 1. Teil: Über bedingte Verpflichtungsgeschäfte. Von Dr. A. Blomeyer, Ger. Ass. II, 120 Seiten. 1938. 4.—

Heft 15: **Studien zur Bedingungslehre.** 2. Teil: Über bedingte Verfügungsgeschäfte. Von Dr. A. Blomeyer. 165 Seiten. 1939. 5.—

Heft 16: **Vormund und Mündel im englischen Recht,** verglichen mit französischem und deutschem Recht. Von Dr. H. Abderhalden. VI, 197 Seiten. 1939. 6.—

Heft 18: **Der Neubürger im internationalen Privatrecht.** Fortwirkungen früheren Statuts bei Wechsel der maßgebenden Rechtsordnung. Von Dr. M. Ferid, Staatsanw. u. Priv. Doz. i. München. 1. Teil: Allgemeine Grundlagen. 113 Seiten. 1949. 6.80

Heft 19: **Vorkriegsverträge in Friedensverträgen.** Von Dr. E. Wolff, Präs. d. Obersten Ger. Hofes f. d. brit. Zone. XII, 196 Seiten. 1949. 8.80

Heft 20: **Internationales Zivilprozeßrecht.** Von E. Riezler. VIII, 710 Seiten. 1949. 30.—

Ab Heft 18 in Gemeinschaft mit Verlag J. B. C. Mohr (Paul Siebeck), Tübingen.

Beiträge zum ausländischen öffentlichen Recht und Völkerrecht. Herausgeg. in Gemeinschaft mit Fr. Glum, L. Kaas, E. Kaufmann, E. Schmitz, R. Smend, H. Triepel. Von V. Bruns. (Institut für ausländisches öffentliches Recht und Völkerrecht.) Oktav.

Heft 1: **Staatsrecht und Politik.** Rede beim Antritt des Rektorats der Friedrich-Wilhelm-Universität zu Berlin am 15. Oktober 1926. Von H. Triepel. 40 Seiten. 1927. 2.—

Heft 2: **Volksentscheid und Volksbegehren.** Ein Beitrag zur Auslegung der Weimarer Verfassung und zur Lehre von der unmittelbaren Demokratie. Von Dr. C. Schmitt, o. ö. Prof. der Rechte a. d. Univers. Bonn. 54 Seiten. 1927. 2.60

Heft 3: **Der Aufbau des britischen Reiches.** (Der Verhandlungsbericht der Reichskonferenz von 1926.) Eingeleitet und herausgeg. von Dr. K. Heck, Ger. Ass. 152 Seiten. 1927. 6.—

Heft 4: **Die Souveränität.** Ein Beitrag zur Theorie des Staats- und Völkerrechts. Von Dr. H. Heller, a. o. Prof. a. d. Univers. Berlin. 177 Seiten. 1927. 8.50

Heft 5: **Die Missionsfreiheit nach den Bestimmungen des geltenden Völkerrechts.** Von Dr. Th. Grentrup. 112 Seiten. 1927. 5.50

Heft 6: **Das Minoritätenproblem und seine Literatur.** Kritische Einführung in die Quellen und die Literatur der europäischen Nationalitätenfrage der Nachkriegszeit unter besonderer Berücksichtigung des völkerrechtlichen Minderheitenschutzes. Allgemeiner Teil. Von J. Robinson, RA in Kaunas. 165 Seiten. 1928. 9.—

Heft 7: **Der Reichssparkommissar.** Von Dr. K. Bilfinger o. ö. Prof. der Rechte a. d. Univers. Halle. 68 Seiten. 1928. 3.60

Heft 8: **Die völkerrechtliche Stellung der fremden Truppen im Saargebiet.** Von Dr. H. M. Bumiller. 156 Seiten. 1928. 9.—

Heft 9: **Das Recht des Ausnahmezustandes im Auslande.** (Frankreich, Belgien, Niederlande, Italien, England, Irland.) Bearb. i. Inst. f. ausl. öffentl. Recht u. Völkerrecht. 295 Seiten. 1928. 14.—

Heft 10: **Die Beziehungen zwischen dem Parlament und den Gerichten in England.** Eine rechtsvergleichende Studie. Von Dr. H. B. Gerland, o. ö. Prof. a. d. Univers. Jena. 137 Seiten. 1928. 8.—

Heft 11: **Zu den Problemen des fascistischen Verfassungsrechts.** Von Dr. G. Leibholz, Prof. a. d. Univers. Greifswald. 112 Seiten. 1928. 5.—

Heft 12: **Der deutsche und der französische Reichswirtschaftsrat.** Ein Beitrag zu dem Problem der Repräsentation der Wirtschaft im Staat. Von Dr. Fr. Glum. 188 Seiten. 1929. 9.—

Heft 13: **Das Wesen der Repräsentation unter besonderer Berücksichtigung des Repräsentativsystems.** Ein Beitrag zur allgemeinen Staats- und Verfassungslehre. Von Dr. G. Leibholz, Prof. a. d. Univers. Greifswald. 214 Seiten. 1929. 14.—

Heft 14: **Die Rechtsstellung der russischen Handelsvertretungen.** Von B. Schenk Graf von Stauffenberg, Prof. a. d. Univers. Greifswald. 94 Seiten. 1930. 6.—

Heft 15: Die Verfassungswandlung. Von Dr. Hsü Dau-Lin. 182 Seiten. 1932. 5.40

Heft 16: **Das deutsche Vorkriegsvermögen in Rußland** und der deutsche Entschädigungsvorbehalt. Von Dr. C. Menzel, AGRat i. Altona. IV, 236 Seiten. 1931. 9.—

Heft 17: **Zur Problematik des Volkswillens.** Von Dr. E. Kaufmann. 19 Seiten. 1931. 1.50

Heft 18: **Das parlamentarische Wahlrecht.** Ein Handbuch über die Bildung der gesetzgebenden Körperschaften in Europa. Von Dr. K. Braunias. Bd. I: Das Wahlrecht in den einzelnen Staaten. XVIII, 640 Seiten. 1932. 22.50, geb. 24.30

Heft 18a: **Das parlamentarische Wahlrecht.** Bd. II: Allgemeiner Teil. XII, 320 Seiten. 1932. 15.—, geb. 17.—

Beschränkung der deutschen Gerichtsbarkeit, Die — —. Die Gesetzgebung der Besatzungsmächte, insbesondere Gesetze Nr. 2 und Nr. 52 und Befehl 124 nebst Ausführungsbestimmungen. Zusammengestellt und erläutert. Von Dr. G. Nehlert, LGRat. Oktav. 136 Seiten. 1948. (Guttentagsche Sammlung Deutscher Reichsgesetze Nr. 233.) 5.—

Börsengesetzgebung, Die — — der Vereinigten Staaten. Sonderdruck aus dem „Bank-Archiv", Zeitschrift für Bank- und Börsenwesen 37./38. Jhrg. Von Dr. H. Trumpler. 90 Seiten. 1938. 2.50

Demokratie und Verfassungsreform. Wege zum Ausbau der Legislative und zur Stabilisierung der Exekutive in der Reichsverfassung vom 11. August 1919. Von H. Graf v. Schmettow. Oktav. 103 Seiten. 1925. 2.50

Deutsches Internationales Privatrecht, Die Grundlagen des — —. Von Dr. G. Melchior, Den Haag. Oktav. XXXI, 558 Seiten. 1932. 24.—

Englische Gerichtsverfassung, Die — —. Von Dr. H. B. Gerland, o. ö. Prof. a. d. Univers. Jena. Eine systematische Darstellung. 2 Halbbände. Oktav. 1. Halbband: XVI, 612 Seiten. 2. Halbband: 407 Seiten. 1910. 40.—

Englischer Strafprozeß des 13. Jahrhunderts, Studien und Skizzen zum — —. Von Dr. K. Güterbock, Geh. Just. Rat, Prof. der Rechte zu Königsberg. Oktav. 83 Seiten. 1914. 2.50

Entscheidungen des Oberprisengerichts in Berlin. Herausgeg. im Auftr. des Reichsjustizministeriums. Oktav. Bd. I: XVII, 444 Seiten. 1918. 14.—. Bd. II: XV, 338 Seiten. 1921. 10.—

Haager Abkommen über Internationales Privatrecht, Sechs — —. Von H. Dungs. Oktav. 116 Seiten. 1910. (Guttentagsche Sammlung Deutscher Reichsgesetze Nr. 98.) Geb. 1.35

Internationales Privatrecht nach dem Einführungsgesetz zum Bürgerlichen Gesetzbuch. Von Dr. H. Habicht, aus dem Nachlaß herausgeg. von M. Greiff. Oktav. VI, 254 Seiten. 1907. 6.—

Internationale Schiedssprechung. Eine Sammlung der für das Deutsche Reich verbindlichen Verträge und Vertragsbestimmungen, die sich auf internationale Gerichtsbarkeit, Schiedsgerichtsbarkeit sowie Vergleichsverfahren beziehen, nebst den dazugehörigen deutschen Regierungsdenkschriften. Herausgeg. und eingeleitet von H. Kraus. Oktav. XXXVI, 348 Seiten. 1929. (Guttentagsche Sammlung Deutscher Reichsgesetze Nr. 174.) Geb. 9.—

Minderheitsregierung in Großbritannien. Verfassungsrechtliche Untersuchungen zur neuesten Entwicklung des britischen Parlamentarismus. Von RA Dr. K. Loewenstein, München. Gr.-Oktav. III, 72 Seiten. 1925. (Schweitzer.) 3.—

Monroedoctrin in ihren Beziehungen zur amerikanischen Diplomatie und zum Völkerrecht, Die — —. Von Dr. jur. H. Kraus. Oktav. 480 Seiten. 1913. 9.—

Musta' min, Der — —. Ein Beitrag zum internationalen Privat- und Völkerrecht des islamischen Gesetzes. Von Dr. J. Hatschek, o. Prof. der Rechte a. d. Univers. Göttingen. Mit 7 Tafeln. Oktav. 108 Seiten. 1920. 5.—

Pariser Völkerbundsakte, Die — — nebst den Urkunden über die Pariser Verhandlungen, dem Haager Schiedsgerichtsabkommen usw. Mit einer historischen Einleitung versehen und erläutert. Von H. Wehberg. 2. Aufl. der „Abkommen der Haager Friedenskonferenz". Oktav. 175 Seiten. 1919. (Guttentagsche Sammlung Deutscher Reichsgesetze Nr. 99.) 4.—

Parlamentsrecht des Deutschen Reiches, Das — —. Von Dr. J. Hatschek, o. Prof. der Rechte a. d. Univers. Göttingen. Im Auftrage des deutschen Reichstages dargestellt. 1. Teil. Quart. XI, 628 Seiten. 1915. 16.—

Preußisches Verfassungsrecht, Das — —. Auf der Grundlage der Verfassung des Freistaats Preußen systematisch dargestellt. Von Dr. F. Stier-Somlo, Prof. des öffentl. Rechts. Oktav. VII, 173 Seiten. 1922. 3.30

Rechtsverhältnisse bei verschiedenen Völkern der Erde, Die — —. Ein Beitrag zur vergleichenden Ethnologie. Von A. Bastian. Oktav. LXXX, 435 Seiten. 1872. 8.—

Reichsrecht, Die abstrakte Forderung nach deutschem — —. Von L. Brütt. Oktav. 320 Seiten. 1908. 7.—

Reichs- und Staatsangehörigkeitsgesetz vom 22. Juli 1913 unter besonderer Berücksichtigung der bayerischen Verhältnisse. Erläutert von MinRat J. Woeber. 5. Aufl., bearbeitet von ORRat K. A. Fischer. Oktav. 272 Seiten. 1932. (Schweitzers braune Handausgabe.) 4.50

Reichs- und Staatsangehörigkeitsgesetz vom 22. Juli 1913. Erläutert mit Benutzung amtlicher Quellen und unter vergleichender Berücksichtigung der ausländischen Gesetzgebung. Von Dr. W. Cahn, Kais. Geh. Legat. Rat z. D. Oktav. XVII, 608 Seiten. 1914. 13.50, geb. 16.—

Rheinlandabkommen, Das — — sowie die Verordnungen der Interalliierten Rheinlandkommission. Dreisprachige Textausgabe mit Erläuterungen. Von H. Vogels und Dr. W. Vogels, Reg. Räte b. Reichskommissar f. d. bes. rhein. Gebiete in Koblenz. 2 Bände. Oktav. Bd. I: 144 Seiten. 1920. 4.50. Bd. II: Die Verordnungen 12—82 und die Anweisungen 8—12. 248 Seiten. 1921. 7.50

Staatsbankerott und internationales Recht. Von der Bluntschli-Stiftung gekrönte Preisschrift. Mit Anhang: Die Organisation der intern. Kontrolle der griechischen Staatsfinanzen. Von Dr. R. Pflug, München. Lex.-Oktav. 101 Seiten. 1898. (Schweitzer.) 4.50

Staatstheorien der französischen Nationalversammlung von 1789, Die — —, ihre Grundlagen in der Staatslehre der Aufklärungszeit und in den englischen und amerikanischen Verfassungsgedanken. Von Dr. R. Redslob, o. Prof. der öffentl. Rechte a. d. Univers. Rostock. Oktav. 368 Seiten. 1912. 10.—

Verfassung des Deutschen Reiches, Die — — vom 11. August 1919 mit den wichtigsten Nebengesetzen. Mit Einleitung. 3. Aufl. Oktav. 104 Seiten. 1931. (Guttentagsche Sammlung von Textausgaben ohne Anmerkungen und Sachregister.) —.90

Verfassung des Deutschen Reiches. Erläutert von RRat Dr. L. Gebhard. Gr.-Oktav. 622 Seiten. 1932. (Schweitzer.) Geb. 24.70

Verfassung des Deutschen Reichs vom 11. August 1919, Die — —. Ein systematischer Überblick. Von Dr. F. Stier-Somlo, Prof. des öffentl. Rechts. 3., erg. u. wesentl. veränd. Aufl. Oktav. VIII, 238 Seiten. 1925. 7.—

Verfassung und Verwaltung des Deutschen Reiches nebst den wichtigen Nebengesetzen. Von Dr. jur. M. Gebhardt, Ger. Ass. a. D. Ein Hilfsbuch für die Examina in Justiz und Verwaltung sowie für die Doktorprüfung. Oktav. X, 506 Seiten. 1912. 7.—

Verfassung der Vereinigten Staaten von Nordamerika, Die — —. „Was war, was ist — was wird?“ Von James M. Beck. Nach der 9., im Jahre 1925 erschienenen, mit einer Einführung von Calvin Coolidge versehenen Ausg., in genehmigter Übersetzung herausgeg. von A. Friedmann. Mit einer Einleitung von W. Simons. Mit 2 Abb. Oktav. XVI, 438 Seiten. 1928. 8.—

Verfassungsentwicklung von Algerien, Die — —. Mit einem Anhang: Gesetzestexte und Entwürfe. Von H. Gmelin. Quart. XXXIX, 453 u. IV, 115 Seiten. Mit 1 Karte im Text. 1911. (Aus: Abhandlungen des Hamburgischen Kolonial-Instituts.) (Cram, de Gruyter & Co. Hamburg.) 18.—

Verfassungsrecht, Bayerisches — —. Von Dr. H. Nawiasky. Gr.-Oktav. XXIII, 558 Seiten. 1923. (Schweitzer.) 12.80, geb. 14.80

Veröffentlichungen der Vereinigung der deutschen Staatsrechtslehrer. Oktav.

Heft 1: **Der deutsche Förderalismus.** Die Diktatur des Reichspräsidenten. Referate von G. Anschütz, K. Bilfinger, C. Schmitt und E. Jacobi. Verhandlungen der Tagung der Deutschen Staatsrechtslehrer zu Jena am 14. und 15. April 1924. Mit Eröffnungsansprache und einer Zusammenfassung der Diskussionsreden. 146 Seiten. 1924. 5.—

Heft 2: **Der Schutz des öffentlichen Rechts.** Die neueste Entwicklung des Gemeindeverfassungsrechts. Referate von W. Jellinek, G. Lassar, F. Stier-Somlo, L. von Köhler, H. Helfritz. Verhandlungen der Tagung der Deutschen Staatsrechtslehrer zu Leipzig am 10. und 11. März 1925. Mit Eröffnungs- und Begrüßungsansprachen sowie einer Zusammenfassung der Diskussionsreden. 265 Seiten. 1925. 12.—

Heft 3: **Die Gleichheit vor dem Gesetz im Sinne des Art. 109 der Reichsverfassung.** Der Einfluß des Steuerrechts auf die Begriffsbildung des öffentlichen Rechts. Berichte von E. Kaufmann, H. Nawiasky, A. Hensel und O. Bühler. Verhandlungen der Tagung der Deutschen Staatsrechtslehrer zu Münster i. W. am 29. und 30. März 1926. Mit einem Auszug aus der Aussprache. 140 Seiten. 1927. 7.—

Heft 4: **Das Recht der freien Meinungsäußerung.** Der Begriff des Gesetzes in der Reichsverfassung. Berichte von K. Rothenbücher, R. Smend, H. Heller und M. Wenzel. Verhandlungen der Tagung der Deutschen Staatsrechtslehrer zu München am 24. und 25. März 1927. Mit einem Auszug aus der Aussprache. 215 Seiten. 1928. 10.—

Heft 5: **Wesen und Entwicklung der Staatsgerichtsbarkeit.** Überprüfung von Verwaltungsakten durch die ordentlichen Gerichte. Berichte von H. Triepel, H. Kelsen, M. Layer und E. von Hippel. Verhandlungen der Tagung der Deutschen Staatsrechtslehrer zu Wien am 23. und 24. April 1928. Mit einem Auszug aus der Aussprache. 238 Seiten. 1929. 12.—

Heft 6: **Bundesstaatliche und gliedstaatliche Rechtsordnung.** Verwaltungsrecht der öffentlichen Anstalt. Berichte von F. Fleiner, J. Lukas, L. Richter und A. Köttgen. Verhandlungen der Tagung der Deutschen Staatsrechtslehrer zu Frankfurt a. M. am 25. und 26. April 1929. Mit einem Auszug aus der Aussprache. 166 Seiten. 1929. 9.—

Heft 7: **Entwicklung und Reform des Beamtenrechts.** Die Reform des Wahlrechts. Berichte von H. Gerber, A. Merkl, H. Pohl und G. Leibholz. Verhandlungen der Tagung der Deutschen Staatsrechtslehrer zu Halle am 28. und 29. Oktober 1931. Mit einem Auszug aus der Aussprache. III, 212 Seiten. 1932. 10.80

Völkerrecht, Das — — ein Pseudorecht. Von St. E. Edmunds. Autorisierte Übersetzung des amerikanischen Werkes The Lawless Law of Nations (1925) von C. Bruns. Oktav. VII, 465 Seiten. 1933. 6.—

Völkerrecht, Das Problem des — — s. Eine Studie über den Fortschritt der Nationen zu einem universellen Staatensystem, das die Geltung des Völkerrechts verbürgt. Entworfen unter Verwertung der theoretischen und diplomatischen Versuche, die seit dem römischen Weltreich des Mittelalters und bis zu den Haager Konferenzen unternommen sind, und vornehmlich gegründet auf die Entwicklungsgeschichte der Schweizer Eidgenossenschaft. Von Dr. R. Redslob, o. Prof. der öffentl. Rechte a. d. Univers. Rostock. Oktav. VI, 392 Seiten. 1917. 10.—

Völkerrecht, Lehrbuch des — — s. Von D. Anzilotti. Bd. I: Einführung — Allgemeine Lehren. Vom Verfasser durchgesehene und autorisierte Übertragung nach der 3., erw. und revidierten italienischen Aufl. Von C. Bruns und K. Schmid. Oktav. XII, 429 Seiten. 1929. **17.—, geb. 18.—**

Wahlgesetz, Kommentar zum — — und zur Wahlordnung im deutschen Kaiserreich. Von Dr. J. Hatschek, o. Prof. der Rechte a. d. Univers. Göttingen. Oktav. 414 Seiten. 1920. 8.—

Wörterbuch des Völkerrechts. Begonnen von Prof. Dr. J. Hatschek, Göttingen, fortgesetzt von Dr. K. Strupp, Frankfurt/M. 3 Bände. Oktav.
Bd. I: Aachen — Lynchfall. VI, 860 Seiten. 1924.
Bd. II: Maas — Utschiali. 779 Seiten. 1925.
Bd. III: Vasallenstaaten — Zwangsversicherung. Mit Anhang: Abessinien — Weltgerichtshof, Sachverzeichnis mit Mitarbeiterregister. 1316 Seiten. 1929. Neue Auflage in Vorbereitung.

Zeitschrift für ausländisches öffentliches Recht und Völkerrecht. Herausgeg. in Gemeinschaft mit E. Kaufmann, R. Smend, H. Triepel, L. Kaas, F. Glum von V. Bruns. (Institut für ausländisches öffentliches Recht und Völkerrecht.) Quart. Aus Restbeständen sind noch einzelne Hefte der Bände 1—12 lieferbar. Auf Wunsch nähere Angaben.

2. Verwaltungsrecht

Aufenthalts- und Freizügigkeitsgesetz. Mit Vollziehungsvorschriften und den einschlägigen Gesetzen (z. B.: Zigeunergesetz). Von MinRat Dr. G. Ziegler. 4. Aufl. Oktav. 210 Seiten. 1930. (Schweitzers braune Handausgabe.) Geb. 6.90

Bauordnung, Die bayerische — —. Von Bez. Amtm. G. Heilmann u. K. Weinisch. 3. Aufl. Oktav. 708 Seiten. 1931. (Schweitzers braune Handausgabe.) Geb. 12.60

Baupolizeigesetze, Die preußischen — — nebst den sonstigen einschlägigen Reichs- und Landesgesetzen erläutert von H. Heine. Oktav. 404 Seiten. 1928. (Guttentagsche Sammlung preußischer Gesetze Nr. 64.) Geb. 7.20

Baupolizeirecht, Münchener — —. Die Münchener Bauordnung und die Münchener Staffelbauordnung. Mit Erläuterungen und Abdruck der einschlägigen Bestimmungen. Von Dr. K. Helmreich, Dr. F. Schels, Dr. A. Steinhauser. Oktav. 550 Seiten. 1927. (Schweitzer.) Geb. 16.—

Beamtengesetz. Von MinRat G. Ziegler. (Sonderdruck aus: Sammlung in der Praxis oft angewandter Verwaltungsgesetze und Verordnungen.) Oktav. 60 Seiten. 1927. (Schweitzer.) 1.40

Bergbau und Grundbesitz nach preußischem Recht unter Berücksichtigung der übrigen deutschen Berggesetze. Von W. Westhoff, Just. Rat, RA und Notar zu Dortmund. 2 Bände. Oktav. Bd. I: Der Bergschaden. XXII, 407 Seiten. 1904. Geb. 9.—. Bd. II: Die Grundabtretung. Die öffentlichen Verkehrsanstalten. XXVI, 437 Seiten. 1906. Geb. 9.50

Berggesetz, Allgemeines — — für die preußischen Staaten mit Kommentar. Von Dr. jur. H. Brassert. 2. Aufl., bearb. von H. Gottschalk. Oktav. XXIX, 1291 Seiten. 1914. 27.—

Berggesetz, Bayerisches —. 3. Aufl., bearb. von ORRat L. Nothaas u. RRat H. Miesbach. Oktav. 988 Seiten. 1927. (Schweitzers braune Handausgabe.) Geb. 25.60

Berggesetz, Preußisches Allgemeines — — nebst Nebengesetzen und wichtigen den Bergbau betreffenden Bestimmungen mit Erläuterungen. Von Dr. jur. H. Ebel, OBergrat. 5. Aufl. XVI, 692 Seiten. 1944. (Guttentagsche Sammlung preußischer Gesetze Nr. 12.) 25.—

Bergrecht, Grundzüge des — — s. Von C. Voelkel. Oktav. 3. Aufl. in Vorbereitung.

Bergrecht, Lehrbuch des preußischen — — s mit Berücksichtigung der übrigen deutschen Bergrechte. Von Dr. R. Klostermann, OBergrat. Oktav. XII, 499 Seiten. 1871. 8.—

Bergschäden, Die Entschädigung für — —. Zugleich ein Beitrag zur Lehre vom Schadenersatz. Von Dr. E. Holländer, Ger. Ass. Oktav. 204 Seiten. 1903. 5.—

Bergwesen. Von MinRat G. Ziegler. (Sonderdruck aus: Sammlung in der Praxis oft angewandter Verwaltungsgesetze und Verordnungen.) Oktav. 60 Seiten. 1927. (Schweitzer.) —.90

Berlin, Gesetz über die Bildung der neuen Stadtgemeinde — —. Vom 27. April 1920. Bearbeitet von P. Wölbling. Mag. Rat der Stadt Berlin. 2. Aufl. mit dem Gesetz zur Änderung des Gesetzes vom 7. Oktober 1920, den Ausführungsbestimmungen und dem Ortsgesetz für die Durchführung der Verhältniswahl. Mit 1 Karte. Oktav. 140 Seiten. 1921. (Guttentagsche Sammlung preußischer Gesetze Nr. 59.) Geb. 1.25

Berliner Stadtrecht. Ein Handbuch des Verwaltungsrechts der Stadt Berlin. Von P. Wölbling, Mag. Rat Oktav. IX, 251 Seiten. 1911. 5.—, geb. 5.75

Berufsbeamtentum, Das — — im neuen demokratischen Staat. Eine staatsrechtliche Studie von Dr. C. Heyland, o. Prof. des öffentl. Rechts i. Gießen. Oktav. 156 Seiten. 1949. 6.—

Besoldung der Kommunalbeamten in Preußen, Die — — unter Berücksichtigung der 24. Ergänzung zum Reichsbesoldungsgesetz und des Deutschen Beamtengesetzes. Bearbeitet von Gerichtsass. a. D. H. Schönebeck unter Mitwirkung von Ministerialdirigent H. Seel und MinRat Dr. U. Krauthausen. Oktav. 212 Seiten. 1937. (Stilke.) Geb. 6.60

Besoldungsgesetz, Preußisches — —. Kommentar. Mit Gehaltstafeln. Von MinRat Dr. H. Erythropel †. 5. Aufl., neubearb. von MinRat O. König. Oktav. X, 564 Seiten. 1932. (Schweitzer.) Geb. 14.80

Denkschriftenband zur Begründung des Entwurfs eines Gesetzes betreffend Änderungen im Finanzwesen. (Zusammengestellt vom Reichsschatzamt.) 4 Teile in 5 Bänden. Quart. 1908. 9.—

Teil 1: Das Finanzwesen der öffentlichen Körperschaften Deutschlands. V, 857 Seiten.

Teil 2: Die Finanzen von Frankreich, Großbritannien und Irland, Italien, Japan, Österreich-Ungarn, Rußland, der Schweiz, den Vereinigten Staaten von Amerika. VI, 442 Seiten.

Teil 3: Materialien zur Beurteilung der Wohlstandsentwicklung Deutschlands im letzten Menschenalter. 132 Seiten.

Teil 4: Materialien zur Beurteilung der Zusammenhänge zwischen dem öffentlichen Schuldenwesen und dem Kapitalmarkte. III, 287 Seiten. Zusammenfassung, Sachregister, Zusätze und Berichtigungen zu Teil 1—4. Mit graphischen Darstellungen und Erläuterungen. XXXII, 34, 6 Seiten.

Dienstordnung, Die allgemeine — — für die bayerischen Staatsbehörden vom 12. Januar 1933. Handausgabe mit Anmerkungen und Sachverzeichnis. Von MinRat Dr. Joh. R. v. Schelhorn. Oktav. 160 Seiten. 1933. (Schweitzer.) 4.50

Disziplinargesetz, Das preußische — — für die nichtrichterlichen Beamten nebst dem Disziplinargesetze für die Privatdozenten. Erläutert und mit den ergänzenden Gesetzesbestimmungen, zumal der Strafprozeß- und Zivilprozeßordnung, versehen von Dr. jur. E. v. Dultzig, Reg. Rat a. D. Oktav. XIV, 364 Seiten. 1914. (Guttentagsche Sammlung preußischer Gesetze Nr. 51.) Geb. 3.80

Eisenbahnverkehrsordnung, Die — — vom 16. Mai 1928 mit Allgemeinen Ausführungsbestimmungen sowie dem Internationalen Übereinkommen über den Eisenbahnfrachtverkehr vom 30. Mai 1925 und dem Internationalen Übereinkommen über den Eisenbahn-Personen- und -Gepäckverkehr vom 12. Juni 1925. Nach dem Tode von Blume herausgeg. mit Anmerkungen von Dr. jur., Dr. rer. pol. h. c. W. Weirauch. 8. Aufl. in Vorbereitung. (Guttentagsche Sammlung Deutscher Reichsgesetze Nr. 91.)

Entschädigungspflicht des Staates für Eingriffe in das private Flußeigentum nach bayerischem Recht. Von Dr. A. Arnold. Gr.-Oktav. 36 Seiten. 1931. (Schweitzer.) 1.80

Fischereigesetz, Bayerisches — — vom 15. August 1908 mit der Landesfischereiordnung vom 23. März 1909 und allen Vollzugsvorschriften. Von Staatsrat J. Bleyer. 5. Aufl. Oktav. 438 Seiten. 1934. (Schweitzers braune Handausgabe.) Geb. 10.80

Fischereigesetz, Das preußische — — vom 11. Mai 1916 in der geltenden Fassung. Erläutert von A. Born. Oktav. 428 Seiten. 1928. (Guttentagsche Sammlung preußischer Gesetze Nr. 62.) Geb. 6.75

Flurbereinigungsgesetz, Bayerisches — — vom 5. August 1922 nach der Fassung vom 11. Februar 1932. Für die Praxis erläutert von MinRat Dr. G. Seubelt. 2., neubearb. Aufl. Oktav. 438 Seiten. 1934. (Schweitzers braune Handausgabe.) Geb. 5.—

Forstgesetz, Das bayerische — —. Kommentar. Mit den Vollzugsvorschriften, dem Aufforstungsgesetz und dem Pfälzischen Forststrafgesetz. Von Dr. W. Wonhas. Gr.-Oktav. 545 Seiten. 1931. (Schweitzer.) 25.—

Gemeindebetriebe, Zum Recht der — —. Öffentlich und privatrechtlich betriebene Gemeindeanstalten und Einrichtungen. Von O. Sperlich, Kiel. (Sonderabdruck aus: Annalen des Deutschen Reichs 1931.) Gr.-Oktav. 100 Seiten. 1931. (Schweitzer.) 4.—

Geschlechtskrankheiten, Gesetz zur Bekämpfung der — —. Erläutert von LGDir. Dr. A. Hellwig. Oktav. 500 Seiten. 1928. (Schweitzers braune Handausgabe.) Geb. 10.30

Gesetzgebung über die allgemeine Landesverwaltung, Die — — und über die Zuständigkeit der Verwaltungs- und Verwaltungsgerichtsbehörden. Bearbeitet von Dr. K. Friedrichs, Just. Rat. 3., durchges. Aufl. Mit Nachtrag 1932. Oktav. XXIII, 295 u. 18 Seiten. 1927. (Guttentagsche Sammlung preußischer Gesetze Nr. 42.) Geb. 4.50

Gesundheitswesen, Die reichs- und landesrechtlichen Bestimmungen auf dem Gebiete des — — s. Zusammengestellt von Dr. jur. et rer. pol. W. Voß, Pol. Verw. Rechtsrat. Oktav. 608 Seiten. 1929. (Guttentagsche Sammlung Deutscher Reichsgesetze Nr. 172.) Geb. 9.90

Höchstpreis, Der — —. Eine systematische Untersuchung auf Grund der Erfahrungen der deutschen Kriegswirtschaft. Von Reg. Rat Dr. E. Stern. Oktav. VIII, 305 Seiten. 1923. (Schweitzer.) 9.—

Irrengesetzgebung in Deutschland, Die — —, nebst einer vergleichenden Darstellung des Irrenwesens in Europa. (Für Ärzte, Juristen und gebildete Laien.) Von Prof. Dr. E. Rittershaus. Oktav. VI, 261 Seiten. 1927. 12.—

Jahrbuch der Entscheidungen für Bau- und Grundstücksrecht. 1937. Von C. Saß. Oktav. VIII, 192 Seiten. 1937. (Schweitzer.) 3.50
— —. 1938. 200 Seiten. 1938. 4.—

Jugendamt als Gemeindewaisenrat, Das — —. Von P. Niestroj. Oktav. 91 Seiten. 1932. 3.—

Justizbauverwaltung, Die preußische — — unter Benutzung amtlichen Materials dargestellt unter Mitwirkung von E. Paterna und P. Regener. Von E. Friedrichs. Oktav. VII, 384 Seiten. 1929. Geb. 18.—

Kriminalpolizeidienst, Handbuch für den praktischen — —. Ein Lehrbuch. Von W. Polzer. Gr.-Oktav. 273 Seiten. 1922. (Schweitzer.) 2.50

Kurtaxe, Die — —. Betrachtungen über ihre rechtliche Natur. Von Dr. J. Kohler, o. Prof. a. d. Univers. Berlin. Oktav. 48 Seiten. 1902. 1.—

Landeskulturbehörden, Gesetz über die — — nebst den für das Verfahren der Landeskulturbehörden geltenden Vorschriften des Landesverwaltungsgesetzes und den Ausführungsvorschriften des Ministers für Landwirtschaft, Domänen und Forsten. Von W. Holzapfel. Oktav. 176 Seiten. 1920. (Guttentagsche Sammlung preußischer Gesetze Nr. 57.) Geb. 1.80

Lastenausgleich, Der — —. Soforthilfegesetz. Sammlung und Kommentierung sämtlicher Gesetze und Verordnungen sowie der laufenden Rechtsprechung auf dem Gebiete der Soforthilfe und des Lastenausgleichs. Teil I: Wortlaut der Gesetze und Verordnungen. Teil II: Kommentierung. Herausgeg. und erläutert von Dr. P. Binder, Staatssekr. a. D.; Dipl.-Kfm. Dr. J. Drexl, MinRat; Dipl.-Kfm. Dr. W. Wehe, Wirtschaftspr.; A. Seweloh, Reichsrichter a. D. des vorm. Reichsfinanzhofs; Dr. L. Zimmerle, Reg. Dir. Din A 5. 984 Seiten in loser Blattform. 1949. (Guttentagsche Sammlung Deutscher Reichsgesetze Nr. 235.) Halbleinen 38.—

Leichen- und Begräbnispolizei in Bayern nebst Dienstvorschrift für den Leichenbeschauer. Von L. A. Grill. 3. Aufl. Oktav. 128 Seiten. 1925. (Schweitzer.) 4.—

Maß- und Gewichtsgesetz vom 13. Dezember 1935 in der Fassung vom 18. Mai 1936. Zusammengestellt von RA Dr. A. Dahm. Oktav. 204 Seiten. 1937. (Stilkes Rechtsbibl. Nr. 162.) Geb. 5.50

Oberbergpolizeiliche Vorschriften, Die — — für Bayern. Textausgabe mit Anmerkungen und Sachregister. 4. Aufl. Oktav. 71 Seiten. 1927. (Schweitzer.) 1.10

Ödlandgesetz, Bayerisches — — mit den Ausführungsbestimmungen. Erläutert von MinRat Dr. O. Woerner. Oktav. 266 Seiten. 1925. (Schweitzers braune Handausgabe.) Geb. 5.90

Öffentliches Sachen-Recht, Hauptprobleme des — —. Eine Studie zur Methodik und Dogmatik des deutschen Verwaltungsrecht. Von Dr. Th. Maunz, Priv. Doz. a. d. Univers. München. Gr.-Oktav. XVI, 316 Seiten. 1933. (Schweitzer.) 9.—

Pflegekind, Das — —. Von P. Niestroj. Oktav. 99 Seiten. 1932. 3.—

Preußische Verwaltung, Handwörterbuch der — —. Von Bitter. 3., vollst. umgearb. Aufl. Unter Mitwirkung zahlreicher hoher Reichs- und Preußischer Staatsbeamten herausgeg. von Dr. B. Drews, Staatsminister a. D. und Dr. Fr. Hoffmann, wirkl. Geh. OReg. Rat i. Berlin. 2 Bände. Quart. 1928. Bd. I: Abbaugerechtigkeiten-Kyffhäuserbund. VIII, 1134 Seiten. Bd. II: Lackfabriken-Zwischenkredit. VII, 1220 Seiten. (Verlag von: Walter de Gruyter & Co., Berlin; Carl Heymanns Verlag, Berlin; Roßberg'sche Verlagsbuchh., Leipzig.) 30.—, geb. 36.—

Rechnungslegungsordnung für das Reich vom 3. Juni 1929 (RRO.), mit Erläuterungen von Geh. ORGRat Ministerialdirigent i. R. R. Schulze und MinRat Dr. E. Wagner, 2., durchges. u. erw. Aufl. Oktav. XVI, 666 Seiten. 1941. (Stilkes Rechtsbibl. Nr. 100.) Geb. 16.20

Recht der pfälzischen Pfarrpfründestiftung beider Konfessionen, Das — —. Von W. Gruber. Gr.-Oktav. 199 Seiten. 1913. (Schweitzer.) 4.50

Rechtskartei, Neue — — für Berlin und Brandenburg, enthaltend sämtliche Rechtsvorschriften der Alliierten, des Magistrats Berlin und der Provinzialverwaltung Brandenburg. Von Dr. E. Kohlrausch, o. Prof. a. d. Univers. Berlin und Dr. E. Koffka, RAnwältin i. Berlin. Oktav. 1946. Loseblattausgabe. 30.—

I. Nachtrag. Enthält Ergänzungen zu Teil I Berliner Recht. 1947. 12.—

II. Nachtrag. Brandenburgisches Recht. 1948. ca. 800 Seiten. 30.—

Reichsbewertungsgesetz und Bodenschätzungsgesetz. Textausgabe mit Einführung und Erläuterungen. Von M. Renzi, MinRat i. Preuß. Finanzministerium. Oktav. VII, 194 Seiten. 1935. (Guttentagsche Sammlung Deutscher Reichsgesetze Nr. 190c.) 2.80
Nachtrag zu Nr. 190 c (Reichsbewertungsgesetz, Bodenschätzungsgesetz, erläutert von M. Renzi) enthaltend Durchführungsbestimmungen usw. zu beiden Gesetzen. Oktav. VIII, 167 Seiten. 1935. (Guttentagsche Sammlung Deutscher Reichsgesetze Nr. 190c II.) 2.—

Rückerstattung feststellbarer Vermögensgegenstände in der amerikanischen Besatzungszone. Militärregierungsgesetz Nr. 59 vom 10. November 1947, mit Ausführungsvorschriften. Erläutert. Von R. Frhr. v. Godin, RA i. München und H. Frhr. v. Godin, RA i. München. Oktav. VIII, 319 Seiten. 1948. (Guttentagsche Sammlung Deutscher Reichsgesetze Nr. 232.) 12.—

Sammlung in der Praxis oft angewandter Verwaltungsgesetze und Verordnungen. Von G. Ziegler, MinRat i. Bayer. Staatsministerium f. soziale Fürsorge.

Bd. I: Reichsgesetze und Verordnungen. 5. Aufl. Oktav. XVI, 771 Seiten. 1927. (Schweitzer.) Geb. 17.—

Bd. II: Bayerische Gesetze und Verordnungen. Oktav. II, 1072 Seiten. 1927. Geb. 20.25

Nachtrag: 120 Seiten. 1928. 2.40

Schornsteinfegerwesen, Die reichsgesetzliche Regelung des — —. Von A. K. Maier. Oktav. 20 Seiten. 1936. (Schweitzer.) —.30

Schulwesen in Bayern, Das höhere — —. Eine kurze Darstellung für die Bedürfnisse des Verwaltungsbeamten. Von Dr. W. Wonhas. Lex.-Oktav. 43 Seiten. 1936. (Schweitzer.) —.60

Signalementslehre. Handbuch der Personalbeschreibung und -feststellung für den Polizeiunterricht, den Erkennungs- und Fahndungsdienst. Mit zahlreichen Illustrationen. Von Dr. H. Schneickert. 3. Aufl. Oktav. 241 Seiten. 1937. (Schweitzer.) Geb. 5.40

Soforthilfe, Die — —. Die Leistungen auf Grund des Soforthilfegesetzes. Auszug aus dem Kommentarwerk „Der Lastenausgleich". Abteilung II B — Gesetz zur Milderung dringender sozialer Notstände (Zweiter Teil). Herausgeg. und erläutert von Dr. P. Binder, Staatssekr. a. D.; Dipl.-Kfm. Dr. J. Drexl, MinRat; Dipl.-Kfm. Dr. W. Wehe, Wirtschaftspr.; A. Seweloh, Reichsrichter a. D. des vorm. Reichsfinanzhofs; Dr. L. Zimmerle, Reg. Dir. Din A 5. 218 Seiten. 1949. 12.—

Straßenbaulasten, Die Heranziehung der Anlieger zu den —, auf Grund des § 15 des Fluchtliniengesetzes vom 2. Juli 1875 in Entscheidung, Kostenberechnung und bildlicher Darstellung. Von C. Saß, Gemeindebaurat. Mit einem Plan. Oktav. 102 Seiten. 1913. 4.50

Straßen- und Baufluchtengesetz. Gesetz, betreffend die Anlegung von Straßen und Plätzen in Städten und ländlichen Ortschaften. Vom 2. Juli 1875. Kommentar. (Vormals von R. Friedrichs). Von H. v. Strauß und Torney und C. Saß. 7., neubearb. Aufl. unter Berücksichtigung des Wohnungsgesetzes usw. von O. Meyer. Oktav. 367 Seiten. 1934. Geb. 12.—

Straßenverkehrsrecht (Reichsgesetz über den Verkehr mit Kraftfahrzeugen) mit den einschlägigen Nebenbestimmungen, insbesondere der **Reichsstraßen-Verkehrsordnung** und einem technischen Leitfaden mit Abbildungen, von Geh. RGRat Ministerialdirigent Dr. F. Müller. 16., umgearb. Aufl. Mit zahlreichen, z. T. farbigen Abbildungen. Gr.-Oktav. XVI, 1132 Seiten. 1949. (Stilkes Rechtsbibl. Nr. 44.) Geb. 56.—

Telegraphenwege-Gesetz, Das — —. Vom 18. Dezember 1899 nebst der Ausführungsanweisung vom 26. Januar 1900. Von C. Wolf, Postrefr. a. d. Kaiserl. OPostdir. i. Köln. Oktav. 99 Seiten. 1916. (Guttentagsche Sammlung Deutscher Reichsgesetze Nr. 120.) Geb. —.90

Verkehrssicherheit der Reichswasserstraßen, Die Haftung für die — —. (Öffentlichen Binnenwasserstraßen.) Zugleich eine Untersuchung zur Frage der rechtlichen Natur des Eigentums des Deutschen Reichs an seinen Wasserstraßen. Von Dr. jur. M. Kaczmarzyk. Oktav. XIX, 197 Seiten. 1936. 9.—, geb. 10.50

Verkehrsunfälle, Die polizeiliche Untersuchung von — — n. Von M. Julier. 2. Aufl. Oktav. Mit 25 Abb. u. 15 Skizzen. 200 Seiten. 1949. (Schweitzer.) Halbleinen 10.—

Vermögens- und Haushaltsrecht, Das neue — — der deutschen Gemeinden. Systematische Darstellung. Von Dr. H. Stenger. 2. Aufl. Oktav. XI, 409 Seiten. 1939. (Schweitzer.) 11.50

Verwaltungsgesetzbuch für Preußen. Systematische Zusammenstellung der wichtigsten Verwaltungsgesetze und Verordnungen. Für Praxis und Unterrichtszwecke bearbeitet. Von H. Reichelt. Quart. VII, 1302 Seiten. 1914. Geb. 7.60

Verwaltungsrecht. Grundriß. Von Dr. E. Frhr. v. Turegg, LGDir. In Vorbereitung. (Lehrbücher und Grundrisse der Rechtswissenschaft Bd. XIX.) ca. 18.—

Verwaltungsrecht. Leitfaden. Von Dr. jur. habil. E. Frhr. v. Turegg, LGDir. Oktav. 141 Seiten. 1949. (Leitfaden der Rechtswissenschaft Bd. 11.) 7.—

Verwaltungsrecht, Grundriß des bayerischen — — s unter Berücksichtigung des Reichsrechts. Von Dr. K. Helmreich. Gr.-Oktav. 247 Seiten. 1928. (Schweitzer.) 7.20

Verwaltungsstreitverfahren. Von MinRat G. Ziegler. (Sonderdruck aus: Sammlung in der Praxis oft angewandter Verwaltungsgesetze und Verordnungen.) Oktav. 27 Seiten. 1927. (Schweitzer.) —.55

Verwaltungsstreitverfahren, Das — —. Praktisches Handbuch auf wissenschaftlicher Grundlage bearbeitet. Von F. Kunze, wirkl. geh. ORRat. Oktav. XV, 625 Seiten. 1908. 12.—

Volksschullehrergesetz. Von MinRat G. Ziegler. (Sonderdruck aus: Sammlung in der Praxis oft angewandter Verwaltungsgesetze und Verordnungen.) Oktav. 29 Seiten. 1927. (Schweitzer.) —.55

Wasserrecht. Von MinRat G. Ziegler. (Sonderdruck aus: Sammlung in der Praxis oft angewandter Verwaltungsgesetze und Verordnungen.) Oktav. 39 Seiten. 1927. (Schweitzer.) —.70

Wasser- und Bodenverbandrecht. Erläutert von Dr. A. Bochalli, Reg. Präs. a. D. i. Münster/W. und K. Linckelmann, RA i. Hannover. 2., verm. und verb. Aufl. des Kommentars zum Wasserverbandgesetz und zur 1. Wasserverbandverordnung von Dr. Bochalli. (Guttentagsche Sammlung Deutscher Reichsgesetze Nr. 212.) 386 Seiten. 1949. 10.—

Wildschadengesetz, Das — —. Vom 11. Juli 1891. Von Dr. A. Holtgreven, OLGPräs. und Dr. Th. Wolff, OLGRat. 4., verm. und verb. Aufl. VIII, 216 Seiten. 1902. 4.—

Zeitschrift für Bergrecht. Bis zu seinem Tode herausgeg. von Dr. jur. H. Brassert. Redigiert und herausgeg. von den rechtskundigen Ministerialräten der Bergabteilung des Preußischen Ministeriums für Handel und Gewerbe. Oktav. Von den Bänden 1—78 sind noch Restbestände lieferbar. Auf Wunsch nähere Angaben. Neuerscheinen wird vorbereitet.

3. Steuerrecht

Biersteuergesetz, Das — — vom 26. Juli 1918 mit Durchführungsbestimmungen. Nebengesetzen und Erläuterungen. Von Zapf-Siegert. 3. Aufl., bearb. von MinRat Siegert. Oktav. VI, 429 Seiten. 1931. (Schweitzer.) Geb. 15.—

Bürgersteuergesetz, Das — — vom 16. Oktober 1934 in der Fassung des Änderungsgesetzes vom 16. Oktober 1935 mit der Durchführungsverordnung und den Verwaltungsvorschriften nebst der Saarland-Bürgersteuerverordnung vom 28. Oktober 1935. Für die Praxis erläutert von Dr. H. Schick, Reg. Ass. a. Finanzamt Kaiserslautern. Oktav. 133 Seiten. 1936. (Stilkes Rechtsbibl. Nr. 146.) Geb. 3.20

Einkommensteuergesetz vom 27. Februar 1939 in der Fassung des Gesetzes Nr. 12 der Alliierten Kontrollbehörde (Kontrollrat) vom 11. Februar 1946 und des Gesetzes Nr. 12 vom 19. Dezember 1947. Textausgabe mit kurzen Erläuterungen. Von Dr. H. Wagelaar, Wirtschaftsprüfer. 2. Aufl. Oktav. 303 Seiten. 1948. (Guttentagsche Sammlung Deutscher Reichsgesetze Nr. 228.) 4.50

Gewerbesteuergesetz vom 1. Oktober 1936. Mit Durchführungs-VO. und Richtlinien. Erläutert von ORRat Dr. M. Metz. Oktav. 396 Seiten. 1937. (Schweitzers braune Handausgabe.) Geb. 7.50

Gewerbesteuergesetz (GewStG.) vom 1. Dezember 1936 nebst Einführungsgesetz (EinfGRealStG) vom 1. Dezember 1936 und Durchführungsvorschriften. Von ORGRat E. Kaemmel und RGRat W. Schmiedeke. Oktav. 325 Seiten. 1937. (Stilkes Rechtsbibl. Nr. 166.) Geb. 8.50

Gewerbesteuergesetz vom 1. Dezember 1936 (RGBl. I S. 979). Textausgabe mit kurzen Erläuterungen. Von Dr. H. Wagelaar, Wirtschaftsprüfer. Oktav. 256 Seiten. 1947. (Guttentagsche Sammlung Deutscher Reichsgesetze Nr. 231.) 6.—

Grunderwerbssteuergesetz vom 12. September 1919 (RGBl. S. 1617) in der Fassung des Gesetzes vom 11. März 1927 (RGBl. I S. 72) nebst Einleitung, Sachregister und Ausführungsbestimmungen und den einschlägigen Vorschriften des Finanzausgleichs-Steuermilderungsgesetzes und Steuerstrafrechts für die Praxis erläutert. Von Dr. E. Hagelberg und Dr. L. Krämer, RAnwälte i. Berlin. 2., völl. umgearb. und erw. Aufl. Oktav. 355 Seiten. 1928. Geb. 15.—

Grundsteuergesetz vom 1. Dezember 1936 mit Durchführungsbestimmungen. Durch eine ausführliche Einführung erläuterte Textausgabe von E. Dziegalowski, MinRat i. R. Oktav. VIII, 416 Seiten. 1937. (Guttentagsche Sammlung Deutscher Reichsgesetze Nr. 206.) Geb. 7.—
Nachtrag. 72 Seiten. 1938. 1.—

Grundsteuergesetz mit Durchführungsverordnung und den wichtigsten einschlägigen Erlassen. Von ORRat Dr. M. Metz. Oktav. 318 Seiten. 1938. (Schweitzers braune Handausgabe.) Geb. 7.—
Nachtrag. 47 Seiten. 1938. —.80

Kapitalverkehrsteuergesetz vom 16. Oktober 1934 nebst den zu dem Gesetz erlassenen Durchführungsbestimmungen und den sonstigen Vorschriften über die Kapitalverkehrsteuer. Erläutert durch Dr. B. Keßler, ORGRat. Oktav. XVI, 352 Seiten. 1935. (Guttentagsche Sammlung Deutscher Reichsgesetze Nr. 193.) Geb. 7.—

Körperschaftssteuergesetz vom 16. Oktober 1934 in der Fassung des Gesetzes Nr. 12 der Alliierten Kontrollbehörde (Kontrollrat) vom 11. Februar 1946. Textausgabe mit kurzen Erläuterungen. Von Dr. H. Wagelaar, Wirtschaftsprüfer. Oktav. 212 Seiten. 1947. (Guttentagsche Sammlung Deutscher Reichsgesetze Nr. 229.) 7.50

Lohnsteuer, Das Recht der — —. Von Dr. W. Spohr. Oktav. 256 Seiten. 1936. (Stilkes Rechtsbibl. Nr. 151.) Geb. 7.50

Preußische Gemeindesteuern (Rechtsmittel und Rechtsprechung.) Von W. Theisen, Reg. Rat. Oktav. 160 Seiten. 1926. 6.—, geb. 7.20

Reichsabgabenordnung vom 22. Mai 1931. Textausgabe mit kurzen Erläuterungen. Von Dr. H. Wagelaar, Wirtschaftsprüfer. Oktav. 256 Seiten. 1949. (Guttentagsche Sammlung Deutscher Reichsgesetze Nr. 236.) Geb. 7.50

Stempelsteuergesetz, Das — — vom 31. Juli 1895 nebst Ausführungsbestimmungen, dem Erbschaftssteuer-, Wechselstempelsteuer- und Reichsstempelgesetz. Kommentar für den praktischen Gebrauch. Von H. Hummel, wirkl. Ger. OFinanzrat und F. Specht, Reichsger. Rat. Oktav. XXIII, 1392 Seiten. 1906. 30.—

Steuerersparungen, Steuererleichterungen und Härteverfahren im deutschen Steuerrecht. Von Dr. J. Hein. Oktav. 148 Seiten. 1933. (Stilkes Rechtsbibl. Nr. 132.) Geb. 3.50

Steuergesetz, Religionsgesellschaftliches — —. Von MinRat G. Ziegler. (Sonderdruck aus: Sammlung in der Praxis oft angewandter Verwaltungsgesetze und Verordnungen.) Oktav. 6 Seiten. 1927. (Schweitzer.) —.25

Umsatzsteuergesetz vom 16. Oktober 1934 nebst Durchführungsbestimmungen. Mit systematischer Einführung und Erläuterungen versehen von H. Hog. Oktav. VIII, 211 Seiten. 1935. (Guttentagsche Sammlung Deutscher Reichsgesetze Nr. 190 d.) 2.50

Urkundensteuergesetz (UrkStG) vom 5. Mai 1936. Bearbeitet von Reichsgerichtsrat G. Rusche und Amts- und Landrichter Dr. Rensch. Oktav. 260 Seiten. 1936. (Stilkes Rechtsbibl. Nr. 154.) Geb. 8.—

Vermögensteuergesetz vom 16. Oktober 1934 und **Erbschaftssteuergesetz** in der Fassung des Gesetzes zur Änderung des Erbschaftssteuergesetzes vom 16. Oktober 1934. Mit systematischer Einführung versehen und erläutert von R. Arens. Oktav. VII, 203 Seiten. 1935. (Guttentagsche Sammlung Deutscher Reichsgesetze Nr. 190b.) 2.80

Vermögensteuergesetz. Von A. Lüke. In Vorbereitung.

Versicherungssteuergesetz. Erläuterungsbuch (unter Berücksichtigung des Versicherungsrechts). Gesetzestext, Durchführungsbestimmungen von Dr. M. Wunschel, ORGRat und R. Kostboth, Amtsrat i. Reichsfinanzministerium. Oktav. XI, 376 Seiten. 1937. (Guttentagsche Sammlung Deutscher Reichsgesetze Nr. 208.) Geb. 9.—

Wandergewerbesteuergesetz vom 10. Dezember 1937. Unter besonderer Berücksichtigung der gewerbepolizeilichen Vorschriften und Entscheidungen der Länder Preußen und Bayern, in Ansehung des Landes Bayern gleichzeitig. 3. Aufl. Erläutert von ORRat L. Jacob. Oktav. 218 Seiten. 1938. (Schweitzers braune Handausgabe.) Geb. 6.—

Wechselsteuergesetz vom 2. September 1935 mit Nebenbestimmungen. Zusammengestellt von RegOberinsp. F. Fricke. Oktav. 59 Seiten. 1935. (Stilkes Rechtsbibl. Nr. 143.) 1.20

Wechselsteuergesetz vom 2. September 1935 nebst dem Wechselgesetz vom 21. Juni 1933, den Durchführungsbestimmungen zum Wechselsteuergesetz vom 2. September 1935 und den sonstigen Vorschriften, die bei der Anwendung des Wechselsteuergesetzes in Betracht kommen. Für die Praxis erläutert von Dr. B. Keßler, ORGRat. Oktav. 152 Seiten. 1935. (Guttentagsche Sammlung Deutscher Reichsgesetze Nr. 197.) 3.—

Wertzuwachssteuerrecht nach der preußischen Mustersteuerordnung und der Berliner Steuerordnung. Von Dr. E. Hagelberg und Dr. L. Krämer, RAnwälte i. Berlin. Kommentar. Oktav. XXIV, 252 Seiten. 1930. 12.—, geb. 13.50

4. Kirchenrecht

Kirchengesetz, Das preußische — —, betreffend Abänderungen der kirchenpolitischen Gesetze vom 21. Mai 1886. Von Dr. P. Hinschius, o. Prof. der Rechte a. d. Univers. Berlin. Oktav. XI, 115 Seiten. 1886. 3.—

Kirchengesetz, Das preußische — —, betreffend Abänderungen der kirchenpolitischen Gesetze vom 29. April 1887. Von Dr. P. Hinschius, o. Prof. der Rechte a. d. Univers. Berlin. Nachtragsheft zu der Ausgabe des preußischen Kirchengesetzes vom 21. Mai 1886. Von Dr. P. Hinschius, o. Prof. der Rechte a. d. Univers. Berlin. Oktav. VII, 37 Seiten. 1887. —.50

Kirchengesetze, Die preußischen — — der Jahre 1874 und 1875 nebst dem Reichsgesetze vom 4. Mai 1874. Herausgeg. mit Einleitung und Kommentar. Von Dr. P. Hinschius, o. Prof. der Rechte a. d. Univers. Berlin. Oktav. XXVIII, 229 Seiten. 1875. 5.—

Kirchengesetze des Jahres 1873, Die preußischen — —. Herausgeg. mit Einleitung und Kommentar. Von Dr. P. Hinschius, o. Prof. der Rechte a. d. Univers. Berlin. Oktav. XLVIII, 212 Seiten. 1873. 5.50

Kirchenrecht, Das — — der Katholiken und Protestanten in Deutschland. Von Dr. P. Hinschius, o. Prof. der Rechte a. d. Univers. Berlin. Oktav. Band I—VI: System des katholischen Kirchenrechts mit besonderer Rücksicht auf Deutschland.
Bd. I: 2 Hälften. XIV, 639 Seiten. 1869. 10.—
Bd. II: 2 Hälften. X, 714 Seiten. 1878. 10.—
Bd. III: VIII, 853 Seiten. 1883. 26.—
Bd. IV: Mit alphabetischem Sachregister zu Bd. I—IV. X, 925 Seiten. 1888. 30.—
Bd. V: XII, 978 Seiten. 1895. 31.—
Bd. VI: 1. Abt. VIII, 425 Seiten. 1897. 14.—

Recht und Kirche. Betrachtungen zur Lehre von der Gemeinschaft und der Möglichkeit eines Kirchenrechtes. Von D. Dr. R. Stammler, Prof. a. d. Univers. Berlin. Oktav. 120 Seiten. 1919. 2.—, geb. 3.—

Staat und Kirche in Bayern. System des bayerischen Staatskirchenrechts. Bd. I, Lfg. 1. Von Hz. W. L. Doering. Gr.-Oktav. 187 Seiten. 1928. (Schweitzer.) 5.—

VII. Volkswirtschaftslehre

Abnehmender Bodenertrag, Das Gesetz des — — seit J. von Liebig. Eine dogmengesch. Untersuchung von Dr. J. Eßlen. Lex.-Oktav. 298 Seiten. 1905. (Schweitzer.) 7.20

Baukredit, Der — —. Von Dipl. Ing. Dr. K. F. Stöhr. Gr.-Oktav. 172 Seiten. 1921. (Schweitzer.) 3.20

Deutsches Bankwesen, Das — —. Von Dr. J. Löhr. Dir. d. bayer. Handelsbank i. München. Gr.-Oktav. 178 Seiten. 1921. (Schweitzer.) 2.50

Dumping, Das — —. Preisunterbietungen im Welthandel. Von Dr. D. Perl. Gr.-Oktav. VIII, 139 Seiten. 1921. (Schweitzer.) 3.30

Einführung in die Politik. Von Prof. Dr. F. van Calker. Oktav. 188 Seiten. 1927. (Schweitzer.) Geb. 5.80

Geldwirtschaft, Die deutsche — —. Von Dr. F. Federau. Oktav. 95 Seiten. 1949. 4.—

Juristische Natur der Kontingente. (Beteiligungsziffern). Von Dr. R. Beer. Oktav. VIII, 79 Seiten. 1927. (Schweitzer.) 3.60

Orient — Export, Der — —. Von W. K. Kubié. Oktav. 140 Seiten. 1918. (Schweitzer.) 3.10

Rücktritt vom Kartell. Von Dr. K. Schröter, München. Oktav. 117 Seiten. 1927. (Schweitzer.) 4.50

Tauschsozialismus und Freigeld. Eine dogmengesch. krit. Untersuchung zur Freigeldlehre. Von Dr. W. Wegelin, St. Gallen. Gr.-Oktav. 126 Seiten. 1921. (Schweitzer.) 3.10

Treuhandwesen in der deutschen Volkswirtschaft, Das — —. Von Syndikus Dr. O. Hintner, Nürnberg. Lex.-Oktav. 182 Seiten. 1926. (Schweitzer.) 7.20

Wiederaufbau in Theorie und Praxis, Grundlagen und Gedanken über den — —. Von C. Saß. In Vorbereitung.

VIII. Entscheidungs-Sammlungen, Zeitschriften

Aufsichtsamt für das Versicherungswesen Groß-Berlin. Veröffentlichungen. 1. Jahrgang. Heft 1. 1948. 6.—. 2. Jahrgang. Heft 1. 1949. 3.80. — —. Heft 2. 1949. 3.60. — —. Heft 3. 1949. 4.—. Erscheinungsweise: Nach Bedarf, Preis je nach Umfang.

Entscheidungen des Oberprisengerichts in Berlin. Herausgeg. im Auftr. des Reichsjustizministeriums. Oktav. Bd. I: XVII, 444 Seiten. 1918. 14.—. Bd. II: XV, 338 Seiten. 1921. 10.—

Entscheidungen des Obersten Gerichtshofes für die Britische Zone. Herausgeg. von den Mitgliedern des Gerichtshofes und der Staatsanwaltschaft.
Entscheidungen des Obersten Gerichtshofes für die Britische Zone in **Zivilsachen.** Bezugspreis für die Heftausgabe (5 Hefte) pro Band 8.—, für die Bandausgabe pro Band geb. 10.—
Entscheidungen des Obersten Gerichtshofes für die Britische Zone in **Strafsachen.** Bezugspreis für die Heftausgabe (5 Hefte) pro Band 8.—, für die Bandausgabe pro Band geb. 10.—
Bisher liegen vor: Zivilsachen. Bd. I, Heft 1—5; Bd. II, Heft 1—3.
Strafsachen. Bd. I, Heft 1—5; Bd. II, Heft 1.
Einbanddecken für den cplt. Band 1.20.

Entscheidungen des Reichsarbeitsgerichts. Herausgeg. von den Mitgliedern des Gerichtshofes. Oktav. Einzelne, der bisher erschienenen 27 Bände, sind aus Restbeständen noch lieferbar. Auf Wunsch nähere Angaben.

Entscheidungen des Reichsgerichts. Herausgeg. von den Mitgliedern des Gerichtshofes und der Reichsanwaltschaft. Oktav. 2 Sammlungen.
1. Entscheidungen des Reichsgerichts **in Zivilsachen.** Zur Vervollständigung dieser amtlichen Sammlung sind noch Restbestände vorhanden. Je 7.—, geb. 9.—. Für die Registerbände bestehen besondere Preise.
2. Entscheidungen des Reichsgerichts **in Strafsachen.** Restbestände noch lieferbar. Je 7.—, geb. 9.—. Für die Registerbände bestehen besondere Preise. Auf Wunsch nähere Angaben.

Entscheidungen des Reichsgerichts, die grundlegenden — — und des Reichsmilitärgerichts auf dem Gebiete des Strafrechts. Für das Studium und die Praxis bearbeitet. Von Dr. M. Apt. Oktav.
Bd. I: Strafrecht. 3. Aufl. Von Dr. M. Apt und Dr. E. Beling. VII, 376 Seiten. 1903.
Bd. II: Das Rheinische Civilrecht. Von Dr. O. Francken. X, 193 Seiten. 1893.
Bd. III: Strafprozeß. Von C. Jacusiel. VIII, 235 Seiten. 1893.
3 Bände cplt. 14.—, geb. 17.—

Entscheidungen des Reichsgerichts in Zivilsachen. Gekürzte Ausgabe der amtlichen Sammlung. Eine Auswahl der für die jetzigen Rechtsverhältnisse noch wichtigen Entscheidungen aus den Bänden 1—171. Nach Fachgebieten zusammengestellt und mit einem chronologischen Register versehen. Herausgeg. von Prof. Dr. Auerbach, RA i. Berlin; Dr. Eylau, Präs. d. Patentamtes i. Berlin; Graf RAnwältin i. Berlin; Dr. Knoll, Ministerialdir. i. Berlin; Kummerow, RA i. Berlin; Reuß, RA i. Berlin; Dr. W. Schmidt, RA i. Düsseldorf; Dr. Swarzenski, LGDir. i. Berlin; Dr. Vahldieck, RA i. Berlin. Etwa 30 Bände.
Geb. je etwa 10.— bis 12.—

Entscheidungen des Reichsgerichts in Strafsachen. Gekürzte Ausgabe der amtlichen Sammlung. In Vorbereitung.

Juristische Rundschau. Mit Beiblatt: Mitteilungen aus der Berliner Justiz und Rechtsanwaltschaft. Herausgeg. von Dr. S. Loewenthal, Chefpräs. des Landger. Berlin, Dr. K. Wergin, Präs. der Rechtsanw. Kammer Berlin, R. Frhr. v. Godin, RA i. München, Prof. Dr. E. Reimer, Präs. d. Deutschen Patentamtes i. München, Dr. E. Wolff, Präs. des Obersten Ger. Hofes f. d. Brit. Zone i. Köln und Dr. W. Schmidt, RA i. Düsseldorf. Ab Juli 1949 2mal monatlich. Je Heft 32 Seiten. Vierteljährl. 9.— Einzelne Hefte der Jahrgänge 1925—1945, cplt. Jahrgänge und einzelne Hefte der ab 1. Juli 1947 wiedererschienenen Zeitschrift, sind aus Restbeständen noch lieferbar. Einbanddecken für die Jahrgänge 1947 und 1948. 1.25

Kritische Vierteljahresschrift für Gesetzgebung und Rechtswissenschaft. Herausgeg. von E. Mezger, K. Blomeyer, J. Heckel, A. Hueck, E. Riezler, M. San Nicolò, Ch. Frhr. v. Schwerin, Professoren d. Münchener Juristenfakultät. Gr.-Oktav. Ab 1912 neue Folge. Der Band zu je 4 Heften. Bd. 14—18 je 8.—; Bd. 19 10.—; Bd. 20 16.—; Bd. 21 24.—; Bd. 22 32.50; Bd. 23 27.—; Bd. 24 31.—; Bd. 25 29.—; Bd. 26—32 je 28.—. (Schweitzer.)

Rechtsprechung der Oberlandesgerichte auf dem Gebiete des Zivilrechts. Herausgeg. von B. Mugdan und R. Falkmann. Oktav.
1.—42. Band. (Bd. 35, 36, 38, 40, 42 vergriffen) 1900—1922. Je 4.50, geb. 6.—
43. Band. 1924. 7.50, geb. 9.—
44.—46. Band. (Bd. 45 nur H. 2—9 vorhanden) 1925—1928. Je 8.—, geb. 9.50
(Fortsetzung s. Rechtsprechung, Höchstrichterliche.)

Rechtsprechung, Höchstrichterliche — — auf dem Gebiete des Strafrechts. Geleitet und herausgeg. von A. Feisenberger. Sonderbeilage der Zeitschrift für die gesamte Strafrechtswissenschaft. Oktav. 1.—3. Jahrgang. 1925—1927. Je 12.—, geb. 13.50
(Fortsetzung s. Rechtsprechung, Höchstrichterliche.)

Rechtsprechung, Höchstrichterliche — —. Vereinigte Entscheidungs-Sammlung der bisherigen Zeitschriften: Rechtsprechung der Oberlandesgerichte in Zivilsachen, Höchstrichterliche Rechtsprechung in Strafsachen und Die Rechtsprechung, Beilage der Juristischen Rundschau. Herausgeg. von E. Friedrichs und A. Feisenberger. Von den Jahrgängen 1—18 (1942) sind aus Restbeständen noch cplte. Jahrgänge und einzelne Hefte lieferbar. Ab 1943 verschmolzen mit der Zeitschrift „Das Deutsche Recht“. Preisangaben auf Wunsch.

Reichsgerichtsentscheidungen in kurzen Auszügen. Oktav. 2 Sammlungen.

— — in Zivilsachen und **— — in Strafsachen.** Von beiden Sammlungen sind aus Restbeständen noch cplte. Bände lieferbar. Auf Wunsch nähere Angaben. (Schweitzer.)

Veröffentlichungen des Reichsaufsichtsamts für Privatversicherung. s. Abschn. III, 1 (S. 20).

Zeitschrift für Ausländisches und Internationales Privatrecht. Herausgeg. in Gemeinschaft mit E. Heymann, H. Titze, M. Wolff, M. Pagenstecher, F. Schlegelberger und H. Lewald von E. Rabel. (Institut für ausländisches und internationales Privatrecht.) Quart. Aus Restbeständen sind noch einzelne Hefte der Jahrgänge 1—14 einschl. der Sonderhefte lieferbar. Auf Wunsch nähere Angaben. Wiedererschienen mit dem 15. Jhrg. 1949. H. 1. Begründet von E. Rabel. Herausgeg. vom Kaiser

Wilhelm-Institut für ausländisches und internationales Privatrecht. Dir.: H. Dölle. Erscheinungsweise: Vierteljährlich in Heften von 150 bis 170 Seiten. Abonnementspreis pro Heft 12.—, Einzelheftpreis 14.50. Berechnung erfolgt, auch gegenüber Abonnenten, heftweise. Im Gemeinschaftsverlag mit J. C. B. Mohr (Paul Siebeck) Tübingen.

Zeitschrift für ausländisches öffentliches Recht und Völkerrecht. Herausgeg. in Gemeinschaft mit E. Kaufmann, R. Smend, H. Triepel, L. Kaas, F. Glum von V. Bruns. (Institut für ausländisches öffentliches Recht und Völkerrecht.) Quart. Aus Restbeständen sind noch einzelne Hefte der Bände 1—12 lieferbar. Auf Wunsch nähere Angaben.

Zeitschrift für Bergrecht. Bis zu seinem Tode herausgeg. von Dr. jur. H. Brassert. Redigiert und herausgeg. von den rechtskundigen Ministerialräten der Bergabteilung des Preußischen Ministeriums für Handel und Gewerbe. Oktav. Von den Bänden 1—78 sind noch Restbestände lieferbar. Auf Wunsch nähere Angaben. Neuerscheinen wird vorbereitet.

Zeitschrift für die gesamte Strafrechtswissenschaft. Gegründet von Dr. Fr. v. Liszt und A. Dochow. Oktav. Von den bisher erschienenen 62 Bänden sind aus Restbeständen noch einzelne Bände cplt. lieferbar. Neuerscheinen wird vorbereitet.

IX. Verschiedenes

Justizstaatsdienst, Fünf Aufgaben der Prüfungen für den mittleren — — mit Lösungen aus dem Grundbuch-, Familien-, Erb- und Vollstreckungsrecht. Von OARichter Dr. W. Kriener. Oktav. 91 Seiten. 1933. (Schweitzer.) 2.60

Pandektenübungen, Praktische — — für Anfänger zum akademischen Gebrauch und zum Selbststudium. Von D. Dr. R. Stammler, Prof. a. d. Univers. Berlin. Oktav. X, 536 Seiten. 1896. 7.50, geb. 8.60

Rechtsfälle, Kinkels — — mit Lösungen. Bearb. von Dr. W. E. Kinkel. Oktav. (Schweitzer.)
Bd. I: **Arbeitsrecht.** 124 Seiten. 1936. 2.80
Bd. II: **Bauernrecht.** 85 Seiten. 1938. 2.60
Bd. III: **Bürgerliches Recht.** 101 Seiten. 1939. 2.80

Texte, Juristische — —, für Vorlesungen und Übungen. Herausgeg. von F. Schulz und Cl. Frhr. v. Schwerin. Oktav.
1. Texte zu Übungen im römischen Privatrecht I. Ausgewählt von F. Schulz. 32 Seiten. 1925. 1.40
2. Quellen zur Geschichte der Eheschließung I. Ausgewählt von Cl. Frhr. v. Schwerin. 1925. 3.20
3. Die Epitome Ulpiani des Codex Vaticanus Reginae 1128. Herausgeg. von F. Schulz. XII, 62 Seiten. 1926. 3.20
4. Quellen zur Geschichte der Eheschließung II. Ausgewählt von Cl. Frhr. v. Schwerin. 60 Seiten. 1930. 3.50

Zivilrechtspraktikum. Zum Selbststudium und zum Lehrgebrauche. Von R. Schück. 4., verm. Aufl. herausgeg. von G. Schreiber. Oktav. 160 Seiten. 1930. Geb. 6.—

Lösungen zu dem von R. Schück herausgegebenen Zivilrechtspraktikum. Nach dem Bürgerlichen Gesetzbuch bearb. für Studierende und Referendare. Von H. von der Mosel, RA i. Dresden. 5. Aufl. Oktav. 235 Seiten. 1931. 6.—, geb. 6.50

FSC
www.fsc.org
MIX
Papier | Fördert gute Waldnutzung
FSC® C083411

Kolibri 360 GmbH
Ferdinand-Jühlke-Straße 7
99095 Erfurt, Deutschland
produktsicherheit@kolibri360.de

Guttentag'sche Sammlung
Nr. 59. Deutscher Reichsgesetze. Nr. 59.
Text-Ausgaben mit Anmerkungen.

Reichs-Gesetz über die

Beurkundung des Personenstandes und die Eheschließung

vom 6. Februar 1875

in der vom 1. Januar 1900 an geltenden Fassung
nebst den Preußischen Ergänzungsvorschriften.

Textausgabe mit Einleitung, Anmerkungen und Sachregister

von

Dr. F. Fidler,

Amtsgerichtsrath.

Berlin 1901.

J. Guttentag, Verlagsbuchhandlung,

G. m. b. H.

Vorwort.

Das vorliegende Bändchen verdankt seine Entstehung dem Wunsche der Verlagsbuchhandlung, das Personenstandsgesetz der „Guttentag'schen Sammlung Deutscher Reichsgesetze" einzureihen, in der es bisher vermißt wurde. Ich habe mich bemüht, bei der Bearbeitung den bewährten Grundsätzen zu folgen, auf deren Beachtung die Beliebtheit der Sammlung beruht, und ich wünsche, daß mein Bestreben nicht erfolglos gewesen sei.

Das Werkchen bezweckt vornehmlich die Verbreitung der Kenntniß der die Allgemeinheit in höchstem Maße interessirenden Vorschriften des Personenstandsgesetzes in den betheiligten Kreisen des Publikums; an diese Kreise wendet es sich, um sie für den Verkehr mit dem Standesamt zu unterrichten. Die Standesbeamten werden zu größeren Kommentaren greifen; aber auch ihnen wird die vorliegende Ausgabe für die meisten Fälle ein ausreichender und zuverlässiger Rathgeber sein. Ebenso wird sie genügen, um Richter und Gerichtsschreiber über die ihnen obliegenden Verrichtungen zu orientiren.

Es sind nur die Preußischen Ergänzungsvorschriften berücksichtigt, da die Heranziehung der bezüglichen Vorschriften der sämmtlichen Bundesstaaten dem Bändchen einen nicht erwünschten Umfang gegeben hätte. Unter Nr. V der Einleitung sind die betreffenden Vorschriften kurz angeführt.

Münster, im Mai 1901.

Dr. Fidler.

Inhaltsübersicht.

B. Ausführungsbestimmungen.

Abkürzungen.

AGBGB = (Preuß.) Ausführungsgesetz zum Bürgerlichen Gesetzbuche vom 20. September 1899 (GS S. 177).

BGB = Bürgerliches Gesetzbuch vom 18. August 1896 (RGBl S. 195).

BR = Bundesrath (Ausführungs-Vorschriften des Bundesraths).

FGG = (Reichs-)Gesetz über die freiwillige Gerichtsbarkeit vom 17. Mai 1898 (Fassung vom 20. Mai 1898 — RGBl. S. 771 —).

GS = Gesetz-Sammlung für die Königlichen Preußischen Staaten.

JMBl = Justizministerialblatt für die Preußische Gesetzgebung und Rechtspflege.

KG = Kammergericht (Jahrbuch für Entscheidungen des Kammergerichts).

Pr FGG = Preußisches Gesetz über die freiwillige Gerichtsbarkeit vom 21. September 1899 (GS S. 249).

Pr GKG = Preußisches Gerichtskostengesetz vom 25. Juni 1895 (Fassung der Bekanntmachung vom 6. Oktober 1899 — GS S. 326 —).

RGBl = Reichs-Gesetzblatt.

VMBl = Ministerialblatt für die innere Verwaltung.

Einleitung.

I.

Bis zum Jahre 1874 herrschte hinsichtlich der Beurkundung der Geburten und Sterbefälle und der Form der Eheschließung im Deutschen Reiche wie in Preußen kein einheitliches Recht. Nur in wenigen Gebietstheilen, die vom französischen Rechte beeinflußt waren, sowie für die Angehörigen der nicht anerkannten Religionsgesellschaften und die Juden gab es von staatlichen Beamten bezw. von den Gerichten geführte Register über die Personenstandsverhältnisse und eine Eheschließung vor einem staatlichen Beamten. Im größten Theile des Reichs und Preußens lag die Beurkundung der Personenstandsverhältnisse in den Händen der Geistlichen der anerkannten Religionsgesellschaften: die von diesen geführten Kirchenbücher waren die staatlich anerkannten Standesregister; die Form der Eheschließung war die kirchliche Trauung. In dem zu Anfang der siebziger Jahre des vorigen Jahrhunderts entbrennenden Kampfe zwischen Staat und Kirche trat das Bedürfniß hervor, auf diesem Gebiete Wandel zu schaffen. „Geburt, Ehe und Tod", so heißt es in dem Kommissionsberichte des Herrenhauses zu dem preuß. Personenstandsgesetze, „sind die Bedingung und Voraussetzung aller oder doch der meisten bürgerlichen und staatlichen Rechte. Mit dem Augenblicke der Geburt beginnt die Rechtsfähigkeit, die mit dem Augenblicke des Todes endet und dieser ist wieder Grundlage von Rechten und Pflichten Anderer. Von der Rechtsgültigkeit einer Ehe sind Rechte und Pflichten der Ehegatten unter einander und in Betreff ihrer Kinder, sowie Rechte und Pflichten der letzteren abhängig. Der Staat hat daher die unabweisliche Pflicht, die Grundlagen festzustellen, von denen er diese Rechte und Pflichten abhängig macht und die Möglichkeit zu gewähren, die desfallsigen Bedingungen zu erfüllen. Es kann sich dabei nur fragen, wie das am zweckmäßigsten zu erreichen ist und ob dabei bestehende Verhältnisse, namentlich Rechte der christlichen Kirchen zu berücksichtigen, oder doch deren bisherige Mitwirkung im Interesse des Staates beizubehalten ist. — Zweckmäßig erscheint zunächst die Einheitlichkeit der Personenstands-Register über alle Geburten, Ehen und Todesfälle eines bestimmten Bezirkes. Diesem Erforderniß konnte die Kirche im Wesentlichen genügen, so lange im Staat eine Kirche bestand. Seit sich, namentlich in Folge der Reformation, verschiedene Religionsparteien und Sekten bildeten, war es eine der härtesten Maßregeln intoleranter Staatsregierungen, daß sie Andersgläubige zwangen, von den Geistlichen feindlicher Confessionen den Personenstand beurkunden und sich trauen zu lassen. Die Kirche schließt ihre Beurkundung an religiöse Handlungen an und es kann weder den Andersgläubigen zugemuthet werden, diese an sich vollziehen zu lassen, noch den Geistlichen, solche zu spenden. Seit die Idee einer herrschenden Kirche aufgegeben wurde, ist die Beurkundung des Personenstandes in einer Weise zersplittert, daß die Ermittelung der für bürgerliche Rechte, z. B. Erbansprüche und für staatliche Pflichten, z. B. Militärdienst erforderlichen Urkunden sehr erschwert ist. Man muß nicht nur den Geburts- und Aufenthaltsort, sondern auch erforschen, ob Jemand Katholik, Lutheraner, Reformirter, Mennonit, Sektirer oder Jude gewesen ist. Wer die Einheitlichkeit der Personenstands-Register aus Erfahrung kennt, ist von deren großer Zweckmäßigkeit überzeugt. — Dazu kommt, daß die Kirche Geburt und Tod nur bei Gelegenheit einer anderweiten religiösen Handlung, Taufe und Beerdigung beurkunden kann; für das bürgerliche Recht ist aber nicht Taufe und

Beerdigung, sondern Tag und Stunde der Geburt und des Todes maßgebend. Die Feststellung dieses maßgebenden Zeitpunktes ist jedenfalls bei der oft späten Taufe sehr bedenklich. Auch hat der Geistliche weder polizeiliche Mittel, noch ein erhebliches kirchliches Interesse, zweifelhafte Anzeigen über die Geburt und über die Herkunft eines Kindes sofort aufzuklären. Stirbt ein Kind vor der Taufe, oder wird eine kirchliche Beerdigung nicht verlangt oder verweigert, so ist es ungeeignet, solche Fälle, mit denen die Kirche nichts zu thun hat oder nichts zu thun haben will, ins Kirchenbuch einzutragen. Das Angeführte würde es genügend begründen, die Beurkundung von Geburt und Tod bürgerlichen Beamten zu übertragen, aber die Abschließung und Beurkundung der Heirathen durch solche Beamte, die sogenannte Civilehe, hat große Bedenken erregt". Die weitere Ausführung zur Rechtfertigung der Einführung der Civilehe, und zwar der obligatorischen Civilehe, interessirt nicht mehr.

In Preußen wurden durch das Gesetz über die Beurkundung des Personenstandes und die Form der Eheschließung vom 9. März 1874 (GS. S. 95) die (schon in Art. 19 der Verfassungsurkunde vom 31. Januar 1850 in Aussicht genommenen) Civilstandsregister eingeführt. Diesem Gesetze, das am 1. Oktober 1874 in Kraft trat, war nur eine kurze

Dauer beschieden. Schon am 1. Januar 1876 hörte seine Geltung auf: von diesem Zeitpunkt an wurde es durch das Reichsgesetz über die Beurkundung des Personenstandes und die Eheschließung vom 6. Februar 1875 (RGBl. S. 25) ersetzt. Wie die abweichende Fassung der Ueberschrift andeutet, beschränkt sich das Reichsgesetz nicht darauf, die Beurkundung und die Form der Eheschließung (das formelle Eheschließungsrecht) einheitlich festzustellen, sondern es hat auch als seine Aufgabe betrachtet, dem Deutschen Reiche, soweit als möglich, ein einheitliches Recht hinsichtlich der Erfordernisse der Eheschließung, ein einheitliches materielles Eheschließungsrecht zu schaffen.

II.

Bis zum 1. Januar 1900, dem Zeitpunkte des Inkrafttretens des Bürgerlichen Gesetzbuchs, hat das Personenstandsgesetz in unveränderter Fassung bestanden. Bei der Schaffung des BGB wurde die Frage: obligatorische oder fakultative Civilehe? noch einmal Gegenstand heißen Kampfes. Der Sieg blieb aber der Form der Ehe, wie sie das Personenstandsgesetz eingeführt hat. Wenngleich also der Inhalt des Gesetzes auch bezüglich der auf die Eheschließung und ihre Form bezüglichen Abschnitte im Wesentlichen bestehen blieb und daher nach dem im Allgemeinen bei der Kodifikation des bürgerlichen Reichsrechts befolgten Grundsatze, den privatrechtlichen Inhalt bereits bestehender Reichsgesetze aufrecht zu erhalten (vgl. Art. 32 des Einf.-Ges. z. BGB.), eine Aenderung des Personenstandsgesetzes nur soweit erforderlich gewesen wäre, als ein Bedürfniß zur Aenderung, Ergänzung oder Erklärung seiner Bestimmungen vorhanden war, so stand doch, wie die Motive (Band IV S. 8ff.) näher ausführen, der Einschlagung dieses Weges in Ansehung des in dem Personenstandsgesetze bereits geregelten Eheschließungsrechts der Umstand entgegen, daß jenes Gesetz das Eheschließungsrecht, entsprechend seinem auf die Ermöglichung der Durchführung der Civilehe beschränkten Zwecke dieses Theiles, nur unvollständig geregelt hat. „An sich gehören die Vorschriften über die materiellen Erfordernisse der Eheschließung überhaupt nicht in das Personenstandsgesetz. Dies gilt auch von den Vorschriften über die sog. aufschiebenden Ehehindernisse, indem dieselben in erster Linie sich nicht an den Standesbeamten, sondern an die Eheschließenden wenden und die Nichtbeobachtung derselben eine Widerrechtlichkeit der Eheschließenden begründet, welche, abgesehen von etwaigen sie treffenden Strafbestimmungen, unter Umständen eine Verpflichtung zum Schadensersatze nach sich ziehen kann. Die Aufnahme der Vorschriften über die Erfordernisse der Eheschließung in das Personenstandsgesetz ist auch lediglich deshalb erfolgt, weil man die Standesbeamten in der hier fraglichen Beziehung auf das vor dem Reichsgesetz in Geltung gewesene materielle Recht nicht verweisen konnte, da das letztere theils dunkel, theils in den einzelnen Bundesstaaten verschieden war. Auch die Vorschriften über die Form der Eheschließung selbst, soweit dieselben die Gültigkeit der Ehe bedingen, sind, wenngleich dieselben sich auch an den Standesbeamten wenden und von diesem Gesichtspunkte aus zugleich den Karakter von Verfahrensvorschriften haben, doch vorwiegend materiellrechtliche Vorschriften. Als solche gehören dieselben systematisch und prinzipiell nicht minder in das Bürgerliche Gesetzbuch, als die Vorschriften über die Form anderer Rechtsgeschäfte. Da es die Aufgabe des Bürgerlichen Gesetzbuchs ist, das persönliche Eherecht in seinem ganzen Umfange zu regeln, so würde das Gesetzbuch in wichtigen Punkten eine wesentliche Lücke enthalten, wenn es über die materiellen Erfordernisse der Eheschließung und über die Form der Eheschließung selbst ganz schweigen oder in dieser Hinsicht nur eine Verweisung auf das Reichsgesetz vom 6. Februar 1875 enthalten würde. Die Ausscheidung der Vorschriften über die Ehehindernisse und über die Form der Eheschließung aus dem Gesetzbuch ist aber auch um deswillen nicht zu empfehlen, weil jene Vorschriften mit den in dem Personenstandsgesetze nicht enthaltenen und daher im bürgerlichen Gesetzbuche jedenfalls zu treffenden Vorschriften über die an die Nichtbeobachtung jener Vorschriften sich knüpfenden Folgen, insbesondere über die Nichtigkeit und Anfechtbarkeit der Ehe, auf das engste in Verbindung stehen, indem jene Vorschriften die Grundlage der letzteren bilden. Das Gesetzbuch würde an Uebersichtlichkeit und Einfachheit schwere Einbuße erleiden, wenn es genöthigt wäre, bei den Bestimmungen über die Folgen einer gesetzwidrig eingegangenen Ehe auf das RGes. vom 6. Febr. 1875 bezw. auf das die nöthig werdenden Ergänzungen und Abänderungen des letzteren enthaltende Einführungsgesetz zum Bürgerlichen Gesetzbuche Bezug zu nehmen. Die Aufnahme der Vorschriften über die Ehehindernisse und die Form der Eheschließung in das Bürgerliche Gesetzbuch ist aber auch im Interesse der Erleichterung der Geschäftsführung der Standesbeamten und im Interesse der Verbreitung der Kenntniß jener Vorschriften in den betheiligten Kreisen des Publikums vorzuziehen, da, auch wenn man es in dieser Hinsicht im Uebrigen bei dem RGes. vom 6. Februar 1875 belassen wollte, doch in verschiedenen Richtungen eine Ergänzung dieses Gesetzes, soweit dasselbe nämlich auf das Landesrecht verweist und in diesem die nöthige Vervollständigung findet, erforderlich werden und auch eine sachliche Aenderung jener Vorschriften mit Rücksicht auf neue Prinzipien des Gesetzbuchs nicht zu vermeiden sein, mithin das Eheschließungsrecht sich theils in dem RGes. vom 6. Februar 1875, theils in dem Einführungsgesetze zum Bürgerlichen Gesetzbuche finden würde. — Werden die wesentlichen die Gültigkeit der Eheschließung bedingenden Formvorschriften in das Gesetzbuch aufgenommen, so empfiehlt es sich, wenngleich systematische Rücksichten dagegen sprechen mögen, doch aus überwiegenden Gründen praktischer Zweckmäßigkeit, in gleicher Weise auch in Ansehung der nicht wesentlichen Vorschriften über die Form der Eheschließung selbst zu verfahren, da die wesentlichen und unwesentlichen Formvorschriften in einem engen Zusammenhange stehen und durch die Trennung derselben die praktische Handhabung der gesetzlichen Bestimmungen nicht unerheblich erschwert werden würde. — Anders, als in Ansehung der Vorschriften über die Ehehindernisse und die Eheschließung selbst, liegt dagegen die Sache in Ansehung der das Aufgebot und die Beurkundung der Eheschließung betreffenden Vorschriften. Diese Vorschriften sind lediglich Verfahrensvorschriften und gehören deshalb systematisch und nach der von dem Gesetzbuch in ähnlichen Fällen, z. B. in Betreff der die Grundbuchordnung und das Verfahren in Vormundschaftssachen bezielenden Bestimmungen, befolgten Methode nicht in das Bürgerliche Gesetzbuch. Ein genügender Grund, von dieser Methode hier abzuweichen, liegt um so weniger vor, als das RGes. vom 6. Februar 1875 die bezeichneten Vorschriften vollständig enthält und ein Bedürfniß, dieselben zu ändern und zu ergänzen, wenn überhaupt, doch nur in geringem Maße vorliegt. Auch der Zusammenhang dieser Vorschriften mit den Vorschriften über die Form der Eheschließung selbst ist nicht von entscheidender Bedeutung. Daß aus der Trennung dieser Vorschriften ein erheblicher Uebelstand für die praktische Handhabung, insbesondere für die Geschäftsführung der Standesbeamten erwachsen werde, ist nicht zu besorgen, zumal diesem Uebelstande, soweit nöthig, durch eine dem Personenstandsgesetze anzuhängende Instruktion für die Standesbeamten abgeholfen werden kann."

Auf diesen Erwägungen beruht der Artikel 46 des Einführungsgesetzes zum Bürgerlichen Gesetzbuche, der die erforderlichen Aenderungen enthält und folgenden Wortlaut hat:

„Das Gesetz über die Beurkundung des Personenstandes und die Eheschließung vom 6. Februar 1875 (Reichs-Gesetzbl. S. 23) wird dahin geändert:

I. Die §§. 28 bis 40, 42, 43, 51 bis 53 werden aufgehoben.

II. An die Stelle der §§. 41, 44, 50, 55 treten folgende Vorschriften:

§. 41. Für die Eheschließung sind die Vorschriften des Bürgerlichen Gesetzbuchs maßgebend.

§. 44. Für die Anordnung des vor der Eheschließung zu erlassenden Aufgebots ist jeder Standesbeamte zuständig, vor dem nach §. 1320 des Bürgerlichen Gesetzbuchs die Ehe geschlossen werden darf.

§. 50. Der Standesbeamte soll ohne Aufgebot die Eheschließung nur vornehmen, wenn ihm ärztlich bescheinigt wird, daß die lebensgefährliche Erkrankung eines der Verlobten den Aufschub der Eheschließung nicht gestattet.

§. 55. Ist eine Ehe für nichtig erklärt, ist in einem Rechtsstreite, der die Feststellung des Bestehens oder des Nichtbestehens einer Ehe zwischen den Parteien zum Gegenstande hat, das Nichtbestehen der Ehe festgestellt, ist eine Ehe vor dem Tode eines der Ehegatten aufgelöst oder ist nach §. 1575 des Bürgerlichen Gesetzbuchs die eheliche Gemeinschaft aufgehoben, so ist dies am Rande der über die Eheschließung bewirkten Eintragung zu vermerken.

Wird die eheliche Gemeinschaft nach der Aufhebung wiederhergestellt, so ist dies auf Antrag am Rande zu vermerken.

III. Der §. 67 erhält folgenden Absatz 2:

Eine strafbare Handlung ist nicht vorhanden, wenn der Geistliche oder der Religionsdiener im Falle einer lebensgefährlichen, einen Aufschub nicht gestattenden Erkrankung eines der Verlobten zu den religiösen Feierlichkeiten der Eheschließung schreitet.

IV. Im §. 69 werden die Worte: „in diesem Gesetze" ersetzt durch die Worte: „in diesem Gesetze und in dem Bürgerlichen Gesetzbuche".

V. Im §. 75 Abs. 1 werden die Worte: „nach den Vorschriften dieses Gesetzes" ersetzt durch die Worte: „nach den Vorschriften des Bürgerlichen Gesetzbuchs".

In der vorliegenden Ausgabe sind die an die Stelle der aufgehobenen Vorschriften tretenden Vorschriften des Bürgerlichen Gesetzbuchs eingefügt, die abgeänderten Vorschriften des Gesetzes durch Sperrdruck kenntlich gemacht.

III.

Nach dem Personenstandsgesetze ist in mehrfacher Hinsicht (Aufbewahrung der Nebenregister,

Anweisung zur Vornahme einer vom Standesbeamten abgelehnten Amtshandlung, Berichtigung von Eintragungen) die Thätigkeit des Gerichts vorgesehen. Das Personenstandsgesetz gab aber, dem zur Zeit seiner Entstehung geltenden Rechtszustande entsprechend, keine allgemeine Vorschriften über das Verfahren; es bestimmte nur, daß das Verfahren der Gerichte sich nach den Vorschriften regele, welche in Sachen der nicht streitigen Gerichtsbarkeit gelten, wonach die Gestaltung im Besonderen den einzelnen Landesrechten überlassen war. Da nunmehr die Reichsgesetzgebung auch das Verfahren in den Angelegenheiten der freiwilligen Gerichtsbarkeit in den Bereich der Regelung gezogen hat, so ist auch die den Personenstand betreffende gerichtliche Mitwirkung geordnet. Das Reichsgesetz über die Angelegenheiten der freiwilligen Gerichtsbarkeit vom 17. Mai 1898 (Fassung v. 20. Mai 1898 — RGBl S. 771 —) beseitigt in § 186 die bisherige Befugniß der Landesgesetzgebung, das gerichtliche Verfahren abweichend zu regeln (wodurch die §§ 11, 66 des Personenstandsgesetzes eine veränderte Fassung erhalten haben) und enthält des weiteren in seinem vierten Abschnitte (§§ 69 bis 71) die erforderlichen Vorschriften, zu denen aber zu bemerken ist, daß sie durch die Vorschriften in dem ersten Abschnitte des Gesetzes (§§ 1 bis 34) ergänzt werden. Zu vgl. hierüber B V.

Dasselbe Gesetz giebt außerdem in dem die Vormundschaftssachen behandelnden zweiten Abschnitte (in § 48) Vorschriften über die in diesen Angelegenheiten dem Standesbeamten obliegende Anzeigepflicht. Zu vgl. B. III.

IV.

Das Bürgerliche Gesetzbuch enthält verschiedene Bestimmungen, die eine Einwirkung auf die in den Standesregistern festgestellten Familien- und Personenstandsverhältnisse bedingen — zu vgl. §§ 1718, 1720 BGB. (Anerkennung der Vaterschaft), § 1577 (Namensführung einer geschiedenen Frau), § 1706 (Ertheilung des Namens an ein uneheliches Kind). — Die formellen Vorschriften über die Zuständigkeit für die Entgegennahme der erforderlichen Erklärungen und das Verfahren sind theils in dem Reichsgesetz über die Angelegenheiten der freiwilligen Gerichtsbarkeit vom 17./20. Mai 1898 (§ 167), theils auf Grund des in diesem Gesetze (in § 191) gemachten Vorbehalts durch die Landesgesetzgebung getroffen (Artt. 68, 70 des Preuß. Ausf.Ges. zum BGB.). Die Bestimmungen gehen alle darauf hinaus, für die betreffenden Erklärungen, eben weil sie die Personenstandsverhältnisse berühren, die Zuständigkeit der Standesbeamten festzustellen. Zu vgl. B IV.

V.

Die in den anderen Bundesstaaten zur Ausführung des Personenstandsgesetzes und der einschlägigen Vorschriften des Bürgerlichen Gesetzbuchs ergangenen Gesetze zc. konnten nicht berücksichtigt werden. Sie mögen aber hier kurz angeführt werden.

1. Anhalt: Artt. 56 bis 58, 60, 61 des Ausführungsgesetzes zum Bürgerlichen Gesetzbuche vom 18. April 1899 (Ges.-Sammlung für das Herzogthum Anhalt 1899 Nr. 1038 S. 57).

2. Baden: §§ 22 bis 29 des Gesetzes, die freiwillige Gerichtsbarkeit und das Notariat betreffend, vom 17. Juni 1899 (Ges.- und Verordnungsblatt für das Großh. Baden 1899 Nr. XXIII S. 249), §§ 3 bis 9, 23 bis 27, 48 bis 51 der Landesherrl. Verordnung, die Ausführung des BGB und damit zusammenhängender Gesetze betreffend (Allgemeine Ausführungsverordnung), vom 11. Novbr 1899 (a. a. O. Nr. XXXVIII S. 521).

3. Bayern: Art. 3 des Ausführungsgesetzes zum Bürgerlichen Gesetzbuche v. 9. Juni 1899 (Beilage zum Ges.- und Verordnungsblatt

für das Königreich Bayern 1899 Nr. 28 S. 1), §§ 1 bis 3 und 15 bis 19 der Allerh. Verordnung zur Ausführung des Bürgerlichen Gesetzbuchs und seiner Nebengesetze (Zuständigkeitsverordnung) vom 24. Dezember 1899 (Ges.- und Verordnungsblatt für das Königreich Bayern 1899 Nr. 64 S. 1229) und Bekanntmachung der k. bayerischen Staatsministerien der Justiz, des Innern und der Finanzen v. 27. Dezbr. 1899 (a. a. O. S. 1241, sowie Just.Min.Bl. 1900 S. 853).

4. Braunschweig: §§ 76, 78 des Ausführungsgesetzes zum Bürgerlichen Gesetzbuche vom 12. Juni 1899 (Ges.- u. Verordnungs-Sammlung des Herzogthums Braunschweig 1899 Nr. 36 S. 331), Verordnung, betreffend die Ausführung des BGB, vom 1. August 1899 (a. a. O. Nr. 64 S. 685).

5. Bremen: § 53 des Ausführungsgesetzes zum Bürgerlichen Gesetzbuch vom 18. Juli 1899 (Gesetzblatt der Freien Hansestadt Bremen 1899 Nr. 14/XVI S. 61); zu vgl. auch § 7 des Gesetzes betreffend die Ausführung des Reichsgesetzes über die Angelegenheiten der freiwilligen Gerichtsbarkeit, vom 18. Juli 1899 (a. a. O. Nr. 14/XXIII

S. 137), ferner Verordnung des Senats zur Ausführung des BGB. vom 18. Juli 1899 (a. a. O. Nr. 14/XXVII S. 157).

6. Elsaß-Lothringen: §§ 117, 118 des Gesetzes, betreffend die Ausführung des Bürgerlichen Gesetzbuchs in Elsaß-Lothringen, vom 17. April 1899 (Gesetzblatt für Elsaß-Lothringen 1899 Nr. 6 S. 43), §§ 19 bis 22 des Gesetzes, betr. die Ausführung des Reichsgesetzes über die freiwillige Gerichtsbarkeit, vom 6. November 1899 (Gesetzblatt für Elsaß-Lothringen 1899 Nr. 15 S. 117), Verordnung, betreffend die Regelung der Zuständigkeit in den Fällen der §§ 1723, 1745, 1322 BGB, vom 1. November 1899 (a. a. O. Nr. 16 S. 172).

7. Hamburg: § 68 des Gesetzes, betreffend Ausführung des Bürgerlichen Gesetzbuchs, vom 14. Juli 1899 (Amts-Blatt der freien und Hansestadt Hamburg Nr. 100 v. 25. Juli 1899 S. 34), § 11 des Gesetzes, betreffend die Vormundschaftsbehörde, vom 14. Juli 1899 (a. a. O. S. 369), § 12 des Hamburgischen Gesetzes über Angelegenheiten der freiwilligen Gerichtsbarkeit vom 29. Dezember 1899 (a. a. O. Nr. 203 v. 31. Dzbr. 1899 S. 1168), Verordnung des Senats

zur Ausführung des BGB vom 1. Dezbr 1899 (a. a. O. Nr. 184 S. 1035).

8. Hessen: Artt. 2, 107, 118, 119 des Gesetzes, die Ausführung des Bürgerlichen Gesetzbuchs betreffend, vom 17. Juli 1899 (Großherzogl. Hessisches Regierungsblatt 1899 Nr. 24 S. 133), Artt. 40 bis 44, Art. 45 Abs. 2 des Gesetzes, die Ausführung des Gesetzes über die Angelegenheiten der freiwilligen Gerichtsbarkeit betreffend, vom 18. Juli 1899 (a. a. O. Nr. 27 S. 287), Verordnung zur Ausführung des Art. 2 Abs. 3 des Gesetzes, die Ausführung des BGB betreffend, vom 14. Oktober 1899 (a. a. O. Nr. 51 S. 673).

9. Lippe: §§ 36, 38 des Ausführungsgesetzes zum Bürgerlichen Gesetzbuche, vom 17. November 1899 (Ges.-Sammlung für das Fürstenthum Lippe 1899 Nr. 14 S. 489), Verordnung zur Ausführung des § 1322 BGB, vom 2. Dezbr. 1899 (a. a. O. Nr. 15 S. 545).

10. Lübeck: §§ 1, 98, 99, 107, 108, 119 des Ausführungsgesetzes zum Bürgerlichen Gesetzbuche 2c. vom 30. Oktober 1899 (Sammlung der Lübeckischen Verordnungen und Bekanntmachungen Bd. LXVI 1899 Heft IV Nr. 67

S. 150), § 16 des Ausführungsgesetzes zum Reichsgesetze vom 17. Mai 1898 über die Angelegenheiten der freiwilligen Gerichtsbarkeit, vom 18. September 1899 (a. a. O. Nr. 63 S. 135).

11. Mecklenburg-Schwerin: §§ 206, 218, 221, 222 der Verordnung vom 9. April 1899 zur Ausführung des Bürgerlichen Gesetzbuchs (Regierungsblatt für das Großherzogthum Mecklenburg-Schwerin 1899 Nr. 13 S. 57), §§ 49 bis 51 der Verordnung vom 9. April 1899 zur Ausführung des Gesetzes über die Angelegenheiten der freiwilligen Gerichtsbarkeit (a. a. O. Nr. 18 S. 227).

12. Mecklenburg-Strelitz: §§ 204, 216, 219, 220 der Verordnung zur Ausführung des Bürgerlichen Gesetzbuchs vom 9. April 1899 (Großherzoglich Mecklenburg-Strelitzischer Offizieller Anzeiger für Gesetzgebung und Staatsverwaltung im Fürstenthum Ratzeburg 1899 Nr. 9 S. 49), §§ 47 bis 49 der Verordnung zur Ausführung des Gesetzes über die Angelegenheiten der freiwilligen Gerichtsbarkeit vom 9. April 1899 (a. a. O. Nr. 14 S. 287).

13. Oldenburg: §§ 7 bis 9 der Verordnung für das Großherzogthum Oldenburg zur

Ausführung des Bürgerlichen Gesetzbuchs vom 1. Dezember 1899 (Gesetzblatt für das Herzogthum Oldenburg Bd. XXXII Stück 62 S. 651) — ferner a) Herzogthum Oldenburg: §§ 18, 19 des Gesetzes für das Herzogthum Oldenburg zur Ausführung des Bürgerlichen Gesetzbuchs, vom 15. Mai 1899 (Gesetzblatt für das Herzogthum Oldenburg Bd. XXXII Stück 42 Nr. 76 S. 405); b) Fürstenthum Birkenfeld: §§ 63, 64 des Gesetzes für das Fürstenthum Birkenfeld zur Ausführung des Bürgerlichen Gesetzbuchs vom 15. Mai 1899 (Gesetzblatt für das Fürstenthum Birkenfeld Bd. 15 Stück 50 S. 199); c) Fürstenthum Lübeck: §§ 17, 18 des Gesetzes für das Fürstenthum Lübeck zur Ausführung des Bürgerlichen Gesetzbuchs vom 15. Mai 1899 (Gesetzblatt für das Fürstenthum Lübeck Bd. 22 Stück XXI S. 119).

14. Reuß Aelterer Linie: §§ 111, 118, 119 des Gesetzes vom 26. Oktober 1899, die Ausführung des Bürgerlichen Gesetzbuchs vom 18. August 1896 und des Einführungsgesetzes von demselben Tage betreffend (Gesetzsammlung für das Fürstenthum Reuß Aelterer Linie 1899 Nr. 7 S. 25), § 19 des

Gesetzes vom 27. Oktober 1899 zur Ausführung des Reichsgesetzes über die Angelegenheiten der freiwilligen Gerichtsbarkeit vom 17. Mai 1898 (a. a. O. Nr. 8 S. 65).

15. Reuß jüngerer Linie: §§ 92, 95, 96 des Gesetzes vom 10. August 1899, die Ausführung des Bürgerlichen Gesetzbuchs vom 18. August 1896 und des Einführungsgesetzes dazu von demselben Tage betreffend (Gesetzsammlung für das Fürstenthum Reuß jüngerer Linie Nr. 580 S. 1), §§ 21, 33 bis 37 des Gesetzes vom 10. August 1899 zur Ausführung des Reichsgesetzes über die Angelegenheiten der freiwilligen Gerichtsbarkeit (a. a. O. Nr. 580 S. 46).

16. Sachsen: §§ 32, 33 der Verordnung zur Ausführung des Bürgerlichen Gesetzbuchs und der zu dessen Ein- und Ausführung ergangenen Gesetze vom 6. Juli 1899 (Gesetz- u. Verordnungsblatt für das Königreich Sachsen 1899 Stück 9 Nr. 44 S. 203), §§ 16, 44 der Verordnung zur Ausführung einiger mit dem Bürgerlichen Gesetzbuche zusammenhängender Reichsgesetze vom 24. Juli 1899 (a. a. O. Stück 9 Nr. 45 S. 217), § 3 der Verordnung zur Ausführung der gesetzlichen Bestimmungen über die Angelegen-

heiten der freiwilligen Gerichtsbarkeit vom 25. Juli 1899 (a. a. O. Stück 9 Nr. 46 S. 246).

17. Sachsen-Altenburg: §§ 94 bis 96 des Ausführungsgesetzes zum Bürgerlichen Gesetzbuche vom 4. Mai 1899 (Herzoglich Sachsen-Altenburgische Gesetzsammlung 1899 Stück V Nr. 23 S. 31), § 13 des Ausführungsgesetzes zum Reichsgesetz über die Angelegenheiten der freiwilligen Gerichtsbarkeit vom 4. Mai 1899 (a. a. O. Stück V Nr. 28 S. 80), § 17 der Höchsten Verordnung zur Ausführung des Bürgerlichen Gesetzbuchs und seiner Nebengesetze vom 24. Juni 1899 (a. a. O. Stück VII Nr. 31 S. 103).

18. Sachsen-Coburg und Gotha: Artt. 3, 40, 41, 43, 45 des Ausführungsgesetzes zum Bürgerlichen Gesetzbuche, vom 20. November 1899 (Gemeinschaftliche Gesetzsammlung für die Herzogthümer Coburg und Gotha Nr. 629 S. 199), §§ 9 bis 11 der Verordnung, betreffend die Ausführung des Bürgerlichen Gesetzbuchs und seiner Nebengesetze (a. a. O. Nr. 639 S. 469).

19. Sachsen-Meiningen: Artt. 22, 23, 25 des Ausführungsgesetzes zum Bürgerlichen Gesetzbuch, vom 9. August 1899 (Sammlung der landesherrlichen Verordnungen im Her-

zogthum Sachsen-Meiningen 1899 Bd. XXIII Nr. 80 S. 333).

20. Sachsen-Weimar-Eisenach: §§ 175 bis 180, 182, 192, 193 des Ausführungsgesetzes zum Bürgerlichen Gesetzbuch vom 5. April 1899 (Reg.-Blatt für das Großherzogthum Sachsen-Weimar-Eisenach Nr. 13 S. 123), Artt. 23, 63 bis 67 des Gesetzes vom 12. April 1899, die Ausführung des Reichsgesetzes über die Angelegenheiten der freiwilligen Gerichtsbarkeit vom 17. Mai 1898 betreffend (a. a. O. Nr. 14 S. 207).

21. Schaumburg-Lippe: §§ 1 bis 5, 37, 38, 42 des Gesetzes zur Ausführung des Bürgerlichen Gesetzbuchs vom 23. August 1899 (Schaumburg-Lippische Landesverordnungen Bd. XVIII Jahrg. 1899 Nr. 13 S. 153), § 20 des Ausführungsgesetzes vom 16. August 1899 zum Reichsgesetze über die Angelegenheiten der freiwilligen Gerichtsbarkeit vom 17. Mai 1898 (a. a. O. Nr. 12 S. 127).

22. Schwarzburg-Rudolstadt: Artt. 6, 126, 127, 128 bis 133, 150 bis 153 des Ausführungsgesetzes zum Bürgerlichen Gesetzbuche vom 11. Juli 1899 (Gesetzsammlung für das Fürstenthum Schwarzburg-Rudolstadt 1899 Bd. LX 12. Stück Nr. XVI S. 45),

Art. 21 des Ausführungsgesetzes zum Reichsgesetze über die Angelegenheiten der freiwilligen Gerichtsbarkeit vom 11. Juli 1899 (a. a. O. 13. Stück Nr. XIX S. 94), Verordnung vom 11. April 1900, betreffend die Eintragung von Namensänderungen in die Standesregister (a. a. O. 1900 Bd. LXI 19. Stück Nr. XLVII S. 299).

23. Schwarzburg-Sondershausen: Artt. 1, 47, 49, 52 des Ausführungsgesetzes zum Bürgerlichen Gesetzbuche, vom 19. Juli 1899 (Gesetz-Sammlung für das Fürstenthum Schwarzburg-Sondershausen 1899 Stück 6 Nr. 13 S. 29).

24. Waldeck: Artt. 22, 32, 34 des Ausführungsgesetzes zum Bürgerlichen Gesetzbuche vom 11. Dezember 1899 (Fürstlich Waldeckisches Regierungs-Blatt 1899 Nr. 28 S. 137), Artt. 9 bis 11 der Verordnung zur Ausführung des Bürgerlichen Gesetzbuchs vom 20. Dezbr. 1899 (a. a. O. Nr. 29 S. 237).

25. Württemberg: Artt. 81, 132 bis 134, 255 bis 259, 266, 267 des Ausführungsgesetzes zum Bürgerlichen Gesetzbuch und dessen Nebengesetzen, vom 28. Juli 1899 (Regierungsblatt für das Königreich Württemberg 1899 Nr. 22 S. 423).

A.

(Nr. 1040.)

Gesetz über die Beurkundung des Personenstandes und die Eheschließung.

Vom 6. Februar 1875.

(RGBl. Nr. 4 S. 23ff.)

Text in der vom 1. Januar 1900 an geltenden Fassung gemäß Artikel 46 des Einführungsgesetzes zum Bürgerlichen Gesetzbuche, vom 18. August 1896 (RGBl. Nr. 2322 S. 604ff.) und § 186 des Gesetzes über die Angelegenheiten der freiwilligen Gerichtsbarkeit, vom 17. Mai 1898 (Fassung vom 20. Mai 1898 — RGBl. S. 771 —).

Wir **Wilhelm**, von Gottes Gnaden Deutscher Kaiser, König von Preußen ꝛc.

verordnen im Namen des Deutschen Reichs, nach erfolgter Zustimmung des Bundesraths und des Reichstags, was folgt:

Erster Abschnitt.

Allgemeine Bestimmungen.

§. 1.

Die Beurkundung der Geburten[1], Heirathen[2] und Sterbefälle[3] erfolgt ausschließlich[4] durch die vom Staate[5] bestellten Standesbeamten mittels Eintragung in die dazu bestimmten Register[6].

¹) §§ 17 ff. — ²) §§ 41 ff. — ³) §§ 56 ff. — ⁴) sowohl gegenüber den Organen der Religionsgesellschaften, als auch gegenüber anderen staatlichen Behörden oder Beamten. — ⁵) Als vom Staate bestellt gelten auch die als Standesbeamte fungirenden Gemeindebeamten (§ 4). — ⁶) §§ 12 ff. Eine andere Art der Beurkundung als durch Eintragung in die Register, ist verboten und ohne Beweiskraft. Das Wesentliche der Eintragung ist die Unterschrift des Standesbeamten; der übrige Inhalt kann durch eine andere Person geschrieben oder durch Druck hergestellt werden.

§. 2.

Die Bildung der Standesamtsbezirke erfolgt durch die höhere Verwaltungsbehörde.[1]

Die Standesamtsbezirke können aus einer oder mehreren Gemeinden gebildet, größere Gemeinden in mehrere Standesamtsbezirke getheilt werden.

¹) Oberpräsident, in den Hohenzollernschen Landen der Regierungspräsident: Zus. zu § 84. Reine Verwaltungssache und dem Ermessen der Verwaltungsbehörde überwiesen mit der Abs. 2 bestimmten Maßgabe.

§. 3.

Für jeden Standesamtsbezirk ist ein Standesbeamter[1] und mindestens ein Stellvertreter[2] zu bestellen. Für den Fall vorübergehender Behinderung oder gleichzeitiger Erledigung des Amtes des Standesbeamten und der Stellvertreter ist die nächste Aufsichtsbehörde[3] ermächtigt, die einstweilige Beurkundung des Personenstandes einem benachbarten Standesbeamten oder Stellvertreter zu übertragen.

Die Bestellung erfolgt, soweit nicht im §. 4 ein

Anderes bestimmt ist, durch die höhere Verwaltungsbehörde[4].

Geistlichen und anderen Religionsdienern[5] darf das Amt eines Standesbeamten oder die Stellvertretung eines solchen nicht übertragen werden[6].

[1]) Nur ein Standesbeamter. Wird ein Bezirk zu groß, so ist er in mehrere selbständige Standesamtsbezirke zu zerlegen. Die Beauftragung derselben Person mit Wahrnehmung der Geschäfte in zwei oder mehreren Standesamtsbezirken ist durch das Gesetz nicht ausgeschlossen.

[2]) Der eintritt, wenn das Standesamt erledigt oder der Standesbeamte thatsächlich oder rechtlich behindert ist; vgl. § 27 der Vorschriften des BR (B I). — Der Stellvertreter hat seine Eigenschaft bei seiner Unterschrift durch die voll auszuschreibenden Worte „In Vertretung" erkennbar zu machen (§ 20 der Vorschriften des BR und Formular A 2 und B 1).

[3]) In Landgemeinden und Gutsbezirken der Landrath als Vorsitzender des Kreisausschusses, in den Stadtgemeinden der Regierungspräsident, in den Hohenzollernschen Landen der Oberamtmann als Vorsitzender des Amtsausschusses: § 11 des Ges. und Zus. zu § 84.

[4]) Anm. 1 zu § 2. — [5]) der Juden und Dissidenten.

[6]) Nicht mehr im Dienste befindlichen Geistlichen oder Religionsdienern kann das Amt übertragen werden.

§. 4.

In den Standesamtsbezirken, welche den Bezirk einer Gemeinde nicht überschreiten, hat der Vorsteher der Gemeinde (Bürgermeister, Schultheiß, Ortsvorsteher oder deren gesetzlicher Stellvertreter)[1] die Geschäfte des Standesbeamten wahrzunehmen, sofern durch die höhere Verwaltungsbehörde[2] nicht ein besonderer Beamter für dieselben bestellt ist[3]. Der Vorsteher ist jedoch befugt, diese Geschäfte mit Genehmigung der höheren Verwaltungsbehörde anderen Gemeindebeamten widerruflich zu übertragen.

Die Gemeindebehörde kann die Anstellung besonderer Standesbeamten[4] beschließen. Die Ernennung der Standesbeamten erfolgt in diesem Falle durch den Gemeindevorstand unter Genehmigung der höheren Verwaltungsbehörde[2 5].

In der gleichen Weise erfolgt die Bestellung der Stellvertreter[6].

Die durch den Gemeindevorstand ernannten besonderen Standesbeamten und deren Stellvertreter sind Gemeindebeamte[7].

1) Vgl. Zus. zu § 84. — 2) Anm. 1 zu § 2. — 3) gemäß § 3 Abs. 2; vgl. aber Abs. 2. — 4) die Gemeindebeamte sind: Abs. 4. — 5) Entschädigung: § 7. — 6) Anm. 2 zu § 3. — 7) Gegensatz: die gemäß § 7 Abs. 4 bestellten Standesbeamten, die unmittelbare Staatsbeamten sind.

§. 5.

Die durch die höhere Verwaltungsbehörde[1] erfolgte Bestellung[2] und Genehmigung[3] zur Bestellung ist jederzeit widerruflich[4].

1) Anm. 1 zu § 2. — 2) Vgl. §§ 3 Abs. 2, 7 Abs. 4. — 3) Vgl. § 4 Abs. 1 und 2. — 4) Niederlegung des Amtes statthaft, soweit nicht nach §§ 4 und 6 eine Pflicht zur Uebernahme besteht. Das Amt des Standesbeamten endigt von selbst bei den nur in ihrer Eigenschaft als Gemeindebeamte mit der Standesamtsführung betrauten Personen (§ 4), wenn sie ihr Amt verlieren.

§. 6.

Ist ein Standesamtsbezirk aus mehreren Gemeinden[1] gebildet, so werden der Standesbeamte und dessen Stellvertreter stets von der höheren Verwaltungsbehörde[2] bestellt[3].

Ein jeder Vorsteher[1] oder andere Beamte einer dieser Gemeinden ist verpflichtet, das Amt des Standesbeamten oder des Stellvertreters zu übernehmen.

Die landesgesetzlichen Vorschriften, nach welchen den Vorstehern der aus mehreren Gemeinden gebildeten Verbände die gleiche Verpflichtung obliegt, werden hierdurch nicht berührt[4].

[1]) Vgl. § 10. — [2]) Anm. 1 zu § 2. — [3]) Gemäß § 3 Abs. 2; es wird nicht die Bestellung blos genehmigt, wie nach § 4.

[4]) „Dieselbe Verpflichtung (zur Uebernahme des Amtes eines Standesbeamten oder Stellvertreters) haben die besoldeten Vorsteher der aus mehreren Gemeinden eines Kreises zusammengesetzten Verwaltungsbezirke (kommissarische Amtsvorsteher, Amtmänner, Hardesvögte, Kirchspielvögte ꝛc.), mit Ausnahme jedoch der Amtshauptleute in der Provinz Hannover und der Amtmänner im Regierungsbezirke Wiesbaden." § 3 Abs. 5 Satz 2 des Gesetzes vom 9. März 1874 (GS S. 95).

§. 7.

Die etwa erforderliche Entschädigung der nach §. 4 von den Gemeinden bestellten Standesbeamten fällt der Gemeinde zur Last.

Die in §. 6 Absatz 2 und 3 bezeichneten Beamten sind berechtigt, für Wahrnehmung der Geschäfte des Standesbeamten von den zum Bezirk ihres Hauptamtes nicht gehörigen Gemeinden[1] eine in allen Fällen als Pauschquantum festzusetzende Entschädigung zu beanspruchen.

Die Festsetzung erfolgt durch die untere Verwaltungsbehörde[2]; über Beschwerden entscheidet endgültig die höhere Verwaltungsbehörde[3].

Bestellt die höhere Verwaltungsbehörde[4] andere Personen zu Standesbeamten oder zu Stellvertretern, so fällt die etwa zu gewährende Entschädigung der Staatskasse zur Last.

[1]) Nicht von der Gemeinde des Hauptamts.

[2]) In Stadtgemeinden die Gemeindevertretung, in Landgemeinden und Gutsbezirken der Kreisausschuß, in den Hohenzollernschen Landen der Amtsausschuß: Zus. zu § 84.

[3]) Bezirksausschuß: Zus. zu § 84.

[4]) Oberpräsident: vgl. §§ 4 und 6.

§. 8.

Die sächlichen Kosten[1] werden in allen Fällen von den Gemeinden getragen; die Register und Formulare zu allen Registerauszügen[2] werden jedoch den Gemeinden von der Zentralbehörde des Bundesstaats kostenfrei geliefert.

[1]) Dazu gehören: Besoldung der Schreibgehülfen und Diener, Ausgaben für Miethe, Einrichtung, Heizung und Beleuchtung der Räume des Standesamts, für Schreibmaterialien, Dienstsiegel, Bücher, etwaige Reisekosten,

endlich die Portoauslagen, soweit nicht Portofreiheit besteht oder Privatpersonen es zu tragen haben. Wegen des Portos trifft die Verfügung des Min. d. Inn. v. 15. Mai 1892 (BMBl S. 221) die Bestimmung, daß die Standesämter ihre Postsendungen, insbesondere an die Staats-, Gemeinde- und sonstigen Kommunalbehörden anderer Bundesstaaten, sowie an Preußische Gemeinde- und Kommunalbehörden zu frankiren haben und daß auf die Wiedereinziehung grundsätzlich zu verzichten ist. Diese Bestimmungen sind durch den Staatsministerialbeschluß vom 7. Februar 1894 (BMBl S. 37) über die Aversionirung der Portoauslagen nicht betroffen, da das mit der Reichspostverwaltung getroffene Abkommen sich nur auf die bisher aus der Staatskasse gezahlten Porti bezieht.

[2]) Vgl. §§ 1, 6, 7 und 8 der Vorschriften des BR nebst Anlagen (B I).

§. 9.

In Standesamtsbezirken, welche aus mehreren Gemeinden gebildet sind[1], wird die den Standesbeamten oder den Stellvertretern zu gewährende Entschädigung und der Betrag der sächlichen Kosten auf die einzelnen betheiligten Gemeinden nach dem Maßstabe der Seelenzahl vertheilt.

[1]) Vgl. § 7.

§. 10.

Den Gemeinden im Sinne dieses Gesetzes werden die außerhalb der Gemeinden stehenden Gutsbezirke[1], den Gemeindevorstehern die Vorsteher dieser Bezirke gleich geachtet.

[1]) § 122 der Landgemeindeordnung für die sieben östlichen Provinzen, vom 3. Juli 1891 (GS S. 233).

§. 11.

Die Aufsicht über die Amtsführung der Standesbeamten wird von der unteren Verwaltungsbehörde[1], in höherer Instanz von der höheren Verwaltungsbehörde[1] geübt, insoweit die Landesgesetze nicht andere Aufsichtsbehörden bestimmen.

Die Aufsichtsbehörde ist befugt, gegen den Standesbeamten Warnungen, Verweise und Geldstrafen zu verhängen. Letztere dürfen für jeden einzelnen Fall den Betrag von einhundert Mark nicht übersteigen.

Lehnt der Standesbeamte die Vornahme einer Amtshandlung ab[2], so kann er dazu auf Antrag der Betheiligten durch das Gericht angewiesen werden.

Zuständig ist das Gericht erster Instanz[3], in dessen Bezirk der Standesbeamte seinen Amtssitz hat. Das Verfahren und die Beschwerdeführung regelt sich nach den Vorschriften, welche in Sachen der nichtstreitigen Gerichtsbarkeit gelten[4].

[1]) In den Landgemeinden und Gutsbezirken der Landrath als Vorsitzender des Kreisausschusses, in den Hohenzollernschen Landen der Oberamtmann als Vorsitzender des Amtsausschusses, in höherer Instanz der Regierungspräsident und der Minister des Innern; in den Stadtgemeinden der Regierungspräsident, in höherer Instanz der Oberpräsident und der Minister des Innern; im Stadtkreise Berlin der Oberpräsident, in höherer Instanz der Minister des Innern: Zus. zu § 84.

[2]) d. h. nicht nur: verweigert er schlechthin die Vornahme, — sondern auch: verweigert er, die Amtshandlung so vorzunehmen, wie sie beantragt ist, oder knüpft er sie an ungerechtfertigte Bedingungen (Beschl. d. Kammergerichts v. 17. Dezbr. 1900 — Jahrb. Bd. 21 S. 49).

[3]) Amtsgericht: §§ 69, 186 FGG — vgl. auch Zus. zu § 84.

[4]) Gegen die Entscheidung steht jedem, dessen Recht dadurch beeinträchtigt wird, die Beschwerde an das Landgericht zu (§§ 19 ff. FGG), nicht aber dem Standesbeamten; dieser ist an die Entscheidung des Gerichts, die sich direkt an ihn (ohne Vermittlung der Aufsichtsbehörde) wendet, gebunden.

— Zu vgl. überhaupt zu Abs. 3, 4 unten B V. —

§. 12.

Von jedem Standesbeamten[1] sind drei Standesregister[2] unter der Bezeichnung:

Geburtsregister[3],
Heirathsregister[4],
Sterberegister[5]

zu führen[6 7 8].

[1]) d. h. für jeden Standesamtsbezirk.

[2]) die den ganzen Standesamtsbezirk umfassen müssen. Ueber die Anlegung mehrerer Bände für einen Jahrgang und die Zusammenfassung mehrerer Jahrgänge in einem Registerbande vgl. §§ 4 und 5 der Vorschriften des BR (B I).

[3]) Vgl. §§ 17 ff. — [4]) Vgl. § 54. — [5]) Vgl. §§ 59 ff.

[6]) in deutscher Sprache: § 11 der Vorschriften des BR (B I) nebst Anm. Zu vgl. überhaupt §§ 1, 20 der Vorschriften des BR nebst den Formularen.

[7]) Für jedes Register sind außerdem Sammelakten zu halten: § 22 der Vorschriften des BR (B I); wegen sonstiger Verzeichnisse vgl. § 23 daselbst.

[5]) Den Standesbeamten sind außerdem verschiedene Geschäfte übertragen, deren Erledigung durch die Kenntniß des Personenstandes bedingt ist, nämlich:

a) die unentgeltliche Uebersendung von Auszügen aus den Geburts- und Sterberegistern zur Aufstellung und Berichtigung der Rekrutirungsstammrollen (§§ 32 und 70 des Reichs-Militärgesetzes v. 2. Mai 1874 und §§ 45, 46 Ziff. 7 der Wehrordnung v. 22. November 1888);
b) die Herstellung der Impflisten (§ 7 des Impfgesetzes v. 8. April 1874 und § 2 des Preuß. Ausf.-Gesetzes dazu v. 12. April 1875);
c) die Anzeigen an das Vormundschaftsgericht gemäß § 48 FGG und Allg. Verf. v. 30. November 1899 — vgl. B III —;
d) die Lieferung periodischer Auszüge aus den Sterberegistern — Todten-Listen — an die Erbschaftssteuerämter (§ 31 des Erbschaftssteuergesetzes in der Fassung v. 24. Mai 1891 und Verff. v. 3. Dezember 1873 und 15. August 1874 (VMBl 1874 S. 24/25 und 243) sowie v. 31. Mai 1900 (VMBl S. 189);
e) die Ausfüllung und Einreichung von Zählkarten an das Kgl. Preuß. Statistische Bureau (Erlasse d. Min. d. Innern v. 20. Novbr. 1874, 20. Jan. und 13. März 1875);
f) die Uebersendung von Halbjahrslisten der über 12 Jahre alten Personen an die Ortspolizeibehörden zwecks Mittheilung der verstorbenen Bestraften seitens dieser an die Staatsanwaltschaften (Strafregisterbehörden). Runderlaß v. 14. Juli 1890 (VMBl S. 139).

§. 13.

Die Eintragungen[1] in die Standesregister erfolgen[2] unter fortlaufenden Nummern und ohne

Abkürzungen. Unvermeidliche Zwischenräume sind durch Striche auszufüllen, die wesentlichen Zahlenangaben[3] mit Buchstaben zu schreiben[4].

Die auf mündliche Anzeige oder Erklärung erfolgenden Eintragungen sollen enthalten:

1. den Ort und Tag der Eintragung;
2. die Bezeichnung der Erschienenen[5];
3. den Vermerk des Standesbeamten, daß und auf welche Weise er sich die Ueberzeugung von der Persönlichkeit der Erschienenen verschafft hat[6];
4. den Vermerk, daß die Eintragung den Erschienenen vorgelesen und von denselben genehmigt ist;
5. die Unterschrift der Erschienenen und, falls sie schreibensunkundig oder zu schreiben verhindert sind[7], ihr Handzeichen oder die Angabe des Grundes, aus welchem sie dieses nicht beifügen konnten;
6. die Unterschrift des Standesbeamten[8] [9].

Die auf schriftliche Anzeige erfolgenden Eintragungen sind unter Angabe von Ort und Tag der Eintragung zu bewirken und durch die Unterschrift des Standesbeamten zu vollziehen.

Zusätze[10], Löschungen[11] oder Abänderungen sind am Rande zu vermerken und gleich der Eintragung selbst besonders zu vollziehen[12].

[1]) Zu vgl. im Allg. §§ 10 bis 13, 17, 18 der Vorschriften des BR (B I).

[2]) Es ist nicht vorgeschrieben, daß der Standesbeamte die Eintragungen selbst eigenhändig schreibe; vielmehr ist die Zuziehung eines Schreibgehülfen zulässig. Der Standesbeamte muß aber während der Aufnahme der Anzeige anwesend sein (wenn auch in einem Nebenraume) und sie stets unterschreiben. Durch die nachträgliche Unterschrift einer nicht in seiner Gegenwart aufgenommenen Urkunde macht er sich nach § 348 StGB strafbar (RG Entsch. in Strfs. Bd. XIII S. 116). — Wegen der Verhandlung mit Personen, die stumm oder sonst am Sprechen verhindert oder taub oder der deutschen Sprache nicht mächtig sind, vgl. §§ 10, 11 der Vorschriften des BR (B I).

[3]) Vgl. §§ 22 Nr. 2, 59 Nr. 2, 13 Nr. 1 in Verbindung mit § 54.

[4]) Zu vgl. die Musterausfüllung der Formulare.

[5]) auch des Dolmetschers.

[6]) Wird die Persönlichkeit durch Zeugen festgestellt, so bedarf es deren Unterschrift nicht — vgl. Form. A 3. —

[7]) wozu auch Blinde gehören. — [8]) Vgl. Anm. 6 zu § 1. Wegen der Unterschrift des Stellvertreters vgl. Anm. 2 zu § 3.

[9]) Beifügung des Dienstsiegels ist nur für die Auszüge vorgeschrieben: § 15.

[10]) Vgl. §§ 13, 17 der Vorschriften des BR (B I).

[11]) Die Zahl der in den Druckformularen gestrichenen Worte ist anzugeben; vgl. Form. A 2, A 3, A 4, C 1, C 3, C 4.

[12]) Die Vorschrift bezieht sich nur auf solche Berichtigungen, die sich während der Aufnahme und vor der Vollziehung als nothwendig ergeben; spätere Berichtigung ist nur im Berichtigungsverfahren (§§ 65, 66) zulässig. Wegen der Berichtigung offenbarer Schreibfehler vgl. § 18 der Vorschriften des BR (B I).

§. 14

Von jeder Eintragung in das Register ist von dem Standesbeamten[1] an demselben Tage eine von ihm zu beglaubigende[2] Abschrift in ein Nebenregister einzutragen[3].

Nach Ablauf des Kalenderjahres hat der Standesbeamte jedes Haupt- und jedes Nebenregister unter Vermerkung der Zahl der darin enthaltenen Eintragungen[4] abzuschließen[5] und das Nebenregister der Aufsichtsbehörde[6] einzureichen; die letztere hat dasselbe nach erfolgter Prüfung dem Gerichte erster Instanz[7] zur Aufbewahrung zuzustellen.

Eintragungen, welche nach Einreichung des Nebenregisters in dem Hauptregister gemacht werden, sind gleichzeitig der Aufsichtsbehörde[5] in beglaubigter Abschrift mitzutheilen. Die Letztere hat zu veranlassen, daß diese Eintragungen dem Nebenregister beigeschrieben werden[8].

[1]) Vgl. Anm. 2 zu § 13. — [2]) ohne Beidrückung des Dienstsiegels: Anm. 9 zu § 13. — [3]) Vgl. §§ 2, 17 der Vorschriften des BR (B I). — [4]) d. i. der Haupteintragungen, nicht der Randeintragungen. — [5]) Vgl. § 5 der Vorschriften des BR. — [6]) Anm. 1 zu § 11. — [7]) Amtsgericht: vgl. Zuf. zu § 84. — [8]) Durch den Gerichtsschreiber des Aufbewahrungs-Amtsgerichts: 24 der Vorschriften des BR (B I); — vgl. B V.

§. 15.

Die ordnungsmäßig geführten Standesregister (§§. 12 bis 14) beweisen diejenigen Thatsachen, zu deren Beurkundung sie bestimmt und welche in ihnen eingetragen sind[1], bis der Nachweis der Fälschung, der unrichtigen Eintragung oder der Unrichtigkeit der Anzeigen und Feststellungen, auf Grund deren die Eintragung stattgefunden hat, erbracht ist[2].

Dieselbe Beweiskraft haben die Auszüge[3], welche als gleichlautend mit dem Haupt- oder Nebenregister bestätigt und mit der Unterschrift und dem Dienstsiegel des Standesbeamten oder des zuständigen Gerichtsbeamten versehen sind[4 5].

Inwiefern durch Verstöße gegen die Vorschriften dieses Gesetzes über Art und Form der Eintragungen die Beweiskraft aufgehoben oder geschwächt wird, ist nach freiem richterlichen Ermessen zu beurtheilen.

[1]) Nur diese Thatsachen, nicht auch solche, die nebenbei in der Urkunde enthalten sind, z. B. beweist die Geburtsurkunde nicht die Eheschließung der Eltern u. dgl.

[2]) Zu vgl. §§ 13 Nr. 1, 16 Nr. 1. EG CPO.

[3]) Sie haben den Charakter öffentlicher Urkunden.

[4]) Zu vgl. § 6 der Vorschriften des BR (B I) nebst den Formularen.

[5]) Ueber Familienstammbücher, welchen zwar nicht die formelle Beweiskraft des § 15 zukommt, die aber doch im täglichen Leben und zwar sowohl in privaten Verhältnissen als auch im Verkehr mit Behörden meist als genügende Beweismittel für die Richtigkeit derjenigen Thatsachen, deren Eintragung in die Standesregister sie bescheinigen, angesehen werden, vgl. den Min.-Erlaß vom 29. April 1895 (BMBl S. 135).

§. 16.

Die Führung der Standesregister und die darauf bezüglichen Verhandlungen erfolgen kosten- und stempelfrei[1] ([3]).

Gegen Zahlung der nach dem angehängten Tarife zulässigen Gebühren müssen die Standesregister[2] jedermann zur Einsicht vorgelegt, sowie beglaubigte Auszüge (§. 15) aus denselben ertheilt werden. In amtlichem Interesse und bei Unvermögen der Betheiligten ist die Einsicht der Register und die Ertheilung der Auszüge gebührenfrei zu gewähren[3].

Jeder Auszug einer Eintragung muß auch die zu derselben gehörigen Ergänzungen und Berichtigungen enthalten[4].

[1]) Ausnahmen: §§ 27, 47. — Zu vgl. § 80 Preuß. Gerichtskostengesetz und Tarifstelle 11 Abs. 2 des Tarifs zum Preuß. Stempelsteuergesetz. — [2]) auch die Nebenregister. — [3]) Der Standesbeamte ist nicht befugt, bei der Anmeldung des Aufgebots zur Eheschließung statt selbst aus den von ihm geführten Registern die darin beurkundeten erheblichen Thatsachen festzustellen, den Betheiligten die Beibringung kostenpflichtiger Auszüge aufzuerlegen oder ihnen die Register zur kostenpflichtigen Einsichtnahme vorzulegen, es sei denn, daß die Angaben der Betheiligten über die erheblichen Thatsachen derart unbestimmt sind, daß die Urkunden in den Registern sich nicht ohne umständliches Nachforschen auffinden lassen. Verf. des Min. der Justiz und des Inn. vom 16. Dezember 1899 (VMBl 1900 S. 7). — [4]) Vgl. § 15 Abs. 2.

Zweiter Abschnitt.

Beurkundung der Geburten.

§. 17.

Jede Geburt eines Kindes[1] ist innerhalb einer Woche[2] dem Standesbeamten des Bezirks, in welchem die Niederkunft stattgefunden hat[3], anzuzeigen[4 5].

[1]) d. i. eines lebenden Kindes; wegen todtgeborener oder in der Geburt verstorbener Kinder vgl. § 23.

[2]) Volle sieben Tage, den Tag der Geburt nicht mitgerechnet: § 188 Abs. 2 BGB. Ausnahme: § 18 Nr. 5.

[3]) Ausnahme: §§ 61 ff.

[4]) Verpflichtete Personen: §§ 18, 20. — Form: § 19. — Inhalt der Anzeige: § 22. — Verspätete Anzeige: §§ 27, 81. — Strafbestimmung: § 68.

[5]) Zu vgl. überhaupt U. d. RG v. 29. Oktober 1900 (Entsch. in Straff. 33 S. 435).

§. 18.

Zur Anzeige sind verpflichtet[1]:

1. der eheliche Vater[2];
2. die bei der Niederkunft zugegen gewesene[3] Hebamme;
3. der dabei zugegen gewesene[3] Arzt;
4. jede andere dabei zugegen gewesene[3] Person;
5. die Mutter, sobald sie dazu im Stande ist[4].

Jedoch tritt die Verpflichtung der in der vorstehenden Reihenfolge später genannten Personen nur dann ein, wenn ein früher genannter Verpflichteter nicht vorhanden oder derselbe an der Erstattung der Anzeige verhindert ist.[5]

[1]) Vgl. § 20. — [2]) ohne Rücksicht darauf, ob er bei der Geburt zugegen war oder nicht.

[3]) Die Gegenwart des Anzeigenden bei der Niederkunft ist in der Urkunde festzustellen: Anm. zu Form. A 2; im Unterlassungsfall Berichtigungsverfahren (§§ 65, 66). Unwahre Angabe ist strafbar nach § 276 StGB (Entsch. d. RG in Strafsachen 4 S. 194, 33 S. 435 — Gegenwart der Hebamme bei der Geburt —).

[4]) nicht innerhalb der Frist des § 17.

[5]) Die Pflicht des zunächst zur Anzeige Verpflichteten erlischt durch die Anzeige eines anderen Verpflichteten: § 68 Abs. 1 Satz 2. — Ablehnung der Eintragung der Anzeige, weil ein eher zur Anzeige Verpflichteter vorhanden sei, ist unstatthaft.

§. 19.

Die Anzeige ist mündlich[1] von dem Verpflichteten selbst oder durch eine andere aus eigener Wissenschaft[2] unterrichtete Person zu machen.[3]

[1]) Ausnahmen: §§ 20, 24, 58, 62.

[2]) Die Gegenwart bei der Geburt ist nicht erforderlich.

[3]) Die Grundsätze in Anm. 3 und 5 zu § 18 finden Anwendung — vgl. Anm. zu Form. A 3 —.

§. 20.

Bei Geburten, welche sich in öffentlichen Entbindungs-, Hebammen-, Kranken-, Gefangen- und ähnlichen Anstalten,[1] sowie in Kasernen ereignen, trifft die Verpflichtung zur Anzeige ausschließlich den Vorsteher der Anstalt oder den von der zuständigen Behörde ermächtigten Beamten. Es genügt eine schriftliche Anzeige in amtlicher Form.[2 3 4]

[1]) Das sind nach dem Min.-Erlaß v. 20. Januar 1875 (VMBl S. 34): Anstalten des Staates, der Provinzial-, Kreis- rc. Verbände, der politischen Gemeinden, der kirchlichen Korporationen und alle Anstalten mit juristischer Persönlichkeit und mit einem zur Vertretung der Anstalt nach außen berechtigten Vorstande. — Anzeige der Geburten a) in Gefängnissen der Justizverwaltung: §86 der Gefängnißordnung v. 21. Dezember 1898, — b) in den dem Minister des Innern unterstellten Strafanstalten und Gefängnissen: Erlaß v. 3. Nov. 1892 (VMBl S. 351).

[2]) Ueber die Art der Eintragung vgl. §§ 12, 13 der Vorschriften des BR (B I) und Formular A 4.

[3]) Die schriftlichen Anzeigen sind in die Sammelakten aufzunehmen: § 22 Abs. 2 der Vorschriften des BR (B I).

[4]) Registerauszüge: § 13 Abs. 4 der Vorschriften des BR (B I).

§. 21.

Der Standesbeamte ist verpflichtet, sich von der Richtigkeit der Anzeige (§§. 17 bis 20), wenn er dieselbe zu bezweifeln Anlaß hat, in geeigneter Weise Ueberzeugung zu verschaffen.[1 2]

[1]) Zwangsbefugniß: § 68 Abs. 3. — Ersuchen anderer Standesbeamten und von Gemeinde- und Ortspolizeibehörden: § 26 der Vorschriften des BR (B I). — Abnahme eidesstattlicher Versicherung nur ausnahmsweise im Falle des § 45 Abs. 4 zulässig.

[2]) Die Verhandlungen sind in die Sammelakten aufzunehmen: § 22 Abs. 2 der Vorschriften des BR (B l).

§. 22.

Die Eintragung des Geburtsfalles soll enthalten:[1]

1. Vor- und Familiennamen,[2] Stand[3] oder Gewerbe und Wohnort des Anzeigenden;
2. Ort, Tag und Stunde der Geburt;[4]
3. Geschlecht des Kindes;[5]
4. Vornamen des Kindes;[6]
5. Vor- und Familiennamen,[2] Religion, Stand[3] oder Gewerbe und Wohnort[7] der Eltern.

Bei Zwillings- oder Mehrgeburten ist die Eintragung für jedes Kind besonders und so genau zu bewirken, daß die Zeitfolge der verschiedenen Geburten ersichtlich ist.

Standen die Vornamen des Kindes zur Zeit der Anzeige noch nicht fest, so sind dieselben nachträglich und längstens binnen zwei Monaten[8] nach der Geburt anzuzeigen.[9] Ihre Eintragung erfolgt am Rande der ersten Eintragung.[10]

[1]) Zu vgl. § 13 Abs. 2 u. 3 sowie Form A 1—4 nebst Anm.

[2]) Zu vgl. §§ 1355, 1577, 1616, 1706, 1758 BGB.

[3]) d. i. Beruf, Stellung im bürgerlichen Leben, nicht: Familienstand (ob ledig oder verheirathet, verwittwet, geschieden 2c.) — vgl. Beschl. d. Kammergerichts v. 17. Dezember 1900 (Jahrb. Bd. 21 S. 49.) —

[4]) Tag, Tageszeit und Stunde (bis auf die Viertelstunde), die Tageszeit durch Vormittags (12 Nachts bis 12 Mittags) und Nachmittags (12 Mittags bis 12 Uhr Nachts).

[5]) durch die Worte: „ein Knabe", „ein Mädchen".

[6]) Vgl. Abs. 3. — Gegen die Ablehnung der Eintragung eines Vornamens Beschwerde nach § 11.— Unzulässig sind unanständige und anstößige Vornamen,

nicht aber abgekürzte (z. B. Toni, Grethe, Fritz, Kurt), sofern sie sich als wirkliche und selbständige Rufnamen herausgebildet haben.

7) Vgl. §§ 7—11 BGB.

8) Fristversäumniß macht strafbar (§ 68); die Eintragung erfolgt aber auch nach Ablauf der Frist ohne Berichtigungsverfahren (§§ 65, 66) — vgl. Anm. 1 a) zu § 65. —

9) Form: §§ 19, 20 (nicht überhaupt schriftliche Anzeige zulässig).

10) Ueber das Verzeichniß der Geburtsfälle, in denen die Anzeige der Vornamen noch aussteht, vgl. § 23 Nr. 2 der Vorschriften des BR (B I). Und zwar auf die Anzeige hin, ohne daß es des Berichtigungsverfahrens (§§ 65, 66) bedarf — vgl. Anm. 1 a) zu § 65. —

§. 23.

Wenn ein Kind todt geboren oder in der Geburt verstorben ist,[1] so muß die Anzeige spätestens am nächstfolgenden Tage[2] geschehen. Die Eintragung ist alsdann mit dem im §. 22 unter Nr. 1 bis 3 und 5 angegebenen Inhalte nur im Sterberegister zu machen.[3]

1) Vgl. § 17 Anm. 1.

2) Auch wenn dieser ein Sonn- oder Feiertag ist.

3) Zu vgl. § 13 der Vorschriften des BR und Form. C 3. — Registerauszüge: § 13 Abs. 4 der Vorschriften des BR (B I).

§. 24.

Wer ein neugeborenes Kind findet, ist verpflichtet, hiervon spätestens am nächstfolgenden Tage Anzeige bei der Ortspolizeibehörde[1] zu machen.

Die Letztere hat die erforderlichen Ermittelungen vorzunehmen und dem Standesbeamten des Bezirks von deren Ergebniß behufs Eintragung in das Geburtsregister Anzeige zu machen.[2]

Die Eintragung soll enthalten die Zeit, den Ort und die Umstände des Auffindens, die Beschaffenheit und die Kennzeichen der bei dem Kinde vorgefundenen Kleider und sonstigen Gegenstände, die körperlichen Merkmale des Kindes, sein vermuthliches Alter, sein Geschlecht, die Behörde, Anstalt oder Person, bei welcher das Kind untergebracht worden, und die Namen, welche ihm beigelegt werden.[3]

[1]) nicht beim Standesamt. — [2]) schriftlich genügt § 20.

[3]) Zu vgl. §§ 12, 13, 22 der Vorschriften des BR (B I) und Form. A 4 und C 4.

§. 25.

Die Anerkennung eines unehelichen Kindes[1] darf in das Geburtsregister nur dann eingetragen werden, wenn dieselbe vor dem Standesbeamten oder in einer gerichtlich oder notariell aufgenommenen Urkunde[2] erklärt ist.[3] [4]

[1]) Zu vgl. §§ 1718, 1720 BGB. — [2]) Vgl. § 167 FGG.

[3]) Zu vgl. § 14—16 der Vorschriften des BR (B I) und der dazu mitgetheilte Min.-Erlaß v. 18. Oktober 1899 sowie Allg. Verf. v. 16. Januar 1899.

[4]) Die Eintragung erfolgt ohne das gerichtliche Berichtigungsverfahren: Anm. 1 a) zu § 65.

§. 26.

Wenn die Feststellung der Abstammung eines Kindes erst nach Eintragung des Geburtsfalles erfolgt[1] oder die Standesrechte durch Legitimation,[2] Annahme an Kindesstatt[3] oder in anderer Weise[4] eine Veränderung erleiden, so ist dieser Vorgang, sofern er durch öffentliche Urkunden nachgewiesen wird, auf Antrag eines Betheiligten am Rande der über den Geburtsfall vorgenommenen Eintragung zu vermerken.[5]

¹) Durch Urtheil: vgl. §§ 640 ff. CPO, §§ 1596, 1699 ff. BGB.

²) Legitimation durch nachfolgende Ehe und Ehelichkeitserklärung §§ 1719 ff. BGB. Zu vgl. §§ 14—16 der Vorschriften des BR(B I). — ³) §§ 1741 ff. BGB.

⁴) Namensänderung. a) § 1706 BGB (Ertheilung des Namens des Ehemannes der Mutter eines unehelichen Kindes an dieses), — b) § 1577 BGB (Wiederannahme des früheren Namens durch eine geschiedene Frau): über diese Fälle vgl. B IV. — Im Uebrigen erfordern Namensänderungen staatliche Genehmigung, die durch den Regierungspräsidenten ertheilt wird (Kab.-Order v. 15. April 1822 — GS S. 108, Allerh. Erlaß v. 12. Juli 1867 — GS S. 1310 —); wegen des Verfahrens vgl. Rundverf. v. 9. August 1867 (BMBl S. 246). — Im Anschlusse an die Genehmigung von Namensänderungen ist den betheiligten Standesämtern wegen Berichtigung bzw. Ergänzung der Geburtsregister von der erfolgten Namensänderung Kenntniß zu geben. Da aber Zweifel entstanden sind, ob die Standesbeamten allein auf das Ersuchen der die Namensänderung genehmigenden Behörde stets zur Vornahme der Eintragung des Vermerks am Rande der Geburtsurkunde (gemäß

§ 26 Pers.-Ges.) bereit sein werden, weil für die Eintragung eines solchen Vermerks der Antrag eines Betheiligten die Voraussetzung bildet, so soll vor Ertheilung der Genehmigung zur Namensänderung ein Antrag der Betheiligten auf Beischreibung eines Vermerks in die Standesamtsregister eingefordert werden und dieser Antrag den in Betracht kommenden Standesämtern mit der Benachrichtigung über die Namensänderung zugesandt werden (Erlaß vom 23. August 1900, Verf. v. 16. Januar 1901 — BMBl S. 72 —). Aenderung von Vornamen: Vergl. v. 15. August 1898 (BMBl S. 191).

[5]) Ohne das gerichtliche Berichtigungsverfahren: Anm. 1a) zu § 65.

§. 27.

Wenn die Anzeige eines Geburtsfalles über drei Monate verzögert wird, so darf die Eintragung nur mit Genehmigung der Aufsichtsbehörde [1] nach Ermittelung des Sachverhalts erfolgen.

Die Kosten dieser Ermittelung sind von demjenigen einzuziehen, welcher die rechtzeitige Anzeige versäumt hat.

[1]) Vgl. § 11 Anm. 1. — Die Genehmigung ist in der Urkunde zu vermerken (vgl. Form. A 3) und in die Sammelakten aufzunehmen (§ 22 der Vorschriften des BR).

Dritter Abschnitt.

Erfordernisse der Eheschließung.

(Der ganze dritte Abschnitt (§§ 28 bis 40) ist durch Art. 46 Ziff. I EG BGB aufgehoben. An dessen Stelle sind getreten die Bestimmungen des vierten Buches ersten Abschnitts zweiter Titel §§ 1303 bis 1315 und 1322 BGB, die hier folgen:)

BGB §. 1303. Ein Mann darf nicht vor dem Eintritte der Volljährigkeit[1], eine Frau darf der nicht vor der Vollendung des sechzehnten Lebensjahrs eine Ehe eingehen.

Einer Frau[2] kann Befreiung von dieser Vorschrift bewilligt werden[3].

[1]) die mit der Vollendung des 21. Lebensjahrs eintritt: § 2 BGB. Volljährigkeit und die ihr gleichstehende Volljährigkeitserklärung (§ 3 Abs. 2 BGB) machen ehemündig. — [2]) Nicht einem Manne, der nur durch Volljährigkeitserklärung ehemündig werden kann.

[3]) Vgl. § 1322 BGB (hinter § 1315 BGB).

BGB §. 1304. Wer in der Geschäftsfähigkeit beschränkt ist[1], bedarf zur Eingehung einer Ehe der Einwilligung seines gesetzlichen Vertreters[2].

Ist der gesetzliche Vertreter ein Vormund[3], so kann die Einwilligung, wenn sie von ihm verweigert wird, auf Antrag des Mündels[4] durch das Vormundschaftsgericht ersetzt werden[5] [6]. Das Vormundschaftsgericht hat die Einwilligung zu ersetzen, wenn die Eingehung der Ehe im Interesse des Mündels liegt.

[1]) a) Minderjährige Mädchen (§§ 106, 1303 BGB), b) wegen Geistesschwäche (nicht Geisteskrankheit), Verschwendung oder Trunksucht Entmündigte, sowie Personen, die unter vorläufiger Vormundschaft (§ 1906 BGB) stehen (§ 114 BGB).

[2]) Vater oder Mutter (nicht die uneheliche), Vormund, Pfleger. — Einwilligung des Vaters oder der Mutter neben der eines etwaigen Vormundes oder Pflegers:

§ 1305 BGB. Der Vormund bedarf zur Ertheilung der Einwilligung nicht der Genehmigung des Vormundschaftsgerichts.

[3]) oder Pfleger (§ 1915 BGB). Zur Eheschließung zwischen Vormund und Mündel oder zwischen einem Verwandten des Vormundes in gerader Linie und dem Mündel, die nicht (wie nach § 37 des Personenstandsges.) unzulässig ist, bedarf es der Einwilligung eines (zu bestellenden) Pflegers (§§ 1799 Nr. 1, 1909 BGB).

[4]) der allein antragsberechtigt ist.

[5]) Vor der Entscheidung soll das Vormundschaftsgericht auch ohne Antrag Verwandte oder Verschwägerte des Mündels hören (§ 1847 BGB).

[6]) Die Einwilligung des Vaters (der Mutter) kann nicht ersetzt werden: § 1306 BGB.

BGB §. 1305. Ein eheliches Kind bedarf bis zur Vollendung des einundzwanzigsten Lebensjahrs[1] zur Eingehung einer Ehe der Einwilligung des Vaters, ein uneheliches Kind bedarf bis zum gleichen Lebensalter der Einwilligung der Mutter[2]. An die Stelle des Vaters tritt die Mutter, wenn der Vater gestorben ist oder wenn ihm die sich aus der Vaterschaft ergebenden Rechte nach §. 1701 nicht zustehen[3]. Ein für ehelich erklärtes Kind bedarf der Einwilligung der Mutter auch dann nicht, wenn der Vater gestorben ist.

Dem Tode des Vaters oder der Mutter steht es gleich, wenn sie zur Abgabe einer Erklärung dauernd außer Stande sind oder wenn ihr Aufenthalt dauernd unbekannt ist[4].

[1]) nicht bis zur Volljährigkeit; die Volljährigkeitserklärung beseitigt das Erforderniß der Einwilligung nicht — vgl. Anm. 2 zu § 1304 BGB.

[2]) und wenn diese nicht Vormund ist, auch des Vormundes nach § 1304 BGB.

[3]) weil die Ehe an einem Nichtigkeitsgrunde leidet, den der Vater bei der Eheschließung kannte.

[4]) Die Entscheidung steht dem Standesbeamten nach freiem Ermessen zu, wogegen die Beschwerde gemäß § 11 zulässig ist.

BGB §. 1306. Einem an Kindesstatt angenommenen Kinde[1] gegenüber steht die Einwilligung zur Eingehung einer Ehe an Stelle der leiblichen Eltern demjenigen zu, welcher das Kind angenommen hat[2]. Hat ein Ehepaar das Kind gemeinschaftlich oder hat ein Ehegatte das Kind des anderen Ehegatten angenommen, so finden die Vorschriften des §. 1305 Abs. 1 Satz 1, 2, Abs. 2 Anwendung[3].

Die leiblichen Eltern erlangen das Recht zur Einwilligung auch dann nicht wieder, wenn das durch die Annahme an Kindesstatt begründete Rechtsverhältniß aufgehoben wird.

[1]) §§ 1741 ff. BGB.

[2]) Durch die Annahme an Kindesstatt erhält das Kind die rechtliche Stellung eines ehelichen Kindes des Annehmenden (§ 1757 BGB).

[3]) weil das Kind als eheliches Kind beider Ehegatten gilt (§ 1749 BGB).

BGB §. 1307. Die elterliche Einwilligung kann nicht durch einen Vertreter ertheilt werden[1]. Ist der Vater oder die Mutter in der Geschäftsfähigkeit beschränkt[2], so ist die Zustimmung des gesetzlichen Vertreters nicht erforderlich[3].

[1]) d. h. die Vertretung im Willen ist unzulässig; die Abgabe der Einwilligungserklärung durch die Vermittelung eines Andern ist nicht ausgeschlossen.

[2]) Vgl. Anm. zu § 1304.

[3]) Sie gelten hinsichtlich der Einwilligung zur Eheschließung als voll geschäftsfähig.

BGB §. 1308. Wird die elterliche Einwilligung[1] einem volljährigen[2] Kinde verweigert, so kann sie auf dessen Antrag[3] durch das Vormundschaftsgericht[4] ersetzt werden. Das Vormundschaftsgericht hat die Einwilligung zu ersetzen, wenn sie ohne wichtigen Grund verweigert wird.

Vor der Entscheidung soll[5] das Vormundschaftsgericht Verwandte oder Verschwägerte des Kindes hören, wenn es ohne erhebliche Verzögerung und ohne unverhältnißmäßige Kosten geschehen kann. Für den Ersatz der Auslagen gilt die Vorschrift des §. 1847 Abs. 2.

[1]) §§ 1305, 1306 BGB. — [2]) Gegenüber der Bestimmung in § 1305 Abs. 1 BGB. (in welche durch Reichstagsbeschluß statt des 25. Lebensjahrs des Entwurfs das 21. Jahr gesetzt wurde) kann die Vorschrift nur für ein für volljährig erklärtes Kind in Betracht kommen. Ein minderjähriges Kind hat kein Mittel, die elterliche Einwilligung zu ersetzen — vgl. § 1304 Abs. 2 BGB.

[3]) Nicht auf Antrag des anderen Verlobten.

[4]) Nicht mehr (wie früher) durch das Prozeßgericht mittels Urtheils auf erhobene Klage, sondern durch das Vormundschaftsgericht (Amtsgericht) in den Formen der freiwilligen Gerichtsbarkeit (Beschlußverfahren).

[5]) Ordnungsvorschrift: Unterlassung begründet keine Nichtigkeit.

BGB §. 1309. Niemand darf eine Ehe eingehen, bevor seine frühere Ehe aufgelöst[1] oder für nichtig erklärt[2] worden ist. Wollen Ehegatten die Eheschließung wiederholen, so ist die vorgängige Nichtigkeitserklärung nicht erforderlich.

Wird gegen ein Urtheil, durch das die frühere Ehe aufgelöst oder für nichtig erklärt worden ist, die Nichtigkeitsklage oder die Restitutionsklage erhoben, so dürfen die Ehegatten nicht vor der Erledigung das Rechtsstreits eine neue Ehe eingehen, es sei denn, daß die Klage erst nach dem Ablaufe der vorgeschriebenen[3] fünfjährigen Frist erhoben worden ist.

[1]) Durch Tod, Scheidung (§ 1564 BGB, nicht: Aufhebung der ehelichen Gemeinschaft — §§ 1575, 1580 BGB) oder Wiederverheirathung des Ehegatten eines für todt Erklärten (§ 1348 BGB).

[2]) §§ 1323—1343 BGB.

[3]) § 586 Abs. 2 CPO.

BGB §. 1310. [1]Eine Ehe darf nicht geschlossen werden zwischen Verwandten in gerader Linie[2], zwischen vollbürtigen oder halbbürtigen Geschwistern[3] sowie zwischen Verschwägerten in gerader Linie[4].

[5]Eine Ehe darf nicht geschlossen werden zwischen Personen, von denen die eine mit Eltern, Voreltern oder Abkömmlingen der anderen Geschlechtsgemeinschaft gepflogen hat.

Verwandtschaft im Sinne dieser Vorschriften besteht auch zwischen einem unehelichen Kinde und dessen Abkömmlingen einerseits und dem Vater und dessen Verwandten andererseits[6].

[1]) Abs. 1: Trennendes Ehehinderniß (die gegen das Verbot geschlossene Ehe ist nichtig).

[2]) § 1589 Satz 1 BGB.

[3]) § 1589 Satz 2 BGB.

[4]) § 1590 BGB. Schwiegereltern und Schwiegerkinder, Stiefeltern und Stiefkinder.

[5]) Abs. 2: Aufschiebendes Ehehinderniß (die trotz des Ehehindernisses geschlossene Ehe ist gültig).

[6]) auch wenn die Vaterschaft nicht anerkannt ist.

BGB §. 1311. Wer einen Anderen an Kindesstatt angenommen hat, darf mit ihm oder dessen Abkömmlingen eine Ehe nicht eingehen, solange das durch die Annahme begründete Rechtsverhältniß besteht[1].

[1]) Eine diesem Verbote entgegen geschlossene Ehe ist gültig; die Folge ist die Aufhebung des durch die Annahme begründeten Rechtsverhältnisses (§ 1771 BGB).

BGB §. 1312. [1]Eine Ehe darf nicht geschlossen werden zwischen einem wegen Ehebruchs geschiedenen Ehegatten und demjenigen, mit welchem der geschiedene Ehegatte den Ehebruch begangen hat, wenn dieser Ehebruch in dem Scheidungsurtheil als Grund der Scheidung festgestellt ist[2].

Von dieser Vorschrift kann Befreiung bewilligt werden[3].

1) Trennendes Ehehinderniß (die trotz des Hindernisses geschlossene Ehe ist nichtig, jedoch ist Heilung der Nichtigkeit durch nachträgliche Befreiung möglich — § 1321 BGB).
2) Vgl. § 624 CPO.
3) Vgl. § 1322 BGB (hinter § 1315).

BGB §. 1313. [1]Eine Frau darf erst zehn Monate nach der Auflösung oder Nichtigkeitserklärung ihrer früheren Ehe eine neue Ehe eingehen, es sei denn, daß sie inzwischen geboren hat.

Von dieser Vorschrift kann Befreiung bewilligt werden[2].

1) Aufschiebendes Ehehinderniß.
2) Vgl. § 1322 BGB (hinter § 1315).

BGB §. 1314. [1]Wer ein eheliches[2] Kind hat[3], das minderjährig ist[4] oder unter seiner Vormundschaft[5] steht, darf eine Ehe erst eingehen, nachdem ihm das Vormundschaftsgericht ein Zeugniß darüber ertheilt hat, daß er die im §. 1669 bezeichneten Verpflichtungen[6] erfüllt hat oder daß sie ihm nicht obliegen.

[1]Ist im Falle der fortgesetzten Gütergemeinschaft ein antheilsberechtigter Abkömmling minderjährig oder bevormundet, so darf der überlebende Ehegatte eine Ehe erst eingehen, nachdem ihm das Vormundschaftsgericht ein Zeugniß darüber ertheilt hat, daß er die im §. 1493 Abs. 2 bezeichneten Verpflichtungen[7] erfüllt hat oder daß sie ihm nicht obliegen.

1) Aufschiebendes Ehehinderniß (der Standesbeamte muß das Zeugniß verlangen).

[2]) oder legitimirtes oder angenommenes.

[3]) Vater oder Mutter (§ 1686 BGB.).

[4]) und unter seiner elterlichen Gewalt steht.

[5]) oder Pflegschaft (§ 1915 BGB.).

[6]) Anzeige der Absicht der Wiederverheirathung, Einreichung eines Verzeichnisses des seiner Verwaltung unterliegenden Vermögens des Kindes und Herbeiführung der Auseinandersetzung hinsichtlich des gemeinsamen Vermögens, welche Auseinandersetzung selbst aber auch nach der Eheschließung erfolgen kann.

[7]) Anzeige der Absicht der Wiederverheirathung, Einreichung eines Verzeichnisses des Gesammtguts der fortgesetzten Gütergemeinschaft sowie Aufhebung der Gütergemeinschaft und Auseinandersetzung hinsichtlich des Gesammtguts; die Aufhebung kann bis zur Eheschließung unterbleiben, die Auseinandersetzung erst nach der Eheschließung erfolgen.

BGB §. 1315. [1]Militärpersonen[2] und solche Landesbeamte, für die nach den Landesgesetzen zur Eingehung einer Ehe eine besondere Erlaubniß erforderlich ist[3], dürfen nicht ohne die vorgeschriebene Erlaubniß eine Ehe eingehen.

Ausländer, für die nach den Landesgesetzen zur Eingehung einer Ehe eine Erlaubniß oder ein Zeugniß erforderlich ist, dürfen nicht ohne diese Erlaubniß oder ohne dieses Zeugniß eine Ehe eingehen[4].

[1]) Aufschiebendes Ehehinderniß. Strafbarkeit des Standesbeamten, der ohne Vorlegung der Erlaubniß oder des Zeugnisses die Eheschließung beurkundet: § 69.

[2]) §§ 38, 40, 60 Nr. 4, 61 des Reichs-Militärgesetzes vom 2. Mai 1874 (Militärpersonen des Friedensstandes

und die vorläufig in die Heimath beurlaubten Rekruten und Freiwilligen bedürfen zur Eingehung der Ehe der Genehmigung ihrer Vorgesetzten).

[3]) Durch Art. 42 Preuß. AG BGB sind die Vorschriften, nach welchen für Staatsbeamte und Geistliche zur Eingehung einer Ehe eine besondere Erlaubniß erforderlich ist, aufgehoben.

[4]) Zu vgl. hierzu:

a) Preuß. AG BGB Art. 43.

§. 1. Wollen Ausländer oder Ausländerinnen in Preußen eine Ehe eingehen, so haben sie ein Zeugniß der zuständigen Behörde des Staates, dem sie angehören, darüber beizubringen, daß der Behörde ein nach den Gesetzen dieses Staates bestehendes Ehehinderniß nicht bekannt geworden ist.

§. 2. Ausländer haben außerdem ein Zeugniß der zuständigen Behörde des Staates, dem sie angehören, darüber beizubringen, daß sie nach den Gesetzen dieses Staates ihre Staatsangehörigkeit nicht durch die Eheschließung verlieren, sondern auf ihre Ehefrau und ihre ehelichen oder durch die nachfolgende Ehe legitimirten Kinder übertragen.

§. 3. Die nach den §§. 1, 2 erforderlichen Zeugnisse müssen von einem Konsul oder Gesandten des Reichs mit der Bescheinigung versehen sein, daß die das Zeugniß ausstellende Behörde für die Ausstellung zuständig ist.

Diese Vorschrift findet auf solche Zeugnisse keine Anwendung, welche nach den Bestimmungen der Staatsverträge über die Beglaubigung der von öffentlichen Behörden ausgestellten Urkunden keiner Beglaubigung bedürfen.

§. 4. Von der Vorschrift des §. 1 kann der Justizminister im einzelnen Falle, von der Vorschrift des §. 2 kann der Minister des Innern im einzelnen

Falle oder für die Angehörigen eines ausländischen Staates im Allgemeinen Befreiung bewilligen.

§. 5. Die für die Eheschließung von Ausländern bisher geltenden landesgesetzlichen Vorschriften werden aufgehoben.

§. 6. Will ein Angehöriger der rechtsrheinischen Gebietstheile des Königreichs Bayern in Preußen eine Ehe eingehen, so hat er das nach den Vorschriften der Bayerischen Gesetze erforderliche Verehelichungszeugniß beizubringen.

Zu vgl. zu § 6 Art. 31 ff. des Bayerischen Heimathgesetzes vom 16. April 1868 in der Fassung der Ministerialbekanntmachung vom 30. Juli 1899 und Art. 154 des Bayerischen Ausf.-Ges. z. BGB vom 9. Juni 1899 (das Zeugniß hat sich auf die Feststellung zu beschränken, daß ein Einspruchsrecht der Heimathgemeinde nach Art. 32 des Heimathgesetzes nicht besteht).

b) Runderlaß der Minister der Justiz und des Innern, betr. die Eheschließung von Ausländern in Preußen, vom 16. Oktober 1899 (BMBl S. 188).

Auf Grund des Ausführungsgesetzes zum BGB. vom 20. September 1899 (GS S. 177) Art. 43 bestimmen wir betreffs der Eheschließung von Ausländern hiermit Folgendes:

1. Von der Vorschrift des §. 1 a. a. O. werde ich, der Justizminister, auf hinreichend begründeten Antrag im einzelnen Falle Befreiung bewilligen. Die Angehörigen Belgiens, Frankreichs, Italiens und Luxemburgs werden der Regel nach diese Bewilligung nur erhalten, wenn sie nachweisen, daß das Aufgebot nach Vorschrift ihres heimathlichen Rechtes erfolgt ist.

2. Von der Vorschrift des §. 2 a. a. O. werden hierdurch die Angehörigen nachstehender Staaten bis auf Weiteres befreit:

a) Belgien,
b) Frankreich,
c) Großbritannien,
d) Italien,
e) Luxemburg,
f) Niederlande,
g) Vereinigte Staaten von Nord-Amerika,
h) Oesterreich-Ungarn; ausgenommen bleiben die in Salzburg, Tirol, Voralberg und Krain Heimathberechtigten,
i) Schweden und Norwegen,
k) Schweiz.

Angehörigen anderer Staaten werde ich, der Minister des Innern, auf hinreichend begründeten Antrag im einzelnen Falle Befreiung bewilligen. Die Angehörigen Rußlands und Griechenlands werden der Regel nach diese Bewilligung nur erhalten, wenn sie die Bescheinigung eines ihrer Konfession angehörenden Geistlichen beibringen, daß er bereit ist, sofort nach der standesamtlichen Eheschließung die kirchliche Trauung vorzunehmen.

3. Die Anträge auf Befreiung (Nr. 1 und 2) sind von den Verlobten bei dem für den Erlaß des Aufgebots zuständigen Standesbeamten anzubringen. Diesem liegt ob, bei Prüfung der sonstigen Voraussetzungen für den Erlaß des Aufgebots auch die für und gegen Bewilligung des Befreiungsgesuchs sprechenden Thatsachen zu erörtern und über das Ergebniß der Prüfung der Aufsichtsbehörde zur weiteren Veranlassung zu berichten. Dem Berichte sind die beigebrachten Urkunden beizufügen, so weit sie für die Entscheidung über das Gesuch von Bedeutung sind. Eines näheren Eingehens auf das zur Anwendung kommende ausländische Recht bedarf es nicht.

Die Aufsichtsbehörden haben nach etwa erforderlicher Ergänzung die Berichte durch Vermittelung ihrer vorgesetzten Behörde in den Fällen des §. 1 an mich, den Justizminister, in den Fällen des §. 2 an mich, den Minister des Innern, zur Entscheidung einzureichen.

Auf thunlichste Beschleunigung ist seitens aller betheiligten Behörden Bedacht zu nehmen; in besonders eiligen Fällen ist den Standesbeamten die unmittelbare Berichterstattung an uns gestattet.

BGB §. 1322 (Abs. 1 und 3). Die Bewilligung einer nach den §§. 1303, 1313 zulässigen Befreiung steht dem Bundesstaate zu, dem die Frau, die Bewilligung einer nach §. 1312 zulässigen Befreiung steht dem Bundesstaate zu, dem der geschiedene Ehegatte angehört. Für Deutsche, die keinem Bundesstaat angehören, steht die Bewilligung dem Reichskanzler zu. — —

Ueber die Ertheilung der einem Bundesstaate zustehenden Bewilligung hat die Landesregierung zu bestimmen[1].

[1]) Zu vgl. hierzu:

a) Verordnung zur Ausführung des Bürgerlichen Gesetzbuchs, vom 16. November 1899 (GS S. 562).

Art. 10. Die Befreiung von der Vorschrift, daß eine Frau nicht vor der Vollendung des sechszehnten Lebensjahrs eine Ehe eingehen darf, sowie von dem Verbote der Eheschließung zwischen einem wegen Ehebruchs geschiedenen Ehegatten und demjenigen, mit welchem er den Ehebruch begangen hat (BGB §§. 1303, 1312, 1322), ertheilt der Justizminister.

Art. 11. Die Befreiung von der Vorschrift, daß eine Frau erst zehn Monate nach der Auflösung oder Nichtigkeitserklärung ihrer früheren Ehe eine neue Ehe eingehen darf (BGB §§. 1313, 1322) ertheilt das Amtsgericht, in dessen Bezirke die Frau ihren Wohnsitz oder in Ermangelung eines in Preußen begründeten Wohnsitzes ihren Aufenthalt hat.

In Ermangelung eines nach Abs. 1 zuständigen Gerichts ertheilt das Amtsgericht, in dessen Bezirke die Eheschließung erfolgen soll, und, wenn die Ehe nicht in Preußen geschlossen werden soll, das Amtsgericht I Berlin die Befreiung.

b) Allgemeine Verfügung vom 14. Dezember 1899, — betreffend die geschäftliche Behandlung der in den Artikeln 10, [13, 14] der Königl. Verordnung zur Ausführung des BGB v. 16. November 1899 (GS S. 562) bezeichneten Angelegenheiten (JMBl S. 784).

§. 1. Bei Gesuchen um Befreiung einer Frau von dem Ehehindernisse der mangelnden Ehemündigkeit (BGB §. 1303) liegt die Vorbereitung der Entscheidung dem Amtsgericht ob, in dessen Bezirke die Nachsuchende ihren Wohnsitz und in Ermangelung eines in Preußen begründeten Wohnsitzes ihren Aufenthalt hat.

Das Amtsgericht hat, sobald ein Gesuch dieser Art bei ihm eingereicht oder ihm aus dem Justizministerium übermittelt wird, mit thunlichster Beschleunigung alle bei der Entscheidung zu berücksichtigenden Verhältnisse, insbesondere das Alter beider Nupturienten, ihren Leumund und ihre Erwerbs- und Vermögensverhältnisse festzustellen. Das Gesuch ist alsdann unter Beifügung der etwa erforderlichen Urkunden mit einem gutachtlichen Berichte dem Justizminister unmittelbar einzureichen.

Bei Gesuchen Preußischer Staatsangehörigen, welche in Preußen weder ihren Wohnsitz noch ihren Aufenthalt haben, wird der Justizminister das Amtsgericht bezeichnen, welches sich der Vorbereitung der Entscheidung zu unterziehen hat.

§. 2. Bei Gesuchen um Befreiung von dem Ehehindernisse des Ehebruchs (BGB §. 1312) liegt die Vorbereitung der Entscheidung dem Landgericht ob, bei welchem der Ehescheidungsprozeß des Nachsuchenden in erster Instanz anhängig gewesen ist.

Die Bestimmung des §. 1 Abs. 2 findet mit der Maßgabe entsprechende Anwendung, daß auch die Akten des Ehescheidungsprozesses dem Berichte beizufügen sind.

Erachtet das Landgericht die Ablehnung eines ihm von dem Justizminister zur Prüfung und weiteren Veranlassung zugefertigten Befreiungsgesuchs für angezeigt, so hat es den Nachsuchenden zu bescheiden, ohne daß es einer Berichterstattung bedarf.

Ist der Ehescheidungsprozeß nicht bei einem Preußischen Gericht anhängig gewesen, so wird der Justizminister das Landgericht bezeichnen, welches sich der Erledigung des Gesuchs zu unterziehen hat.

§. 5. Bei der Vorbereitung der Entscheidung bezüglich aller in den §§. 1, 2 aufgeführten Gesuche ist zu beachten, daß die diesseitige Zuständigkeit nur dann begründet ist, wenn die Gesuchsteller die Preußische Staatsangehörigkeit besitzen. Es ist daher dieser Frage (vgl. Gesetz über den Erwerb und Verlust der Bundes- und Staatsangehörigkeit vom 1. Juli 1870 — BGBl S. 355 §§. 2 ff.) in jedem Falle besondere Aufmerksamkeit zuzuwenden und es sind die für die Beurtheilung derselben maßgebenden Thatsachen in dem Berichte zu erörtern.

Sofern nicht die Preußische Staatsangehörigkeit des Nachsuchenden bei dem Gericht offenkundig oder anderweit zweifelsfrei festgestellt ist, wird der Regel nach eine einfache Auskunft der Ortspolizeibehörde genügen, um diese Staatsangehörigkeit für dargethan zu erachten; nur wenn sich nach den Angaben der Betheiligten oder nach sonstigen Ermittelungen Bedenken ergeben, wird die Vorlegung einer förmlichen, von der zuständigen Behörde auszustellenden Urkunde zu erfordern sein.

c) Die betreffenden Urkunden sind dem Standesbeamten vorzulegen und in die Sammelakten aufzunehmen (§ 22 der Vorschriften des BR—B I—).

Vierter Abschnitt.

Form und Beurkundung der Eheschließung.

§. 41.

(Fassung des Art. 46 Ziff. II EG BGB.)

Für die Eheschließung sind die Vorschriften des Bürgerlichen Gesetzbuchs maßgebend.

§§. 42 und 43.

Aufgehoben durch Art. 46 Ziff. I EG BGB und ersetzt durch §§. 1320 u. 1321 BGB.

BGB §. 1316. Der Eheschließung soll [1] ein Aufgebot vorhergehen. [2] Das Aufgebot verliert seine Kraft, wenn die Ehe nicht binnen sechs Monaten nach der Vollziehung des Aufgebots geschlossen wird.

Das Aufgebot darf unterbleiben, wenn die lebensgefährliche Erkrankung eines der Verlobten den Aufschub der Eheschließung nicht gestattet.

Von dem Aufgebote kann Befreiung bewilligt werden.

BGB §. 1322 (Abs. 2 und 3). Die Bewilligung einer nach §. 1316 zulässigen Befreiung steht dem Bundesstaate zu, in dessen Gebiete die Ehe geschlossen werden soll.

Ueber die Ertheilung der einem Bundesstaate zustehenden Bewilligung hat die Landesregierung zu bestimmen.[3]

[1]) Ordnungsvorschrift — Unterlassen des Aufgebots kein Ehehinderniß.

[2]) §§ 44 bis 51 des Pers.-Ges.

[3]) Zu vgl. hierzu:

Verordnung zur Ausführung des Bürgerlichen Gesetzbuchs, vom 16. November 1899 (GS S. 562).

Art. 12. Die Befreiung von dem vor der Eheschließung erforderlichen Aufgebot (BGB §§. 1316, 1322) ertheilt der Minister des Innern.

Die Aufsichtsbehörde kann in dringenden Fällen eine Abkürzung der für die Bekanntmachung des Aufgebots bestimmten Fristen (Reichsgesetz vom 6. Februar 1875 §§. 46, 47) gestatten.

§. 44.

(Fassung des Art. 46 Ziff. II EG BGB.)

Für die Anordnung des vor der Eheschließung zu erlassenden Aufgebots ist jeder Standesbeamte zuständig, vor dem nach §. 1320 des Bürgerlichen Gesetzbuchs die Ehe geschlossen werden darf.[1]

[1]) Bescheinigung über das angeordnete Aufgebot: § 9 der Vorschriften des BR (B I). — Bescheinigung für den Standesbeamten, vor dem die Ehe geschlossen wird: § 49.

§. 45.

Vor Anordnung des Aufgebots sind dem Standesbeamten (§. 44) die zur Eheschließung gesetzlich nothwendigen Erfordernisse als vorhanden nachzuweisen.[1]

Insbesondere haben die Verlobten in beglaubigter Form[2] beizubringen:[3]

1. ihre Geburtsurkunden,
2. die zustimmende Erklärung derjenigen, deren Einwilligung nach dem Gesetze erforderlich ist.[4]

Der Beamte kann die Beibringung dieser Urkunden erlassen, wenn ihm die Thatsachen, welche durch dieselben festgestellt werden sollen, persönlich bekannt oder sonst glaubhaft nachgewiesen sind.[5] Auch kann er von unbedeutenden Abweichungen in den Urkunden, beispielsweise von einer verschiedenen Schreibart der Namen oder einer Verschiedenheit der Vornamen absehen, wenn in anderer Weise die Persönlichkeit der Betheiligten festgestellt wird.[6]

Der Beamte ist berechtigt, den Verlobten die eidesstattliche Versicherung über die Richtigkeit der Thatsachen abzunehmen, welche durch die vorliegenden Urkunden oder die sonst beigebrachten Beweismittel ihm nicht als hinreichend festgestellt erscheinen.[7] [8]

[1]) Zu vgl. hierzu Runderlaß vom 2. Juni 1899: unten B II. Die Befreiung von Ehehindernissen ist vor Erlaß des Aufgebots zu erwirken.

[2]) § 129 BGB u. § 167 FGG.

[3]) Persönliches Erscheinen (abgesehen vom Falle des Abs. 4) nicht erforderlich.

[4]) Zu vgl. §§ 1304—1308 BGB.

[5]) Bei Ablehnung Anweisung durch das Gericht zulässig (§ 11).

[6]) Es darf aber in dem Texte des Standesaktes der Name nicht anders geschrieben werden, als in der Unterschrift der Betheiligten. Berichtigung der Unterschrift nur nach §§ 65, 66 zulässig.

[7]) Nur als Ergänzung, nicht als Ersatz des Nachweises durch Urkunden zulässig.

[8]) Die beigebrachten Nachweise sind in die Sammelakten, die angeordneten Aufgebote in ein besonderes Verzeichniß aufzunehmen: §§ 22, 23 der Vorschriften des BR (B I).

§. 46.

Das Aufgebot[1] ist bekannt zu machen:[2]

1. in der Gemeinde oder in den Gemeinden, woselbst die Verlobten ihren Wohnsitz[3] haben;
2. wenn einer der Verlobten seinen gewöhnlichen Aufenthalt außerhalb seines gegenwärtigen Wohnsitzes hat, auch in der Gemeinde seines jetzigen Aufenthalts;
3. wenn einer der Verlobten seinen Wohnsitz innerhalb der letzten sechs Monate gewechselt hat, auch in der Gemeinde seines früheren Wohnsitzes.

Die Bekanntmachung hat die Vor- und Familiennamen, den Stand[4] oder das Gewerbe und den Wohnort[5] der Verlobten und ihrer Eltern zu enthalten.

Sie ist während zweier Wochen[6] an dem Raths- oder Gemeindehause, oder an der sonstigen, zu Bekanntmachungen der Gemeindebehörde bestimmten Stelle auszuhängen.[7]

[1]) Form. E zu § 7 der Vorschriften des BR (B I).

[2]) Die Bekanntmachung soll unterbleiben bezüglich solcher im Auslande sich aufhaltender Deutschen, welche fahnenflüchtig sind oder die Wehrpflicht verletzt haben (Erlaß vom 19. März 1895 — BMBl S. 133 —).

[3]) §§ 7 ff BGB. — [4]) Vgl. Anm. 3 zu § 22.

[5]) Wohnort = Wohnsitz und gewöhnlicher Aufenthalt.

[6]) d. i. volle 14 Tage, den Tag des Aushangs und den Tag der Abnahme nicht mitgerechnet (vgl. § 188 BGB und Form. E 1). Abkürzung der Frist durch die Aufsichtsbehörde (Anm. 1 zu § 11) zulässig: Art. 12 Abs. 2 der Verordnung v. 16. Novbr. 1899 — Anm. 3 zu § 1322 BGB (unter § 41 des Ges.).

[7]) Der Standesbeamte hat die Gemeindebehörde um Bewirkung des Aushangs zu ersuchen, die Gemeindebehörde hat dem Ersuchen Folge zu leisten und nach Ablauf der Frist den Aushang zurückzusenden: vgl. Form. E 1 und § 26 der Vorschriften des BR (B I).

§. 47.

Ist einer der Orte, an welchen nach §. 46 das Aufgebot bekannt zu machen ist, im Auslande belegen, so ist an Stelle des an diesem Orte zu bewirkenden Aushanges die Bekanntmachung auf Kosten des Antragstellers einmal in ein Blatt einzurücken, welches an dem ausländischen Orte erscheint oder verbreitet ist.[1] Die Eheschließung ist nicht vor Ablauf zweier Wochen[2] nach dem Tage der Ausgabe der betreffenden Nummer des Blattes zulässig.[3]

Es bedarf dieser Einrückung nicht, wenn eine Bescheinigung der betreffenden ausländischen Ortsbehörde dahin beigebracht wird, daß ihr von dem Bestehen eines Ehehindernisses nichts bekannt sei.

[1]) Das Blatt braucht nicht im Auslande zu erscheinen.

[2]) Vgl. Anm. 6 zu § 46.

[3]) Ein Belagsblatt ist in die Sammelakten aufzunehmen: § 22 der Vorschriften des BR (B I).

§. 48.

Kommen Ehehindernisse[1] zur Kenntniß des Standesbeamten, so hat er die Eheschließung abzulehnen[2] [3].

[1]) Vgl. §§ 1303 bis 1315 BGB.

[2]) Bei Vermeidung der Bestrafung aus § 69.

[3]) Gegen die Ablehnung Anrufung der gerichtlichen Entscheidung nach § 11 zulässig.

§. 49.

Soll die Ehe vor einem anderen Standesbeamten als demjenigen geschlossen werden, welcher das Aufgebot angeordnet hat[1], so hat der letztere eine Bescheinigung dahin auszustellen[2], daß und wann das Aufgebot vorschriftsmäßig erfolgt ist und daß Ehehindernisse nicht zu seiner Kenntniß gekommen sind[3].

[1]) Vgl. § 1321 BGB.
[2]) Gebührenfrei: Tarif Ziff. I.
[3]) Zu vgl. § 7 der Vorschriften des BR (B I) und Form. F und F 1. — Die Bescheinigung ist in die Sammelakten aufzunehmen: § 22 der Vorschriften des BR.

§. 50.

(Fassung des Art. 46 Ziff. II EG BGB.)

Der Standesbeamte[1] soll ohne Aufgebot die Eheschließung nur vornehmen, wenn ihm ärztlich bescheinigt wird, daß die lebensgefährliche Erkrankung eines der Verlobten den Aufschub der Eheschließung nicht gestattet.

[1]) d. i. der nach § 1320 BGB zuständige Standesbeamte.

§§. 51, 52 und 53.

Aufgehoben durch Art. 46 Ziff. I EG BGB und ersetzt durch §§. 1316 Abs. 1, 1317 und 1318 BGB.

BGB §. 1317. Die Ehe wird dadurch geschlossen, daß die Verlobten vor einem Standesbeamten[1] persönlich[2] und bei gleichzeitiger Anwesenheit erklären[3], die Ehe mit einander eingehen zu wollen[4]. Der Standesbeamte muß zur Entgegennahme der Erklärungen bereit sein[5].

Die Erklärungen können nicht unter einer Bedingung oder einer Zeitbestimmung abgegeben werden.

[1]) a) Die Eheschließung soll, wie die Aufnahme sämmtlicher Urkunden, im Geschäftsraume des Standesamts vorgenommen werden. Nur wenn einer der Verlobten durch Krankheit ꝛc. (vgl. § 50 des Ges.) am Erscheinen verhindert ist oder ein sonstiger besonderer Ausnahmefall vorliegt, ist die Eheschließung außerhalb des Geschäftsraumes zulässig (M.-Verf. vom 2. Juni 1875).

b) Bei seiner eigenen Eheschließung kann ein Standesbeamter nicht mitwirken, wohl aber bei der von Verwandten und Verschwägerten: § 27 der Vorschriften des BR (B I).

[2]) Vertretung unzulässig. Ausnahme nach § 72 des Pers.Ges. (vgl. Art. 57 EG BGB).

[3]) Diese Erklärung bewirkt die Eheschließung, nicht der nachfolgende, in § 1318 BGB vorgeschriebene Ausspruch des Standesbeamten — vgl. Anm. 3 zu § 1318 BGB.

[4]) Diese Vorschriften sind wesentlich, deren Nichteinhaltung Nichtigkeit der Ehe begründet.

[5]) Bei Ablehnung kann die Ehe nicht vor diesem Standesbeamten geschlossen werden.

BGB §. 1318. Der Standesbeamte soll[1] bei der Eheschließung in Gegenwart von zwei Zeugen an die Verlobten einzeln und nach einander die Frage richten, ob sie die Ehe mit einander eingehen wollen, und, nachdem die Verlobten die Frage bejaht haben, aussprechen, daß sie kraft dieses Gesetzes[2] nunmehr rechtmäßig verbundene Eheleute seien[3] [4].

Als Zeugen sollen[1] Personen, die der bürgerlichen Ehrenrechte für verlustig erklärt sind, während der Zeit, für welche die Aberkennung der Ehrenrechte erfolgt ist[5], sowie Minderjährige[6] nicht zugezogen werden. Personen, die mit einem der Verlobten, mit dem Standesbeamten oder mit einander verwandt oder verschwägert sind, dürfen als Zeugen zugezogen werden[7].

Der Standesbeamte soll[1] die Eheschließung in das Heirathsregister eintragen.

§. 54.

Die Eintragung in das Heirathsregister soll[8] enthalten[9]:

1. Vor- und Familiennamen[10], Religion, Alter[11], Stand[12] oder Gewerbe, Geburts- und Wohnort der Eheschließenden;
2. Vor- und Familiennamen, Stand[12] oder Gewerbe und Wohnort ihrer Eltern;
3. Vor- und Familiennamen, Alter[6], Stand[12] oder Gewerbe und Wohnort der zugezogenen Zeugen;
4. die Erklärung der Eheschließenden;
5. den Ausspruch des Standesbeamten.

Ueber die erfolgte Eheschließung ist den Eheleuten sofort eine Bescheinigung auszustellen[13 14].

[1]) Ordnungsvorschrift — Unterlassung der Beachtung der hier vorgeschriebenen Formen (Zuziehung von zwei Zeugen, Frage und Ausspruch des Standesbeamten) ohne Einfluß auf die Gültigkeit der Ehe — vgl. Anm. 3.

[2]) Nicht: kraft Gesetzes.

[3]) Nicht: daß er sie für rechtmäßig verbundene Eheleute erkläre. Es kommt für die Eheschließung nur auf die Erklärung der Eheschließenden an: Anm. 3 zu § 1317 BGB.

[4]) Verhandlung mit stummen, am Sprechen verhinderten und der deutschen Sprache nicht mächtigen Personen: §§ 10, 11 der Vorschriften des BR (B I).

[5]) § 34 StGB.

[6]) Angabe des Alters: vgl. § 54 Nr. 3 des Ges.

[7]) Frauen und für volljährig Erklärte können Zeugen sein.

[8]) Ordnungsvorschrift — vgl. Anm. 1.

[9]) Form. B, B 1 und B 2. — Ueber die Anerkennung eines vorehelichen Kindes bei der Eheschließung vgl. § 15 der Vorschriften des BR nebst Zus. (B I).

[10]) Bei der Unterschrift hat die Frau bereits mit dem Familiennamen ihres Mannes zu unterzeichnen.

[11]) Wesentlich wegen § 1303 BGB, daher in Buchstaben auszudrücken.

[12]) d. i. Beruf, Stellung im bürgerlichen Leben: vgl. Anm. 3 zu § 22.

[13]) Als Nachweis der Eheschließung für die Trauung (§ 67) — gebührenfrei: Tarif Ziff. I. Form: § 7 der Vorschriften des BR und Form. D.

[14]) Aushändigung eines Familienstammbuchs: Anm. 4 zu § 15.

BGB §. 1319. Als Standesbeamter im Sinne des §. 1317 gilt auch derjenige, welcher, ohne Standesbeamter zu sein[1], das Amt eines Standesbeamten öffentlich ausübt, es sei denn, daß die Verlobten den Mangel der amtlichen Befugniß bei der Eheschließung kennen.

[1]) z. B. bevor er bestellt ist (§ 3 Abs. 2), oder wenn er nicht mehr Standesbeamter ist, aber mit der Vornahme

von Amtshandlungen fortfährt, oder außerhalb seines Standesamtsbezirks.

BGB §. 1320. Die Ehe soll[1] vor dem zuständigen Standesbeamten geschlossen werden.

Zuständig ist der Standesbeamte, in dessen Bezirk einer der Verlobten seinen Wohnsitz[2] oder seinen gewöhnlichen Aufenthalt[3] hat.

Hat keiner der Verlobten seinen Wohnsitz oder seinen gewöhnlichen Aufenthalt im Inland[4] und ist auch nur einer von ihnen ein Deutscher[5], so wird der zuständige Standesbeamte von der obersten Aufsichtsbehörde[6] des Bundesstaats, dem der Deutsche angehört, und, wenn dieser keinem Bundesstaat angehört, von dem Reichskanzler bestimmt.

Unter mehreren zuständigen Standesbeamten haben die Verlobten die Wahl[7].

[1]) Ordnungsvorschrift — vgl. Anm. 1 zu § 1318 BGB. Die vor einem unzuständigen Standesbeamten geschlossene Ehe ist gültig, der Standesbeamte aber nach § 69 des Pers.-Ges. strafbar. — Ablehnung der Eheschließung durch den zuständigen Standesbeamten begründet Beschwerderecht nach § 11 des Pers.-Ges.

[2]) Vgl. §§ 7 bis 11 BGB.

[3]) Nicht: einmaligen oder vorübergehenden Aufenthalt — in diesem Falle trifft Abs. 3 zu.

[4]) d. i. innerhalb des deutschen Reichsgebiets.

[5]) Sind beide Verlobte nicht Deutsche, so kann die Ehe in Deutschland nicht geschlossen werden.

[6]) Minister des Innern: §§ 11, 84 (nebst Zus.) des Pers.-Ges.

[7]) Verwandtschaft oder Schwägerschaft des Standesbeamten mit den Eheschließenden kein Hinderniß: § 27 der Vorschriften des BR (B I).

BGB §. 1321. Auf Grund einer schriftlichen Ermächtigung des zuständigen Standesbeamten darf die Ehe auch vor dem Standesbeamten eines anderen Bezirkes geschlossen werden[1].

[1]) Zu vgl. § 7 der Vorschriften des BR (B I) und Form. F. — Bescheinigung des Aufgebots: § 49 Pers.-Ges. — Die Ermächtigung ist in die Sammelakten aufzunehmen: § 22 der Vorschriften des BR.

§. 55.

(Fassung des Art. 46 Ziff. II EG BGB.)

Ist eine Ehe für nichtig erklärt, ist in einem Rechtsstreite, der die Feststellung des Bestehens oder des Nichtbestehens einer Ehe zwischen den Parteien zum Gegenstande hat, das Nichtbestehen der Ehe festgestellt, ist eine Ehe vor dem Tode eines der Ehegatten aufgelöst oder ist nach §. 1575 des Bürgerlichen Gesetzbuchs die eheliche Gemeinschaft aufgehoben, so ist dies am Rande der über die Eheschließung bewirkten Eintragung zu vermerken[1].

Wird die eheliche Gemeinschaft nach der Aufhebung wiederhergestellt[2], so ist dies auf Antrag am Rande zu vermerken.

¹) Von Amtswegen — vgl. § 25 der Vorschriften des BR (B I) und Form. B 2 — ohne gerichtliches Berichtigungsverfahren — Anm. 1a zu § 65.

²) § 1587 BGB.

Ueber die Wiederannahme des früheren Familiennamens durch die geschiedene Frau vgl. unten B IV.

Fünfter Abschnitt.

Beurkundung der Sterbefälle.

§. 56.

Jeder Sterbefall[1] ist spätestens am nächstfolgenden Wochentage[2] dem Standesbeamten des Bezirks, in welchem der Tod erfolgt ist, anzuzeigen[3 4].

¹) Die Todeserklärung (§§ 13 ff. BGB und §§ 960 ff. CPO) wird nicht eingetragen. — Todtgeburten: § 23.

²) Auch wenn er ein Feiertag ist; nur am Sonntag ruht die Anzeigepflicht, außer im Falle des § 23.

³) Strafbestimmung: § 68. — Nachträgliche Aufnahme der Urkunde: § 60.

⁴) Schriftliche Mittheilung: § 58 Abs. 2.

§. 57.

Zu der Anzeige[1] verpflichtet[2] ist das Familienhaupt, und wenn ein solches nicht vorhanden oder an der Anzeige behindert ist, derjenige, in dessen Wohnung oder Behausung der Sterbefall sich ereignet hat[3 4].

¹) Vgl. Form. C 1 und 2.

²) Strafbestimmung: § 68.

[3]) In erster Linie anzeigepflichtig ist das Familienhaupt, nicht auch die Familienglieder, in Ermangelung oder bei Verhinderung des Familienhauptes aber der Inhaber (Repräsentant) der Wohnung, d. h. derjenige, der die Wohnung mit Recht als die seinige bezeichnen kann, nicht auch alle diejenigen, die nur bei ihm, in seiner Wohnung, ihre Unterkunft haben.

[4]) Durch die Anzeige eines nicht zur Anzeige Verpflichteten wird der Verpflichtete straffrei (§ 68 Abs. 1 Satz 2); es muß aber in solchem Falle in der Urkunde festgestellt werden, daß der Anzeigende aus eigener Wissenschaft unterrichtet ist (§§ 58, 19).

§. 58.

Die §§. 19 bis 21 kommen auch in Beziehung auf die Anzeige der Sterbefälle zur Anwendung.

Findet eine amtliche Ermittelung[1] über den Todesfall statt, so erfolgt die Eintragung[2] auf Grund der schriftlichen Mittheilung der zuständigen Behörde[3 4].

[1]) Wie bei Unglücks- und Verbrechensfällen, Selbstmord, Auffinden der Leichen unbekannter Personen — zu vgl. § 157 StPO.

[2]) In der auf die Mittheilung Bezug zu nehmen ist: §§ 12, 13 der Vorschriften des BR (B I) nnd Form. C4.

[3]) d. i. der Ortspolizeibehörde, auch wenn die amtliche Ermittelung durch das Gericht oder die Staatsanwaltschaft stattgeunden hat (§ 157 StPO); Gericht und Staatsanwalt übersenden den Beerdigungsschein der Polizeibehörde. — Die Mittheilung ist in die Sammelakten aufzunehmen: § 22 der Vorschriften des BR (B I).

[4]) Ist die Anzeige mündlich bewirkt, obschon amtliche Ermittelungen über den Todesfall stattgefunden haben, so ist die darauf erfolgte Eintragung doch gültig und

beweiskräftig. Der Standesbeamte soll aber in solchen Fällen, wo eine amtliche Ermittelung über den Todesfall voraussichtlich stattfinden wird, nicht auf Grund der mündlichen Anzeige eintragen, sondern die schriftliche Mittheilung der Behörden abwarten.

§. 59.

Die Eintragung des Sterbefalls soll enthalten[1]:

1. Vor- und Familiennamen, Stand[2] oder Gewerbe und Wohnort des Anzeigenden;
2. Ort, Tag und Stunde des erfolgten Todes[3];
3. Vor- und Familiennamen, Religion, Alter, Stand[2] oder Gewerbe, Wohnort und Geburtsort des Verstorbenen;
4. Vor- und Familiennamen seines Ehegatten,[4] oder Vermerk, daß der Verstorbene ledig gewesen sei;
5. Vor- und Familiennamen, Stand[2] oder Gewerbe und Wohnort der Eltern des Verstorbenen.

Soweit diese Verhältnisse unbekannt sind, ist dies bei der Eintragung zu vermerken[5].

[1]) Zu vgl. § 20 C der Vorschriften des BR B I und Form. C 1—4.

[2]) d. i. Beruf, Stellung im bürgerlichen Leben, nicht: Familienstand, ob ledig oder verheirathet 2c. (vgl. Nr. 4 und Anm. 3 zu § 22).

[3]) nicht die Todesursache — Ausnahme: § 61.

[4]) falls er noch lebt, sonst: Wittwer — vgl. Form. C 2. —

[5]) Zu vgl. Form. C2 und 4. — Nachträgliche Eintragung solcher Verhältnisse erfolgt im Berichtigungsverfahren (§§ 65, 66).

§. 60.

Ohne Genehmigung der Ortspolizeibehörde[1] darf keine Beerdigung vor der Eintragung[2] des Sterbefalles in das Sterberegister stattfinden. Ist die Beerdigung dieser Vorschrift entgegen geschehen[3], so darf die Eintragung des Sterbefalles nur mit Genehmigung der Aufsichtsbehörde[4] nach Ermittelung des Sachverhaltes erfolgen[5].

[1]) Zu vgl. Anm. 3 zu § 58.

[2]) Zum Nachweise der Eintragung hat der Standesbeamte eine gebührenfreie Bescheinigung zu ertheilen.

[3]) Strafbar nach § 367 Nr. 1 und 2 StGB.

[4]) Anm. 1 zu § 11.

[5]) Die Genehmigung und Mittheilung ist in der Urkunde zu erwähnen; die Schriftstücke sind in die Sammelakten aufzunehmen (§ 22 der Vorschriften des BR — B I —).

Sechster Abschnitt.

Beurkundung des Personenstandes der auf See befindlichen Personen.

§. 61.

Geburten und Sterbefälle, welche sich auf Seeschiffen während der Reise ereignen, sind nach den Vorschriften dieses Gesetzes spätestens am nächstfolgenden Tage nach der Geburt oder dem Todesfall von dem Schiffer, unter Zuziehung von zwei Schiffsoffizieren oder anderen glaubhaften Personen, in dem Tagebuch zu beurkunden. Bei Sterbefällen ist zugleich die muthmaßliche Ursache des Todes zu vermerken.

§. 62.

Der Schiffer hat zwei von ihm beglaubigte Abschriften der Urkunden demjenigen Seemannsamte, bei dem es zuerst geschehen kann, zu übergeben. Eine dieser Abschriften ist bei dem Seemannsamte aufzubewahren, die andere ist demjenigen Standesbeamten, in dessen Bezirk die Eltern des Kindes, beziehungsweise der Verstorbene ihren Wohnsitz haben oder zuletzt gehabt haben, behufs der Eintragung in das Register zuzufertigen.

§. 63.

Ist der Schiffer verstorben oder verhindert, so hat der Steuermann die in den §§. 61 und 62 dem Schiffer auferlegten Verpflichtungen zu erfüllen.

§. 64.

Sobald das Schiff in den inländischen Hafen eingelaufen ist, in welchem es seine Fahrt beendet, ist das Tagebuch der für den Standesbeamten des Hafenorts zuständigen Aufsichtsbehörde vorzulegen.

Diese hat beglaubigte Abschrift der in das Tagebuch eingetragenen Standesurkunde dem Standesbeamten, in dessen Register der Fall gehört (§. 62), behufs Kontrolirung der Eintragungen zuzustellen.

Siebenter Abschnitt.

Berichtigung der Standesregister.

§. 65.

Die Berichtigung[1] einer Eintragung in dem Standesregister kann nur auf Grund gerichtlicher Anordnung erfolgen. Sie geschieht durch Beischreibung eines Vermerks am Rande der zu berichtigenden Eintragung.

[1]) a) Berichtigung einer Eintragung ist jede Veränderung des Wortlauts einer durch die Unterschrift des Standesbeamten abgeschlossenen Eintragung. Hierunter fallen nicht nur die Abänderungen und Löschungen eines unrichtig beurkundeten Thatumstandes, sondern auch die Ergänzungen unvollständiger Eintragungen durch Zusätze und die Aenderungen bloßer Schreibfehler, sofern bei letzteren die nach § 18 der Vorschriften des BR — vgl. b — zulässige Genehmigung zur Beseitigung derselben durch den Standesbeamten von der Aufsichtsbehörde verweigert worden ist. Nur jene Ergänzungen einer Eintragung, welche in den Fällen der §§ 22 Abs. 3, 25, 26 und 55 Abs. 2 erforderlich werden, werden vom Gesetze nicht als Berichtigungen im Sinne des § 65 erachtet. — Das Berichtigungsverfahren findet nur bei Richtigstellung unrichtiger oder unvollständiger Eintragungen im Hauptregister statt; fehlerhafte beglaubigte Abschriften einzelner Standesurkunden kann der Standesbeamte selbst in Uebereinstimmung

mit den Originalurkunden der Hauptregister bringen; dies gilt insbesondere hinsichtlich der Eintragungen im Nebenregister und zwar ist der Standesbeamte zur Vornahme solcher Richtigstellungen solange zuständig und verpflichtet, als die Nebenregister von der Aufsichtsbehörde noch nicht dem Amtsgerichte zur Aufbewahrung eingeschickt sind (vgl. § 14). — Zu den Eintragungen zählen sowohl die selbständigen Eintragungen unter fortlaufender Nummer als auch die Randeintragungen oder Randvermerke; auch die Berichtigungsrandvermerke können selbst wieder Gegenstand des Berichtigungsverfahrens sein.

b) Ueber die Berichtigung offenbarer Schreibfehler vgl. § 18 der Vorschriften des BR (B I).

§. 66.

(Fassung gemäß §. 186 FGG.)

Für das Berichtigungsverfahren gelten die nachstehenden Vorschriften.

Die Aufsichtsbehörde[1] hat, wenn ein Antrag auf Berichtigung gestellt wird, oder wenn sie eine solche von Amtswegen für erforderlich erachtet, die Betheiligten zu hören und geeignetenfalls eine Aufforderung durch ein öffentliches Blatt zu erlassen. Die abgeschlossenen Verhandlungen hat sie demnächst dem Gerichte erster Instanz vorzulegen. Dieses kann noch weitere thatsächliche Aufklärungen veranlassen und geeignetenfalls den Antragsteller auf den Prozeßweg verweisen.

Im Uebrigen finden die für Sachen der nichtstreitigen Gerichtsbarkeit geltenden Vorschriften Anwendung[2].

[1]) Anm. 3 zu § 11.

[2]) Zu vgl. des Näheren unten B V.

Achter Abschnitt.

Schlußbestimmungen.

§. 67.

(Abs. 2 nach Art. 46 Ziff. III EG BGB.)

Ein Geistlicher oder anderer Religionsdiener[1], welcher zu den religiösen Feierlichkeiten einer Eheschließung[2] schreitet, bevor ihm nachgewiesen[3] worden ist, daß die Ehe vor dem Standesbeamten[4] geschlossen sei, wird mit Geldstrafe bis zu dreihundert Mark oder mit Gefängniß bis zu drei Monaten bestraft[5].

Eine strafbare Handlung ist nicht vorhanden, wenn der Geistliche oder der Religionsdiener im Falle einer lebensgefährlichen, einen Aufschub nicht gestattenden Erkrankung eines der Verlobten zu den religiösen Feierlichkeiten der Eheschließung schreitet[6].

[1]) Es sind Religionsdiener der Dissidenten und Juden gemeint.

[2]) Kirchliches Aufgebot ohne den Nachweis ist zulässig.

[3]) Der Nachweis wird insbesondere und in der Regel durch Vorlegung der nach § 54 Abs. 2 zu ertheilenden Bescheinigung geführt, kann aber auch in anderer Weise erbracht werden.

[4]) Oder im Ausland in bürgerlich gültiger Weise.

[5]) Zuständig ist die Strafkammer des Landgerichts: § 74 Nr. 4 GVG.

[6]) Zu vgl. § 1316 Abs. 2 BGB und § 50 des Gesetzes.

§. 68.

Wer den in den §§. 17 bis 20, 22 bis 24, 56 bis 58 vorgeschriebenen Anzeigepflichten nicht nachkommt, wird mit Geldstrafe bis zu einhundertfünfzig Mark oder mit Haft bestraft[1]. Die Strafverfolgung tritt nicht ein, wenn die Anzeige, obwohl nicht von den zunächst Verpflichteten, doch rechtzeitig gemacht worden ist.

Die bezeichnete Strafe trifft auch den Schiffer oder Steuermann, welcher den Vorschriften der §§. 61 bis 64 zuwiderhandelt.

Die Standesbeamten sind außerdem befugt, die zu Anzeigen oder zu sonstigen Handlungen auf Grund dieses Gesetzes Verpflichteten[2] hierzu durch Geldstrafen anzuhalten, welche für jeden einzelnen Fall den Betrag von fünfzehn Mark nicht übersteigen dürfen[3] [4].

[1]) Zuständig ist das Landgericht (Schöffengericht): § 27 GVG.

[2]) In der in §§ 18, 57 angegebenen Reihenfolge.

[3]) Wiederholte Festsetzung der Geldstrafe ist zulässig, aber nicht andere Zwangsmittel.

[4]) Die Verhandlungen sind in die Sammelakten aufzunehmen (§ 22 der Vorschriften des BR —B I—).

§. 69.

(Fassung des Art. 46 Ziff. IV EGBGB.)

Ein Standesbeamter, welcher unter Außerachtlassung der in diesem Gesetze und in dem Bürgerlichen Gesetzbuche gegebenen Vorschriften eine Eheschließung vollzieht, wird mit Geldstrafe bis zu sechshundert Mark bestraft[1].

[1]) Zuständig ist die Strafkammer des Landgerichts: § 74 Nr. 4 GVG.

§. 70.

Gebühren und Geldstrafen, welche in Gemäßheit dieses Gesetzes zur Erhebung gelangen[1], fließen, insoweit die Landesgesetze nicht ein Anderes bestimmen, den Gemeinden zu, welche die sächlichen Kosten der Standesämter (§§. 8, 9) zu tragen haben.

[1]) §§ 11 Abs. 2, 27 Abs. 2, 67—69.

§. 71.

In welcher Weise die Verrichtungen der Standesbeamten in Bezug auf solche Militärpersonen wahrzunehmen sind, welche ihr Standquartier nicht innerhalb des Deutschen Reichs, oder dasselbe nach eingetretener Mobilmachung verlassen haben, oder welche sich auf den in Dienst gestellten Schiffen oder anderen Fahrzeugen der Marine befinden, wird durch Kaiserliche Verordnung bestimmt.

§. 72[1].

Für die Landesherren und die Mitglieder der landesherrlichen Familien, sowie der Fürstlichen Familie Hohenzollern erfolgt die Ernennung des Standesbeamten und die Bestimmung über die Art der Führung und Aufbewahrung der Standesregister durch Anordnung des Landesherrn.

In Betreff der Stellvertretung der Verlobten und in Betreff des Aufgebots entscheidet die Observanz.

Im Uebrigen werden in Ansehung der Mitglieder dieser Häuser die auf Hausgesetzen oder Observanz beruhenden Bestimmungen über die Erfordernisse der Eheschließung und über die Gerichtsbarkeit in Ehesachen nicht berührt.

[1]) Aufrecht erhalten durch Art. 57 EG BGB.

§. 73.

Den mit der Führung der Standesregister oder Kirchenbücher bisher betraut gewesenen Behörden und Beamten verbleibt die Berechtigung und Verpflichtung, über die bis zur Wirksamkeit dieses Gesetzes eingetragenen Geburten, Heirathen und Sterbefälle Zeugnisse zu ertheilen.

§. 74.

Unberührt bleiben die landesgesetzlichen Vorschriften, welche

1. Geistlichen und Kirchendienern aus Anlaß der Einführung der bürgerlichen Standesregister und der bürgerlichen Form der Eheschließung einen Anspruch auf Entschädigung gewähren;
2. bestimmten Personen die Pflicht zu Anzeigen von Geburts- und Todesfällen auferlegen.

Wo die Zulässigkeit der Ehe nach den bestehenden Landesgesetzen von einem Aufgebote abhängig ist, welches durch andere bürgerliche Beamte als die Standesbeamten vollzogen wird, vertritt dieses die Stelle des von den Standesbeamten anzuordnenden Aufgebots.

§. 75.

(Fassung des Art. 46 Ziff. V EG BGB.)

Innerhalb solcher Grenzpfarreien, deren Bezirk sich in das Ausland erstreckt, bleibt das bestehende Recht für die Beurkundung derjenigen Geburten und Sterbefälle, sowie für die Form und Beurkundung derjenigen Eheschließungen maßgebend, für welche ein Standesbeamter nach den Vorschriften des Bürgerlichen Gesetzbuchs nicht zuständig, dagegen nach dem bestehenden Recht die Zuständigkeit des Geistlichen begründet ist.

Im Geltungsgebiet des preußischen Gesetzes vom 9. März 1874 ist unter dem bestehenden Recht dasjenige Recht zu verstehen, welches vor dem Inkrafttreten jenes Gesetzes maßgebend war.

§. 76.

In streitigen Ehe- und Verlöbnißsachen sind die bürgerlichen Gerichte ausschließlich zuständig. Eine geistliche oder eine durch Zugehörigkeit zu einem Glaubensbekenntniß bedingte Gerichtsbarkeit findet nicht statt.

§. 77.

Wenn nach dem bisherigen Rechte auf beständige Trennung der Ehegatten von Tisch und Bett zu erkennen sein würde, ist fortan die Auflösung des Bandes der Ehe auszusprechen.

Ist vor dem Tage, an welchem dieses Gesetz in Kraft tritt, auf beständige Trennung von Tisch und Bett erkannt worden, so kann, wenn eine Wiedervereinigung der getrennten Ehegatten nicht stattgefunden hat, jeder derselben auf Grund des ergangenen Urtheils die Auflösung des Bandes der Ehe im ordentlichen Prozeßverfahren beantragen.

§. 78.

Ehestreitigkeiten, welche in Bayern vor dem Tage, an welchem dieses Gesetz daselbst in Kraft tritt, durch Zustellung des Beschlusses über Zulässigkeit der Klage anhängig geworden sind, werden von dem mit der Sache befaßten Gericht bis zur rechtskräftigen Entscheidung nach Maßgabe der bisher geltenden Gesetze durchgeführt.

Daselbst kann die Auflösung der Ehe auf Grund eines die beständige Trennung von Tisch und Bett verfügenden Urtheils geltend gemacht werden, nachdem das Gericht auf Anrufen eines Ehegatten in dem nach Artikel 675 Absatz 1 und 2 der Prozeßordnung in bürgerlichen Rechtsstreitigkeiten vom 29. April 1869 vorgesehenen Verfahren die Auflösung des Bandes der Ehe ausgesprochen hat.

Das Verfahren in streitigen Ehesachen richtet sich in Bayern in den rechtsrheinischen Gebietstheilen nach den Bestimmungen des Hauptstückes XXVI der genannten Prozeßordnung, in der Pfalz nach den Bestimmungen des Artikels 69 des Gesetzes über die Einführung dieser Prozeßordnung.

§. 79.

Dieses Gesetz tritt mit dem 1. Januar 1876 in Kraft. Es bleibt den Landesregierungen überlassen, das ganze Gesetz oder auch den dritten Abschnitt und §. 77 im Verordnungswege früher einzuführen.

§. 80.

Die vor dem Tage, an welchem dieses Gesetz in Kraft tritt, nach den Vorschriften des bisherigen Rechts ergangenen Aufgebote behalten ihre Wirksamkeit.

§. 81.

Auf Geburts- und Sterbefälle, welche sich vor dem Tage, an welchem dieses Gesetz in Kraft tritt, ereignet haben, an diesem Tage aber noch nicht eingetragen sind, findet das gegenwärtige Gesetz mit der Maßgabe Anwendung, daß der Lauf der vorgeschriebenen Anzeigepflichten mit dem Tage beginnt, an welchem dieses Gesetz in Kraft tritt.

Ein Gleiches gilt für den Fall, daß auch nur die Vornamen eines Kindes an diesem Tage noch nicht eingetragen sind.

§. 82.

Die kirchlichen Verpflichtungen in Beziehung auf Taufe und Trauung werden durch dieses Gesetz nicht berührt[1]).

[1]) Zu vgl. § 1588 BGB.

§. 83.

Die zur Ausführung dieses Gesetzes erforderlichen Bestimmungen werden, soweit dieselben nicht durch eine vom Bundesrathe erlassene Ausführungsverordnung getroffen werden, von den einzelnen Landesregierungen erlassen.

Die vom Bundesrath erlassene Ausführungsverordnung, durch die Bekanntmachung des Reichskanzlers vom 25. März 1899 im RGBl S. 225 mitgetheilt, ist unter B I abgedruckt.

§. 84.

Welche Behörde in jedem Bundesstaate unter der Bezeichnung: höhere Verwaltungsbehörde, untere Verwaltungsbehörde, Gemeindebehörde, Gemeindevorstand, Gericht erster Instanz zu verstehen sind, wird von der Zentralbehörde des Bundesstaates bekannt gemacht.

Bekanntmachung (des Justizministers und des Ministers des Innern) betreffend einige nach Einführung des Bürgerlichen Gesetzbuchs eintretende Veränderungen in Angelegenheiten der Beurkundung des Personenstandes, vom 17. Oktober 1899 (BMBl S. 189).

In Ausführung des §. 84 des Reichsgesetzes vom 6. Februar 1875, betreffend die Beurkundung des Personenstandes und die Eheschließung (RGBl S. 93) wird hierdurch mit Geltung vom 1. Januar 1900 an Folgendes bekannt gemacht:

1. Die **höhere Verwaltungsbehörde**, der nach §§ 2 bis 6 die Bildung der Standesamtsbezirke, die Bestellung der Standesbeamten und stellvertretenden Standesbeamten, sowie die Ertheilung der im § 4 Absatz 1 und 2 erwähnten Genehmigung zusteht, ist der Oberpräsident, in den Hohenzollernschen Landen der Regierungspräsident.
2. Die **untere Verwaltungsbehörde**, welche die nach § 7 dem Standesbeamten von den Außengemeinden zu gewährende Vergütung und den von diesen zu tragenden Antheil an den sächlichen Kosten festzusetzen hat, ist in den Stadtgemeinden die Gemeindevertretung, in den Landgemeinden und Gutsbezirken der Kreisausschuß, in den Hohenzollernschen Landen der Amtsausschuß.

   Die höhere Verwaltungsbehörde, die über Beschwerden wegen dieser Festsetzung endgültig zu entscheiden hat, ist der Bezirksausschuß.

— Zu vgl. §. 154 Absatz 3 des Zuständigkeitsges. v. 1. August 1883. —

3. Die **untere bezw. höhere Verwaltungsbehörde**, die nach § 11 die Aufsicht über die Amtsführung der Standesbeamten auszuüben hat, ist in den Landgemeinden und Gutsbezirken der Landrath als Vorsitzender des Kreisausschusses, in den Hohenzollernschen Landen der Oberamtmann als Vorsitzender des Amtsausschusses, in höherer Instanz der Regierungspräsident und der Minister des Innern; in den Stadtgemeinden der Regierungspräsident, in höherer Instanz der Oberpräsident und der Minister des Innern; im Stadtkreise Berlin der Oberpräsident, in höherer Instanz der Minister des Innern.
4. **Vorsteher der Gemeinde** im Sinne des § 4 Abs. 1 ist in den Gemeinden mit kollegialischem Vorstande der Bürgermeister als dessen Vorsitzender.
5. Als die **Gemeindebehörde**, die nach § 4 Abs. 2 die Anstellung besonderer Standesbeamten beschließen kann, ist diejenige Gemeindebehörde zu betrachten, welche über die Einrichtung neuer Gemeindeämter zu beschließen hat.
6. **Gemeindevorstand** (§ 4 Abs. 2) ist in den Gemeinden mit kollegialischem Gemeindevorstande der Magistrat (Stadtrath, Gemeinderath 2c.), in anderen Gemeinden der Bürgermeister (Schultheiß, Ortsvorsteher 2c.).
7. Als **Gericht erster Instanz** für die Anweisung der Standesbeamten zur Vornahme einer abgelehnten Amtshandlung (§ 11 Abs. 3) sowie für die Anordnung der Berichtigung einer Eintragung (§§ 65, 66) ist das Amtsgericht zuständig, in dessen Bezirke der Standesbeamte seinen Amtssitz hat. — Zu vgl. § 69 FGG.

Dasselbe Amtsgericht ist auch für die Aufbewahrung der Nebenregister (§ 14 Abs. 2) zuständig, sofern nicht der Justizminister in Uebereinstimmung mit dem Minister des Innern ein anderes Amtsgericht mit der Aufbewahrung beauftragt hat.

§. 85.

Durch dieses Gesetz werden die Bestimmungen des Gesetzes vom 4. Mai 1870, betreffend die Eheschließung und die Beurkundung des Personenstandes von Reichsangehörigen im Auslande, nicht berührt.

Der Reichskanzler kann einem diplomatischen Vertreter oder einem Konsul des Deutschen Reichs die allgemeine Ermächtigung zur Vornahme von Eheschließungen und zur Beurkundung der Geburten, Heirathen und Sterbefälle, wie für Reichsangehörige, so auch für Schutzgenossen ertheilen.

Diese Vorschrift tritt mit dem 1. März 1875 in Kraft.

Urkundlich unter Unserer Höchsteigenhändigen Unterschrift und beigedrucktem Kaiserlichen Insiegel.

Gegeben Berlin, den 6. Februar 1875.

(L. S.) **Wilhelm.**

Fürst v. Bismarck.

Gegeben Neues Palais, den 18. August 1896.

(L. S.) **Wilhelm.**

Fürst zu Hohenlohe.

Gebührentarif.

I. Gebührenfrei sind die nach §§. 49 und 54 oder zum Zwecke der Taufe oder der Beerdigung ertheilten Bescheinigungen.

II. An Gebühren kommen zum Ansatz:

1. für Vorlegung der Register zur Einsicht, und zwar für jeden Jahrgang . . . . eine halbe Mark,

für mehrere Jahrgänge zusammen jedoch höchstens . . ein und eine halbe Mark,

2. für die schriftliche Ermächtigung nach §. 43 (jetzt: §. 1331 BGB) und für jeden beglaubigten Auszug[1] aus den Registern mit Einschluß der Schreibgebühren . . . . eine halbe Mark.

Bezieht sich der Auszug auf mehrere Eintragungen und erfordert derselbe das Nachschlagen von mehr als einem Jahrgange der Register, für jeden weiter

---

[1]) Der nachträgliche Vermerk einer am Rande des Standesregisters bewirkten Eintragung auf einem bereits früher ertheilten Auszuge ist als ein selbständiger Auszug aus dem Standesregister anzusehen und besonders zu beglaubigen. Für die Ausfertigung des Vermerks sind daher die nach dem Gebührentarif für jeden beglaubigten Auszug aus dem Register festgesetzten Gebühren von 50 Pfg. zu entrichten (Verf. d. Min. d. Inn. v. 6. Dezember 1900, BMBl 1901 S. 1).

nachzuschlagenden Jahrgang
noch . . . . eine halbe Mark,
jedoch zusammen höchstens . . zwei Mark.

B.

Ausführungsbestimmungen.

I. Register- und Geschäftsführung.

Bekanntmachung, betr. Vorschriften zur Ausführung des Gesetzes über die Beurkundung des Personenstandes und die Eheschließung, vom 25. März 1899 (RGBl S. 225).[1]

Auf Grund des §. 83 des Gesetzes über die Beurkundung des Personenstandes und die Eheschließung vom 6. Februar 1875 hat der Bundesrath die nachstehenden

Vorschriften zur Ausführung des Gesetzes über die Beurkundung des Personenstandes und die Eheschließung

beschlossen, welche an die Stelle der Verordnungen vom 22. Juni 1875 und vom 10. März 1892 treten:

---

[1]) Die beigegebenen Erläuterungen sind, sofern nicht etwas anderes angegeben ist, dem vom Ausschusse des Bundesraths für Justizwesen über die Ausführungsverordnung erstatteten Berichte entnommen.

§. 1. Die Standesregister (§. 12 des Gesetzes) sind nach den Formularen A, B, C, und zwar

das Geburtsregister nach dem Formular A,
das Heirathsregister nach dem Formular B,
das Sterberegister nach dem Formular C

zu führen.

Die Formulare sind für die Gestalt der Standesregister maßgebend. Die Größe der Blätter soll in der Höhe $40\frac{1}{2}$, in der Breite $25\frac{1}{2}$ Centimeter betragen. In dem Geburts- und Sterberegister ist jedes Blatt auf der Vorderseite und auf der Rückseite zu bedrucken; das Heirathsregister ist so einzurichten, daß jede Eintragung auf zwei gegenüberstehenden Seiten erfolgt.

Abweichend von dem Geburts- und Sterberegister ist das Heirathsregister so eingerichtet, daß jede Eintragung auf zwei gegenüberstehenden Seiten erfolgt; hiernach kann die erste und die letzte Seite des Heirathsregisters zu Eintragungen nicht verwendet werden.

Der Vordruck des Formulars B entspricht den §§ 1317, 1318 BGB, welche die Form der Eheschließung bestimmen. Daß Frage, Antwort und Ausspruch den gesetzlichen Vorschriften gemäß bei gleichzeitiger Anwesenheit der Verlobten und in Gegenwart der Zeugen erfolgt sei, ist in dem Vordrucke nicht besonders hervorgehoben, weil dieser Umstand aus dem übrigen Inhalte der Urkunde klar erhellt.

§. 2. Die Formulare zu den Nebenregistern (§. 14 Abs. 1 des Gesetzes) sind im Vordruck am Schlusse mit folgendem Beglaubigungsvermerke zu versehen:

Die Uebereinstimmung mit dem Hauptregister beglaubigt

.... am .... 19 ....

der Standesbeamte

....

Im Uebrigen gelten die Vorschriften des §. 1 auch für die Nebenregister.

§. 3. Der nach Ablauf des Kalenderjahrs vorzunehmende Abschluß des Haupt- und Nebenregisters (§. 14 Abs. 2 des Gesetzes) erfolgt auf der Seite, welche der letzten Eintragung folgt. Zu Eintragungen darf diese Seite nicht verwendet werden; ihr Vordruck ist zu durchstreichen.

Steht die letzte Eintragung auf der letzten Registerseite, so erfolgt der Abschluß auf dieser Seite.

Zufolge §. 14 Abs. 2 des Ges. hat der Standesbeamte nach Ablauf des Kalenderjahrs jedes Haupt- und jedes Nebenregister unter Vermerkung der Zahl der darin enthaltenen Eintragungen abzuschließen. Im §. 3 der Vorschriften ist bestimmt, auf welcher Seite dieser Abschluß erfolgen soll. Kann hierzu eine freie Registerseite benutzt werden, wie sie im Heirathsregister stets vorhanden ist (vgl. die Erläuterungen zu §. 1), so empfiehlt es sich, den Vermerk oben auf den Rand zu setzen. Ist keine freie Seite übrig, so wird der Vermerk in der Regel unten am Rande den geeigneten Platz finden, während der obere Theil für etwaige sachliche Randvermerke freizulassen ist. Daß der Abschluß des Nebenregisters für jeden Jahrgang an der nämlichen Stelle erfolgt, wie der des Hauptregisters, ist nicht nothwendig; vielmehr bestimmt sich die Stelle allein nach den Raumverhältnissen im Nebenregister.

Uebrigens sind die Geburts- und Sterberegister mit der letzten Eintragung abzuschließen, welche in dem Kalenderjahre vorgenommen wird; alle später zur Anzeige gelangenden Geburts- und Sterbefälle werden demnach, auch wenn sie noch vor dem Jahresschluß eingetreten sind, in den nächsten Jahrgang des Registers eingetragen.

§. 4. Muß im Laufe des Kalenderjahrs ein neuer Registerband angefangen werden, so ist der alte Band unter Vermerkung der Zahl der darin enthaltenen Eintragungen und unter Verweisung auf den neuen Band abzuschließen; die Vorschriften des §. 3 finden entsprechende Anwendung.

In dem mit der nächsten Nummer der Eintragungen beginnenden neuen Bande ist auf der ersten Seite auf den alten Band zu verweisen. Zu Eintragungen darf diese Seite nicht verwendet werden; ihr Vordruck ist zu durchstreichen.

Stellt sich die Nothwendigkeit, einen neuen Band zu beginnen, im laufenden Kalenderjahre heraus, bevor die letzte Registerseite des alten Bandes zu einer Eintragung benutzt ist, so ist diese Seite stets für den Abschlußvermerk freizulassen.

Für die Verweisung auf den alten Band, mit welcher der neue beginnen soll, ist eine bestimmte Form nicht vorgesehen. Es genügt, wenn der neue Band oben am Rande der ersten Seite als Fortsetzung des betreffenden Jahrganges bezeichnet wird.

Wird nur im Hauptregister ein neuer Band begonnen, so sind die im §. 4 der Vorschriften bezeichneten Vermerke in das Nebenregister nicht zu übertragen.

§. 5. In kleineren Standesamtsbezirken kann das Hauptregister für mehrere Jahrgänge in einem gemeinschaftlichen Bande geführt werden.

1. Die Bestimmung stellt klar, daß in kleineren Standesamtsbezirken für mehrere Jahrgänge des Hauptregisters von vornherein ein gemeinschaftlicher Band angelegt oder der bisherige Band, wenn er am Jahresschlusse noch genügenden Raum aufweist, weiter benutzt werden darf. Hinsichtlich der näheren Voraussetzungen, unter denen der Standesbeamte von dieser Befugniß Gebrauch zu machen hat, sowie in Betreff der nachträglichen Vereinigung mehrerer Jahrgänge des Haupt- oder Nebenregisters in einem Bande sind die Anordnungen der Landesregierungen maßgebend — vgl. 2. —
2. Da die Nebenregister alljährlich den Amtsgerichten einzureichen sind (§. 14 des Ges.) können nicht mehrere Jahrgänge derselben in einem gemeinschaftlichen Bande geführt werden. Nach einem Min.-Erlaß vom 26. Juni 1877 ist es aber zulässig, bei kleineren Standesämtern die Nebenregister ungebunden, in einem besonderen, mit der nöthigen Aufschrift versehenen Umschlage geheftet, der Aufsichtsbehörde behufs Abgabe an das Gericht einzureichen.

§. 6. Für die Gestalt der Registerauszüge (§. 8, §. 15 Abs. 2 des Gesetzes) sind die Formulare Aa, Bb, Cc maßgebend.[1] Ihre Größe soll in der Höhe 33, in der Breite 21 Centimeter betragen.

---

[1]) Ueber vereinfachte Bescheinigungen und Auszüge in abgekürzter Form, welche in Ersatz-Angelegenheiten, ferner

§. 7. Die im §. 54 Abs. 2 des Gesetzes vorgeschriebene Bescheinigung über die erfolgte Eheschließung ist nach dem Formular D auszustellen.

Das Aufgebot, welches nach §. 1316 des Bürgerlichen Gesetzbuchs der Eheschließung vorhergehen soll, ist nach dem Formular E anzuordnen.

Die Ermächtigung des zuständigen Standesbeamten zur Eheschließung vor dem Standesbeamten eines anderen Bezirkes (§. 1321 des Bürgerlichen Gesetzbuchs) nebst der Bescheinigung über das erfolgte Aufgebot (§. 49 des Gesetzes) ist nach dem Formular F zu ertheilen.

Soll, nachdem einer von mehreren zuständigen Standesbeamten (§. 1320 Abs. 2 des Bürgerlichen Gesetzbuchs) das Aufgebot angeordnet hat, die Eheschließung vor einem anderen der zuständigen Beamten erfolgen, so ist für die Ertheilung der Bescheinigung über das erfolgte Aufgebot das Formular F mit der Maßgabe zu verwenden, daß der Vordruck für die Ermächtigung zur Eheschließung durchstrichen wird.

---

in Versicherungsangelegenheiten nach den Krankenversicherungs- und den Alters- und Invaliditätsversicherungsgesetzen zulässig sind, vergleiche die Min.-Erlasse vom 27. Juli 1892 (BMBl S. 340), vom 18. August 1893 und 14. Juni 1899 (BMBl 1893 S. 236, 1899 S. 104).

Das nach dem Formular E anzuordnende Aufgebot kann gemäß §. 44 des Ges. in der Fassung des Art. 46 EG BGB von jedem Standesbeamten erlassen werden, vor dem nach §. 1320 BGB die Ehe geschlossen werden darf. Der Standesbeamte, von welchem das Aufgebot angeordnet worden ist, hat sodann die nach dem Formular F zu ertheilende Bescheinigung über das erfolgte Aufgebot in allen Fällen auszustellen, in denen die Ehe vor einem anderen Standesbeamten geschlossen werden soll. Dagegen darf er den in diesem Formular enthaltenen Vordruck für die Ermächtigung zur Eheschließung nur ausfüllen, wenn die Voraussetzungen, welche seine Zuständigkeit zur Eheschließung begründen, noch bei Ertheilung der Bescheinigung vorliegen und andererseits der Standesbeamte, vor welchem die Ehe geschlossen werden soll, an sich nicht zuständig ist.

§. 8. Neben den Registern und den Formularen zu den Registerauszügen (§. 8 des Gesetzes) werden auch die Formulare D, E und F den Gemeinden kostenfrei geliefert.

§. 9. Verlobten ist auf Verlangen von dem Standesbeamten eine Bescheinigung über das angeordnete Aufgebot kostenfrei zu ertheilen.

§. 10. Ist ein Erschienener stumm oder sonst am Sprechen verhindert oder taub und ist eine schriftliche Verständigung mit ihm nicht möglich, so soll bei der Anzeige oder der Eheschließung sowie bei der Eintragung ein Dolmetscher zugezogen werden. Auf den Dolmetscher finden die nach §. 1318 Abs. 2 des Bürgerlichen Gesetzbuchs für einen Zeugen geltenden Vorschriften entsprechende Anwendung.

Der Standesbeamte soll dem Dolmetscher die Versicherung an Eidesstatt abnehmen, daß er treu und gewissenhaft übertragen werde; ist der Dolmetscher für Uebertragungen der betreffenden Art im Allgemeinen vereidet, so genügt die Berufung auf den geleisteten Eid.

Die Eintragung soll von dem Dolmetscher genehmigt und unterschrieben werden.

1. Ist mit einer stummen oder sonst am Sprechen verhinderten oder tauben Person eine schriftliche Verständigung möglich, so gelten für die Verhandlung mit ihr lediglich die allgemeinen Vorschriften; nur ist dem Tauben die Eintragung nicht vorzulesen (§. 13 Abs. 2 Nr. 4 des Ges.), sondern zur Durchsicht vorzulegen. Auch für die Fälle, in denen ein Erschienener blind ist, sind besondere Förmlichkeiten nicht vorgeschrieben; es ist hier ebenso zu verfahren, wie in den Fällen, in denen der Erschienene aus anderen Gründen nicht schreiben kann (§. 13 Abs. 2 Nr. 5 des Gesetzes).

In Betreff der Fähigkeit einer Person zur Mitwirkung als Dolmetscher finden die nach §. 1318 Abs. 2 BGB für einen Zeugen geltenden Vorschriften entsprechende Anwendung. Der Dolmetscher soll demnach volljährig und im Besitze der bürgerlichen Ehrenrechte sein. Dagegen steht Verwandtschaft oder Schwägerschaft des Dolmetschers mit dem Standesbeamten oder mit einem der Erschienenen der Zuziehung nicht entgegen.

Die im §. 10 Abs. 1 Satz 3 vorgeschriebene eidesstattliche Versicherung hat der Standesbeamte dem Dolmetscher bei Beginn der Verhandlung abzunehmen. Ein Verzicht der Betheiligten auf die Abnahme der eidesstattlichen Versicherung ist nicht zugelassen. Die Versicherung soll vielmehr nur dann unterbleiben, wenn der Dolmetscher nach

Maßgabe landesrechtlicher Vorschriften für Uebertragungen der betreffenden Art im Allgemeinen vereidet ist; aus dem Landesrecht ist auch die Frage zu beantworten, ob ein vor einer anderen Behörde, insbesondere vor Gericht geleisteter Dolmetschereid sich auf die Verhandlungen vor dem Standesbeamten erstreckt. (In Preußen ist nach §. 10 Abs. 3 der Allg. Verf. v. 5. Febr. 1900 — JMBl S. 48 — angeordnet, daß bei der allgemeinen Beeidigung der für die Gerichte bestimmten Dolmetscher die Beeidigung auch auf die Standesämter erstreckt werden kann: vgl. Verf. des Min. des Inn. v. 3. März 1900 — BMBl S. 130 —).

Neben den besonderen Vorschriften der §§. 10, 11 sind die allgemeinen Bestimmungen des Gesetzes gleichfalls zu beobachten. Insbesondere ist die Eintragung auch von demjenigen, mit welchem unter Zuziehung des Dolmetschers verhandelt worden ist, zu genehmigen und zu unterschreiben oder mit einem Handzeichen zu versehen.

2. Die Kosten für Dolmetscher hat die Staatskasse zu tragen, auch die für einen zugezogenen Taubstummenlehrer. Aber nur die Gebühren, die dem Dolmetscher für die Assistenz bei dem Akte selbst gewährt werden, fallen hierher, die Gebühren, welche die Betheiligten einem Dolmetscher dafür zu zahlen haben, daß fremdsprachliche Urkunden, die sie beizubringen haben, ins Deutsche übersetzt sind, haben sie selbst zu tragen (Min. Verff. v. 23. Septbr. 1874, 15. Dezbr. 1879, 13. Juli 1878 — BMBl 1874 S. 195, 1880 S. 26, 1878 S. 142).

§. 11. Die Standesregister sind in deutscher Sprache zu führen[1].

Ist ein Erschienener der deutschen Sprache nicht mächtig, so finden die Vorschriften des §. 10 An-

[1]) Namen, für die eine deutsche und eine fremdsprachliche Form besteht, sind in der deutschen Form in das Standesregister einzutragen, unbeschadet der Verpflichtung

wendung;[2] der Zuziehung des Dolmetschers bedarf es jedoch nicht, wenn der Standesbeamte der Sprache, in der sich der Erschienene erklärt, mächtig ist.

Die Eintragung soll dem der deutschen Sprache nicht mächtigen Erschienenen durch den Dolmetscher oder, wenn der Dolmetscher nicht zugezogen worden ist, durch den Standesbeamten in der fremden Sprache vorgetragen werden und die Feststellung enthalten, daß dies geschehen ist.

§. 12. Erfolgt die Eintragung eines Geburts- oder Sterbefalls auf Grund der schriftlichen Anzeige oder Mittheilung einer Behörde (§§. 20, 24, 58, 62 des Gesetzes), so ist in der Eintragung auf die Anzeige oder Mittheilung Bezug zu nehmen.

§. 13. Soweit die Beurkundung einer Thatsache innerhalb des ihr nach dem Vordrucke zukommenden Raumes nicht erfolgen kann, ist sie am Rande vorzunehmen.

In den Fällen des §. 12 dieser Vorschriften und des §. 23 des Gesetzes ist der Vordruck nur insoweit zu benutzen, als ein zusammenhängender Theil des Vordrucks zweckmäßiger Weise verwendet werden kann; im Uebrigen ist der Vordruck zu durch-

---

des Standesbeamten, nach Maßgabe der geltenden Verwaltungsvorschriften (Allg. Verf. v. 11. März 1898 — BMBl S. 58) die fremdsprachliche Form durch einen in Klammern zu setzenden Zusatz zu vermerken (Beschl. d. Kammerger. v. 11. Juni 1900 — Jahrb. 20 S. 252—).

[2]) Vgl. Zus. zu §. 10.

streichen und die Eintragung am Rande vorzunehmen.

Wird nach den vorstehenden Bestimmungen eine Eintragung zum Theil am Rande vorgenommen, so ist der Zusammenhang mit dem innerhalb des Vordrucks stehenden Theile kenntlich zu machen. Die Anzahl der am Rande geschriebenen Zeilen ist am Schlusse der Eintragung zu vermerken.

Ist in den Fällen des Abs. 2 der Vordruck ganz unbenutzt geblieben, so dürfen bei der Ertheilung von Registerauszügen die für die Auszüge bestimmten Formulare nicht verwendet werden.

Der Standesbeamte hat die Beurkundung der Geburten, Eheschließungen und Sterbefälle durch Ausfüllung des Vordrucks der Register zu bewirken. Erweist sich der Zwischenraum als unzureichend, sei es weil besonders lange Angaben einzutragen sind, sei es weil für eine Thatsache an der ihr nach dem Zusammenhange der Eintragung zukommenden Stelle ein Raum überhaupt nicht vorgesehen ist, so ist die Eintragung nach Anleitung der beigefügten Muster A 3 und C 1 unter Zuhilfenahme des Randes zu bewerkstelligen.

Von der Benutzung des Vordrucks darf der Standesbeamte nur dann absehen, wenn die Eintragung eines Geburts- oder Sterbefalls auf Grund der schriftlichen Anzeige oder Mittheilung einer Behörde zu erfolgen hat (§§. 20, 24, 58, 62 des Ges.) sowie wenn eine Anzeige in Betreff eines todtgeborenen oder in der Geburt verstorbenen Kindes im Sterberegister zu beurkunden ist (§. 23 des Ges.). Auch in den bezeichneten Fällen ist jedoch die Benutzung des Vordrucks insoweit gestattet, als ein zusammenhängender

Theil zweckmäßig Verwendung finden kann. Um den Rand für nachträgliche Vermerke möglichst frei zu lassen und das eigene Schreibwerk zu vermindern, werden die Standesbeamten auf eine solche Benutzung, soweit irgend angängig, Bedacht zu nehmen haben. Dieses Bestreben darf indessen nicht dahin führen, daß die Uebersichtlichkeit der Eintragung leidet oder daß in einen Zwischenraum des Vordrucks Angaben eingetragen werden, für die der Raum nicht bestimmt ist. Beispiele für eine geeignete Ausnutzung des Vordrucks bieten die Muster A 4, C 3 und C 4.

Ist eine Eintragung zum Theil am Rande vorgenommen, so muß besondere Sorgfalt darauf verwendet werden, daß der Zusammenhang mit dem innerhalb des Vordrucks stehenden Theile kenntlich ist. Die Muster A 3, C 1 und C 3 machen ersichtlich, in welcher Weise dies geschehen kann.

§. 14. Erkennt bei der Anzeige der Geburt eines unehelichen Kindes der Anzeigende oder ein mit dem Anzeigenden Erschienener seine Vaterschaft vor dem Standesbeamten an, so hat dieser die Anerkennung in der über den Geburtsfall vorgenommenen Eintragung zu beurkunden.

Erfolgt die Anerkennung vor dem Standesbeamten nach der Anzeige der Geburt, so hat er sie am Rande der über den Geburtsfall vorgenommenen Eintragung zu beurkunden.

1. Auf Grund des §. 25 des Personenstandesgesetzes ist der Standesbeamte, in dessen Register die Geburt eines unehelichen Kindes eingetragen wird, befugt, die Anerkennung der Vaterschaft (zu vgl. §. 1718, §. 1720, Abs. 2 BGB) in dem Register

zu beurkunden, mag die Anerkennung vor ihm bei der Anzeige der Geburt oder später erklärt werden. Entsprechend der bisherigen Praxis bestimmen die Vorschriften, daß die Erklärung in dem ersten Falle in die Geburtsurkunde aufzunehmen (Abs. 1), in dem zweiten Falle am Rande der über die Geburt vorgenommenen Eintragung zu beurkunden ist.

2. Vgl. Zus. unter §. 16.

§. 15. Erkennt Jemand bei seiner Eheschließung mit der Mutter eines unehelichen Kindes seine Vaterschaft vor dem Standesbeamten an, so hat dieser die Anerkennung in der über die Eheschließung vorgenommenen Eintragung zu beurkunden.

Die Anerkennung gilt, wenn nicht das Gegentheil erklärt wird, zugleich als Antrag auf Beischreibung eines Vermerkes am Rande der über den Geburtsfall vorgenommenen Eintragung. Ist der Geburtsfall in dem Standesregister eines anderen Bezirkes eingetragen, so hat der Standesbeamte dem Standesbeamten dieses Bezirkes einen Auszug aus dem Heirathsregister behufs Beischreibung des Vermerkes kostenfrei zu übersenden.

1. Nach einer schon jetzt bestehenden Praxis kann auch der Standesbeamte, vor welchem die Mutter eines unehelichen Kindes die Ehe schließt, bei diesem Anlasse die Erklärung des Ehemanns über die Anerkennung der Vaterschaft entgegennehmen und in dem Register beurkunden. Die Zulässigkeit eines solchen Verfahrens ist nunmehr durch den §. 167 Abs. 2 FGG (vgl. unter IV) für

das ganze Reichsgebiet außer Zweifel und der §. 15 Abs. 1 bestimmt daher, daß die bezügliche Erklärung in die Heirathsurkunde aufzunehmen ist.

In den genannten Fällen ist außerdem gemäß der allgemeinen Vorschrift des §. 26 des Personenstandsgesetzes die erfolgte Anerkennung am Rande der über die Geburt des Kindes vorgenommenen Eintragung zu vermerken, sofern ein Betheiligter es beantragt. Die Herbeiführung dieses Randvermerkes wird regelmäßig in der Absicht der die Ehe schließenden Personen liegen. Mit Rücksicht hierauf sieht der §. 15 Abs. 2 vor, daß die bei der Eheschließung erfolgende Anerkennung, sofern nicht von einem der Betheiligten das Gegentheil erklärt wird, zugleich als Antrag auf Beischreibung des Randvermerkes im Geburtsregister gilt, und daß, soweit hierbei das Geburtsregister eines anderen Bezirkes in Frage kommt, der Standesbeamte, vor welchem die Ehe geschlossen ist, dem Standesbeamten jenes Registers einen Auszug aus dem Heirathsregister zu übersenden hat. Die Uebersendung geschieht kostenfrei; eine Gebühr ist mithin für den Auszug nicht zu erheben.

Ist die Geburt des Kindes in dem Standesregister desjenigen Bezirkes eingetragen, in welchem die Eheschließung erfolgt, so hat der Anerkennende die Wahl, ob er die Anerkennung nach §. 15 Abs. 1 im Heirathsregister oder nach §. 14 Abs. 2 im Geburtsregister beurkunden lassen will. In dem letzteren Falle bedarf es selbstverständlich nicht der Herbeiführung eines Randvermerkes über die erfolgte Anerkennung gemäß §. 26 des Ges. und §. 15 Abs. 2 der Vorschriften.

2. Vgl. Zus. unter §. 16.

§. 16. Wird vor dem Standesbeamten über die bei der Anzeige der Geburt oder bei der Eheschließung erfolgende Anerkennung der Vaterschaft auf Verlangen des Anerkennenden eine besondere Urkunde errichtet, so finden die Vorschriften des §. 14 Abs. 1 und des §. 15 keine Anwendung. In einem solchen Falle bleibt es den Betheiligten überlassen, bei dem Standesbeamten, in dessen Register der Geburtsfall eingetragen ist, die Beischreibung eine Randvermerkes nach Maßgabe des §. 26 des Gesetzes zu beantragen.

Während die durch den §. 25 des Personenstandsgesetzes begründete Befugniß des Standesbeamten zur Aufnahme einer Urkunde über die Anerkennung der Vaterschaft sich nur auf die Beurkundung in dem Standesregister erstreckt, ist seine Zuständigkeit, soweit sie in dem §. 167 Abs. 2 FGG (vgl. unter IV) geregelt ist, an eine solche Beschränkung nicht gebunden. Demgemäß darf der Standesbeamte des Geburtsregisters die vor ihm nicht bei, sondern erst nach der Anzeige der Geburt erfolgende Anerkennung (§. 14 Abs. 2 der Vorschriften), unbeschadet weitergehender Bestimmungen des Landesrechts (vgl. Zus.), nur in dem Register beurkunden; dagegen kann vor dem Standesbeamten über die bei der Anzeige der Geburt oder bei der Eheschließung stattfindende Anerkennung auch eine besondere Urkunde errichtet werden. Im Allgemeinen wird indessen der Standesbeamte davon auszugehen haben, daß eine vor ihm abgegebene Erklärung zur Eintragung in das Standesregister bestimmt ist. Zur Aufnahme einer besonderen Urkunde hat er daher erst Anlaß, wenn sie ausdrücklich verlangt wird.

In diesem Falle kommen der §. 14 Abs. 1 und der §. 15 der Vorschriften nicht zur Anwendung. Der Standesbeamte hat sich vielmehr darauf zu beschränken, zunächst die Eintragung des Geburtsfalls oder der Eheschließung zu bewirken und unmittelbar nach deren Abschluß die Urkunde über die Anerkennung aufzunehmen. Eine Eintragung in das Register erfolgt lediglich nach Maßgabe des §. 26 des Personenstandsges. Es ist mithin nur in das Geburtsregister ein Randvermerk über die erfolgte Anerkennung und zwar nur dann aufzunehmen, wenn ein Betheiligter dies auf Grund der über die Anerkennung errichteten Urkunde ausdrücklich beantragt. Ob die Betheiligten einen solchen Antrag bei dem Standesbeamten des Geburtsregisters stellen wollen, ist ihnen zu überlassen.

Zusatz zu §§. 14, 15, 16.

I. Verfügung (des Justizministers und des Ministers des Innern), betr. die nach Einführung des BGB in Kraft tretenden Vorschriften über Anerkennung unehelicher Kinder, vom 18. Oktober 1899 (BMBl S. 189).

Zur Ergänzung der mit dem 1. Januar 1900 in Kraft tretenden Vorschriften über die Anerkennung unehelicher Kinder bestimmen wir im Hinblick auf Art. 70 AG BGB (vgl. unter IV) und auf die §§. 14 bis 16 der Vorschriften des Bundesraths, Bekanntmachung vom 25. März 1899 (RGBl S. 225) Folgendes:

1. Erkennt Jemand nach seiner Eheschließung mit der Mutter eines unehelichen Kindes seine Vaterschaft vor dem Standesbeamten an, in dessen Register die Eheschließung eingetragen ist, so hat dieser die Anerkennung, sofern nicht eine besondere Urkunde errichtet wird (Nr. 2), am Rande der über die Eheschließung vorgenommenen Eintragung zu beurkunden. Die Bestimmung des

§. 15 Abs. 2 der Vorschriften des Bundesraths findet entsprechende Anwendung.

2. Wird nach der Anzeige der Geburt eines unehelichen Kindes vor dem Standesbeamten, in dessen Register der Geburtsfall eingetragen ist, oder nach der Eheschließung der Eltern vor dem Standesbeamten, in dessen Register die Eheschließung eingetragen ist, über die Anerkennung der Vaterschaft eine besondere Urkunde errichtet, so ist eine Beurkundung der Anerkennung am Rande der über den Geburtsfall oder die Eheschließung bestehenden Eintragung von Amtswegen nicht vorzunehmen. Die Bestimmung des §. 16 Satz 2 der Vorschriften des Bundesraths findet entsprechende Anwendung.

3. Besondere Urkunden sind in den vorstehenden Fällen — ebenso wie nach §. 16 der Vorschriften des Bundesraths — nur zu errichten, wenn dies von dem Anerkennenden ausdrücklich verlangt wird.

4. Auf die Errichtung besonderer Urkunden gemäß §. 16 der Vorschriften des Bundesraths oder gemäß Nr. 2 dieser Bekanntmachung finden die Vorschriften im §. 13 Abs. 1, 2 und 4 des Gesetzes vom 6. Februar 1875 (RGBl S. 23) mit der Maßgabe sinngemäß Anwendung, daß die Urkunden nicht in das Register einzutragen, sondern unter fortlaufenden Nummern zu besonderen Sammelakten zu nehmen sind.

5. Wird einem Standesbeamten, in dessen Geburtsregister die Geburt eines unehelichen Kindes eingetragen ist, die Erklärung über die vor dem Gericht oder vor einem Notar erfolgte Anerkennung des Kindes mit dem Antrag auf Beischreibung eines Vermerkes im Geburtsregister mitgetheilt, so hat der Standesbeamte die Anerkennung am Rande der über den Geburtsfall vorgenommenen Eintragung zu beurkunden.

II. Allg. Verf. vom 16. Januar 1899 (VMBl S. 19).

Nach einem Urtheil des Oberverwaltungsgerichts vom 4. November 1898 macht sich ein Standesbeamter, welcher die Anerkennung eines unehelichen Kindes einträgt, obgleich er weiß, daß das Kind nicht von dem Anerkennenden herrührt, oder doch weiß, daß das Anerkenntniß wegen entgegenstehender anderweiter Erklärungen des Anerkennenden der erforderlichen Beweiskraft entbehrt, insbesondere, wenn der Anerkennende selbst seine Vaterschaft zu dem Kinde verneint, einer Ueberschreitung seiner Amtsbefugnisse schuldig.

§. 17. Zusätze, Löschungen und Aenderungen nach Maßgabe des §. 13 Abs. 4 des Gesetzes sind nur zulässig, so lange die Eintragung noch nicht abgeschlossen ist.

Die in das Nebenregister aufzunehmende Abschrift (§. 14 Abs. 1 des Gesetzes) hat die Zusätze, Löschungen und Aenderungen als solche wiederzugeben.

Vgl. zu §. 18.

§. 18. Offenbare Schreibfehler, die in einer abgeschlossenen Eintragung enthalten sind, kann der Standesbeamte mit Genehmigung der Aufsichtsbehörde durch einen Vermerk am Rande der Eintragung beseitigen; der Vermerk ist unter Angabe des Tages besonders zu vollziehen.

Die Vorschrift des §. 17 Abs. 2 findet entsprechende Anwendung.

Nach §. 13 Abs. 4 des Ges. sind Zusätze, Löschungen oder Abänderungen am Rande der Eintragung zu vermerken und gleich der Eintragung selbst besonders zu vollziehen. Der §. 17 Abs. 1 der Vorschriften stellt klar, daß diese Bestimmung ausschließlich für Zusätze, Löschungen und Aenderungen gilt, welche sich während der Vornahme der Eintragung, also vor deren Beendigung, als nothwendig ergeben.

Die Berichtigung einer bereits abgeschlossenen Eintragung kann gemäß §. 65 des Gesetzes ausschließlich auf Grund gerichtlicher Anordnung erfolgen. Hiernach ist der Standesbeamte nicht befugt, ohne Mitwirkung des Gerichts nachträglich eine Eintragung zu berichtigen, wenn sie ihrem Inhalte nach zufolge der unterbliebenen Erwähnung oder der unrichtigen Angabe einer Thatsache dem wirklichen Sachverhalte nicht entspricht, und es macht dabei keinen Unterschied, ob die Betheiligten wider besseres Wissen oder aus Versehen falsche Angaben gemacht haben. Die Vorschrift des §. 65 erstreckt sich aber nicht auf offenbare Versehen rein äußerlicher Art, die dem Standesbeamten bei dem Niederschreiben der Worte oder Zahlen unterlaufen und aus dem übrigen Inhalt der Urkunde ohne Weiteres erkennbar sind, die demnach auch eine Mitwirkung der Betheiligten zur Berichtigung nicht voraussetzen. Solche Schreibfehler können nach §. 18 Abs. 1 der Vorschriften ohne gerichtliche Anordnung durch einen Vermerk am Rande der Eintragung beseitigt werden. Der Standesbeamte hat jedoch hierzu die Genehmigung der Aufsichtsbehörde einzuholen. Wird die Genehmigung verweigert, so ist das gerichtliche Berichtigungsverfahren nach Maßgabe der §§. 65, 66 des Ges. einzuleiten.

Wie der Wortlaut ergiebt, betrifft der §. 18 Abs. 1 der Vorschriften nur die Hauptregister. Die Beseitigung von Schreibfehlern, die im Nebenregister bei der abschriftlichen Uebertragung des Inhalts der Hauptregister untergelaufen sind, hat ohne Weiteres alsbald nach der Entdeckung zu erfolgen. Die Berichtigung ist auch hier in der Form eines Randvermerkes zu bewirken.

§. 19. In die Auszüge aus dem Standesregister (§. 15 Abs. 2 des Gesetzes) ist unter Weglassung der in den §§. 17, 18 bezeichneten Randvermerke der berichtigte Wortlaut der Eintragung aufzunehmen. Im Uebrigen sind die Randvermerke in den Auszügen als solche wiederzugeben.

§. 20. Um den Standesbeamten eine nähere Anweisung für die richtige Benutzung des Vordrucks in den Formularen A bis F an die Hand zu geben, sind ihnen sowie ihren Stellvertretern je zwei der beifolgenden Muster mitzutheilen:

A der Eintragung in das Geburtsregister auf Grund

der Anzeige es ehelichen Vaters (§. 18 Abs. 1 Nr. 1 des Gesetzes) — A 1 —,

der Anzeige einer bei der Niederkunft zugegen gewesenen Person (§. 18 Abs. 1 Nr. 2 bis 4 des Gesetzes) — A 2 —,

der Anzeige einer aus eigener Wissenschaft unterrichteten Person (§. 19 des Gesetzes) — A 3 —,

der Anzeige einer öffentlichen Krankenanstalt (§. 20 des Gesetzes) — A 4 —.

A 1 enthält zugleich ein Beispiel für die Eintragung der nachträglichen Anzeige der Vornamen des Kindes (§. 22 Abs. 3 des Gesetzes).

A 2 macht ersichtlich, wie die Abänderung der Eintragung im Falle des §. 13 Abs. 4 des Gesetzes (§. 17 dieser Vorschriften) zu bewirken ist.

A 3 enthält ein Beispiel für eine Eintragung auf Grund der Genehmigung der Aufsichtsbehörde (§. 27 Abs. 1 des Gesetzes) und für die Beurkundung der bei der Anzeige der Geburt eines unehelichen Kindes erfolgenden Anerkennung der Vaterschaft (§. 14 Abs. 1 dieser Vorschriften).

A 4 giebt zugleich Anleitung für die Benutzung des Vordrucks gemäß §. 13 Abs. 2 dieser Vorschriften und zeigt die Form des Randvermerkes über die bei der Eheschließung der Eltern erfolgte Anerkennung der Vaterschaft (§. 26 des Gesetzes, §. 15 Abs. 2 dieser Vorschriften).

B der Eintragung in das Heirathsregister.

B 1 zeigt, in welcher Weise zu verfahren ist, wenn ein Schreibensunkundiger nur sein Handzeichen beifügen kann (§. 13 Abs. 2 Nr. 5 des Gesetzes), und macht ferner ersichtlich, wie in Fällen der Verhinderung des Standesbeamten dessen Stellvertreter die Eintragung zu unterzeichnen hat.

B 2 giebt ein Beispiel für die Eintragung einer bei der Eheschließung erfolgenden Anerkennung der Vaterschaft (§. 15 Abs. 1 dieser Vorschriften) sowie eines Randvermerkes nach Maßgabe des §. 55 des Gesetzes und zeigt zugleich, wie die Abschrift im Nebenregister zu beglaubigen und die Beischreibung einer nach der Einreichung des Nebenregisters an die Aufsichtsbehörde in das Hauptregister gemachten Eintragung zu bewirken ist (§. 14 Abs. 3 des Gesetzes).

C der Eintragung in das Sterberegister auf Grund

der Anzeige des Familienhaupts — C 1 —,
der Anzeige desjenigen, in dessen Behausung sich der Sterbefall ereignet hat — C 2 —.

C 1 giebt zugleich Anleitung für die Eintragung einer unter Zuziehung eines Dolmetschers erstatteten Anzeige mit theilweiser Benutzung des Randes (§. 11, §. 13 Abs. 1, 3 dieser Vorschriften).

C 2 zeigt, in welcher Weise die Beseitigung einer offenbaren Unrichtigkeit zu bewirken ist (§. 18 dieser Vorschriften).

C 3 gewährt ein Beispiel für die nach §. 23 des Gesetzes im Sterberegister zu bewirkenden Eintragungen unter theilweiser Benutzung des Vordrucks (§. 13 Abs. 2, 3 dieser Vorschriften),

C 4 für eine Eintragung auf Grund der Anzeige einer Behörde (§. 12, §. 13 Abs. 2, 3 dieser Vorschriften). Das Muster enthält auch einen Vermerk über eine nach §. 65 des Gesetzes auf Anordnung des Amtsgerichts (§. 69 des Gesetzes über die Angelegenheiten der freiwilligen Gerichtsbarkeit) erfolgte Berichtigung der Eintragung.

D der Bescheinigung über die erfolgte Eheschließung — D 1 —,

E der Anordnung des Aufgebots — E 1 —,

F der Bescheinigung des Aufgebots — F 1. —

§. 21. Die Einsicht der Register ist Geistlichen und anderen Religionsdienern kostenfrei zu gestatten.

§. 22. Für jedes Register sind von dem Standesbeamten Sammelakten zu halten; die Akten sind nach Jahrgängen zu ordnen.

In die Sammelakten sind alle auf die Registerführung bezüglichen amtlichen Schriftstücke aufzunehmen, insbesondere die den Standesbeamten zugestellten schriftlichen Anträge, Anzeigen und Mittheilungen, die bei ihnen eingereichten Urkunden, die Verfügungen der Aufsichtsbehörde und der Gerichte, desgleichen die von den Standesbeamten in Gemäßheit der §§. 21, 45 bis 47, des §. 58 Abs. 1 und des §. 68 Abs. 3 des Gesetzes aufgenommenen Verhandlungen und getroffenen Anordnungen.

Wird eine eingereichte Urkunde zurückgegeben, so ist dies unter Angabe des wesentlichen Inhalts der Urkunde in den Akten zu vermerken.

1. Der Abs. 1 spricht lediglich den Grundsatz aus, daß für jedes Register besondere Sammelakten zu halten sind. Im Uebrigen bestimmt sich die Einrichtung und Führung der drei Klassen von Sammelakten nach den Anordnungen der Landesregierungen. (In Preußen sind darüber keine allgemeine Bestimmungen erlassen.)

Die Klasse, der die einzelnen auf die Register bezüglichen Schriftstücke (Abs. 2) einzuverleiben sind, erhellt ohne Weiteres aus dem Zwecke, zu welchem sie dem Standesbeamten mitgetheilt oder von ihm aufgenommen werden. In die dem Heirathsregister dienenden Sammelakten gehören namentlich alle Urkunden, welche die Verlobten vor der Anordnung des Aufgebots oder vor der Eheschließung beizubringen haben, wie Geburtsscheine und Einwilligungserklärungen (§. 45 des Ges.), Bewilligung von Befreiungen und ärztliche Bescheinigungen über eine lebensgefährliche Erkrankung (§. 1322 BGB, §. 50 des Ges. in der Fass. des Art. 46 EG BGB), Aufgebotsbescheinigungen und standesamtliche Ermächtigungen (§. 49 des Ges., §. 1321 BGB).

Uebrigens schließt der Abs. 2 nicht aus, daß in die Akten auch solche Urkunden aufgenommen werden, welche mit der Registerführung nicht unmittelbar zusammenhängen; insbesondere bleiben die Anordnungen der Landesregierungen über die Behandlung der den Standesbeamten von auswärts zugehenden Standesurkunden unberührt (zu vgl. für Preußen Min.-Erl. v. 31. Mai 1890, 3. Juni 1892 und 22. Februar 1897 — BMBl 1890 S. 91, 1892 S. 220, 1897 S. 37 —: die vom Ausland eingehenden Standesurkunden sind bei den Sammelakten aufzubewahren; über dieselben ist im alphabetischen Namensverzeichniß ein Vermerk zu machen unter Hinweis auf den Jahrgang der Sammelakten).

Die Akten sollen bei den Standesbeamten verbleiben und dürfen mithin an eine andere Stelle zur Aufbewahrung nicht abgegeben werden. Dagegen ist es nach Abs. 3 gestattet, Urkunden, die noch für andere Zwecke Verwendung finden können, unter Zurückbehaltung eines Aktenvermerks über ihren wesentlichen Inhalt den Betheiligten zurückzugeben. Was zum wesentlichen Inhalt gehört, ist nach Lage des einzelnen Falles zu beurtheilen; beispielsweise wird, wenn behufs Eingehung einer neuen Ehe ein Scheidungsurtheil vorgelegt worden ist, der Vermerk über die Rückgabe die Bezeichnung der Parteien und des Gerichts, die Urtheilsformel, den Tag der Verkündung und der Rechtskraft sowie mit Rücksicht auf den §. 1312 BGB den Grund der Scheidung zu enthalten haben.

2. Ueber die besonderen Sammelakten, die für die über Anerkennung der Vaterschaft errichteten Urkunden anzulegen sind, vgl. §. 16 der Vorschriften nebst Zus. I.
3. Die Standesamtsakten sind (wie die Register) von der Vernichtung ausgeschlossen (Erl. v. 15. Februar 1892 — BMBl S. 82).

§. 23. Der Standesbeamte hat ferner zu führen:

1. für jedes Register ein nach den Anfangsbuchstaben der Namen, bei dem Heirathsregister nach den Anfangsbuchstaben der Namen beider Ehegatten geordnetes Verzeichniß, welches das Auffinden der einzelnen Eintragung ermöglicht;
2. ein Verzeichniß der Geburtsfälle, in welchen die Anzeige der Vornamen des Kindes noch aussteht (§. 22 Abs. 3 des Gesetzes);
3. ein Verzeichniß der Aufgebote;
4. ein Verzeichniß der zu erhebenden und der erhobenen Gebühren (§. 16 des Gesetzes).

In kleineren Bezirken kann das Namensverzeichniß (Nr. 1) für zwei oder für alle Register gemeinschaftlich geführt werden.

(Zu Nr. 3). Das Verzeichniß Nr. 3 ist zunächst für die von dem Standesbeamten selbst angeordneten Aufgebote bestimmt. Liegt aber dem Standesbeamten nach den für ihn maßgebenden landesrechtlichen Vorschriften auch die Bekanntmachung der Aufgebote ob, so wird das Verzeichniß zugleich diejenigen Aufgebote zu umfassen haben, welche er auf Ersuchen eines anderen Standesbeamten bekannt gemacht hat.

§. 24. Die Beischreibung und die Beglaubigung nachträglicher Eintragungen im Nebenregister (§. 14 Abs. 3 Satz 2 des Gesetzes) sowie die Ertheilung von Auszügen aus dem Nebenregister (§. 15 Abs. 2 des Gesetzes) ist von dem Gerichtsschreiber des Gerichts zu bewirken, von dem das Nebenregister aufbewahrt wird. — Vgl. unter V.

Solange das Nebenregister sich bei der Aufsichtsbehörde befindet (§. 14 Abs. 2 des Gesetzes), kann die Beischreibung und die Beglaubigung nachträglicher Eintragungen im Nebenregister auf Anordnung der Aufsichtsbehörde auch von einem hierzu ermächtigten Beamten dieser Behörde bewirkt werden.

§. 25. In den im §. 55 Abs. 1 des Gesetzes bezeichneten Fällen hat die Staatsanwaltschaft dem Standesbeamten, vor welchem die Ehe geschlossen worden ist, eine mit dem Zeugnisse der Rechtskraft und mit der Angabe des Tages der Rechtskraft versehene Ausfertigung des Urtheils behufs Beischreibung des Randvermerkes zu übersenden.

Hat ein Ehegatte, nachdem der andere für todt erklärt worden ist, eine neue Ehe geschlossen (§. 1348 Abs. 2 des Bürgerlichen Gesetzbuchs), so hat der Standesbeamte, vor welchem diese Ehe geschlossen worden ist, dem Standesbeamten, in dessen Heirathsregister die frühere Ehe eingetragen ist, einen Auszug aus dem Heirathsregister behufs Beischreibung des Randvermerkes kostenfrei zu übersenden.

Wenn eine Ehe für nichtig erklärt oder wenn in einem Rechtsstreite der die Feststellung des Bestehens oder Nichtbestehens einer Ehe zwischen den Parteien zum Gegenstande hat, das Nichtbestehen der Ehe festgestellt ist, ingleichen wenn eine Ehe vor dem Tode eines der Ehegatten aufgelöst oder wenn nach §. 1575 BGB die eheliche Gemeinschaft aufgehoben ist, so soll gemäß §. 55 Abs. 1 des Personenstandsges. in der Fassung, die er durch Art. 46 EG BGB erhalten hat, am Rande der über die Eheschließung bewirkten Eintragung die Beischreibung eines entsprechenden Vermerkes erfolgen. In der Regel ist hierzu ein gerichtliches Urtheil erforderlich, welches die Staatsanwaltschaft, wie der Abs. 1 des §. 25 vorsieht, dem Standesbeamten zu übersenden hat. Nur wenn ein Ehegatte, nachdem der andere für todt erklärt worden ist, eine neue Ehe eingeht, wird die frühere nicht durch ein gerichtliches Urtheil, sondern nach §. 1348 BGB durch die Schließung der neuen Ehe aufgelöst. Mit Rücksicht auf diesen Fall schreibt daher der §. 25 Abs. 2 vor, daß der Standesbeamte, vor welchem die neue Ehe geschlossen wird, den Standesbeamten, in dessen Heirathsregister die frühere Ehe eingetragen ist, einen Auszug aus dem Heirathsregister zu übersenden hat.

§. 26. Dem Ersuchen eines Standesbeamten sind andere Standesbeamte sowie Gemeinde- und Ortspolizeibehörden Folge zu leisten verpflichtet.

§. 27 Der Standesbeamte darf sein Amt in Angelegenheiten ausüben, die seine Ehefrau oder Personen betreffen, mit denen er verwandt oder verschwägert ist.

Aus den §§. 13, 45 des Ges. ist zu entnehmen, daß der Standesbeamte sich der amtlichen Thätigkeit enthalten muß, wenn es sich um die Beurkundung der eigenen Anzeige, die Entgegennahme der eigenen Erklärung oder die Anordnung des der eigenen Eheschließung vorhergehenden Aufgebots handelt. Dagegen steht es dem Standesbeamten, falls diese Voraussetzungen nicht zutreffen, nach §. 27 der Vorschriften frei, auch in Angelegenheiten, die seine Ehefrau oder seine Angehörigen betreffen, das Amt auszuüben. Er ist daher nicht gehindert, den Tod seiner Ehefrau sowie den Personenstand seiner Kinder zu beurkunden, sofern nur die erforderliche Anzeige durch eine andere Person erfolgt; ebenso kann er bei der Eheschließung seines Kindes die standesamtlichen Verrichtungen wahrnehmen.

Die gleichen Gesichtspunkte sind für die Befugniß des Standesbeamten zur Aufnahme einer besonderen Urkunde über die Anerkennung der Vaterschaft (§. 167 Abs. 2 FGG, §. 16 der Vorschriften) maßgebend, da ihm diese Verrichtung lediglich mit Rücksicht auf seine Zuständigkeit zur Führung der Standesregister übertragen ist. Die weitergehenden Beschränkungen, welche nach §. 170 Nr. 2 bis 4 FGG bei der Errichtung einer solchen Urkunde für die Richter und Notare gelten, finden hier keine Anwendung.

§. 28. Diese Vorschriften treten gleichzeitig mit dem Bürgerlichen Gesetzbuch in Kraft.

Die am 1. Januar 1900 noch vorhandenen Bestände der alten Formulare, mit Ausnahme des Formulars B, können aufgebraucht werden; die alten Formulare für die Nebenregister und für die Registerauszüge sind auch künftig zu verwenden, soweit die Eintragung im Hauptregister unter Benutzung eines alten Formulars bewirkt ist.

Die Formulare sind S. 168ff. abgedruckt.

II. Anmeldung des Aufgebots.

Allgemeine Verfügung vom 2. Juni 1899, betr. die Muster für eine Anmeldung des Aufgebots zur Eheschließung (JMBl S. 100).

Anliegend übersenden wir Ew. Excellenz Muster für eine Anmeldung des Aufgebots zur Eheschließung, und für ein Verzeichniß der vor Erlaß des Aufgebots beizubringenden Urkunden (Anl. a. und b.) mit dem ergebenen Ersuchen, den Standesbeamten die Benutzung dieser Muster vom 1. Januar 1900 ab vorzuschreiben. Wir bemerken dazu Folgendes:

Beide Muster haben nur den Zweck, die Führung der Standesamtsgeschäfte nach Inkrafttreten des Bürgerlichen Gesetzbuchs zu erleichtern. Förmlichkeiten, welche das Gesetz nicht verlangt, sollen dadurch nicht eingeführt werden.

Insbesondere bleibt es wie bisher zulässig, von der Aufnahme einer den Erschienenen vorzulesenden, von diesen zu genehmigenden und zu vollziehenden Verhandlung über die Anmeldung des Aufgebots abzusehen und statt dessen mit einer nur von dem Standesbeamten oder dessen Vertreter zu unterschreibenden Aufzeichnung sich zu begnügen. Auch kann von dem Erscheinen eines oder unter Umständen auch beider Verlobter abgesehen werden; nur bei der Abnahme eidesstattlicher Versicherungen ist das persönliche Erscheinen und die Aufnahme einer förmlichen Verhandlung unerläßlich. Desgleichen kann der Standesbeamte nach wie vor die Beibringung von Urkunden erlassen, wenn ihm die dadurch nachzuweisenden Thatsachen (z. B. die von zuständiger Stelle bewilligte Befreiung von einem Ehehindernisse) persönlich bekannt oder sonstwie glaubhaft nachgewiesen sind.

Die Oberpräsidenten können auf Antrag Abweichungen in dem Vordruck des Musters I. einstweilig oder dauernd gestatten, soweit örtliche Verhältnisse dies wünschenswerth machen; den Standesbeamten bleibt überlassen, den Vordruck nach den Bedürfnissen des Einzelfalles handschriftlich abzuändern. Verfügungen und Bemerkungen des Standesbeamten wegen des Aufgebots und der Eheschließung finden ihren Platz statt auf dem Rande der Aufgebotsanmeldung besser auf einem besonderen Bogen. Sofern hierfür ein Formular zweckmäßig erscheint, steht seiner Verwendung nichts entgegen.

Das Muster II. berücksichtigt nur die häufiger vorkommenden Fälle; auch für diese giebt es nur eine Gedächtnißhülfe und macht die sorgfältige Prüfung an der Hand der gesetzlichen Bestimmungen keineswegs überflüssig. Es wird erwartet, daß die Standesbeamten sich mit diesen rechtzeitig auf das Eingehendste bekannt machen, insbesondere mit den Bestimmungen über die Eheerfordernisse (§§. 1303. bis 1315., 1325., 1332. bis 1335., 1348., 1349. des BGB, Artikel 13. und Artikel 30. des Einführungsgesetzes, vgl. §. 1795. Nr. 1. des BGB), mit den neuen Vorschriften über die Eheschließung selbst (§§. 1316. bis 1321. BGB), sowie mit der Bedeutung der häufiger vorkommenden Ausdrücke: „Geschäftsfähigkeit (beschränkte, mangelnde); Volljährigkeit; gesetzlicher Vertreter; eheliches, uneheliches, angenommenes, ehelich erklärtes Kind; fortgesetzte Gütergemeinschaft" u. s. w.

Das Verzeichniß soll als Hülfsmittel für den Standesbeamten dienen und in einem oder nach Bedürfniß mehreren Exemplaren zur Einsichtnahme seitens des Publikums in den Räumen der Standesämter aushängen oder liegen.

9*

Wegen der Zuständigkeit der Behörden hinsichtlich der Befreiung von Ehehindernissen bleiben die in den Bundesstaaten erlassenen und noch ergehenden Vorschriften zu beachten. Sobald die Vorschriften für Preußen erscheinen, sind die einschlagenden Stellen des Verzeichnisses (II. 2., 10. und 11.) zu ergänzen (was in den folgenden Mustern geschehen ist). Bei III ist angenommen, daß die Vorschläge des Entwurfs des Preußischen Ausführungsgesetzes zum BGB Gesetzeskraft erlangen (was der Fall ist).

Berlin, den 2. Juni 1899.

Der Justizminister.
In Vertretung: Nebe-Pflugstaedt.

Der Minister des Innern.
In Vertretung: Braunbehrens.

---

a.

Standesamt.

Nr. des Aufgebotsverzeichnisses: I.

den 190

Es erschienen heute und beantragten das Aufgebot für ihre Eheschließung

1) der[1])
der Persönlichkeit nach kannt
Religion, geboren am
zu , staatsangehörig in ,
wohnhaft in[3])
Sohn de[1]) wohnhaft
in[2])

2) die[1])
der Persönlichkeit nach kannt
Religion, geboren am
zu , staatsangehörig in ,
wohnhaft in[3])
Tochter de[1]) wohnhaft
in[2])

Die Verlobten, gegen deren Verhandlungsfähigkeit Bedenken sich nicht ergaben, wurden auf die Bestimmungen über die Erfordernisse zur Eheschließung[4]) hingewiesen und, soweit es erforderlich erschien, mit ihrem Inhalte bekannt gemacht. Sie überreichten in beglaubigter Form folgende Urkunden[5]):

1) ihre Geburtsurkunden
   a.
   b.
2) die zustimmende Erklärung derjenigen, deren Einwilligung nach dem Gesetze erforderlich ist, nämlich:

a.

3) an weiteren Nachweisen

a.

Es wurde den Verlobten noch die Beibringung folgender Urkunden aufgegeben:

a.

Die Verlobten theilten sodann noch mit[6]):

Miterschienen waren:

1)

der Persönlichkeit nach kannt

2)

der Persönlichkeit nach kannt

und erklärte d Miterschienene zu 1: Hiermit ertheile ich als

meine Einwilligung zu der beabsichtigten Eheschließung.

D Miterschienene zu 2:

Die Eheschließung soll stattfinden am

mittags Uhr vor dem Standesamt in

Zum Schluß erklärten die Verlobten: Wir versichern hiermit, daß — andere als die in dieser Verhandlung erwähnten — Ehehindernisse unserer Eheschließung nicht entgegenstehen.

Insbesondere versichere ich, d an Eides statt,[7]) daß

Vorgelesen, genehmigt und unterschrieben
Der Standesbeamte.

[1]) Im Heirathsregister sind stets Stand oder Gewerbe der Verlobten und ihrer Eltern anzugeben, ebenso sämmtliche Vornamen, so weit sie bekannt sind.

[2]) Wohnt die Mutter nicht an demselben Orte wie der Vater, so ist im Heirathsregister der Wohnort der Mutter besonders anzugeben.

[3]) Vgl. Personenstandsgesetz §. 46.

[4]) BGB §. 1303.—1315., 1325., 1332.—1335., 1348., 1349., Einf.-Ges. z. BGB Art. 13 und 30; vgl. auch BGB §. 1795. Nr. 1.

[5]) Personenstandsgesetz §. 45., siehe namentlich Absatz 2.

[6]) Vgl. z. B.: BGB §§. 1719. ff.

[7]) An Eidesstatt sind die Versicherungen von dem Standesbeamten nur über bestimmte Thatsachen und nur dann abzunehmen, wenn es nach den gesetzlichen Bestimmungen (vgl. §. 45. Abs. 3 des Personenstandsgesetzes) zulässig und nach den obwaltenden Umständen erforderlich erscheint.

---

b.

Verzeichniß der vor dem Aufgebot in beglaubigter Form beizubringenden Urkunden.*)

I. Im Allgemeinen.

1) Die **Geburtsurkunden** der Verlobten,

*) Der Standesbeamte kann die Beibringung dieser Urkunden erlassen, wenn ihm die Thatsachen, welche durch dieselben festgestellt werden sollen, persönlich bekannt oder sonst glaubhaft nachgewiesen sind.

2) Nachweis ihrer **Staatsangehörigkeit** (Paß, Heimathschein, Naturalisationsurkunde u. s. w.),

3) Nachweis ihres jetzigen und früheren **Wohnsitzes** in den letzten sechs Monaten und ihres jetzigen gewöhnlichen **Aufenthalts**,

4) **Nachweis** der **Zustimmung** des nicht erschienenen Verlobten.

Zu 2 bis 4. Dieser Nachweise bedarf es nur, falls Zweifel entstehen.

II. Für Inländer und zwar für:

1) Männer bis zum vollendeten 21. Jahre (BGB §. 1303.):
Volljährigkeitserklärung durch das Vormundschaftsgericht.

2) Frauen bis zum vollendeten 16. Jahre (§. 1303.):
Befreiung durch die zuständige Heimathsbehörde (in Preußen der Justizminister — Art. 10 der Verordng. v. 16. Novbr. 1899 —).

3) Beschränkt Geschäftsfähige (§. 1304.):

a. **Einwilligung** des gesetzlichen Vertreters **und**,

b. wenn dieser ein Vormund oder Pfleger ist,

aa. dessen vom Vormundschaftsgericht ausgestellte Bestallung oder
bb. Einwilligung des Vormundschaftsgerichts.

4) Eheliche Kinder bis zum vollendeten 21. Jahre (§. 1305.):
a. Einwilligung des Vaters oder
b. wenn der Vater gestorben ist, dessen Sterbeurkunde und Einwilligung der Mutter,
c. wenn der Vater zur Abgabe einer Erklärung dauernd außer Stande oder wenn sein Aufenthalt dauernd unbekannt ist, Bescheinigung hierüber und Einwilligung der Mutter.

Zu b und c. Die Einwilligung der Mutter wird ersetzt durch:
aa. ihre Sterbeurkunde oder
bb. die Bescheinigung, daß sie zur Abgabe einer Erklärung dauernd außer Stande oder daß ihr Aufenthalt dauernd unbekannt ist.

5) Uneheliche Kinder bis zum vollendeten 21. Jahre (§. 1305.):
Einwilligung der Mutter.

Das bei Nr. 4 „zu b und c" Bemerkte gilt auch hier.

6) Adoptivkinder bis zum vollendeten 21. Jahre (§. 1306.):
durch das Gericht bestätigter Annahmevertrag und Einwilligung des Adoptivvaters bezw. der Adoptivmutter (nicht der leiblichen Eltern).

7) Volljährig erklärte Kinder bis zum vollendeten 21. Jahre (§. 1308.):
mangels der Urkunden zu 4.—6. Einwilligung des Vormundschaftsgerichts.

8) Bereits verheirathet Gewesene (§. 1309. und §§. 1348. ff.):
a. wenn der Ehegatte verstorben ist,
Sterbeurkunde des Ehegatten,
b. wenn die Ehe geschieden oder für nichtig erklärt ist,
Scheidungs- oder Nichtigkeitsurtheil,
c. wenn der Ehegatte für todt erklärt ist,
Todeserklärungs-Urtheil.

9) Adoptiveltern zur Heirath mit dem Adoptivkind oder dessen Abkömmling (§. 1311.):
durch das Gericht bestätigter Aufhebungsvertrag.

10) Wegen Ehebruchs Geschiedene zur Heirath mit dem Mitschuldigen (§. 1312.):

Befreiung durch die zuständige Heimathsbehörde, (in Preußen der Justizminister — Art. 10 der Verordng. v. 16. Novbr. 1899 —).

11) Verheirathet gewesene Frauen zur Wiederverheirathung innerhalb zehn Monaten nach Auflösung oder Nichtigkeitserklärung ihrer früheren Ehe (§. 1313.):

a. Nachweis, daß sie inzwischen geboren haben, oder

b. Befreiung durch die zuständige Heimathsbehörde, (in Preußen das Amtsgericht — Art. 11 der Verordng. v. 16. Novbr. 1899 —).

12) Eltern (§. 1314.), welche

a. ein eheliches Kind haben, das minderjährig ist oder unter ihrer Vormundschaft steht,

Zeugniß des Vormundschaftsgerichts über die in §. 1669. bezeichneten Verpflichtungen,

b. mit einem minderjährigen oder bevormundeten Abkömmling in fortgesetzter Gütergemeinschaft leben,

Zeugniß des Vormundschaftsgerichts über die in §. 1493. Abs. 2 bezeichneten Verpflichtungen.

13) Militärpersonen (§. 1315.):
Erlaubniß der zuständigen Militärbehörde.

14) Außerpreußische, deutsche Landesbeamte (§. 1315.):
Erlaubniß der zuständigen Behörde, wenn solche vorgeschrieben ist.

15) Rechtsrheinische Bayern:
Verehelichungszeugniß der zuständigen bayrischen Behörde.

III. Für Ausländer (§. 1315.) und zwar, statt der Nachweise zu II, für:

1) Männer und Frauen:
   a. durch den Deutschen Vertreter bescheinigtes Zeugniß der zuständigen Heimathbehörde über das Nichtbekanntsein von Ehehindernissen oder
   b. Befreiung durch den Justizminister.

2) Männer:
   a. durch den Deutschen Vertreter bescheinigtes Zeugniß ihrer Heimathbehörde, betreffend Uebertragung der Staatsangehörigkeit auf Frau und Kinder oder
   b. Befreiung durch den Minister des Innern.

Zu b.

I. Diese Befreiung ist ein für alle Mal

ertheilt: Den Angehörigen von Belgien, Frankreich, Großbritannien, Italien, Luxemburg, der Niederlande, der Vereinigten Staaten von Nord-Amerika, von Oesterreich-Ungarn (mit Ausnahme der in Salzburg, Tirol, Vorarlberg und Krain Heimathberechtigten), Schweden und Norwegen und der Schweiz.

II. Diese Befreiung erhalten Russen und Griechen nur, wenn sie eine Bescheinigung ihres Geistlichen darüber beibringen, daß er bereit ist, sofort nach der Eheschließung die kirchliche Trauung vorzunehmen.

Bemerkungen.

Zu Nr. II. 13. Der Vorlegung der Militärpapiere bedarf es nur, wenn Zweifel entstehen, ob der Verlobte etwa zu den Militärpersonen gehört; ausgehobene Rekruten gehören zu den Militärpersonen.

Militärpflichtige sind darauf hinzuweisen, daß ihre Verheirathung auf ihre Verpflichtung zum aktiven Dienst ohne Einfluß ist, besonders eine Reklamation nicht begründen kann.

Zu Nr. III. 2. Inländerinnen, die einen Ausländer heirathen wollen, sind auf den Verlust ihrer deutschen Staatsangehörigkeit und dessen mögliche Folgen (Ausweisung nach dem Auslande u. s. w.) hinzuweisen.

III. Anzeigepflicht der Standesbeamten.

1. Ueber die Anzeigepflicht des Standesbeamten gegenüber dem Vormundschaftsgericht trifft das (Reichs-)Gesetz über die Angelegenheiten der freiwilligen Gerichtsbarkeit vom 17. Mai 1898 (Fassung vom 20. Mai 1898 — RGBl S. 771) — folgende Bestimmung:

§. 48. Wird bei einem Standesbeamten der Tod einer Person,[1] die ein minderjähriges[2] Kind hinterlassen hat, oder die Geburt eines ehelichen Kindes nach dem Tode des Vaters oder die Geburt eines unehelichen Kindes[3] oder die Auffindung eines Minderjährigen, dessen Familienstand nicht zu ermitteln ist, angezeigt oder wird vor einem Standesbeamten von einer Frau, die ein minderjähriges eheliches Kind hat, eine Ehe geschlossen,[5] so hat der Standesbeamte hiervon dem Vormundschaftsgericht Anzeige zu machen.

[1]) Mann oder Frau: §§. 1686 (1640), 1687 BGB (Tod des Vaters), § 1640 BGB (Tod der Mutter).

[2]) wenn auch nicht unter elterlicher Gewalt stehendes (uneheliche Kinder, Vorkinder der wiederverheiratheten Wittwe), und zwar wegen der Anordnung betreffs der Sorge für die Person des Kindes: vgl. §§ 1696, 1697, 1707 BGB.

[3]) Vgl. §§ 1707, 1773 BGB.

[4]) § 1773 Abs. 2 BGB, § 24 des Personenstandsgesetzes.

[5]) § 1697 BGB.

2. Zur Ausführung dieser Vorschrift dient:
Allgemeine Verfügung v. 30. November 1899, betr. die Anzeigepflicht der Standesbeamten beim Vormundschaftsgericht hinsichtlich Minderjähriger (VMBl S. 228).

Nach §. 48 des Reichsgesetzes über die Angelegenheiten der freiwilligen Gerichtsbarkeit vom 17. Mai 1898 (Reichs-Gesetzblatt Seite 189) haben die Standesbeamten dem Vormundschaftsgerichte Anzeige zu machen:

1) wenn bei ihnen der Tod einer Person angezeigt wird, die ein minderjähriges Kind hinterlassen hat,
2) wenn bei ihnen
   a. die Geburt eines ehelichen Kindes nach dem Tode des Vaters oder
   b. die Geburt eines unehelichen Kindes
   angezeigt wird,
3) wenn vor ihnen von einer Frau, die ein minderjähriges Kind hat, eine Ehe geschlossen wird,
4) wenn bei ihnen die Auffindung eines Minderjährigen, dessen Familienstand nicht zu ermitteln, angezeigt wird.

Zur Ausführung dieser gesetzlichen Vorschriften bestimmen wir, daß die Standesbeamten sich bei Erstattung der Anzeigen gemäß Ziffer 1 bis 3 oben eines Formulares zu bedienen haben nach den beiliegenden Mustern 1 bis 3 (Anl. a. b. c.), während für die selteneren Fälle der Ziffer 4 ihnen die Fassung der Anzeige überlassen bleibt.

Die Oberpräsidenten, in den Hohenzollernschen Landen der Regierungspräsident, können auf Antrag Abweichungen von den Mustern, insbesondere für große Standesämter Formulare in Tabellenform einstweilig oder dauernd gestatten, soweit örtliche Verhältnisse dies wünschenswerth machen. Vor der Entscheidung ist thunlichst den zunächst betheiligten Vormundschaftsgerichten Gelegenheit zur Aeußerung zu geben.

Die Anzeigen sind von den Standesbeamten in der Regel dem für ihren Amtssitz zuständigen Amtsgerichte unmittelbar einzureichen, welches sie im Falle seiner Unzuständigkeit an das zuständige Gericht weiterbefördert. Wo die dem Gemeindewaisenrath obliegenden Verrichtungen besonderen Abtheilungen oder schon bestehenden Organen der Gemeindeverwaltung übertragen worden sind, kann mit Genehmigung des Oberpräsidenten, in den Hohenzollernschen Landen des Regierungspräsidenten, die Einreichung durch die Hand des Gemeindewaisenraths erfolgen, damit dieser vor der Weitergabe auf den Anzeigen verzeichnet, welche Personen er als Vormund oder Gegenvormund in Vorschlag bringt.

Die Absendung ist von den Standesbeamten auf

einem besonderen Bogen in den Sammelakten des Sterbe-, Geburts- oder Heirathsregisters kurz zu vermerken; es genügt die Nummer der Registereintragung und das Datum der Absendung. Die Vollständigkeit dieser Nachweisbogen ist an der Hand der Register bei Revision der Standesämter durch die Aufsichtsbehörden zu prüfen.

Die für die betheiligten Verwaltungsbehörden erforderlichen Exemplare dieses Erlasses liegen bei. Die zum Gebrauch benöthigten Formulare 1, 2 und 3 können von der Firma Carl Heymanns Verlag, Berlin W. 8, oder nach Belieben anderwärts bezogen werden. Die Kosten fallen als sächliche Ausgaben für die Verwaltung der Standesämter den Gemeinden zur Last. Berlin, den 20. November 1899.

Der Justizminister.
In Vertretung:
Nebe-Pflugstaedt.
Der Minister des Innern.
In Vertretung:
Braunbehrens.

a.

Standesamt
Nr.

den ten 19

Es ist bei mir angezeigt worden, daß
der — die
wohnhaft in
am
verstorben ist (Nr. des Sterberegisters 19).

Der — die — Verstorbene hat minderjährige Kind hinterlassen.

Der Vater — die uneheliche Mutter — de Kinde ist — war Konfession.

Die Ehefrau — der Ehemann — de Verstorbenen ist noch — nicht mehr — am Leben und wohnt

Ich mache hiervon gemäß §. 48 des Reichsgesetzes über die Angelegenheiten der freiwilligen Gerichtsbarkeit vom 17. Mai 1898 Anzeige.

Der Standesbeamte

An
das Königliche Amtsgericht, Abtheilung
für Vormundschaftssachen
in

Formular 1. Anzeige vom Tode einer Person, die minderjährige Kinder hinterläßt.

b.

Standesamt
Nr.

den ten 19

Es ist bei mir angezeigt worden, daß die Wittwe — geschiedene — unvereheliche — wohnhaft in
am ten 19 in
ein Knaben — Mädchen — geboren hat, welchem die Vornamen
beigelegt sind
(Nr. des Geburtsregisters 19).

Der Vater des Kindes ist am
ten 19 gestorben und war
Konfession.

Die uneheliche Mutter ist
Konfession.

Ich mache hiervon gemäß §. 48 des Reichsgesetzes über die Angelegenheiten der freiwilligen Gerichtsbarkeit vom 17. Mai 1898 Anzeige.

Der Standesbeamte

An
das Königliche Amtsgericht, Abtheilung
für Vormundschaftssachen
in

Formular 2. Anzeige von der Geburt eines ehelichen nachgeborenen oder eines unehelichen Kindes.

c.

Standesamt
Nr.

den ten 19

Die Wittwe — geschiedene —
geboren
wohnhaft gewesen in
hat am
mit dem
wohnhaft in
vor mir die Ehe geschlossen (Nr. des Heiraths-
register 19).

Die Genannte hat aus der Ehe mit
dem verstorbenen — noch lebenden —
minderjährige Kind

Der Vater de Kind war — ist —
Konfession.

Ich mache hiervon gemäß §. 48 des Reichsgesetzes über die Angelegenheiten der freiwilligen Gerichtsbarkeit vom 17. Mai 1898 Anzeige.

Der Standesbeamte

An
das Königliche Amtsgericht, Abtheilung
für Vormundschaftssachen
in

Formular 3. Anzeige von der Eheschließung einer Frau, die minderjährige Kinder hat.

IV. Erweiterung der Zuständigkeit des Standesbeamten.

Das BGB enthält mehrere Bestimmungen, wonach eine Aenderung in den Personenstandsverhältnissen einer Person eintritt, in Folge deren die Richtigstellung der betreffenden Eintragung in das Standesregister erforderlich oder doch erwünscht wird.

Zur Ausführung dieser Vorschriften war zunächst die Behörde zu bezeichnen, die für die Entgegennahme der betreffenden Erklärungen zuständig sein sollte. Als solche bot sich der Standesbeamte, da die Eintragung der betreffenden Vermerke, wenn auch nicht unbedingt erforderlich, so doch sehr zu empfehlen ist (zu vgl. §§. 25, 26 des Personenstandsges.). Zur Erleichterung der Ausführung wurde dabei die Zuständigkeit des Standesbeamten erweitert: er ist nicht nur zur Entgegennahme der Erklärungen zuständig, sondern er kann auch die für diese Erklärungen vorgeschriebene Form selbst erfüllen, er kann diese Erklärungen aufnehmen mit der Wirkung, daß die Aufnahme eine öffentliche Urkunde ist, bezw. er kann die öffentliche Beglaubigung dieser Erklärungen bewirken. Diese Anordnung trifft §. 167 FGG und auf Grund des §. 191 FGG Art. 68 AG BGB. Neben dieser Zuständigkeit des Standesbeamten bleibt die Zuständigkeit der Amtsgerichte und Notare für Beurkundungen und öffentliche Beglaubigungen, die reichsgesetzlich geregelt ist, selbstverständlich bestehen. *)

1. Die betreffenden Vorschriften des BGB sind folgende:

a) Anerkennung der Vaterschaft.

§. 1718. Wer seine Vaterschaft nach der Geburt des Kindes (d. h. eines unehelichen Kindes) in einer öffentlichen Urkunde anerkennt, kann sich nicht darauf berufen, daß ein Anderer der Mutter innerhalb der Empfängnißzeit beigewohnt habe.

§. 1720 Abs. 2. Erkennt der Ehemann seine Vaterschaft nach der Geburt des Kindes in einer öffentlichen Urkunde an, so wird vermuthet, daß er der Mutter innerhalb der Empfängnißzeit beigewohnt habe.

---

*) Verfügung des Min. d. Innern v. 2. Februar 1901 (BMBl S. 72). Die Rechtslage ist folgende: Wenn die Betheiligten vor dem zur Entgegennahme ihrer Erklärungen zuständigen Standesbeamten in Person erscheinen, so kann der ganze Rechtsakt, sofern sie alle ihren Namen zu schreiben im Stande sind (vgl. §. 129 Abs. 1 Satz 2, § 126 Abs. 1 BGB, Art. 68 §. 3 AG BGB) einheitlich dort erledigt werden. Können oder wollen aber die Erklärenden oder will ein Theil derselben nicht persönlich vor dem zuständigen Standesbeamten erscheinen, so steht es ihnen in jedem Falle frei, ihre Erklärungen gerichtlich oder notariell beglaubigen oder beurkunden zu lassen und dann Sorge zu tragen, daß sie dem zur Entgegennahme zuständigen Standesbeamten übermittelt werden. Mit dem Eingange bei diesem sind dann die Erklärungen „gegenüber der zuständigen Behörde“ abgegeben.

b) α. Namensführung einer geschiedenen Frau.

§. 1577. Die geschiedene Frau behält den Familiennamen des Mannes.

Die Frau kann ihren Familiennamen (Mädchennamen) wiederannehmen. War sie vor der Eingehung der geschiedenen Ehe verheirathet, so kann sie auch den Namen wiederannehmen, den sie zur Zeit der Eingehung dieser Ehe hatte (den Namen des ersten Ehemanns), es sei denn, daß sie allein für schuldig erklärt ist. Die Wiederannahme des Namens erfolgt durch Erklärung gegenüber der zuständigen Behörde; die Erklärung ist in öffentlich beglaubigter Form abzugeben.

Ist die Frau allein für schuldig erklärt, so kann der Mann ihr die Führung seines Namens untersagen. Die Untersagung erfolgt durch Erklärung gegenüber der zuständigen Behörde; die Erklärung ist in öffentlich beglaubigter Form abzugeben. Die Behörde soll der Frau die Erklärung mittheilen. Mit dem Verluste des Namens des Mannes erhält die Frau ihren Familiennamen wieder.

β. Ertheilung des Namens an ein uneheliches Kind.

§. 1706. Das uneheliche Kind erhält den Familiennamen der Mutter.

Führt die Mutter in Folge ihrer Verheirathung einen anderen Namen, so erhält das Kind den Familiennamen, den die Mutter vor der Verheirathung geführt hat. Der Ehemann der Mutter (der nicht der Vater des Kindes ist) kann durch Erklärung gegenüber der zuständigen Behörde dem Kinde mit Einwilligung des Kindes (wenn es minderjährig ist, mit Einwilligung des gesetzlichen Vertreters) und der Mutter seinen Namen ertheilen; die Erklärung des Ehemanns, sowie die Einwilligungserklärungen des Kindes und der Mutter sind in öffentlich beglaubigter Form abzugeben.

— Der Adel bezw. das Adelsprädikat kann nur mit landesherrlicher Genehmigung übertragen werden. (Verf. des Min. d. Inn. v. 14. Mai 1900 — Min.-Bl. S. 173 —).

2. Die Vorschriften über die Zuständigkeit des Standesbeamten sind folgende:

a) Anerkennung der Vaterschaft.

α. (Reichs-)Gesetz über die Angelegenheiten der freiwilligen Gerichtsbarkeit v. 17./20. Mai 1898 (RGBl S. 771).

§. 167 Abs. 2. Für die öffentliche Beglaubigung einer Unterschrift sind außer den Notaren die Amtsgerichte zuständig. Das Gleiche gilt für die Aufnahme der im §. 1718 und im §. 1720 Abs. 2

BGB — Nr. 1a) — vorgesehenen öffentlichen Urkunden über die Anerkennung der Vaterschaft; für die Aufnahme dieser Urkunden ist, wenn die Anerkennung der Vaterschaft bei der Anzeige der Geburt des Kindes oder bei der Eheschließung seiner Eltern erfolgt — vgl. β —, auch der Standesbeamte zuständig, welcher die Geburt oder die Eheschließung beurkundet.

β. (Preuß.) Ausführungsgesetz zum Bürgerlichen Gesetzbuche vom 20. September 1899 (GS. S. 177).

Art. 70. Für die Aufnahme des im §. 1718 und im §. 1720 Abs. 2 BGB vorgesehenen öffentlichen Urkunden über die Anerkennung der Vaterschaft ist der Standesbeamte, welcher die Geburt des Kindes oder die Eheschließung seiner Eltern beurkundet hat, auch dann zuständig, wenn die Anerkennung der Vaterschaft nicht bei der Anzeige der Geburt oder bei der Eheschließung erfolgt.

Beantragt bei einer vor dem Gericht oder einem Notar erfolgenden Anerkennuug der Erklärende die Beischreibung eines Vermerkes im Geburtsregister, so hat das Gericht oder der Notar die Erklärung und den Antrag dem zuständigen Standesbeamten mitzutheilen.

— Zu vgl. §. 25 Personenstandges. u. §§. 14 bis 16 der Vorschriften des BR nebst Zus.

b) Erklärungen über den Familiennamen.

(Preuß.) Ausführungsgesetz zum Bürgerlichen Gesetzbuche, vom 20. September 1899 (GS S. 177).

Art. 68. — §. 1. Für die Entgegennahme und die öffentliche Beglaubigung der im §. 1577 Abs. 2, 3 BGB — Nr. 1 b) α — bezeichneten Erklärungen über den Namen einer geschiedenen Frau ist, wenn die geschiedene Ehe vor einem Preußischen Standesbeamten geschlossen war, dieser zuständig*). Anderenfalls ist für die Entgegennahme das Amtsgericht zuständig, in dessen Bezirke der Erklärende seinen Wohnsitz oder seinen gewöhnlichen Aufenthalt hat; das Gericht soll die Erklärung dem Standesbeamten, vor welchem die Ehe geschlossen war, mittheilen.

Die Erklärung ist am Rande der über die Eheschließung bewirkten Eintragung zu vermerken.

§. 2. Für die Entgegennahme und die öffentliche Beglaubigung der Erklärung, durch welche der Ehemann der Mutter eines unehelichen Kindes diesem seinen Namen ertheilt — Nr. 1 b) β —, sowie der Einwilligungserklärungen des Kindes und der Mutter ist, wenn die Geburt des Kindes im Geburtsregister eines Preußischen Standesbeamten eingetragen ist oder wenn die Erklärung bei der Ehe-

---

*) Zu vgl. Anm. * S. 150.

schließung vor einem Preußischen Standesbeamten erfolgt, der Standesbeamte zuständig*). Anderenfalls ist für die Entgegennahme das Amtsgericht zuständig, in dessen Bezirke der Ehemann seinen Wohnsitz oder seinen gewöhnlichen Aufenthalt hat.

Erfolgt die Erklärung über die Ertheilung des Namens nicht gegenüber dem Standesbeamten, in dessen Geburtsregister der Geburtsfall eingetragen ist, so soll die zuständige Behörde sie dem Standesbeamten mittheilen.

Die Erklärung ist am Rande der über den Geburtsfall bewirkten Eintragung zu vermerken.

§. 3. Die Befugniß des Standesbeamten erstreckt sich nicht auf die Beglaubigung eines Handzeichens.

V. Die gerichtliche Mitwirkung in Standesamtssachen.

Das Personenstandsgesetz überträgt in den §§ 11 und 66 die Entscheidung über den Antrag eines Betheiligten, den Standesbeamten zur Vornahme einer von diesem abgelehnten Amtshandlung anzuweisen, sowie die Anordnung über Berichtigung einer Eintragung in dem Standesregister dem Gericht erster Instanz und bestimmt dabei, daß für das Verfahren in diesen Angelegenheiten die für Sachen der nichtstreitigen Gerichtsbarkeit geltenden Vorschriften maßgebend sind. Durch § 14

*) Zu vgl. Anm. * S. 150.

Abs. 2 des genannten Gesetzes ist dem Gericht erster Instanz außerdem die Aufbewahrung der Nebenregister, die nach Ablauf des Kalenderjahrs von dem Standesbeamten der Aufsichtsbehörde (Landrath — in Hohenzollern Oberamtmann — in Stadtgemeinden Regierungspräsident) und von dieser nach erfolgter Prüfung dem Gerichte zuzustellen sind, übertragen. Für alle diese Geschäfte sind die Amtsgerichte zuständig (§ 69 FGG). Von dem Vorbehalt in § 197 FGG, wonach durch die Landesjustizverwaltung die Aufbewahrung der Nebenregister den Landgerichten übertragen werden kann, ist kein Gebrauch gemacht. Nur für den bisherigen Geltungsbereich des Rheinischen Rechtes bleiben (bis zu einer anderen Anordnung des Justizministers) für die Geschäfte, die den Gerichten in Ansehung der bis zum 1. Januar 1876 geführten Standesregister obliegen, die Landgerichte zuständig (Art. 133 Pr FGG; zu vgl. dazu Beschl. des Kammergerichts vom 10. Dezbr. 1900 — Jahrb. Bd. 21 S. 53—).

Das Verfahren anlangend, so wird zunächst auf die in Betracht kommenden Vorschriften des § 11 und der §§ 65, 66, sowie des § 14 des Personenstandsgesetzes verwiesen. In der Anm. zu § 65 sind insbesondere die Voraussetzungen des Berichtigungsverfahrens erörtert. Ueber die Berichtigung offenbarer Schreibfehler vgl. § 18 der Vorschriften des BR — oben I. — Im Uebrigen sind folgende Punkte hervorzuheben:

1. Oertlich zuständig ist das Amtsgericht, in dessen Bezirk der Standesbeamte seinen Amtssitz hat. Ausnahmsweise kann mit der Aufbewahrung der Nebenregister durch den Justizminister in Uebereinstimmung mit dem Minister des Innern ein anderes Amtsgericht beauftragt werden (§§ 11 Abs. 3, 14 Abs. 2 des Personenstandsges., Nr. 7 der Bekanntmachung vom 17. Oktober 1899 — Zus. zu § 84 das. —).

2. Die mit der Aufbewahrung der Nebenregister zusammenhängenden Geschäfte liegen dem Gerichtsschreiber ob; insbesondere ist von ihm die Beischreibung und Beglaubigung nachträglicher Eintragungen auf Veranlassung der Aufsichtsbehörde, sowie die Ertheilung von Auszügen (vgl. §§ 14 Abs. 3, 15 Abs. 2 und § 16 des Ges.) zu bewirken. (§ 24 der Vorschriften des BR — oben I. —).

Der Gerichtsschreiber hat die vollzogene Beischreibung auf der von der Aufsichtsbehörde übersandten beglaubigten Abschrift zu vermerken und diese der Aufsichtsbehörde zurückzusenden. Unrichtigkeiten, die bei der Beischreibung unterlaufen (Fehler im Abschreiben und offenbare Schreibfehler) können auf Anordnung des Gerichts von dem Gerichtsschreiber formlos berichtigt werden.

3. Ueber das Verfahren, betreffend die Anweisung zur Vornahme einer Amtshandlung und die Berichtigung des Standesregisters insbesondere gilt Folgendes:

a) Das Verfahren bewegt sich in den Formen, die für die Angelegenheiten der freiwilligen Gerichtsbarkeit gelten (§§ 11 Abs. 3, 66 Abs. 3 des Ges., § 186 FGG). Die gerichtliche Entscheidung ergeht also im Beschlußverfahren. Und zwar erfolgt die Berichtigung einer Eintragung im Standesregister auch dann nach diesen Vorschriften, wenn die Eintragung aus der Zeit vor dem 1. Januar 1876 herrührt (Art. 142 Pr FGG).

b) Hinsichtlich der Beschwerde ist zu bemerken:

α. Gegen die Ablehnung des Antrags, den Standesbeamten zur Vornahme einer von diesem abgelehnten Amtshandlung anzuweisen, sowie gegen die Ablehnung eines Berichtigungsantrags findet die einfache Beschwerde gemäß § 19 FGG statt. Die Beschwerde steht jedem zu, dessen Recht durch die Verfügung beeinträchtigt ist (§ 20 FGG), auch der Aufsichtsbehörde (Regierungspräsident bezw. Landrath — Oberamtmann —) gegen die Ablehnung des Berichtigungsantrags (vgl. Beschl. d. KG. v. 14. Januar 1901 — Entsch. zusammengestellt im Reichsjustizamt Bd. 2 S. 10).

Ob dem Standesbeamten gegen die Verfügung, durch die er zur Vornahme einer Amtshandlung angewiesen wird, das Recht der Beschwerde zusteht, kann im Hinblick auf § 20 FGG fraglich erscheinen; bisher wurde ihm dieses Recht nicht zuerkannt (Verf. d. Min. d. Inn. v. 26. Septbr. 1875).

β. Gegen eine Verfügung, durch die angeordnet wird, daß eine Eintragung in dem Standesregister zu berichtigen ist, findet die sofortige Beschwerde statt. Die Verfügung tritt erst mit der Rechtskraft in Wirksamkeit (§ 70 FGG). Es ist also die die Berichtigung anordnende Verfügung den zur Beschwerde Berechtigten, nämlich außer der Aufsichtsbehörde (Regierungspräsident bezw. Landrath — Oberamtmann —) dem Antragsteller und allen denjenigen Personen, deren Recht durch die Verfügung beeinträchtigt wird, von Amtswegen zuzustellen (§§ 20, 16 FGG). Erst nach Ablauf der zweiwöchigen Beschwerdefrist und nach Feststellung durch Anfrage beim Gerichtsschreiber des vorgesetzten Landgerichts, daß Beschwerde nicht erhoben ist, darf die Anordnung dadurch vollzogen werden, daß nunmehr von dem Standesbeamten, dem die von dem Gerichtsschreiber mit dem Zeugniß der Rechtskraft versehene Verfügung von dem Amtsgerichte mitgetheilt wird (und zwar ohne Vermittlung der Aufsichtsbehörde — Reskript des Justizmin. v. 20. Aug. 1900—), die Berichtigung durch Beischreibung des Berichtigungsvermerks am Rande der zu berichtigenden Eintragung bewirkt wird.

4. Ueber die gerichtliche Mitwirkung bei der Entgegennahme der Erklärungen über den Familiennamen und bei der Anerkennung der Vaterschaft sind Artt. 68 u. 70 AG BGB zu vergleichen — s. oben IV 2. —

5. Ueber die geschäftliche Behandlung der Standesamtssachen enthalten §§ 55 u. 58 Abs. 1 u. 9 der Geschäftsordnung für die Gerichtsschreibereien der Amtsgerichte, vom 26. November 1899 (JMBl S. 395) Vorschriften. Die Standesamtssachen werden in das Familienrechts-Register unter der römischen Zahl XIV eingetragen. — Die Nebenregister und die Akten (Blattsamm-

lungen) betreffend die Verhandlungen über die Berichtigung der Standesregister, welche bei dem Gerichte verbleiben und nicht an die Standesämter oder die Aufsichtsbehörde zurückzugeben sind (Runderlaß v. 27. Nov. 1900) bleiben von der Vernichtung ausgeschlossen (§§ 9 Nr. 9, 14 Nr. 2 der Allg. Verf. v. 6. September 1900 — JMBl S. 569 —). — Wegen der Kosten ist § 16 des Personenstandsges. nebst Gebührentarif zu dem Gesetze zu vergleichen (vgl. auch § 80 PrGKG). Ueber die Kosten der Beschwerde-Instanz trifft § 109 Nr. 3 Pr GKG Bestimmung.

6. Endlich ist hier noch anzuführen die Bestimmung des § 71 FGG:

„Sind Vorgänge die auf Antrag eines Betheiligten in dem Standesregister am Rande einer Eintragung zu vermerken sind (vgl. §§. 25, 26, 55 des Ges.), von einem Notar beurkundet, so gilt dieser als ermächtigt, im Namen des Betheiligten, dessen Erklärung beurkundet ist, die Eintragung des Vermerks in das Standesregister zu beantragen."

A 1.

Berlin am 25. Oktober 1901.

Vor dem unterzeichneten Standesbeamten erschien heute, der Persönlichkeit nach bekannt, der Regierungsrath Karl Eduard Schulze, wohnhaft in Berlin, Annenstrasse 17, und zeigte an, dass dem nebenbezeichneten Kinde die Vornamen Karl Theodor Antonbeigelegt worden seien.

Vorgelesen, genehmigt und unterschrieben.

Karl Eduard Schulze.

Der Standesbeamte.

N.

Nr. *1080.*

.................................*Berlin* am *26. September* ———— 19*01.*

Vor dem unterzeichneten Standesbeamten erschien heute, der Persönlichkeit nach *auf Grund seiner Bestallung* ————————————— *aner*kannt,

der Regierungsrath Karl Eduard) Schulze,* ————————————

wohnhaft in *Berlin, Annenstrasse 17,* ———————— *evangelischer* Religion, und zeigte an, daß von der *Karoline Antonie Henriette Schulze, geborenen Schmidt, seiner Ehefrau,* ———————————— *evangelischer* Religion,

wohnhaft *bei ihm,* ————————————

zu *Berlin in seiner Wohnung* ————————

am ———— *drei und zwanzigs* ten *September* ———— des Jahres

tausend neunhundert *eins* ———————— *Nach*mittags

um *sieben drei viertel* ———— Uhr ein *Knabe* ————

geboren worden sei und daß das Kind *einen* ——— Vornamen
noch nicht ———
erhalten habe. ———

Vorgelesen, genehmigt und *unterschrieben.* ———

Karl Eduard Schulze.

Der Standesbeamte.

N.

*) Es ist stets Stand oder Gewerbe der Eltern des Kindes anzugeben, ebenso ihre sämmtlichen Vornamen, soweit sie bekannt sind.

A 2.

Nr. *1081.*

.... *Berlin* am *26. September* ———— *1901.*

Vor dem unterzeichneten Standesbeamten erschien heute, der Persönlichkeit nach ————————————————

———————————————————— *bekannt,*

die Hebamme), Frau Emilie Habermann,* ————————

————————————————————————

wohnhaft in *Berlin, Annenstrasse 11,* ——————————

———————————— ~~Religion~~,*) und zeigte an, daß von der *Amalie**) Hergenbach, geborenen Schneider, evangelischer Religion, Wittwe des am 31. Juli 1901 verstorbenen, zuletzt in Berlin wohnhaft gewesenen Schlächtermeisters Ludwig August Hergenbach,*

———————————————— *evangelischer* Religion,

wohnhaft *in Berlin, Stralauerstrasse 79,* ————————

————————————————————————

zu *Berlin in der Wohnung der Hergenbach* ————————

am ——— *fünf und zwanzigsten September* ———— des Jahres tausend neunhundert *eins* ———————————— *Vormittags*

um # *fünf ein halb* —— Uhr ein *Mädchen* ——
geboren worden sei und daß das Kind —— *die* Vornamen
Marie Luise ——
erhalten habe. *Die Frau Habermann erklärte, dass sie bei der Niederkunft der Hergenbach zugegen gewesen sei****). *(Vorstehend 1 Druckwort gestrichen.)* ——

Vorgelesen, genehmigt und *unterschrieben.* ——

Emilie Habermann.

Der Standesbeamte.

In Vertretung.

N.

 # statt „fünf ein halb" muss es heissen: zwei ein halb.
Vor Abschluss der Eintragung berichtigt.
Vorgelesen, genehmigt und unterschrieben.
Emilie Habermann.
Der Standesbeamte.
In Vertretung.
N.

*) Es ist in allen Fällen Stand oder Gewerbe des Anzeigenden anzugeben; die Angabe der Religion ist hier nicht erforderlich, da die Anzeige von einer anderen Person als dem ehelichen Vater oder der Mutter erstattet wird.

**) Es ist stets Stand oder Gewerbe der Eltern des Kindes anzugeben, ebenso ihre sämmtlichen Vornamen, soweit sie bekannt sind.

***) In den Fällen des §. 18 Nr. 2 bis 4 des Gesetzes ist zu bemerken, daß der Anzeigende bei der Niederkunft zugegen gewesen ist.

A 3.

Nr. *804.*

.... *Leipzig* am *24. Juni* ———— 19*01.*

Vor dem unterzeichneten Standesbeamten erschien heute, der Persönlichkeit nach *durch den von Person bekannten, in Leipzig wohnhaften Rentner Ludwig Schäffer* ———— *aner*kannt, *die Waschfrau**), *Wittwe Henriette Hartwig,* ————

————

wohnhaft in *Leipzig, Elbestrasse 4,* ————

———— ~~Religion~~,*) und zeigte an, daß von der *unverehelichten Fabrikarbeiterin Anna Marie***) *Hartwig,* ————

————

———— *katholischer* Religion

wohnhaft *in Leipzig, Dresdenerstrasse 18,* ————

————

zu *Leipzig in letztgenannter Wohnung* ————

am ———— *zwanzigs*ten *Februar* ———— des Jahres

tausend neunhundert *eins* ———— *Nach*mittags

um *acht* ———— Uhr ein *Mädchen* ————

geboren worden sei und daß das Kind ——— *die* Vornamen *Anna Hermine* ——— erhalten habe. *Die Wittwe Hartwig erklärte, dass sie von der Niederkunft aus eigener Wissenschaft unterrichtet sei***). Zu der vorstehenden Eintragung ist die Genehmigung der Aufsichtsbehörde ertheilt.* ———

Gleichzeitig war erschienen, der Persönlichkeit nach auf Grund seines Militärpasses anerkannt, der Weber Carl Friedrich Reinecke, wohnhaft in Gohlis, und erklärte, dass er seine Vaterschaft anerkenne. (Vorstehend 7 Zeilen am Rande geschrieben, nebenstehend 6 Druckworte gestrichen.)

Vorgelesen, genehmigt und unterschrieben.

Henriette Hartwig.
Carl Friedrich Reinecke.

Der Standesbeamte.

N.

~~Vorgelesen, genehmigt und~~ ....

....

....

~~Der Standesbeamte.~~

....

....

*) Es ist in allen Fällen Stand oder Gewerbe des Anzeigenden anzugeben; die Angabe der Religion ist hier nicht erforderlich, da die Anzeige von einer anderen Person als dem ehelichen Vater oder der Mutter erstattet wird.

**) Es ist stets Stand oder Gewerbe der Eltern des Kindes anzugeben, ebenso ihre sämmtlichen Vornamen, soweit sie bekannt sind.

***) Wird die Anzeige nicht von einem nach §. 18 des Gesetzes zur Anzeige Verpflichteten, sondern von einem nach §. 19 des Gesetzes zur Anzeige Berechtigten erstattet, so ist zu bemerken, daß der Anzeigende aus eigener Wissenschaft unterrichtet ist.

A 4.

Nr. *203.*

Breslau am *24. Mai* 1901.

~~Vor dem unterzeichneten Standesbeamten erschien heute, der Persönlichkeit nach~~

~~kannt,~~

Der Direktor der Königlichen Universitäts-Frauen-Klinik in Breslau hat angezeigt,

~~wohnhaft in~~

~~Religion, und zeigte an~~, daß von der *unverehelichten Amalie Schmidt, ohne Beruf,*

evangelischer Religion,

wohnhaft *in Halbendorf, Kreis Oppeln,*

zu *Breslau in der Königlichen Universitäts-Frauen-Klinik*

am *drei und zwanzigs* ten *Mai* des Jahres

tausend neunhundert *eins* *Vor*mittags

um *sieben* Uhr ein *Knabe*

Der Dienstknecht Hermann Philipp Naumann, wohnhaft in Namslau, hat bei der im Heirathsregister des Standesamts Namslau von 1904 unter Nr. 74 beurkundeten Eheschliessung mit der Amalie Schmidt das nebenbezeichnete Kind als das seinige anerkannt.

Breslau am 11. April 1904.

Der Standesbeamte.

N.

geboren worden sei und daß das Kind ——— *den* Vornamen
Eduard ———
erhalten habe. ———

~~Vorgelesen, genehmigt und~~ (*Vorstehend 19 Druckworte gestrichen.*)

Der Standesbeamte.
N.

B 1. (Linke Seite.)

Nr. *538.*

Berlin am ——— *drei und zwanzigs* ten

——— *Dezember* tausend neunhundert *eins.* ———

Vor dem unterzeichneten Standesbeamten erschienen heute zum Zwecke der Eheschließung:

1. der *Schmiedemeister Julius Hermann*) Schneider,* ———

———

der Persönlichkeit nach *auf Grund der Aufgebotsverhandlungen* ——— *aner*kannt,

——— *evangelischer* Religion, geboren am ——— *drei und zwanzigs* ten *September* ——— des Jahres tausend ——— *acht*hundert *ein und siebzig* ——— zu *Potsdam* ———

———, wohnhaft in *Berlin, Auguststrasse 37,*

———

Sohn des *Bäckermeisters Karl Anton Julius*) Schneider und seiner Ehefrau Hermine Anna, geborenen Müller,* ———

——— wohnhaft

in *Potsdam* ——————————;

2. die *Wittwe Henriette Heidrich, geborene Neuberg, ohne Beruf,* ——

——————————

der Persönlichkeit nach *auf Grund der Aufgebotsverhandlungen* ——

—————————— *aner*kannt,

——*evangelischer* Religion, geboren am —— *ein und dreissigs*ten

Mai —————— des Jahres tausend —— *acht*hundert

neun und siebzig ———— zu *Treptow, Kreis Teltow* ———

————————, wohnhaft in *Berlin, Gipsstrasse 5,*

——————————

Tochter des *Tischlermeisters Hermann Neuberg, wohnhaft in Frankfurt an der Oder, und seiner Ehefrau Marie Henriette, geborenen Schmidt,*

—————————— wohnhaft

in *Danzig.**)* ——————————

*) Es ist in allen Fällen Stand oder Gewerbe der Verlobten und ihrer Eltern anzugeben, ebenso sämmtliche Vornamen, soweit sie bekannt sind.

**) Wohnt die Mutter nicht an demselben Orte wie der Vater, so ist der Wohnort der Mutter besonders anzugeben.

Als Zeugen waren zugezogen und erschienen: (Rechte Seite.)

3. der *Tischlergeselle*) Hermann Rautenberg,* ______

______

der Persönlichkeit nach ______

______ *be*kannt,

22 Jahre alt, wohnhaft in *Berlin, Neue Friedrichstrasse 8* ______

______;

4. die *Schneiderin Antonie Liebau,* ______

______

der Persönlichkeit nach *durch den Zeugen Rautenberg* ______

______ *aner*kannt,

63 Jahre alt, wohnhaft in *Bernau, Kreis Nieder-Barnim.* ______

______

Der Standesbeamte richtete an die Verlobten einzeln und nach einander die Frage:

ob sie die Ehe mit einander eingehen wollen.

Die Verlobten bejahten diese Frage und der Standesbeamte sprach hierauf aus,

daß sie kraft des Bürgerlichen Gesetzbuchs nunmehr rechtmäßig verbundene Eheleute seien.

Vorgelesen, genehmigt und *von der schreibensunkundigen Antonie Liebau mit ihrem Handzeichen versehen, von den anderen Erschienenen unterschrieben. Julius Hermann Schneider. Henriette Schneider, geborene Neuberg. Hermann Rautenberg. †††*

Der Standesbeamte.

In Vertretung.

N.

*) Es ist stets Stand oder Gewerbe der Zeugen anzugeben.

B 2. (Linke Seite.)

Nr. 74.

.... *Namslau* am ———— *neun und zwanzigs*ten

———————— *März* tausend neunhundert *vier*. ————————

Vor dem unterzeichneten Standesbeamten erschienen heute zum Zwecke der Eheschließung:

1. der *Dienstknecht Hermann Philipp*) Naumann*, ————————

————————————————————————

der Persönlichkeit nach ————————————————

———————————————— *bekannt*,

— *evangelischer* Religion, geboren am ———————— *elf*ten *Dezember* ———————— des Jahres tausend ———— *acht*hundert *sieben und siebzig* ———— zu *Schreibendorf, Kreis Brieg* ————

————————————, wohnhaft in *Namslau*, ————

————————————————————————

Sohn des *Schlächters Philipp August*) Naumann und seiner Ehefrau Karoline, geborenen Raue*, ————————————

———————————————— wohnhaft

Durch das am 28. Dezember 1909 rechtskräftig gewordene Urtheil des Königlichen Landgerichts I in Berlin ist die Ehe zwischen dem Hermann Philipp Naumann und der Amalie Naumann, geborenen Schmidt, geschieden worden.

Namslau am 5. Januar 1910.

Der Standesbeamte.

N.

Die Uebereinstimmung mit dem Hauptregister beglaubigt.

Namslau am 5. Januar 1910

der Standesbeamte

N.

Siegel.

*Beglaubigt.**)*

Namslau am 11. Januar 1910.

Der Gerichtsschreiber des Königlichen Amtsgerichts.

N.

in *Schreibendorf, Kreis Brieg* ——————————;

2. die *Dienstmagd Amalie Schmidt,* ——————————

——————————————————————

der Persönlichkeit nach *auf Grund ihres Gesindedienstbuchs* ——
—————————————————— *aner*kannt,
—— *evangelischer* Religion, geboren am —————— *fünf*ten
Mai —————— des Jahres tausend —————— *acht*hundert
neun und siebzig ———— zu *Brieg* ——————————
——————————, wohnhaft in *Halbendorf, Kreis Oppeln,*

——————————————————————

Tochter des *Seilers Ludwig Heinrich Schmidt, wohnhaft in Brieg, und seiner verstorbenen Ehefrau Bertha, geborenen Dreher,* —————————————— *zuletzt* wohnhaft in *Brieg.* ——————————————

---

*) Es ist in allen Fällen Stand oder Gewerbe der Verlobten und ihrer Eltern anzugeben, ebenso sämmtliche Vornamen, soweit sie bekannt sind.

**) Die Form des Beglaubigungsvermerkes richtet sich nach den allgemeinen Vorschriften, die für die Beglaubigung von Abschriften durch die Gerichtsschreiber gelten.

(Rechte Seite.)

Als Zeugen waren zugezogen und erschienen:

3. der *Kaufmann**) *Wilhelm Grimm*, ——————

——————

der Persönlichkeit nach ——————

—————— *be*kannt,

45 Jahre alt, wohnhaft in *Namslau* ——————

—————— ;

4. der *Kutscher Richard Schubert*, ——————

——————

der Persönlichkeit nach *auf Grund seines Militärpasses* ——————

—————— *aner*kannt,

37 Jahre alt, wohnhaft in *Halbendorf, Kreis Oppeln*. ——————

——————

Der Standesbeamte richtete an die Verlobten einzeln und nach einander die Frage:

ob sie die Ehe mit einander eingehen wollen.

Die Verlobten bejahten diese Frage und der Standesbeamte sprach hierauf aus,

daß sie kraft des Bürgerlichen Gesetzbuchs nunmehr rechtmäßig verbundene Eheleute seien.

*Der Dienstknecht Naumann erklärte, dass er das von seiner Ehefrau am 23. Mai 1901 zu Breslau geborene Kind Eduard als das seinige anerkenne.**)*

Vorgelesen, genehmigt und *unterschrieben.*

Hermann Philipp Naumann. Amalie Naumann, geborene Schmidt.
Wilhelm Grimm. Richard Schubert.

Der Standesbeamte.
N.

Die Uebereinstimmung mit dem Hauptregister beglaubigt
Namslau am *29. März* —— 1904
der Standesbeamte
N.

*) Es ist stets Stand oder Gewerbe der Zeugen anzugeben.
**) Die Nummer der Eintragung im Geburtsregister ist, wenn bekannt, anzugeben.

C 1.

Nr. *49*.

................................*Obornik* am *17. November* ———— *1901.*

Vor dem unterzeichneten Standesbeamten erschien heute, der Persönlichkeit nach ————————————————————

———————————————————— *bekannt,*

der Stellenbesitzer Joseph Karl Paul) Oginski,* ————

————————————————————

wohnhaft in *Obornik. Da der Erschienene der deutschen Sprache* ⌐ ~~und zeigte an,~~ ¬ daß *der Schüler Ignaz Joseph Oginski,* ——

....

....

—————— ~~alt,~~ ———— *katholischer* Religion,

wohnhaft in *Obornik bei dem Anzeigenden,* ————

geboren zu *Rawitsch am 7. September 1894,**)* ————

....

————————————————————

Sohn ——— des *Anzeigenden und seiner Ehefrau Maria Olga, geborenen Nowak,* ————————

⌐ *nicht mächtig ist und sich nur in polnischer Sprache erklären kann, wurde der von Person bekannte Lehrer Karl Hildebrand, wohnhaft in Obornik, als Dolmetscher zugezogen. Dieser versicherte an Eidesstatt, dass er treu und gewissenhaft übertragen werde. Oginski zeigte darauf durch den Dolmetscher an,* ¬

zu *Obornik in der Wohnung des Anzeigenden* ——

am —— *siebzehn*ten *November* ——

des Jahres tausend neunhundert *eins* ——

—— *Nachmittags* um *ein ein halb* —— Uhr

verstorben sei. *(Vorstehend 4 Druckworte gestrichen, 11 Zeilen am Rande geschrieben.) Dem Anzeigenden in polnischer Sprache durch den Dolmetscher* ——

Vorgelesen, genehmigt und *unterschrieben.* ——

Joseph Karl Paul Oginski. Karl Hildebrand.

Der Standesbeamte.

N.

---

*) Es sind stets sämmtliche Vornamen des Verstorbenen und seiner Eltern anzugeben, soweit die Namen bekannt sind.

**) Des Vermerkes, daß der Verstorbene ledig gewesen sei, bedarf es nicht, wenn es nach seinem Alter ausgeschlossen ist, daß er verheirathet war.

C 2.

Nr. *453.*

.... *Kostenblut* am *30. Dezember* ________ 19*03*.

Vor dem unterzeichneten Standesbeamten erschien heute, der Persönlichkeit nach ____________________

____________________ *bekannt*,

der Bauerngutsbesitzer Ferdinand Reschke, ____________________

____

wohnhaft in *Kostenblut,* ____________________

und zeigte an, daß *der Ackerknecht Emil Heinrich*) Hetzel,* ___

____

____

____________ *40 Jahre* alt, ________ *evangelischer* Religion,

wohnhaft in *Kostenblut,* ____________________

geboren zu *Gräfenberg, Bezirksamt Forchheim, Wittwer,* ________

____

____

Sohn ________ des *Tagelöhners Heinrich Hetzel und seiner Ehefrau Emilie (Familienname unbekannt) in Gräfenberg, Bezirks-*

amt Forchheim,

zu *Kostenblut in dem Gesindehause des Anzeigenden***)

am *neunundzwanzigsten Dezember*

des Jahres tausend neunhundert *vier*

Vormittags um *vier* Uhr

verstorben sei.

Vorgelesen, genehmigt und *unterschrieben.*

Ferdinand Reschke.

Der Standesbeamte.

N.

Kostenblut am 5. Januar 1904.

Das nebenstehende Wort „tausend neunhundert vier" ist Schreibfehler; es muss heissen:

tausend neunhundert drei.

Mit Genehmigung der Aufsichtsbehörde vermerkt.

Der Standesbeamte.

N.

*) Es sind stets sämmtliche Vornamen des Verstorbenen und seiner Eltern anzugeben, soweit die Namen bekannt sind.

**) Wird die Anzeige nicht von dem Familienhaupte, sondern von demjenigen erstattet, in dessen Wohnung oder Behausung sich der Sterbefall ereignet hat, so ist dies in der Eintragung ersichtlich zu machen.

C 3.

Nr. *3.*

.... *Berlin* am *10. September* ———— 19*01.*

Vor dem unterzeichneten Standesbeamten erschien heute, der Persönlichkeit nach ————————————————————

———————————————————— *bekannt,*

die Hebamme, Wittwe Ida Friedemann, ————————

————————————————————

wohnhaft in *Berlin, Potsdamerstrasse 3,* ————————

und zeigte an, daß *in ihrer Gegenwart von der Luise*) Krüger, geborenen Mattern, evangelischer Religion, in der Wohnung des Ehemanns, des Hutmachers Robert Krüger, evangelischer Religion,*

~~.................... alt, ... Religion,~~

~~wohnhaft in ....~~

~~geboren zu ....~~

~~....................~~

~~....................~~

~~.................... de ....~~

~~....................~~

~~....................~~

*zu Berlin, Hauptstrasse 3, am zehnten September tausend neunhundert eins Nachmittags um drei Uhr ein todtes Mädchen geboren worden sei.**)*

(Nebenstehend 20 Zeilen gestrichen, vorstehend 5 Zeilen am Rande geschrieben.)

Vorgelesen, genehmigt und unterschrieben.

Ida Friedemann.

Der Standesbeamte.

zu ....

am .... ten ....

des Jahres tausend neunhundert ....

.... mittags um .... Uhr

verstorben sei. ....

....

Vorgelesen, genehmigt und ....

....

....

Der Standesbeamte.

....

....

---

*) Es sind Stand oder Gewerbe und Religion der Eltern des Kindes anzugeben, ebenso ihre sämmtlichen Vornamen, soweit sie bekannt sind.

**) Ist das Kind in der Geburt verstorben, so hat die Eintragung zu lauten:
ein Mädchen geboren worden und daß das Kind in der Geburt verstorben sei.

C 4.

Nr. *1236.*

.... *Berlin* am *19. August* ———— 19*01.*

~~Vor dem unterzeichneten Standesbeamten erschien heute, der Persönlichkeit nach~~ ————

———— ~~kannt~~,

Der Erste Staatsanwalt bei dem Königlichen Landgericht I in Berlin hat mitgetheilt ————

~~wohnhaft in~~ ————

~~und zeigte an~~, daß *der Maurergeselle Gottfried Lehmann* ————

....

....

———— *27 Jahre* alt, ———— *evangelischer* Religion,

wohnhaft in *Berlin,* ————

geboren zu *Stettin, ledig,* ————

....

————

Sohn ———— der *verstorbenen, zuletzt in Blindow, Kreis Prenzlau, wohnhaft gewesenen Eheleute Otto Lehmann (Stand oder Gewerbe*

Auf Anordnung des Königlichen Amtsgerichts I in Berlin wird berichtigend vermerkt, dass der Vorname des Lehmann nicht Gottfried, sondern Gottlieb gewesen und dass er nicht zu Stettin, sondern zu Angermünde geboren ist.

Berlin am 14. November 1901.

Der Standesbeamte.

N.

unbekannt) und Rosalie, geborenen Richter, ——————
zu *Berlin im Thiergarten* ——————
am —————— *vierzehn*ten *August* ——————
des Jahres tausend neunhundert *eins* ——————
——————*Vormittags* um *sieben* —————— Uhr
~~verstorben sei.~~ *todt aufgefunden worden sei. Tag und Stunde des Todes sind nicht festgestellt worden.* ——————
~~Vorgelesen, genehmigt und~~ ——————
(Vorstehend 20 Druckworte gestrichen.) ——————

Der Standesbeamte.
N.

A a.

Geburtsurkunde.

Nr. ....

.... am .... 19.......

Vor dem unterzeichneten Standesbeamten erschien heute, der Persönlichkeit nach ....

.... kannt,

....

....

wohnhaft in ....

.... Religion, und zeigte an, daß von der

....

....

.... Religion,

wohnhaft ....

am .... ten .... des Jahres
tausend neunhundert .... mittags
um .... Uhr ein ....
geboren worden sei und daß das Kind .... Vornamen
....
erhalten habe. ....
....
....

Vorgelesen, genehmigt und ....
....
....

Der Standesbeamte.

....

Daß vorstehender Auszug mit dem Geburts-Haupt-Register des Standesamts zu .... gleichlautend ist, wird hiermit bestätigt.

.... am .... 19.......

Der Standesbeamte.

....

(Siegel.)

B b.

Heirathsurkunde.

Nr. .... (Vorderseite.)

.... am .... ten

.... tausend neunhundert ....

Vor dem unterzeichneten Standesbeamten erschienen heute zum Zwecke der Eheschließung:

1. der ....

....

der Persönlichkeit nach ....

.... kannt,

.... Religion, geboren am .... ten

.... des Jahres tausend .... hundert

.... zu ....

.... , wohnhaft in ....

....

Sohn de ....

....

.... wohnhaft

in ....;

2. die ....

....

der Persönlichkeit nach ....

.... kannt,

.... Religion, geboren am ....ten

.... des Jahres tausend .... hundert

.... zu ....

.................................., wohnhaft in ....

....

Tochter de ....

....

.... wohnhaft

in ....

(Rückseite.)

Als Zeugen waren zugezogen und erschienen:

3. d ....

....

der Persönlichkeit nach ....

.... kannt,

......Jahre alt, wohnhaft in ....

.... ;

4. d ....

....

der Persönlichkeit nach ....

.... kannt,

......Jahre alt, wohnhaft in ....

....

Der Standesbeamte richtete an die Verlobten einzeln und nach einander die Frage:

ob sie die Ehe mit einander eingehen wollen.

Die Verlobten bejahten diese Frage und der Standesbeamte sprach hierauf aus:

daß sie kraft des Bürgerlichen Gesetzbuchs nunmehr rechtmäßig verbundene Eheleute seien.

....

Vorgelesen, genehmigt und ....

....

....

....

Der Standesbeamte.

....

Daß vorstehender Auszug mit dem Heiraths-Haupt-Register des Standesamts zu .... gleichlautend ist, wird hiermit bestätigt.

.... am .... 19...... .

Der Standesbeamte.

....

(Siegel.)

C e.

Sterbeurkunde.

Nr. ....

.... am .... 19..... .

Vor dem unterzeichneten Standesbeamten erschien heute, der Persönlichkeit nach ....

.... kannt,

....

....

wohnhaft in ....

und zeigte an, daß ....

....

....

.... alt, ... Religion,

wohnhaft in ....

geboren zu ....

....

....

zu ....

am ....ten ....

des Jahres tausend neunhundert ....

.... mittags um .... Uhr

verstorben sei. ....

....

Vorgelesen, genehmigt und ....

....

....

Der Standesbeamte.

....

Daß vorstehender Auszug mit dem Sterbe-Haupt-Register des Standesamts zu ....

.... gleichlautend ist, wird hiermit bestätigt.

.... am .... 19....... .

Des Standesbeamte.

....

(Siegel.)

D 1.

Gültig nur zum Zwecke der Trauung. (§. 82 des Gesetzes vom 6. Februar 1875.)

Bescheinigung der Eheschließung.

Zwischen dem *Schlossermeister Otto Heinrich Richter*, ____________

wohnhaft in *Berlin*, ____________

und der *Anna Catharina Reinhardt*, ____________

wohnhaft in *Steglitz, Kreis Teltow*, ____________

ist vor dem unterzeichneten Standesbeamten heute die Ehe geschlossen worden.

.... *Berlin*, am *6. Februar* ——————— 19*01*.

Der Standesbeamte.

N.

(Siegel.)

E 1.

Aufgebot.

Es wird zur allgemeinen Kenntniß gebracht, daß

1. der *Tischlergeselle Hermann Ludwig Starke,* ______
______
wohnhaft in *Berlin, Prinzenstrasse 32, früher in Templin**) ______
Sohn des *Maurermeisters Anton Philipp Starke und seiner Ehefrau Emilie Luise, geborenen Pelkmann, wohnhaft***) *in Templin*
______;
2. die *Näherin Auguste Antonie Dorothea Neubauer,* ______
______
wohnhaft in *Königs-Wusterhausen, Kreis Teltow,* ______
Tochter des *Schlossermeisters Theodor Wilhelm Neubauer, wohnhaft in Königs-Wusterhausen, und seiner verstorbenen Ehefrau Dorothea, geborenen Hegmann, zuletzt wohnhaft in Königs-Wusterhausen,*

die Ehe mit einander eingehen wollen.

Die Bekanntmachung des Aufgebots hat in den *Gemeinden Berlin, Templin und Königs-Wusterhausen, Kreis Teltow,* ______ zu geschehen.

.... *Berlin* am *26. Februar* ——— 19*01*.

Der Standesbeamte.

(Siegel.) *N.*

Ausgehängt am ——— *Rath*haus in *Templin* ———

am *1. März* ——— 19*01*.

Abgenommen am *16. März* ——— 19*01*.***)

.... *Templin* am *16. März* ——— 19*01*.

*Der Bürgermeister.*****)

(Siegel.) *N.*

---

*) Vergl. §. 46 Nr. 3 des Gesetzes.

**) Es ist stets der Wohnort der Eltern der Verlobten anzugeben.

***) Zwischen den Tagen des Aushanges und der Abnahme müssen 14 volle Kalendertage liegen.

****) Die Bescheinigung ist von dem Beamten (Bürgermeister, Gemeindevorsteher, Standesbeamten u. s. w.) zu unterzeichnen, welcher die Bekanntmachung des Aufgebots bewirkt hat.

F.

Bescheinigung des Aufgebots
und
standesamtliche Ermächtigung.

Der unterzeichnete Standesbeamte des .... Standesamts in ....
.... bescheinigt hiermit, daß zum Zwecke der Eheschließung zwischen

1. dem ....
....
....
...., geboren am .... 1......
zu ....
wohnhaft in ....
Sohn de ....
....
.... ;

2. der ....

.................................., geboren am .... 1.....

zu ....

wohnhaft in ....

Tochter de ....

....

....

das Aufgebot vorschriftsmäßig durch Aushang am ....haus
in .... vom .... bis .... 19.....

....

....

....

erfolgt ist und daß Ehehindernisse nicht zu seiner Kenntniß gekommen sind. Zugleich ertheilt der unterzeichnete Standesbeamte die Ermächtigung, daß die Ehe vor dem Standesbeamten in ....
.... geschlossen werde.

.... am .... 19.....

Der Standesbeamte.

(Siegel.)

F 1.

Bescheinigung des Aufgebots.

~~und~~

~~standesamtliche Ermächtigung.*)~~

Der unterzeichnete Standesbeamte des *Grossherzoglich badischen* Standesamts in *Freiburg* bescheinigt hiermit, daß zum Zwecke der Eheschließung zwischen

1. dem *Gastwirthe Friedrich Ilgner*, geboren am *25. März* 1872 zu *Freiburg*, wohnhaft in *Freiburg*, Sohn des *Gastwirths Josef Friedrich Otto Ilgner und seiner Ehefrau Catharina, geborenen Deutsch, wohnhaft in Freiburg*;

2. der *Lehrerin Susanne Barbara Spiegelhalter*

zu *Emmendingen,* ——

wohnhaft in *Emmendingen,* ——

Tochter des *verstorbenen Weinbauers Berthold Spiegelhalter, zuletzt wohnhaft in Emmendingen, und seiner Ehefrau Barbara, geborenen Sonntag, wohnhaft in Emmendingen,* ——

das Aufgebot vorschriftsmäßig durch Aushang am —— *Rath*haus in *Freiburg* —— vom *23. April* — bis *8. Mai* — 19*01* *und am Rathhaus in Emmendingen vom 25. April bis 10. Mai 1901* ——

....

....

erfolgt ist und daß Ehehindernisse nicht zu seiner Kenntniß gekommen sind. ~~Zugleich ertheilt der unterzeichnete Standesbeamte die Ermächtigung, daß die Ehe vor dem Standesbeamten in —— geschlossen werde.~~

.... *Freiburg* am *12. Mai* —— 19*01.*

Der Standesbeamte.

(Siegel.) *N.*

*) Ist nur die Bescheinigung des Aufgebots zu ertheilen, so sind die Worte „und standesamtliche Ermächtigung" sowie der Schlußsatz zu durchstreichen.

Sachregister.

(Die Zahlen bezeichnen die Seite, die in Klammern beigefügten Zahlen verweisen auf die Paragraphen des Gesetzes oder des BGB).

T.

U.

V.

W.

Druck von Georg Reimer in Berlin.

Verzeichnis

der

Guttentag'schen Sammlung Deutscher Reichs- und Preussischer Gesetze

Text-Ausgaben

mit Anmerkungen u. Sachregister

Guttentag'sche Sammlung

Deutscher Reichsgesetze.

Text-Ausgaben mit Anmerkungen. Taschenformat.

---

1. **Verfassung** des Deutschen Reichs. Gegeben Berlin, den 16. April 1871. Von Dr. **L. von Rönne.** Neunte Auflage von Landrath **Paul von Rönne.** 2 M. 40 Pf.

2. **Strafgesetzbuch** für das Deutsche Reich. Nebst den gebräuchlichsten Reichs-Strafgesetzen: Presse, Entziehung elektrischer Arbeit, Kranken-, Unfall-, Invalidenversicherung, Gewerbeordnung, unlauterer Wettbewerb, Depot- und Börsengesetz, gewerbliche Kinderarbeit u. s. w. Von Dr. **H. Rüdorff.** Einundzwanzigste Auflage von Dr. **H. Appelius,** Kammergerichtsrath. 1 M. 20 Pf.

3. **Militärstrafgerichtsordnung** nebst Einführungsgesetz und Gesetz, betreffend die Dienstvergehen der richterlichen Militärjustizbeamten und die unfreiwillige Versetzung derselben in eine andere Stelle oder in den Ruhestand. Bearbeitet von Dr. **Paul Herz,** Senatspräsident am Reichsmilitärgericht. Dritte Auflage. 4 M.

   Militär-**Strafgesetzbuch** s. RG. Nr. 67.

4. **Handelsgesetzbuch vom 10. Mai 1897** unter Ausschluß des Seerechts. Mit den ergänzenden Vorschriften des Bürgerlichen Gesetzbuchs und Erläuterungen herausgegeben von **F. Litthauer,** Justizrath. Dreizehnte Auflage herausgegeben von Geh. Justizrat Prof. Dr. **A. Mosse,** Oberlandesgerichtsrath. 3 M.

5. Allgemeine Deutsche **Wechselordnung.** Neunte Auflage von Justizrath Dr. **J. Stranz** und Rechtsanwalt Dr. **M. Stranz,** und das Reichsgesetz über die **Wechselstempelsteuer.** Von Regierungsrath **P. Loeck.** Achte Auflage. 3 M.

6. **Gewerbeordnung** für das Deutsche Reich nebst allen Ausführungsbestimmungen. Ursprünglich herausgegeben von **T. Ph. Berger** und Dr. **L. Wilhelmi.** Sechszehnte Auflage bearbeitet von Oberverwaltungsgerichtsrath **H. Spangenberg.** 3 M.

7. Die deutsche **Post- und Telegraphen-Gesetzgebung.** Nebst dem Weltpostvertrag und dem internationalen Telegraphenvertrag. Von Wirkl. Geh. Rath Dr. **Fischer.** Fünfte Auflage bearbeitet von Geh. Postrath Dr. **M. König.** 3 M.

8. Die Reichsgesetze über den **Unterstützungswohnsitz** in der Fassung der Novelle vom 12. März 1894, **die Freizügigkeit, den Erwerb und Verlust der Bundes- und Staatsangehörigkeit,** nebst allen landesgesetzlichen Bestimmungen. Von Geheimrath Dr. **J. Krech,** Mitglied des Bundesamtes für das Heimathwesen. Fünfte Auflage. 2 M. 70 Pf.

9a. Sammlung **kleinerer privatrechtlicher Reichsgesetze.** Von **F. Vierhaus.** Zweite Auflage in Vorbereitung.

9. Sammlung **kleinerer strafrechtlicher Reichsgesetze.** Mit den Entscheidungen des Reichsgerichts bearbeitet von **M. Werner,** Geh. Ober-Regierungsrath. Zweite Auflage. 3 M.

Inhalt: Inhaberpapiere — Presse — Personenstand — Urheberrechtsgesetzgebung — Rinderpest — Nahrungs- und Genußmittel — Sprengstoff — Feingehalt von Gold- und Silberwaaren — Patentgesetz — Handfeuerwaffen — Gebrauchsmusterschutz — Militärische Geheimnisse — Waarenbezeichnung — unlauterer Wettbewerb — Auswanderung — Margarine — Wein — Sklavenraub — Fleischbeschau — Reichsseuchengesetz — Süßstoff — Reichskassenscheine.

10. Das **Reichsbeamtengesetz** vom 31. März 1873 und seine Ergänzungen. Erläutert von **J. Pieper,** Geh. Ober-Regierungsrath. Zweite Auflage. 4 M. 50 Pf.

11. **Zivilprozeßordnung mit Gerichtsverfassungsgesetz** in den neuesten Fassungen. Unter besonderer Berücksichtigung der Entscheidungen des Reichsgerichts herausgegeben mit Anmerkungen zunächst von **R. Sydow,** Unterstaatssekretär, weiter bearbeitet von **L. Busch,** Kammergerichtsrath. Zehnte Auflage. 8°. 6 M.

Dieser Band ist in größerem Format erschienen!

12. **Strafprozeßordnung und Gerichtsverfassungsgesetz** nebst dem Gesetz, betreffend die Entschädigung der im Wiederaufnahmeverfahren freigesprochenen Personen. Von Dr. **A. Hellweg,** Reichsgerichtsrath. Dreizehnte Auflage. 2 M.

13. **Konkursordnung und Anfechtungsgesetz.** Unter besonderer Berücksichtigung der Entscheidungen des

Reichsgerichts herausgegeben mit Anmerkungen von **R. Sydow** u. **L. Busch.** Neunte Auflage. 2 M. 25 Pf.

14. **Gerichtsverfassungsgesetz** mit Einführungsgesetz. Herausgegeben von **R. Sydow** und **L. Busch.** Neunte Auflage. 1 M. 50 Pf.

15. Das **Deutsche Gerichtskostengesetz** nebst den Gebührenordnungen für Gerichtsvollzieher, Zeugen und Sachverständige. Herausgegeben mit Anmerkungen und Kostentabellen von **R. Sydow** u. **L. Busch.** Siebente Auflage. 1 M. 80 Pf.

16. **Rechtsanwaltsordnung.** Von **R. Sydow.** Vierte Auflage von Dr. **E. Mosler.** 1 M. 20 Pf.

17. Die **Deutsche Gebührenordnung für Rechtsanwälte und das Preußische Gebührengesetz** vom 27. September/6. Oktober 1899. Von **R. Sydow** und **L. Busch.** Siebente Auflage. 1 M. 60 Pf.

18. **Reichsstempelgesetz (Börsensteuergesetz)** v. 14. Juni 1900, mit den Ausführungsbestimmungen, einem Auszug aus den Gesetzes-Materialien und den Entscheidungen der Verwaltungsbehörden und des Reichsgerichts. Achte Auflage von **P. Loeck,** Regierungsrath. 3 M. 30 Pf.

19. Die **Seegesetzgebung.** Nebst den Entscheidungen des Reichsoberhandelsgerichts, des Reichsgerichts und der Seeämter. Von Dr. **W. E. Knitschky.** Dritte Auflage bearbeitet von Oberlandesgerichtsrath **Otto Rudorff** in Hamburg. 4 M. 50 Pf.

20. **Krankenversicherungsgesetz.** Von weil. Dr. **E. von Woedtke,** Direktor im Reichsamte des Innern. Elfte Auflage bearbeitet von Dr. **G. Eucken-Addenhausen,** Geh. Reg.-Rath und vortr. Rat im Reichsamte des Innern. 3 M.

21. Die **Konsulargesetzgebung.** Von Professor Dr. **Ph. Zorn.** Zweite Auflage. 3 M.

22a. **Patentgesetz.** Nebst Ausführungsbestimmungen, völkerrechtlichen Verträgen und der Patentanwalts-Ordnung unter eingehender Berücksichtigung der Rechtsprechung des Reichsgerichts und der Praxis des Patentamts. Erläutert von Prof. Dr. **R. Stephan,** Geh. Reg.-Rath, Mitglied des Kaiserlichen Patentamts. Sechste Auflage. 2 M.

22b. Gesetz zum **Schutz der Waarenbezeichnungen.** Nebst Ausführungsbestimmungen. Von Dr. **R. Stephan,** Geh. Reg.-Rath, Mitglied des Kaiserlichen Patentamts. Vierte Auflage. 1 M.

23. **Gewerbe-Unfallversicherungsgesetz.** Von weil. Dr. **E. v. Woedtke.** Achte neubearbeitete Auflage von **Franz Caspar,** Direktor im Reichsamt des Innern. 2 M. 50 Pf.

24. **Aktiengesellschaft und Kommanditgesellschaften auf Aktien.** (Handelsgesetzbuch, II. Buch, Abschnitt 3 und 4.) Mit Anmerkungen von **H. Keyssner,**

Kammergerichtsrath und Dr. **H. Veit Simon,** Rechtsanwalt. Fünfte Auflage. Bearbeitet von Dr. **Hugo Keyssner** und **L. Keyssner.** 2 M. 25 Pf.

25. Reichsgesetz wegen **Erhebung der Brausteuer** vom 31. Mai 1872 mit Ausführungsvorschriften. Von **E. Bertho,** Regierungsrath. 1885. 1 M. 60 Pf.

26. Die Reichsgesetzgebung über **Münz- und Notenbankwesen,** Papiergeld, Prämienpapiere und Reichsschulden. Von Dr. jur. **R. Koch,** Präsident des Reichsbankdirektoriums. Fünfte Auflage. 3 M.

27. Die Gesetzgebung, betr. das **Gesundheitswesen** im Deutschen Reich für Behörden, Aerzte rc. Von Dr. jur. **C. Goesch** und Dr. med. **J. Karsten.** 1888. 1 M. 60 Pf.

28. **Bau-Unfallversicherungsgesetz.** Vom 30. Juni 1900. Von **R. Chrzescinski,** Kaiserl. Regierungsrath. Dritte Auflage. 2 M.

29. Reichsgesetz, betr. die **Erwerbs- und Wirthschaftsgenossenschaften.** Von **L. Parisius** und Dr. **H. Crüger.** Elfte Auflage bearbeitet von Dr. **H. Crüger.** 1 M. 50 Pf.

30. **Invalidenversicherungsgesetz** vom 13. Juli 1899. Von weil. Dr. **E. v. Woedtke.** Neunte Auflage bearbeitet von Regierungsrat **H. Follmann.** Im Druck.

31. **Gewerbegerichtsgesetz.** Von Stadtrath **L. Mugdan.** Fünfte Auflage bearbeitet von **W. Cuno,** Erstem Bürgermeister zu Hagen i. W. 2 M.

32. Reichsgesetz, betr. die **Gesellschaften mit beschränkter Haftung.** Von **L. Parisius** und Dr. **H. Crüger.** Achte Auflage. 1 M. 40 Pf.

33. Das **Vereins- und Versammlungsrecht** in Deutschland. Von Dr. **E. Ball,** Rechtsanwalt. 2 M. 25 Pf.

34. Reichsgesetz, betreffend die **Abzahlungsgeschäfte.** Vom 16. Mai 1894. Von **J. Hoffmann.** Zweite vermehrte Auflage besorgt von Dr. **E. Wilke,** Landgerichtsrath. 1 M. 20 Pf.

35. Die **Reichs-Eisenbahngesetzgebung.** Von **W. Coermann,** Kaiserl. Amtsrichter. 1895. 2 M. 25 Pf.

36. Gesetze, betr. die **privatrechtlichen Verhältnisse der Binnenschifffahrt und der Flößerei.** Erläutert von **H. Makower.** Dritte Auflage bearbeitet von **E. Löwe,** Landgerichtsrath. 3 M.

37. Gesetz zur **Bekämpfung des unlauteren Wettbewerbes.** Vom 27. Mai 1896. Von Dr. **R. Stephan,** Geh. Regierungsrath. Dritte Auflage. 1 M.

38/39. **Bürgerliches Gesetzbuch nebst Einführungsgesetz.** Nach dem Tode des ursprünglichen Herausgebers Reichsgerichtsraths a. D. Dr. **A. Achilles** in Verbindung mit Professor Dr. **André,** Landrichter

Ritgen, Landrichter **Strecker,** Ober-Regierungsrath Dr. **Unzner** herausgegeben von Geh. Ober-Justizrath **Greiff.** Vierte Auflage. 8°. 6 M. 50 Pf.

Dieser Band ist in größerem Format erschienen!

40. Gesetz, betr. die **Pflichten der Kaufleute bei Aufbewahrung fremder Werthpapiere (Depotgesetz).** Mit Erläuterungen. Von **F. Lusensky,** Geh. Ober-Regierungsrath. Zweite Auflage. 1 M.

41. **Börsengesetz.** Vom 22. Juni 1896. Nebst Ausführungsbestimmungen. Unter Mitwirkung des Direktors im Reichsamt des Innern **A. Wermuth** bearbeitet von Regierungsrath **H. Brendel.** 1 M. 50 Pf.

42. **Grundbuchordnung** nebst den preußischen Ausführungsbestimmungen. Mit Einleitung. Von Professor Dr. **O. Fischer.** Dritte Auflage. 2 M. 25 Pf.

43. Die Gesetzgebung, betr. die **Zwangsvollstreckung in das unbewegliche Vermögen** im Reiche und in Preußen. Mit Einleitung, Kosten- und Gebührentabellen. Von Dr. **J. Krech,** Kaiserl. Geh. Regierungsrath und Professor Dr. **O. Fischer.** Vierte Auflage. 2 M.

44. Das Reichsgesetz über das **Auswanderungswesen** vom 9. Juni 1897 nebst Ausführungsverordnungen und Anlagen. Unter Benutzung amtlicher Quellen. Von Professor Dr. **Felix Stoerk.** 2 M. 25 Pf.

45. Das **Entmündigungsrecht** unter Berücksichtigung der für Preußen geltenden Vorschriften nebst der preußischen Justiz-Ministerial-Verfügung vom 28. November 1899. Text der civil- und prozeßrechtlichen Bestimmungen mit Erläuterungen von Landgerichtsrath Dr. **P. Koll** in Cöln. 1 M. 50 Pf.

46. Die Gesetze des Reiches und Preußens über die **freiwillige Gerichtsbarkeit.** Mit Einleitung von **Herm. Jastrow,** Amtsgerichtsrath. Vierte Auflage. 3 M.

47. Das **deutsche Vormundschaftsrecht** und das preuß. Gesetz über die Fürsorgeerziehung Minderjähriger nebst den dazu gehörigen preußischen Nebengesetzen. Mit Einleitung und Erläuterungen von **Max Schultzenstein,** Oberverwaltungsgerichtsrath und Amtsgerichtsrath Dr. **Paul Köhne.** Zweite Auflage 3 M.

48. Gesetze und Verordnungen, betr. den **Drogen-, Gift- und Farbenhandel** außerhalb der Apotheken. Von Dr. **Broh,** Rechtsanwalt. 1 M. 25 Pf.

49. Deutsche **Kolonialgesetzgebung.** Von Professor Dr. **Philipp Zorn.** 4 M. 50 Pf.

50. Der **Viehkauf** (Viehgewährschaft) nach dem Bürgerlichen Gesetzbuche. Mit Erläuterungen von Rechtsanwalt Dr. **H. Stölzle.** Nebst Verordn. betr. die Hauptmängel und Gewährsfristen beim Viehhandel. Von **H. Weiskopf,** Königl. Kreisthierarzt in Augsburg. Dritte Auflage. 3 M.

51. **Hypothekenbankgesetz** vom 13. Juli 1899. Von Dr. **H. Göppert,** Gerichts-Assessor. 1 M. 80 Pf.

52. Gesetz, betreffend die gemeinsamen **Rechte der Besitzer von Schuldverschreibungen.** Von Dr. **Heinrich Göppert,** Gerichts-Assessor. 2 M.

53. **Reichspreßgesetz** vom 7. Mai 1874 nebst den einschlägigen Bestimmungen des Strafgesetzbuchs, der Gewerbeordnung ꝛc. Kommentar von **A. Born,** Polizeiassessor. 1 M. 50 Pf.

54. Die Reichsgesetzgebung über den Verkehr mit **Nahrungsmitteln, Genußmitteln** und **Gebrauchsgegenständen.** Von Dr. **Georg Lebbin,** Nahrungsmittelchemiker. 2 M. 25 Pf.

55. Das Recht der **Beschlagnahme von Lohn- und Gehaltsforderungen.** Auf Grundlage der Reichsgesetze vom 21. Juni 1869 u. 29. März 1897 und der Civilprozeßordnung. Von Rechtsanwalt **Georg Meyer.** Zweite Auflage. 2 M.

56. **Gesetz,** betr. die **Bekämpfung gemeingefährlicher Krankheiten.** Nebst Ausführungsbestimmungen. Von Dr. **Bruno Burkhardt,** Regierungsrath, Mitglied des Kais. Gesundheitsamts. 1 M. 40 Pf.

57. **See-Unfallversicherungsgesetz.** Von **Dr. Max Mittelstein,** Oberlandesgerichtsrath in Hamburg. 2 M.

58. **Das Recht der unehelichen Kinder.** Ausgabe aller einschlägigen Bestimmungen des B.G.B. Von **Hermann Jastrow,** Amtsgerichtsrath. 1 M. 80 Pf.

59. Reichsgesetz über die **Beurkundung des Personenstandes und die Eheschließung.** Von Dr. **F. Fidler,** Amtsgerichtsrath. 1 M. 80 Pf.

60. Gesetz, betreffend das **Urheberrecht an Werken der Litteratur und der Tonkunst.** Von Gerichtsassessor **Otto Lindemann.** 1 M. 50 Pf.

61. Gesetz über das **Verlagsrecht.** Von Justizrath **Ernst Heinitz.** 1 M. 50 Pf.

62. Gesetz über die **privaten Versicherungsunternehmungen.** Von **H. Königs,** Ob.-Landsger.-Rath. 3 M.

63. **Gesetzestafel des Deutschen Reichsrechts.** Systematisch geordnete Nachweisung des z. Z. geltenden Reichsrechts. Ergänzungsband zu der Guttentag'schen Sammlung Deutscher Reichsgesetze. Von **Hugo Bruhns,** Syndikus. 2 M. 50 Pf.

64. Gesetzsammlung betr. den **Handel mit Drogen und Giften.** Reichsgesetzl. Bestimmungen und Anhang mit den landesgesetzl. Verordnungen sämmtlicher Bundesstaaten. Von Rechtsanwalt **H. Sonnenfeld,** Syndikus der Berliner Drogisten-Innung. 3 M.

65. Das **Weingesetz** vom 24. Mai 1901. Mit Ausführungsbestimmungen erläutert von Dr. **Georg Lebbin,** Handels- und Gerichtschemiker zu Berlin. 1 M. 50 Pf.

66. Die **Eisenbahn-Gesetzgebung.** Von **W. Pietsch,** Geh. exp. Sekretär im Reichs-Eisenbahn-Amt. 5 M.

67. **Militär-Strafgesetzbuch.** Mit den Entscheidungen des Reichs-Militärgerichts von Dr. **Paul Herz,** Senats-Präsident am Reichs-Militärgericht und Kriegsgerichtsrath Dr. **Georg Ernst.** 3 M.

68. Das **Fleischbeschaugesetz.** Vom 3. Juni 1900. Mit Ausführungsges. u. Verordnungen im Reiche und in Preußen. Von Dr. **Georg Lebbin,** Gerichtschemiker und Rechtsanwalt Dr. **Georg Baum.** 4 M.

69. Reichsgesetz über die **Naturalleistungen der bewaffneten Macht im Frieden** nebst den zugehörigen in Preußen geltenden Bestimmungen. Von Regierungsassessor Dr. **Walter v. Hippel.** 1 M. 25 Pf.

70. Das **Reichs-Haftpflichtgesetz,** betr. die Verbindlichkeit zum Schadensersatz für die bei dem Betriebe von Eisenbahnen, Bergwerken, Steinbrüchen, Gräbereien und Fabriken herbeigeführten Tödtungen und Körperverletzungen, vom 7. Juni 1871. Von Regierungsrath Dr. **G. Eger.** Preis 3 M.

71. **Kinderarbeit in gewerblichen Betrieben,** v. 30. März 1903. Nebst der Preuß. Ausführ.-Anw. v. 30. Nov. u. d. Bek. des Reichskanzlers v. 17. Dez. 1903. Von **H. Spangenberg,** Oberverwaltungsgerichtsrath. Zweite vermehrte Auflage. 1 M. 60 Pf.

72. **Unfallversicherungsgesetz für Land- und Forstwirtschaft** vom wirkl. Geh. Rat Dr. **E. von Woedtke,** fortgesetzt von Dr. **Alfred Radtke,** Geh. Regierungsrat und Senatspräs. im Reichsversicherungsamt. 4 M. 50 Pf.

73. **Entschädigung für unschuldig erlittene Verhaftung und Bestrafung.** Nebst Anhang, enth. die dazu gehörigen Nebengesetze über Schadensersatz. Von Dr. jur. **A. Romen,** Geh. Kriegsrat und vortr. Rat im Kriegsministerium. 2 M.

74. Die **Kaufmannsgerichte** nebst den preuß. Ausführungsbestimmungen. Von Dr. **Max Apt,** Syndikus der Korporation der Berliner Kaufmannschaft. Dritte Auflage. 2 M.

Daraus einzeln: **Preuß. Ausführungsbestimmungen.** 50 Pf.

75. Reichsgesetz über die **Konsulargerichtsbarkeit.** Erläutert von Dr. iur. **A. F. Vorwerk,** Rechtsanwalt in Schanghai. 2 M.

76. **Die Rechtshilfe im Verkehr mit den ordentlichen Gerichten nach deutschem Reichsrecht.** Zusammenstellung aller in Betracht kommenden Gesetzesstellen. Von Landrichter Dr. **A. Friedländer.** 1 M. 80 Pf.

Guttentag'sche Sammlung

Preußischer Gesetze.

Text-Ausgaben mit Anmerkungen. Taschenformat.

---

1. Die **Verfassungs-Urkunde** für den Preußischen Staat. Mit Einleitung, vollständigem Kommentar. Von Prof. Dr. **Adolf Arndt.** Fünfte Auflage. 3 M.

2. Preußische **Beamten-Gesetzgebung.** Enthaltend die wichtigsten Beamtengesetze in Preußen. Von **C. Pfafferoth.** Vierte, neubearbeitete Auflage. 2 M.

3. **Die Aufnahme des Nottestaments** durch die bestellten besonderen Urkundspersonen. Anweisung vom 15. März 1904. Erläutert mit Musterbeispielen und einem Abriß des Erbrechts von Amtsgerichtsrath **C. Kurtz.** 1 M. 50 Pf.

4. **Gebührenordnung** für **Notare** vom 25. Juni 1895 nebst den einschlägigen Vorschriften des Preußischen Gerichtskostengesetzes. Von **R. Sydow.** Zweite Auflage bearbeitet von Dr. **E. Mosler,** Gerichtsassessor. 1 M. 50 Pf.

5. Gesetz vom **24. April 1854 (betr. die außereheliche Schwängerung).** Von Dr. **Schulze.** 75 Pf.
Gültiges Recht siehe: Reichsgesetze Nr. 58.

6. Die Preuß. **Ausführungsgesetze und Verordnungen zu den Reichs-Justizgesetzen.** Von **R. Sydow.** Dritte vermehrte Auflage. 1895. 2 M. 40 Pf.

Siehe Seite 21, Busch, Ausführungsgesetze.

7. **Allg. Gerichtsordnung** vom 6. Juli 1793 und Preuß. **Konkursordnung** vom 8. Mai 1885. Von **F. Vierhaus,** Geh. Ober-Justizrath. Vergriffen.

8. **Vormundschaftsordnung.** Von **F. Schultzenstein.** Gültiges Recht siehe: Reichsgesetze Nr. 47.

9. Die Preußische **Grundbuchgesetzgebung.** Von Prof. Dr. **Fischer.** Vergriffen. Siehe: Reichsgesetze Nr. 42.

10. **Einkommensteuergesetz.** Von **A. Fernow,** Geh. Finanzrath. Fünfte Auflage. 2 M. 50 Pf.

11. **Gewerbesteuergesetz.** Von **A. Fernow,** Geh. Finanzrath. Vierte, vermehrte u. verbesserte Auflage. 2 M.

12. **Allgemeines Berggesetz** für die preußischen Staaten und die auf dasselbe bezügl. Gesetze u. Verordnungen. Von **E. Engels.** Dritte Auflage. In Vorbereitung.

13. **Ergänzungssteuergesetz** (Vermögenssteuergesetz). Von **A. Fernow,** Geh. Finanzrath. Dritte vermehrte Auflage. 1 M. 50 Pf.

14. **Kommunalabgabengesetz.** Vom 14. Juli 1893 und Gesetz wegen Aufhebung direkter Staatssteuern. Von Dr. **F. Adickes,** Oberbürgermeister. Dritte Auflage. 1 M. 50 Pf.

15. Die **Kreisordnungen** für den Preußischen Staat. Von **O. Kolisch,** Landgerichtsrath. 1894. 4. M.

16. **Concessionirung gewerblicher Anlagen.** Preuß. Ausführungs-Anweisung zu §§. 16 u. ff. der Gewerbe-Ordnung. Von Dr. **W. v. Rüdiger,** Geh. Regierungs- u. Gewerberath. Zweite Auflage. 2 M.

17. Preußisches **Gerichtskostengesetz.** Mit Kostentabellen. Von Dr. **P. Siméon,** Landrichter. Vierte Auflage. 2 M. 25 Pf.

18. Preußisches **Stempelsteuergesetz** vom 31. Juli 1895. Mit den gesammten Ausführungsbestimmungen und vollständigen Tabellen. Von **P. Loeck,** Regierungs-rath. Fünfte Auflage. 5 M.

Dieser Band ist in größerem Format erschienen.

19. Das **Jagdscheingesetz.** Mit ausführlichen Erläuterungen nebst der Ausführungsverfügung. Von **F. Kunze,** Wirklichem Geh. Ober-Regierungsrath. Zweite Auflage. 2 M.

20. Die **preußischen Erbschaftssteuergesetze.** Unter Berücksichtigung der Novelle vom 31 Juli 1895. Von **U. Hoffmann,** Geh. Registrator im Königl. preuß. Finanzministerium. 4 M.

21. Gesetz über die **Handelskammern.** Vom 19. August 1897. Mit Erläuterungen von **F. Lusensky,** Geh. Regierungsrath. 3 M.

22. Gesetz, betr. **Anstellung und Versorgung der Kommunalbeamten.** Mit Ausführungsanweisung. Von Dr. **W. Ledermann,** Magistratsassessor zu Berlin 1 M. 25 Pf.

23. **Ausführungsgesetz zum Bürgerlichen Gesetzbuche.** Von Landrichter Dr. **P. Siméon.** 2. Aufl. 1 M. 80 Pf.

24. Die **Hinterlegungsordnung** in der Fassung des Ausführungsgesetzes z. B.G.B. v. 20. Sept. 1899 nebst Ausführungsbestimmungen. Von Regierungsassessor Dr. **Georg Bartels.** 1 M. 50 Pf.

25. **Preußische Kommunalbeamtengesetzgebung.** Von Magistratsassessor Dr. **Fr. Kremski,** Berlin. 3 M.

26. Die Preußischen Gesetze über **das Diensteinkommen der Lehrer und Lehrerinnen, ihren Ruhegehalt und die Fürsorge für ihre Hinterbliebenen,** sowie einer Tabelle zur Berechnung der Ruhegehalts-, Wittwen- und Waisenbezüge. Von Dr. **Ed. Cremer,** Beigeordneter. 2 M. 40 Pf.

27. Gesetz, betreffend die **Waarenhaussteuer.** Von Geh. Ober-Finanzrath Dr. **G. Strutz.** 1 M. 20 Pf.

28. Gesetz über die **Fürsorgeerziehung Minderjähriger.** Nebst Ausführungsanweisungen. Von Landgerichtsrath Dr. **P. F. Aschrott.** 2 M. 80 Pf.

29. Gesetz, betr. **die ärztlichen Ehrengerichte, das Umlagerecht und die Kassen der Aerztekammern.** Von Amtsgerichtsrath Dr. **Fidler.** 1 M. 50 Pf.

30 Die das **Preußische Staatsschuldbuch** und **Reichsschuldbuch** betr. Gesetze nebst Ausführungsbestimmungen. Von Wirkl. Geh. Ober-Finanzrath **J. Mücke,** Mitglied der Staatsschuldenverwaltung. 2 M.

31 a. **Die geltenden Preußischen Gesindeordnungen.** Herausgegeben in zwei Bänden von **Stephan Gerhard,** Rechtsanwalt in Berlin.

Band I: Gesindeordnung für die altpreußischen Provinzen vom 8. XI. 1810, mit Erläuterungen unter Berücksichtigung der Ergänzungsgesetze und der Rechtsverhältnisse der Gesindevermiether, sowie die Gesindeordnung für Neuvorpommern und Rügen und für die Rheinprovinz. 2 M. 50 Pf.

31b. **Band II:** Gesindeordnungen für Hannover, Schleswig-Holstein, Hessen-Nassau und den Regierungsbezirk Hohenzollern. 2 M. 50 Pf.

32. **Die Städteordnung für die sechs östlichen Provinzen Preußens vom 30. Mai 1853 nebst ihren gesetzlichen** Ergänzungen. Von **Dr. jur. Walter Ledermann,** Magistrats-Assessor zu Berlin. 6 M.

Dieser Band ist in größerem Format erschienen!

33. **Rentenguts- und Anerbenrechts-Gesetzgebung in Preußen.** Von Landgerichtsrath **M. Peltasohn** und Rechtsanwalt **Bruno Peltasohn.** 3 M.

34. Sammlung der wichtigsten **Preußischen Strafgesetze** nebst Anhang: Gesetz betr. polizeiliche Strafverfügungen vom 23. April 1883. Von **Otto Lindemann,** Amtsrichter. 2 M. 50 Pf.

Inhalt: Mobiliar-Feuerversicherung — Chausseegeld — Jagdpolizei — Jagdschein — Wild-Schonzeit — Fischerei — Versammlungs- u. Vereinigungsrecht — Belagerungszustand — Gesindedienstpflichten — Mineraliengewinnung und -Aneignung — Schlachthäuser — Dampfkesselbetrieb — Wandergewerbebetrieb — Reblausverbreitung — Forstdiebstahl — Wald- u. Wassergenossenschaften — Feld- u. Forstpolizei — Lotteriespiel — Verkehrsabgaben — Landestrauer.

35. **Geschäftsordnung für Gerichtsvollzieher.** Gerichtsvollzieherordnung und Gebührensätze von Amtsgerichtssekretär a. D. **Emil Exner.** 3 M. 50 Pf.

36. Die Gesetzgebung über **Polizeiverordnungen in Preußen** von **Otto Lindemann,** Amtsrichter in Köslin. 1 M. 50 Pf.

37. Gesetz über die **Enteignung von Grundeigentum** vom 11. Juni 1874 von Landrichter **O. Meyer.** 2 M.

Guttentag'sche Sammlung von Text-Ausgaben mit Sachregister ohne Anmerkungen.

Taschenformat, elegant in Leinen gebunden.

Reichs-Justizgesetze:

Gerichtsverfassungsgesetz. Civilprozeßordnung. Konkursordnung. Strafprozeßordnung.

In einem Bande gebunden 3 M. 80 Pf.

Zweite Auflage.

Civilprozeßordnung mit **Gerichtsverfassungsgesetz** und **Einführungsgesetzen** in den neuesten Fassungen. 2 M.

Konkursordnung mit **Einführungsgesetz.** 80 Pf.

Strafprozeßordnung nebst **Einführungsgesetz.** 1 M. 20 Pf.

Bürgerliches Gesetzbuch nebst **Einführungsgesetz.** Zehnter Abdruck. 2 M. 50 Pf.

Handelsgesetzbuch nebst **Einführungsgesetz u. Seerecht.** Siebenter Abdruck. 1 M. 80 Pf.

Gewerbeordnung für das Deutsche Reich. Zweite Auflage. 1 M. 20 Pf.

Ausführungsanweisung zur Gewerbeordnung vom 1. Mai 1904 nebst der preuß. technischen Anleitung. 2 M.

Militär-Strafgesetzbuch mit Abdruck der angezogenen Bestimmungen des Reichs-Strafgesetzbuchs. 1 M.

Guttentag'sche Sammlung von Text-Ausgaben mit Sachregister ohne Anmerkungen.

Militärstrafgerichtsordnung für das Deutsche Reich, nebst **Einführungsgesetz** und Gesetz, betr. die Dienstvergehen der richterlichen Militärjustizbeamten und die unfreiwillige Versetzung derselben in eine andere Stelle oder in den Ruhestand. **Militär-Strafgesetzbuch** mit Abdruck der entsprechenden Bestimmungen des Reichs-Strafgesetzbuchs. Zweite Auflage. 1 M. 50 Pf.

Reichsstempelgesetz (Börsensteuergesetz). Mit Tabellen zur Berechnung der Reichsstempelabgaben. 1 M. 50 Pf.

Die Preußischen Ausführungsgesetze zum Bürgerlichen Gesetzbuche und den anderen Reichs-Justizgesetzen nebst Verordnungen, Ministerialerlassen und Geschäftsordnungen. Von **L. Busch**, Kammergerichtsrat. Zweite Ausgabe. 8°. Preis geb. 3 M.

Die Preußischen Ausführungsgesetze zum Bürgerlichen Gesetzbuche und Nebengesetze. Text-Ausgabe ohne Anmerkungen. Fünfte Auflage. Taschenformat. Preis geb. in ganz Leinen 1 M. 80 Pf.

Handbuch des Testamentsrechts

mit zahlreichen Beispielen und Formularen.

Dargestellt von **Heinrich Pelser**, Landgerichtsrat in Danzig. gr. 8°. Preis 8 M., geb. in ganz Leinen 9 M.

J. Guttentag, Verlagsbuchhandlung, G. m. b. H.
in Berlin W 35.

Arndt, Dr. Adolf, Professor. Verfassung des Deutschen Reichs. Mit Einleitung und Kommentar. Zweite Auflage. 8°. Geb. 4 M. 50 Pf.

Behrens, Paul, Handbuch für Vereine bei Aufstellung, Berathung und Aenderung der Vereins-Satzungen. 8°. Preis geb. 1 M.

Born, A., Polizei-Assessor in Königsberg i. Pr. Das preußische Baupolizeirecht nebst den Bestimmungen des Ansiedelungs-, Feld- und Forstpolizei-, Waldschutz- und Deichgesetzes, sowie dem Fluchtlinien-, Rayongesetz und Ges. über die Zulässigkeit des Rechtsweges gegen polizeiliche Verfügungen. Kommentar. gr. 8°. Preis 10 M., geb. 11 M.

Delius, Dr. jur. H., Landgerichtsrath. Die Haftpflicht der Beamten. 8°. Preis geb. 2 M.

Delius, Dr. jur. H., Landgerichtsrath. Die Rechtsverhältnisse der geschlossenen Gesellschaften und Vereine nach Preußischem Recht unter besonderer Berücksichtigung der Befugnisse der Polizeibehörden. 8°. Preis geb. in Leinen 1 M. 60 Pf.

Das Gesetz betreffend **die Anlegung und Veränderung von Straßen und Plätzen in Städten und ländlichen Ortschaften** vom 2. Juli 1875. Des Kommentars von weil. Oberverwaltungsgerichtsrath **R. Friedrichs** fünfte völlig neubearbeitete Auflage bearbeitet von Dr. jur. **Hugo v. Strauß und Torney,** Senatspräsident des Oberverwaltungsgerichts. 8°. Geb. in ganz Leinen 5 M.

Holtgreven, Dr. A., Präsident des Oberlandesgerichts in Hamm und Dr. **Th. Wolff,** Oberlandesgerichtsrath. Das Wildschadengesetz vom 11. Juli 1891. Kommentar. Vierte Auflage. 8°. Geb. 4 M. 50 Pf.

Könige, H., Oberlandesgerichtsrath. Handelsgesetzbuch vom 10. Mai 1897 nebst Abdruck des Gesetzes über die Angelegenheiten der freiwilligen Gerichtsbarkeit und Gerichtsverfassungsgesetz (Titel 7, Kammern für Handelssachen). 8°. Geb. in ganz Leinen 4 M. 50 Pf.

Telegraphenwege-Gesetz vom 18. Dezember 1899 nebst den vom Reichskanzler erlassenen Ausführungsbestimmungen vom 26. Januar 1900 und den Erläuterungen und Ausführungsanweisungen des Reichs-Postamts. Amtliche Ausgabe. 8°. Geb. in ganz Leinen 1 M.

Wilhelmi, Dr. L., Das Handwerkergesetz vom 26. Juli 1897. Mit Einleitung und Bemerkungen unter besonderer Berücksichtigung der Ausführungs-Anweisungen der größeren Bundesstaaten. Geb. in ganz Leinen 6 M.

Winter, Dr. Paul, Landrichter. **Bürgerliches Gesetzbuch nebst Einführungsgesetz** unter Einfügung der preußischen Ausführungsbestimmungen. Zweite Ausgabe. 8°. Preis geb. in ganz Leinen 3 M.

Wie leitet man eine Versammlung? Geschäftlicher Handweiser für Vorsitzende. Von einem Mitgliede des Deutschen Reichstags und des Preußischen Abgeordnetenhauses. kl. 8°. Preis in elegantem Einbande 1 M.

Schlagwort-Register.

R. = Nummer der Sammlung Deutscher **Reichs**gesetze.
P. = Nummer der Sammlung **Preußischer** Gesetze.
S. = Seite.

Postscheckordnung

vom 6. November 1908

(RGBl. S. 587)

mit Ausführungsbestimmungen.

Berlin 1908.

J. Guttentag, Verlagsbuchhandlung,
G. m. b. H.

Inhaltsverzeichnis.

Auf Grund des § 2 des Gesetzes, betreffend die Feststellung eines zweiten Nachtrags zum Reichshaushalts-Etat für das Rechnungsjahr 1908, vom 18. Mai 1908 (Reichs-Gesetzbl. 1908 S. 197) wird für das Reichs-Postgebiet nachstehende

Postscheckordnung

erlassen:

I. Beitritt zum Post-Überweisungs- und Scheckverkehre.

§ 1.

I. Zur Teilnahme am Post-Überweisungs- und Scheckverkehre wird jede Privatperson, Handelsfirma, öffentliche Behörde, juristische Person oder sonstige Vereinigung oder Anstalt auf ihren Antrag zugelassen. Der Antrag kann bei einem Postscheckamt oder einer Postanstalt gestellt werden.

II. Die Eröffnung eines Kontos erfolgt in der Regel bei dem Postscheckamt, in dessen Bezirke der Wohnsitz des Antragstellers liegt, auf Verlangen auch bei einem anderen Postscheckamt oder bei mehreren Postscheckämtern.

III. Auf jedes Konto muß eine Stammeinlage von 100 Mark eingezahlt werden.

IV. Jedes Postscheckamt führt eine Liste der Kontoinhaber. Der Postverwaltung bleibt vorbehalten, die Liste in der ihr geeignet erscheinenden Weise zu veröffentlichen.

V. Die Höhe des Guthabens eines Kontos unterliegt keiner Beschränkung.

II. Einzahlungen.

§ 2.

Allgemeines.

Einzahlungen auf ein Postscheckkonto können bewirkt werden:

A. mittels Zahlkarte bei jeder Postanstalt und jedem Postscheckamte (§ 3),

B. mittels Postanweisung bei jeder Postanstalt (§ 4),

C. mittels Überweisung von einem anderen Postscheckkonto (§ 5).

§ 3.

Einzahlungen mittels Zahlkarte.

I. Mittels Zahlkarte können auf ein Postscheckkonto Geldbeträge sowohl vom Kontoinhaber als auch von jeder anderen Person eingezahlt werden. Der Höchstbetrag einer Zahlkarte wird auf 10000 Mark festgesetzt.

II. Zu Zahlkarten dürfen nur Formulare benutzt werden, die von der Postverwaltung hergestellt sind. Die Formulare werden von den Postscheckämtern zum Preise von 25 Pfennig für je 50 Stück an die Kontoinhaber verabfolgt. Einzelne Formulare werden am Schalter der Postanstalten an das Publikum unentgeltlich abgegeben.

III. Die Ausfüllung der Zahlkarte kann auch durch Druck, mit der Schreibmaschine usw. bewirkt werden; die handschriftliche Ausfüllung darf nur mit Tinte geschehen. Der Geldbetrag ist in der Reichswährung anzugeben. Die Marksumme muß in Zahlen und in Buchstaben ausgedrückt sein. Auch das mit der Zahlkarte verbundene Formular für den Einlieferungsschein ist vom Einzahler dem Vordruck entsprechend auszufüllen.

IV. Der Abschnitt der Zahlkarte kann zu Mitteilungen an den Kontoinhaber benutzt werden.

V. Nach Einzahlung des Betrags wird der Postvermerk auf dem Einlieferungsscheine vollzogen.

VI. Der eingezahlte Betrag wird auf dem in der Zahlkarte angegebenen Postscheckkonto gutgeschrieben. Das Postscheckamt übersendet nach der Gutschrift dem Kontoinhaber den Abschnitt der Zahlkarte.

VII. Kann die Gutschrift bei dem Postscheckamte nicht erfolgen, weil ein Konto unter der in der Zahlkarte angegebenen Bezeichnung nicht geführt wird oder der Kontoinhaber wegen unzureichender Adresse nicht sicher erkennbar ist, so ist eine Unbestellbarkeitsmeldung zu erlassen, damit der Absender die Angaben der Zahlkarte berichtige oder die Rücksendung des eingezahlten Betrags beantrage. Der eingezahlte Betrag ist an den Absender ohne Erlaß einer Unbestellbarkeitsmeldung zurückzuzahlen, wenn für den in der Zahlkarte bezeichneten Empfänger bei dem Postscheckamte zwar ein Konto bestanden hatte, dieses aber erloschen ist.

Für die Beförderung jeder Unbestellbarkeitsmeldung und der zu erteilenden Antwort hat der Absender 20 Pfennig Porto an die Aufgabe-Postanstalt zu entrichten.

VIII. Den Landbriefträgern können auf ihren Bestellgängen Zahlkarten über Beträge bis 800 Mark zur Ablieferung an die Postanstalt übergeben werden. Auf das Verfahren finden die Vorschriften der Postordnung vom 20. März 1900 § 29 IV ff. entsprechende Anwendung. Für jede dem Landbriefträger auf seinem Bestellgang übergebene Zahlkarte ist eine Nebengebühr von 5 Pfennig im voraus zu entrichten.

IX. Der Absender kann eine eingelieferte Zahlkarte unter den in der Postordnung § 33 angeführten Voraussetzungen zurücknehmen, solange die Gutschrift auf dem Konto des Empfängers noch nicht gebucht ist.

§ 4.

Einzahlungen mittels Postanweisung.

I. 1. Jeder Kontoinhaber kann bei der Postanstalt, durch die er seine Postsendungen erhält, den Antrag stellen, daß die für ihn eingehenden Postanweisungen seinem Postscheckkonto gutgeschrieben werden.

II. Ist ein solcher Antrag gestellt, so überweist die Postanstalt den Betrag der für den Kontoinhaber eingegangenen Postanweisungen täglich mittels Zahlkarte an das Postscheckamt zur Gutschrift, während die Abschnitte der Postanweisungen dem Kontoinhaber übersandt werden.

III. 2. Die für einen Kontoinhaber einzuziehenden Postauftrags- und Nachnahmebeträge sind unmittelbar seinem Postscheckkonto zu überweisen, wenn am Fuße des Postauftragsformulars oder unmittelbar unter der Angabe des Nachnahmebetrags vermerkt worden ist: „Betrag an das Postscheckamt in H. . . . . zur Gutschrift auf das Konto Nr. . . . . des N . . . . . . in M . . . . . .".

IV. Die durch Postauftrag oder Nachnahme eingezogenen Beträge werden an das Postscheckamt mittels Postanweisung nach Abzug der Postanweisungsgebühr gesandt.

Das Postscheckamt übersendet den Abschnitt der Postanweisung nach Gutschrift des Betrags an den Kontoinhaber.

§ 5.

Einzahlungen durch Überweisung von einem anderen Postscheckkonto.

Die für Kontoinhaber von anderen Kontoinhabern desselben oder eines anderen Postscheckamts angewiesenen Beträge werden dem Konto des Empfängers gutgeschrieben.

III. Rückzahlungen.

§ 6.

Allgemeines.

I. Der Kontoinhaber kann über sein Guthaben, soweit es die Stammeinlage von 100 Mark übersteigt, in beliebigen Teilbeträgen jederzeit verfügen, und zwar:

A. durch Überweisung auf ein anderes Postscheckkonto,

B. mittels Schecks.

Zu Überweisungen und Schecks dürfen nur Formulare benutzt werden, die vom Postscheckamte bezogen worden sind.

II. Der Kontoinhaber ist verpflichtet, die Überweisungs- und Scheckformulare sorgfältig aufzubewahren; er trägt alle Nachteile, die aus dem Verlust oder sonstigen Abhandenkommen der Formulare entstehen, wenn er nicht das Postscheckamt von dem Abhandenkommen benachrichtigt hat, um die Überweisung oder Zahlung an einen Unberechtigten zu verhindern.

III. Die Unterschriften der Personen, die zur Ausstellung von Überweisungen und Schecks berechtigt sein sollen, müssen dem Postscheckamte vom Kontoinhaber mitgeteilt werden, damit die Echtheit der Unterschriften unter den beim Postscheckamt eingehenden Überweisungen und Schecks geprüft werden kann.

IV. Die dem Postscheckamte mitgeteilten Unterschriften haben so lange Geltung, bis der Kontoinhaber diesem Amte das Erlöschen der Vertretungsbefugnis schriftlich mitgeteilt hat.

V. Die Ausfüllung der Formulare zu Überweisungen und Schecks kann auch durch Druck, mit der Schreibmaschine usw. bewirkt werden. Die handschriftliche Ausfüllung darf nur mit Tinte geschehen. Der Geldbetrag ist in der Reichswährung anzugeben. Die Marksumme muß in Zahlen und in Buchstaben ausgedrückt sein.

§ 7.

Rückzahlungen durch Überweisung auf ein anderes Postscheckkonto.

I. Die Formulare zu Überweisungen von Beträgen auf ein anderes Konto bei demselben oder bei einem anderen Postscheckamte werden in Blattform (zur Versendung in Briefen) oder in Postkartenform (Giropostkarten, zur offenen Versendung) ausgegeben.

Die Formulare werden den Kontoinhabern vom Postscheckamt unentgeltlich geliefert.

II. Bei Benutzung der Blattform können die Überweisungen auf jeden beliebigen Betrag, der innerhalb des verfügbaren Guthabens gelegen ist, ausgestellt werden.

Der Höchstbetrag einer Giropostkarte wird auf 1000 Mark festgesetzt.

Der Aussteller hat die Überweisung an das Postscheckamt zu senden, bei welchem sein Konto geführt wird.

III. Der an den Überweisungsformularen befindliche Abschnitt kann zu schriftlichen Mitteilungen benutzt werden. Er wird vom Postscheckamte dem Gutschriftsempfänger übersandt.

IV. Der Auftrag zur Überweisung von Beträgen auf andere Konten kann vom Kontoinhaber zurückgenommen werden, solange die Gutschrift auf dem Konto des Empfängers noch nicht gebucht ist.

§ 8.

Rückzahlungen mittels Schecks.

I. 1. Die Scheckformulare werden den Kontoinhabern vom Postscheckamt in Heften von 50 Stück zum Preise von 50 Pfennig für das Heft geliefert.

II. Der Höchstbetrag eines Schecks wird auf 10 000 Mark festgesetzt.

Von der am rechten Rande des Schecks befindlichen Zahlenreihe hat der Aussteller vor der Ausgabe des Schecks die Zahlen abzutrennen oder mit Tinte zu durchstreichen, welche den Betrag des Schecks übersteigen. Ist dies versehentlich unterblieben, so hängt es vom Ermessen des Postscheckamts ab, ob der Scheck einzulösen ist.

III. Der Scheck ist binnen zehn Tagen nach der Ausstellung bei dem Postscheckamte zur Einlösung vorzulegen. Wird ein Scheck nach Ablauf dieser Frist vorgelegt, so hängt es vom Ermessen des Postscheckamts ab, ob der Scheck einzulösen ist.

IV. Schecks, die mit einem Indossamente versehen sind, werden nicht eingelöst.

V. 2. Hat der im Scheck bezeichnete Zahlungsempfänger selbst ein Konto bei demselben oder einem anderen Postscheckamte, so wird der Betrag dem Konto des Zahlungsempfängers gutgeschrieben, wenn nicht die Barzahlung ausdrücklich verlangt wird.

VI. Hat der im Scheck bezeichnete Zahlungsempfänger kein Postscheckkonto oder verlangt er ausdrücklich die Barzahlung, so wird die Postanstalt vom Postscheckamte mittels Zahlungsanweisung beauftragt, den Betrag an den Empfänger zu zahlen.

VII. Die Zahlungsanweisungen nebst den Geldbeträgen werden dem Empfänger, sofern keine Abholung im Sinne des § 42 der Postordnung stattfindet, ins Haus bestellt:

a) im Ortsbestellbezirke bis einschließlich 3 000 Mk.,
b) „ Landbestellbezirke „ „ 800 „ .

Lautet die Zahlungsanweisung auf einen höheren Betrag, so wird nur die Zahlungsanweisung bestellt, während der Geldbetrag bei der Postanstalt auf Grund der Zahlungsanweisung abzuholen ist. Die Bestellgebühr für Zahlungsanweisungen nebst den Geldbeträgen beträgt

bis zum Betrage von 1 500 Mark 5 Pfennig,
im Betrage von mehr als 1 500 Mark bis 3 000 Mark . . . . 10 „

für jede Zahlungsanweisung.

VIII. Die in der Postordnung § 39 und §§ 41 bis 45 hinsichtlich der Postanweisungen erlassenen Vorschriften über

die Bestellung,
die Aushändigung von postlagernden Postanweisungen,
die Abholung,
die Aushändigung der Geldbeträge nach Behändigung der Postanweisungen,
die Nachsendung der Postanweisungen sowie die Behandlung unbestellbarer Postanweisungen am Bestimmungsorte

finden auf die Zahlungsanweisungen entsprechende Anwendung.

IX. Sofern der Betrag eines Schecks 800 Mark nicht übersteigt, kann das Geld an den Zahlungsempfänger mittels telegraphischer Zahlungsanweisung übermittelt werden. Der Antrag ist auf der Vorderseite des Schecks unterhalb der Angabe des Ortes und der Zeit der Ausstellung zu vermerken und vom Antragsteller zu unterschreiben. Auf die telegraphischen Zahlungsanweisungen finden die Vorschriften der Postordnung § 21 entsprechende Anwendung. Ist der Antrag auf telegraphische Übermittelung vom Scheckaussteller gestellt, so wird der Betrag des Schecks dem Zahlungsempfänger unverkürzt überwiesen. Vom Konto des Scheckausstellers wird dieser Betrag unter Hinzurechnung der Telegrammgebühr und zutreffendenfalls des Eilbestellgeldes für die Bestellung an den Empfänger abgeschrieben. Ist dagegen der Antrag auf telegraphische Übermittelung vom Zahlungsempfänger gestellt, so wird die Telegrammgebühr vom Betrage des Schecks in Abzug gebracht.

X. Wohnt der im Scheck bezeichnete Zahlungsempfänger im Auslande, so wird ihm, wenn er kein Postscheckkonto bei einem deutschen Postscheckamte hat, der Betrag mittels Postanweisung oder Wertbriefs übersandt. Vom Konto des Scheckausstellers wird der Betrag des Schecks unter Hinzurechnung des Frankos für die Postanweisung oder den Wertbrief abgeschrieben.

XI. 3. Ist im Scheck kein Zahlungsempfänger angegeben, so kann der Scheck vom Inhaber bei der Kasse des Postscheckamts, welches das Konto des Scheckausstellers führt, zur Einlösung vorgelegt werden. Hat der Inhaber eines solchen Schecks selbst ein Postscheckkonto, so kann er verlangen, daß der Betrag seinem Konto gutgeschrieben werde.

XII. Der Inhaber eines Schecks, in dem kein Zahlungsempfänger angegeben ist, kann verlangen, daß ihm der Betrag des Schecks durch Vermittelung einer Postanstalt bar gezahlt werde. Die Übermittelung des Geldes erfolgt:

a) mittels Zahlungsanweisung, wenn der Empfänger im Inlande wohnt,

b) mittels Postanweisung oder Wertbriefs, wenn er im Auslande wohnt.

Im Falle zu b wird von dem Betrage des Schecks das Franko für die Postanweisung oder den Wertbrief abgezogen. Auf die Überweisung des Geldes mittels telegraphischer Zahlungsanweisung finden die Vorschriften unter IX entsprechende Anwendung.

IV. Gebühren.

§ 9.

I. Es werden folgende Gebühren erhoben:

1. bei Bareinzahlungen mittels Zahlkarte für je 500 Mark oder einen Teil dieser Summe . . . . . . 5 Pfennig;

2. für jede Barrückzahlung durch die Kasse des Postscheckamts oder durch Vermittelung einer Postanstalt:
   a) eine feste Gebühr von . . . 5 Pfennig,
   b) außerdem $^1/_{10}$ vom Tausend des auszuzahlenden Betrags (Steigerungsgebühr);
3. für jede Übertragung von einem Konto auf ein anderes Postscheckkonto . . . . 3 Pfennig.

   Zur Zahlung der Gebühr unter 1 ist der Zahlungsempfänger, zur Zahlung der Gebühren unter 2 und 3 der Kontoinhaber verpflichtet, von dessen Konto die Abschreibung erfolgt.
4. Erheischt der Kontoverkehr eines Kontoinhabers jährlich mehr als 600 Buchungen, so wird außer den unter 1 bis 3 aufgeführten Gebühren für jede weitere Buchung eine Zuschlaggebühr von . . . . 7 Pfennig erhoben.

II. Die Gebühren sowie die für Zahlkartenformulare und Scheckhefte zu zahlenden Preise werden durch Abschreibung von dem zur Zahlung verpflichteten Konto eingezogen.

III. Der Preis für unbrauchbar gewordene Zahlkarten- und Scheckformulare wird nicht erstattet.

V. Portofreiheit.

§ 10.

Die Sendungen der Postscheckämter und der Postanstalten an die Kontoinhaber sowie die Sendungen zwischen den Postscheckämtern und zwischen diesen und den Postanstalten werden im Postscheckverkehr als Dienstsache portofrei befördert.

VI. Änderungen in den Verhältnissen eines Kontoinhabers.

§ 11.

Änderungen in den rechtlichen Verhältnissen eines Kontoinhabers, die für sein Konto von Bedeutung sind, müssen dem zuständigen Postscheckamte mitgeteilt und durch Vorlegung öffentlicher Urkunden nachgewiesen werden. Unterbleibt diese Mitteilung, so hat die Postverwaltung den etwa aus der Unkenntnis der eingetretenen Änderungen entstehenden Schaden nicht zu vertreten.

VII. Austritt aus dem Scheckverkehre.

§ 12.

I. Der Inhaber eines Kontos kann jederzeit aus dem Scheckverkehr ausscheiden.

II. Im Falle einer mißbräuchlichen Benutzung des Kontos seitens des Kontoinhabers ist auch das Postscheckamt befugt, das Konto aufzuheben.

VIII. Gewährleistung.

§ 13.

I. Die Postverwaltung leistet für rechtzeitige Buchung der Einzahlungen auf den Konten und für rechtzeitige Ausführung der dem Postscheckamte mittels Überweisungen und Schecks erteilten Aufträge keine Gewähr.

II. Für die auf Zahlkarten eingezahlten Beträge haftet die Postverwaltung in der gleichen Weise wie für Postanweisungen.

IX. Änderung der Postscheckordnung.

§ 14.

Werden die Vorschriften der Postscheckordnung geändert, so finden die neuen Vorschriften auch auf die bei ihrem Inkrafttreten bestehenden Postscheckkonten Anwendung.

X. Inkrafttreten.

§ 15.

Diese Verordnung tritt am 1. Januar 1909 in Kraft.

Berlin, den 6. November 1908.

Der Reichskanzler.

In Vertretung:

Kraetke.

Ausführungsbestimmungen.

Zu § 1.

(Zu I) Die **Reichs-Postverwaltung** hat Postscheckämter eingerichtet in:

1. **Berlin** für die O.P.D.-Bezirke Berlin, Frankfurt (Oder), Magdeburg, **Potsdam und** Stettin;
2. **Danzig** für die O.P.D.-Bezirke Bromberg, Danzig, Gumbinnen, Königsberg (Pr.) und Köslin;
3. **Breslau** für die O.P.D.-Bezirke Breslau, Liegnitz, Oppeln und Posen;
4. **Leipzig** für die O.P.D.-Bezirke Chemnitz, Dresden, Erfurt, Halle (Saale) und Leipzig;
5. **Hamburg** für die O.P.D.-Bezirke Bremen, Hamburg, Kiel und Schwerin (Mecklb.);
6. **Hannover** für die O.P.D.-Bezirke Braunschweig, Hannover, Minden (Westf.) und Oldenburg (Grhzgt.);
7. **Cöln** für die O.P.D.-Bezirke Aachen, Coblenz, Cöln, Dortmund, Düsseldorf, Münster (Westf.) **und** Trier;

8. **Frankfurt (Main)** für die O.P.D.-Bezirke Cassel, Darmstadt und Frankfurt (Main);

9. **Karlsruhe (Baden)** für die O.P.D.-Bezirke Karlsruhe (Baden), Konstanz, Metz und Straßburg (Els.).

Die **Königl. Bayerische Postverwaltung** hat Postscheckämter eingerichtet in:

1. **München** für die O.P.D.-Bezirke Augsburg, Landshut und München;
2. **Nürnberg** für die O.P.D.-Bezirke Bamberg, Nürnberg, Regensburg und Würzburg;
3. **Ludwigshafen (Rhein)** für den O.P.D.-Bezirk Speyer.

Die **Königl. Württembergische Postverwaltung** hat ein Postscheckamt eingerichtet in:

Stuttgart.

A.B. zu § 15.

Zur Stellung eines Antrags auf Eröffnung eines Kontos für eine Handelsfirma, juristische Person oder sonstige Vereinigung oder Anstalt sind nur die Personen berechtigt, welche die Befugnis haben, die Firma, juristische Person, Vereinigung oder Anstalt rechtsverbindlich zu vertreten. Das Nähere ergibt sich aus der P.O. § 39 A.B.

Gesellschaften, Vereine, Genossenschaften, Kassen, die nicht im Handelsregister, Vereinsregister, Genossenschaftsregister usw. eingetragen sind, haben ihre

Satzung vorzulegen. Die Vertreter solcher nicht in einem öffentlichen Register eingetragenen Vereine usw. müssen durch glaubhafte Schriftstücke (P.O. § 39 A.B. zu II unter 4, S. 75) nachweisen, daß sie in der durch die Satzung vorgeschriebenen Form zur Vertretung berufen worden sind. Sofern es vom P.Sch.A. für erforderlich erachtet wird, muß ein amtliches Zeugnis hierüber vorgelegt werden.

Für Agenturen einer Gesellschaft oder Anstalt kann, sofern die Agentur nicht im Handelsregister eingetragen ist, ein Konto nur auf den persönlichen Namen des Agenten eröffnet werden. Wünscht der Agent, daß auf dem Konto seine Eigenschaft als Agent der Gesellschaft oder Anstalt zum Ausdrucke gebracht werde, so hat das P Sch.A. einem solchen Antrage nur stattzugeben, wenn die Gesellschaft oder Anstalt auf eine Anfrage des P.Sch.A. sich hiermit einverstanden erklärt. Hält das P.Sch.A. eine einfache Anfrage bei der Gesellschaft nicht für ausreichend, so ist dem Agenten aufzugeben, durch Vorlegung einer amtlich beglaubigten Urkunde nachzuweisen, daß die Gesellschaft mit der Eröffnung des Kontos unter obiger Bezeichnung einverstanden ist.

Beantragt eine Ehefrau die Eröffnung eines Kontos auf ihren Namen, so bedarf sie der Zustimmung des Ehemanns.

Der Antrag auf Eröffnung eines Kontos für einen Minderjährigen oder Entmündigten muß von seinem gesetzlichen Vertreter gestellt werden.

(Zu V) Von den durch Ein- und Rückzahlungen eintretenden Änderungen des Guthabens wird der Kontoinhaber vom P.Sch.A. benachrichtigt.

Zu § 3.

(Zu II) Das Formular zu Zahlkarten wird nach der Anl. 1 hergestellt.

Die von den deutschen Postverwaltungen ausgegebenen Formulare können zu Einzahlungen bei allen Postanstalten und P.Sch.Ä. innerhalb des Deutschen Reichs benutzt werden. Bei den im Reichs-Postgebiete belegenen Postanstalten und P.Sch.Ä. dürfen also auch solche Zahlkarten eingeliefert werden, die von der Königlich Bayerischen oder der Königlich Württembergischen Postverwaltung hergestellt sind.

(Zu III) Zur Vermeidung von Irrtümern bei Benutzung der Zahlkarten empfiehlt es sich, daß in möglichst weitem Umfange solche Formulare benutzt werden, auf denen die Kontonummer, der Name und Wohnort des Kontoinhabers sowie der Name des P.Sch.A. vorgedruckt sind. Dieser Vordruck wird auf Antrag des Kontoinhabers auch durch das P.Sch.A. gegen Erstattung der Kosten ausgeführt.

Die Kontonummer, der Name des Kontoinhabers usw. können in den Zahlkarten auch mit Tinte eingetragen werden.

(Zu V) Der Kontoinhaber kann die Rückseite des Einlieferungsscheins im voraus handschriftlich oder durch Druck mit Vermerken versehen.

(Zu VII) Zu den Unbestellbarkeitsmeldungen sind Formulare nach der Anl. 2 zu verwenden. Auf die Behandlung der Unbestellbarkeitsmeldungen finden die Vorschriften des Abschn. V, 1 § 45 A.B. zu II entsprechende Anwendung.

(Zu VIII) Geldbeträge, die durch Zahlkarte übermittelt werden sollen, darf der Landbriefträger nur dann vom Publikum entgegennehmen, wenn ihm mit dem Betrag auch das ausgefüllte Zahlkartenformular übergeben wird.

Zu § 4.

(Zu I) Der Antrag kann schriftlich oder mündlich gestellt werden.

(Zu II) Für die Übersendung der Abschnitte der Postanweisungen an den Kontoinhaber wird keine Gebühr erhoben. Die Überweisung der dem Kontoinhaber gutzuschreibenden Postanweisungsbeträge an das P.Sch.A. erfolgt in der Weise, daß der Gesamtbetrag aller für den Kontoinhaber gleichzeitig vorliegenden Postanweisungen in eine Zahlkarte aufgenommen wird. Die Gebühr für die Gutschrift beim P.Sch.A. (§ 9 I, 1) wird nach dem Betrage der Zahlkarte berechnet, sie wird also nicht für jede einzelne Postanweisung in Ansatz gebracht.

Werden Postanweisungen für einen Kontoinhaber vom Absender unmittelbar an das P.Sch.A. adressiert, so werden die Beträge dem Konto gutgeschrieben und die Abschnitte dem Kontoinhaber übersandt.

(Zu IV) Die Postanstalt, welche die Postanweisung ausfertigt, adressiert diese an das zuständige P.Sch.A. unter Hinzufügung des auf dem Postauftrag oder der Nachnahme angegebenen Kontos in folgender Form:

An
das K. Postscheckamt
(zur Gutschrift auf das Konto Nr. . . .
des N . . . . in M . . . . . .)
in
H . . . . (Ort des P.Sch.A.).

Auf die Ausfüllung des Abschnitts der Postanweisung finden die Vorschriften der P.O. § 19 A.B. zu VI Anwendung.

Zu § 6.

(Zu III) Zur Abgabe der Unterschrift wird dem Kontoinhaber vom P.Sch.A. ein besonderes Formular in zwei Exemplaren übersandt. Die Übersendung erfolgt ohne Antrag bei Eröffnung des Kontos. Tritt bezüglich der Personen, die zur Ausstellung von Überweisungen und Schecks für ein Konto berechtigt sind, eine Änderung ein, so hat der Kontoinhaber bei dem P.Sch.A. die Übersendung eines neuen Formulars zu beantragen.

(Zu V) Die Unterschrift muß stets handschriftlich gezeichnet werden.

Zu § 7.

(Zu I) Die Formulare werden nach den Anl. 3 und 4, und zwar

die Formulare Anl. 3 in Heften zu 50 Stück,

" " " 4 " " " 25 "

hergestellt.

(Zu II) Stimmt in einer an das P.Sch.A. gesandten Überweisung der in Ziffern angegebene Betrag nicht mit dem in Buchstaben bezeichneten Betrag überein, so wird die Überweisung nach dem geringeren Betrag ausgeführt.

Bei Benutzung der Blattform können Gutschriften für mehrere Empfänger in einer Überweisung zusammengefaßt werden; in diesem Falle ist der Überweisung ein vom Kontoinhaber zu unterschreibendes Verzeichnis nach dem Muster der Anl. 5 beizufügen. Die Schlußsumme des Verzeichnisses muß mit dem auf dem Überweisungsformular angegebenen Betrag übereinstimmen.

Die Überweisungsgebühr (§ 9 I, 3) wird für jede in das Verzeichnis aufgenommene Überweisung berechnet.

Zu § 8.

(Zu I) Das Scheckformular wird nach der Anl. 6 hergestellt.

(Zu III) Der Scheck ist stets bei dem P.Sch.A. einzureichen, welches das Konto des Scheckausstellers führt.

(Zu VI) Wünscht ein Kontoinhaber, daß der Betrag eines zu seinen Gunsten ausgestellten Schecks an ihn bar ausgezahlt werde, so hat er dies auf der Vorderseite des Schecks links unten unterhalb der Angabe des Ortes und der Zeit der Ausstellung zu vermerken. Der Vermerk kann lauten: „Barzahlung".

Hat sich der Aussteller eines Schecks selbst als Zahlungsempfänger bezeichnet, so wird der Betrag stets bar durch Vermittlung der Postanstalt an ihn ausgezahlt.

(Zu VIII) Bei unbestellbaren Zahlungsanweisungen ist die Unbestellbarkeitsmeldung an das P.Sch.A. zu richten. Eine Gebühr wird nicht erhoben.

(Zu XI und XII) Der Antrag ist auf der Vorderseite des Schecks links unten unterhalb der Angabe des Ortes und der Zeit der Ausstellung zu vermerken.

Zu § 9.

(Zu I) Von der Gebühr zu I, 2 sind die Beträge befreit, welche vom P.Sch.A. mittels Postanweisung oder Wertbriefs abgesandt werden. Wird der Betrag einer unbestellbaren Zahlungsanweisung dem Konto des Scheckausstellers wieder gutgeschrieben, so wird für diese Gutschrift keine Gebühr erhoben.

Die Gebühr von 3 Pf. (I, 3) wird erhoben ohne Unterschied, ob die Übertragung mittels Schecks (Anl. 6) oder mittels Überweisung (Anl. 3 und 4) erfolgt.

Bei Berechnung der auf einem Konto ausgeführten Buchungen (I, 4) bleiben die Abbuchungen der Gebühren und der Preise für Zahlkartenformulare und Scheckhefte sowie diejenigen Rückzahlungen außer Ansatz, über welche Postanweisungen oder Wertbriefe gefertigt werden.

Zu § 10.

Die Sendungen der Kontoinhaber an die P.Sch.A. unterliegen dem tarifmäßigen Porto.

Der im Wechselverkehre mit Bayern und Württemberg vorkommende Schriftwechsel hat im gleichen Umfang Anspruch auf portofreie Beförderung wie im Reichs-Postgebiete selbst.

Zu § 11.

Im Falle des Todes oder des Eintritts der Geschäftsunfähigkeit eines Kontoinhabers verlieren die bei dem P.Sch.A. niedergelegten Unterschriften der Personen, die zur Ausstellung von Überweisungen und Schecks auf das Konto berechtigt sind, ihre Gültigkeit, sobald der Tod oder der Eintritt der Geschäftsunfähigkeit des Inhabers dem P.Sch.A. bekannt wird.

Mit der Eröffnung des Konkursverfahrens verliert ein Kontoinhaber die Befugnis, über sein Konto beim P.Sch.A. zu verfügen. Bevor die vor der Konkurseröffnung ausgestellten Schecks eingelöst werden, muß dem Konkursverwalter Gelegenheit zur Äußerung gegeben sein. Die Unterschriften der zur Ausstellung von Überweisungen und Schecks auf dieses Guthaben berechtigten Personen verlieren ihre Gültigkeit. Das

Verfügungsrecht geht auf den Konkursverwalter über, der seine Berechtigung durch Vorlegung der gerichtlichen Bestallung nachzuweisen hat.

Die P.Sch.A. haben sich über die in ihren Bezirken vorkommenden Konkurseröffnungen auf Grund der Bekanntmachungen im Deutschen Reichsanzeiger fortlaufend unterrichtet zu halten und unverzüglich Vorkehrungen dahin zu treffen, daß auf Überweisungen und Schecks, die vom Gemeinschuldner ausgestellt sind, keine Zahlung mehr geleistet wird.

Zu § 12.

(Zu I) Werden nach dem Erlöschen eines Kontos noch Einzahlungen für dieses geleistet, so werden die Beträge den Einzahlern zurückgezahlt.

Mit dem Tode des Kontoinhabers erlischt sein Konto. Das Guthaben ist an die Erben auszuzahlen, nachdem sie sich durch Vorlegung des Testaments, des gerichtlichen Erbscheins usw. ausgewiesen haben. Hatte der Kontoinhaber bei dem P.Sch.A. eine Verfügung hinterlegt, nach der im Falle seines Todes eine bestimmt bezeichnete Person zur Abhebung seines Guthabens berechtigt sein soll, so ist das Guthaben an diese auszuzahlen. Die Überweisungen und Schecks, die bis zum Todestag ausgestellt sind, sind noch einzulösen, solange das Guthaben an die Erben noch nicht ausgezahlt ist.

(Zu II) Die Aufhebung des Kontos kann insbesondere erfolgen, wenn der Kontoinhaber wiederholt

Überweisungen und Schecks ausstellt, deren Beträge sein verfügbares Guthaben übersteigen.

Zu § 15.

In Bayern und Württemberg wird der Post-Überweisungs- und Scheckverkehr ebenfalls mit dem 1. Januar 1909 zur Einführung gelangen und nach gleichen Grundsätzen geregelt werden wie im Reichs-Postgebiete.

Anl. 1 (A. B. zu § 3)

(Vorderseite)

Dieser Abschnitt wird vom Postscheckamte dem Kontoinhaber übersandt.

Aufg.-stempel

eingezahlt am ....

.... Mark .... Pf.

von ....

....

....

auf das Konto Nr. ....

Zahlkarte

Aufg.-stempel

auf .... Mark .... Pf.

Zu wiederholen (die Mark in Buchstaben):

Mark Pf.

zur Gutschrift auf das Konto Nr.

de ....

....

bei dem Postscheckamt in ....

Postvermerk

Nr.

eingetragen durch:

am ....

Ankunfts-Nr.

(Perforiert)

Posteinlieferungsschein.

(Der Vordruck oberhalb des Raumes für den Postvermerk ist vom Einzahler auszufüllen.)

(die Mark in Buchstaben)

Mark Pf.

zur Gutschrift auf das Konto

Nr. .... de ....

....

bei dem Postscheckamt in ....

Postvermerk

Aufg.-stempel

Aufgabenummer ....

Postannahme

....

S 1

(Rückseite)

Mitteilungen

1. Auf Zahlkarte können von jedermann an den Inhaber eines Postscheckkontos Beträge bis zu 10000 Mark eingezahlt werden.
2. Die Zahlkarte ist in allen drei Teilen auszufüllen und mit dem Betrag einer beliebigen Postanstalt oder einem Postscheckamte zu übergeben.
3. Außer der Kontonummer ist die genaue Adresse des Kontoinhabers (nach Namen, Stand oder Gewerbe und Wohnort) sowie das Postscheckamt anzugeben. Die **Kontonummer** ist besonders deutlich zu schreiben.
4. Der Posteinlieferungsschein wird vom Postbeamten vollzogen und dem Überbringer als Bestätigung über die Einzahlung zurückgegeben.

(Perforiert)

Anl. 2 (A. B. zu § 8).

Meldung wegen einer unbestellbaren Zahlkarte.

An
Herrn ....
in ....
Wohnung: ....

Kaiserliches Postscheckamt ...., ... 19....

Abgangsnummer der Meldung	Die nachbezeichnete Zahlkarte, Aufgabenummer: ....
Eingangsnummer der Meldung	Nummer des Kontos: .... Empfänger: .... Aufgabepostanstalt: ...., Aufgabestempel: .... Buchungszeichen des Absenders: .... Eingezahlter Betrag: ....

kann auf dem angegebenen Konto nicht gebucht werden, weil ....
Sie werden ersucht, hierunter anzugeben
....
oder zu erklären, ob der Betrag der Zahlkarte an Sie zurückgezahlt werden soll.

Andere Erklärungen werden nicht berücksichtigt. Die Erklärung ist innerhalb 7 Tage, vom Tage der Zustellung dieses Schreibens ab, **bei der Postanstalt, bei der Sie die Zahlkarte eingeliefert haben,** abzugeben. **Gleichzeitig ist der über die Zahlkarte erteilte Posteinlieferungsschein vorzulegen. Für diese Unbestellbarkeitsmeldung haben Sie 20 Pf. Porto zu zahlen.**

Erledigungsvermerk der Aufgabepostanstalt (**Angabe über Vorlegung der Einlieferungsbescheinigung.**)	Erklärung des Absenders **(von diesem zu unterschreiben, Firmenstempel ohne Unterschrift genügt nicht.)** **Raum für den Absender zur Entrichtung der Meldungsgebühr in Freimarken (siehe oben).** **Vom Absender zurückzugeben** an die Kaiserliche Postanstalt ....

(**Vorderseite.**) S 2

Unbestellbarkeitsmeldung.

An

die Kaiserliche Postanstalt

in ....

Postsache.

Erledigte Unbestellbarkeitsmeldung.

An

das Kaiserliche Postscheckamt

in ....

Postsache.

(Rückseite.)

Anl. 3 (A. B. zu § 7).

№

.... M .... Pf.

an ....

....

....

am ....

(Perforiert)

№ Konto=Nr. .... M .... Pf.

Kontoinh.:

Das Kaiserliche Postscheckamt in

wolle aus meinem / unserem

Guthaben den Betrag von

....

.... Mark .... Pf.

auf das Konto Nr. .... de ....

....

bei dem Postscheckamt in ....

.... überweisen.

Unterschrift:

(Ort) ...., den .... 19...

Dieser Abschnitt wird vom Postscheckamte dem Gutschrifts-empfänger übersandt.

.... M .... Pf.

überwiesen

von ....

....

....

....

zur Gutschrift auf das Konto

Nr. ....

bei dem Post-scheckamt

in ....

Anl. 4 (A. B. zu § 7).

(Perforiert)

Zum Aufkleben der Freimarke

Postkarte.

An

das Kaiserliche Postscheckamt

in

Dieser Abschnitt wird vom Postscheckamte dem Gutschriftsempfänger übersandt.

Mitteilungen

(Vorderseite.)

№

.... M ...... Pf.

an ....

....

....

am ....

(Perforiert)

№ Konto-Nr. M Pf.

Kontoinh.:

Das Kaiserliche Postscheckamt in

wolle aus $\frac{\text{meinem}}{\text{unserem}}$ Guthaben

den Betrag von

Mark Pf.

auf das Konto Nr. .... de ....

....

bei dem Postscheckamt in ....

.... überweisen.

Unterschrift:

(Ort) .... , den .... 19.. .

.... M ...... Pf.

überweisen

von ....

....

....

....

zur Gutschrift auf das Konto

Nr. ....

bei dem Postscheckamt

in ....

(Rückseite.)

Anl. 5 (A. B. zu § 7).

Anlage zur Ueberweisung.

Konto=Nr. ...., Kontoinhaber ....,
Nr. ...., Reihe .... des Überweisungsformulars.

Lfde. Nr.	Adresse des Zahlungs=empfängers	Postscheck=amt, bei dem das Konto geführt wird	Konto=Nr.	Betrag ℳ	Betrag Pf.	Raum für dienstliche Vermerke des Postscheck=amts

Anl. 6 (A. B. zu § 8).

№

.... M ... Pf.

an ....

....

....

am ....

(Perforiert)

№ Konto=Nr. M Pf.

Kontoinh.:

Das Kaiserliche Postscheckamt in

zahle gegen diesen Scheck aus meinem / unserem Guthaben

den Betrag von

Mark Pf.

an*) ....

in ....

Unterschrift:

(Ort) ...., den .... 19.. .

*) Schecks, die mit einem Indossamente versehen sind, werden vom Postscheckamte nicht eingelöst.

Soll der Betrag bei der Kasse des Postscheckamts unmittelbar abgehoben werden, so ist der Zahlungsempfänger nicht anzugeben.

10 000
9 000
8 000
7 000
6 000
5 000
4 000
3 000
2 000
1 000
900
800
700
600
500
400
300
200
100

Druck von Otto Walter in Berlin S. 14.

Kolibri 360 GmbH
Ferdinand-Jühlke-Straße 7
99095 Erfurt, Deutschland
produktsicherheit@kolibri360.de